U0577235

广东省高水平大学建设经费资助

潜光集

暨南大学中国史学科优秀论文选

刘正刚◎主编

安徽师范大学出版社
ANHUI NORMAL UNIVERSITY PRESS
·芜湖·

图书在版编目（CIP）数据

潜光集：暨南大学中国史学科优秀论文选 / 刘正刚主编. —芜湖：安徽师范大学出版社，2023.6
ISBN 978-7-5676-5676-5

Ⅰ. ①潜… Ⅱ. ①刘… Ⅲ. ①中国历史－文集 Ⅳ. ①K207-53

中国版本图书馆CIP数据核字（2022）第242839号

潜光集——暨南大学中国史学科优秀论文选 刘正刚◎主编

责任编辑：孙新文
责任校对：翟自成
装帧设计：张德宝 冯君君
责任印制：桑国磊
特约校对：许刘栋 吕欣伟
出版发行：安徽师范大学出版社
芜湖市北京东路1号安徽师范大学赭山校区 邮政编码：241000
网 址：http://www.ahnupress.com/
发 行 部：0553-3883578 5910327 5910310（传真）
印 刷：苏州市古得堡数码印刷有限公司
版 次：2023年6月第1版
印 次：2023年6月第1次印刷
规 格：787 mm×1092 mm 1/16
印 张：33.25
字 数：730千字
书 号：ISBN 978-7-5676-5676-5
定 价：99.90元

序　言

暨南大学历史学科肇建于1928年，何炳松、周谷城、周予同、陈序经、谭其骧等著名学者曾先后在此任教。改革开放以来，暨南大学在广州复办，历史学科也因此迎来了长足发展的大好机遇。1984年，在著名学者朱杰勤教授的带领下，历史学科获得国内首批专门史专业博士学位授予权。1993年、1999年历史学科中的中国古代史先后被国务院侨务办公室、广东省人民政府批准为“重点学科”，1998年在此基础上，由邱树森教授等牵头成功申报了中国古代史博士学位授予权。2000年，我校历史学科因师资力量雄厚、教学科研突出且有特色，获批教育部人文社会科学重点研究基地——华侨华人研究所院，极大地促进了我国华侨华人史的研究。2006年历史学获一级学科博士点，2011年6月，中国史、世界史获一级学科博士学位授予权，且两者均拥有一级学科博士后科研流动站。中国史学科2012年获批广东省重点学科优势学科。

本次收录的论文为中国史学科在岗的各位教师近年来的最新成果。中国史学科经过数代学人的辛勤耕耘，今日已经逐渐形成了独具特色的学术风格，港澳史、明清以来基督教史研究成为新学科亮点；历史地理学举办各类学术论坛和田野实习考察，走出了学术研究和人才培养的新局面；中国近代史在晚清史、民国史和粤港澳地方史研究方面形成了较强优势。这一切的取得，与各位教师潜心教学科研分不开。广州是一座弥漫浓厚商业气息的大都市，各位同仁沉潜而蕴藏光辉，正是前辈学者们追求史学研究魅力精神财富的延续，我相信我们仍会一直坚守与弘扬。站在巨人的肩膀上攀登，才能看得更高更远，今日的暨南中国史同仁们注重对前辈学者优良学风的传承，又取得了一系列佳绩。近年来，在国家级社会科学项目尤其是重大重点项目的申报、省部级社科评奖等方面皆有建树，可圈可点。

但我们深知“以文载道”，衡量学术水平高低的根本标准还在于具有影响力的学术作品。近几十年来，社会发展日新月异，对于历史学这样传统的人文学科来说，既带来了难得的机遇，也提出了许多新的挑战。如何在历史发展的洪流中保持务实求真的本色不变，是新一代历史学人必须面对和思考的问题。不为外物所移，不拘于俗人之好，方是真学问。从原始材料出发，经过独立思考，在具体问题上得出新论，应是历史学研究的基本准则。

我们在编选这本论文集时也恪守这一脱俗求真的原则，收入文集的文章不追求高谈阔论，扎扎实实研读史料，不为成见所囿，勇于创新，不刻意以绚烂示人，力求学问深而下笔浅，追求深厚的造诣，并拓展博大的容量，试图演绎暨南大学中国史学科更深更广的"专业"含义。

暨南大学中国史学科向来注重学术传承，曾编辑出版过已故前贤论文选集——《武敏集——暨南大学中国古代史·文献学专业前贤纪念文集》（安徽师范大学出版社，2021年）。现编辑在岗同仁的论文集，既是对过去学术成果进行阶段性总结，同时也意在向学界同仁求教，互相切磋，以求共同进步。多识前言畜其德，莫抛心力贸才名。愿勤于笔耕的暨南中国史学人们能够永远潜心问学，"潜光养羽翼，进趋且徐徐"，在求知的路途上越走越远。

中国史学科优秀论文编辑组

2023年2月14日

目 录

成为华夏之主

——北魏的正统塑造*

刘璞宁

绪 论

政治合法性被视为政权维持其统治的必要条件，其在中国古代语境中的最为相近的概念是正统，用以表征获得天命且为民众支持的王朝统治。在中国古代史上，每当天下处于分裂之际，尤其是夷夏政权同存时期，朝代间围绕华夏正统展开激烈竞争。四至六世纪的中国即面临上述情景，此时北方由鲜卑拓跋部建立的北魏（386—534）统治，而南方则由刘宋（420—479）、南齐（479—502）、萧梁（502—557）和南陈（557—589）等朝代统治。这一时期的政权采取了多样的方式来展现自身拥有的正统性，本文则具体关注北魏时期的正统塑造方式。

现有对北魏正统塑造的研究仍在不断深化中，大致来看，有学者关注到北魏借助其国号、德运、祭祀制度来彰显正统。[①]也有学者关注到佛道教因素在北魏正统化中的重要作用。[②]上述研究虽然指出了北魏正统塑造的多种路径，但由于篇幅所限，本文无法全部涵盖。为了对北魏政治正统塑造做较为全面和深入的研究，本文将探究如下六种重要的正统塑造方式：（1）在北魏早期，国号由“代”改为“魏”，这一行动表明北魏试图承接曹魏的正统性；（2）在北魏中期，德运由土变水，旨在继承西晋的德运；（3）北魏都城由平城迁至洛阳，以期继承该都邑所蕴含的正统资源；（4）北魏孝文帝改革，引入汉文化习俗，如攀附炎黄始祖、践行孝道以及南郊祭祀，以期成为华夏文明的继承人；（5）北魏记载了多种祥瑞，试图以此作为其正统的印证；（6）最后，北魏在外交领域塑造上国地位，以此显示自己为华夏正统。通过综合上述各方面的论述，本文试图揭示北魏的正统塑造远比通

---

* 此文原为英文发表，现译为中文。

① 何德章、罗新、康乐等学者关注到了北魏从国号、德运、祭祀等层面对其合法性的建构过程。见何德章：《北魏国号与正统问题》，《历史研究》1992年第3期。罗新：《十六国北朝的五德历运问题》，《中国史研究》2004年第3期。康乐：《从西郊到南郊：国家祭典与北魏政治》，台北：稻禾出版社，1995年。王朝海：《北魏政权正统之争研究》，北京：中国社会科学出版社，2014年。

② 古正美：《从天王传统到佛王传统——中国中世佛教治国意识形态研究》，台北：商周出版社，2003年，第105—154页。陈寅恪：《崔浩与冠谦之》，《金明馆丛稿初编》，上海：上海古籍出版社，1980年，第120—158页。

常认为的更加复杂和多元。

一、国号变更

在中国历史上，朝代名号常常源自其创始者的封地名或该政权统治的区域名称。[①]多数情况下，朝代名称因循不变，但某些王朝却有着对其国号的修改和变更的行为。[②]北魏即是一例，为了建构其合法性，北魏在建国早期即更其国名为魏。

公元386年，拓跋珪重建代国，并即代王位。"登国元年春正月戊申，帝即代王位，郊天，建元，大会于牛川。"[③]代国之名以及代王之号为拓跋势力的政治遗产，其开端可追溯到西晋时期的拓跋猗卢。由于助力西晋抵抗铁弗势力，拓跋猗卢得封代公、代王，代国自此出现。[④]代国形式上为西晋之属国，而此后的拓跋部首领也视代王为其统治名号。拓跋珪也遵循这一惯例，于登国元年继任为代王。

然而，登国元年五月，拓跋珪更其号为"魏王"，但保留"代"为其国名。史籍中并未记载上述变更的原因。"魏"之名源自地名，有先秦的并州魏地，也有两汉以来冀州之魏郡。春秋战国时期，晋大夫毕万以军功受封于魏地，后遂有魏国。三国时期，因曹操有魏王和魏郡封地，故有曹魏。[⑤]此后十六国时期短暂出现冉魏政权。然而，拓跋珪同上述魏国或魏王皆无联系，其以魏王为号的原因仍不可考。另一方面，留"代"为国号的原因也不可考。不过，一个可能的原因是拓跋珪试图借此来应对来自后燕的压力。十六国时期慕容势力建立的前燕同代国一样，皆是形式上依附西晋而存在的属国。[⑥]后燕继承前燕的法统，并在拓跋珪即位初期提供了重要的支持。[⑦]公元386年，后燕国主慕容垂（326—396）在中山称帝，改元建兴。自始皇帝创号以来，皇帝之名不仅表征了天命的占有，也是古代尊号体系之首，其他名号例如王、公、侯等皆以皇帝权威加以背书。慕容垂称帝即有彰显天命且诉求华夏正统的尝试。为了表征自己的正统地位，慕容垂曾授拓跋珪"西单于印绶"并封上谷王，然而为拓跋珪所拒。[⑧]此后388年，在会见北魏使者拓跋仪时，慕容

① 例如，汉朝、隋朝、唐朝的国号皆是其创始者的封地之名。十六国时期的国名则大多是政权统治区域之名。当然也有王朝并未遵循这一惯例，元代国号当取自《易经》，明代国号当取自德运或明教口号。见徐俊：《中国古代王朝和政权名号探源》，武汉：华中师范大学出版社，2000年。

② 辽代和清代皆有改名经历。见Kane，Daniel. "The Great Central Liao Kitan State"，Journal of Song-Yuan Studies 43.1 (2013)，27-50. Elliott，Marc C.: *The Manchu Way: the Eight Banners and Ethnic Identity in Late Imperial China*. Stanford: Stanford University，2001，56，402.

③ 《魏书》卷2，北京：中华书局，1974年，第20页。

④ 《魏书》卷1，第7页。

⑤ 《三国志》卷1，北京：中华书局，1959年，第47页。

⑥ Charles Holcombe，"The Xianbei in Chinese History"，*Early Medieval China* 19 (2013)，10-15.

⑦ 北魏早期，拓跋珪陷入与其叔拓跋窟咄争夺统治权的斗争，见《魏书》卷2，第21页。

⑧ 《魏书》卷2，第21页。

垂责问拓跋珪未能觐见的原因。拓跋仪言“先人以来，世据北土，子孙相承，不失其旧。乃祖受晋正朔，爵称代王，东与燕世为兄弟。”[①]拓跋仪回复的实质指出代国和前燕同是西晋所授，二者地位等同。“代”之国号保留，似有抵抗后燕压力之用。

公元398年，“魏”最终被定为国号。正如何德章先生指出，这一确定很可能源自当年5月间的一场外交争端。[②]时后秦侵东晋之襄阳，雍州刺史郗恢去信拓跋遵（？—407）求助，言“贤兄虎步中原”云云，并未以尊号称拓跋珪。[③]按《魏书》记载，拓跋珪认为此举悖君臣之体，并命崔逞（？—398）和张衮去信以贬斥晋主号加以回应。[④]然而二者回信中仍称晋主为“贵主”，此举激怒了拓跋珪，因为“贵主”之称似有支持东晋君主的意味，考虑到崔逞等河北士人并未有积极投靠北魏政权的过往，拓跋珪有理由猜测上述事件暗含了崔逞等人对自身正统性的不认可。这场外交纷争最终以崔逞被赐死而结束。[⑤]

上述事件发生在北魏击败后燕占据河北之际，拓跋珪激烈的反映揭示了其试图突破原有的代国从属西晋的模式，转而追求同东晋对等的状态。几个月后，拓跋珪即召集群臣商讨国号。[⑥]群臣多认为国号或源自统治区域之名，或源自君主的起源地。由于拓跋部长居代地，应当保有“代”之国号。然而，崔玄伯（？—418）却指出当改名为“魏”。[⑦]其言：

> 国家虽统北方广漠之土，逮于陛下，应运龙飞，虽曰旧邦，受命惟新，是以登国之初，改代曰魏。又慕容永亦奉魏土。夫“魏”者大名，神州之上国，斯乃革命之征验，利见之玄符也。臣愚以为宜号为魏。[⑧]

崔玄伯指出了拓跋珪的重要性，即拓跋珪占据中原拥有天命，开启了拓跋部新的历史阶段。拓跋珪即位后，改称魏王，又自西燕得魏土，“魏”又是诸多王朝之国号，故因改“代”为“魏”。

据《魏书》记载，拓跋珪赞同崔玄伯的意见，并很快颁布法令更改国号。诏书言：

> 昔朕远祖，总御幽都，控制遐国，虽践王位，未定九州。逮于朕躬，处百代之季，天下分裂，诸华乏主。民俗虽殊，抚之在德，故躬率六军，扫平中土，凶逆荡除，遐迩率服。宜仍先号，以为魏焉。布告天下，咸知朕意。[⑨]

诏书延续崔玄伯之意，指出拓跋部虽占据代地，但未能占据中原。拓跋珪即位后，中

① 《魏书》卷15，第370页。
② 何德章：《北魏国号与正统问题》，第115页。
③ 《魏书》卷32，第758页。
④ 公元321年时，东晋曾赐拓跋郁律为代王，郁律因东晋伪僭而拒绝，见《魏书》卷1，第9页。
⑤ 《魏书》卷32，第758页。
⑥ 《魏书》卷2，第32页。
⑦ 何德章：《北魏国号与正统问题》，第116—118页。
⑧ 《魏书》卷24，第620—621页。
⑨ 《魏书》卷2，第32—33页。

原无主，有赖其努力，中原得以安定。拓跋珪由此宣称其王朝当用新号“魏”，借以昭示天下新的正统君主的出现。

改定国号暗含着北魏早期同西晋的正统之争。依照历代定立国号的惯例，“代”应当适合北魏，因为此名源自西晋赐拓跋部君主之封地，也是该部长久以来的统治区域。然而，“代”名有一个显著的缺陷，即其源自西晋册封，承载了拓跋部政权依附西晋的史实。拓跋珪占据中原后，其对手转而成为承接西晋的东晋政权。此时“代”名的缺陷变得突出。为了应对东晋，拓跋珪不得不放弃代之国号。“魏”转而成为更好的选项。一方面，该名间接地挑战了两晋的合法性。公元266年，司马炎篡夺魏元帝帝位，建立西晋。[①]“魏”在此意义上否定了晋之合法性。另一方面，拓跋珪有权用“魏”作国号。正如崔玄伯所指出，拓跋珪形式上拥有魏的封地和魏王的头衔。在占领中原后，他有了坚实的理由来改名为“魏”，进而直接支持自身的正统性。

二、朝代德运变更

恰如诸多学者指出，德运的选用是古代王朝最为显见的正统塑造手法之一。早在先秦时期，邹衍（约前305—前240）就提出了五德说，指出每个拥有天命的王朝都继承了五德之一，而不同朝代间的德运存在前后相克的关系，遵循如下演进次序，土→木→金→火→水。[②]西汉学者刘歆重释了邹衍五德说，认为德运演进基于前后相生，五德次序遂为木→火→土→金→水。[③]王莽篡汉建立新朝时，引用刘歆学说，因火生土，故立土德以承接汉代火德。此后，中古时期的多数朝代皆依照刘歆之说来选定自身德运。然而，北魏却没有遵循上述传统，而是在其不同的阶段采用了土德和水德。

在击败后燕并占据华北后，拓跋珪实施了一系列旨在加强其统治的方法，例如改国号为魏，设平城为都，完善法律和行政制度，颁布官方礼仪制度。[④]天兴二年正月，在其称帝当天，拓跋珪即召集群臣议定北魏之德运。《魏书》记载，崔玄伯等人建议用土德，言“国家继黄帝之后，宜为土德，故神兽如牛，牛土畜，又黄星显曜，其符也”[⑤]。即指出拓跋实为黄帝之后，黄帝用土德，故北魏也可继承。其次，依照拓跋部传说，其族人南迁时，有形似马声类牛的神兽带领。牛对应土德。[⑥]最后，皇始元年时，天有大黄星。[⑦]这一天象不仅表征了天命之主的出现，也指示了黄星相对的土德。拓跋珪遂定北魏为土德。

---

① 《晋书》卷3，第50页。

② Aihe Wang，*Cosmology and Political Culture in Early China*，Cambridge：Cambridge University，2006，75-128.

③ 饶宗颐：《中国史学上之正统论》，上海：上海远东出版社，1996年，第17—21页。

④ 《魏书》卷2，第33—34页。

⑤ 《魏书》卷108，第2734页。

⑥ 《魏书》卷1，第1—2页。Holcombe，“The Xianbei in Chinese History”，3-6.

⑦ 《魏书》卷105，第2389页。

北魏群臣为何不采用流行已久的刘歆五德相生说加以确定德运？一个可能的原因是北魏不具备应用五德说的资格。如上所述，在刘歆的学说中，五德在朝代间顺次传承，一旦新王朝取代了旧王朝，旧有德运终结，随之产生新的德运。然而北魏建立之初，仅击败国祚短促的后燕，后者并未明确记载其德运。此外，此时天下只有东晋拥有广为认同的金德，这是源自其承接的西晋法统。北魏显然也无法通过征服东晋来获得相生的德运。另一个原因可能是北魏试图承接曹魏正统，故采用和曹魏相同的德运，即土德。如前一节所述，北魏以“魏”为国号，由于北魏采用了曹魏的朝代名称，崔玄伯很可能同样借鉴曹魏的德运，以此彰显北魏承接自曹魏的正统性。①

在此后近一个世纪中，北魏一直采用土德。然而至公元490年，孝文帝诏令群臣议定德运，并指出“五德相袭，分叙有常。然异同之论，著于往汉，未详之说，疑在今史。群官百辟，可议其所应。”②孝文帝诏令揭示了北魏德运的核心问题，即并未采用旧有的五德相生说。北魏若想沿袭刘歆五德说，其关键在于确定一个正统的前朝，从而能够为北魏提供相应的德运。此时的北魏群臣不再继续崔玄伯的观点，反而套用五德相生论，为孝文帝提出了两种截然不同的德运观点。

高闾（？—502）坚持土德，但给出了与北魏初年群臣不同的解释。他强调，一旦某个政权占据中原，即自然具有天命且拥有德运。“臣闻居尊据极，允应明命者，莫不以中原为正统，神州为帝宅。”③因此，十六国时期占据中原的政权具有德运，这些政权的德运上承西晋，下接北魏。高闾提出如下德运顺序，西晋之金德→后赵之水德→前燕之木德→前秦之火德。高闾认为，北魏建立于前秦崩溃之际，虽未有攻灭取代前秦之举，但在占据中原后，也可承接前秦德运，火生土，故德运当为土。

李彪（440—501）和崔光（449—552）则坚持水德。他们指出，高闾提及的胡人政权统治残暴且国祚短促，非是正统。二者强调北魏正统性当承接自西晋，并指出当西晋陷入混乱时，天命已然转至代国，通过拓跋历代君主的持续努力，最终在北魏时期全然据有天命。④故西晋让位于北魏，其金德产生水德，当为北魏之德运。换言之，这两位官员都认为，虽然西晋同北魏间隔日久，但二者仍存在天命和德运的传承，恰如汉承周德。

高闾和李彪、崔光的建议有相似之处，例如，三人都认为西晋是北魏正统的来源，并视东晋为僭伪，都遵循了刘歆五德相生说来探讨北魏德运。然而，这些官员的不同结论揭示了其对正统的理解不同。高闾土德说的基础在于认为占有中原即有正统，故十六国可视作北魏正统的来源。李彪和崔光的水德说的基础在于认定天命转移塑造正统，故西晋成为北魏正统的来源。

① 何德章：《北魏国号与正统问题》，第118页。

② 《魏书》卷108，第2744页。

③ 《魏书》卷108，第2744—2745页。

④ 《魏书》卷108，第2745页。

孝文帝更喜欢后一种观点，采用水德可以突出西晋与北魏之间的历史联系，而西晋是中古时期公认的正统王朝，由此北魏能够继承西晋正统资源得以自立。公元491年，孝文帝颁发诏令，定水德。[①]北魏水德由此成为后续北朝以及隋唐两宋朝代德运的源头。[②]

三、都城迁移

传统中国王朝在选取都城时，会参考诸多因素。一般来看，具有客观突出优势的城市更容易被选为都城，例如占据经济优势的城市，或具有优良防御条件的城池，抑或具有良好基础设施的都邑。[③]但除了上述客观因素外，前朝国都也常常被后续王朝所继承。这是因为通过继承都城，后续王朝得以借用前朝正统资源来支持自身统治。北魏同时遵循上述两种传统，基于地缘优势而选定平城为其早期国都，基于正统塑造而迁其都城至洛阳。

代国都城盛乐，是位于阴山脚下的小城。公元386年拓跋珪复兴代国时，延续盛乐为其都城。[④]然而，当北魏击败后燕占据中原大部后，便将都城迁往秦汉边邑的代北平城。[⑤]正如李凭指出，平城被设为国都的原因在于其农业和地缘的优势。[⑥]盛乐是一个较为原始的城邑，考古发现也揭示了这个城市缺少许多基础设施。[⑦]与之相较，平城则有完善的基础设施和稳定的粮食供应。其就近北魏新占据的冀并二州，又贴近拓跋部代北故地，便于拓跋部居中控制。在之后的近一个世纪里，平城一直作为北魏的都城而存在，直到公元493年孝文帝迁都洛阳。

在孝文帝即位之前，北魏已然对周边邻国取得了显著优势。在北方，柔然势力被大幅削弱。北魏的持续打击使得柔然最终在公元478年降服称臣。[⑧]与此同时，北魏也逐渐向南攻略领土，并将国境南压至淮水一带。而此时的南朝则陷于无休止地篡夺和内斗的循环。北魏由此有机会得以发展为一个成熟的中原王朝。

公元490年，当孝文帝掌权时，他的首要任务是树立自身的权威。其方法之一就是将平城改造为一个万国俱瞻的华夏都城。[⑨]史料记载，平城在北魏前期较为简陋，规模较小。[⑩]在孝文帝的命令下，北魏在平城修建了诸多宏伟的大型建筑，包括明堂、孔庙、祖

① 《魏书》卷108，第2746—2747页。

② 刘浦江：《南北朝的历史遗产与隋唐时代的正统论》，《文史》2013年第2辑。

③ 周振鹤：《东西徘徊与南北往复——中国历史上五大都城定位的政治地理因素》，《华东师范大学学报》（哲学社会科学版）2009年第1期。

④ 《魏书》卷2，第20页。

⑤ 《魏书》卷2，第33页。

⑥ 李凭：《北魏平城时代》，上海：上海古籍出版社，2011年，第289—302页。

⑦ 宿白：《盛乐、平城一带的拓跋鲜卑——北魏遗迹——鲜卑遗迹辑录之二》，《文物》1977年第11期。

⑧ 《魏书》卷103，第2296页。

⑨ 何德章：《论北魏孝文帝迁都事件》，《魏晋南北朝隋唐史资料》1997年第1期，第72—73页。

⑩ 《南齐书》卷57，第984页。

庙，以及新的大殿——太极殿。[①]

然而，平城似乎不再适合作为北魏的都城。这个都城的缺陷是多方面的。首先，由于北魏大规模地迁移中原民众至平城，这使得平城日益遭受粮食短缺问题。[②]史料记载，北魏不得不频繁从其粮食主产区的河北平原调运粮草。[③]其次，由于平城靠近草原，为鲜卑文化的中心，这里似乎不欢迎孝文帝所钟爱的华夏文化。何德章的研究指出，正是由于平城拓跋贵族势力的抵抗，孝文帝不得不在公元491年暂停了其改造平城的计划。[④]孝文帝对此感到失望，私下同其近臣拓跋澄言："但国家兴自北土，徙居平城，虽富有四海，文轨未一，此间用武之地，非可文治，移风易俗，信为甚难。"[⑤]

孝文帝决定迁都以继续推行其改革。迁都的第一个选项是邺城，其优点包括充沛的粮食供应以及优越的城防设施。战国时期，邺城已成为魏国的国都之一。汉时，邺城也是冀州之核心。汉末时期，邺城脱颖而出，先后成为袁绍和曹操的根据地。曹魏时期，邺城成为五都之一。此后的十六国时期，后赵、冉魏和前燕都以邺城为都，并持续扩建这座城市，使其成为中原最为宏伟的都邑。事实上，在孝文帝之前，北魏群臣曾经两次商讨是否迁都邺城。[⑥]尽管上述讨论最终并未成行，但皆表明了邺城在客观层面是北魏最佳的替代都城。

然而，孝文帝直接否定了邺城的选项，他认为以邺城为都的后赵等国，皆国祚短暂，且非正统。[⑦]孝文帝拒绝继承邺城的历史记忆，即便该城拥有显著优势。

另一个选项是洛阳。自从公元311年永嘉之乱时为汉赵大军烧毁后，这座昔日的西晋国都一直处于荒废状态。[⑧]尽管如此，与其他城市相比，洛阳在政治正统性上有着鲜明的优势。一方面，该城位于河洛谷地，为周公所营造，成为西周和东周的都城。何尊的出土，表明西周统治者将洛阳描述为他们所知世界的中心，并创造"中国"一词加以指代洛阳及其周边地区。虽然"中国"在后世逐渐成为指代华夏文明所在的地理和政体范畴，但在古代语境中，洛阳依旧被视作中国之所在，天下之中心。[⑨]在这种意义上，以洛阳为都直接表征了对中国乃至天下的统治。另一方面，洛阳本身也是诸多王朝的都城，无论是周

① 《魏书》卷7，第161页。

② 《魏书》卷110，第2856页。

③ 《魏书》卷15，第380页。

④ 何德章：《论北魏孝文帝迁都事件》，第73页。

⑤ 《魏书》卷19，第464页。

⑥ 公元398年，拓跋珪在荡平河北后尝试迁都邺城，然而由于柔然边患严重，迁都未成。公元415年，平城屡遭饥荒，群臣讨论迁都邺城。崔浩反对，指出平城具有优越的战略位置。见《魏书》卷2，第31页；卷35，第808页。

⑦ 乐史：《太平寰宇记》卷55，北京：中华书局，2007年，第1134页。

⑧ 《晋书》卷5，第121—122页。

⑨ 万绳楠整理：《陈寅恪魏晋南北朝史讲演录》，合肥：黄山书社，1987年，第234页。

代还是东汉以及魏晋，这使得洛阳承载了上述王朝的政治合法性资源。[①]简而言之，尽管洛阳已成废墟，但它仍被视为中国之中心，也是北魏之前多个正统王朝的都城，这些因素使得该城成为渴求正统资源的孝文帝的最终目标。

孝文帝明言自己对洛阳的热爱，《魏书》记载，孝文帝言："崤函帝宅，河洛王里，因兹大举，光宅中原。"[②]为了不引起平城反对势力的抵触，孝文帝使用诡计。公元493年他宣布了南征南齐的计划。由于北魏的军事准备不足，多数将领都反对这一计划。尽管如此，孝文帝还是坚持在该年9月率军南下。[③]此后他故意拖延行程。据史料记载，当孝文帝带领军队抵达洛阳时，朝臣无法忍受痛苦的行军，恳求孝文帝返回平城。[④]孝文帝反对，认为南征不能无果而终。在他同群臣的面谈中，孝文帝赞扬了拓跋先祖自北地南迁至代地的壮举，并引出与之类似的迁都洛阳的决定。[⑤]群臣只得勉强赞同孝文帝的决定。[⑥]

毫无疑问，孝文帝突兀地迁都必然会招致拓跋贵族的反对。《魏书》记载孝文帝在随后的公元494年遍访北地，安抚拓跋族人。[⑦]然而，依旧有拓跋贵族采用更激烈的手段加以反抗。公元497年，平城的拓跋贵族秘密邀请太子返回平城，从而拥立其为皇帝。孝文帝发现这场阴谋后立即采取严厉举措，不仅处决了多位涉案的拓跋贵族，甚至将太子赐死。[⑧]

与此同时，一个全新的宏伟的洛阳逐渐出现在世人的眼前。[⑨]公元495年，北魏将其平城的政府机构以及拓跋贵族和平城百姓尽数迁往洛阳，迁都自此完成。[⑩]

北魏晚期的文献《洛阳伽蓝记》中，作者杨衒之向后世描绘了北魏时人如何以洛阳为荣。[⑪]而恢弘的洛阳城以及兴盛的礼教文化也给南朝的政治家留下了深刻的印象。南梁陈庆之（484—539）就曾言，"自晋宋以来，号洛阳为荒土。此中谓长江以北，尽是夷狄。昨至洛阳，始知衣冠士族，并在中原。礼仪富盛，人物殷阜，目所不识，口不能传。"[⑫]

洛阳的辉煌显然使得陈庆之改变了其对北朝的看法，使他相信北魏是文教繁荣的中原

---

① 万绳楠：《陈寅恪魏晋南北朝史讲演录》，第174页。叶骁军：《中国都城发展史》，西安：陕西人民出版社，1988年，第52—60页。

② 《魏书》卷19，第464—465页。

③ 《魏书》卷7，第172页。

④ 《资治通鉴》卷138，第4337—4340页。孝文帝有意拖延行程，《魏书》记载其对沿路景致多有观赏，也多亲自体察民情。

⑤ 《魏书》卷1，第1—2页。

⑥ 《魏书》卷53，第1183页。

⑦ 《魏书》卷14，第359—360页。

⑧ 《魏书》卷14，第361页；卷22，第588—589页。

⑨ 北魏洛阳城建的研究，见Ho，Ping-ti "Lo-Yang，A.D. 495-534，A Study of Physical and Socioeconomic Planning of A Metropolitan Area"，*Harvard Journal of Asiatic Studies* 26(1966)，52-101.

⑩ 《魏书》卷7，第178页。

⑪ 杨衒之著，杨勇校笺：《洛阳伽蓝记校笺》卷2，北京：中华书局，2006年，第113页。

⑫ 杨衒之著，杨勇校笺：《洛阳伽蓝记校笺》卷2，第114页。

王朝，而非之前认定的蛮夷之地。这种转变生动地表明了迁都对北魏正统性的有力支持。

四、华夏文化的采用

如同钱穆以及其他学者所指出，在古代中国，华夏文化被认为是诸多文明中最为先进的。[①]因此，少数民族政权倾向于采用各种华夏文化习俗和制度，以使其统治为人接受。北魏同然。这个王朝有着多层次的华夏化实践，努力将自身打造成一个华夏式的王朝，进而支持其统治的正统性。[②]为了描述上述观点，本节将介绍三个具体案例，即北魏对其拓跋统治者血缘的神化，孝文帝对儒家孝道的践行，以及北魏对魏晋祭祀制度的继承。

（1）统治者的高贵血统无疑可以提升其权威性和正统性。中国古代的君主同然，史籍中有着诸多君主血统高贵的记载，比如刘宋君主刘裕（363—422）实为庶族，但《宋书》却宣称其是两汉宗室之后，为刘邦弟楚元王之后人，以此来提升刘裕的正统性。[③]

北魏统治者亟需论证自身的高贵性。鉴于拓跋君主本为鲜卑人，是两晋人眼中的“夷狄”，他们少数民族的身份直接制约了其华夏正统形象的塑造。为了应对这一挑战，北魏史学家重构了拓跋君主的世系传承。在这个世系中，拓跋统治者将自己定义为黄帝的直系后代，而黄帝则是公认的华夏始祖。《魏书·序纪》记载，“昔黄帝有子二十五人，或内列诸华，或外分荒服。昌意少子，受封北土，国有大鲜卑山，因以为号。其后世为君长，统幽都之北，广漠之野。”[④]可见，拓跋部将其族源上推至黄帝少子。《序纪》随后提及“其裔始均，入仕尧世，逐女魃于弱水之北，民赖其勤，帝舜嘉之，命为田祖。”[⑤]即指出拓跋族先人始均辅佐尧舜，乃至被任命田祖。始均之后，缺失了六十七世的拓跋首领记载，直至拓跋毛开始，《魏书·序纪》提供了此后历任拓跋首领的世系。

这一世系不仅将拓跋统治者描绘成黄帝的直系后裔，还试图揭示拓跋部始祖同华夏三皇五帝的密切关联。北魏时期，记载了北魏君主多次向黄帝以及尧舜献祭的记录，其部分目的应当是呼应《魏书》中提及的拓跋世系。[⑥]有趣的是北魏视鲜卑秃发部为夷狄，而秃发部正是三世纪末迁往西北的拓跋族人一支。[⑦]按照上述的昌意少子世系，秃发部就是拓跋部一份子，同样应该被视为黄帝的后裔。

恰如Holmgren和姚大力指出，《魏书·序纪》的拓跋世系应当是由北魏前期的汉人士

① 钱穆：《中国文化史导论》，上海：上海三联书店，1988年，第35页。

② 关于孝文帝对华夏文化和习俗的采用，见Holcombe，“The Xianbei in Chinese History”，24-26.

③ 《宋书》卷1，第1页。《魏书》指责刘宋美化刘裕先祖，言刘裕本为项姓。见《魏书》卷97，第2129页。

④ 《魏书》卷1，第1页。

⑤ 《魏书》卷1，第1页。

⑥ 《魏书》卷108，第2733—2740页。康乐：《从西郊到南郊：国家祭典与北魏政治》，第179页。

⑦ 《魏书》卷99，第2200页。

族官员崔玄伯和邓渊等人结合黄帝传说以及拓跋部自身历史记忆编造而成的。[①]北魏试图通过建构和宣扬这一世系来彰显拓跋君主的高贵血统，从而使得其能被视作更正宗的黄帝后人，有资格承接三皇五帝以来的正统天命。

（2）正如《孝经》所言，“子曰：‘天地之性，人为贵。人之行，莫大于孝。’”孝道是中国文化中最为基础的美德。而孝道的一个重要内容就是在父母和祖父母去世后服丧三年。为了表达对已故至亲的哀悼，守孝的子孙在三年内要穿着粗糙的丧服，吃素食，暂停工作事宜，停止一切形式的娱乐活动。[②]三年之孝的一个原因是《论语》所提及的“子生三年，然后免于父母之怀。夫三年之丧，天下之通丧也。”因此，每个人都应该为死去的至亲哀悼三年，以尊重自己在生命的前三年中得到的照顾。秦汉以来，三年之孝已经为大众所接受。[③]然而，对于君主而言，三年之丧却有诸多挑战。如果严格按照礼仪规范，君主需要远离朝政三年，这将对整个国家的运转不利。汉代君主对三年之丧有所妥协，即在君主父母或祖父母下葬后，皇帝百官以及万民在头三天都穿着丧服，此后皇帝和百官守孝一月。一个月之后，守孝结束，一切恢复正常。[④]两汉灭亡后，上述皇室守孝制度被抛弃，曹魏和西晋采用更加简单的守孝制度，即在下葬日后结束守孝。[⑤]

北魏早期君主遵循了西晋以来的皇室守孝习俗。但拓跋君主也有鲜卑的丧服习俗，即在下葬三个月后举行仪式，向西祈祷神灵，向北驱邪。[⑥]然而，在公元490年文明太后（442—490）去世后，其孙孝文帝却当众宣布他将严格遵守守孝三年的习俗。据《魏书》记载，百官反对这一决定，并产生了如下三种观点。[⑦]有拓跋族官员指出孝文帝这一决定同拓跋习俗相违背。他们还提到，文明太后本人的遗嘱也要求遵循原有哀悼习俗。部分拓跋族官员指出秦汉以来的君主也少有践行守孝三年的案例。而多位汉族官员也不支持孝文帝的决定。李彪和高闾就指出，只有少数传说中的统治者遵守了守孝三年，而两汉时期的多位君主甚至没有遵守守孝一个月的制度，但百姓仍然支持他们的统治。[⑧]这些大臣还提到，北魏还远未实现和平，人民亟需他们的君主继续执政。

然而，孝文帝坚持他的决定。他首先指出三年之孝是自己向已故祖母表达敬意的最佳方式。[⑨]其次，他指出世人都在赞扬上古圣王的德行，其中就包含这些君主遵循守孝三年

① Jennifer Holmgren, *Annals of Tai: Early T'o-pa History According to the first Chapter of the Wei-shu*. Canberra: Australian National University, 1982, 12-18. 姚大力：《论拓跋鲜卑部的早期历史——读〈魏书·序纪〉》，《复旦学报》（社会科学版）2005年第2期，第9页。

② 丁凌华：《中国丧服制度史》，上海：上海人民出版社，2000年，第233—235页。

③ 丁凌华：《中国丧服制度史》，第242—246页。

④ 丁凌华：《中国丧服制度史》，第238—241页。

⑤ 《魏书》卷20，第613页。

⑥ 《魏书》卷108，第2787页。

⑦ 《魏书》卷108，第2778—2780页。

⑧ 《魏书》卷108，第2780—2786页。

⑨ 《魏书》卷108，第2786页。

的习俗。孝文帝追问群臣为何要阻止他以上古圣王做榜样。最后，孝文帝提出了一个折衷方案，群臣被要求守孝三个月，而他本人则要进行为期一年的哀悼。孝文帝同时宣布抛弃原有的鲜卑的哀悼制度。①

孝文帝对祖母的深切爱戴令人生疑。作为一个有野心的政治家，文明太后曾弑杀孝文帝之父献文帝，并视孝文帝为傀儡。孝文帝在祖母的严格控制下度过了“悲惨”的童年，多有被责打惩处的记载。②因此，作为一个刚刚摆脱文明太后阴影执掌大权的皇帝，孝文帝上述举动应当有更深的含义，即通过出众的守孝行为，烘托自身为遵守孝道的典范，从而提升其正统性。自此之后，北魏成为中国古代唯一采用一年皇室守孝制度的王朝。而同时期的南朝以及后续的中国王朝，多延续两汉以来的皇家守孝一月习俗。③由此，孝文帝得以成为古代君主践行孝道的模范。

孝文帝还通过其他方式来塑造遵循孝道的典范。例如，孝文帝将三年守丧制度定为法律，要求鲜卑以及汉人加以遵循。④此处为了更好地让鲜卑人理解孝道，孝文帝命人将《孝经》翻译成鲜卑语，这可能是有史以来第一部《孝经》译本。⑤正是由于孝文帝对孝的遵守以及其在文治方面的突出成就，得以获得“孝文”的谥号。⑥

（3）孝文帝还引进了另一种华夏文化因素，即南郊祭天。在中国古代语境中，天命观揭示了政治合法性的来源。恰如艾兰指出，这一学说认为统治者的权力来自上天之命。天命通常是可以世袭的，但如果君主违背天命放弃了德政，那么天命将会被转移至另一位君主。⑦纵观古代中原王朝的历史，君主多有每年祭天的习俗，以彰显自身拥有的天命。在每年农历的第一个月，君主都会至南郊的圜丘上，向上天奉献牺牲和玉石。南郊祭祀常常是统治者亲力亲为，焚烧祭品并向上天献酒，而君主祖先牌位也被陪祀。南郊祭天突出了上天和君主的直接关联，进一步支持了君主的政治合法性。因此，祭天仪式成为古代王朝最为重要的国家祭祀。

北魏建立之后，同样采用了南郊祭祀的传统。⑧然而史籍中却记载了拓跋部更为看重的西郊祭天仪式。⑨正如《魏书》所描述，祭坛“为方坛一，置木主七于上”，祭祀牺牲则是“白犊、黄驹、白羊各一”，祭祀流程则是“廪牺令掌牲，陈于坛前。女巫执鼓，立于

① 《魏书》卷108，第2783页。

② 《魏书》卷7，第186页。

③ 丁凌华：《中国丧服制度史》，第245—246页。

④ 《魏书》卷180，第2796—2798页。

⑤ 《隋书》卷32，第935页。

⑥ 《魏书》卷7，第186页。

⑦ Sarah Allan, *The Heir and the Sage: Dynastic Legend in Early China*. San Francisco: Chinese Materials Center, 1981, 13.

⑧ 《魏书》卷108，第2734页。

⑨ 《魏书》卷108，第2736页。康乐对之有更详细的研究，见康乐：《从西郊到南郊：国家祭典与北魏政治》，第168—175页。

陛之东，西面。选帝之十族子弟七人执酒，在巫南，西面北上。女巫升坛，摇鼓。帝拜，若肃拜，百官内外尽拜”[①]。这种西郊祭天仪式可以追溯至拓跋部先祖拓跋力微之时，此后的拓跋部首领乃至北魏君主多有参与西郊祭天的记录。[②]

南郊祭天和西郊祭天显然有相似的功能，它们都成为君主政治合法性的外在直观显现。然而二者在程序上以及内容上多有不同，乃至在合法性的显现程度上也有不同。皇帝亲力亲为的南郊祭天，表征了君主单独获得天命的景象。相比之下，西郊祭天的主体是拓跋贵族，表征了上天给予拓跋统治阶层的合法性。换言之，这一仪式揭示了拓跋贵族同其君主对政治权力的共享。

虽然北魏早期上述两种祭天仪式都能被见到，但二者受到的待遇不同。《魏书》记载，自拓跋珪即位时亲自参与南郊祭天后，此后的北魏君主未有参与该祭祀，而是敷衍地要求朝官代劳。相比之下，北魏君主常常认真参与西郊祭天仪式。[③]这种对比生动地表明北魏君主并未试图从华夏天命寻求合法性，只是将南郊祭天视作中国式的一种装饰。

孝文帝即位后祭天仪式发生了彻底改变。孝文帝一步一步地推行南郊祭天。公元486年，他参加了西郊祭祀，但并未如同之前北魏君主一样穿着拓跋本民族服饰。[④]此后时间里，他先是下令重建和扩建圜丘，即南郊祭天的祭坛，随后在公元489年正月，第一次参加南郊祭天。[⑤]其后的公元493年，孝文帝不再参与西郊祭天，并在此后迁都洛阳时，彻底地废弃了西郊祭天仪式。[⑥]这位拓跋君主显然觉得自己不再需要草原上天的合法性支持。他自认为华夏君主，一个完全从华夏上天取得天命和正统的皇帝。

孝文帝的皇权专揽意图部分解释了他对西郊祭天的抛弃，后者的基础恰恰是拓跋贵族同其首领的权力分享。显然，雄心勃勃的孝文帝更加青睐南郊祭天，以此凸显自身至高无上的权威。而其对南郊祭天的践行，也凸显了其是华夏文明践行者的形象，这与遵守孝道和追祭黄帝始祖一样，都能够增强其正统性。

五、祥瑞记载

在中国古代政治语境中，祥瑞被视为君主拥有天命正统最为显见的证据。[⑦]为了证明其拥有的天命，古代君主常常引用乃至创造祥瑞。汉代思想家董仲舒就曾指出，上天会通

① 《魏书》卷108，第2736页。

② 《魏书》卷1，第3页。

③ 《魏书》卷108，第2813页。

④ 《魏书》卷108，第2741页。

⑤ 《魏书》卷7，第164页。孝文帝同样恢复了对后土的祭祀，《魏书》卷108，第2741页。

⑥ 《魏书》卷7，第169页。康乐：《从西郊到南郊：国家祭典与北魏政治》，第188页。

⑦ Mansvelt Beck，Burchard Jan. *The Treatises of Later Han：Their Author，Sources，Contents，and Place in Chinese Historiography*. Leiden：Brill，1990，156-164.

过祥瑞或灾异来表达对君主统治的支持或反对。[①]北魏时期，大量的祥瑞被记录和引用，用以增强统治者的合法性。[②]这些祥瑞多被记录在《魏书》中，大致可分为如下四个类别，天象和自然现象、野兽、鸟类、植物类。[③]

第一类也是最重要的祥瑞包含天象和自然现象。《魏书·天象志》记载，“太祖皇始元年夏六月，有星彗于髦头。彗所以去秽布新也。皇天以黜无道，建有德，故或凭之以昌，或由之以亡。”彗星过昴星，表征新的天命之主的出现，此处即指拓跋珪。[④]岁星出现在白天有相似的含义。故《魏书》记载这一星象发生在公元396年拓跋珪占领华北以及此后称帝之时。[⑤]自然现象中的祥瑞种类颇多，最显见的是祥云和甘露。祥云出现预示治世来临，北魏记载该现象出现两次。甘露需要君主德行出众方能出现，《魏书》记载，“王者德至，天和气盛则降。又王者敬老，则柏受甘露。”[⑥]北魏共有二十一次甘露出现的记载。[⑦]

第二类祥瑞包括对各种真实但罕见的野生动物的出现记载。据《魏书》记载，白鹿是“王者惠及下则至”，共有二十二次。[⑧]白獐则是“王者刑罚理则至”，共有七次。[⑨]白狐则“王者仁智则至”，共十九次。[⑩]白兔则“王者敬耆老则见”，共五十九次。[⑪]此外，白龟的出现表征了“王者不私人以官，尊耆任旧，无偏党之应”。公元518年，皇宫发现神龟，孝明帝遂以“神龟”作为年号。[⑫]

第三类祥瑞则是各种祥鸟的出现，即那些同原本色彩不同的鸟类。异色鸟类出现本身就昭示了君主的德行，例如白色乌鸦为“王者宗庙肃敬则至”，北魏记有二十八次。[⑬]“王者爵禄均则白雀至”，白麻雀共记有八十次。[⑭]此外，魏书还记载白色斑鸠出现十二次，苍色乌鸦十三次，三脚乌鸦三十七次等等，这些鸟类的出现皆被认为是呼应君主具有的德行。[⑮]在其他情况下，某些鸟类被视为吉祥只是因为它们曾经出现在上古圣王时代。这些鸟类的再次出现，表征了君主同古代圣王相似的德行。例如，赤色乌鸦在“周武王时衔麦

① Gary Arbuckle, “Inevitable Treason: Dong Zhongshu's Theory of Historical Cycles and Early Attempts to Invalidate the Han Mandate”, *Journal of the American Oriental Society* 115 (1995), 585-597.

② 《魏书》卷112，第2927—2967页。

③ 这种分类是借鉴《新唐书》分类，见《新唐书》卷46，第1194页。

④ 《魏书》卷105，第2389页。

⑤ 《魏书》卷105，第2390页。

⑥ 《魏书》卷112，第2938页。

⑦ 《魏书》卷112，第2938—2940页。

⑧ 《魏书》卷112，第2930—2940页。

⑨ 《魏书》卷112，第2932页。

⑩ 《魏书》卷112，第2928—2929页。

⑪ 《魏书》卷112，第2942—2946页。

⑫ 《魏书》卷112，第2937页。

⑬ 《魏书》卷112，第2935—2936页。

⑭ 《魏书》卷112，第2947—2952页。

⑮ 《魏书》卷112，第2953页，2937页，2932—2935页。

至而克殷”，《魏书》中记载三次出现。[①]周成王时越裳氏献白雉，《魏书》记录了五十二例出现。[②]

第四类祥瑞则是各种奇异植物的出现。其中最为重要的是嘉禾以及木连理的记录。嘉禾即一株谷物上结有一个以上的穗。传统中国是一个农业社会，因此与粮食生产相关的祥瑞最受关注。《魏书》共记载了三十一次嘉禾的出现。[③]木连理则是相邻两棵树的枝干缠绕融合。《魏书》言：“王者德泽纯洽，八方为一则生。”[④]即只有当君主能够统一天下时木连理方能出现，北魏共记录八十九次出现。[⑤]

简言之，本节提到的多种祥瑞是北魏政治合法性的重要来源。其中一些祥瑞如甘露和彗星出现等等，直接表明天命之主的出现。另一些如白色兽类禽类出现的祥瑞，则点明了北魏统治者某些具体的德行。此外还有其他祥瑞如赤乌白雉，则预示了北魏统治者和远古圣王相似的德行。上述类型的祥瑞都共同支持了北魏统治者的正统性。

六、外交举措

在中国古代政治语境中，中国或中原王朝被认为是天下最为至上的政权，有主宰天下的能力。在这种观点的支持下，中原王朝可以通过四方国家的朝贡和臣服来体现自身至高的地位以及统治的正统性。[⑥]南北朝时期南北分立，北魏更加关注在外交领域谋求对华夏正统的争夺。本节将按时间顺序介绍北魏对外谋求正统的四个阶段。

（1）北魏初期实力弱小，其同东晋以及之后的刘宋保持了较为和平的关系。[⑦]按照《魏书》的记载，北魏曾经出兵帮助东晋与后秦作战。[⑧]虽然东晋和刘宋都宣称自己为华夏正统所在，但北魏并没有直接挑战这一论断。然而，这种脆弱的和平状态无法持久，北魏逐渐开始对华夏正统地位加以争夺。

（2）公元422年，北魏率先与刘宋开战。几年之内，北魏征服了淮河以北的大部分地区。[⑨]刘宋不仅多有北伐加以抗拒，还试图组建一个环绕北魏的反抗联盟，其中包括柔然、北凉、北燕、吐谷浑等政权。[⑩]这个联盟多次发动对北魏的联合军事进攻，但都以失败告

---

① 《魏书》卷112，第2936—2937页。

② 《魏书》卷112，第2964—2967页。

③ 《魏书》卷112，第2940—2942页。

④ 《魏书》卷112，第2958页。

⑤ 《魏书》卷112，第2958—2963页。

⑥ Yang Shaoyun，“*Reinventing the Barbarian: Rhetorical and Philosophical Uses of the Yi-Di in Mid-Imperial China, 600-1300*”. Ph.D. diss.，University of California，2014，195-210.

⑦ 《魏书》卷2，第28页。《资治通鉴》卷125，第3747页。

⑧ 《魏书》卷2，第35页；卷33，第787—788页。

⑨ 《魏书》卷3，第62—63页。

⑩ 《宋书》卷95，第2337页。

终，自身也被北魏所瓦解。[①]以下将简要介绍北魏如何迫使柔然、北凉最终臣服其统治。

据《魏书》记载，柔然国主为拓跋部逃奴所建。[②]当北魏建立并将注意力转移至中原后，柔然势力得以发展，并很快统治草原。公元402年，柔然建国，并在此后不断南侵北魏。[③]北魏则以持续的进攻回应，最终迫使柔然于公元431年降服。[④]然而，这种和平只持续了四年。柔然在此期间与刘宋结盟，并于公元435年与刘宋南北夹击北魏。[⑤]拓跋统治者对柔然的背叛感到愤怒，还将其名号改为“蠕蠕”，意为软弱如虫之蠕动。[⑥]此后的时间内，北魏定期对柔然发动攻击并加强边镇势力，不断掳掠草原牛马和人口。期间柔然反复请求降服，但皆被北魏拒绝。直到公元478年，当柔然同意充当北魏附庸并承诺定期朝贡时，北魏才停止了进攻。此后柔然和北魏保持了密切的外交联系，直至柔然在公元6世纪中期为突厥所取代。[⑦]

北凉则是刘宋王朝的另一个盟友，然而其命运则不幸得多。在公元5世纪初，这个胡人政权统治了西北大部。公元433年，在目睹了北魏强势翦灭胡夏政权后，北凉主动称臣于北魏。为了控制北凉，拓跋焘不仅任命其国主为征西大将军，还与北凉国王联姻，并要求北凉以王子为质。[⑧]然而，北凉在臣服北魏的同时，也同刘宋保持着密切的沟通，乃至秘密加入反北魏联盟，支持柔然对北魏的进攻。[⑨]北凉的背叛对北魏权威构成了严重的挑战。公元439年，拓跋焘列举了北凉国主犯下的十二项罪行，其内容主要是对北魏的背叛，例如“既荷王爵又授伪官，取两端之荣，邀不二之宠，罪三也。……北托叛虏，南引仇池，凭援谷军，提挈为奸，罪七也。”[⑩]北魏遣兵攻击，迅速吞并了北凉。

在拓跋焘时期，北魏不仅击败了刘宋的盟友，包括上述的柔然和北凉，也击败了刘宋的数次北伐。公元450年，北魏趁势南侵刘宋，但并未取得太大成就。[⑪]这场战争之后，北魏和刘宋相互妥协，承认彼此的平等地位，从而实现了此后数十年的和平。

（3）公元5世纪后半叶，北魏在外交交往中将刘宋及其继任者南齐视为对等的国家。从《魏书》记录可见，北魏在这一时期不仅与南朝保持着频繁的外交往来，还特意选取文

---

① 《资治通鉴》卷125，第3946页。

② 《魏书》卷103，第2289页。

③ 《魏书》卷103，第2291—2293页。

④ 《魏书》卷103，第2293页。

⑤ 《魏书》卷103，第2294页。

⑥ 《魏书》卷103，第2289页。

⑦ 《魏书》卷103，第2296页。

⑧ 《魏书》卷99，第2205页。关于中国古代质子研究，见Yang Lien-sheng，“Hostages in Chinese History”，*Harvard Journal of Asiatic Studies* 15 (1952)，507-521.

⑨ 《魏书》卷102，第2260页。

⑩ 《魏书》卷99，第2207页。

⑪ 《魏书》卷4，第105页。

化精英充任外交官，旨在展示北魏开明正统的华夏风貌。[①]当然在具体的外交互动中，北魏仍然怀有争夺正统的期望，并以多种方式打击对手的正统地位。这些活动最终导致了下述的外交悲剧。

南齐禅代刘宋后，北魏庇护了刘宋的使者以及逃亡的宗室成员。公元483年，北魏在平城举行宴会，邀请四方使者前来参加。东道主故意让南齐使者坐在刘宋使者之下位。南齐使者对此表示强烈抗议，认为这一坐席安排表明北魏仍视刘宋为存在。其后刘宋流亡宗室刘昶秘密雇佣刺客杀害南齐使者，使得这场外交争端演变为悲剧。[②]为了安抚南齐，北魏处决了刺客并遣返了刘宋使者。[③]

在同南朝保持密切外交联系的同时，北魏也尝试阻止周边国家与南朝的外交联系，从而孤立南朝以建构自身的天下体系。费正清在古代中国朝贡制度研究中，也有类似的观察。他指出，朝贡（来自藩属国）对中国古代政府有着获得威望和声誉的价值，而威望恰恰是古代中国王朝所期待的正统性来源。[④]以高句丽政权为例，这个在中古时期占据东北亚的政权一直是北魏最重要的属国之一。[⑤]公元435年，高句丽国请求依附北魏。北魏则通过授予其统治者官衔来表征其主导地位。[⑥]在北魏所有的朝贡国中，高句丽进贡次数最多，共九十六次，通常每年两次。[⑦]然而，高句丽其实摇摆于北魏和南朝之间，并多次秘密向南朝派遣使节。[⑧]北魏对此保持高度警惕。孝文帝时期，山东官员截获了前往南齐的高句丽使团。孝文帝为此严厉批评高句丽，并威胁动用军事手段。[⑨]高句丽统治者只得称罪，并在此后的一段时间内中断了与南朝的联系。

（4）南北方之间的和平局面在公元5世纪末结束。孝文帝在迁都后发动了多次南侵，试图征服南齐统一中国，成为天命的唯一持有者。[⑩]此后的北魏君主也对南朝多采取敌对态度，直到他们的王朝垮台。

小　结

整体而言，由于北魏缺乏正统来源，不得不从无到有建构其正统性。为了奠定其正统

① 《宋书》卷9，第2354页。《魏书》卷48，第1091页。

② 《魏书》卷59，第1308页。

③ 《魏书》卷7，第151页。

④ John K. Fairbank, “Tributary Trade and China's Relations with the West”, *The Far Eastern Quarterly* vol. 1, No. 2 (1942), 135.

⑤ 《魏书》卷100，第2224页。

⑥ 《魏书》卷100，第2214—2215页。

⑦ 《魏书》卷100，第2215页。

⑧ 《宋书》卷97，第2392页。

⑨ 《魏书》卷100，第2216页。

⑩ 《魏书》卷7，第176页。

基础，北魏在其早期通过引入“魏”之国号以及相应的德运，试图援引曹魏的正统资源。在其统治中期，北魏通过变更其德运、都城，以及借鉴华夏文化因素，从而全面建构正统。为了证明自己是西晋的继承者，北魏采用了水德。为了继承洛阳蕴含的丰富正统资源，北魏将首都迁至该城。北魏还采用了各种华夏文化因素，以期成为中华文明的合法继承者。此外，北魏在其统治时期，还记录和引用了各式祥瑞，以期展现上天对其正统的肯定。北魏在外交领域内，也在不断积极争夺正统地位。然而，尽管采取了上述多种措施，北魏始终无法一统中国，无法成为天命的唯一持有者，无法专有正统地位。最终在公元6世纪中叶，北魏崩溃。它的继承者，北朝以及随后的隋王朝，最终统一中国，开启了中国文明的新篇章。

由于篇幅的限制，本文放弃了对其它涉及北魏正统塑造议题的讨论。例如，本文并未关注同时期南朝的正统塑造，也没有关注宗教因素对北魏正统塑造的影响，更没有关注古代学者对北魏正统议题的关注。上述议题对理解北魏正统塑造无疑十分重要，只能留待后续学者跟进研究。总体而言，本文从一个具体案例揭示了古代王朝动态且复杂的正统塑造方式，这将有助于学界加深对中国古代正统议题的了解。

（原发表刊物：Journal of Asian History，52.1(2018)，83-117.

原论文题目：Becoming the Ruler of the Central Realm — How the Northern Wei Dynasty established its political legitimacy）

《殷仲容墓志》研究

李芳瑶

殷仲容为唐朝高宗、武则天时期著名的书法家，系出魏晋以来的侨姓士族陈郡殷氏，入唐以后家族世代与同为南朝士族的颜氏家族联姻。殷氏家族代出书法名家，至殷仲容时名声更显，可惜如此重要的书家两《唐书》无传。2004年，殷仲容与妻子颜颀墓志在西安市南郊出土，为了解殷仲容生平和殷颜两家的情况提供了重要史料。下文将根据墓志对殷仲容的生平和作品进行讨论，并结合其他史料讨论唐朝时期殷颜两个重要的文化家族之间的紧密联系。

一、殷仲容墓志

殷仲容墓志全称《大周故通议大夫行麟台丞上柱国建安县开国子殷府君墓志铭并序》（以下简称《殷仲容墓志》），志盖和志文分别由其子殷损之和殷承业书，中间间杂初、圣、年等武周新字，墓志记载：

> 曾祖英童，周御史大夫、封建安县开国男。祖闻礼，唐太子中舍、袭建安县开国男。父令名，唐光禄卿、上柱国、袭建安县开国男。……府君承积庆之绪，必复其初。幼敏金声，长逾玉润。芝兰与化，金石共坚。业擅青箱，道凝玄牝。花飞八体，笔削五车。实羽仪之标格，珪璋之特秀也。贞观廿三年，唐文武圣皇帝挽郎。永徽五年，朝散郎、雍州参军。显庆五年，任左领军仓曹。龙朔二年，任左戎卫仓曹。乾封二年，加宣德郎、沛王府法曹。咸亨元年，袭建安县开国男、食邑三百户。三年，加通直郎、都水丞，迁秘书郎、详正学士。上元二年，加承议郎。仪凤二年，加朝议郎、太仆丞。永隆二年，加朝散大夫、相王府咨议。嗣圣元年，加朝议大夫、秘书丞。光宅元年，加开国子、食邑四百户。垂拱元年，枉以亲累，左迁隆州长史。永昌元年，允归佥望，入除冬官郎中。载初元年，惟良所属，从太中大夫、使持节检校申州刺史。如意元年，即正授申州刺史。长寿三年，滥冶长之非，左降施州司马。至圣历二年，以旧德被追，行麟台丞。久视元年，加通议大夫。……粤以长安三年岁次癸卯四月廿九日，易箦于长安县通化坊之私第，春秋七十一。门人皆经，唯听德水之

音；冠盖里空，但见鄴城之气。朝廷钦属，奏行吊祭礼。相府追念，赠物卌匹。呜呼！国之恺悌，列邦挥涕，人之有良，行路悲伤。公才雄著述，及精图写。千载之外，独冠古今。皆成部帙，发挥别传。唐秘书大监颜师古，海内羽仪，人物宗匠。家有淑女，亲结其褵。玉树先摧，祥云绝影。仪凤二年三月十三日春秋卌有七，上归仙箓，奄绝好逑。孤剑一沉，春楼罢色。至永隆二年闰七月十三日迁窆于乾封县高阳之原。公以长安三年岁次癸卯七月庚申朔十七日景午，与夫人合葬于旧茔，礼也。[①]

殷氏家族自殷不害始入关。隋文帝开皇九年（589），南朝陈陷落，不害入关，途中病逝。[②]殷不害生英童，英童生闻礼，闻礼生令名、令德、令言、令威，令名生仲容。令名因为长子，袭爵建安县开国男，仲容亦得以袭爵。颜真卿撰《殷践猷墓碣铭》记载殷践猷"高祖英童，周御正大夫、麟趾学士"[③]，《殷仲容墓志》记殷英童为北周"御史大夫"，盖因不熟悉北周职官所误。从殷英童开始，四代皆以能书善画出名。《历代名画记》对英童、闻礼、令名、仲容有所评价，但是其中关于殷家世系的记载是错误的，参考时须辨正。如殷英童，"善画，兼楷隶"[④]；殷令名，"父不害，累代工书画"；殷闻礼，"字大端，书画妙过于父。武德初，为中书舍人、赵王友兼侍读、弘文馆学士"；殷仲容，"天后任太仆、秘书丞、工部郎中、申州刺史。善书画，工写貌及花鸟，妙得其真，或用墨色，如兼五采"[⑤]。

殷仲容父令名闻名于高宗之时。北宋宋敏求《长安志》卷九记载高宗时将济度尼寺移往安业坊，新址寺名为殷令名所题[⑥]，可知令名法书已为高宗所重。殷令名又曾为庄严寺和总持寺题门额。两寺为长安城中的大寺，庄严寺乃隋文帝为独孤皇后所立，总持寺为隋炀帝为文帝所立，两寺总占永阳坊一坊之地，非长安一般寺院可比。殷令名传世作品有《裴镜民碑》，《金石录》卷23记《隋益州长史裴镜民碑》，"殷令名书。令名与其子仲容，皆以能书擅名一时，而令名遗迹，存者惟此碑耳。笔法精妙，不减欧、虞，惜不多见。"[⑦]昭陵陪葬墓中有尉迟敬德墓，其中《尉迟敬德碑》撰者许敬宗，书者有认为王知敬者[⑧]，亦有认为殷令名者[⑨]。以《尉迟敬德碑》为殷令名所作的根据，为碑文所引的高宗诏文：

① 墓志录文全文见陕西省考古研究所：《唐殷仲容夫妇墓发掘简报》，《考古与文物》2007年第5期，第27—28页。初步研究见李明：《初唐书法名家殷仲容》，《考古与文物》2007年第5期，第95—98页。

② 姚思廉等：《陈书》卷32《殷不害传》，北京：中华书局，1972年，第425页。

③ 颜真卿撰，黄本骥编：《颜鲁公文集》卷11《曹州司法参军秘书省丽正殿二学士殷君墓碣铭》，三长物斋丛书本，第8页。

④ 张彦远著，秦仲文、黄苗子点校：《历代名画记》卷8，北京：人民美术出版社，1963年，第158页。

⑤ 自殷令名引自张彦远：《历代名画记》卷9，第184—185页。

⑥ 宋敏求撰，辛德勇、郎洁点校：《长安志》卷9，西安：三秦出版社，2013年，第315页。

⑦ 赵明诚撰，金文明校证：《金石录校证》卷23，上海：上海书画出版社，1985年，第424页。

⑧ 贺梓城《"关中唐十八陵"调查记》附表一《唐陵现存碑碣表》记《尉迟敬德碑》为王知敬书，不知何据，《文物资料丛刊》第3辑，北京：文物出版社，第148页。

⑨ 张沛编著：《昭陵碑石》，西安：三秦出版社，1993年，第148页。

“葬事所须，并宜官给，并赐东园秘器。仪杖（仗）鼓吹，送至墓所，仍送还宅，并为立碑。仍令鸿胪卿、琅琊郡开国公萧嗣业监护，光禄少卿殷令名为副。”[①]尉迟敬德的葬仪属于唐朝丧葬制度中的诏葬，即皇帝下诏的国葬，包括给班剑鼓吹和仪仗、东园秘器、超等数量的赙赠、葬事官给、官为立碑和派监护使等。[②]《尉迟敬德碑》既为官制，作为监护副使的殷令名负责书写确有可能。又，《尉迟敬德墓志盖》亦为书法佳品，志盖用阴刻飞白书，为昭陵陪葬墓中仅见。[③]墓志志盖亦为葬器，且与《尉迟敬德碑》同时作成，是否亦有殷令名题字的可能？姑且作为推测。

殷仲容生于贞观七年（633），卒于长安三年（703）。贞观二十三年（649），因太宗葬礼挽郎入仕，是为世家子弟门荫入仕的重要途径之一。仲容咸亨元年（670）袭爵建安县开国男，其年应为殷令名去世的时间。咸亨三年（672），迁秘书郎，详正学士，此后一直任秘书省官，直到垂拱元年（685）左迁隆州长史，是符合其家学背景的清流官员。晚年之时在贬谪和归京之间奔波度过。[④]长寿三年（694），仲容在申州刺史任上时，“滥冶长之非，左降施州司马”，“至圣历二年（699），以旧德被追，行麟台丞”，复任秘书省官，这应是得武则天恩赦的结果。

关于殷仲容在长安的居所，《殷仲容墓志》记载为通化坊，此坊位于朱雀街西、皇城以南第二坊，是该家族自殷英童以来所居之处，亦是隋以来京师权贵聚居之地之一。[⑤]北宋宋敏求《长安志》外郭城部分大多袭自唐韦述《两京新记》长安部分，其中卷九将《两京新记》通化坊的相关记载误系于城东南曲江附近的“敦化坊”之下，对此讹误前辈学者已有辨析。[⑥]所以《长安志》卷九“敦化坊”以下内容应该重新置于“通化坊”之下：

> 东门之北，都亭驿。南街之北，净影寺（隋文帝为沙门惠远立，寺额申州刺史殷仲容所题）。东南隅，行台左仆射郧国公殷开山宅（本隋蔡王智积宅）。西门之北，秘书监颜师古宅（贞观、永徽间，太常少卿欧阳询、著作郎沈越宾亦住此坊。殷颜即南朝旧族，欧阳与沈又江左士人，时人呼此坊为“吴儿坊”）。[⑦]

此条记载了殷开山、颜师古、欧阳询等人居住于此坊之中。太宗时期的名臣殷开山亦为殷氏族人，其父为殷英童兄殷僧首。此坊除了聚居南朝士人，被称为“吴儿坊”之外，

① 张沛编著：《昭陵碑石》，第146页。

② 吴丽娱：《终极之典：中古丧葬制度研究》下册，北京：中华书局，2012年，第621页。

③ 呼延塘菱：《唐尉迟敬德墓发掘简报》，《文物》1978年第5期，第25页。

④ 李明：《初唐书法名家殷仲容》，第96页。

⑤ 辛德勇：《〈冥报记〉报应故事中的隋唐西京影像》，《清华大学学报》（哲学社会科学版）2007年第3期，第32—33页。

⑥ 参考福山敏男：《校注〈两京新记〉卷第三及び解说》，《美术研究》第170号，1953年，第36页；辛德勇：《唐长安都亭驿考辨——兼述今本〈长安志〉通化坊阙文》，《唐史论丛》第一辑，西安：陕西人民出版社，1988年，第136—140页。讹误的原因在于《长安志》原敦化坊标题下的内容缺失，又误将通化坊的内容变成了敦化坊的内容。

⑦ 宋敏求：《长安志》卷9，第313页。

还居住了数量不少的书法家，唐前期有欧阳询、殷英童、殷闻礼、殷令名、殷仲容等，唐中期有颜真卿。南朝士人与书法家的重合，首先得益于南朝士族子弟皆须以书法为业的家学，即颜之推在《颜氏家训·杂艺》中所言：

> 真草书迹，微须留意。江南谚云："尺牍书疏，千里面目也。"承晋、宋余俗，相与事之，故无顿狼狈者。吾幼承门业，加性爱重，所见法书亦多，而玩习功夫颇至，遂不能佳者，良由无分故也。[①]

南朝士人重视法书，又有家中魏晋以来法书收藏可作为临摹对象，优势自非一般士人可比。对于通化坊南朝士人而言，由于邻里和姻亲等联系，还可进一步交流切磋。[②]除了以上出身士族的书法家以外，近年太宗朝弘文馆书手冯承素墓志出土，记载冯承素亦居住于通化坊中。[③]虽然冯承素与坊内书法家的联结尚未可知[④]，但是通化坊确是都城长安中一个与法书艺术紧密相关的坊里。

二、殷仲容作品考

朱景玄《唐朝名画录》载仲容"工花鸟人物，亦边鸾之次也"[⑤]。窦臮《述书赋》举武德至乾元之间"翰墨之妙，可入流品者"，有仲容之名，又列举其题写之寺观匾额，"汴州安业寺额，京师褒义、开业、资圣寺，东京太仆寺，灵州神马观额，皆精妙旷古。"[⑥]《长安志》卷八崇仁坊资圣寺条记载"寺额申州刺史殷仲容所题，楷法端妙，京邑所称"[⑦]。殷仲容题额声名应出其父之右。

除了匾额之外，北宋以来的金石文献还著录了殷仲容的作品，其中一些有年代信息，但讹误间杂。《殷仲容墓志》中对仲容升迁的时间和职位记录详细，正可通过墓志排比作品完成于仲容的哪个人生阶段，并辨正错误之处，下文尝试讨论之。

---

① 颜之推撰，王利器集解：《颜氏家训集解（增补本）》卷7，北京：中华书局，1993年，第567页。

② 关于通化坊内士人的法书联结，可参考史睿《唐代长安通化坊江南士族的书学传承与法书收藏》，《大唐西市博物馆藏墓志研究（续一）》上，西安：陕西师范大学出版社，2013年，221—228页。

③ 胡戟、荣新江主编：《大唐西市博物馆藏墓志》上《唐故中书主书冯君墓志铭并序》，北京：北京大学出版社，2012年，第179页。

④ 如果有联结，欧阳询与冯承素同任职于弘文馆中，或为两者之联系。又，宋人钱易《南部新书》有太宗《兰亭序》为欧阳询而非萧翼获得的说法，萩信雄找到三种宋元时期文献所引的刘餗《隋唐嘉話》，其中亦记载《兰亭》为欧阳询而非萧翼所得，参考萩信雄：《文獻から見た蘭亭序の流轉》，《墨》148号（王羲之·兰亭序专号），2001年12月号，第48—53页。相关讨论还可参考荣新江：《〈兰亭序〉在西域》，《丝绸之路与东西文化交流》，北京：北京大学出版社，2015年，第190—191页。若欧阳询说不误，则太宗钟爱之《兰亭》由通化坊书家欧阳询帮助获得，后又由同出通化坊的书手冯承素摹拓，通化坊内的联系在《兰亭》这等佳作上体现，是为书法史上一则轶趣典故。

⑤ 朱景玄：《唐朝名画录》，《中国书画全书》（一），上海：上海书画出版社，1993年，第168页。

⑥ 张彦远辑，范祥雍点校，启功、黄苗子参校：《法书要录》卷6，北京：人民美术出版社，1984年，第202页。

⑦ 宋敏求：《长安志》卷8，第276页。原文"申"作"中"，误。

1.《唐凉国太夫人郁久闾氏碑》。《金石录》卷四记《唐凉国太夫人郁久闾氏碑》，“许敬宗撰，殷仲容八分书。显庆四年（659）十月”[①]。仲容时任雍州参军，为关内道州的州府僚佐。仲容此时位卑，碑主人既为凉国太夫人，又得许敬宗撰文，应为高宗敕令制碑并撰写。此碑的写作说明了仲容法书得到高宗的重视，次年仲容即迁左领军仓曹，为中央十八卫之一左领军卫的文职属官，此碑或许是仲容内迁为京官的契机之一。

2.《唐赵弘智碑》。《金石录》卷四记此碑额“殷仲容正书并篆”，碑文“于志宁撰，殷仲容正书。麟德二年（665）”[②]。仲容时任左戎卫仓曹，左戎卫龙朔二年（662）由东宫左卫率府更名。赵弘智与仲容祖父殷闻礼曾在唐高祖时预修六代史[③]，疑此为仲容为赵弘智书碑的因缘。

3.《唐郑国夫人武氏碑》。《金石录》卷四记“李安期撰，殷仲容八分书。乾封二年（667）二月”[④]。郑国夫人为武后之妹，司卫卿贺兰安石之妻。墓志记载仲容当年升任沛王府法曹，此碑的撰作应在升迁之前，此碑说明了仲容在高宗之后，进一步得到武后重视，或许升迁亦与此相关。

4.《唐大兴善寺舍利塔铭》。《金石录》卷四记为“李俨撰，殷仲容八分书。总章二年（669）”[⑤]，时任沛王府法曹。大兴善寺为隋朝时期的国家寺院，与隋朝都城皆因隋文帝“大兴公”的封号得名，入唐以后仍然得到唐朝皇帝的重视，是自太宗以来的译经中心。无论此塔铭是高宗敕作，还是寺内僧人邀请，都显示了仲容非同一般的书家地位。

5.《唐马周碑》。《金石录》卷四记“许敬宗撰，殷仲容八分书。上元元年（674）十月”[⑥]，仲容时任秘书郎。碑现存陕西省礼泉县昭陵博物馆，碑字除左上部较清晰外，其他部分均磨损难识。[⑦]

6.《唐昭陵十四蕃君长像座》。坐落于昭陵北司马门外的十四蕃国君长像自北宋游师雄《昭陵图碑》以来即进入金石文献的著录。对于像座文字即各君长名字的书写者，《金石录》曾讨论，赵明诚认为蕃国君长像座可能是殷仲容的作品，即“至诸降将名氏，乃仲容书耳，今附于卷末云”[⑧]。陈思《宝刻丛编》卷九转引《金石录》，曰“唐昭陵四降王名，唐殷仲容书，贞观十年”[⑨]。此“贞观十年”之说未见今本《金石录》，不知《宝刻丛编》何据。然贞观十年（636）殷仲容仍垂髫小儿，如何得写像座？此说不确。据《唐会要》

① 赵明诚：《金石录校证》卷4，第63页。
② 赵明诚：《金石录校证》卷4，第64页。
③ 刘昫等：《旧唐书》卷188《赵弘智传》，第4922页；《旧唐书》卷七三《令狐德棻传》，第2597页。
④ 赵明诚：《金石录校证》卷4，第66页。
⑤ 赵明诚：《金石录校证》卷4，第66页。
⑥ 赵明诚：《金石录校证》卷4，第68页。
⑦ 张沛编著：《昭陵碑石》，第62页。
⑧ 赵明诚：《金石录校证》卷23，第424页。
⑨ 陈思：《宝刻丛编》卷9，影印文渊阁四库全书本，史部十四，台北：台湾商务印书馆，2008年，第4页。

卷20“陵议”，十四蕃国君长像之作乃高宗的授意，“上欲阐扬先帝徽烈，乃令匠人琢石，写诸蕃君长贞观中擒伏归化者形状，而刻其官名”[①]，所以此像座的书写当在高宗时期。考古学者比对了像座与《唐马周碑》，同意确为仲容所书。[②]

7.《唐流杯亭侍宴诗序》。《集古录跋尾》卷6记《唐流杯亭侍宴诗》刻石，“唐武后久视元年（700）幸临汝汤，留宴群臣应制诗也。李峤序，殷仲容书”[③]。后三年即长安三年（703）仲容去世，所以此诗序应为文献记载的殷仲容最后书作。

另有《唐褚亮碑》，现存陕西省礼泉县昭陵博物馆，碑文除上截部分字迹尚存，其余均磨灭无文。[④]前人根据书迹认为此碑与《唐马周碑》皆为殷仲容所书[⑤]，施蛰存提出不同看法。他认为此碑隶书与褚遂良笔法相似，疑此碑为褚遂良被贬前所书，褚遂良去世后由其兄褚遂贤刻石立碑。[⑥]书迹之判断颇为主观，难以定论，在此备为一说。

以下对文献误记为殷仲容所书的作品进行辨正。

1.《唐重摹吴季子墓铭》。《集古录跋尾》卷7记此墓铭“自前世相传，以为孔子所书。据张从申记云‘旧石堙灭，开元中，玄宗命殷仲容模搨其书以传’。然则开元之前自有真本”[⑦]。欧阳修转引他人之说，云玄宗曾命殷仲容摹写此墓铭，然仲容长安三年已去世，如何能有开元年间法书之事？此说误也。

2.《唐昭陵六马赞》。此说《金石录》中已经辨误，《金石录》卷23载“初，太宗以文德皇后之葬，自为文，刻石于昭陵；又琢石象平生征伐所乘六马，为赞刻之。皆欧阳询八分书。世或以为殷仲容书，非是”[⑧]。贞观二十三年太宗下葬时仲容入仕，此后法书之能才开始为高宗所用，此前如何能有写昭陵六骏的机会？赵说是也。

3.《唐颍国公史继先墓志》。《宝刻丛编》卷11引《集古录目》，载墓志为“唐明州别驾徐浩撰并行书，殷仲容书额。建中元年（780）八月十二日”[⑨]，此时距仲容去世久矣，此说亦误。

综上所述，文献所记载的可纪年或者划定时间范围的殷仲容书作共有七件（《唐昭陵十四蕃国君长像座》可算作一件作品组），其中《唐马周碑》《唐昭陵十四蕃国君长像座》仍有存留，可供后人观赏殷仲容的墨迹。《唐褚亮碑》亦为传世作品，因有争议暂且存疑。七件作品中除《唐赵弘智碑》《唐大兴善寺舍利塔铭》外，其他均有较大可能或者可以确

① 王溥：《唐会要》卷20，上海：上海古籍出版社，2006年，第458页。

② 孙迟：《昭陵十四国君长石像考》，《文博》1984年第2期，第62页；张建林、史考：《唐昭陵十四国蕃君长石像及题名石像座疏证》，《碑林集刊》第十辑，2004年，第82页。

③ 欧阳修著，邓宝剑、王怡琳笺注：《集古录跋尾》卷6，北京：人民美术出版社，2010年，第131页。

④ 张沛编著：《昭陵碑石》，第74页。

⑤ 张沛编著：《昭陵碑石》，第74页。

⑥ 施蛰存编著，沈建中编图：《唐碑百选》，上海：上海教育出版社，2001年，第57—60页。

⑦ 欧阳修：《集古录跋尾》卷7，第173页。

⑧ 赵明诚：《金石录校证》卷23，第424页。

⑨ 陈思：《宝刻丛编》卷11，第2、3页。

定为高宗或武则天敕写，由此可知殷仲容法书之艺得到的肯定程度。

三、殷仲容与颜氏家族

颜氏家族系出东晋的侨姓士族琅琊颜氏。家族第一代入关之人为颜之仪、之推兄弟。颜之推仕历南朝梁、北齐，北周建德六年（577）平齐，颜之推和其他北齐旧臣被迁入关，之后又仕北周、隋。颜之推仕梁时已与殷姓联姻，《颜氏家训·后娶》言之推子思鲁有“从舅殷外臣”[①]，殷外臣见《陈书》卷1，梁太清二年（548）任行台选郎。颜之推入关后为子思鲁娶殷英童女。此后，两家居住于通化坊中，世代联姻。思鲁子颜勤礼娶殷氏女，颜真卿撰《颜勤礼碑》云：“先夫人以陈郡殷氏洎柳夫人，同合祔焉，礼也。”[②]思鲁另一子、唐代大儒颜师古则嫁女颜颀与殷仲容，《颜颀墓志》写道：

> 曾祖之推，齐黄门侍郎。祖思鲁，皇朝霸府记室。父师古，秘书监、琅琊县开国子。……年十有七，言归殷氏。……以仪凤二年正月，因向泾阳看女，至三月十三日遘疾，终于泾阳县城史氏女宅，旋殡于京通化里第。伉俪卅余年，春秋□有七。[③]

颜颀早逝于殷仲容，葬于高宗永隆二年（681）。

殷仲容之姊嫁颜勤礼之子颜昭甫，昭甫即颜真卿的祖父。颜真卿《谢赠祖官表》言：

> 窃以臣亡祖……有时无命，天阏盛年。臣亡父故薛王友先臣惟贞，亡伯故濠州刺史先臣元孙等，并襁褓苴麻，孩提未识。养于舅氏殷仲容，以至成立。[④]

颜昭甫早逝，殷仲容以舅父的身份帮助抚养昭甫二子元孙和惟贞，颜惟贞即颜真卿之父。殷仲容还著有《颜氏行状》一卷，可知殷颜两家交融相亲。[⑤]颜氏家族虽亦有法书之学，但是和家学相比，颜元孙更直接地受到殷仲容的影响，颜真卿撰《颜元孙神道碑》称：

> 君讳元孙，字聿修。……少孤，养于舅殷仲容家。……尤善草隶。仲容以能书为天下所宗，人造请者笺盈几。辄令代遣，得者欣然，莫之能辨。……（玄宗）因出诸家书迹数十卷，曰：“闻公能书，可为寡人定其真伪”。君分别以进上。玄宗大悦，因赐藤笺笔墨衣服等物。[⑥]

殷仲容能书之名得到高宗武后肯定，探访求取书迹之人络绎不绝，仲容于是令颜元孙

---

① 颜之推：《颜氏家训集解（增补本）》卷1，第38页。

② 颜真卿：《颜鲁公文集》卷8《秘书省著作郎夔州都督长史上户军颜公神道碑》，第5页。

③ 陕西省考古研究所：《殷仲容夫妇墓发掘简报》，第29页。

④ 颜真卿：《颜鲁公文集》卷1《谢赠祖官表》，第8、9页。

⑤ 欧阳修：《新唐书》卷58《艺文志》，北京：中华书局，1975年，第1484页。

⑥ 颜真卿：《颜鲁公文集》卷9《朝议大夫守华州刺史上柱国赠秘书监颜君神道碑铭》，第8页。

代笔，请者竟然无法识别，可知颜元孙法书风格与舅氏之接近。

颜昭甫有女颜真定，即颜真卿之姑母，嫁殷令德之孙殷履直，颜真卿撰《颜真定神道碣》写道：

> 君号真定，琅琊临沂人。……天后当宁，旁求女史。太夫人殷氏以彤管之才，膺大家之选，召置左右，不遑顾复。二弟曰秘书监元孙府君、太子少保惟贞府君，藐焉始孩，顷隔怙恃。君躬自诲育，教之诗书，悉擅大名，皆君力也。[①]

其中提到之“太夫人殷氏”即仲容之姊，因有文采才名被武则天诏入宫中为女史，即内宫书记官员，由此可知道殷仲容得武则天恩赏重用亦被及家族。殷氏也因此无暇顾及二子，故颜真定亦帮助抚养教育二弟。

颜惟贞娶殷仲容侄殷践猷之妹。颜惟贞早逝，殷践猷又以舅氏抚育颜真卿兄弟，《殷践猷墓碣》载：“长妹兰陵郡太夫人，真卿先妣也。中年孀嫠，遗孤十人，未能自振。君悉心训奖，皆究恩意，故能长而有立。”[②]至此，殷家已经帮助抚养两代颜家子孙。结合《颜氏家训》《颜师古传》和《颜鲁公文集》，颜家自入关以来经济拮据，至颜惟贞时仍“家贫，无纸笔，与兄以黄土扫壁木石画而习之”[③]，虽是谦辞，但应也是部分的真实情况。相比起来，殷家自英童以来四代有擅长书画之名，殷仲容时更得到皇家和社会双重认可，除了敕令法书的碑，更体现于两京都邑各大寺院的题额，以及《颜元孙神道碑》所称“仲容以能书为天下所宗，人造请者笺盈几”。殷氏之所以在家境上较优，在保全自身外还得以养育颜氏子孙，或许在于殷氏家族书法上的名望及由此带来的经济效应。

余　论

上文首先以《殷仲容墓志》为中心，讨论了唐代书法名家殷仲容的家族、仕宦经历和殷氏家族所居住的坊里通化坊。然后将文献所记载的殷仲容作品根据《殷仲容墓志》作了排比考证，并对一些讹误进行了辨证。最后谈论了殷仲容与姻亲颜氏家族之间的紧密联系，这种联系不仅体现在殷仲容对颜氏子孙的抚养上，而且殷仲容很可能对颜氏子弟的法书教育和风格产生了深刻的影响，这一点亦被颜真卿写入具有展示和纪念意义的家族纪念碑《颜氏家庙碑》中。虽然颜真卿在碑中叙述了家族的书学传统，又强调同辈人中颜昭甫“工篆籀草隶书，与内弟殷仲容齐名，而劲利过之”[④]，但是殷氏实际上对颜氏子弟产生的影响是得到颜氏家族承认的，即“君（惟贞）仁孝友悌，少孤，育舅氏殷仲容氏，蒙教

① 颜真卿：《颜鲁公文集》卷11《杭州钱塘县丞殷府君夫人颜君神道碣铭》，第1、2页。

② 颜真卿：《颜鲁公文集》卷11《曹州司法参军秘书省丽正殿二学士殷君墓碣铭》，第8页。

③ 颜真卿：《颜鲁公文集》卷7《唐故通议大夫行薛王友柱国赠秘书少监国子祭酒太子少保颜君碑铭》（即《颜氏家庙碑》），第22页。

④ 颜真卿：《颜鲁公文集》卷7《唐故通议大夫行薛王友柱国赠秘书少监国子祭酒太子少保颜君碑铭》，第22页。

笔法”[①]。

最后，需要强调和注意的是，殷氏家族虽以书法闻名，但其仍是兼通经史文词的文化家族，保存了魏晋士族的家学门风。殷英童和殷闻礼皆有文集传世，殷闻礼参与六代史的修纂，殷仲容得任唐代清流官员秘书丞，殷践猷更因博通闻名，《殷践猷墓碣铭》云其“博览群书，尤精《史记》、《汉书》、百家氏族之说，至于阴阳、术数、医方、刑法之流，无不该洞焉。与贺知章、陆象先、我伯父元孙、韦述友善。贺呼君为‘五总龟’，以龟千年五聚，问无不知也”[②]。法书之艺和经史文辞一样，对于士族子弟而言本是家学教育的一部分，但在唐代重视书法的社会环境中，这项技能成为了君主嘉奖和世人重视的重要艺能，殷氏家族尤其殷仲容就是受惠于此。作为姻亲的颜氏家族亦不得不受此影响。颜之推在《颜氏家训》中仅将书法爱好作为兴趣，且不乐家族子弟以之为业，“慎勿以书自命”[③]。到颜真卿时，他在《颜勤礼碑》《大宗碑》《颜氏家庙碑》中十分刻意地昭示家族自南朝梁以来的书法传统，以及众子弟的书法艺能，说明社会文化风气影响改变了士族内部的文化认同。颜家最终以颜真卿的出现肯定了其家族书学，但是在当时的社会认可中，殷颜两家相比，显然殷氏家族所积累的名望和地位更高。[④]

图一　殷仲容墓志（来源《唐殷仲容夫妇墓发掘简报》）

① 颜真卿：《颜鲁公文集》卷7《唐故通议大夫行薛王友柱国赠秘书少监国子祭酒太子少保颜君碑铭》，第22页。

② 颜真卿：《颜鲁公文集》卷11《曹州司法参军秘书省丽正殿二学士殷君墓碣铭》，第8页。

③ 颜之推：《颜氏家训集解（增补本）》卷7，第570页。

④ 陈尚君：《〈殷亮墓志〉考镜》，《贞石诠唐》，上海：复旦大学出版社，2016年，第257—258页。

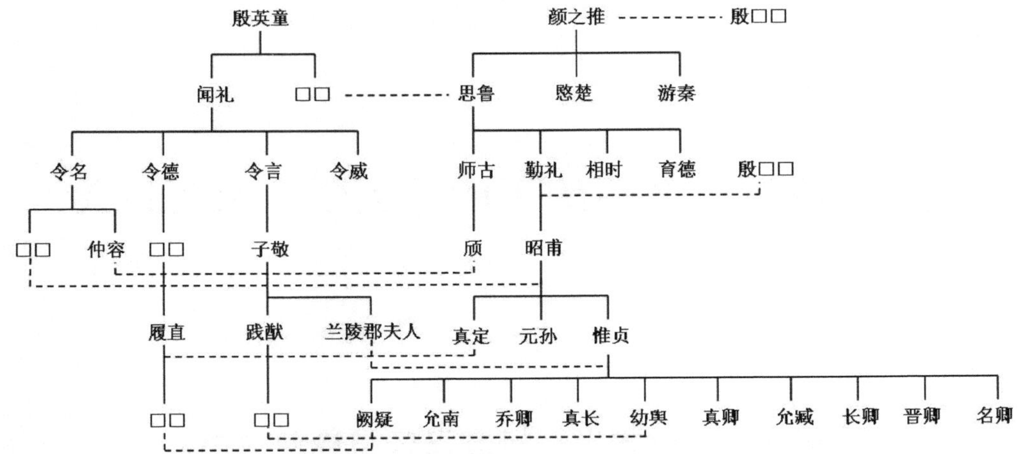

图二　殷氏、颜氏世系与婚姻表（实线表示世代关系，虚线表示婚姻关系）

（原载《文献》2017年第5期）

《书》《诗》政教传统下的《大学》义理纲维*

李　旭

一、重探《大学》本义：辨章汉宋与溯源《书》《诗》

“大学之道，在明明德，在亲民，在止于至善。”①关于《大学》首句的义理层次、逻辑关系，历代儒者聚讼纷纭，最大的诠释张力，盖存乎汉宋之间。②

汉儒郑玄云：“明明德，谓显明其至德也。止，犹自处也。”又释篇中所引孔子言“于止，知其所止，可以人而不如鸟乎”云：“人亦当择礼义乐土而自止处也。”又释所引《诗·大雅·文王》“穆穆文王，於缉熙敬止”句云：“此美文王之德光明，敬其所以自止处。”③诸条注文虽可见一贯呼应之处，但仍嫌简奥，其间逻辑不易把握。④

宋儒重《大学》，尤以朱熹《大学章句》影响深远。首句朱注，仅就文字训诂观之，已可见在每一环节上，均与郑注发生分歧：一、“明明德”的第一个“明”字，郑释为“显明”，强调外在的影响，朱释为“复其本体之明”，强调内在的自觉；二、郑注本“亲民”，朱子从程子说改读为“新民”；三、“止于至善”，郑君释为“自处”，强调自身的行止，朱子释为“明明德、新民，皆当止于至善之地而不迁”，是不限于个体，更就群体而

* 本文为国家社会科学基金青年项目“汉宋礼学的秩序理路嬗变研究”（18CZS076）阶段性研究成果。初稿完成于2019年7月，曾在第八届中国经学国际学术研讨会（湖南大学岳麓书院，2019年9月）与第三届经学与经学史工作坊（浙江大学马一浮书院，2019年11月）上宣读，承桑兵、虞万里、邓秉元、於梅舫、陈岘诸先生赐教，深受启益，谨致谢忱！

① 郑玄注，孔颖达疏：《礼记正义》卷六〇，影印嘉庆二十年江西南昌府学刊《十三经注疏》第5册，台北：艺文印书馆，2011年初版，第983页。本文所引《大学》正文，据《礼记》本，后文不复一一注明。

② 《大学》一篇在汉唐经学史上地位未显，故相关专题研究较少；今人梳理《大学》学史，多留意宋以后《大学》改本与古本的种种争议。但宋明儒改本、古本之争，乃属同一思想潮流、同一论辩境域、同一学说典范下的交锋，其义理内核实有一致处；反观汉儒《大学》旧注，虽着墨不多，但所隐含的义理特质，乃与宋明儒学迥异，殊堪留意。

③ 郑玄注，孔颖达疏：《礼记正义》卷六〇，第983、984页。

④ 唐人疏云：“在明明德者，言大学之道，在于章明己之光明之德，谓身有明德而更张显之，此其一也。在亲民者，言大学之道在于亲爱于民，是其二也。在止于至善者，言大学之道在止处于至善之行，此其三也。言大学之道，在此三事矣。”（郑玄注，孔颖达疏：《礼记正义》卷六〇，第984页）以“明明德”“亲民”“止于至善”三目为并列关系，恐于《大学》及郑注本旨，尚未达一间。

言之。[①]朱子以“明明德-新民-止于至善”为“三纲领”，其说明朗有力，但不无可商之处，如释最后一环“止于至善”，仅仅是推极前两环而悬设一理想境界，并无更进一层的义理特质，实际上仅见“二纲领”，而未真正构成“三纲领”的义理纲维。[②]

宋以后，对于朱子《大学》思想提出质正者，以明儒王阳明说最著。《传习录》开篇载阳明驳程朱“新民”说，具体论点得失，姑置不论，其中所蕴含的视角与方法，仍值得我们深入体会：如论“作新民”之“新”与“在新民”之“新”不同，注意辨析《大学》首章与后文分论部分中相关内容的微妙差异，此其一；如论《大学》分论部分于“新”字无所发明而多“亲”字意，是不囿于局部字眼，更从《大学》整体文脉上着眼，此其二；如论“明明德”“亲民”的内涵与关系，引孔子“修己以安百姓”、孟子“亲亲仁民”互证，是在四子书的思想源流脉络中衡定《大学》义理，此其三；如论“明明德”“亲民”的次第，上溯《尚书·尧典》“克明峻德”“以亲九族”之说，注意到《大学》义理的《书》学渊源，此其四。[③]本文试图在先哲思想的基础上，重探《大学》本义，所采取的原则、方法，不外上述四端，尤其注重从文献溯源角度出发，论析《大学》的义理纲维。

近代以来，从文献溯源角度探究《大学》义理者，首推唐文治先生。唐先生《〈大学〉大义》云：

> “文王我师也”，其谓大学之师范乎？《大学》一书，其周文王之教乎？奚以知其然也？昔成王封康叔于卫，周公为王作诰以训之，首曰：“越乃丕显考文王，克明德。”“大学之道”首在“明明德”，而广修身、诚意之义，又首引《康诰》之辞，是述文王以立教。《尚书》叙文王之德，莫详于《康诰》篇，而《大学》引“克明德”一语外，复引《康诰》曰“作新民”，又引《康诰》曰“如保赤子”，又引《康诰》曰

---

① 朱熹：《四书章句集注·大学章句》，北京：中华书局，2012年，第3页。

② 劳思光论《大学》三纲领之说：“朱熹所谓‘三纲领’‘八条目’，自非《大学》本意有不符处，然《大学》所举八项，确代表八个步骤；唯‘三纲领’乃后人杜撰耳。何以谓之‘杜撰’？盖《大学》所谓‘明明德’及‘亲民’，即指‘平天下’而言，故说‘古之欲明明德于天下者，必先治其国’；依此语脉与下文对照，可知‘明明德于天下’即平天下，并非在此一‘条目’之外作为‘纲领’。至于‘止于至善’，则不过标指一‘目的’观念，与‘明明德’及‘亲民’之语义，亦不是并列者。实无所谓‘三纲领’也。”（见氏著《新编中国哲学史（二）》，北京：生活·读书·新知三联书店，2015年，第40页）劳氏注意到朱子对于“止于至善”的解读，并未独立于“明明德”“亲民”语义之外，颇为敏锐；又注意到首句“明明德”与后文“明明德于天下”的对应性，亦为的论。但未能区分“明明德”与“亲民”之别，仅将此二语等同于“平天下”一环，则于《大学》首章语脉之把握，尚有未分明处。何益鑫在劳氏之说的基础上，进一步解构“三纲八目”之说：“从《大学》本义看，‘三纲八目’的诠释结构并不适用。首句重构了孔门之学‘修己安人’的格局，却不是理学意义上的‘三纲领’；‘八条目’阐明了大学之道的‘先后之序’，却不都是前后相继的工夫。”（何益鑫：《论〈大学〉古义——以“格物致知”与“诚意”的诠释为中心》，《中国哲学史》2019年第4期）其说颇富新意，然于《大学》文本之逻辑结构，亦多未相应处。本文以为，“明明德-新民-止于至善”，确乎代表了三个不同的逻辑层次，而且分别对应、统摄后文“平-治-齐-修-正-诚-致-格”八个环节，仍可以“纲领”与“条目”的关系视之。因此，虽然本文对于朱子所谓“三纲八目”的具体内涵，别有新解，但仍在“义理纲维”的意义上沿用“三纲领”“八条目”之名。

③ 王守仁：《王文成公全书》卷一，北京：中华书局，2015年，第2页。

> “惟命不于常”，共四引之。是《康诰》一篇，为成周大学生徒所常诵习，可知也。《诗》颂文王之德，莫详于《文王》篇。《大学》引《文王》之诗，一则曰：“周虽旧邦，其命惟新。”又曰：“穆穆文王，於缉熙敬止。”又曰：“殷之未丧师，克配上帝。”共三引之。是《文王》一篇为成周大学生徒所常诵习，可知也。[①]

关于先秦时期的《书》《诗》征引，古有“赋诗断章”之说，情况复杂，但其间亦有脉络可循，并非不顾经典本义的随意引用与发挥。[②]唐先生从《大学》篇中所引《书·康诰》《诗·文王》片段词句的呼应关联出发，勾勒出“成周大学生徒”所承“文王之教”这一立体的政教传统，为我们开辟了探究《大学》义理的本源性、整体性视域。此外，新近又有孟琢《明德的普遍性：〈大学〉“明德”思想新探》一文，上溯金文、《尚书》、《左传》、《国语》中的“明德”用例，颇具新意。[③]

抑上述王、唐、孟三家之说，尚有可商之处。窃谓其共性的问题，在于深受朱子影响，虽上溯《书》《诗》等本源经典，而解读《大学》之际，仍无法摆脱朱注强劲的诠释力量。这集中体现在对于“明明德”的理解上：（1）就“亲民”问题与朱子立异的王阳明，论及“明明德”内涵之际，径云：“《尧典》‘克明峻德’便是‘明明德’。”（2）唐文治亦以《康诰》“克明德”对应《大学》“明明德”：“昔成王封康叔于卫，周公为王作诰以训之，首曰：‘越乃丕显考文王，克明德。’‘大学之道’首在‘明明德’。”（3）孟琢“通过传统训诂方法”，考察“在明”与“自明”的语义特点，阐发出一层内在的“理性凝聚”之义，也显然以首句之“在明明德”与后文之“自明”章在意义上完全对应。三家之说，都从内在德性自觉的角度理解“明明德”，可说仍在朱子诠释的笼罩之下。

《大学》“自明”章云：

> 《康诰》曰：“克明德。”《大甲》曰：“顾諟天之明命。”《帝典》曰：“克明峻德。”皆自明也。

朱子认为此章是首句“明明德”之传，[④]这种经传对应的理解，很容易给人一种错觉，即这一段话的意义，在于解释“明明德”一语的全幅内涵。实际上，细玩《大学》全文，我们虽然可以把握到后文分论部分与首章之间清晰的呼应关系，但也不难看出，分论并非首章“三纲八目”全幅内涵的平铺式阐释，而往往侧重某一特殊角度展开论说。然则《大学》“自明”章引《尚书》“克明德”“克明峻德”语，其意义是否完全对应、等同于首句之“明明德”，仍待反思。关于这一问题，笔者以为，我们一方面需要重访《康诰》《尧

---

① 唐文治著，邓国光辑释：《唐文治文集》第一册，北京：中华书局，2018年，第84—85页。

② 参考朱德民《“断章取义”辨微——论对〈诗〉的赋、引、解》[《信阳师范学院学报》（哲学社会科学版）1984年第4期]、钱宗武《先秦儒墨引〈书〉立说述论》[《西北师大学报》（社会科学版）2018年第1期]。

③ 孟琢：《明德的普遍性：〈大学〉“明德”思想新探》，《中国哲学史》2019年第2期。

④ 朱熹：《四书章句集注·大学章句》，第4页。

典》诸篇的整体脉络，另一方面宜注意汉儒郑玄的解释。一旦结合《康诰》《尧典》的语境文脉，简单而晦涩的郑注，将焕发出丰富的色彩。

二、“明”义的双重性：上古君师德业的始终规模

我们首先进入《康诰》。殷、周鼎革，殷人未附周室，三监乱后，康叔年少而受封殷余民，其兄周公谆谆告诫，记载于《康诰》篇中，体现的是西周初年的全局性思考。周公告康叔云：

> 孟侯，朕其弟，小子封！惟乃丕显考文王，克明德慎罚，不敢侮鳏寡，庸庸，祗祗，威威，显民。用肇造我区夏，越我一二邦，以修我西土。惟时怙冒，闻于上帝，帝休。天乃大命文王，殪戎殷，诞受天命，越厥邦厥民，惟时叙。乃寡兄勖，肆汝小子封，在兹东土。[①]

周公在向康叔阐述治理殷余民的具体事项之前，首先回顾文王的整体德业规模：“丕显考文王。”丕，大也；显，光也。[②]“丕显”一词，乃称叹文王德业的终极境界，光明昭著，影响至大。需要注意的是，这并非泛泛的叹美，实有特殊的历史意涵。文王德业何以能够“丕显”？周公指出，因文王“克明德慎罚，不敢侮鳏寡，庸庸，祗祗，威威”，其德行事业得以“显民”，进而“闻于上帝”，最终，“天乃大命文王”。关于王者受命，周人之说见于他篇者，如《君奭》载周公语，回顾文王得贤臣辅佐而受命云：

> 亦惟纯佑秉德，迪知天威，乃惟时昭文王，迪见冒闻于上帝，惟时受有殷命哉！（第453页）

《康王之诰》载康王称文武受命云：

> 昔君文、武丕平富，不务咎，厎至齐。信用昭明于天下，则亦有熊罴之士，不二心之臣，保乂王家，用端命于上帝。皇天用训厥道，付畀四方。（第508页）

《文侯之命》载平王称文武受命云：

> 丕显文武，克慎明德，昭升于上，敷闻在下，惟时上帝集厥命于文王。（第544—545页）

《洛诰》载成王称周公敬承天命云：

> 公明保予冲子，公称丕显德，以予小子扬文武烈，奉答天命，和恒四方民。居

① 孙星衍：《尚书今古文注疏》卷一五，北京：中华书局，2004年，第358—361页。本文所引《尚书》正文，悉据此本，为省篇幅，后文出注直接于引文之后注明页码。

② 孙星衍：《尚书今古文注疏》卷一五，第359页。

师，惇宗将礼，称秩元祀，咸秩无文。惟公德明，光于上下，勤施于四方，旁作穆穆，迓衡不迷，文武勤教予冲子，夙夜毖祀。（第410—411页）

《君奭》载周公自警并告诫召公、成王等敬承天命云：

我后嗣子孙，大弗克恭上下，遏佚前人光，在家不知天命不易，天难谌，乃其坠命。弗克经历嗣前人恭明德，在今予小子旦非克有正，迪惟前人光，施于我冲子。（第447—448页）

《立政》载周公勉励成王敬承天命云：

以觐文王之耿光，以扬武王之大烈。（第477页）

不只是有周受命，周人论及商汤受命，其表达也类似，如《多方》记周公语云：

天惟时求民主，乃大降显休命于成汤，刑殄有夏。（第462页）

又《立政》载周公语云：

越成汤陟丕厘上帝之耿命。（第471页）

上述引文中，描述王者受命，所用“显”“光”“昭”“耿”等修饰语，均可以“明”为训。又《诗经·大雅·文王》描述“文王受命作周”之德业，勖勉周室子孙“无念尔祖，聿修厥德”，以保“峻命不易”，语境、旨趣与《康诰》相通，其首章云：

文王在上，於昭于天。周虽旧邦，其命维新。有周不显？帝命不时？文王陟降，在帝左右。[①]

郑笺云：“文王初为西伯，有功于民，其德著见于天，故天命之以为王，使君天下也。……周之德不光明乎？光明矣。天命不是乎？又是矣。”可见诗中曰“昭”曰“显”，皆是在天命的层面讲。由是观之，《康诰》云文王“丕显”，实质即指承受天命。

细绎《康诰》文脉，我们可以看到，文王生平德业，始于“克明德”，终于“丕显”于天；《文侯之命》讲文王从“克慎明德”，到“昭升于上，敷闻在下，惟时上帝集厥命于文王”，其意亦与《康诰》相通。又《诗经·大雅·大明》回顾文王受命之历程云：

明明在下，赫赫在上。天难忱斯，不易维王。天位殷适，使不挟四方。○挚仲氏任，自彼殷商；来嫁于周，曰嫔于京。乃及王季，维德之行。大任有身，生此文王。○维此文王，小心翼翼。昭事上帝，聿怀多福。厥德不回，以受方国。○天监在下，有命既集。文王初载，天作之合。在洽之阳，在渭之涘。[②]

《诗》云文王“小心翼翼”，“昭事上帝”，“厥德不回”，强调个体的德行，对应本诗首句

① 毛亨传，郑玄笺，孔祥军点校：《毛诗传笺》卷一六，北京：中华书局，2018年，第353页。

② 毛亨传，郑玄笺，孔祥军点校：《毛诗传笺》卷一六，第356—357页。

"明明在下"一句，亦即《康诰》"克明德"之意；然后乃云"天监在下，有命既集"，讲的是天命的反应，对应首句"赫赫在上"一句，亦即《康诰》"丕显"于天，"天乃大命文王"之意。由是观之，文王生平德业之始、终两端，均蕴含着"明"的意味。其始之"克明德"，偏重个体德行的层面；其终之"丕显""昭升""敷闻"，则是描述个体德行最终在天命层面的显明。从逻辑上讲，终极的天命之明，须以个体德行之明为基始。唐文治先生既揭橥文王之教乃《大学》总纲之义理渊源，分析至此，我们可以断言，《大学》首句"明明德"实总括上古君师德业的始终两端言之："明德"一词，对应于《康诰》之"克明德"、《尧典》之"克明峻德"，指向个体德行之明；[①]上"明"字则表示更进一层的意义，指向个体德行之明在天命层面的显明。"明明德"句郑注云"显明其至德"的深刻蕴意，由此得以呈现。

此间存在的问题是，在《君奭》中，周公告召公"天命不易，天难谌"，又云"天不可信"，《大雅·大明》亦云"天难忱斯"，透露了一种天命无常、天意难以把握的感慨。但如上文所云，周人又往往以"明"来描述天命，如称"天……大降显休命""上帝之耿命"，甚至直接称"天显"，又分明认为天命是明朗显著的。那么，上天如何显示其意志？或者说，人如何才能把握上天的意志？细读《康诰》，我们可以看到，周公所述文王德行之明与天命之明两端之间，存在一个衔接、贯通的环节："显民"。意谓文王之"克明德"，必待显明于民，[②]乃可"闻于上帝"；易言之，明德之明必须通过"民"这一媒介，"敷闻在下"，乃可"昭升于上"。《洛诰》载成王称周公语："惟公德明，光于上下。"《君奭》载周公告召公语："大弗克恭上下，遏佚前人光。"以上二例，"上"指天，"下"指民，个体德行之明的彰显，必须"格于上下"，乃可谓"丕显"。这背后是《尚书》的"天-民"观："天视自我民视，天听自我民听"，[③]"天显"透过"民祇"来呈现。[④]关于上古政治思想中的"天-民"观，学界已有充分的梳理，今不必赘述。[⑤]此处笔者只是希望通过这一政治观念，来究明《大学》首句的逻辑关系：正因天命是透过民心的趋向来显现的，故"明明德"必在于"亲民"。《康诰》篇中，在回顾文王受命的光辉德业之后，周公随即向康叔提出"保民"的期盼，正体现了这一思想：

① 从句式上讲，《尚书》中"明德"往往作动宾结构，但也有作偏正结构之例，如《梓材》云："先王既勤用明德，怀为夹，庶邦享作，兄弟方来，亦既用明德。"《召诰》云："保受王威命明德。"一人"克明德"（动宾结构），则其人具有"明德"（偏正结构），句式虽异，意义则一。

② 伪孔安国传云："明此道以示民。"（伪孔安国传，孔颖达疏：《尚书正义》卷一四，影印嘉庆二十年江西南昌府学刊《十三经注疏》第1册，第201页）孙星衍云："《酒诰》云：'厥命罔显于民。'则此'显民'言'显于民'也。"（《尚书今古文注疏》卷一五，第359页。）

③ 《孟子·万章》引《尚书·周书·泰誓》文。参考孙星衍：《尚书今古文注疏》卷三〇，第592页。

④ 《酒诰》："昔殷先哲王迪畏天显、小民。"（第378页）《多士》："在今后嗣王，诞罔显于天……罔顾于天显、民祇。"（第427页）

⑤ 可参考陈来：《古代宗教与伦理：儒家思想的根源》，北京：生活·读书·新知三联书店，2017年，第176页。

王曰："呜呼！封，女念哉！今民将在祗遹乃文考，绍闻衣德言。往敷求于殷先哲王，用保乂民。汝丕远，惟商耇成人，宅心知训。别求闻由古先哲王，用康保民。弘于天，若德，裕乃身，不废在王命。"王曰："呜呼！小子封，恫瘝乃身，敬哉！天畏棐忱，民情大可见。小人难保，往尽乃心，无康好逸豫，乃其乂民。我闻曰：'怨不在大，亦不在小；惠不惠，懋不懋。'已，汝惟小子，乃服惟弘。王应保殷民，亦惟助王宅天命，作新民。"（第358—363页）

应该说，"保民"乃《康诰》一篇之主旨（即《史记·卫康叔世家》"和集其民"之意）。分析《康诰》的具体语境，有两点值得注意：其一，对于康叔而言，"保民"是以文王受命为前提的，"今民将在祗遹乃文考，绍闻衣德言"，强调的是绍述文王之德业。用《大学》的话语来说，"明明德"是先在的状态，需要思考的是如何"绍遹"、持守、赓续这一状态。其二，周公"以武庚殷余民封康叔为卫君"，也就是说，康叔保民的对象不是一般的民众，而是"殷余民"，基于这一背景来读"王应保殷民，亦惟助王宅天命，作新民"一句，则"新民"并非宋儒所理解的道德自新之意，而是与殷民更始天命之意。《大学》在引述"作新民"后，紧接着引《诗经·大雅·文王》"周虽旧邦，其命维新"一语，正可印证此点："作新民"，是使殷余民放弃故商之命，而接受周之新命，易言之，让殷余民亲附周室——本质仍是"亲民"。

进一步的问题是，如何"保民""亲民"？依照《康诰》所述文王受命的历程，我们可以勾勒出"克明德→显民→丕显于天"的理路，那么，"亲民"自当以"克明德"为基础。但在《康诰》接下来的论述中，周公向康叔个人德行所提出的要求，并非"明德"，而是"敬德"："小子封，恫瘝乃身，敬哉！""往尽乃心，无康好逸豫。"就文本脉络而言，前文既称文王"克明德"而"显民"，后文转而强调康叔应"敬德"以"保民"，然则"明德""敬德"之间的联系与差异，有待进一步辨析。

三、敬德与明德

"敬"的精神贯穿《尚书》始终，尤其集中于《周书》部分，前辈学人对此多有论述。如徐复观论"周初宗教中人文精神的跃动"，特重"敬的观念之出现"，认为这代表了一种在政权鼎革之际孕育出来的"忧患意识"："这种谨慎与努力，在周初是表现在'敬'、'敬德'、'明德'等观念里面。尤其是一个敬字，实贯穿于周初人的一切生活之中。……'敬德'是行为的认真，'明德'是行为的明智。"[①]陈来也有类似的归纳："明德和敬德的提法在西周文献中反复出现。敬德有时作恭德，明德亦常表述为明其德、明厥德。在这种语式

① 徐复观：《中国人性论史（先秦篇）》，台北：台湾商务印书馆，1969年，第22—23页。

中，‘敬’与‘明’都是动词，指努力修明其德。敬是敬慎努力，明指修明。”[①]徐、陈二先生虽同时注意到“敬德”与“明德”，但对于二者间的逻辑关系，却未作进一步的分析。相较而言，牟宗三的论述更为深到：“中国人的忧患意识不是生于人生之苦罪，它的引发是一个正面的道德意识，是德之不修，学之不讲，是一种责任感。由之而引生的是敬、敬德、明德与天命等等的观念。……在中国思想中，天命天道乃通过忧患意识所生的‘敬’而步步下贯……在孔子以前的典籍早已有‘敬’和‘敬德’，进而有‘明德’的观念。”[②]牟先生认为“敬德”在先，基于“敬德”，始有“明德”观念，其说富有启发性，惜乎点到为止，未作详说。以下仍回到《尚书》的具体语境，来讨论此一问题。

《康诰》“惟乃丕显考文王，克明德慎罚”，伪孔安国传云：

> 惟汝大明父文王，能显用俊德，慎去刑罚，以为教首。[③]

此以“显用俊德”释“明德”，是从选用贤才的层面讲，与后世从个体德行层面讲“修明其德”的理解有别。[④]但伪孔安国传之说并非无稽。在《尚书》中，“明德”与“慎刑”往往并举。如《多方》载周公语：

> 乃惟成汤，克以尔多方简代夏作民主。慎厥丽，乃劝厥民。刑，用劝。以至于帝乙，罔不明德慎罚，亦克用劝。（第463页）

明德与慎刑实为一事之两面，最能集中体现此种精神者，莫过于《立政》一篇所载周公告成王语：

> 亦越文王、武王克知三有宅心，灼见三有俊心，以敬事上帝，立民长伯。……文王惟克厥宅心，乃克立兹常事司牧人，以克俊有德。文王罔攸兼于庶言。庶狱庶慎，惟有司之牧夫是训用违。庶狱庶慎，文王罔敢知于兹。……
>
> 今文子文孙，孺子王矣。其勿误于庶狱，惟有司之牧夫。其克诘尔戎兵，以陟禹之迹，方行天下，至于海表，罔有不服。以觐文王之耿光，以扬武王之大烈。呜呼！继自今后王立政，其惟克用常人。（第473—478页）

此言文王能知人：“克知三有宅心，灼见三有俊心。”能用人：“克俊有德。”然后能慎刑：“庶狱庶慎，惟有司之牧夫是训用违。庶狱庶慎，文王罔敢知于兹。”文王自身并不直接处理刑狱之事，而是通过选用贤人来专司其事，此乃文王之“慎刑”。因此，周公希望成王“克用常人”，“其勿误于庶狱”。慎刑是从德教的反面讲，而从正面来看，选用贤人，对于

---

① 陈来：《古代宗教与伦理：儒家思想的根源》，第282页。

② 牟宗三：《中国哲学的特质》，《牟宗三先生全集》第28册，台北：联经出版公司，2003年，第16页。

③ 伪孔安国传，孔颖达疏：《尚书正义》卷一四，第201页。

④ 《尚书·尧典》“克明俊德”，郑玄注云：“‘俊德’，贤才兼人者。”（伪孔安国传，孔颖达疏：《尚书正义》卷二，孔疏引，第20页）其意盖与伪孔安国传相通，从选贤角度释“明德”。

天子之德的彰显，是必要的条件。《君奭》载周公告召公语：

公曰："君奭，在昔上帝，割申劝宁王之德，其集大命于厥躬？惟文王尚克修和我有夏；亦惟有若虢叔，有若闳夭，有若散宜生，有若泰颠，有若南宫括。"又曰："无能往来兹迪彝教，文王蔑德降于国人。"（第451—453页）

是谓若非虢叔、闳夭、散宜生、泰颠、南宫括等贤人辅佐，文王之德无法"降于国人"。从这个角度讲，《康诰》"克明德"一语，当蕴含着"显用俊德"一层意思。

但必须指出，"显用俊德"仅是"克明德"的第二义，这一层含义仍是以文王之德为基础的。文王"克知三有宅心，灼见三有俊心"，这种选贤明辨的品质，《尚书》往往以"哲"称之，如《皋陶谟》载皋陶论有德者为政，能知人安民，德教乃由近及远：

皋陶曰："允迪厥德，谟明弼谐。"禹曰："俞，如何？"皋陶曰："都，慎厥身，修思永，惇叙九族，庶明励翼，迩可远，在兹。"禹拜昌言曰："俞。"皋陶曰："都，在知人，在安民。"禹曰："吁，咸若时，惟帝其难之。知人则哲，能官人；安民则惠，黎民怀之。能哲而惠，何忧乎驩兜，何迁乎有苗，何畏乎巧言令色孔壬？"（第77—79页）

可见"哲"指称能知人、能官人的君德；而"哲"又是以"明"为基础的，如《洪范》云：

五事：一曰貌，二曰言，三曰视，四曰听，五曰思。貌曰恭，言曰从，视曰明，听曰聪，思曰睿。恭作肃，从作乂，明作哲，聪作谋，睿作圣。（第297—299页）

由是观之，"克明德"当以文王之"明哲"为第一义。

需要进一步指出的是，在《周书》中，"明哲"实际上往往以"敬"为基础。如《酒诰》载周公言：

封！我闻惟曰：在昔殷先哲王迪畏天显小民，经德秉哲。自成汤咸至于帝乙，成王畏相。惟御事，厥棐有恭，不敢自暇自逸，矧曰其敢崇饮？（第378—379页）

"迪畏天显小民"，"厥棐有恭，不敢自暇自逸"，此皆敬德之表现，如此乃"经德秉哲"，可称"哲王"。又《无逸》载周公言：

呜呼！自殷王中宗，及高宗，及祖甲，及我周文王，兹四人迪哲。厥或告之曰："小人怨汝詈汝。"则皇自敬德。（第444页）

亦可见四位哲王之明哲，乃以敬德为本。又《召诰》载周公言：

我不可不监于有夏，亦不可不监于有殷。我不敢知曰，有夏服天命，惟有历年，我不敢知曰，不其延；惟不敬厥德，乃早坠厥命。我不敢知曰，有殷受天命，惟有历年，我不敢知曰，不其延；惟不敬厥德，乃早坠厥命。今王嗣受厥命，我亦惟兹二国命，嗣若功。王乃初服。呜呼！若生子，罔不在厥初生，自贻哲命。今天其命哲、命吉凶、命历年。知今我初服，宅新邑，肆惟王其疾敬德。王其德之，用祈天永命。其惟王勿以小民淫用非彝，亦敢殄戮，用乂民若有功。其惟王位在德元，小民乃惟刑用于天下，越王显。上下勤恤，其曰：我受天命，丕若有夏历年，式勿替有殷历年，欲王以小民受天永命。（第398—400页）

此章反复申明敬德的重要性，其中“天其命哲，命吉凶，命历年”一语，伪孔安国传释云：“今天制此三命，惟人所修。修敬德，则有智，则常吉，则历年。为不敬德，则愚，凶，不长。虽说之[于天]，其实在人。”[①]此说阐明“敬德”乃“智”（“明哲”）的前提、基础，尤为深到。牟宗三先生释云：“天既命我以明哲，我即当好好尽我的明哲。尽我的明哲，那就是敬德。”[②]可见人对自身“明德”的自觉与持守，正是基于对天命的敬畏。

综上所述，敬德为明德之基础，但明德不止于敬德。《君奭》载周公言：“其汝克敬德，明我俊民。”颇能反映“明德”的意涵层次：首先，就个体而言，对于自身德行的敬慎，是德行之自觉与修明的基础；进而言之，以自身明哲为基础，则可以明辨、选任贤人。把握到这一点后，我们可以回到前面提出来的问题：为何在《康诰》中，周公以“明德”描述文王，而以“敬德”要求康叔？只要我们梳理《尚书》辞例，不难发现，“明德”的主体乃是受命之王，上文所引文献，多可为证，今再举数例明之，《尧典》称帝尧：

克明峻德。（第6页）

《多士》载周公称商诸贤王云：

自成汤至于帝乙，罔不明德恤祀。……惟天不畀不明厥德。（第426—427页）

《梓材》载周公称文武之德云：

先王既勤用明德，怀为夹，庶邦享作，兄弟方来，亦既用明德。[③]（第388—389页）

《召诰》载召公称成王之德云：

予小臣，敢以王之雠民、百君子，越友民，保受王威命明德。王末有成命，王亦显。我非敢勤，惟恭奉币，用供王能祈天永命。（第400—401页）

而“敬德”的主体范围，则广泛得多，我们读《周书》，不仅看到周公以“敬”义提醒成

① 伪孔安国传，孔颖达疏：《尚书正义》卷一五，第223、233页。

② 牟宗三：《中国哲学的特质》，《牟宗三先生全集》第28册，第17页。

③ 伪孔安国传云：“文武已勤用明德，怀远为近。……万方皆来宾服，亦已奉用先王之明德。”（《尚书正义》卷一四，第213页）

王、召公、康叔，且包括各方诸侯乃至百姓。如《多方》载周公戒多方云：

> 时惟尔初，不克敬于和，则无我怨。（第468页）

《多士》载周公戒殷余民语云：

> 尔克敬，天惟畀矜尔；尔不克敬，尔不啻不有尔土，予亦致天之罚于尔躬。（第431页）

《吕刑》载穆王言，还可见敬德是对“百姓”的要求：

> 士制百姓于刑之中，以教祗德。（第526页）

对应于“明德”“敬德”两点，《康诰》实际上呈现了两条脉络，一是以文王为主体的天命凝集历程：克明德→显民→丕显于天；二是以周公、康叔为主体的天命绍遹意识：丕显文考→保民→敬德。在前一脉络中，文王不仅敬德，且克明德，故能积极地开辟王业，凝集天命；而在后一脉络中，周公向康叔强调敬德，则是以文王受命为一大前提，在此前提下，周人所面对的是守成问题，故多谨慎戒惧之意。而天命在周这一状态的保持，不仅是文王之后的周天子的责任，实际上关涉诸侯、多方、多士乃至百姓，故敬德是更普遍的要求。①

四、《大学》义理纲维新释

讨论至此，我们可以看到，《大学》首句之逻辑，正是顺着《康诰》第二条脉络——周人天命绍遹意识——展开的：如前文所论，文王明德丕显于天，天命凝集周邦，这是周朝政教的基础；对于周公、康叔等周室后人而言，一切政教活动的展开，关键在于明先王之明德，保持天命在周的状态（前引《洛诰》“扬文武烈”、《君奭》“遏佚前人光”诸语，均表此意），是为“在明明德”一语的历史原型。如何“明明德”？曰：“在亲民”。②如何“亲民”？曰：“在止于至善”。“止”之为义，强调的是普遍的敬德。《大学》后文论“止”云：

> 《诗》云：“邦畿千里，惟民所止。”《诗》云：“缗蛮黄鸟，止于丘隅。”子曰：“于止，知其所止，可以人而不如鸟乎？”《诗》云：“穆穆文王，於缉熙敬止。”为人

---

① 《召诰》云：“上下勤恤，其曰：我受天命，丕若有夏历年，式勿替有殷历年，欲王以小民受天永命。”尤可表见此意。

② 《大学》后文云：“《诗》云：‘於戏前王不忘！’君子贤其贤而亲其亲，小人乐其乐而利其利，此以没世不忘也。”“前王不忘”，语出《周颂·烈文》，毛传释“烈文”曰：“烈，光也。文王锡之。”（《毛诗传笺》卷一九，第453页）全诗之旨，乃在强调自觉绍遹、持守、赓续文王明德丕显的天命凝集状态，故《大学》此处引“前王不忘”一句，实呼应于“明明德”之意；君子贤贤亲亲，小人乐乐利利，则是“亲民”之意——适可印证“明明德在亲民”的逻辑。

君，止于仁；为人臣，止于敬；为人子，止于孝；为人父，止于慈；与国人交，止于信。

此章论“止于至善”，并非专就在上位者而言，亦非悬设遥不可及的高远理想，而是针对人类社群之种种伦理位分，为群体中的每一个体指陈其行止的分际。故此章引述《文王》诗“敬止”之语，并非凸显特殊的君德，而是呈现普遍的敬德。郑释“止于至善”云：“止，犹自处也。”强调个体性的道德自律，正与敬意相通。

问题在于，《大学》首句为何与周人的“天命绍遹意识”相呼应？这一点当结合《大学》立意所根据的历史脉络来理解。虽此篇作者、成书年代尚存在种种争议，但其开篇择取历史上一具体学制背景——大学——作为论理的据点，则是显见的事实；[①]于三纲领之后展开的八条目，以“古之欲明明德于天下者”为先导之语，亦可见义理纲维背后的历史感；通篇广引《书》《诗》，诚如唐文治先生所揭示的，体现了“成周大学生徒”所禀受的唐虞三代特别是西周以来的政教传统。正因如此，《大学》开篇论述“大学之道”，秉承《书》《诗》所见周室政治文化精英之“天命绍遹意识”而作概括、提炼，实为题中应有之义。

紧接着需要指出的是，《大学》的义理纲维，并不仅仅是步趋《书》《诗》政教传统，实际上，《大学》首章随后展开的八条目，相较于三纲领之说，已呈现出一种微妙的转化：[②]

> 大学之道，在明明德，在亲民，在止于至善。知止而后有定，定而后能静，静而后能安，安而后能虑，虑而后能得。物有本末，事有终始，知所先后，则近道矣。古之欲明明德于天下者，先治其国；欲治其国者，先齐其家；欲齐其家者，先修其身；欲修其身者，先正其心；欲正其心者，先诚其意；欲诚其意者，先致其知；致知在格物。物格而后知至，知至而后意诚，意诚而后心正，心正而后身修，身修而后家齐，家齐而后国治，国治而后天下平。自天子以至于庶人，壹是皆以修身为本。其本乱而末治者，否矣；其所厚者薄而其所薄者厚，未之有也。

《大学》首章为何要在三纲领之后，接着展开八条目的论说？为何阐明八条目之际，行文不避繁琐，往复论述两遍？《大学》相对于《书》《诗》政教传统的新变，宜从此处悟入。应该说，三纲八目的逻辑次序，要在“本末”二字。如前文所论，“在明明德，在亲民，在止于至善”，是步步推本的关系。实际上，八条目的第一重论述逻辑，正与三纲领相应，

---

① 《经典释文》卷一四《礼记音义》云：“大学，旧音泰。”（北京：中华书局，1983年影印通志堂本，第216页）可见从学制意义上理解“大学”二字，乃是古义。朱子虽改读如字，但其《大学章句序》云：“《大学》之书，古之大学所以教人之法也。”（《四书章句集注·大学章句》，第1页）仍根据学制之义释“大学”。

② 孟琢《明德的普遍性》剖分《大学》义理内涵之“传统”与“新变”两个层次，指出“前人以《大学》为政治文本，是基于传统；以《大学》为道德文本，是立足新变”，颇具启发性。

结合后文的表述（分论部分之“所谓平天下在治其国者”实对应首章之“古之欲明明德于天下者，先治其国”，其余环节亦类此），可将“古之欲明明德于天下者……致知在格物”一段话改写为：

> 古之欲明明德于天下者，在治其国；欲治其国者，在齐其家；欲齐其家者，在修其身；欲修其身者，在正其心；欲正其心者，在诚其意；欲诚其意者，在致其知；致知在格物。

“在”字表推本之意，此处逆推八环，呈现出相对为“本末”的逻辑关系。[①]以《孟子·离娄上》之语言之，天下、国、家、身之关系为：“天下之本在国，国之本在家，家之本在身。”而对于个体生命，《大学》进一步推究其内在层次，从八条目的逻辑形式观之，可见：身之本在心，心之本在意，意之本在知，知之本在物。[②]其中“明明德于天下”一环，当是对应于首句的“明明德”。朱子把“明明德”理解为个体性的道德自觉，而“明明德于天下”，则是经由“新民”这一推扩的环节，最终达到“天下之人皆有以明其明德”的至善之境，[③]这恐怕是一种误解。实际上，“明明德于天下”这一表述，脱胎于《尚书》

---

① 如所周知，“本”“末”二字于六书属“指事”，取义于树木生长之象，强调的是根本深固然后枝叶繁茂，以逻辑形式言之，“A在B”，意谓B为本，A为末，B是A的必要不充分条件。《大学》辨本末，强调大学工夫宜从根本上着力，“在”字即表推本之意。孟琢阐发“在”字所蕴含的“理性凝聚”之义，意亦相通。《大学》所运用的“在+动宾短语”句式，可溯源于《尚书·皋陶谟》。篇中皋陶论君道，举“允迪厥德，谟明弼谐”为言。大禹问如何着力，皋陶云：“在兹。”（据伪孔安国传释之，“兹”指“慎厥身修，思永，惇叙九族，庶明励翼，迩可远”。）进而又云：“在知人，在安民。”正是步步指陈其着力之根本处。皋陶之言，与《大学》的义理结构亦颇有相通处。

② 从八条目连锁递推的表达形式来看，自然呈现出层层推本的逻辑关系。然而也有学人提出不同的理解，如徐复观认为：“《大学》的这种陈述，只在表明其本末先后。并且此处之所谓本末，只表示先后，而非表示轻重。尤其是值得注意的是：在‘国治而后天下平’一句之后，接着便说‘自天子以至于庶人，一是皆以修身为本’，而未说‘一是皆以格物为本’，或‘一是皆以致知’为本；由此可知，正心、诚意、致知，（格物以下另有解释），皆是修身的工夫。此工夫可以分疏地陈述，但既无所谓本末，而先后之意亦甚微；其中每一项应分别地加以衡量，而不应为其连锁式的陈述所迷惑。”（《中国人性论史（先秦篇）》，第279—280页）徐氏以为“本末”逻辑关系并不能贯彻八条目始终，尤其是“修身”以内的正、诚、致诸条目，徐氏理解为分疏并列的关系。与徐说相类，何益鑫《论〈大学〉古义》也认为“本末”逻辑不能贯彻八条目：“‘八条目’的先后之序，实有‘本末’与‘终始’两重逻辑。”何氏认为“本末”逻辑仅存乎修、齐、治、平诸条目，甚至认为，“齐家”“治国”“平天下”三条目，“虽然有先后扩展之关系，但三者各自仍以‘明德’‘修身’为本。换言之，各个层次的实践活动，‘壹是皆以修身为本’”。据此观之，“修身”以外的齐、治、平诸条目，何氏亦理解为分疏并列的关系。如徐、何二家之理解，八条目仅有一本，即“修身”，其余诸环节之间并无递推相关的本末关系。这显然与《大学》本文环环相扣的表述不相应。推究二家之说的根据，实在《大学》“自天子以至于庶人，壹是皆以修身为本”一语，然而，此语的基本指向，并非强调“修身”之于八条目的根本性意义，而是强调“修身”对于“自天子以至于庶人”的普遍性意义。此意置于本文的论述视角中，实际上不难理解：《大学》三纲领所承载的《书》《诗》政教传统，君德与民德之间，存在明德、敬德之别。而八条目之论述，在赓续《书》《诗》政教传统的基础上，复呈现出新的义理指向，即打破君德与民德的差异、区别，呈现出明德修身的普遍性意义。此外，顺由此一视角，我们可以把握到“自天子以至于庶人，壹是皆以修身为本”中“修身”一词，乃在整体上与《康诰》双重脉络中最根本的“明德”“敬德”一环相对应，其内涵实涵摄八条目中“修身”以内诸环节，因此，统言“壹是皆以修身为本”，并不意味着取消进一步推本正心、诚意、致知、格物诸环节的指向。

③ 朱熹：《四书章句集注·大学章句》，第3页。

"昭明于天下"（《康王之诰》）、"敷闻于下"（《文侯之命》）、"敷大德于天下"（伪古文《毕命》）诸语，强调的是个体明德对于天下的广泛影响，其中蕴含着一重天命意识，正与前文所论析"明明德"的基本内涵——明德丕显，格于上下——相应。[①]八条目接下来的"在治其国……在齐其家"，对应"在亲民"；"在修其身……在正其心……在诚其意……在致其知……在格物"，则对应"在止于至善"。如前文所论，这一推本的逻辑，是以圣王受命为前提的，"古之欲明明德于天下者"，讲的是周公、康叔、成王等文王之后的政治家所面对的守成问题。但接下来我们看到，《大学》又把这一逆向推本的逻辑，再作正面的陈述：

> 物格而后知至，知至而后意诚，意诚而后心正，心正而后身修，身修而后家齐，家齐而后国治，国治而后天下平。

这绝非简单的重复，而是把周公、成王们敬慎警惧的守成心理，转化为一种正面开拓的积极指向，易言之，八条目的第二重脉络，实际上是对应于前文所归纳的王者受命历程：克明德→显民→丕显于天。正因如此，八条目的根本，落在了"格物致知"的环节，"知"与"明"义相通，可见八条目并未局限在"敬德"上，而是凸显更积极的"明德"精神。这种由"敬→明"的微妙转化，在"知止而后有定，定而后能静，静而后能安，安而后能虑，虑而后能得"一语中，即有所透露："止于至善"当以"知止"为前提，"知止"乃是"明德"的表现。[②]前文已经阐明，在《尚书》所呈现的政教传统中，"敬德"是普遍的，而"明德"是特殊的。此处需要指出的是，《大学》中从三纲到八目的"敬→明"转化，不是从普遍性的敬德返回特殊性的明德，而是拓展出一种普遍性的明德。正因如此，《大学》特别强调："自天子以至于庶人，壹是皆以修身为本。"

最后，让我们重读本文开篇所引的《大学》"自明"章：

> 《康诰》曰："克明德。"《大甲》曰："顾諟天之明命。"《帝典》曰："克明峻德。"皆自明也。

---

① 三纲领之"明明德"，指向个体明德在天命层面之显明，前文已作论述。八条目之"明明德于天下""天下平"，既言"天下"，实亦蕴含一重天命意识，这在"治国平天下"章中有清晰的呈现："《诗》云：'殷之未丧师，克配上帝。仪监于殷，峻命不易。'道得众则得国，失众则失国。是故君子先慎乎德。……《康诰》曰：'惟命不于常！'道善则得之，不善则失之矣。"此言得众、慎德，正是基于对上天峻命的敬畏与自觉，其天命意识与首句"明明德"之内涵遥相呼应，至可注意。

② 从上述三纲、八目之对应关系来看，八条目中"格物致知"一环，实对应于"知止"。明儒顾亭林尝通过"知止"以把握"格物致知"之意："致知者，知止也。知止者何？'为人君止于仁，为人臣止于敬，为人子止于孝，为人父止于慈，与国人交止于信'，是之谓'止'；知止然后谓之'知'。至君臣、父子、国人之交，以至于'礼仪三百，威仪三千'，是之谓物。……以格物为'多识于鸟兽草木之名'，则末矣。"（顾炎武著，黄汝成集释：《日知录集释》卷六，上海：上海古籍出版社，2013年，第376—377页）既以"致知"之指向在"知止"，则"致知"之核心义涵即在于明确自身在重重人伦对待关系中的位分。任何人皆非孤立之个体，而与人类大群乃至天地万物息息相关，故对于自身位分的衡定，必以接触、认知自身所处之人群伦理乃至天地万物为基础，是为格物之工夫，故曰："致知在格物。"

前文已经辨析，这一段话并非“明明德”句全幅内涵的直接释义；至此，我们可以进一步体会这一段话的意义。从《尚书》对上古君师“明明德”之典型的整体描述中，聚焦、凸显其中的基始环节——“克明德”，正表明了《大学》原始、循本的意识。这种原始、循本的意识，不仅是在逻辑上，由“明明德”的终极境界反推“克明德”的基始意义：若希望达到“明明德”的理想，当从“克明德”做起；而且，隐含着一种在历史时序上回溯的努力：“克明德”讲的是周文王，“顾諟天之明命”讲的是商汤，而“克明峻德”讲的是帝尧。《尚书·尧典》开篇，述帝尧德业云：

> 帝尧曰放勋，钦明文思安安，允恭克让，光被四表，格于上下。克明俊德，以亲九族；九族既睦，平章百姓；百姓昭明，协和万邦。黎民于变时雍。

从“克明俊德”到“光被四表，格于上下”，可见明德之彰明的始终二端。若说周公、康叔、成王之前，有文王的典范在；文王之前，有商汤的典范在；商汤之前，有帝尧的典范在。那么，帝尧之前，更有何人可以取法？回溯至此，则上古君师无所依傍，独立开辟的精神意态，呼之欲出，故《大学》云：“皆自明也。”其自觉自任之义，正与《孟子》所谓“豪杰之士，虽无文王，犹兴”相通。

循由《尧典》所呈现的“俊德-九族-百姓-万邦”之节次，《大学》铺陈出“格物-致知-诚意-正心-修身-齐家-治国-平天下”的“大学之道”，其根本要义，一言以蔽之，曰：明德的开显。但需要补充说明的是，《大学》并未乐观地认为，一旦人对自身明德有所自觉，即可自然而然地抵达治平之境，从《大学》后文看来，自“诚意”以上的每一步拓展，都极其困难，故《大学》在每一个进阶环节，均从反向提醒学者其艰难处，如云：

> 所谓诚其意者，毋自欺也。……
>
> 所谓修身在正其心者，身有所忿懥，则不得其正；有所恐惧，则不得其正；有所好乐，则不得其正；有所忧患，则不得其正。……
>
> 所谓齐其家在修其身者，人之其所亲爱而辟焉，之其所贱恶而辟焉，之其所畏敬而辟焉，之其所哀矜而辟焉，之其所敖惰而辟焉：故好而知其恶，恶而知其美者，天下鲜矣。……
>
> 所谓治国必先齐其家者，其家不可教而能教人者，无之。……

此等处均非在思辨的层面，给“诚意”“正心”“修身”“齐家”“治国”等概念下一劳永逸的定义，而是为“大学之道”的践行者，谆谆诲示可能的陷阱与歧路：此间存在的戒惧、艰难、负荷之意，仍是“敬德”的精神。易言之，明德的开显，依然离不开持敬的工夫。

孔子尝言：“仁者，其言也讱。……为之难，言之得无讱乎？”（《论语·颜渊》）真切的践履工夫，形诸言辞，必然带有一种艰难感、负荷感。孔门诸子，颜渊之后，最能体现此种践履之真切负荷精神者，首推曾子。曾子曰：“士不可以不弘毅，任重而道远。仁以为己任，不亦重乎？死而后已，不亦远乎？”（《论语·泰伯》）曾子有疾，召门弟子曰：“启予足！启予手！《诗》云：‘战战兢兢，如临深渊，如履薄冰。’而今而后，吾知免夫！小子！”（《论语·泰伯》）此种践履精神，适可与《大学》所表达的明德步步开显之艰难感相印证。由是观之，《大学》一篇，盖为曾氏之学。

（原载《哲学研究》2020年第7期，发表时有删节，此为完整版）

绍兴和议后宋廷对军队的整治

许起山

南宋政权初建，外有金兵、伪齐的不时南侵，内有各地盗匪的骚扰作乱，形势危如累卵，宋廷希望诸位将军带领士兵冲锋陷阵，努力御侮平叛，屡屡给他们加官进爵，赏赐钱物无数。战乱时期的将领们不仅获得了前所未有的礼遇，还拥有了令人瞩目的权力，行为十分骄横，时常出现不听朝廷指挥、无视军中纪律的情况。建炎二年（1128）二月初，宋高宗探闻金骑兵临扬州，仅率数人仓皇南渡，将士不敢与金兵交锋，四处逃散，“军人所过，愈肆暴戾。……每所经处，烟焰亘天，十室九空矣”[①]。刘光世“提数万兵，控御江上，金人出没淮甸间。朝廷命移屯维扬，三诏不行”。[②]宋廷权威受到蔑视，皇帝对军队指挥不灵，但也无可奈何，迫于时势，还要千方百计满足各军所需。在宋高宗和诸多文臣眼中，这种情况显然是有悖祖宗家法的。绍兴十一年（1141）四月，宋廷收回三大将的兵权，接着与金签订和约，南宋局势稳定下来，在医治战争创伤的同时，还要想方设法整治军队，重回崇文抑武的传统。关于绍兴和议后宋廷对军中将士的管制、将士的生存状况、退伍将士的安置等问题，学术界关注较少[③]，特撰文专门讨论。

一、宋廷对将士的安抚与打压

在收回韩世忠、张俊、岳飞兵权的次年十二月，宋高宗对宰相秦桧说：“唐藩镇跋扈，盖由制之不早，遂至养成。今兵权归朝廷，朕要易将帅，承命奉行，与差文臣无异也。”[④]

---

① 佚名撰，程郁、余珏整理：《建炎维扬遗录》，《全宋笔记》，郑州：大象出版社，2008年，第四编第八册，第81页。

② 张知甫撰，孔凡礼点校：《可书》，北京：中华书局，2002年，第406页。

③ 王曾瑜《宋朝兵制初探》（北京：中华书局，1983年）、《宋朝军制初探》（增订本）（北京：中华书局，2011年）重在叙述宋朝军队的各项制度，对绍兴和议后宋高宗朝军中将士的生存状况等问题没有专门讨论。粟品孝等著《南宋军事史》（上海：上海古籍出版社，2008年）仅在第一章《南宋的军事体制》简单提到“绍兴十年（1140）宋金和议达成后，高宗君臣为了进一步加强对军队的控制，从次年四月起对军队进行了一次全面的改组”。一方面解除三大将兵权，一方面“对原来各地的屯驻大军进行若干调整”。该书并没有详细分析宋金和议之后，宋高宗是如何加强对军队控制的。黄宽重、陈峰、范学辉、何玉红等学者对南宋军事方面的诸问题各有研究重点，他们对绍兴十一年收回三大将兵权后，宋廷是如何进一步整治军队的，尚无系统论述。

④ 李心传撰，胡坤点校：《建炎以来系年要录》卷147，绍兴十二年十二月己卯，北京：中华书局，2013年，第2787—2788页。

宋高宗所言虽不虚，但此后为了稳定军心，他没有轻易变换军中主帅，反而采用久任将帅的策略。宋廷对军队的有效控制并不能因收回三大将的兵权而一劳永逸，要确保军队的绝对忠诚，摒除军人在战争年代遗留下来的恶习，改变军中风气，减少军费开支，还要循序渐进地采取其他措施。

（一）安置离军将士

宋廷罢除韩世忠、张俊兵权后，除崇其官阶、封妻荫子外，还不断赐给二人良田美宅、金银珠宝，对他们礼遇有加。韩世忠赋闲在家，宋廷特意拨给他“官兵五百人、亲随背嵬使臣三十人”作使唤。[①]世忠生病，宋高宗派太医诊治，“问劳之使，相属于道”。[②]宋高宗对待张俊，因其积极拥护与金和议，礼遇优于韩世忠。高宗优待张、韩等人，既是回报他们当年的拥戴之功，又是对他们部将的安抚，毕竟驻扎在各地的主要将领多是张、韩旧部。

为了瓦解军队的旧有势力，宋廷将先前提拔的张、韩、刘、岳宣抚司幕僚逐渐贬谪，尚留在军中的门客陆续被遣出，又将一些将领调出军队。绍兴十一年四月，宋廷接受张俊建议，凡离军将佐皆与添差官安置。[③]王敏求原为岳飞亲校，在此年五月被朝廷任命为“添差两浙西路兵马钤辖”[④]。七月，原为岳飞幕僚的高颖被罢官，“自此诸大将之客，稍稍被罪矣”。[⑤]岳飞罢官后居住在临安，其部将于鹏等十一人“皆奉祠居行在”。遭到台谏弹劾后，于鹏等人“一夕散去”，宋廷安排他们到地方做添差官，并令立即赴任。[⑥]不单是岳飞旧部，原属张俊、韩世忠率领的军队也是如此。原宣抚司将领被安置在地方做添差官者不胜枚举，大多没有再返回军营的机会。添差官是在某路某州差遣员额外加派的官员，有厘务与不厘务之分。不厘务者，不负责任何具体事务，仅按照规定领取俸禄。厘务者，有参与地方政事的机会，除本俸之外，另有添支钱做津贴。两宋之际，战争不断，军功易立，地方总管、钤辖、都监等职位有限，宋廷在绍兴十一年整治军队时，不可能按照旧法进行转员，调离军队的多数将领被安置在各地做不厘务的添差官。

战争结束，宋高宗将盘踞在军队多年的一些将领调出军队系统，以削弱张俊、韩世忠等大将在军中的影响，添差官的设置发挥了温和的收兵权作用。同时，由于建炎年间招安大批盗匪入伍，昔日的巨贼大盗摇身一变成为军中的中高级将领，将一部分人调出军队，也是改良军中风气的需要。宋廷裁汰了一批将领，就要立即选择新人补其缺位。绍兴十二年正月，宋高宗说：“今和议虽成，尤严武备，可督诸路招填将兵。”他认为军中将兵以主

① 徐松辑，刘琳等点校：《宋会要辑稿》仪制四，上海：上海古籍出版社，2014年，第2371页。

② 徐自明撰，王瑞来校补：《宋宰辅编年录校补》卷16，北京：中华书局，1986年，第1067页。

③ 《建炎以来系年要录》卷141将此事置在绍兴十一年七月己未。

④ 《建炎以来系年要录》卷140，绍兴十一年五月壬寅，第2637页。

⑤ 《建炎以来系年要录》卷141，绍兴十一年七月辛丑，第2649页。

⑥ 《建炎以来系年要录》卷141，绍兴十一年八月己卯，第2657页。

帅子弟及堂吏充任，多不称职，需要招募新的将兵来替换。[①]高宗此举，显然是为了瓦解高级将领的私人势力，亲自提拔一批中下级军官。

一般来说，宋代不厘务添差官的俸禄是正任官的一半。绍兴十三年七月四日，宋廷下诏："诸军拣放添差不厘务官，如请给比军中元请数多，即与半支；如所请数少，并依在军日数目支破。"[②]此项政策是宋廷为安慰乍离军队的将官而制定的。十月十二日，宋廷下诏给地方转运司和州军，严令他们按月供应添差官的俸禄。[③]十一月八日，南郊赦中再次提到各州军对地方不厘务添差官按月支给俸禄，"令诸路监司常切约束，务欲按月放行。如违，按劾以闻"。[④]诸军拣放到地方的使臣，宋廷安置他们为地方不厘务的武官，这些人在军中十多年，突然让他们离开军营，俸禄减少，一些退伍者会产生不满情绪。宋廷对他们的生存情况十分关心，督促各州军按月给他们供应钱物，保障离军将领的正常生活。将士退伍后的生活有了保障，能够减少军队转员的阻力，让战功赫赫的将官们愿意服从朝廷的调遣。

宋廷对待添差到地方的退伍将官，"给他们提供最基本的生活保障，不至于流离失所，这也是朝廷出于稳定军心的需要，让前线从军将士无后顾之忧，在当时确实是很有必要的"[⑤]。但对他们的官职却长期不予升迁，离军将领的日常活动要受到地方文官的监督。绍兴十七年正月，宋高宗颁布御笔："诸军统制将官已添差诸州都监已上人，并令厘务。"秦桧本来打算按照原有制度，仅给这类添差官一半俸禄，高宗说："诸将乍离军中，若请给减半，恐失所也。"[⑥]高宗让添差都监已上的统制将官厘务，其实根据当时崇文抑武的实际情况，这些退伍的将官也发挥不了作用，高宗本意仅是让他们多拿一份俸钱养老罢了。但文臣们对此项政策依然有异议，绍兴十八年二月，福建安抚使薛弼针对高宗前一年令都监已上添差官厘务的御笔提出不同意见，并提醒高宗这样做违背了祖宗之法，建议宋廷禁止那些厘务添差官干预职事，最终获得高宗批准。[⑦]至此，厘务与不厘务，仅有俸禄的差别，退伍将官皆无权参与政务。

至于退伍的低级军官和普通士兵，宋廷也是谨慎对待的。当时，北方籍的士兵是军队的主力，他们随宋廷南迁，失去了原本在北方的家园和亲属，让他们离开军队，若不重新分配土地和房屋，必然沦为流民。除北方籍士兵，战争时期，宋廷把大批流民、盗匪招入军队，这些人原本也是无家可归者，与北方籍士兵的处境无异。加上他们会使用或制造武器，又与军队有千丝万缕的联系，这批退伍者若转变为盗匪，对社会治安危害很大。宋廷

① 《建炎以来系年要录》卷144，绍兴十二年正月丁巳，第2710页。

② 《宋会要辑稿》职官五七，第4598页。

③ 《宋会要辑稿》职官五七，第4598页。

④ 《宋会要辑稿》兵一七，第8967页。

⑤ 李勇先：《宋代添差官制度研究》，成都：天地出版社，2000年，第52页。又言："实行添差官制度，在当时国难多艰的情势下，对稳定军心、笼络武将也起到了十分重要的作用。"第239页。

⑥ 《建炎以来系年要录》卷156，绍兴十七年正月丙子，第2951页。

⑦ 《建炎以来系年要录》卷157，绍兴十八年二月丙申，第2980页。

在绍兴和议后安置退伍士兵的方法沿袭了旧制，安排退伍者到地方做剩员指挥、牢城指挥，这项政策对伤、老、病、残士兵十分有用。

除此之外，宋廷根据当时江北荒地较多的实际情况，安置退伍士兵开垦荒田。例如，绍兴十七年五月，宋廷安排拣退士兵耕种江、淮、京西地区的官田和逃田，在粮种和税收等方面给予政策优惠，让他们自给自足。[①]绍兴二十六年闰十月，考虑到个别离军将士“养赡不足，无以自存”，宋廷下令在江、淮、湖南等地，人给荒田一顷，令所在州军支给俸禄一年，以作耕牛、粮种之费，另外免除十年租税和二十年丁役。[②]此政策可谓优厚，并很快在相关地域推行。绍兴二十七年七月，中书省提到：“淮东等处有拣汰军人愿请佃荒田开耕人数，各已摽拨及支破请给毕。”可见朝廷的政策在淮东等地得到了落实。宋廷又下诏，若其他路有此情况，“依淮东事理施行，优加存恤”。[③]当然，宋廷并不是仅拨给退伍军人一些荒田和支付俸钱购买耕作物资而已，还要加强对他们的监督，不许他们利用朝廷的优惠政策做些投机的事情。[④]绍兴二十九年闰六月，宋高宗对辅臣说：“昨降指挥，诸军拣汰使臣，官给闲田，假以牛种、农具，使之养老，似为得策。”[⑤]十二月，淮东转运副使魏安行又提出安置退伍将士的补充方法：“诸军所汰官兵，愿耕者，予三月俸，牛、种、庐舍皆从官贷，满五年，仍偿其田，并为永业，仍免十年租。”[⑥]宋廷认为魏安行的建议切实可行，次年三月，特赐钱给他专门措置此事。宋廷安排那些有劳动能力的拣退士兵耕种江、淮荒田，向他们提供免税役、贷牛种等优惠政策，增加了他们开垦荒田的积极性。开垦荒田的地点又距退伍士兵原来的军营不远，军人对四周环境熟悉，也省去了不少迁移费用。“淮甸诸州累经兵火，贼马屯泊，良田为旷土，桑柘为薪樵。”[⑦]“京西州军系累经残破，荒田至多。”[⑧]宋廷鼓励退伍士兵到两淮、京西、湖北等人烟稀少的沿边地带开垦荒田，能够合理利用土地资源，节省了不少安置费用，加强了沿边地区的防守力量，有利于江淮经济的恢复。宋廷组织退伍士兵耕种荒田，这是宋高宗朝后期最为常用、也是最有效的安置方式。[⑨]

① 《建炎以来系年要录》卷156，绍兴十七年五月辛未，第2961页。

② 《建炎以来系年要录》卷175，绍兴二十六年闰十月己酉，第3352页。

③ 《宋会要辑稿》食货六三，第7721页。

④ 《宋会要辑稿》食货一，第5971页。

⑤ 《宋会要辑稿》食货三，第6010页。

⑥ 《建炎以来系年要录》卷183，绍兴二十九年十二月丙寅，第3543页。

⑦ 《宋会要辑稿》选举二三，第5969页。

⑧ 《宋会要辑稿》食货六，第6092页。

⑨ 据《宋会要辑稿》食货一记载，绍兴三十一年正月，有臣僚建议根据各州拣汰使臣、军员人数的俸禄多少，将本州没有卖出去的官田折价拨给退伍者耕种，“养之终身”，不再另外给他发放俸禄和安排做添差官。如本人身故，允许子孙接续承佃。其后户部更提出了具体措施，宋廷令两省、台谏官讨论。三月，给事中黄祖舜、中书舍人虞允文、殿中侍御史杜莘老、右司谏梁仲敏等认为此项政策甚好，但考虑到某些地方的官田太少，不足分配，他们建议“将具不尽系官田、户绝及寺观无主田并僧道违法田尽行拘收，又将日后没官田岁行抄籍，以待兵田之数相当而后施行，可无不足不均之患”。第5973—5974页。若此策能够顺利实行，便能大大缓解地方财政压力，又妥善安置了拣退将士。数月后，宋金战争又起，此事不了了之。

总体而言，宋廷对退伍官兵的安置沿袭了北宋时的旧法，又突出了开垦荒田的特色，较为合理，大体符合当时的实际情况，没有出现退伍士兵的变乱，也没有退伍士兵因走投无路，参加盗贼集团残害百姓之事。

（二）约束军中将领

绍兴和议后，宋廷下旨，“除杀金平、和尚原、顺昌府、大仪镇、明州城下立功人外，余不得为战功”。[①]这便剥夺了众多将士的积功受赏资格。即便之前的许多战功不算，和议后，按照将官在军中服役时间，宋廷也应该给予正常迁转。但实际情况并非如此。

绍兴二十三年（1153）闰十二月，宋廷规定，三衙及江上屯驻大军都统制、统制，“供职满十年，无公私过犯之人，申枢密院取旨，与转行一官”。[②]这是绍兴和议后宋廷下达的对军中现役高级将领的首次升迁诏令。次年正月，宋廷经过考核之后，对三衙将领戚方、岳超、梁斌、王升、阎德等七人各进一官。[③]随后，鄂州、建康、镇江三支屯驻大军的将领李道、郝晸、李进彦、单德忠等十一人各迁一官。[④]七月，宋廷以“李耕统制军马通理已及十年，特转行武当军承宣使”[⑤]。戚方等人分别为各军主要将领，在绍兴和议前已战功卓著。宋廷十多年来，仅给在军中供职十年以上的少数高级将领转官一次，一般将领尚无此机会。绍兴二十九年以后，完颜亮即将南侵的消息不断传来，为了备战和鼓舞士气，宋廷稍稍增加了军中将士的恩赏。但主管侍卫步军司公事的赵密请求转官时，还是谨遵管军十年方得一转的条例。殿前司统制辅逵、王刚管军未满十年，他们的转官申请没有获得批准。[⑥]可知军队将领在秦桧势力瓦解后仍然升迁缓慢，还是遵循供职满十年方得迁转的制度。军功显赫的高级将领尚且如此受限，其他中下级军官和普通士兵的境况自然不好。

绍兴二十年正月的一天早晨，独相十三年的秦桧正在上朝途中，忽有一人携刀冲向他的轿子，在砍伤秦桧的数名随从后，终被制伏，押送到大理寺狱。行凶的人是殿前司后军使臣施全。据史家李心传记载：“自罢兵后，凡武臣陈乞差除恩赏，桧皆格之，积百千员，无一得者，客行朝饿且死者，岁不下数十。”[⑦]战争时期，将士们经常得到各种赏赐，再加上固定的军俸和补贴，是不愁生计的。战争结束，赏赐停止，将士的收入立即减少很多，秦桧又阻格了武臣应有的封赏，军队待遇降低，以至让施全等人无法养家糊口。施全一时绝望，才有刺杀秦桧的冒失之举。驻扎在京城的殿前司将士待遇是优于其他军队的，使臣

---

① 《建炎以来系年要录》卷194，绍兴三十一年十一月乙亥，第3787页。

② 《宋会要辑稿》职官三二，第3831页。

③ 《建炎以来系年要录》卷166，绍兴二十四年正月辛巳，第3150页。

④ 《建炎以来系年要录》卷166，绍兴二十四年五月丁巳，第3156页。

⑤ 《建炎以来系年要录》卷167，绍兴二十四年七月辛巳，第3167页。

⑥ 《建炎以来系年要录》卷182，绍兴二十九年六月壬寅，第3502页。

⑦ 《建炎以来系年要录》卷161，绍兴二十年正月丁亥，第3039页。

俸禄尚且如此，地方驻军的境况可想而知。每年饿死的武臣不下数十人，但他们没有联合起来发生暴动，也反映了宋廷对军队的绝对控制力。

绍兴和议后，“二十年间，被坚执锐之士，化为行商坐贾者，不知其几”。[①]战争停止，将士立功受赏的机会很少，在军中为官无利可图，与其食不果腹，不如转行从商。三大将被解除兵权，殿帅杨存中的地位和权势更加凸显，有位义兄弟前来投靠，希望杨引荐他在军中做官，但杨没有同意，而是帮助这位义兄弟到别处买田置产。因为“当今兵革不用，非展奋功名之秋”，杨的这位义兄弟留在军中也得不到好处，不如帮他发财致富。[②]杨存中的战功与声望虽不及张、韩、刘、岳四大将，但他是宋高宗的心腹爱将，主管殿前司二十余年，官加两镇节度使，在宋代历史上极为罕见。即便如此，杨存中平常处事还是十分小心。据宋人记载：

> 杨和王最所钟爱者第六女，极贤淑。初事赵汝劼，继事向子丰，居于霅，未有所育，王甚念之。一日，向妾得男，杨氏使秘之，以为己出，且亟报王。王喜甚，即请诰命，轻舟往视之……时王以保宁、昭庆两镇节钺领殿岩，于湖为本镇。子丰因使人讽郡官往迓之。自郡将以次，皆属櫜鞬，谨伺于界首。王初以人不知其来，及是闻官吏郊迎，深恐劳动多事，遂中道而返。[③]

杨存中以私事到湖州，听闻有官吏在郊外迎接，深知自己仅在殿前司掌事，无权过问地方事务，不应有如此排场，以免遭到文臣议论，便停止向前。杨存中虽然战功显赫，身居要位，深受皇帝宠爱，但要保住自己的地位，绝对不能越权干预地方事务。毕竟与战时不同，宋廷对任何将领皆可随意处置，不必迁就。

再看驻扎在四川沿边的大将杨政在绍兴和议后的表现：

> 政守汉中十八年，六堰久坏，失灌溉之利，政为修复。汉江水决为害，政筑长堤捍之。凡利于民者不敢以军旅废。休兵十余年，未尝升迁将士，上下安之。[④]

昔日的猛将率领将士一心一意修堰筑堤，为当地百姓做了不少好事。至于军务方面，仅提到杨政十多年间“未尝升迁将士”，这并不是他的高风亮节，实为朝廷有所约束，也是他洞悉政局后的自觉。

绍兴十八年五月，战功卓著的李显忠因托人到金国接来旧妻，被宋廷免去军职，提举台州崇道观，此后“闲居七年”。[⑤]指挥过顺昌大捷的著名将领刘锜在绍兴和议后任军事重

---

① 《建炎以来系年要录》卷189，绍兴三十一年三月己卯，第3660页。

② 洪迈撰，何卓点校：《夷坚志》三志壬卷6《卫校尉见杨王》，北京：中华书局，1981年，第1511—1522页。

③ 周密撰，张茂鹏点校：《齐东野语》卷6《向氏粥田》，北京：中华书局，1983年，第108页。

④ 脱脱等：《宋史》卷367《杨政传》，北京：中华书局，1977年，第11444—11445页。

⑤ 赵甡之撰，许起山辑校：《中兴遗史辑校》，绍兴十八年五月二十六日癸未，北京：中华书局，2018年，第228—229页。

镇荆南知府六年，绍兴十七年七月，主动请宫祠，得到宋廷批准。高宗“闻其贫甚”，特“赐田百顷，仍官给牛种”。但所赐官田被地方官员“拨入常平司”，刘锜“止得荒田数顷”而已。[①]曾经令金军闻风丧胆的猛将，在和议后不但没有了用武之地，而且连日常生活开支都有困难，还要忍受地方官府的欺压。

在解除三大将兵权之前，各宣抚使享有很大的权力，张俊等人往往干扰地方事务，甚至州县地方官也由宣抚司任命或推荐。绍兴和议后，军队昔日的各种特权逐渐被限制或剥夺。据南宋史料记载：

> （刘廷直）登（绍兴）十五年进士第。调鄂州户掾。鄂居上流，留屯神卫兵以六万计。一夕军中积刍火，大将田师中怒甚，大搜。后一夕得三偷儿，有火具，械致之州。太守张持承意，委公（刘廷直）鞫之。欲必得三人者火刍状。公精意问囚，盖其情将以窃藏于民家，实未尝至军垒也。即抱具狱，白释之三。太守怒，以语侵公。公曰：“以火具而杀三人，有以异于以酿具而抵酒禁者乎?”太守一笑，破械遣囚，遂与公为知己。[②]

鄂州驻军中发生有人故意放火烧毁军需储备之事，逮捕了三个藏有火具的偷儿，认为正是他们放的火，都统制田师中虽然怒不可遏，但并没有立即处置三人，而是将他们押送到鄂州州衙，交给知州处理。知州安排户掾刘廷直审理此案，刘廷直经过调查，放火的人不是那三个小偷，最终将他们释放。田师中是数万鄂州驻军的最高长官，竟然不敢处置放火烧毁军储的小偷，还要强忍怒火，将他们交给鄂州州衙受审，建议将此三人严肃处理，但时任户掾的刘廷直坚持秉公办事，没有受到田师中、知州施压的影响。从中不难看出，军队的权力已经缩小到何等地步！军中宿将如田师中辈不敢像和议前那样肆意妄为，只能主动接受文官的监督。绍兴二十五年，宋廷规定，御前诸军都统制不许出谒及接见宾客。[③]

绍兴十二年七月，吴璘请求朝廷为其子吴援改换文资，宋高宗虽然允诺，但不无担忧地说：“武臣换文资，恐将帅之才，后难得矣。”[④]十一月，刘光世去世，高宗临奠时，刘光世之妻向氏言：“光世遗言，侄祖礼曾获文解，可以为文官，乞改文官。”[⑤]杨政之子杨庭在绍兴十三年通过宣抚司的试策，改为文资。[⑥]其他将官子弟由武改文者不胜枚举。辰州属于宋代的边远地区，环境险恶，不易治理，绍兴初又受到钟相事件的干扰，经济破败

---

① 《建炎以来系年要录》卷170，绍兴二十五年十二月丙戌，第3242页。

② 杨万里撰，辛更儒笺校：《杨万里集笺校》卷122《新喻知县刘公墓表》，北京：中华书局，2007年，第4722—4723页。

③ 《建炎以来系年要录》卷170，绍兴二十五年十二月庚子，第3250页。

④ 《建炎以来系年要录》卷146，绍兴十二年七月戊申，第2746—2747页。

⑤ 赵甡之撰，许起山辑校：《中兴遗史辑校》，绍兴十二年十一月十三日辛丑，第219页。

⑥ 《宋会要辑稿》职官六一，第4701页。

不堪。绍兴十九年，宋廷把得罪秦桧的博学之士王庭珪贬至此地，当时辰州以武将马羽摄郡事，马羽冒着得罪宰相的风险，让儿子拜王庭珪为师，“后遂登科”。[①]战争结束，武将们认为做文官才是正途，为子孙前程打算，不让他们子承父业。

宋廷不惜用大量钱财安抚张俊等几位大将，也正如北宋初年宋太祖安置石守信等人的办法，“稍夺其权，制其钱谷，收其精兵”。宋廷在整治各地的军队时，给退伍将士不错的待遇，但在军中更多采用打压的方式，减缓将士的升迁速度，降低他们的收入，压制名将的气势，取消军队的特权，安排地方官员监督军队。将士们只能唯朝廷马首是瞻，宋廷能够有效地指挥各地军队，有更多的精力进行经济建设和社会治理。

二、严肃军中纪律

战争时期，各宣抚司有自己的战区，独立性很强，宋廷对军纪等事鞭长莫及。三大将兵权一夜之间被解除，宋高宗迫不及待地对宰执说：“昔三宣抚之兵，分为三军，故有此军作过而往投彼军者。今合为一，则前日之弊革矣。”[②]但有远见的臣僚郑刚中却不无担忧地向宰相进言：

> 宣抚司诸将首领，尽是收拾散亡与杀降剧贼，其间悍狠虐下，顽钝嗜财，荡淫纵欲者，色色皆有。平时畏大帅不得逞，一旦释去，其陵损士卒，交相货利，藏匿子女之弊，岂得无之？弹压整齐，当有划一之政。[③]

郑刚中的顾虑是必要的。岳飞等人凭借各自的威望能够对数万人的军队有效指挥，三大将忽然离开军队，宋廷必须采取合理的措施整治这些岳家军、张家军、韩家军，让他们俯首听令。不久，宋廷对军中将士加强纪律约束，改造其匪性，打压其气势。在张俊、岳飞清点韩家军时，“欲开落走死逃亡之在籍者”，但韩世忠部将耿著不同意这样做，他对当时的总领财赋官胡纺说：“军中弊幸，虽郭子仪、李光弼不能无，若一日顿革，未必不生事。吕祉之戒，不可不虑。”耿著此言颇不合时宜，被胡纺举报，宋廷立即严厉处置了耿著，将其“杖脊刺配吉阳军牢城”。[④]此事宣示了宋廷对革去军中积久之弊的决心，坚决打击军队领取空饷的行为。

绍兴十三年七月，池州都统制王俊向宋廷申报一批应该升迁的将官姓名，宋高宗没有理会，仅是令枢密院“约束诸军，拣去老弱，存其强壮，日加训练”，并且说：“此事今日

① 周必大：《周益公文集》卷29《左承奉郎直敷文阁主管台州崇道观王公庭珪行状》，《宋集珍本丛刊》，北京：线装书局，2004年，第49册，第2页。

② 徐自明撰，王瑞来校补：《宋宰辅编年录校补》卷16，第1057页。

③ 郑刚中：《北山文集》卷1《定谋齐力疏》，《丛书集成初编》，北京：中华书局，1985年，第1962册，第25页。

④ 《建炎以来系年要录》卷141，绍兴十一年七月壬寅，第2649—2650页。

所当为者，异时缓急调发误事也。”[①]可知在皇帝心中，“约束诸军”等事才是当务之急，不再担忧将士因为得不到及时升迁而怨恨朝廷，发生动乱。和议已定，宋廷对军队的依赖减弱，转而加强对各路军队的纪律约束，禁止军人干扰百姓的生活。据李心传记载，绍兴十五年八月，在镇江驻扎的御前游奕军统制刘宝因擅伐民间树木及强刺平民为军，被降受果州团练使，别与差遣。[②]时人曾惇有诗：“官军不斫人家树，各自持钱去买薪。”“江头柳木已参天，柳色花光日日妍。”[③]当是化用了刘宝伐民木之典。与和议前各路军队纪律涣散，烧杀抢夺，犹如盗匪，形成鲜明对比。曾惇这几句诗反映了士大夫和广大百姓支持宋廷加强对军队的纪律约束。

在战争年代，一些士兵犯罪或违反军纪，为躲避惩罚，转而投靠另一支军队，即前文宋高宗所言“有此军作过而往投彼军者”。犯人原来的军队无法追索，地方官员不敢前去拘捕，罪犯往往逍遥法外，既败坏了军纪，又干扰了司法。绍兴十四年正月，殿帅杨存中上奏朝廷，“请刺本军人以防诸处互招，仍乞严赐约束”。宰相秦桧提出解决此问题的两种方法，一是“招别军人并依军法”，但此法太重，不便推行；一是“许人告，以犯人所请计赃坐罪”，给予告者奖赏，此法简单易行。宋高宗说：“立法不贵太重，而贵必行。法必行，则人莫敢犯矣。”[④]采纳了秦桧提出的第二种方法。

军队纪律败坏的重要原因是宋廷的招安政策。建炎元年至绍兴初年，宋朝局势动荡，境内盗贼四起，严重威胁着建立不久的赵构政权。宋廷苦于金与伪齐的侵扰，不能全力镇压盗匪，不得不采取招安入军的权宜策略，“每招至，必以厚爵”，时谚有云：“若要官，杀人放火受招安。”[⑤]受招安者成分十分复杂，做惯了盗贼土匪，以投机的心态入了军籍，却不愿意接受军中纪律的约束，所到之处，继续做些杀人放火的勾当，败坏了军纪，影响了军队战斗力，同时严重干扰了普通民众的生活，宋廷因此大失人心。绍兴和议后，宋高宗清醒地认识到，不能再像之前那样招安盗贼。绍兴十七年六月，宋高宗言：“弭盗贼当为远虑，若但招安补授，恐此辈以啸聚为得计，是启其为寇之心……可札下诸路，日后不许招安。”绍兴二十八年三月，高宗又言：“朕尝谓后世用官招安盗贼，将以弭之，适所以劝之也。不若以资寇之官赏捕盗之人，兹为良策。”[⑥]绍兴三十一年十月，宋廷又要倾力应对金人的南下，但依旧不允许招安盗贼，下诏：“应顽民持刃为劫盗者，并处死，有不获者，遣兵收捕，虽遇大霈，永不招安。”[⑦]虽然宋廷不许招安的政策更多的是出于社会治安考虑，但对军中纪律的改善是十分有益的。

---

① 熊克撰，顾吉辰、郭群一点校：《中兴小纪》卷31，福州：福建人民出版社，1985年，第373页。

② 《建炎以来系年要录》卷154，绍兴十五年八月戊寅，第2907页。

③ 吴曾：《能改斋漫录》卷11《曾郎中献秦益公十绝句》，上海：上海古籍出版社，1979年，第339—340页。

④ 熊克：《中兴小纪》卷31，第377页。

⑤ 张知甫：《可书》，第417页。

⑥ 《宋会要辑稿》兵一三，第8861页。

⑦ 《建炎以来系年要录》卷193，绍兴三十一年十月癸卯，第3751页。

三、整顿军中财政

绍兴和议前，宋廷苦于应付战争，“财赋所入，未尝一毫妄费，悉用以养兵。”[①]仅绍兴五年一年，四川收取钱物三千六十余万缗，但支出却高达四千六十余万缗。宋廷无力供应各支军队的费用，不得不允许他们自行筹措。王彦驻军金州，虽以军纪严明著称，但为了养兵，“敛民倍常比，属县莫敢抗”。[②]以抵御金军、保卫王室为名，各级将领中饱私囊，大发横财。所谓“中外诸军，屠酤成市，日夺官课，重载络绎，不税一钱，回易悉据要津，逃亡更不开落。凡所侵擅，皆云制造军器。”宋廷和地方官府不敢管束，“遂使诸军坐收厚利”。[③]

罢除三大将兵权后，宋廷设置总领所[④]。淮东总领掌镇江诸军钱粮，淮西总领掌建康、池州诸军钱粮，湖广总领掌鄂州、荆南、江州诸军钱粮，四川总领掌兴元、兴州、金州诸军钱粮。“除行都附近以外的御前军即所谓四屯驻大军的供给，便分别由四总领所负责，从而简化了供军财赋调配上的繁复程度。”[⑤]四总领所负责相近地区屯驻大军的军费，除此之外的地方驻军，则由各地转运司等机构调配。如绍兴十三年“朝廷移田晟军自蜀来屯于荆南”，便令湖北转运判官王震“专主馈饷”，王震“以常平、经、总钱谷支用”，没有加赋于民。[⑥]这样一来，宋廷基本控制了各军的财政。《鹤林玉露》中有一则故事，提到某位御史欲论殿帅杨存中侵吞军中粪钱十余万，被存中提前获知，主动上奏朝廷，“言军中有粪钱若干桩管某处，唯朝廷所用”。[⑦]可见宋廷对军队财政的干预之深。

战时，军队以“赡军”为名经商十分盛行，因为财政窘迫，宋廷很少干涉军队的这种行为。[⑧]战争结束后，宋廷对军队经商多加限制，但相关政策是包容的，仍然保留了军队的一些营利行当。绍兴十三年六月，“时既已罢兵，而诸将犹回易，以营其私”，有臣僚认为败坏了军政，于是宋廷颁布诏令，整顿军中回易：“自今诸军擅差军兵回易，委主帅及兴贩州县收捉，押赴朝廷，依私役禁军法，所贩货物，计赃坐罪，必罚无赦。州县知而不举，与同罪。”[⑨]同时，宋廷根据尚书省的建议，增加军中高级军官的收入，给都统制月支

---

① 徐梦莘：《三朝北盟会编》卷166，绍兴五年正月十七日辛酉，上海：上海古籍出版社，1987年，第1200页。

② 《建炎以来系年要录》卷34，建炎四年六月庚辰，783页。

③ 《建炎以来系年要录》卷86，绍兴五年闰二月辛未，第1653页。

④ 关于总领所的具体情况，可参见黄纯艳：《宋代财政史》第一章第二节之“南宋总领所财政”，昆明：云南大学出版社，2013年，第169—205页。

⑤ 汪圣铎：《两宋财政史》，北京：中华书局，1995年，第131页。

⑥ 胡寅撰，容肇祖点校：《斐然集》卷26《左朝请大夫王公墓志铭》，北京：中华书局，1993年，第597页。

⑦ 罗大经撰，王瑞来点校：《鹤林玉露》丙编卷5《杨存中逐吏》，北京：中华书局，1983年，第321—322页。

⑧ 关于绍兴和议前军队经营商业的情况，可参见梁庚尧：《南宋的军营商业》，收入《宋史研究集》第32辑，台北：兰台出版社，2002年，第317—345页。

⑨ 《建炎以来系年要录》卷149，绍兴十三年六月壬辰，第2815页。

供给钱二百贯，副都统制一百八十贯。[①]宋廷增加各军都统制、统制等的收入，让其有钱养家，禁止将领私役军卒回易兴贩。绍兴十四年五月，秦桧亲友黄达如因私役禁军贩易物货，降一官放罢。[②]绍兴十五年八月，殿前司左军统制李捧因擅遣官兵回易，被降一官。[③]绍兴二十二年九月，右谏议大夫林大鼐言："兵弛久佚，主将辄移其力，而他役之……望诏中外将帅，遵守祖宗条法，仍取约束。未尽者，增广而峻行之。"宋廷令"刑部检坐见行条法，行下诸军遵守，内借人一节，借者与借之者并同罪"。[④]从以上条令可知宋廷严厉打击私役军士回易者，禁止士兵染指经商，维护军队的正常秩序。

绍兴二十六年正月，参知政事魏良臣上疏请罢诸军回易，主管殿前司公事杨存中坚决反对，他向朝廷说明殿前司虽有酒坊、解库、房廊、盐米等商铺，但都是雇百姓经营，"依市价出卖，即不曾敷配军士"。所获利润用来制造军器、舟船、军装，买马、修盖寨屋等，没有分文私用，皆用作赡军。他又把绍兴十一年以来的回易收支情况进呈，请朝廷审查，若有违戾处，甘愿受罚。宋廷综合考虑，最终没有停罢军队回易，随后下诏："解库、房廊、官庄、药铺并令本军召募百姓开张种佃，即不得役使兵士，余依已降指挥。其旧系买扑坊场，令常平司拘收，依条施行。如系城郭开张酒店，令户部、总领司拘收。"[⑤]宋廷在重申之前诏令"不得役使兵士"的同时，又将原属各军的"买扑坊场""城郭开张酒店"等，令常平司、户部、总领所等拘收，剥夺了军队不少财权。

绍兴和议后，宋廷三令五申禁止军中将领私役士兵进行所谓的"赡军回易"，因为将领用士卒进行买卖活动，难免会利用自己的亲信从中牟利，又会影响军队的正常秩序和常规的训练，使军中将士之间的关系复杂化，导致军心涣散，官兵思想受商业利润腐蚀，败坏了军纪，削弱了战斗力，也减少了朝廷的税收。宋廷再三约束军中回易，是对军队财政的干预，也是为了整肃军中纪律，提高士气。

四、调整军中垦田政策

为了抵御金军、伪齐的入侵，减轻财政负担，绍兴和议前，宋廷一直鼓励军队在江淮地区实行屯田、营田活动。[⑥]王彦、解潜等将领组织的屯田、营田虽然屡被时人称道，但

① 《建炎以来系年要录》卷149，绍兴十三年六月壬辰，第2815页。

② 《建炎以来系年要录》卷151，绍兴十四年五月戊辰，第2859页。

③ 《建炎以来系年要录》卷154，绍兴十五年八月壬辰，第2908页。

④ 《建炎以来系年要录》卷163，绍兴二十二年九月癸卯，第3107页。

⑤ 《建炎以来系年要录》卷171，绍兴二十六年正月丙辰，第3257页。

⑥ 传统观点认为屯田由军人参与，营田由百姓参与，但从北宋中后期开始，屯田、营田的概念已无明显区别，名异而实同，本文便不再区分。

在战争频发的背景下，仅是昙花一现，不能坚持很长时间，且成绩并不显著。[①]绍兴十一年十二月，宋高宗对秦桧说："和议已成，军备尤不可弛。宜于沿江筑堡驻兵，令军中自为营田，则敛不及民，而军食常足，可以久也。"[②]高宗认为在军中推行营田，军队可以自给自足，减轻民众赋税压力，同时能够加强沿江防备。次年三月，高宗又言："朕欲面委（田）师中营田之事，倘区处得宜，地无遗利，便可使就籴，以充军赋。军赋既足，取不及民，则免催科之扰，输送之费，可以少宽民力。"[③]时田师中为鄂州驻军都统制，所处正是经历过多年战乱、土地荒芜、人口稀少地区，故而宋高宗认为此地适合军队营田。绍兴十八年八月，郢州知州赵叔溍建议宋廷令地方官员统计各地的闲田荒地，一部分由本地驻军开垦，地方官府向军队提供耕牛、粮种。[④]随后，户、工部制定了军队营田赏罚条令，鼓励军中营田。

"建炎兵火之后，人户抛弃己业逃移，并各荒废。"宋廷组织军队屯田、营田，将这些荒田重新开垦，多年以后，荒田变成熟田，原来人户便想利用宋廷的归业政策，趁机认领昔日田地，"往往用情计嘱州县，前来识认归业，因生诈冒，渐坏成法"。[⑤]鉴于此种情况，绍兴二十三年三月，镇江驻军都统制刘宝上疏宋廷，认为若有民户识认军庄营田，只要每亩偿开耕工本钱五千五百，便可以还给民户原来的田地。获得宋廷批准，并且下令其他地区仿此施行。[⑥]"由是营田渐以还民矣。"[⑦]由武将刘宝的上疏，也可推测当时由军队参与的营田效果不佳，不如趁机收取一些民众的开耕工本钱，实质上是军队变相售卖原本用作营田的公有土地。军队逐渐退出营田，农民或军人家属获得土地，耕种的积极性提高，官府向他们征收租税。九月，新知庐州曾慥上疏朝廷，"乞与建康府都统制王权同议营田"。此时，宋高宗对营田有了清醒的认识，不再像之前那样热情支持，他对曾慥说："当令熟议其可否，如与之中分其利，使军人乐然从之，乃可行也。"[⑧]可以说，绍兴二十三年是宋廷实行屯田、营田政策的转折点，官府和军队逐渐退出。绍兴二十六年至三十年，宋廷大规模出卖江南官田，其中一部分就是原由屯驻大军参与的屯田和营田。购买者自然不乏军中将士和退伍军人。

---

① 据李心传记载："解潜在荆南，民有耕牛，官为给种，纳课或十余石，而租税差科仍旧，是致百姓流移，田业荒芜。"绍兴五年四月，解潜调离荆南后，朝廷立即下诏约束，不再强令民间有耕牛者参与营田。参见《建炎以来系年要录》卷88，绍兴五年四月甲子，第1705页。薛季宣言："曩时王彦营田湖外，遣二十将，溃者十有八。"可知王彦营田成绩十分有限。参见陈傅良：《止斋先生文集》卷51《右奉议郎新权发遣常州借紫薛公行状》，《丛书集成续编》，上海：上海书店出版社，1994年，第104册，第974页。

② 《建炎以来系年要录》卷143，绍兴十一年十二月乙丑，第2691页。

③ 《建炎以来系年要录》卷144，绍兴十二年三月丁未，第2718页。

④ 《宋会要辑稿》食货六三，第7672页。

⑤ 《宋会要辑稿》食货三，第6008页。

⑥ 《建炎以来系年要录》卷164，绍兴二十三年三月丁未，第3120页。

⑦ 李心传撰，徐规点校：《建炎以来朝野杂记》甲集卷16《营田》，北京：中华书局，2000年，第349页。

⑧ 《建炎以来系年要录》卷165，绍兴二十三年九月丁未，第3138页。

绍兴三十年底，宋廷已知晓金人即将南侵，为了备战，有不少人建议宋廷调遣军队到江北屯田、营田。宋高宗担心这样做会给金军南下找到借口，他对屯田之事十分谨慎，要求宰执详细规划，考虑周全，不能贸然行事。[①]绍兴三十二年三月，宋金战争刚结束，有臣僚言道："乞于淮甸立屯田之法，以修兵备。兵备修则兵可以强，二者最今日大务。"[②]可见，从绍兴三十年起，宋廷在淮南屯田的目的与绍兴和议前几乎一致，主要是为了备战。

总体来讲，无论是绍兴和议前还是和议后，模仿古制实行的军队屯田、营田，官方收入甚微。除四川外，其他地区的屯田、营田几无成绩可言。[③]绍兴和议后，在宋、金相安无事的大环境中，经过十多年休养生息，大多数地方的经济已经恢复，一向被臣僚认为仅适用于战争状态下的屯田政策已不被朝廷重视。[④]到了绍兴二十三年，屯田或营田因带有浓厚的官僚气息，已经不适应经济形势的发展，宋廷顺势进行调整。需要加以肯定的是，由军队组织的屯、营田活动，往往是"杂用兵民"[⑤]、"合射士民兵"[⑥]，大批流民参与进来，结束了流亡生涯[⑦]。推而言之，一些军人的家属也可以参与进来，依赖军俸不能存活的军中大家庭有了贴补家用的机会。虽然从官方的收入统计来看，军队屯田、营田的效果不是很好，但有利于军中将士在军营周围组建家庭，更在一段时间内为无家可归的退伍士兵提供了必备的生产资料，是接下来安定生活的过渡阶段。要之，军中屯田、营田的社会效益远大于经济效益，而宋廷在绍兴二十三年所做的政策调整，顺应了当时社会经济发展的潮流。

余　论

虽然宋高宗一再强调和议后没有减少对军队的重视，但从杨存中不让他的义兄弟在军中为官及施全刺杀秦桧等事件，亦知宋廷对军队将士的升迁、收入等方面限制之深。杨存

① 《建炎以来系年要录》卷187，绍兴三十年十二月丙寅，第3637页。

② 《宋会要辑稿》食货六三，第7677页。

③ 关于四川屯田的效果，可参见郑刚中《北山文集》卷20《与李中丞》、《答柴倅元章》，第267—269页。以及何耕为郑刚中所撰《宋故资政殿学士郑公墓志铭》，收入傅增湘原辑、吴洪泽补辑：《宋代蜀文辑存校补》，重庆：重庆大学出版社，2014年，第1927页。此不赘述。

④ 有关绍兴和议后南宋经济恢复的探讨，可参见拙作《江南与江北的互动——绍兴和议后宋廷对北部沿边地区的开发和治理》，载《暨南学报》（哲学社会科学版）2020年第8期。

⑤ 马端临撰，上海师范大学古籍研究所、华东师范大学古籍研究所点校：《文献通考》卷7《田赋考七・屯田》，北京：中华书局，2011年，第166页。

⑥ 《宋史》卷377《陈规传》，第11645页。

⑦ 如绍兴七年初，韩肖胄建议朝廷，令沿江驻军实行屯田。军队屯田之外，"募江北流徙之人给之"。"又有余，则募江南无业愿迁之人给之。"见《三朝北盟会编》卷176，绍兴七年正月十五日丁丑，第1271—1272页。此事虽在绍兴和议前，但道出了军队屯田、营田的好处。绍兴和议后，新的屯田、营田活动依然是以安置流民、发展经济为目的，沿江多由军队主持，军民共同参与。

中出身将官世家，年少时意气风发，曾慷慨激昂地对朋友说："大丈夫当以武功取富贵，焉用俯首为腐儒哉！"[①]但和议之后，他却没有安排儿子们在军中任职，时局已变，军中已不是谋取富贵之所。绍兴十四年，杨存中请求朝廷允许他到太学拜谒孔子像，高宗见武人亦知尚文，十分高兴。[②]杨存中的妻子赵氏"不喜兵书战阵之法，而以诗书教其子"[③]。后来他的三个儿子高中进士，孙子有著作传世。

上行下效，局势稳定后，宋朝的经济逐渐恢复，财政窘迫的状况得到改变，平民税役负担减轻，百姓依靠自己的劳动能够糊口，世人又恢复了崇文抑武的传统，良家子弟耻于当兵，再加上军队待遇较战时明显下降[④]，很少有人愿意参军，军队招募新兵时，经常出现强刺平民入伍的情况。绍兴十六年四月，御史中丞何若言："诸军多执平民强刺，人情不安，非太平肃静之意，望严行禁戢。"[⑤]绍兴十八年三月，殿前司招军，"多诱致乡民及负贩者"，宋廷只好令吴璘、杨政招募身无所依的四川流民补殿前司之缺。[⑥]这也反映出绍兴和议后，东南地区经济恢复很快，战时形成的数以百万计的流民被安置得很好，备受瞩目的殿前司招兵，竟要引诱乡民和做生意的小贩，最终不得不从数千里之外的四川招募流民入伍。绍兴二十年七月，宋高宗以"诸军强刺平民为兵非便"为由，下令取消诸军招兵的权力，军队若要招兵，"岁终具缺额申枢密院，于诸路招填之"。[⑦]次年四月，高宗更明确地对大臣说："三衙缺额，令诸州拣选补填。江上诸军，令具缺数申枢密院。"[⑧]这样一来，军队的招兵权被朝廷收回，能够防止军队因招兵而干扰平民生活。但此政策并不能彻底解决招兵困难的问题。绍兴二十四年四月，"三衙诸军招填缺额，久未足敷"，宋廷下令"诸路帅司，分限招填，期以三年，课其殿最"。[⑨]绍兴二十六年五月，殿前、马、步三司官军缺额，宋廷"令召募百姓之愿充军者，毋得强行招刺"。[⑩]因长时间招不到足额新兵，当时殿前司缺额有数千人之多，足见绍兴和议后招兵之难。

宋廷没有在战争结束之后立即大规模裁军，除了按照已有制度安置离军将官做地方添差官、士兵为牢城等兵外，将一部分理应拣退的军人留在军营，让他们做一些杂务，以及训练新兵等；或者不让他们参与军队事务，组织他们和兵民一起参与开垦荒田的活动，让他们以务农为生。当时江北荒田遍布，宋廷组织军中现役士兵进行屯田活动，又鼓励退伍

① 《宋史》卷367《杨存中传》，第11433页。

② 《宋史》卷367《杨存中传》，第11437页。

③ 孙觌：《鸿庆居士集》卷41《杨国夫人赵氏墓表》，《丛书集成续编》，上海：上海书店出版社，1994年，第102册，第1036页。

④ 参见王曾瑜：《宋朝军制初探》（增订本）第八章第二节"南宋军俸"，北京：中华书局，2011年，第285页。

⑤ 《建炎以来系年要录》卷155，绍兴十六年四月丙寅，第2933页。

⑥ 《建炎以来系年要录》卷157，绍兴十八年三月丁丑，第2982页。

⑦ 《建炎以来系年要录》卷161，绍兴二十年七月丙子，第3052页。

⑧ 《建炎以来系年要录》卷162，绍兴二十一年四月癸酉，第3070页。

⑨ 《建炎以来系年要录》卷166，绍兴二十四年四月丙戌，第3155页。

⑩ 《建炎以来系年要录》卷172，绍兴二十六年五月己酉，第3296页。

将士前去开垦，给他们提供耕牛、粮种、农具等，仅收取较低的租税。此举既能改善军中将士收入，又能很好地安置退伍官兵，还减少了宋廷的财政开支，防止无家可归的退伍士兵影响社会治安。

期间，由军队参与的叛乱很少，最大的兵乱当属绍兴二十二年虔州军变。史书记载了动乱原因：

> 初，江西多盗，而虔州尤甚，故命殿前司统制吴进以所部戍之。虔之禁卒尝捕寇有劳，江西安抚司统领马晟将之，与进军素不相下。会步军司遣将拣州之禁军，而众不欲行。有齐述者，以赂结所司，选其徒之强壮者，以捕盗为名，分往诸县。夜，两军交斗，州兵因攻城作乱，杀进、晟。[①]

驻扎在虔州的禁军与殿前司军实力相当，时有矛盾，“而守将用人浸轻，往往措置乖方，纪纲不立”[②]，不能妥善解决军中摩擦。步军司的拣军，使二军矛盾激化，最终导致军卒齐述等人的叛乱。宋廷得知叛乱后，由殿帅杨存中负责调兵遣将，令殿前司统制李耕具体指挥各路军队镇压叛乱。这次叛乱虽有数千人之众，但叛军毫无计划，很快被官军剿灭。

除了虔州军兵叛乱，还有绍兴十三年六月处州军士杨兴等谋杀守臣徐伋，事未发即被诛。[③]绍兴十五年福建邵武军驻军“欲以夜半纵火焚谯门，杀郡守左朝请大夫赵子升。卒陈升告之，捕同谋者，皆斩。”[④]两处情况相似，军士虽有谋变计划，但尚未实行已被镇压。绍兴十六年，金州、房州发生士兵叛乱，时任襄阳知府的陈桷立即出兵捕杀，很快平定了叛乱，然后向宋廷上奏平叛始末。[⑤]绍兴二十八年四月，“福建转运判官赵不溢奏南剑州禁军作闹”[⑥]，以“作闹”一语来看，南剑州禁军并无严重的叛乱之事，大概因琐事与守臣发生了矛盾，文臣上奏朝廷自然归咎于士兵，高宗强调不要对军卒姑息。绍兴三十一年七月，知化州廖颙言“军贼凌铁等见在雷、化州境内啸聚”，东南第十二将高居弁联合五州巡尉官兵将凌铁等消灭。[⑦]以上是史籍记载的宋高宗朝后期的另外五次兵乱，其中有两次未遂，其余三次规模很小，皆很快被平定。虽然宋廷对将士比较苛刻，但军变很少，也反映出宋廷对各路军队能够有效的控制。所以宋高宗得意地说：“自合兵以来，诸将出入，若身之使臂，臂之使指，无不如意，兹为可喜。”[⑧]

---

① 《建炎以来系年要录》卷163，绍兴二十二年七月丁巳，第3103页。
② 周必大：《周益公文集》卷138《论添驻赣州军马》，《宋集珍本丛刊》，第50册，第199页。
③ 《建炎以来系年要录》卷149，绍兴十三年六月辛亥，第2819页。
④ 《建炎以来系年要录》卷154，绍兴十五年十二月末，第2925页。
⑤ 《宋史》卷377《陈桷传》，第11653—11654页。
⑥ 《建炎以来系年要录》卷179，绍兴二十八年四月甲辰，第3434页。
⑦ 《建炎以来系年要录》卷191，绍兴三十一年七月戊寅，第3704页。
⑧ 《建炎以来系年要录》卷155，绍兴十六年九月己丑，第2943页。

不可否认，因为宋高宗对绍兴和议的高度依赖，南宋没有趁境内经济恢复，储备战略物资，厉兵秣马，寻找时机收复故地，一雪前耻。一些令金军畏惧的名将刘锜、李显忠等人被闲置多年，世人不再崇尚军功，良家子弟耻于入伍，加之久无战争磨砺，南宋军队的战斗力无疑会下降。绍兴末年完颜亮南侵时，宋廷用来迎敌的主要将领刘锜、王权、李显忠、戚方、成闵等人，虽皆为绍兴初年的猛将，在二十年前战功显著，但此时他们已年老体衰，又为家事所累，或指挥不力，或不敢与金军交锋，纷纷败退。长江防线几于不守，宋高宗又想逃走他处。幸好虞允文在采石阻击金人成功，金军内部又发生变乱，南宋才渡过难关。宋廷没有及时选拔优秀将领，军中将领老龄化，也是宋孝宗北伐失败的重要原因。

［原载《中山大学学报》（社会科学版）2021年第2期］

元代翰林机构的成立
——兼论元初中枢体制的变迁

屈文军

一

元代各种中央官署，就政治职能而言，最重要的自然是怯薛和被当今学者习惯称作三大机构的中书省、枢密院、御史台。四者之外，接下来应当是翰林机构（包括翰林国史院和蒙古翰林院）了，它们对国家政治事务的影响，其实要超过、至少不亚于可以越过中书省自行上奏本部门事务的宣政院与徽政院。有关这一机构，前人研究成果主要有：山本隆义《元代翰林学士院研究》[①]、张帆《元代翰林国史院与汉族儒士》[②]与《元朝诏敕制度研究》[③]、蔡春娟《关于元代翰林学士承旨的几个问题》[④]以及杨果《中国翰林制度研究》（元代情况集中于第六章）[⑤]等。这些论著的重点或精彩之处，有的在于辨别翰林官员族属，有的在于考察机构职掌，有的在于探讨机构官长翰林承旨的政治作为，而对机构的成立过程多不作说明或片言只语带过。笔者在考察这一被以往学者忽视了的问题时，发现该机构从无到有、再到定制的每一步演变，都与忽必烈决定多大程度上吸收汉式制度有关，而且往往与另一重要机构中书省的制度变迁相伴随。笔者将这一发现撰成此文，期望得到学界同仁的批评指正。涉及中书省的创建这方面内容时，本文会多次提及业师姚大力的一篇论文《从"大断事官"制到中书省——论元初中枢机构的体制演变》[⑥]，以下正文中简称"姚文"。

① 载《东方学》（日本）第11辑，1955年10月。
② 载《北京大学学报》（哲学社会科学版）1988年第5期。
③ 载袁行霈主编《国学研究》第10卷，北京：北京大学出版社，2002年。
④ 载李治安主编《元史论丛》第11辑，天津：天津古籍出版社，2009年。
⑤ 武汉：武汉大学出版社，1996年。
⑥ 收入氏著《蒙元制度与政治文化》，北京：北京大学出版社，2011年。

二

元朝为什么要设立翰林机构？张帆解释“渊源是前代的翰林学士院”①，杨果说是“效仿汉王朝的政治体制”②。两人意思一样，均认为这是忽必烈行汉法的产物。表面上看，这是有道理的：前四汗时期，蒙古汗廷没有这一机构，对汉文化颇多理解与同情的忽必烈即汗位后，蒙古人的朝廷中才出现了翰林官员与翰林官署。但是这种简单回答不太好解释两方面的疑问。第一个疑问：忽必烈模仿的是哪个中原王朝的汉制？元代翰林机构的设置，始于“中统初，以王鹗为翰林学士承旨”，当时“未立官署”③。有官员没官署，这看起来有点像唐代前中期翰林学士刚刚出现阶段，但是到了唐代后期，翰林院已经成了一个固定的官署，虽然它的官员还没有品秩；宋金时期，翰林院这一官署则相当制度化，尽管两王朝该机构的政治职能有较大差异。忽必烈行汉法，仿前朝制度设置翰林院，为什么不一开始就设一个较为制度化的机构而只是设置了一个没有官署的翰林官员，即翰林学士承旨王鹗？下文会提到，不晚于王鹗任职，忽必烈实际上还任命过另外三位翰林官员，一是侍读学士郝经，二是翰林待制何源，三是侍讲学士窦默，他们任职时也都没有翰林官署。从他们的官职名称上，可以看出忽必烈有意在模仿金朝制度，④以后的史实也证明，他所定的元朝制度，确有很多是参照金朝的。如果认为忽必烈即位初始，仿金朝设置翰林官员，不免又产生了另一个疑问：一个大国政权的政治事务很多，他为什么在其他方面，如监察、军事、礼制等事项上都没有多大甚至根本没有什么动作而偏偏于文翰方面特别关注，一开始就在这当中采行汉制？就文翰事务本身而言，它实际上只是“一种吏事”⑤而已，对国家政治影响不可能有多大。

如果我们细致分析忽必烈即位伊始的一系列政治举措，不难对他为何设置翰林官员这一问题作出与纯粹模仿汉制有些不大一样的回答。忽必烈中统元年（1260）三月二十四日在开平王府即位，⑥之前为他所知并深为他器重的前金状元王鹗大概在这之后数日被征召至汗廷。四月初一，忽必烈“立中书省”，初四，他发布由王鹗捉刀的《即位诏》。诏中说，他要在政治制度上“祖述变通”。祖述，是指继承前四汗时期的遗产，变通是指采纳

① 张帆：《元代翰林国史院与汉族儒士》。张帆在《元朝诏敕制度研究》中说，翰林国史院源于前代翰林学士院，蒙古翰林院是元朝独有机构，但它是从翰林国史院中分立出来的。

② 杨果：《中国翰林制度研究》，第229页。

③ 《元史》卷八七《百官志三》，北京：中华书局，1976年，第2189页。

④ 唐宋时期，翰林侍读、侍讲学士实非翰林院之职；翰林待制之名，出现于金朝，宋代称翰林待诏。参见杨果《中国翰林制度研究》，第50—53页。

⑤ 吴宗国主编：《中国古代官僚政治制度研究》，北京：北京大学出版社，2004年，第139页。

⑥ 日期据《元史》卷四《世祖纪一》推算；［元］王恽《秋涧先生大全集》卷八〇《中堂事记》（上）作三月十七日，不知孰是。王氏《中堂事记》分上、中、下三卷（收入《秋涧集》卷八〇至卷八二，本文《秋涧集》用民国商务印书馆《四部丛刊初编》本），据他早年日记编排而成，可信度很高，但仍有一些不准确之处，不能盲信。

一些汉式制度。五月十九日，忽必烈发布另一通仍由王鹗捉刀的《中统建元诏》，在这封诏书中，忽必烈说他的政府“内立都省……外设总司”[①]。总司所指，不外后来不久设在外地的各道宣抚司，或此时已经设在外地的一些宣慰使；都省所指，学人普遍感到迷惑。笔者意见，就是四月初所立的中书省。据“姚文”，忽必烈即位之际，所立的仍是一个断事官范式机构，这个行政机构中，断事官有木土各儿、线真，必阇赤有忽鲁不花、耶律铸等。与前四汗时期一样，该机构也有燕京行署，就是《元史·世祖纪一》中所说的，世祖即位当天，“以祃祃、赵璧、董文忠为燕京路宣慰使”[②]。这个行署是一个大断事官缺位的断事官式机构，祃祃、赵璧他们“恐怕……直接对王文统等人负责”[③]，王文统实际上担当了这个行署的大断事官一职。忽必烈为什么没有任命他为行署断事官，原因在于祃祃他们去燕京时，王文统尚在被征召赴开平的路上。待王文统后来南下时头衔已经变成了中书省平章政事。《元史·世祖纪一》说，忽必烈立中书省时，“以王文统为平章政事，张文谦为左丞”[④]，张文谦五月份外出宣抚大名、彰德等路。唐长孺判断，忽必烈七月份移中书省至燕京，改称燕京行中书省，到次年五月以前，元廷就不存在名为中书省的机构。[⑤]笔者以为，唐先生这一判断证据不足。王文统以中书省平章身份赴燕京很可能是立省之后不久的事，性质一如昔日失吉·忽秃忽以汗廷大断事官的身份往燕京处理政事。王、张二人离开开平后，汗廷依然存在中书省，《中堂事记》里提到了数位这一机构的官员，如参知政事张易、右丞廉希宪、左丞张文谦等。[⑥]汗廷中书省的成立，其实是将原先的汗廷断事官机构改了个汉式名称，增加了王文统、张文谦等几个新人，并赋予他们汉式官号。原先人员中，木土各儿、线真是否继续留任，史料不详；忽鲁不花、耶律铸应当是留在省中的，但他们似乎没有被正式授予汉式官号，《中堂事记》称前者为“内庭官”“内省官”，称后者为“耶律中书”。

将汗廷断事官机构改汉名为中书省，这是忽必烈向汉人示好的第一步，他需要汉人的支持以击败主要政敌阿里不哥，也标志着忽必烈吸纳汉法迈出了第一步。忽必烈的示好不仅只是正式为汗廷中枢机构改汉名而已，还体现在汉名的选择上。前四汗时期，汗廷断事官机构的地方行署被汉人习惯称作行尚书省，按道理，汗廷断事官机构当被称作尚书省，但令人费解的是，当时没有人这么称呼。忽必烈为汗廷中枢正式改名时没有选择“尚书

---

① 这几处引文，均出自《元史》卷四《世祖纪一》，分别见于第63、64、65页。

② 《元史》卷四，第63页。

③ 白寿彝总主编、陈得芝主编：《中国通史》第8卷《中古时代 元时期》上册（修订本），上海：上海人民出版社，2004年，第916页。

④ 《元史》卷四，第63页。

⑤ 唐长孺：《蒙元前期汉文人进用之途径及其中枢组织》，收入氏著《山居存稿》，北京：中华书局，2011年。

⑥ 据《元史》卷四《世祖纪一》，廉希宪于中统元年八月任中书省右丞，随即“行省秦蜀”（第67页）。据《中堂事记》，中统二年春夏两季，廉希宪、张文谦均在开平，二人当如［元］苏天爵《元朝名臣事略》卷七《左丞张忠宣公（文谦）》中所说，其时已经“入朝，还居政府”（姚景安点校本，北京：中华书局，1996年，第143—144页）。关于张易，下文会有说明。

省”而用在汉人世界中获得颇多赞誉的“中书省”——它其实是汉人对耶律楚材等必阇赤群体的不恰当称呼——这就明确地昭告世人他的治国方针要和之前蒙古本位的几位大汗有别。不过，立国之初，忽必烈的汗廷断事官-中书省这一机构政治作为并不显著，木土各儿“惟专从卫宫闱诸事”[①]，对国家政治事务起关键作用的是设在汉地燕京的断事官行署。正因为如此，忽必烈的这一步改革容易被人忽视，唐长孺等人就认为汗廷中不存在中书省，姚文也认为不能将它视作“中书省的真正建立”。

同样被后人忽视了的，是忽必烈在必阇赤制度上的初始变革。前四汗时期，怯薛之外，政府最重要的官员是断事官（蒙古语名札鲁忽赤）和必阇赤两种。前者负责各种行政事务，包括赋役、司法、监察、礼制以及日常军政等。后者中的多数在汗廷断事官机构和它的各个地方行署中，是断事官的助手，同时负责机构内的文书事务。但断事官和必阇赤间的界限并不特别明确，前者也经常起草文书。大汗身边也有一些来自不同族群的必阇赤，他们的主要任务是将大汗旨意撰写成文，因为常陪伴在大汗身边，有时也会向大汗提些建议供大汗决策参考。大汗身边的必阇赤和汗廷断事官机构中的必阇赤之间也没有严格的区分，一人同时担任两种必阇赤很正常，不过，总的来说，前者的政治作用要甚于后者一些。忽必烈即位后，他的身边少不了负责撰写他旨意并随时备顾问的文人侍从，王鹗其实就担当了这种大必阇赤的身份，他没有被任命为大必阇赤，一如王文统没有被任命为燕京大断事官。忽必烈改汗廷断事官机构为中书省之后，也为身边的几位文人侍从赋予了汉式的翰林官号。中统元年四月初十，“以翰林侍读学士郝经为国信使，翰林待制何源、礼部郎中刘人杰副之，使于宋”[②]。郝经出使后很快被南宋拘押，此后十来年与蒙古汗廷失去联系，其文集《陵川集》中有多篇文章署衔翰林侍读学士，说明他出使之时已经被授予了这一官号。何源头衔估计也是如此。另一位可能被授予翰林官号的是名臣窦默。《元史·世祖纪一》记载，中统二年六月，“命窦默仍翰林侍讲学士”[③]；二年八月，窦默辞太子太傅，[④]“仍翰林侍讲学士”[⑤]。第一个“仍”字表明他在二年六月之前曾被授予过翰林官号，那么是什么时候授予的呢？我认为中统元年七月份以前的可能性最大。下文会论述，中统元年七月以后，元代翰林制度逐步完善，但《中堂事记》提到的元年七月至二年八月间的翰林官员中，却没有窦默的名字。我的理解，七月份忽必烈进一步演变翰林制度时，没有让他继续担任翰林官员，忽必烈大概不想让这位保健医生受相对固定的外廷职掌约束。二年六月，窦默因荐许衡取代王文统，惹恼忽必烈，遂打发他“仍翰林侍讲学士”。八月，窦默升任太子太傅，旋辞，再次任翰林官员。窦默这两次“仍翰林侍讲学士”，《中

① ［元］姚燧：《姚枢神道碑》，载［元］苏天爵编《国朝（元）文类》卷六〇，《四部丛刊初编》本。

② 《元史》卷四《世祖纪一》，第65页。

③ 《元史》卷四，第70页。

④ 原文作“太子太保”，误，见点校本校勘记，第78页；《中堂事记》（中）记作“太子少傅”。

⑤ 《元史》卷四，第73页。

堂事记》均未记载，可能缘于王恽意识到翰林官员并不是这位人物的真正身份。

除了任命几位翰林官员外，前面提到的王鹗撰写的两通“汉族传统的文言诏书”其实也有着“不容低估”的意义，[①]它们都标示着忽必烈在必阇赤制度上的第一步变革。不过，与断事官制度上的第一步变革一样，这一初始改革的步伐相当微小，以致明修《元史》时都没有将它视作翰林机构设置的滥觞。中统元年七月，燕京行中书省成立。关于这一机构的成立，姚文解释为燕京断事官行署中祃祃、赵璧等必阇赤“游离”了出来；但怎样游离，游离后原机构还在不在，姚文没有说明。《元史·世祖纪一》对此的记载是，“以燕京路宣慰使祃祃行中书省事，燕京路宣慰使赵璧平章政事，张启元参知政事”[②]；《元史》这里漏载了王文统任平章政事的事实。燕京行中书省的成立，其实就是将王文统、祃祃、赵璧等人主政的比汗廷断事官-中书省机构重要得多的燕京断事官行署改了个汉名而已，一如之前汗廷断事官机构改汉名中书省一样，王文统则改任这个行省的平章政事。[③]燕京行中书省中的主要官员，《中堂事记》记作四员：丞相祃祃、平章政事王文统和赵璧以及参知政事张易。不少学者认为张启元与张易为同一人。[④]如是，则此人在中、行两省均任过职。与改燕京断事官行署为行中书省同步，忽必烈正式赋予身边实际担任大必阇赤的王鹗以翰林学士承旨的汉式名号，《元史·世祖纪一》记作两件事发生在同一天。郝经、何源的翰林头衔应当继续，而窦默的官号可能反而取消了。中统元年七月份的变革，是忽必烈采纳汉法的第二步，至此，蒙古传统中的两类重要官职都被逐渐改成了汉式名称。

忽必烈即位初对汉人的两步示好不至于引起蒙古人的指责，他完全可以向他们解释，他只是改变了名称而已。两个断事官机构分别改称了中书省和行中书省；新名称机构中的诸位有汉式官名的宰相还差不多相当于原来的札鲁忽赤和必阇赤，这些宰相间没有严格的职掌之分也一如以前的札鲁忽赤和必阇赤间没有严格区分；现在的翰林官员则相当于原来大汗身边的必阇赤。元朝前期有翰林官员无翰林官署，这一现象不是忽必烈效仿翰林学士在中国历史上初出现时的唐代政治制度，而是直接延续了蒙古旧制中必阇赤这类官员的存在状态：前四汗时期，断事官机构可以说是比较完备的，而必阇赤则没有一个真正的隶属机构，所谓的中书省乃是给予“诸必阇赤群体的一个汉语泛称，而不是对一个固定机构的官名”[⑤]。断事官和必阇赤两类官职，入元后仅是名称改动而职掌未发生本质变化的情形

① 张帆：《元朝诏敕制度研究》。

② 《元史》卷四，第67页。

③ 忽必烈即位后元代“总政务”（语见《元史》卷八五《百官志一》，第2119页）的中枢机构中书省和其地方分支行中书省的由来与性质，学界有过不少讨论，笔者以为，从政治功能的角度分析，它们就是前四汗时期“会决庶务”（语见《元史》卷八七《百官志三》，第2187页）的汗廷断事官机构和其地方行署的各自延续。当然，揭示这些官署间的内在联系并不意味着否定蒙元王朝前后两阶段政治体制方面的重要差异，笔者还是赞同学界主流的这一基本判断：断事官制属于蒙古旧制，中书省制则以汉制为主。有关元代行中书省和早期断事官行署间的关联，参见李治安：《行省制度研究》，天津：南开大学出版社，2000年，第3—7页。

④ 参见毛海明：《元仲一即张易考——兼论元初名臣张易的幕府生涯》，《文史》2015年第1辑。

⑤ 姚大力：《从“大断事官”制到中书省——论元初中枢机构的体制演变》。

后来一直延续了下去，这是我们研究元代政治体制时格外需要注意的地方。要说大的变化，还是在中书省和行中书省的下面设置了一些汉式的隶属机构和隶属幕僚，如左右司、架阁库、郎中、令史等。另外值得注意的是，忽必烈并没有用宰相官、翰林官完全取代原来的札鲁忽赤和必阇赤，新的政治体系中还有人继续被任命为断事官和必阇赤，中统元年七月所立燕京行中书省中就设有八名断事官，[①]《元史·世祖纪一》中统元年八月条提到一位必阇赤塔剌浑。后来政治体制进一步演变时，忽必烈依然使用这一手法，尽管入元后各种机构中的断事官与必阇赤同前四汗时期的断事官与必阇赤在职能上有或大或小的区别，但是，这两种传统官职的名称可以说一直没有丢，这是忽必烈谨慎风格的体现。[②]忽必烈被一些蒙古人指责，是在至元六年（1269）经许衡等人定官制、元廷大幅吸收采纳汉制后才出现的现象，而即便如此，他即位后十年左右基本定型的有元一代制度，依然是北族制度成分与中原制度“并存”[③]，不过这已是后话了。

三

鉴于燕京行中书省的重要性，中统二年二月，忽必烈召该机构主要官员北上，同行的还有十道宣抚使。姚文说，五月中旬，忽必烈“在燕京行中书省规模的基础上进一步扩大机构，充实和调整人选，树立起以中书省和左、右两部为主要机构的全新的行政中枢”。这一新的除左右司以外又带有左部（后分为吏、户、礼三部）、右部（后分为兵、刑、工三部）等下级行政机构的汗廷中书省，其实是将中统元年四月和七月先后设立的汗廷中书省和燕京行中书省合并了起来，新中书省的宰相有一些原先就是这两个省的宰相，而且来自汗廷中书省的宰相人数还要多于来自燕京行中书省者。来自原汗廷中书省的有忽鲁不花和耶律铸两位左丞相、平章政事廉希宪（原任右丞）和左丞张文谦四人，来自燕京行中书省的有平章政事王文统和现改任右丞（原为参政）的张启元（或张易）两人。[④]新任宰相有不花和史天泽两位右丞相、塔察儿平章政事和商挺与杨果两位参知政事，一共五人。七八月份，先后新增一位平章政事赛典赤和一位右丞粘合南合、一位左丞阔阔。[⑤]八位新任宰相中，除不花、塔察儿、阔阔外，其余五人均确凿无疑地任过在外的宣抚使，前一年就

① 《中堂事记》（上）。

② 元初忽必烈赋予身边的必阇赤们以翰林官号时，首先针对的是主汉文文书的汉人必阇赤，掌非汉文文书的其他族群必阇赤纳入翰林系统还是以后的事，这同样说明了忽必烈在政治体制改革上的谨慎作风。但如果因此认为忽必烈凭空为汉族文人侍从创设了一个翰林系统，笔者以为是不妥当的。

③ 姚大力：《从“大断事官”制到中书省——论元初中枢机构的体制演变》。

④ 陈得芝主编《中国通史》第8卷《中古时代 元时期》认为，原燕京行中书省的赵璧续任新中书省平章政事（下册，第181—182页）。但［元］王恽的《中堂事记》和［元］张之翰的《赵璧神道碑铭》（《西岩集》卷一九，文渊阁《四库全书》本）均未明说赵璧续任此职，《元史·宰相年表》该年“平章政事”条下也没有赵璧其人。

⑤ 宰相名单依据《中堂事记》及《元史·世祖纪一》。

任相的廉希宪、张文谦也有过任宣抚使的经历；各道宣抚使多数要对王文统等人主政的燕京行中书省负责，从这个意义上可以说，中统二年五月的中书省是“在燕京行中书省规模的基础上”建立起来的。

建立更加具有中原制度形式的中书省，这是忽必烈在断事官-中书省体制上向汉人示好的第三步。据王恽《中堂事记》（中），五月廿日，“命承旨王鹗定撰诸相制词”，次日晚，王鹗撰写完毕，“其文通作一卷，实封细衔书名，上用院印”。既然有了“院印”，就表示翰林实体机构已经成立，它的名称应该是“翰林院”或“翰林学士院”，这两种名称史料中均能见到。那么这个翰林院（或翰林学士院）成立的时间是什么时候呢？王恽著名笔记《玉堂嘉话》的序里有明确记载：“中统建元之明年辛酉夏五月，诏立翰林院于上都。”[①]也就是说，和新中书省成立差不多同步。忽必烈在将断事官体制进一步转型的同时，在必阇赤制度方面也迈出了向汉人示好的第三步，为原先没有机构的必阇赤继承者翰林官员们正式设立了汉式名称的实体官署。翰林院（或翰林学士院）设立后，翰林官员跟着略有增多。五月底，李昶被授为翰林侍读学士。[②]六月，名臣张德辉“特授翰林学士、参议行中书省事”[③]。王鹗建议修史应该就在这一时期，获得世祖同意，元廷在开平建立了国史院。翰林院（或翰林学士院）和国史院就是《玉堂嘉话》序里所说的“两院”，不过，国史院一开始就不独立，由王鹗“兼领其事”[④]。因为修史，需要更多的人手，王鹗推荐了包括时任中书省左司都事王恽在内的数位儒士。《玉堂嘉话》卷一云：“大元中统二年秋七月，恽自中省详定官用两府，荐授翰林修撰。”[⑤]“两府”下有不知何人小字注“谓内外两省”，对照《中堂事记》，“两府”实际上是指中书省和翰林院（或翰林学士院）。人员增多，兼做的修史事务事实上成了机构的日常主业，于是，忽必烈在七月份正式将翰林院（或翰林学士院）更名为“翰林国史院”或“翰林兼国史院”（这两种名称史料中也均有所发现，据今日可见该机构藏书印印文，院名为“翰林国史院”），这就是《世祖纪一》所说的中统二年七月“初立翰林国史院”[⑥]。翰林官员附带编史，唐宋两朝未有先例，但与元朝一样为北族王朝的金朝则有过这种现象；[⑦]不过在忽必烈意识中，这还是继承大蒙古国的传统：前四汗时期，翰林官员的前身必阇赤们就有修史任务，著名的《元朝秘史》便是他们编修出来的。

翰林国史院在中统二年七月已经成立，但史料中又有至元元年（1264）立该机构的说

① ［元］王恽撰，杨晓春点校：《玉堂嘉话》，北京：中华书局，2006年，第39页。

② 《中堂事记》（中）。

③ 《中堂事记》（下）。

④ 《玉堂嘉话》，第39页。

⑤ 《玉堂嘉话》，第41页。

⑥ 《元史》卷四，第71页。

⑦ 参见杨果：《中国翰林制度研究》，第216—217页。

法，[①]明人编《元史》卷一六〇《王鹗传》也因此将王鹗建议修史时间系于至元元年。蔡春娟《关于元代翰林学士承旨的几个问题》对此解释，中统二年初立后，“人员大多兼充别职”，于是有了至元元年的再立之事。《中堂事记》（下）录有翰林国史院初立时的官员名单（有些人被授予官职但尚未到任，如直学士王磐、待制徒单公履等），除了翰林学士张德辉兼“参议行中书省事”、侍读学士郝经已经出使宋朝、侍读学士李昶“兼同议东平路军民事”外，[②]其余翰林人员我们并没有找到明确的“兼充别职”的证据。对照中书省的演变轨迹，笔者提出一个大胆猜测：中统二年之后，翰林国史院一度被撤销，至元元年重新恢复。

据《中堂事记》（中），中统二年五月底，由原汗廷中书省和原燕京行中书省合并而成的新中书省成立仅十天左右，忽必烈就下旨“定拟中行两省去留人员”。就是说，忽必烈要求重新将中书省官员分作两部分，一部分“留中”随驾，另一部分遣到燕京再立行中书省。据《中堂事记》（下），八月下旬，行省官“南归”（王文统于此前六月下旬先行），九月初至燕。可惜的是，《中堂事记》记事到此为止。现有史料中，也难以找到新的燕京行省和新的汗廷中书省随后一段时间内详细的活动轨迹，不过，“中、行两省在忽必烈于中统四年以燕京为大都之前似已合并”[③]。忽必烈为什么要如此出尔反尔？中枢机构在开平，距离汉地较远，不方便处理汉地事务肯定是一个原因。但是，我们又注意到，自忽必烈下令分省到行省官员启程南下，这中间差不多有三个月时间，对行政效率颇高的北族政权来说，这是有些奇怪的。三个月内，两省官员仍然在开平一起处理政事，而自原燕京行省官员北上到新行省官员南下，实际上共有半年时间；中枢政要们能在距离汉地较远的开平比较顺利地处理国家政事达半年之久，说明距离未必会产生多么严重的问题。从忽必烈下令分省到付诸实施，经过了相对来说略显漫长的三个月时间，是不是也曲折地反映了在这期间忽必烈和他的主要臣僚们对这一项政策变动有过犹豫，说不定还有过暗中较量？笔者认为，忽必烈向汉人示好走完第三步以后，接着就想退一步，让行政机构回归蒙古旧制传统：汗廷设中枢行政机构，外地设立它的行署。断事官机构的设置，始于成吉思汗时期，它一开始并没有行署。行署最早出现于窝阔台时期，当时蒙古人已经占领了大量的农耕

① 《元史》卷四《世祖纪一》中说，中统二年七月，“初立翰林国史院”（第71页），又于卷五《世祖纪二》中说，“（至元元年）九月壬申朔，立翰林国史院”（第100页）；《元史》卷八七《百官志三》载“翰林兼国史院……至元元年始置”（第2189页）；元中后期文人黄溍《监修国史题名记》《翰林国史院题名记》（均见《金华先生文集》卷八，《四部丛刊初编》本）两文也云翰林国史院始置于至元元年；《元史》卷一六〇《王鹗传》则记载至元元年立学士院，翰林兼国史院设立时间未载。元末为存史而忍辱的危素在《翰林国史院经历司题名记》（《危太仆集》卷三，《元人文集珍本丛刊》本，台北：新文丰出版公司，1985年）里说：“世祖皇帝始御宸极，建翰林之官。至元元年，爰置学士院，四年，更置翰林兼国史院。”至元元年立翰林机构的说法在元代估计比较流行。危素说元朝先有翰林官，再有学士院，再有翰林兼国史院，与本文推断一致，惟其所系年份不完全准确。

② 《中堂事记》（下）此处记李昶官衔为翰林侍讲学士，疑误，《中堂事记》（中）记作侍读学士。

③ 姚大力：《从“大断事官”制到中书省——论元初中枢机构的体制演变》。日本学者前田直典认为合并时间在中统三年（1262），参见其《元朝行省的成立过程》，收入氏著《元朝史研究》，东京：东京大学出版会，1977年。

区，这些农耕区没有像成吉思汗时期的草原地区那样实行兀鲁思分封，距离汗廷也确实有点远，于是在农耕区设置了汗廷断事官的分支机构。汗廷断事官机构和它在地方上的一至数个行署各自管辖一定范围的帝国地盘，实际上也暗含了些许的分封色彩。窝阔台时期开始的这种制度一直延续了下来，蒙哥时期进一步完善，从而成为蒙古传统中的一项重要内容。汉地世界是不习惯这样的地方分权模式的，汉人们比较崇尚中央集权，尽管在以前的王朝中，也曾有过地方有事时短暂设置中央官署派出机构的作法，如东魏、北齐、唐初等曾在地方上设置过行台或行台省，但这些作法都被认为是非常之举，事毕就要取消。后来的南宋遗民马端临的话可为代表："行台省之名，苟非创造之初，土宇未一，以此任帷幄腹心之臣，则必衰微之后，法制已隳，以此处分裂割据之辈。至若承平之时，则不宜有此名也。"[①]金朝末年，曾派一些宰相带宰相职衔出镇地方处理事务，当时习惯称他们的机构为某处行尚书省，这和以前的行台一样，属于临时措施，金朝皇帝是希望这些宰相们能够"讫役而还"[②]的；这些机构与大蒙古国设立的同样被习惯称为行尚书省的断事官行署其实是两种不同性质的东西——尽管后者的汉语称号恰好来自汉人将它们与前者的比附——前田直典就准确地将它们区别了开来。[③]忽必烈行政中枢变革的第三步，将汗廷断事官和地方断事官行署的各自后继者汗廷中书省和燕京行中书省合并为一个"总领一国政务"（姚文用语）的中书省，这是一个真正质的变化，其意义要远超过之前改汉名和设置汉式属下机构；不少学人将它视作元中书省的正式成立也是有道理的。但是，他刚刚迈出这个质变的第三步，就立刻想收脚回来，要求回归昔日传统。其后的三个月当中，他本人可能有过犹豫，他的汉族官员们对他也许有过抵触情绪，[④]最后他还是坚持了自己的意见，在地方设置常态的中书省分支机构。中书省和燕京行中书省后来因为国家政治中心南移至大都而再度合并为中书省，但在其他地方陆续设置行省的方式则延续了下来，最终形成元朝十个稳定的行中书省。在这个行政中枢体制变迁进一步又退一步的过程中，断事官这个官职是否保留？《中堂事记》（中）没有明说中统二年五月新成立的中书省中是否有断事官官员，刘晓认为燕京行中书省主要官员转化为中书省官员时，"断事官应当也不例外"[⑤]。即使新中书省发生质变取消了断事官一职，也是相当短暂的，中统三年五月时，就由左丞相忽鲁不花"兼中书省都断事官"[⑥]。《元史·百官志一》中书省断事官条说，"国初，尝以相臣任之"，"其名甚重"[⑦]，这是可信的。以上事实说明，忽必烈在将行政体制看起来"汉化"

① 《文献通考》卷五二《行台省》，北京：中华书局，2011年，第1508—1509页。

② 语见《金史》卷九五《马琪传》，北京：中华书局，1975年，第2118页。

③ ［日］前田直典：《元朝行省的成立过程》。

④ 《中堂事记》（下）记载，中统二年七月，安排留中的史天泽说："虽分两省，其实一也。"笔者认为这是他在安慰那些不愿分省的官员。

⑤ 刘晓：《元朝断事官考》，《中国社会科学院研究生院学报》1998年第4期。

⑥ 《元史》卷五《世祖纪二》，第85页。

⑦ 《元史》卷八五，第2124页。

的过程中，又坚持让它与原貌相差不太远。

如果上述的分析有道理的话，在必阇赤体系的后继者方面，忽必烈也来个退一步不是没有可能。大量政要官员离开开平（有的去燕京，有的去行省别的地方）后，汗廷显得清闲了许多，忽必烈觉得没必要为身边的文人侍从们专设一个机构，像以前的必阇赤那样，只有官员没有官署不是不行，翰林国史院很可能因此就给撤销了。任翰林修撰仅二十来天的王恽于撤院前夕又回到了省部并随行省官员返回燕京。元廷的修史业务其后三年内几乎陷于停顿。《元史·世祖纪二》有数条记载值得注意：中统三年八月，"敕王鹗集廷臣商榷史事，鹗等乞以先朝事迹录付史馆"；四年（1263）四月，"王鹗请延访太祖事迹付史馆"；至元元年二月，"敕选儒士编修国史，译写经书，起馆舍，给俸以赡之"[①]。真正的修史是在大都史馆起造以后进行的。翰林国史院取消期间，忽必烈似乎也没有任命新的翰林官员。程钜夫《雪楼集》[②]卷九《安藏神道碑》中记载，中统初，忽必烈遣畏兀儿人安藏出使阿里不哥，不久召回；安藏"道敷绎详，暇以谏，上大悦"，授其翰林学士职，后又因"奉诏译《尚书》《资治通鉴》《难经》《本草》成"，而"进承旨"。程钜夫未交代安藏任职时间，《中国历史大辞典·辽夏金元史》安藏扎牙答思条系于中统年间，[③]疑误。安藏任学士时，有嘉议大夫散官衔，大量元朝官员生平材料能证明，散官衔是至元元年才开始正式出现的；安藏进承旨时，"领集贤院、会同馆道教事"[④]，会同馆是至元九年才设的，[⑤]集贤院设置时间更晚。

四

中统元年和二年是忽必烈为自己的王朝建立制度的第一个阶段，第二阶段的变革主要发生于中统四年阿里不哥败降之后，至元改元可说是这一阶段开始的信号。在此之前，制度上大的变动由李璮叛乱引发。中统三年叛乱平定后，忽必烈在地方上实行兵民分治，消除世侯势力，汉地传统社会秩序大致恢复；中枢机构中，中统四年，军政事务从行政系统中分离出来，忽必烈仿效北宋制度专设枢密院，这一变化缘于李璮乱后忽必烈对中书省中汉人官员的不信任，[⑥]但变化本身则是采纳汉制。击败头号政敌阿里不哥后，忽必烈有些踌躇满志，尽管李璮叛乱使他对汉人有些不大放心，但在许衡、徐世隆等汉人谋臣的鼓动下，他还是决定在更广泛的领域内吸收汉制。至元元年九月，翰林国史院恢复。修史任务

① 这三处引文，分别见《元史》卷五，第86、92、96页。

② 台湾"中央图书馆"《元代珍本文集汇刊》本。

③ 上海：上海辞书出版社，1986年，第174—175页。

④ ［元］程钜夫：《雪楼集》卷九《安藏神道碑》。

⑤ 《元史》卷七《世祖纪四》，第143页。

⑥ 参见李涵、杨果《元枢密院制度述略》，中国蒙古史学会编：《蒙古史研究》第3辑，呼和浩特：内蒙古人民出版社，1989年。

的繁重复杂委实需要一个实体机构，这是翰林官署得以恢复的主要原因，不过，忽必烈在文翰事务方面的这第五步制度变迁，是在当时大张旗鼓地采纳汉法的环境中进行的。同样地，行政事务方面也有诸多明显采行汉法的变革。至元元年（1264），“诏新立条格”[①]，引进汉制中品秩制度、俸禄制度等；三年（1266），建立太庙制度；五年（1268），监察事务从行政系统中分离，忽必烈仿汉制立御史台，这是继立枢密院之后采纳汉法的又一重要举措；六年（1269），许衡等人定官制，诸多事务性汉式官僚机构陆续成立，朝仪服色制度也在这一年确立；八年（1271），定汉式名称的大元国号。不过，第二阶段的立制，其吸收汉制的程度依然不宜夸大。除了监察事务外，这一阶段所采纳的汉式成分，如众多的事务性官僚机构，太庙等仪礼制度，它们对国家政治的影响其实都比较有限，枢密院的独立性至元中期以后也大大降低。蒙古旧制的传统，如汗廷中枢行政机构和地方行署分立、怯薛预政、军事官员世袭制、投下分封制等对国家政治的影响不容小觑。忽必烈采纳的汉制当中又植入了许多蒙古旧制因素，如多头长官（翰林国史院里头也是如此）等。总之，这一阶段的立制，虽然吸收了不少原来传统中没有的东西，但很难说有根本性的、质的、革命性的变化。这一阶段立制大约结束于大元国号的确立，[②]此后终元一朝，基本没有太大的变化，即使是仁宗朝开始的科举，也没有突破世祖确立的汉制和蒙古制大体平衡的格局，《元史》因此说“世祖……立经陈纪，所以为一代之制者，规模宏远矣”[③]。

忽必烈第一阶段的立制，瞻前顾后，迈三步退一步；第二阶段立制，行汉法的范围广了许多，但程度依旧不深，到至元八九年也就大体止步。忽必烈一方面在向汉人示好，采行一些适合汉人汉地社会的政治体制；另一方面又留恋旧制，不愿有实质性的变化。他对汉文化的理解毕竟有限，他也并不认为汉式制度一定优于蒙古传统。他不仅是汉人的皇帝，更是蒙古人的大汗，他的帝位合法性不仅需要汉人的支持，也需要本族人的认可，他不能轻易地放弃自己民族的政治遗产。另外，忽必烈在采行汉法上逡巡徘徊，变通的同时又坚持“稽列圣之洪规，讲前代之定制”[④]的个中原因，周良霄还提出过两点。[⑤]一个是亡金教训，忽必烈曾问过潜邸旧臣张德辉，“金以儒亡，有诸?”[⑥]他对金朝的前车之鉴有很深体会，张德辉的答复是难以消除他的顾虑的。另一个是海都的指责。海都大约在至元六七年派使臣来元廷指责忽必烈这位叔辈数典忘祖，用了太多的汉人典章制度。海都的责难

① 《元史》卷五《世祖纪二》，第98页。

② 忽必烈至元八年建大元国号后，汉文文书中不再使用大蒙古国国号，但在蒙古文书中一直继续使用，元廷以此显示自己国家制度的两重性，类似的情况还体现在都城制度、纪年方式、圣旨诏令文体等国家符号体系中。关于大元国号的涵义，元翰林学士徒单公履撰《建国号诏》（《元文类》卷九）中说取“《易经》‘乾元’之义”；今韩国学者金浩东认为实乃“大蒙古国”的汉语意译，这一看法值得注意，参见其文《蒙古帝国与“大元”》，载姚大力、刘迎胜主编《清华元史》第2辑，北京：商务印书馆，2013年。

③ 《元史》卷一七《世祖纪十四》，第377页。

④ 《中统建元诏》，载《元史》卷四《世祖纪一》，第65—66页。

⑤ 周良霄、顾菊英：《元史》，上海：上海人民出版社，2003年，第272—274、306—308页。

⑥ 《元史》卷一六三《张德辉传》，第3823页。

某种程度上是蒙古贵族的呼声，“这个呼声一直是牵制忽必烈改行汉法的巨大政治压力”[①]。笔者这里再补充一个因素。按照蒙古传统，忽必烈的开平即位是非法的，战胜阿里不哥后，他希冀能在至元四年（1267）举行一场证明自己汗位合法的忽里台大会，他准备在这次大会上重新履行即位典礼；但这场能证明自己汗位正统的忽里台始终未能举行，这成了忽必烈永远的一块心病，[②]海都的指责更是刺激了他。

忽必烈第二阶段的制度创设完成后，在翰林机构方面，至元十二年（1275），出现了一个比较大的变化，成立蒙古翰林院，这是忽必烈在文翰制度上的第六步变革，也是翰林机构定型前的最后一步变革。《元史·世祖纪五》对此的记载是：至元十二年三月，“从王磐、窦默等请，分置翰林院，专掌蒙古文字，以翰林学士承旨撒的迷底里主之。其翰林兼国史院，仍旧纂修国史、典制诰、备顾问，以翰林学士承旨兼修起居注和礼霍孙主之”[③]。蔡春娟分析道：“要求分置蒙古翰林院的是汉人而不是蒙古人。由此我们可以想象，翰林国史院中有一部分蒙古人与汉人儒士的观点不一致，阻碍了王磐、窦默等汉人儒士推行汉法，所以儒士们恭敬地将这些蒙古人请了出去，而此时期正是蒙古统治者推行汉法的高峰期。”[④]说元廷推行汉法高峰期在至元十二年前后，这一点与学界多数人认可的至元中期起忽必烈趋向保守的论断有些不一样，蔡春娟没有对此加以说明。她认为王磐他们因政见分歧而希望某些蒙古人离开他们机构，这种分析是合理的；不过，能不能为这些政见不一致的蒙古人另立一个机构则是要由忽必烈决定的。忽必烈很爽快地答应了这一要求，说明他乐意在文翰系统方面进行这一步变迁。

从前面的论述中，我们看到，忽必烈每对断事官制和其继续中书省机构进行一点变革，他往往也会对必阇赤制和它的继续翰林机构作点变革。这一次从翰林国史院中分离出蒙古翰林院，在中书省中有没有类似的变化呢？回答是肯定的，就是至元九年所立的札鲁忽赤机构。前四汗时期，断事官负责政刑，在人口稀少、经济方式比较单一的蒙古社会，“刑”事务的重要性并不亚于“政”。入元后，包括蒙古人政刑事务在内的各种国家行政事务，大多由断事官机构的继续中书省来处理；针对复杂的汉地事务，中书省掌管的“政”方面的事务大大增多，中书省也越来越显得汉式化；加上至元初，忽必烈又开始进行大范围的吸收汉法尝试。在这样的背景下，中书省中的断事官就由“其名甚重”“尝以相臣任之”变成了“其人则皆御位下及中宫、东宫、诸王各投下怯薛丹等人为之”[⑤]。中书省与前四汗时期的断事官机构的差别又拉大了，警觉的忽必烈立刻在至元二年（1265）置十员

① 海都遣使责难忽必烈一事的考证，见周良霄、顾菊英《元史》第307页的注释。

② 忽必烈邀请西道诸王参加至元四年忽里台而未能如愿的过程，拉施特《史集》中有记载，参见该书第2卷，余大钧、周建奇汉译本，北京：商务印书馆，1985年，第310—311页。

③ 《元史》卷八，第165页。

④ 蔡春娟：《关于元代翰林学士承旨的几个问题》。

⑤ 《元史》卷八五《百官志一》，第2124页。

札鲁忽赤。刘晓《元代大宗正府考述》[①]一文精准地指出这十位札鲁忽赤与中书省断事官不是一回事。至元前几年，忽必烈推行汉法的高峰期内，这几位札鲁忽赤恐怕未必有多少具体职掌，他们的存在仅具有象征意义，表示蒙古的传统没丢。高峰期过后，至元九年，忽必烈下诏："札鲁忽赤乃太祖开创之始所置，位百司右，其赐银印。立左右司。"[②]由札鲁忽赤"止理蒙古公事"，而且主要是理蒙古司法事务的制度由此正式确立了下来；至元十七年（1280），忽必烈为这一机构定名为大宗正府。[③]蒙古人"刑"的事务从中书省中分离了出来，翰林国史院一分为二，与此有异曲同工之处：汉文的诏书由翰林国史院代写，蒙古文的圣旨则由蒙古翰林院撰写，蒙文圣旨硬译成汉文、汉文诏书翻译成蒙古文也由蒙古翰林院执行。王磐、窦默因同僚中有政见不一致的蒙古人而建议另立机构，当是鉴于有另立札鲁忽赤机构的先例，感觉忽必烈从请有把握而提议的，忽必烈也就顺水推舟地完成了这步变革。王磐他们大概没有想到，札鲁忽赤管的事务毕竟没法跟中书省相比，也就没法动摇中书省的中枢地位；而性质上更为接近前四汗时期大汗身边必阇赤群体的蒙古翰林院，在地位上超过翰林国史院则是太容易的事。

总结上文，元代翰林机构的成立过程，大致可以分为两个阶段六个步骤，每一步都伴随或跟随着行政机构中书省的类似变化。中统元年三月，忽必烈即位，按照蒙古制传统设置汗廷断事官和它的分支机构燕京行署，同时在自己身边安排一些必阇赤，有些文人侍从尽管没有必阇赤名号，实际上从事着必阇赤事务。四月份起，他开始"祖述变通"。第一步，元年四月，改汗廷断事官机构为中书省，同时授予几位文人侍从以翰林官员名号，并面向整个汉地发布传统的文言诏书；第二步，元年七月，改职掌比汗廷断事官机构重要的燕京断事官行署为燕京行中书省，同时任命身边实际担任大必阇赤的王鹗为翰林学士承旨；第三步，二年五月，合并汗廷中书省和燕京行中书省为中书省，这是一步质的变化；同时为翰林官员设置翰林院实体机构（七月改称翰林国史院），这对于原先必阇赤体系而言，也是一个重大变化；第四步，二年五月，重新拆分中书省，八月实施，随即可能撤销了翰林国史院。以上是第一阶段。第二阶段大致从至元元年前后开始。第五步，至元元年九月，恢复翰林国史院，行政方面的其他改革也次第进行，至元前七八年是忽必烈行汉法的高峰期；第六步，处理蒙古司法事务的札鲁忽赤机构从中书省中分离出来，十二年三月，另立蒙古翰林院主掌蒙古文字诏旨。分析这个演变过程，笔者认为，与其将元代的翰林机构看作是元世祖仿照汉制而设的官署，不如说是对前四汗时期必阇赤系统一步步演变的结果。周良霄说："元代诏令的草拟，出自宫廷怯薛人员中的必阇赤、怯里马赤，即书

① 载《内蒙古大学学报》（哲学社会科学版）1996年第2期。

② 《元史》卷七《世祖纪四》，第140页。

③ 据刘晓研究，大宗正府职掌后来远不止蒙古司法，汉地甚至江南地区的刑狱事务它也有所染指，"一跃而成为与刑部相抗衡的又一全国最高司法审判机关"。另外，刘晓还指出，《元史・百官志三》"大宗正府"条所列该机构郎中、员外郎等官员即隶属忽必烈诏令中所说的左右司。参见刘晓《元代大宗正府考述》。

记、译史之属。这些人在外廷的兼官则为翰林国史院和蒙古翰林院的翰林学士，其中蒙古翰林院尤为重要。”[①]这一说法有不严谨之处，皇帝身边的必阇赤、怯里马赤未必均有翰林官员兼称，翰林官员也未必均任职书记、译史之属，但周先生将两机构看作是昔日必阇赤系统的延续，这一判断则是独具慧眼的。

五

关于元代翰林机构的政治职能，张帆、蔡春娟、杨果等学者均做过不少考订，笔者这里补充两点他们没怎么注意到的地方以结束本文。元翰林国史院官员主要从事三项工作，“纂修国史，典制诰，备顾问”[②]，蒙古翰林院应当也是如此。[③]修史是翰林机构的专职，不过对政治的影响微乎其微。典制诰是翰林官员的主要职务，但不是他们的专职，皇帝指示翰林机构以外的人员撰写诏令的事例屡见不鲜，这也是蒙古旧制的传统。就这一主要职务而言，唐宋时期翰林学士和中书舍人掌制诰时可以封还词头的制度元朝没有引进，“翰林视草，唯天子命之”，翰林官员也就成了纯粹的“书佐之流”[④]。元代翰林官员发挥政治作用主要还是在备顾问上，这项业务尽管更加不是他们的专职，但他们至少在两个方面有一定优势：一是因撰写诏令而相对而言有较多接近君主的机会，尽管多数时候是由他人（主要是怯薛）传达皇帝旨意而奉命撰写；二是百官集议时一般都有翰林官员参加，虽然他们的发言被采纳的情况不见得很多。另外，元中后期的经筵讲解也多有翰林官员参加。除了监察御史一职上有较多汉人外，元代怯薛及省、院、台等重要机构多数时候普遍排斥汉人，对汉人、南人来说，翰林机构尤其是翰林国史院就成了他们发挥政治作用的一个主要场所；特别是对南人而言，翰林国史院和后来设置的集贤院几乎就是仅有的有点发言权的两个中央主要官署，不过集贤院政治影响总体上说要逊于翰林国史院。元代翰林机构的这一积极意义我们不应当忽视。这是第一点。第二点，总的而言，元代翰林机构实权轻微，没法同唐宋翰林学士院相比，原因何在？唐宋设置翰林官员本来都有牵制宰相的目的，作为天子私人的翰林官员之所以风光，有些人被称为内相，前提是宰相要有一定的约束君主的权力，君主才觉得需要利用自己信任的翰林官员去抵制这种约束。元代中书省和翰林机构源自两个平行的系统，在前四汗时期，这两个系统本身没有牵制与被牵制关系，当时的断事官也没有约束大汗的制度保障。忽必烈立制时，在蒙古政治传统的基础上采行

① 周良霄、顾菊英：《元史》，第379页。

② 《元史》卷八《世祖纪五》，第165页；《元史》卷一五八《窦默传》，第3732页。

③ 《元史》卷三五《文宗纪四》，至顺二年（1331）四月，“奎章阁以纂修《经世大典》，请从翰林国史院取《脱卜赤颜》一书以纪太祖以来事迹，诏以命翰林学士承旨押不花、塔失海牙。押不花言：‘《脱卜赤颜》事关秘禁，非可令外人传写，臣等不敢奉诏。’从之。”（第784页）这里的翰林国史院应是蒙古翰林院而不是翰林国史院，它有不断续修《脱卜赤颜》（即历史）的业务。

④ ［元］苏天爵：《元朝名臣事略》卷一三《内翰李文正公（治）》，第263页。

汉法，但是文翰事务方面他没有引进词臣封还词头制度，行政方面他也没有引进唐宋宰相制衡君主的政事堂制度等；所以，元朝不仅是翰林机构职掌式微，就是中书省也不能和以前王朝的宰相机构相提并论。元代翰林机构职掌轻微的根源还是在于皇权的扩张，这一点张帆《元朝诏敕制度研究》一文的结尾有所提及，但他没有提到宰相职权与其他朝代的区别，笔者这里给他的结论略作点补充说明。

（原载《中国史研究》2018年第1期）

蒲寿庚叛宋降元主谋非蒲寿宬考

陈广恩

20世纪，国际汉学界掀起了研究宋元之际回回人蒲寿庚的热潮。法国的伯希和（Paul Pelliot）、德国的希尔德（Hirth）、美国的罗志意（又译柔克义，Rockhill）、日本的藤田丰八（Toyohachi Fujita）和桑原骘藏（Kuwabara Jitsuzo）等著名学者，都很重视对蒲寿庚的研究，而中国研究蒲寿庚的学者则更多。迄今为止，国内外关于蒲寿庚的研究，可谓是硕果累累。除了大量的研究论文之外，中外学者关于蒲寿庚研究的代表性成果，主要有日本桑原骘藏的名作《蒲寿庚考》和罗香林的《蒲寿庚传》《蒲寿庚研究》（据《蒲寿庚传》增订而成）等。此外，李玉昆《20世纪蒲寿庚研究述评》[①]一文，对20世纪蒲寿庚的研究情况做了整体介绍。

与蒲寿庚相比，学界对其兄蒲寿宬[②]的研究则显得十分薄弱。桑原骘藏和罗香林的研究成果涉及蒲寿宬，但论述都很简略，而专门研究蒲寿宬的论文则更少，据笔者统计主要有如下数篇：陈自强《蒲寿宬史料考辨》[③]、马成化《蒲寿宬其人其诗》[④]、林松《关于〈蒲寿宬其人其诗〉的补充》[⑤]、吴海鸿《宋末回族诗人蒲寿宬研究》[⑥]、张竹梅《清泉·明月·扁舟——蒲寿宬与他的〈心泉学诗稿〉》[⑦]、刘倩《元代回回诗人蒲寿宬仕履及文学成就综论》[⑧]、陈广恩、高兰芳《蒲寿宬交游考》[⑨]等。上述成果主要是从文学角度对蒲寿宬诗歌成就进行探讨。鉴于此，关于蒲寿宬的研究，尚有很大的挖掘空间。拙文拟对蒲寿宬是否是其弟蒲寿庚叛宋降元主谋之事，做尽可能全面的分析考辨。

① 《中国史研究动态》2001年第8期。

② 蒲寿宬，史籍中又作蒲寿晟、蒲寿峸。《四库全书总目》认为，《永乐大典》所录蒲寿宬诗，人名卷卷皆作“宬”字，当非偶误。其作“晟”“峸”字者，殆传写之讹。参见[清]永瑢等《四库全书总目》卷一六五，北京：中华书局，1965年影印本，第1419页。学界据此多作蒲寿宬，本文亦作蒲寿宬。

③ 《泉州文史》第6、7期合刊，1982年6月。

④ 《甘肃民族研究》1988年第2期。

⑤ 《甘肃民族研究》1989年第1期。标题误“宬”为“宸”。

⑥ 《西北第二民族学院学报》1996年第1期。

⑦ 《回族研究》2000年第2期。

⑧ 《北方民族大学学报》（哲学社会科学版）2009年第3期。

⑨ 《北方民族大学学报》（哲学社会科学版）2010年第6期。

一

蒲寿宬为其弟蒲寿庚策划叛宋降元之说，始见于明代史书。黄仲昭《八闽通志》、何乔远《闽书》、曹学佺《大明舆地名胜志》等均有记载，对此学界已熟知，兹不赘述。其后学者对明人之说多有认同，如明末清初顾炎武即认可此说："宋末蒲寿庚叛逆之事，皆出于其兄寿宬之画。"[①]他的《井中心史歌》也极力批评蒲寿庚变节投降："蒲黄之辈何其多，所南见此当如何！"[②]全祖望认为顾炎武"纪蒲寿宬事，令人发指。明初禁锢蒲氏子孙，谅寿宬之后亦同在其中，可以报之矣"[③]。清末晋江人陈棨仁也说："寿宬阴谋，确有明证……夫寿宬身为宋臣，当以忠义劝其弟。劝而不听，绝之可也。今也国破君亡，遗孤漂泊，寿庚挟忿拒跸，未闻有一言之劝……虽曰计非己出，其谁信之？"[④]清修方志如《乾隆福建通志》《同治泉州府志》等，也据明代史书的记载，对此观点加以采录。到了近现代，国内外持此说者也不少。桑原骘藏即认为："寿庚有武人气质，策略非所长。寿宬则优于文学，思虑绵密。宋元鼎革之际，寿庚之进退，其谋多出于寿宬。寿宬晚年畏时议，隐居泉州东南郊外之法石山，寄情风月，不问世事云。"[⑤]近人蒋逸雪也认为"寿庚之悖逆，谋出其兄寿宬"[⑥]。唐圭璋在编《全宋词》时亦采纳此说："蒲寿庚叛宋降元，寿宬为谋主。"[⑦]昌彼得等编，王德毅增订的《宋人传记资料索引》，认为是蒲寿宬"密令寿庚纳款于元"[⑧]。时至今日，"仍有许多史家相信这种说法"[⑨]。可见这种观点至今在学界尚占主流地位。那么这种说法是否正确呢？蒲寿宬到底有没有策划其弟叛宋降元？

其实自清代开始，学人对蒲寿宬谋划说即产生怀疑。首先对这一说法提出质疑的是四库馆臣。蒲寿宬撰有《心泉学诗稿》一书，但原书早已散佚。清修《四库全书》时，四库

① ［清］黄汝成：《日知录集释》卷一三《禁锢奸臣子孙》，上海：上海古籍出版社，1985年影印清道光十四年嘉定黄氏西谿草庐重刊定本，第1064页。

② 王蘧常辑注，吴丕绩标校：《顾亭林诗集汇注》（下册）卷六，上海：上海古籍出版社，1983年，第1170页。诗中"蒲"指蒲寿庚，"黄"指黄万石。参见下文。

③ 《鲒埼亭集外编》卷三三《题蒲寿宬诗》，《四部丛刊》初编本。

④ 《闽中金石略》卷一二《重建清源纯阳洞记》，《石刻史料新编》（第1辑第17册），台北：新文丰出版公司，1982年，第13036页。

⑤ 陈裕菁译：《蒲寿庚考》，北京：中华书局，1954年，第186页。原书断句只用句号，引文标点为笔者所加。

⑥ 《心史辨伪》，［宋］郑思肖著，陈福康校点：《郑思肖集》附录四《辨证》，上海：上海古籍出版社，1991年，第386页。

⑦ 《全宋词》（第5册），北京：中华书局，1965年，第3301页。

⑧ 北京：中华书局，1988年，第3613页。

⑨ 陈自强：《蒲寿宬史料考辨》。

馆臣从《永乐大典》中辑出蒲寿宬诗，编成六卷。[①]在《心泉学诗稿》提要中，四库馆臣指出：

《八闽通志》则称宋季益、广二王航海至泉州，守臣蒲寿庚距城不纳，皆出其兄寿宬阴谋。寿宬佯著黄冠野服，入法石山下，自称处士，而密令寿庚纳款于元。既而寿庚以归附功授官平章，富贵冠一时，寿宬亦居甲第。一日，二书生踵门献诗，有"水声禽语皆时事，莫道山翁总不知"之句，寿宬惶汗失措，追之不复见云云，则寿宬又一狡黠之叛人。稗官小说，记载多歧，宋、元二史，皆无明文，其孰伪孰真，无从考证。[②]

四库馆臣认为蒲寿宬谋划之说，不见于宋、元正史，稗官小说，不足为信，因此真伪尚"无从考证"。

受四库馆臣的启发，清末吕廷焯明确指出蒲寿宬不是蒲寿庚叛宋降元的主谋。吕廷焯是同治间诰授奉政大夫，是蒲寿宬后裔蒲理荃的同窗。蒲理荃曾请他为先祖蒲寿宬立传，这也是蒲氏后裔续修蒲氏家谱的一项工作。缘此，吕廷焯于同治十三年（1874）撰成《蒲氏初五世太祖刺史公（蒲寿宬）传》，这实际上是一篇为蒲寿宬平反的文章，惜这篇传记尚未引起学界注意：

……已清操之共见，不意元师定鼎，宋帝蒙尘。公已十年退老，两袖清风。欲握孤城以待援，犒军已乏张巡之帛；欲入敌师而决斗，夺甲又无冉有之矛。惟是湖上骑驴，痛洒旧君之涕泪；云间隐豹，远逃新主之弓旌。时乃弟招抚泉州，已失臣节。明桂王之出走，扈从见戮于藩臣；晋丞相之贤良，逆命乃出于贵介。八闽野史，传闻失实，疑公柔滑，暗预奸谋。不知公以胜国遗臣素孚众望，即使叩关献策，何忧爵禄之不加？而竟闭户食贫，甘向烟霞而寄傲，徒以假柯，无自补救……是则黄冠旋里，安知不痛恨夫殷顽？空教白水盟心，亦难谊寸私于公子……顾或谓：公既食人之禄，自当分人之忧。任教似道窃权，将帅已多异志；倘效仲连蹈海，帝制或戢雄心。况介弟专阃潜谋，既已倒戈而反正；设我公投袂奋起，尚堪并辔以驱驰。明知不守阴平，难翊汉家之气运；或者共扶灵武，重收唐室之河山。乃劲虏北来，两京惊闻蹂躏；而老臣南顾，一矢未见加遗。仁人事君，讵宜出此……则匿深山而完晚节，外观纵无党恶之真……况彼稗官弄笔，蛇画每多添足之谈；要惟四库品题，骚集克定盖棺之论。同学理荃，乃公十八世孙也，以公行状向晚乞言，晚讲学之余恒好尚论，明公心迹，因

① 文渊阁《四库全书》本《心泉学诗稿》仍有漏收蒲寿宬之作，如《〈四库珍本丛书集成〉所收四库辑本别集六十一种拾遗》所辑《南村》一首，即为寿宬所作："每怀渊明老，昔欲居南村。诛茅结矮屋，种桑荫前轩。嘉蔬不盈掬，浊酒时一尊。客至如许行，惟爱神农言。"见《永乐大典》（第3册）卷三五八〇"村"韵，北京：中华书局影印本，1986年，第2096页。朱孝臧辑校《强村丛书》录有蒲寿宬《心泉诗余》一卷，实乃《心泉学诗稿》卷六所收小词。参见《强村丛书》（第3册），扬州：广陵书社，2005年，第1334—1336页。

② 《四库全书总目》卷一六五，第1420页。

为纪其略而并辨其诬（按：《四库全书》评《心泉诗集》，诚洞见公之心迹。特为辨明《闽史》之诬，诚千古之定论也）。[①]

因为吕廷焯和蒲理荃是同窗，二人关系密切，加之吕廷焯是为蒲氏家谱撰写《蒲寿宬传》，所以吕廷焯文自然有为亲者、贤者讳之嫌。传文中，吕廷焯认为蒲寿宬非蒲寿庚叛宋降元之主谋，根据仍是前文所引四库馆臣的质疑，此外并没有提出其他论据，所言也只是作者感情色彩十分明显而又辞藻华丽的个人推论，因此虽然他指出蒲寿宬非蒲寿庚叛宋降元之主谋，但观点实际上并没有突破四库馆臣的说法。

其后陈垣在其名作《元西域人华化考》中，据蒲寿宬挚友丘葵《钓矶诗集》卷三所载丘葵与蒲寿宬的唱和之诗，及卷四丘葵为蒲寿宬所作挽诗，指出丘葵“对寿宬始终无异词，所谓‘水声禽语皆时事，莫道山翁总不知’者，特《春秋》责备贤者之意耳”[②]。罗香林指出，“寿宬是否曾参与寿庚降元之密谋，今仍未能论定。据其同时学者丘葵之《钓矶诗集》推论，则寿宬似与寿庚之降元无关”。但他同时又说：“虽寿宬、寿庚背宋降元，多可评议。然其活跃史迹，亦终不可掩。”[③]可见，罗氏认为蒲寿宬谋划之事尚不能论定。前引陈自强文也沿袭了陈垣的观点，认为蒲寿宬“为其弟叛宋仕元筹画之说存疑”。由此我们可以看出，无论是四库馆臣、吕廷焯，还是其后陈垣、罗香林等人，都只是对蒲寿宬谋划说提出质疑，而没有进行分析论证。

二

笔者以为，上述诸家对蒲寿宬谋划说提出的质疑是可信的，尤其是陈垣发现的《钓矶诗集》中的资料，可以作为推翻蒲寿宬谋划说的一条论据。丘葵和蒲寿宬是至交，又是吕大圭的学生。吕大圭乃宋温陵（即今泉州）人，淳祐七年（1247）进士，尝为中书舍人[④]，是宋末有名的死节之士。四库馆臣称其“立身本末，皎然千古，可谓深知《春秋》之义……大义凛然，足以维纲常而卫名教”[⑤]。丘葵游学吕门最久[⑥]，和老师的感情也非常深厚，常以老师作为自己学、行的榜样。他是这样称赞吕大圭的：

泉南名贤，紫阳高弟。造诣既深，践履复至。致身事君，舍生取义。所学所守，

① 丁国勇点校：《南海甘蕉蒲氏家谱》，天津：天津古籍出版社，1987年，第142—143页。

② 上海：上海古籍出版社，2000年，第7页。

③ 《蒲寿庚研究》，香港：中国学社，1959年，第61、235—236页。

④ ［宋］俞琰：《读易举要》卷四，文渊阁《四库全书》本；[宋]王应麟：《四明文献集》卷五《吕大圭特授秘阁修撰知漳州诰》，《宋集珍本丛刊》（第87册），北京：线装书局，2004年影印清初钞本，第335页。

⑤ 《四库全书总目》卷二七，第224页。

⑥ ［清］李清馥：《闽中理学渊源考》卷三三《征士丘钓矶先生葵》，文渊阁《四库全书》本。

于公奚愧？[①]

蒲寿庚降元后，命吕大圭署降笺，大圭不从，因故遇害。[②]以情理推之，丘葵对杀害自己恩师的蒲寿庚应该是痛恨的。若谋划之事乃寿宬所为，则丘葵也不应对寿宬始终无异词。尽管丘葵和蒲寿宬的关系可以作为推翻蒲寿宬谋划说的一条论据，但显然过于单薄。

其实，仔细分析相关史料，我们发现关于蒲寿宬谋划说的最早也是最重要的史料——《八闽通志》《闽书》所载蒲寿宬隐居时间有误，也就是说二书关于蒲寿宬谋划说的史实记载有误，这是推翻蒲寿宬谋划说的关键所在。

在现存史籍中，关于蒲氏叛宋降元之事迹，有明确记载的（除了《八闽通志》《闽书》等明人史书）只提到蒲寿庚如何如何，并没有提到蒲寿宬。如《宋史》载："蒲寿庚及知泉州田真子以城降"[③]；"蒲寿庚以泉州降，告其民曰：'陈文龙非不忠义，如民何？'"[④]《元史》载："福建漳、泉二郡蒲寿庚、印德傅、李珏、李公度皆以城降"[⑤]；至元十三年（1276），"泉州蒲寿庚降"[⑥]；"昔者泉州蒲寿庚以城降，寿庚素主市舶，谓宜重其事权，使为我扞海寇，诱诸蛮臣服，因解所佩金虎符佩寿庚矣"[⑦]。凡涉及蒲寿宬者，如蒲氏兄弟仕宋、击海寇、元人劝降等事迹，《元史》《新元史》《万姓统谱》《粤大记》《八闽通志》《闽书》《大明舆地名胜志》等史书均是兄弟二人并书，奈何蒲寿宬为其弟谋划叛宋降元之事，独见于《八闽通志》《闽书》等明人稗史，而不见于其他史书？"稗官小说，记载多歧，宋、元二史，皆无明文"，《八闽通志》《闽书》关于蒲寿宬谋划说的记载的确经不起推敲。

蒲寿宬与南宋文学家刘克庄有交往，他在结庐"心泉"归隐泉州法石山之后，曾多次请刘克庄为其居庐作文，刘克庄遂撰《心泉》一文相赠，其中记载说：

> 初，君行山间，得泉一泓，爱之。有会于心，即其所结庵，扁曰心泉。曰："渴饮泉，饥读书，终吾身于此矣"……余非君，安知君之心，然即泉名以求其义，盖有可得而言者。夫泉至清，挠之则浊；心至虚至明，汩之则昏。善疏泉者，必澄其源，否则末流之弊，河污济矣；善治心者，必端其本，否则毫厘之差，舜为跖矣。以此复君，可乎？君请其序，余曰："《蒙》之《象》曰：'山中出泉。'《蒙》谓存养此心也。《孟子》曰：'泉之始达'，谓充广此心也。《中庸》曰：'溥博渊泉，而时出之'，存养充广者然也。"此其序也。

---

① 《闽中理学渊源考》卷三三《侍郎吕朴乡先生大圭》。

② 《续文献通考》卷一五三《经籍考》，杭州：浙江古籍出版社，1988年影印十通本，第4110页。

③ ［元］脱脱等：《宋史》卷四七《瀛国公纪》，北京：中华书局，1977年标点本，第942页。

④ 《宋史》卷四五一《陈文龙传》，第13280页。

⑤ ［明］宋濂等：《元史》卷九《世祖纪》，北京：中华书局，1976年标点本，第189页。

⑥ 《元史》卷一二九《阿剌罕传》，第3148页。

⑦ 《元史》卷一五六《董文炳传》，第3673页。

君既厌铜臭而慕瓢饮，舍尘居而即岩栖，以心体泉，以泉洗心，于游息之间备仁智之事，虽圣贤复起，必不麾之门庿之外矣。因次其语为君勉。[①]

据刘克庄所言，则蒲寿宬于刘克庄作《心泉》之前即已隐居。对此，元末明初张以宁在为蒲寿宬之孙蒲仲昭所作《蒲仲昭诗序》中亦有明言："蒲为泉故家，自其祖心泉公已以故梅州守察宋国危，遂隐身不出，读书泉上，遗诗若干卷，宋尚书刘克庄所序者具在。"[②]刘克庄作《心泉》的时间不得而知，但刘克庄卒于1269年，则蒲寿宬结庐隐居不会迟于此年。而《南海甘蕉蒲氏家谱》亦载伯颜南征之际，蒲寿宬已"致仕多年，高隐岩壑"[③]。二者在时间上正可互相印证。蒲寿庚降元在景炎元年（1276）十二月，说明蒲寿宬隐居比蒲寿庚降元至少要早七年。又据《宋史》，益王（景炎帝赵昰）幸泉州在景炎元年十一月。《八闽通志》载益、广二王"幸泉州，驻跸港口。守臣蒲寿庚拒城不纳"，寿宬遂为寿庚筹画，"部署决策既定，佯著黄冠野服，归隐山中，自称处士，示不臣二姓之意"[④]。《闽书》载："寿庚迎降及歼淮兵、宗子，皆寿宬阴为之谋。事成，乃佯著野人服，入法石山，若无与其事者。"[⑤]则蒲寿宬隐居又在其为弟谋划之后，也就是在景炎元年十一月之后。若此，《八闽通志》《闽书》所载蒲寿宬隐居的时间与刘克庄所载是矛盾的。《心泉》乃当时人记当时事，又是蒲寿宬本人请刘克庄为其居庐作文，所以刘克庄所载当不会有误，同时《翠屏集》和《南海甘蕉蒲氏家谱》的记载亦可作为佐证。而《八闽通志》《闽书》为明人书宋人之事，又无史书依据，则其所载蒲寿宬是在策划蒲寿庚叛宋降元之后才隐居的说法确不可信。

不仅如此，蒲寿宬的诗作也能证明《八闽通志》《闽书》所载其隐居时间有误。《心泉学诗稿》卷二《舶使王会溪太守赵见泰九日领客枉顾山中赋采菊东篱下悠然见南山韵十首》，其中有如下诗句：

翠节摩秋云，朱幡暎朝彩。
欣欣两宾主，济济众僚寀。
此会良已希，斯文固应在。
寂寞秋后香，今晨有人采。

结彼山下茅，对此山上瀑。
白日成蹉跎，长年抱幽独。

① 《后村先生大全集》卷一一二《字说》，《四部丛刊》初编本。

② 《翠屏集》卷三《蒲仲昭诗序》，文渊阁《四库全书》本。

③ 《南海甘蕉蒲氏家谱·叙》，第8页。

④ ［明］黄仲昭修纂，福建省地方志编纂委员会旧志整理组、福建省图书馆特藏部整理：《八闽通志》卷八六《拾遗》，福州：福建人民出版社，1991年，第1008页。

⑤ ［明］何乔远：《闽书》卷一五二《蓄德志》，《四库存目丛书》影印明崇祯刻本。

嘤嘤自禽鸟，踽踽乱樵牧。
门巷何多车，山中有佳菊。

此日不易得，有酒安可辞？
将以寿道脉，非惟制颓年。

同卷《九日贵客入山地狭不足以容歌舞故作》五古诗云：“莫歌乱我蛩，莫舞践我菊。歌不入此耳，舞适局汝足。蛩吟今古心，菊老贫贱屋。斟菊听我蛩，绝胜人间曲。”此诗应该也是蒲寿宬因王会溪、赵见泰入山来访而作。

据诗题及诗意，王会溪、赵见泰应该是在蒲寿宬隐居以后，率领同僚前往其隐居山中拜访蒲寿宬，因故蒲寿宬以陶渊明《饮酒》“采菊东篱下，悠然见南山”一联作为韵脚，作诗十首，另及五古一首以纪事。那么王会溪、赵见泰是何时去拜访已经归隐的蒲寿宬呢？

王会溪，即王橚，字茂悦，会溪是其号，蜀人。曾任郴州知州、福建市舶使。[①]王橚自福建市舶使卸任后，归居于霅溪（今浙江湖州），卒于咸淳戊辰[②]。戊辰指咸淳四年（1268）。而景定五年（1264，景定只有五年），王橚尚任郴州知州[③]，那么他任福建市舶使应该在咸淳初。蒲寿宬诗题称他为“舶使”，则王橚拜访蒲寿宬的时间也应在咸淳初。这也说明蒲寿宬至少在1268年以前即已隐居，正和上文分析他隐居时间不会迟于1269年相符。

另外，据“结彼山下茅，对此山上瀑。白日成蹉跎，长年抱幽独”“此会良已希”“此日不易得，有酒安可辞”等诗句推敲，似乎蒲寿宬作此诗时已归隐很久。同样表达蒲寿宬归隐的诗还有七律《岭后山庄》（《心泉学诗稿》卷五，以下括号内只注卷数）：

感慨重来岁月深，手栽松柏已成林。
万山自此无南北，一水长流不古今。
先训丁宁犹在耳，老吾寂寞自沾襟。
君恩已遂祈闲请，苇野归耕是本心。

“岭后山庄”，很可能就是诗人的隐居之处。诗人看到宋朝大势已去，于是谨遵先辈崇尚儒家伦理教化的训诫（参见下文），为保全气节而选择了归耕隐居的生活，哪怕这种生活清苦寂寞，独自伤怀。“万山自此无南北”，说明元朝已灭宋统一全国，而这时诗人栽种

① ［宋］周密：《癸辛杂识》别集下《钿屏十事》，北京：中华书局，1988年标点本，第304页。标点本误“郴”为“彬”。

② 《癸辛杂识》别集上《刘朔斋再娶》，第244页。

③ 武水人谭衡曾建枕流亭，王橚任郴州知州时撰《枕流漱石碑记》，并命邑人段景安为之作跋。碑记即跋文作于景定甲子（即景定五年）夏五月。参见[清]张声远主修，[清]邹章周纂修《康熙临武县志》卷一三《艺文志·记》，《故宫珍本丛刊·湖南府州县志》（第6册），海口：海南出版社，2001年影印本，第471页。

于隐居山庄的松柏已经成林，表明诗人在元朝灭宋之前已隐居很久。末联“君恩已遂祈闲请，莘野归耕是本心”，正是作者不负宋廷，过起“不予世事”[①]的退隐生活的写照。

此外，咸淳十年特奏名进士莆田人郑钺有《哭陈丞相》一诗，诗云：

大厦将倾一木支，登陴恸哭志难移。
螳螂怒臂当车日，精卫衔沙塞海时。
梦里忽惊元主朔，军中犹卓宋家旗。
孤臣万死原无恨，独怪山翁总不知。[②]

诗中记载宋末丞相陈文龙遗事，词甚愤激。陈文龙原名子龙，字君贲，福州兴化（今福建莆田）人，咸淳五年廷对第一，度宗赐名文龙。[③]元军攻占兴化，陈文龙被俘，不屈饿死。陈文龙募兵兴化时，郑钺为其门客，宋亡后不仕。[④]清人郑杰认为“结句殆刺蒲寿庚”[⑤]，似乎不然。山翁当指蒲寿宬。联系《八闽通志》所谓“水声禽语皆时事，莫道山翁总不知”，可见“莫道山翁总不知”当是针对郑钺“独怪山翁总不知”而言的，两句诗表达的意义正好相反。这说明在郑钺看来，蒲寿宬对蒲寿庚的叛宋降元活动应不知情，至少没有参与，否则郑钺不会发出“独怪山翁总不知”的感叹。郑钺显然是有强烈气节和操守的宋遗民，他对蒲寿宬之所以有这样的感叹，与他二人均是持节尽忠、拒不仕元的宋遗民有关。

三

前引吕廷焯《蒲寿宬传》尽管只是作者带有强烈感情色彩的推论，但他认为如果蒲寿宬“叩关献策”，又怎会没有爵禄之加？这一质疑也是有道理的。蒲寿宬在宋朝参加过科举考试，说明他也在意仕宦。如果他是蒲寿庚叛宋降元的主谋，那么他为弟弟出谋划策的动机，无非是为蒲氏家族的利益和他兄弟二人的前程着想。但蒲寿庚降元后，仅四个月即官拜江西行省参知政事，行江西省事。至元十五年升福建行省左丞，而蒲寿宬为何拒不仕元，要过“老吾寂寞自沾襟”“长年抱幽独”的隐居生活？要回答这个问题，就要分析蒲寿宬个人的思想状况、性格志趣等，从而进一步确定蒲寿宬是否可能或有无必要为其弟出谋划策。

尽管蒲寿宬的先祖是来自西域的信仰伊斯兰教的阿拉伯人，但其先世入华甚早，至一世祖玛呿阿时，蒲氏已迁居广州。玛呿阿特别崇尚孔孟之道，非常重视汉文化。清人易维

① 《南海甘蕉蒲氏家谱》，第144页。
② 北京大学古文献研究所编：《全宋诗》（第66册），北京：北京大学出版社，1998年，第41391页。
③ 《宋史》卷四五一《陈文龙传》，第13278页。
④ 《闽中理学渊源考》卷三四《郑彝白先生钺》。
⑤ 《全宋诗》（第66册），第41391页。

玑所撰《蒲氏初太祖荣禄公传》载，玛咕阿号“鲁尼氏”，是因为其“知东鲁尼山之道诚足为万世师也，因号‘鲁尼氏’，以志景仰。”玛咕阿常告诫诸子说：“人可十日无饮食，不可一日无诗书。至于三纲五常，则更不可一刻离也。汝曹其识之。”[①]其后蒲氏子嗣多有秉承初祖之教诲者，蒲寿宬即是其中的代表。蒲寿宬自幼熟读经史，非常推崇儒家思想，“诗学、书学均自成名家……殿宋代之吟坛，为有明之津逮。实以循吏而兼诗人，与唐之元结等矣”[②]。可见，他是一位汉化程度很高、受儒家文化熏陶很深的异族文人。对此，陈垣亦指出：“西域中国诗人，元以前唯蒲氏一家耳。”[③]罗香林亦云：“宋元间，回教中人多能诗者，然除丁鹤年外，殆无能与蒲寿宬抗衡者矣。”[④]他的《心泉学诗稿》现存诗共计222题288首（篇），是为中国诗歌史上第一部穆斯林诗集。

鉴于此，我们与其说蒲寿宬是一位信仰伊斯兰教的穆斯林，倒不如说他是一位崇尚儒家思想的宋朝士大夫。《南海甘蕉蒲氏家谱》说蒲寿宬“性情冲淡，节操端严”[⑤]。从他的诗来看，这个评价是公允的。罗香林说：“今读其《心泉学诗稿》，几无在而不充满中国儒家文士之感念。”[⑥]的确，《心泉学诗稿》展现给我们的正是一位崇尚气节和操守的士大夫形象。

蒲寿宬字镜泉，号心泉。《心泉学诗稿》中有5首题为《心泉》的诗，实际上每一首都是作者“诗言志”的内心表白。如卷六《心泉》：“冷冷一涧泉，炯炯千树雪。岁寒铁石心，山中玩芳洁。”隐居深山，洁身自好，无视苦寒，矢志不渝，此心如同泉水一样清澈，如同积雪一样洁白，这不正是作者本真本净的内心世界的写照吗？这也正符合伊斯兰教至清至真的基本教义。无独有偶，蒲寿宬写给拒不仕元的好友丘葵《寄丘钓矶》（卷一）一诗，其中“欲携我蓑笠，风雨从所之……我欲从伊人，薄酒分一卮”等诗句，也正是作者推重丘葵、崇尚气节的本心流露。

梅、兰、竹、菊号称“花中四君子”，是古代文人气节的象征。蒲寿宬《心泉学诗稿》中即有许多描写梅、兰、竹、菊的诗句。描写梅花的，如卷一《和倪梅村梅花赋》“异惟贞洁余一心兮，又奚必择乎都鄙”，“立耿耿于霜晨兮，岂欲别一醒于众醉”；《投后村先生刘尚书》“梅竹亦有性，岁寒争卜邻”；卷二《梅阳郡斋铁庵梅花五首》“翛然脱情尘，高标立寒峭”；卷三《游西岩》“岁寒心事梅花知”；卷六《早梅》“留取清芬待岁寒”；《瀑上见梅有怀老溪上人》“一生心事雪霜知”；《次韵》“倚阑心事到梅间”……通过这些诗句，蒲寿宬描绘出了梅花苦寒独放的孤傲与风骨。描写兰、竹、菊的，如卷一《梅阳寄委顺赵

① 《南海甘蕉蒲氏家谱》，第138页。

② 《南海甘蕉蒲氏家谱》，第89页。

③ 《元西域人华化考》，第6页。

④ 《蒲寿庚研究》，第138页。

⑤ 《南海甘蕉蒲氏家谱》，第89页。

⑥ 《蒲寿庚研究》，第236页。

君》“别来柳初茁，今见兰吐芳。怀哉佩兰人，欲制芙蓉裳”；《和傅古直五首》“杞菊为糇粮，云山作宾友”；《与石岩方常簿游白水塘观龙湫》“握石为我饴，采菊为我粻”；卷二《亦竹轩》“缅怀爱竹人，气味千载同”；《九日贵客入山地狭不足以容歌舞故作》“蛩吟今古心，菊老贫贱屋。斟菊听我蛩，绝胜人间曲”；卷四《约赵委顺北山试泉》“拟寻青竹杖，同访白云龛”；《菊花潭》“何处无甘菊？何处无清泉？菊泉适相值，天地何尝偏”；《九月九日登山》“秋来常对菊，情适便登山”；卷五《近重阳作》“拟将黄菊去为粮”等。对兰、竹、菊的歌咏也和对梅花的歌咏一样，正是作者孤傲自洁、持操守节的自况。

此外，《心泉学诗稿》卷一《和傅古直五首》“规规一世士，礼法自绳纠”，卷二《白水岩》“堪笑失箸人，气骨何羸尫”，《头陀成庵主刺血写法华经》“杀身以成仁，遗训有先哲”，卷四《挽仁山杨先生》“命也吾何憾，天乎识固悭。平生修洁意，千载此西山”，卷六《满江红·登楼偶作》“梦觉宦情甜似蜡，老来况味酸如醋”，《贺新郎·赠铁笛》“百岁光阴弹指过，算伯夷、盗跖俱尘土。心一寸，人千古”等诗词，也均能体现出作者看淡名利、崇尚气节的士大夫本色。是故，就连对蒲寿宬抱有偏见的全祖望，在读完《头陀成庵主刺血写法华经》后，也不无感叹地说：“何其谬为激烈，一至此也。”[①]

我们不仅从蒲寿宬自己的诗词中能读出他的气节与操守，从蒲寿宬友人的诗句中我们也能品味出蒲寿宬坚守气节、孤傲自洁的品质。蒲寿宬的挚友胡仲弓（字希圣，号苇航），曾登进士第，但仕途并不得意，只做过县令，“被斥以后，浪迹以终”[②]，但颇负诗名，有气节。在《次心泉卜隐韵》一诗中，胡仲弓以“窗户多栽竹，相期晚节坚”[③]与蒲寿宬共勉，这正是蒲寿宬坚守晚节的最好佐证。陈垣所引丘葵与蒲寿宬唱和的诗句，以及丘葵为蒲寿宬写的挽诗，也能体现出宋亡后誓不仕元、隐居海屿的丘葵对蒲寿宬的推崇和二人之间的深厚感情。前引刘克庄所作《心泉》，既是对蒲寿宬的勉励，也是对蒲寿宬的赞赏。此外，根据《心泉学诗稿》，我们发现蒲寿宬的交游对象中，类似丘葵、胡仲弓等拒不仕元的具有强烈民族气节的宋遗民很多[④]。所谓“人以群分”，这其实是蒲寿宬遗民思想在其社会交往中的体现。从蒲寿宬本人的诗词、友人与他的唱和之作以及蒲寿宬的交游对象，我们不难看出，蒲寿宬像丘葵等人一样，是一位崇尚气节、隐居遁世的宋遗民。

正因为蒲寿宬是一位崇尚气节、“不臣二姓”的宋遗民，所以他在看到宋亡已成使然，而弟弟蒲寿庚又与自己志趣不投，他又不可能和胞弟操戈相向，于是乎“诛茅法石巅”[⑤]，毅然隐居，与胞弟分道扬镳。“栖栖鲁中叟，救世诚艰辛。鸟兽岂同群，由也徒问津”（卷一），“岂不随众草，正色乃自然”（卷二），隐居示志，便成了他当时最好的选择。蒲寿宬

① 《鲒埼亭集外编》卷三三《题蒲寿宬诗》。

② 《四库全书总目》卷一六五，第1410页。

③ ［宋］胡仲弓：《苇航漫游稿》卷二，文渊阁《四库全书》本。

④ 参见《蒲寿宬交游考》一文。

⑤ 《苇航漫游稿》卷二《次心泉卜隐韵》。此句正可和蒲寿宬《南村》诗中“诛茅结矮屋”句相印证。

非常喜欢陶渊明的诗，他的诗中多次提到陶柴桑，时人甚至将他比作陶渊明，“人说渊明我厚颜”（卷五），因故罗香林认为寿宬诗“冲淡闲远，非浸淫于陶渊明者，莫能致是”[①]。再如“南柯二十载，梦觉指一弹。谁云丘垤微，转觉天地宽”（卷二《蚁》）、“救世有何策，图名非本心。万言难复古，一语傥医今。已向山中老，因风怀所钦”（卷四《寄胡苇航料院》），以及前文注释所引《南村》一诗及《岭后山庄》“君恩已遂祈闲请，莘野归耕是本心”等诗句，不一而足，均表达了作者归耕隐居的本心。蒲寿庚降元之前，兄弟二人同朝为官，可谓并辔驱驰；宋亡元兴已成定局，蒲寿宬隐居保节，蒲寿庚降元求进，兄弟二人选择了完全不同的道路，这符合蒲寿宬保全晚节、“不臣二姓”的遗民心理。可见，蒲寿宬的隐居“乃其所由自全之道，非无为而为也”[②]。

四

分析了蒲寿宬的个人思想状况、性格志趣之后，让我们再来看看蒲氏兄弟所处宋元鼎革之际泉州地方集团的整体情况，这对考察蒲寿宬是否策划蒲寿庚叛宋降元也是非常重要的一环。桑原骘藏认为寿庚短于策略，寿宬优于缜思，故而寿庚计谋皆出其兄。窃以为此说似忽略了宋亡元兴之时泉州地方集团在蒲寿庚叛宋降元过程中所起的作用。当时宋亡元兴已成必然，蒲寿庚即便是一介武夫，对形势也不会没有一个清醒的认识，而非要自己的哥哥帮助自己决策。其实叛宋降元在当时已是众多宋臣的选择，是一种必然趋势。在蒲寿庚降元之前，德祐元年（1275）十二月，江西制置使黄万石降元。不仅如此，元朝还派遣他招降其帐前都统米立。黄万石是这样劝降米立的，他说：“吾官衔一牙牌书不尽，今亦降矣。”[③]米立未从被害。黄万石劝降米立的话，正是当时宋臣根据形势而纷纷做出降元决策的一种普遍反映。再如，福安府知府王刚中[④]，漳、泉二郡的印德傅、李珏、李公度，漳州知州黄佺、通判杨丙，惠州文璧（文天祥之弟）等等[⑤]，均纷纷降元。如此看来，蒲寿庚降元，完全符合当时宋朝守臣的普遍选择。

此外，南宋在泉州设有南外宗正司，至宋末，宗室在泉州者有数千人。这些皇室宗子养尊处优，“挟势为暴”，常常压制泉州地方官员，掠夺商人财物、船只，而泉州地方政府却要为他们承担繁重的供给。可见泉州宗子为祸地方，实为一害。[⑥]帝昰驻跸泉州，张世杰因船只不足而强征蒲寿庚之海舶资产，惹怒寿庚。在这种背景下，泉州地方集团以知州

① 《中国族谱研究》，香港：中国学社，1971年，第9页。

② 《蒲寿庚研究》，第60页。

③ ［清］毕沅：《续资治通鉴》卷一八二，北京：中华书局，1957年标点本，第4971页。

④ 《宋史》卷四七《瀛国公纪》，第942页。

⑤ 《宋季三朝政要》卷六，北京：北京图书馆出版社，2005年影印元皇庆元年陈氏余庆堂刻本；［元］张铉：《至正金陵新志》卷三下《金陵表》，北京：中华书局，1990年影印宋元方志丛刊本。

⑥ 《蒲寿庚考》，第180—181页。

田真子为首，支持蒲寿庚除掉宋宗室，迎接南下的蒙古大军。《宋史》载“蒲寿庚及知泉州田真子以城降”，可见降元代表除了蒲寿庚，还有一个重要人物，即田真子。田真子乃泉州知州，也就是泉州地方的最高长官，他主动投诚，很大程度上是代表了泉州地方政府的立场。田真子之外，宋末任忠训郎、殿前司左翼军统领的泉州人夏璟，于宋亡元兴之际，“帅殷士而侯服，篚玄黄而臣附……捷瑞安，捷温陵，捷三阳”，深受蒲寿庚器重。宋亡之后，蒲寿庚竭力推荐夏璟，“太史书勋，乃刻符印，以偿优劳”。[①]说明夏璟也是蒲寿庚降元的一个得力助手。另外，蒲寿庚的亲信孙胜夫、尤永贤、王与、金泳等人[②]，均是蒲寿庚叛宋降元的有力支持者。由此可见，蒲寿庚叛宋降元，乃是泉州地方集团共同支持的结果，为其出谋划策者，又何必非寿宬不可？更何况此时寿宬已隐居，过着“不予世事”的遁世生活。

综上所述，我们可以得出这样一个结论：叛宋降元之事，乃蒲寿庚与泉州地方集团共同所为，与其兄寿宬无涉。蒲寿宬像丘葵等人一样，是崇尚气节、“不臣二姓”的宋遗民，他是中国古代优秀的回族诗人，也是具有高尚节操的爱国志士。

五

最后，补充讨论一下蒲寿宬的卒年和葬地问题。据《南海甘蕉蒲氏家谱》，蒲寿宬晚年迁回广州，“与岭南诸名士结‘白云诗社’”，“往来白云山间，惟日日纵狂诗酒，以娱暮年”。[③]蒲寿宬夫妇卒后葬于“羊城大北门外菱角冈初二世海达公茔右”[④]。其实《南海甘蕉蒲氏家谱》所载有误。1949年，罗香林确在广州发现了蒲氏宋、元、明历代坟茔[⑤]，但罗氏发现的蒲氏祖坟中，有入居广州的蒲氏二、三、四、六、七世祖之墓[⑥]，并且墓碑上刻有各人名讳，但其中却没有发现蒲寿宬之墓，这是蒲寿宬没有葬在广州的一条重要线索。而相关文献记载证明，宋亡前后，蒲寿宬一直生活在泉州，蒲寿宬死后也应该葬在泉州。《元史》载，至元十三年二月辛酉，“伯颜遣不伯、周青招泉州蒲寿庚、寿晟兄弟”[⑦]，说明宋亡前，蒲寿宬在泉州。刻于泉州清源山纯阳洞后至元四年（1338）的《重建清源纯

① ［宋］黄仲元：《莆阳黄仲元四如先生文稿》卷四《夏宣武将军墓志铭》，《四部丛刊》三编本。

② 《闽书》卷一五二《蓄德志》。

③ 《南海甘蕉蒲氏家谱》，第89页；《南海甘蕉蒲氏家谱·叙》，第8页。

④ 《南海甘蕉蒲氏家谱》，第89页。

⑤ 参见罗香林《广州蒲氏宋元二代祖坟发现记》，《蒲寿庚研究》，第256页。

⑥ 《南海甘蕉蒲氏家谱》和1939年张玉光、金德宝在福建德化发现的《蒲氏族谱》（罗香林称之为《蒲寿庚家谱》，后发表于《月华》杂志第十二卷第一至三期合刊上）所载蒲氏世系有很大出入，其中《南海甘蕉蒲氏家谱》以蒲寿宬为蒲氏五世祖，而德化《蒲氏族谱》以蒲寿宬为七世祖，并且误蒲寿晟和蒲寿宬为二人。两本家谱所载均有不少失实之处。德化《蒲氏族谱》见李兴华、冯今源编《中国伊斯兰教史参考资料选编》（1911—1949）（下册），银川：宁夏人民出版社，1985年，第1756—1763页。

⑦ 《元史》卷九《世祖纪》，第180页。

阳洞记》，记载至元十八年时蒲寿宬亦在泉州。该碑文载：

> 泉之清源上洞，宋绍兴间，有道人裴其姓者来自江东……尸解于此，邦人即其骨肖像事之，并创屋以祀群仙，匾曰纯阳……暨宋季，兹山悉毁，猱狖宅焉。我朝至元十有八载，四松僧法昙抚迹吁悼而谋兴复。适心泉蒲公同其弟海云平章协力捐财以资之，规制比于曩时，无虑十百。后廿一年，昙召高弟一聪踵其席，遂考故业，屋创未几，岚木顿朽，聪奋肯构之志，勤勤弗怠……适丁其时也，复得信斋万户孙公、心泉之孙一卿蒲公相兴辑事，故能若是……大元至元四年龙集戊寅孟冬日，万安禅寺用平智泰撰。[①]

据此可知，至元十八年，四松僧人法昙倡导维修纯阳洞，蒲寿宬、蒲寿庚兄弟还捐财资助[②]，说明当时蒲寿宬仍生活在泉州。其后，蒲寿宬之名不再见于史籍记载。至元二十一年，法昙的弟子一聪再次维修纯阳洞时，资助维修的人已不是蒲寿宬兄弟，而是蒲寿宬的孙子蒲一卿，则很可能此时蒲寿宬已经故去。罗香林说："寿宬卒年，诸书无考，惟以其少子日和之年代推之，则似曾享遐龄"，"邱葵《钓矶诗集》卷四有《挽寿宬诗》，如能考出邱氏作挽诗之年代，则蒲寿宬之卒年，亦可考出。惜目前仍未能及此。"[③]尽管目前我们还无法考证出蒲寿宬的具体生卒年，但据《重建清源纯阳洞记》，蒲寿宬的卒年应该在至元十九年至二十一年之间。

（原载《中国史研究》2013年第1期）

① 《闽中金石略》卷一二，《石刻史料新编》（第1辑第17册），第13035—13036页。

② 蒲寿宬与佛道二教的关系十分密切，《心泉学诗稿》中有很多蒲寿宬与僧侣和道士唱和的诗歌，尤其是他与泉州兴福寺住持圆悟（号枯崖）往来密切，所以他倡导捐资维修寺观也在情理之中。参见《蒲寿宬交游考》。

③ 《蒲寿庚研究》，第62、68页。

明代中晚期江南地区贫士的社会交往生活

徐　林

明代中后期，商品经济得到迅速发展，许多地方出现了商品经济相对繁荣的景象。然而，与经济繁荣的局面相对立的是国家调控能力大为下降，政治黑暗，明王朝在一片歌舞升平的表层下危机四伏。这也是明末较其它王朝较为特殊之处，因为中国封建王朝的晚期在政治败坏的同时一般都伴随着经济凋敝的现象。这种对立在江南地区表现尤为突出。江南地区在明代中后期商品经济的繁荣程度居全国之最。在这种经济相对繁荣而整个国家政治疲弱的形势下，士人阶层分化也非常严重。士人数量的激增与科举承载力的有限性存在无法调和的矛盾，造成江南士人壅塞的局面，而政治的黑暗也消弥了士人科举入仕的热情，很多士人因入仕无望而又不屑治生或者本身缺乏治生能力，生活贫困化现象特别突出。[①]关于这一时期士人"家徒四壁"的记载不绝于明代史料。基于这种变化，使得明代中晚期处于生活困境中的贫士人群精神面貌发生很大的改变，这主要表现在其在社会交往中迫于生活压力或闭门自守，或自命清高，做无奈地抗争。

然而，当时江南士人群体的主流却是以喜交游著称的，士人社会活动空前地活跃，不论是社会交往频度还是社会交往空间都大为加强和拓宽。在这种士人繁盛的社会交往活动中，值得注意的一个特殊现象是，一些极度贫寒而又不屑治生和游走干谒的士人，由于生活的窘迫其社会交往活动却相对萎缩，成为当时的士林"重交游"的风气中一个不和谐的音符。

一

中国古代的士人属于一个非常宽泛的社会群体，除了其都是受儒家思想的教诲、终生以读书为业以及一直或曾经以科举功名为奋斗目标的基本属性外，其经济状况、社会地位、人格的高低等很多方面差距悬殊，姑且不说居庙堂的仕宦之家或豪门大族的子弟生活如何奢华，就是同处于江湖的无祖传基业的落泊士子，因自身才名的大小、个性和社会关系等因素的不同，他们的生活境况和社会活动空间也有很大的差别。花天酒地、风流自恃者有之，穷困而死者也大有人在，如：居节（字士贞），"萧然自适，喜交幽人衲子，与富

① 相关研究可参见刘晓东：《晚明士人生计与世风》，《东北师范大学学报》（哲学社会科学版）2001年第1期等。

贵者则落落寡谐，日得笔资，辄沽酒招朋剧饮，或绝粮则寐，旦而起写疏松远岫一幅，令童子易米以炊，尝过辰未举火，年六十竟以穷死。”①

像居士贞这种无大名气且清贫的士人与那些虽然落魄但有名气的士人不同。名士可以靠他们的才学和名望来达到生活的自给，甚至可以任意挥霍，以此来张扬自我。像文征明“四方乞诗文书画者，接锺于道”②；唐寅虽有诗云“闲来就写青山卖，不使人间造业钱”③以标榜自己的清高，但也可见通过卖字画不仅可以使他的生活不致困顿，还能维护其名士的体面。“家住吴趋坊，常坐临街一小楼，惟求画者携酒造之，则酣畅竟日。”④又“既复为人请乞烦杂不休，遂亦不及精谛，且已四方慕之。无贵贱富贫，日请门征索文辞诗画。”⑤由于当时社会盛行崇尚名士、以收藏名士的诗画为荣的风尚，致使名士的笔墨多价格昂贵，如名士郭清之墨宝“天下购清狂墨本，本百金”⑥。这些相对贫穷的名士，虽然家无资产，又不去治生，但穷而不困，因为名望和才气本身就是他们的资本，因此其生活虽落拓但不失士人的体面，依旧能够“对酒当歌”，风流自赏，而且贫穷有时还能成为其名士风流自诩的点缀。因此这些人不能称为贫士，因此不在此加以过多的析论。

传统社会中士人贫困化一直十分严重，所谓“贫乃士之常”⑦。并非虚言。而本处所言之贫士皆是指像居士贞这样生活贫困而又无谋生之凭藉之士，其一方面为生计所迫，另一方面又清高自许，常处于精神的超逸富足与现实物质需求困顿的冲突之中，在窘境中峻巡，这种尴尬的境况更明显地表现在其社会交往中。如“王侯卿相，莫不倒履”的贫士钱希言⑧，“薄游浙东、荆南、豫章，屠长卿、汤若士诸公皆称之，自以为秦川贵公子，不屑持行卷恃竿牍，追风望尘，仆仆于贵人之门，而又不能无所干谒，稍不当意，矢口漫骂，甚或行之笔牍，多所诋諆，人争苦而避之。以是游道益困，卒以穷死。”⑨这里的钱希言是以山人之面目周游四处的，在士林中还小有名气，但精神的高远与现实境遇的窘迫使其性情怪异，以至“人争苦而避之”，此乃贫士之无奈也。

二

中晚明江南士人非常重视社会交往活动，士人“奔竞成风”，游走天下，到处结交显

① 《（崇祯）吴县志》卷53《人物·艺事》，《天一阁藏明代方志选刊续编》，上海：上海书店，1990年，第553页。

② 张廷玉：《明史》卷287，北京：中华书局，1995年。

③ 唐寅：《唐伯虎全集·唐伯虎轶事》，《尧山堂外纪》，北京：中国书店，1985年。

④ 何良俊：《四友斋丛说》卷15，北京：中华书局，1983年。

⑤ 焦竑：《国朝献征录》卷15，上海：上海书店，1987年影印本。

⑥ 查继佐：《罪惟录》列传27，《续修四库全书》，上海：上海古籍出版社，2002年。

⑦ 邹元标：《愿学集·杂兴简同志》其五，《四库明人文集丛刊》，上海：上海古籍出版社，1993年。

⑧ 《（崇祯）吴县志》卷51《人物·寓贤》，《天一阁藏明代方志选刊续编》，上海：上海书店，1990年，第418页。

⑨ 钱谦益：《列朝诗集小传》丁集下，上海：上海古籍出版社，1983年，第632—633页。

宦名流，社会交往活动空前频繁。并且，士人还结成了各种社团，通过结社、讲学等群体交往形式，游学、宴饮、品茶等个体交往方式，广泛地活跃于社会之中。在中晚明史料中，关于描写士人某某“喜交游”的叙述随处可见，特别是名士游道更是广博，狷介自抑者寥寥无几。这主要因为交游是其名望和其它人生目的的凭借，而且作为社会之人，其才名道德的确立主要依赖社会尤其士人的认同。但是在贫寒之士中，虽然也不乏交游之事，但闭门苦读或狷介自守者却大为增加，这主要因为贫者缺乏交往的费用，生活的贫困不仅使人精神内向化，也使人交往的空间大为缩减。贫士袁安节，每遇文会，“携饼饵数，事就僧舍啜茗饮一杯。强与会食则不可，曰：‘吾贫生，不能与诸君往还相酬。日溷诸君，吾且不敢厕末席耳。’”[①]邢量卖卜资生，“敝屋三间，青苔满壁，折铛败席，萧然如野僧，长日或不举火，客至相与清坐而已。”[②]试想，在这样窘迫的生活状态下，人的社会交往行为不能不受到抑制。

在整个江南社会竞尚奢华，士人不甘寂寞地游走于天下的时代，像邢参这样的贫士却不得不自守着一分狭小的空间，“客至或无茗碗，薪火断则冷食。”[③]“终日杜门诵读，贫无以朝夕泊如也。徐贞卿诸君，皆与游，尝遇大雪，访之，则屋三角渗雪，参坐一角不渗雪处，怡然读书，苦吟自若。”[④]当然，有的人是因淡泊名利或不喜交游而闭门自守，但这毕竟少数，大部分贫士缩居在陋室之中以书自娱主要还是生活困境所使然，因为交游中狂歌豪饮或宴妓舞乐都需要金钱做后盾的。很多贫士糊口都成问题，哪有这种奢华和名士的闲情。《列朝诗集小传》记：贫士倪钜（字伟长），老年益贫，“今年过余，余止之饭，放箸而叹曰：‘此中饱糠覈久矣，今日骤享肉味，殆过分也。’”[⑤]丁之贤（字绥安）“客至，樵苏不爨，清谈而已。家贫不能具纸笔，所为诗多草书历日背上。”[⑥]

生活的困顿使贫士的活动空间大受限制，因此很多人力求闭门谢客，以清高标榜，虽然清高中不免孤芳自赏之嫌，但以此来消弭精神与现状的冲突。这是传统士人面对困境所做出的最常见的反应，也可以说是受传统文化浸染的士人在无奈的现实中表现出“条件反射”式的一种文化行为。《松江府志》载：张昉，字元昃，华亭人，性狷介固守穷约，或竟日不举火，董传策慕其人，以币交，不受，访之亦不报，邑令屠隆造访，避弗见，赠金弗纳，索诗不与，唯陆彦章馈以酒粟辄受，曰：‘此贤者之惠，不妨我廉也。’”[⑦]而陈确所记述的贫士生活：“瓶莱洵已美，蒸制美逾并尤宜饭锅上，谷气相氤氲……贫士昧肉味，

① 文震孟：《姑苏名贤小纪》卷下《安节袁公》，明万历刻清顺治九年重修本。
② 《（光绪）苏州府志》卷85，《中国方志丛书》，台北：成文出版社有限公司，2007年影印本。
③ 钱谦益：《列朝诗集小传》丙集，上海：上海古籍出版社，1983年，第302页。
④ 《江南通志》卷168《苏州隐逸》，影印文渊阁四库全书本。
⑤ 钱谦益：《列朝诗集小传》丁集下，上海：上海古籍出版社，1983年，第601页。
⑥ 范金民编：《明遗民录汇辑》，南京：南京大学出版社，1997年，第2页。
⑦ 《松江府志》卷54，《中国方志丛书》，台北：成文出版社有限公司，2007年影印本，第1206页。

与菜多平生，因之定久要，白首情弥亲。”[①]这种尚不能满足温饱的生活，作为四民之首的“士人”的尊严和体面只能到“君子固穷”的教导中寻求精神的满足。

与前面所提以清高自守的贫士在社会交往中的表现不同，许多贫士在狷介的个性上又添加了放浪不羁的名士作风。张叔维，诗才清逸，尤工七言，“为人孤介自守，苟非意气所合，虽王公贵人，黄金白璧，浼焉去之，以所作青山卖人，即分散贫交，或买舟沽酒，挈伴湖山间，不留一钱。”[②]贫士刘绩，“教授乡里，不干仕进，家贫转徙无常地。至署，卖文榜于门，有所得，辄市酒乐宾客，缘手而尽，尝有客至呼名久不出，怪之，其妻方拾破纸以代爇薪，一笑而已。”[③]实际上，在明后期众多的狂士群体中就有相当部分人是贫寒之士。在当时尚狂禅之世风的熏染下，贫士中很多人也佯狂傲物，在交往中也是任性而为，狷介与狂傲相结合，使其社会交往的对象更加大大减少。

大多数贫士在社会交往中最不愿遇到的就是富贵之人，最尴尬的事就是受人馈赠，而对馈赠及富贵之人的态度也最能显示出其品性操行，因此在与富室发生接触或受到馈赠时，很多人表现出传统士人所崇尚的高风亮节。布衣彭年，“家徒四壁，所交多豪贤长者，不肯一言干乞，人有所馈，虽升斗粟，非文字交，峻辞若浼，卒以贫死。”[④]钟士奇有文名，“见重于时，争延致之，亲友知其贫，多馈遗，怫然起，置之道或透之水。曰：‘吾岂受人怜者耶？’尝因催科急质衣得一金，赴纳遽遗，抚掌大笑。人谓：‘君失金何乐尔？’曰：‘吾为得金者乐也。’其襟期如此。”[⑤]张元燦（字光甫），“性狷洁，终身不至公府。所居一椽，不蔽风雨。遇岁侵日，不再火，里中巨室发廪周贫士，担粟至门，元燦麾之去曰：吾岂受人怜者。暑夜蚊蚋剥肤，儿女涕泣，有故人欲赠以帷，念其介，且前且仰，终不果。”[⑥]

贫士拒绝干谒、厌与富室交往，当然有士人个人品质气节使然，但是透过表层的个人道德因素，从传统文化及当时士林道德价值取向来看，更有深刻的社会文化根源。在传统经验与观念中，由于贫富分化的严重及富贵者的数量有限性，“为富不仁”是对富者的最初反应和最多评价。传统的儒家道德崇尚“廉者不受嗟来之食”，甚至“饿死事小，失节事大”的节操观，交接富贵之士或受人恩惠被看作有辱德行的无耻之行，因此贫寒之士与富贵者的界限应该划清，以免有伤自己清誉，落人笑柄。所以像居节（字士贞）这样的贫士对富贵者有这样的态度就不足为怪了，虽贫却能“萧然自适”“喜交幽人衲子，遇富贵

① 陈确：《陈确集·诗集》卷3，北京：中华书局，1979年，第661页。

② 《（乾隆）浙江通志》卷194《寓贤上》，上海：上海古籍出版社，1991年，第3340页。

③ 《（乾隆）浙江通志》卷92《隐逸上》，上海：上海古籍出版社，1991年，第3325页。

④ 钱谦益：《列朝诗集小传》丁集中，上海：上海古籍出版社，1983年，第475页。

⑤ 《（崇祯）吴县志》卷48《人物·文苑》，《天一阁藏明代方志选刊续编》，上海：上海书店，1990年，第282页。

⑥ 《（光绪）苏州府志》卷94《人物》，《中国方志丛书》，台北：成文出版社有限公司，2007年影印本，第264页。

者，则落落寡谐，日得笔资，辄沽酒招朋剧饮，或绝粮则寐，旦而起写疏松远岫一幅，令童子易米以炊，尝过辰未举火，年六十竟以穷死。”①何名世“家贫不善治生，……佣书为业，耻与富贵者往来。”②“名世多积书，皆帙简少者，后衰表造其门，馈以菜粟欲为典一房与居，乃名世受僦房主，辱詈病而死矣。”③常熟人孙七政，“淹通五经，由诸生入太学，与四方名士酬和，篇什名称日起。王世贞、汪道昆皆折辈行与交，性任侠，喜结客，尊酒论文，座中常满，而生产日挫，延名宿顾宪成课诸子，敦重孝友，不苟取予，苦吟羸瘦卒。”④贫士中类似这样的“耻与富贵者往来”“不苟取”的记述在史料中非常之多，表明了贫士群体心态的封闭性，也说明了在明代中后期士人群体交往及活动空间扩大的背景下，居于士人的最下层的贫士之中很多人社会交往空间却相对地萎缩了。

三

《贫士传》言：“贫者，士之常。”⑤这道出了传统社会中士人生存的一个较为普遍的现象。而中晚明士人之中贫寒之士又多于前朝，这固然与士人大为增多有关，但也更与当时社会政治及经济发展有关，并且随着士人观念的转换，贫士也大有分化，像唐伯虎、屠隆类名士可靠出售字画为生，还有一些人放弃了士人的身份另谋生计，较多的如山人之类靠周游于权贵之中获取衣食，但绝大多数是这些既无才名或不藉才名为生计谋，又不愿受他人施与而四处干谒之士，固守儒家之“君子固穷”之道，蜗居于一隅，郁郁而不得志。他们往往以古之贤人落魄而守志自勉，如前面提到的贫士何名世自作门联曰：“陋室箪瓢颜子志，残编断简邺侯书。”⑥即便是对于因贫困而卖文之举也要在古人古事中寻找依据，如《甲乙杂著》记：“余年来贫，乃作卖字说。客曰，字可卖乎，何异卖菜佣也。余曰，否否。……二十余年，庄生衣履久敝，颜子箪瓢屡空，靡从仁祖之乞，不因比舍之炊敢蹈阚泽之踪……乃作卖字说，以当募券。客曰唯唯。”⑦实际上，明中后期，士人尤其是贫寒之士，以卖文为生已经是非常普遍的求生之道，这已经超越了传统观念中“君子不言利”的限制，这也是贫寒之士人在商品经济繁荣的社会影响下做出的直接反应。

《论语·里仁》载：子曰：“士志于道，而耻恶衣恶食者，未足与议也。”在儒学看来士人应以“德”“志”立身于世，因此钻研生计非君子所为，因为“君子不言利”。虽然随着商品经济的发展，重视治生的言论逐渐盛行，江南士人中弃士经商的士人增多，但是这

① 《（崇祯）吴县志》卷53《人物·艺事》，《天一阁藏明代方志选刊续编》，上海：上海书店，1990年，第553页。
② 《（崇祯）吴县志》卷49《人物·儒林》，《天一阁藏明代方志选刊续编》，上海：上海书店，1990年，第60页。
③ 《（崇祯）吴县志》卷49《人物·儒林》，《天一阁藏明代方志选刊续编》，上海：上海书店，1990年，第60页。
④ 《江南通志》卷165，影印文渊阁四库全书本。
⑤ 黄姬水：《贫士传》上卷，明宝颜堂秘笈本。
⑥ 《（崇祯）吴县志》卷49《人物·儒林》，《天一阁藏明代方志选刊续编》，上海：上海书店，1990年，第60页。
⑦ 孙肩：《甲乙杂著》，丛书集成初编本，上海：上海商务印书馆，1936年，第4页。

种现象毕竟只是处于初级萌动阶段，而身体力行的士子毕竟不多，整个士人群体仍以“士”为安身立命之地。因此在贫士中绝大多数人即便“贫死”，依然“不屑当世之务”，以士为本，以读书和做诗文为业。袁尚绢（字休明）家贫于绝外闭斗室苦读，人皆笑之，仍勤苦自若，曰：“士人以风节为己任，一念未可或渝也。”[①]凌世韶，有文名，崇祯进士，遭谪，“性介特自矜，重其文，有贵人持百金，介密友求作其父墓铭，挥去之曰：腕可断，此等文不可作也。”[②]

而且在当时竞尚奢华的世风下，安贫乐道者趋少，因此这些能守得住贫穷和寂寞的士人也就更为士林及社会所推崇赞扬。在史料中对这种贫士的描述中，对其坚守“士道”的溢美之词跃然于纸上，通过以上的引文也可见一斑。如对“不屑当世之务”的沈世麟（字明甫）的描写，“与吴中英、周凤鸣齐名，中英尝称其有高行，多奇节，尤豪于饮，与同社季龙伯称社中刘阮，不屑当世之务，藏书千卷，少涉则来之，曰：吾神游其间矣。尝髽袒跣行吟于市里，人目为狂生。家贫以书抵县令，假担粟，令笑与之。”[③]陆维埏（字际卿），“凡里中一时碑文墓记鲜不出其手，邑令吕尝聘修邑志，不赴，持躬端谨，士林重之。”[④]从这几条引用史料也不难看出作者、当世之士人以及时人对不屑治生的贫士沈世麟的赞许之情。传统思想中对士人“安贫乐道”固守贫穷，却以气节相尚的观念和提倡不仅塑造了士人，也造就了贫士的人格与交往模式。《吴县志》中所描绘的张宇澄“潇洒淡泊，与世无竞，杜门自好，喜山水，每出游，袖熟糁疗饥，尽日忘倦，授徒博览，终其身不为贫所累。”[⑤]

贫士都追求这种“不为贫所累”的生活和交游，虽然对大多数士人来说其要求过高或许未必达到，也可能有些矫言，但是儒家文化对士人的塑造力却是强大的。它塑造了士人的精神追求标准和文化追求模式，却忽视了或者说是藐视人的现实物质需求，使众多的贫寒之士挣扎在理想与现实的夹缝之间。明中后期，在整个社会各个阶层纵向和横向往来加强的背景下，贫士社会交往空间却大为缩减，这一现象不能不说明儒家文化理想与社会现实所存在的巨大差距。通过众多贫士的生活困境以及交往模式，可以看出来，中晚明的贫士就成为儒家文化的传承者，同时也是殉道者。

（原载《史学集刊》2004年第3期）

---

①《（崇祯）吴县志》卷48《人物·文苑》，《天一阁藏明代方志选刊续编》，上海：上海书店，1990年，第284页。

②《江南通志》卷65，影印文渊阁四库全书本。

③《（光绪）苏州府志》卷93《人物》，《中国方志丛书》，台北：成文出版社有限公司，2007年影印本。

④《松江府志》卷55《古今人物传》，《中国方志丛书》，台北：成文出版社有限公司，2007年影印本，第1237页。

⑤《（崇祯）吴县志》卷49《人物·儒林》，《天一阁藏明代方志选刊续编》，上海：上海书店，1990年，第278页。

明代法律演变的动态性
——以“佥妻”例为中心*

刘正刚　　高　扬

在明代法律史研究中，“例”历来是学界关注的焦点，并在律例关系[①]、法律体系[②]方面取得丰硕成果。前贤对明代法律的研究多侧重于法律文本中的规条，这种静态研究方法很难准确阐述法律的全貌。笔者在整理明代法律文献时发现，法律文本的描述与具体的律例行用之间存在一定距离，仅靠法律文本的讨论，无法呈现法律在实施过程中的错综复杂现象。明代自朱元璋开始就坚持“长久之律”与“权宜之法”并重的立法方针。[③]作为“权宜之法”的例是明代法律的重要组成部分，其在具体行用中，有相当部分从“权宜之法”上升为国家“常法”，后又被列入国家“大法”。如成化和弘治两朝通行的近千条事例，就有部分被弘治年间颁布的“常法”《问刑条例》所吸收，后又列入《大明会典》，一直行用到明末。仅从台北傅斯年图书馆藏孤本《皇明弘治元年条例》看，76条中就有17条被弘治《问刑条例》收入，之后被嘉靖和万历两朝《重修问刑条例》再次收入；同时，这17条中又有4条被正德和万历颁布的“大法”《大明会典》吸收。[④]于此可见，“例”在明代法律行用中的演变具有一定的普遍性。

本文选取的“佥妻”例行用于州县、卫所，牵涉社会面广泛，不仅贯穿有明一代，而且呈现的面相十分复杂，颇具代表性。“佥妻”或称“拘佥妻解”，作为专有的法律名词始于明代，即由明初州县军户合法填补卫所携妻随行，到正统元年（1436）以后强制妻子随

* 国家社科基金重大项目“明清孤本法律典籍整理与研究”（16ZDA125）阶段性成果。

① 苏亦工认为律是条例制定和修改的宗旨，是条例实施的指导（《明清律典与条例》，北京：中国政法大学出版社，2000年，第183—186页）；日本学者加藤雄三阐释明代法律特征为“以律为依据的例的时代”（《明成化、弘治的律与例——依律照例发落考》，杨一凡、寺田浩明主编：《日本学者中国法制史论著选·明清卷》，北京：中华书局，2016年，第33页）。

② 刘笃才提出明代由“律令法体系”向“律例法体系”的转换（《律令法体系向律例法体系的转换》，《法学研究》2012年第6期，第178页）；杨一凡则指出明代法律体系是“以典为纲，以例为目”的“典例法律体系”（《明代典例法律体系的确立与令的变迁——“律例法律体系说”、“无令”说修正》，《华东政法大学学报》2017年第1期，第5页）。

③ 杨一凡：《明代立法研究》，北京：中国社会科学出版社，2013年，第137页。

④ 黄学涛：《〈皇明弘治元年条例〉及其相关问题研究》，博士学位论文，暨南大学古籍研究所，2020年，第182、202—204页。

军，这与唐宋以来只有犯流刑者才令“妻妾从之”截然不同。[①]“佥妻”与明代卫所建设密不可分。明朝实行卫所与州县并行的二元管理体制。[②]明代官方的法律文书、制诰、奏疏等常以“军民”指称卫所与州县的民众。有学者推算，洪武时军卫人口占全国人口的8.3%，永乐时占13.1%，若将卫所和州县军户家庭合并，则占全国人口的15%—20%。有些省份如山东、湖广、贵州等的州县军户比例甚至高达52%。[③]军户人口比例如此之高，也契合了顾诚“明代一半以上的疆土归军事系统管辖”[④]的论断。因此之故，卫所制度一直为明史研究者所关注。以往学者在研究明代卫所时，也曾涉及“佥妻”问题，但并未从法律史的角度进行深入探讨。[⑤]

本文结合新发现的明代多种孤本条例、事例等法律文献，勾勒明代卫所制下“佥妻”例在行用过程中，因应社会需要而不断变化，试图跳出以往学界局限于法律文本的讨论，通过对“佥妻”例的演变和实施的动态研究，从立法与行用结合的角度，考察国家、社会与民众围绕“佥妻”例进行的互动，揭示其逐渐进入国家“大法”的演变过程，以此管窥明代“例”在具体行用中变与不变的关系。

一、明初权宜之法“佥妻”例的产生

军妻随夫而居，与历代实行“寓兵于农”政策有重要关系，这是以家庭为单位的兵农合一制度。西汉实行征兵、募兵、刑徒兵等制度，其中刑徒戍边已渐成常制，基本是犯人只身前往；东汉则演变为“妻子自随”的常规措施。[⑥]三国曹魏在军事上施行“士家制”，规定父死子继，世代为兵，军属则集中居住成为人质。[⑦]十六国时期，北方少数民族政权

① 《唐律疏议》和《宋刑统》均在《名例律》中规定“诸犯流应配者，三流俱役一年，妻妾从之”。《大明律·名例律》规定“凡犯流者，妻妾从之。”（《唐律疏议》卷3，刘俊文点校，北京：法律出版社，1999年，第73—74页；窦仪等：《宋刑统》卷3，吴翊如点校，北京：中华书局，1984年，第43页；《大明律》卷1，怀效锋点校，北京：法律出版社，1999年，第8页）

② 赵世瑜：《卫所军户制度与明代中国社会——社会史的视角》，《清华大学学报》（哲学社会科学版），2015年第3期。

③ 曹树基：《中国人口史》第4卷《明时期》，上海：复旦大学出版社，2000年，第376—380页。

④ 顾诚：《明帝国的疆土管理体制》，《历史研究》1989年第3期，第141页。

⑤ 顾诚：《谈明代的卫籍》，《北京师范大学学报》1989年第5期；王毓铨：《明代的军屯》，北京：中华书局，2009年，第253—256页；李龙潜：《明代军户制度浅论》，《北京师范学院学报》（社会科学版）1982年第1期，第48页；张金奎：《明代卫所军户研究》，北京：线装书局，2007年，第55—64页；于志嘉：《明代军户世袭制度》，台北：台湾学生书局，1987年，第79页；陈文石：《明代卫所的军》，《“中央研究院”历史语言研究所集刊》第48本第2分，1977年，第189页；奥山宪夫：《明代軍政史研究》，东京：汲古书院，2003年，第176—184页；川越泰博：《明代中國の軍制と政治》，东京：国书刊行会，2001年，第387—391页。

⑥ 臧知非：《汉代兵役制度演变论略》，《山东大学学报》（哲学社会科学版）1991年第1期，第78页。

⑦ 高敏：《曹魏士家制度的形成与演变》，《历史研究》1989年第5期，第66页。

在曹魏的基础上实行营户制，军人携带家属边作战边种地。[①]隋朝实行府兵制，起初也是妻眷随营，列入军户；自开皇十年（590）将军户编入民户，军人就地安家，军属不必随军。唐朝军属随营与此相类似。[②]武周之后，府兵制逐渐被破坏，[③]并为募兵制所替代。宋代虽以募兵制为主，但妻小仍被强制随营。[④]元代军户中的蒙古军、探马赤军、汉军等家属皆随军，后又将招诱的南宋军人有家属者编入新附军户，并规定这些军人死后，其妻由官府配给其他无妇军人，以保证军户数量的稳定。[⑤]朱元璋在元末群雄争战中也实行军妻随行之制。[⑥]

明朝建立后，在元代军制的基础上，建立卫所军户制度，“三分守城，七分屯田”[⑦]，重新拾起“寓兵于农”的策略。军妻随行遂成为明代卫所制度的重要组成部分。明廷待军人在卫所稳定后，会派专人护送军妻前往卫所。洪武元年（1368）四月，江西参知政事陶安有诗云：“豫章城边江水清，城中新屋起军营。人人盼望妻儿到，日日走从江岸迎。”[⑧]这反映了戍守豫章的军人亲迎妻儿到卫所的场景。《大诰》“军人妄给妻室”条记载的山西洪洞县史灵芝案，军人唐闰山赴镇江卫，谎报民人姚小五妻史灵芝为自己妻室。在洪洞县准备起送史氏时，被其丈夫告发。[⑨]可见，明初军妻赴卫所完聚多由官府负责护送。傅友德、蓝玉等率军平定云南后不久，洪武二十二年又发生大理刘氏叛乱。沐英率军征讨，事平后，便在六凉等卫屯兵。明廷专门派人护送军妻赴六凉卫所，“赐云南大理六凉诸卫士卒妻子之在京者，白金人十两，钞十锭，仍给以官船送往戍所。”[⑩]国家不仅拨船护送，还发放一定的安置之资。

明初军人被调遣前往卫所戍守时，也会直接携妻同行。洪武十五年贵州设普定卫，时苏州昆山人邹思明携妻同往，其女即生于卫所，“邹氏，苏州昆山邹思明女也。洪武初，父随例戍普定。邹甫五岁，随母归故乡。长赘同里人吴文荣，乃始奉母历万里之险来省父。”又保定青宛人黄氏，“年十七适同里王二，随夫来戍普定。行至夷陵，夫死于虎。黄

① 陈琳国：《十六国时期的“军封”、营户与依附关系》，《华侨大学学报》（哲学社会科学版）2008年第1期，第97页。

② 谷霁光：《府兵制度考释》，北京：中华书局，2011年，第95、98、130页。

③ 岑仲勉：《府兵制度研究》，上海：上海人民出版社，1957年，第69页。

④ 周銮书：《宋代养兵政策剖析》，《江西师范大学学报》2000年第3期，第137页。

⑤ 陈高华：《论元代的军户》，元史研究会编：《元史论丛》第1辑，北京：中华书局，1982年，第76—77页。

⑥ 杜洪涛：《朱元璋政权的战时妇女政策：“完聚”“给配”与“寡妇营”》，《晋阳学刊》2013年第4期，第141页。

⑦ 《明太祖实录》卷245，洪武二十九年三月己丑，台北：“中央研究院”历史语言研究所校印本，1962年，第3559页。

⑧ 陶安：《陶学士先生文集》卷9《写情四首之二》，《北京图书馆古籍珍本丛刊》，第97册，北京：书目文献出版社，1998年，第135页。

⑨ 朱元璋：《御制大诰》，《续修四库全书》，上海：上海古籍出版社，2002年，第862册，第245—246页。

⑩ 《明太祖实录》卷210，洪武二十四年七月己丑，第3127页。

时年二十有四，奉姑携幼子，涉历艰险以至普定。”[①]

明廷之所以要求军妻随军同戍，主要是为稳定军心。苏州碑刻博物馆藏《吴文茂妻吴氏墓志铭》载，洪武年间，江西人吴冬才戍南京，不久又转戍苏州卫，后其子吴文茂携妻代父戍守，“文茂后征远夷，或出备御，不得久居家。吴氏理家政，勤劳纺绩而教育子女，人多称之”。[②]吴文茂多次外出征战，其妻吴氏则留守卫所，理家政、育子女，解决了丈夫的后顾之忧，从中可见军妻在卫所制中的重要角色。

正是基于军妻在卫所中所起作用的考量，洪武二十四年三月下诏：“凡外卫军官调京卫者，皆给道里费，俾挈其妻子，家于京师。”[③]明代皇帝所颁的“诏”，据正德《大明会典》的定义为：“事例：出朝廷所降则书曰诏、曰敕，臣下所奏则书曰奏准、曰议准、曰奏定、曰议定，或总书曰令。”[④]杨一凡在研究明代诏、令与事例之间的关系时指出：“洪武朝乃至明建国前颁布的法令，最初称谓甚多，在确立新的法律体系后，把属于权宜之法的法令，都统一称为事例。事例与单行令的性质、功能并无不同，只是称谓的变换。”[⑤]如此，这条诏令已含有强制挈妻同行之意，成为“佥妻”例的前身，意味着国家将之前军妻随军经验上升到“事例”的法律高度。

自此开始至宣德年间，国家在调动军人填充卫所时，均要求军妻同行，并且军妻也会随着军人调防而迁移。永乐二十一年（1423），居庸关指挥袁讷奏，“徙白河屯军妻子居永宁卫”[⑥]。宣德元年（1426），行在户部主事王良就开平卫军妻生活困难上书称，军士戍守者皆有妻子，“令其妻子入赤城云州立堡居之”[⑦]。宣德六年，新设龙门卫，都督方政要求大同等卫所军人“携家属往戍”；但户部郎中王良建议军妻应先在宣府过冬，待“来春发遣”，得到宣宗允准。[⑧]除普通军人妻子随卫，明代军官女眷也往往在卫所同住。有学者指出，从洪武年间开始，就针对在卫所故绝武官妻女等女眷出台了优给优养的措施，有明一代几乎沿袭未变。[⑨]

洪武二十四年事例属权宜之法，并不具有长期的普遍适用性。在现存文献中，仍能看到很多军妻在原籍生活的记载，如袁氏乃扬州府兴化县民徐礼妻，“生子甫一岁，夫戍边

① 弘治《贵州图经新志》卷14《普定卫军民指挥使司·列女》，《四库全书存目丛书》，济南：齐鲁书社，1996年，史部，第199册，第154页。

② 潘纯：《吴文茂妻吴氏墓志铭》，王国平、唐力行主编：《明清以来苏州社会史碑刻集》，苏州：苏州大学出版社，1998年，第19页。

③ 《明太祖实录》卷208，洪武二十四年三月癸酉，第3101页。

④ 李东阳：《大明会典·凡例》，日本国立国会图书馆藏，明正德刻本，第1册，第2页。

⑤ 杨一凡：《明代典例法律体系的确立与令的变迁——“律例法律体系”说、“无令”说修正》，《华东政法大学学报》2017年第1期，第11页。

⑥ 《明太宗实录》卷263，永乐二十一年九月壬辰，第2402页。

⑦ 《明宣宗实录》卷17，宣德元年五月丙午，第460页。

⑧ 《明宣宗实录》卷84，宣德六年冬十月癸丑，第1935—1936页。

⑨ 梁志胜：《卫所武官世袭制度研究》，北京：中国社会科学出版社，2012年，第239—255页。

而亡，袁年二十八。纺绩织纴以养舅姑，育孤子，守节三十七年。”[①]袁氏于宣德四年被旌表，已守节37年，说明徐礼约在洪武时戍边；袁氏由原籍上报旌表，说明她并未随夫前往卫所。另有军人张思仁妻王氏，“思仁戍云南卒，王守节，宣德元年旌表”；杜氏，“王彦孚妻，彦孚戍云南卒，时杜年少……断发自誓，宣德元年旌表。”[②]王、杜皆在原籍淮安受旌，按明朝规定女性至少守节30年才有资格受旌表，说明她们自洪武末年就开始守节。军妻未随夫同行，上虞县俞氏的故事表述更为清晰：

> 俞氏，讳素英，潘景镛妻。洪武末，镛戍浔州卫。伉俪才浃旬，当从行。俞曰：“姑垂白，吾家妇可从夫而亡事高堂乎？”镛行，妇井臼操作……越七年，镛得以间归，复往。临行，俞谓曰：“吾娠。”氏后得子溱。又二年镛卒，闻讣不欲生……年四十九卒。[③]

洪武末，俞氏与丈夫结婚才满一旬，其夫即戍广西浔州卫。俞氏本应与夫同戍，但因婆婆年老而留守在家。七年后，潘景镛省亲后再归军时，俞氏因有孕在身仍未随军。所谓“当从行”，或许就是洪武二十四年事例的规定。但作为权宜之法，在实际操作中会有变通。永乐时衢州军人潘仲岳妻程氏，“仲岳戍辽东，程氏送之行。监督者艳其色，辱骂之，怒，遂以军政挟与偕行。”[④]程氏为丈夫送行，说明并未随军，监督者以“军政”恐吓将她同送戍所。“军政”应是某项规定，似亦应与洪武事例有关，但从中能够看出军妻并未被强制随军。

明初政府在延续历代军妻随军经验的过程中，逐渐认识到军妻对卫所建设的重要性，[⑤]于洪武二十四年首次以“事例”的法律形式规定外卫官军调京卫者要携妻同行。但此时这一事例尚属“权宜之法”，其适用范围并不广泛。宣德四年明廷颁布的《军政条例》，也未出现强制军妻同行的条文。因此，明初洪武至宣德年间仍有军妻在原籍生活的情况，在旌表军妻节妇时，朝廷及地方都视其为常态，并未追究其随军与否。

二、“佥妻”例上升为“常法”条例及其适用

卫所军人逃亡的情况，自明初就已经存在。为阻止逃军，洪武四年下诏：“内外卫所

---

① 《明宣宗实录》卷52，宣德四年三月乙卯，第1247页。

② 《（万历）淮安府志》卷19《贞节传》，《天一阁藏明代方志选刊续编》，上海：上海书店，1990年，第8册，第791页。

③ 《（万历）上虞县志》卷18《人物志五·烈女》，《中国方志丛书·华中地方》，第544册，台北：成文出版社，1983年，第107—108页。

④ 《（弘治）衢州府志》卷11《列女》，《天一阁明代方志选刊续编》，第31册，第462页。

⑤ 王毓铨：《明代的军屯》，第254页。

武臣，不能约束军士，致逃亡者众。宜立条章，以示惩戒。”[①]随后又在《大明律》中增加“纵放军人歇役”“纵征守御官军逃”两条内容。[②]成祖即位后，也颁布类似的诏书，再次强调根据逃军数量惩罚所管军官的措施。[③]这些规定都是希望通过对军官的惩治来达到防止军士逃亡的目的。

但明初这种惩罚军官的做法，并未能阻止逃军数量的增多。[④]为了补充军缺，明廷又采取清勾和充军等办法来加强卫所建设，但在执行过程中弊端丛生，尤以清勾最为突出。宣德初，兵部尚书张本等奏称：

> 天下卫所递年以来，勾取逃亡等项军人。为因比先未曾奏定条例，颁布申明，其各该卫所往往泛滥申请勘合，差人前去各府州县勾取。所差人员每岁不下二三万数，该勾军士又不从实开写原报姓名、乡贯并充军来历缘由，以致差去官旗通同有司里老人等作弊，将有勾者捏故回申，无勾者辗转攀指，数内应分豁者不与分豁。重复勾扰，连年不绝。[⑤]

基于这种混乱局面，“明代开始重视清军，将之视为一独立作业”[⑥]，遂于宣德四年出台《军政条例》，计33条，主要以勾补逃亡军人、清理军伍为中心。[⑦]该条例并未得到有效落实，到了正统时期，卫所军士的地位与待遇更不如前，[⑧]军人逃亡现象逐年加重。正统元年四月，兵部尚书王骥等奏“京卫及天下都司卫所，近年以来军士逃亡，队伍空缺”[⑨]，从侧面说明正统之前采取的规范化、惩罚性“条例”效果并不理想。

由于以上诸种措施仍未能彻底遏制逃军，明廷在继续实施清勾制度的同时，开始将目光重新转向卫所军户家庭上，试图用“家”来稳固军心。正统元年，国家在《军政条例》中增补了“佥妻”的条文，其来源是年八月王骥的奏疏：

> 各处起解军丁并逃军正身，务要连当房妻小同解赴卫着役。若止将只身起解，当该官吏照依本部奏准见行事例，就便拿问。委无妻小者，审勘的实，止解本身。[⑩]

① 《明太祖实录》卷59，洪武三年十二月丙子，第1161页；卷69，洪武四年十一月乙亥，第1291—1292页。

② 《大明律》卷14《兵律二·军政》，第112、114页。

③ 《明太宗实录》卷13，洪武三十五年十月辛亥，第229页。

④ 于志嘉：《明代军户世袭制度》，第53页。

⑤ 劳堪：《皇明制书·军政条例》，《北京图书馆古籍珍本丛刊》，第46册，北京：书目文献出版社，1998年，第326页。

⑥ 于志嘉：《明代军户世袭制度》，第70页。

⑦ 吴艳红：《明代〈军政条例〉初论》，《明清论丛》第3辑，北京：紫禁城出版社，2002年，第133页。

⑧ 李龙潜《明代军户制度浅论》[《北京师范学院学报》（社会科学版）1982年第1期，第48页]、王毓铨《明代的军户》（《历史研究》1959年第8期，第31页）均认为军户地位低下；张金奎《明代军户地位低下论质疑》（《中国史研究》2005年第2期，第135页）则认为明前期军人地位较高，中后期军不如民。

⑨ 《明英宗实录》卷16，正统元年四月庚戌，第311页。

⑩ 劳堪：《皇明制书·军政条例》，《北京图书馆古籍珍本丛刊》，第46册，第331页。

这是明朝首次将军妻同解列入“条例”。“起解军丁”是明代为填实卫所在军户原籍实行的清勾制度，本身属强制性服役。“条例”规定清勾时，已婚者务要将妻小同解，没有妻小者则只解军丁本人，表明明廷“已经正式把军士在卫自我繁衍作为稳定卫所军伍的首选”。[①]对于军妻同行，《明史》笼统记载为“军士应起解者，皆佥妻”，[②]并无清晰的时间界限。这一记载甚至影响了吴晗等学者的判断。[③]

从立法层面看，正统元年是一个分界线：之前并不要求“皆佥妻”，之后“佥妻”例作为国家“常法”颁布实施。正统二年，明廷出台“逃军连妻递解”例，[④]规定清勾军人仍复在逃者，“不须再差长解，止连妻小牢固锁项，着令有司递解原卫所补伍。”[⑤]此例属于对正统元年“佥妻”例的进一步补充，将在逃者军人夫妻“牢固锁项”强行押解。正统时增补的《军政条例》还对押解途中病故军人的妻小安置作了规定：

> 各处逃军并补役户丁，俱连妻小给批起解，中间有行至中途，本身病故，解人仍将妻小解赴各该卫所交割。路程窎远，有暗受凌辱，不能诉告。及到卫所，无所依归，难以存活。今后有解军至中途病故者，解人即赴所在官司告相明白，责付长解收埋，给与堪信文凭，就将妻小付解人执照，领回原籍，收发宁家。[⑥]

从这一增补条款可知，正统元年“佥妻”例在实施过程中，军人即使在解军途中病故，其妻仍要按原计划解送卫所。由于丈夫病故，军妻已经失去稳定军心的作用，所以增补条款规定，军人在途中病故，解人可以通过规定的手续将军妻领回原籍，不再解赴卫所。说明国家既注重军妻对稳定军心的重要意义，也考虑到军妻在解军途中可能遇到的变故。但这条旨在保护军妻的法条，却为明中期后军士及负责押解的解人钻法律漏洞埋下了伏笔。

“佥妻”例从事例上升为条例，标志着其从“权宜之法”成为“常法”，其用意是为了使卫所“屯守有备”，但在实施中发生强迫军妻随行，甚至使用锁项押解等粗暴手段，在社会上产生了负面影响。正统年间，南京吏部尚书黄宗载在描述湖广武陵县嫁娶现象时称：“问风俗，知其人苦于从军，女子恶为军妇，不果嫁。男子则虑妇家往而从戍，而以徭赋累己，不果娶。至年三四十犹独处。”[⑦]民间男女婚嫁失序，与国家强迫军妻随行的

---

① 张金奎：《明代卫所军户研究》，第76页。

② 《明史》卷92《兵志四》，北京：中华书局，1974年，第2258页。

③ 吴晗认为，“卫军规定必须有妻，不须独身不婚”（《明代的军兵》，《吴晗全集》，北京：中国人民大学出版社，2009年，第3卷，第108页）；李龙潜认为，明代卫所正军要佥妻随行，以防其逃亡［《明代军户制度浅论》，《北京师范学院学报》（社会科学版）1982年第1期］。

④ 该“逃军连妻递解”条例，《军政条例》内并无题名，本文据霍冀《军政条例类考》卷2《逃军连妻递解》（《续修四库全书》，第852册，第28页）补。

⑤ 劳堪：《皇明制书·军政条例》，《北京图书馆古籍珍本丛刊》，第46册，第335页。

⑥ 劳堪：《皇明制书·军政条例》，《北京图书馆古籍珍本丛刊》，第46册，第334页。

⑦ 王直：《抑庵文集》卷7《南京吏部尚书黄公神道碑》，文津阁《四库全书》，北京：商务印书馆，2005年，集部，第414册，第569页。

"佥妻"例不无关联。

随着政府对"佥妻"例执行越来越严，加之路途艰辛，军士不愿自己真正的妻小随行，便连同解人想方设法规避法律，甚至"雇倩妻小"，以便从卫所伺机潜逃。成化二十三年（1487）七月，云南布政使司理问所提控案牍萧智在描述云南卫所的清勾递解时说：

> 军解将妻卖放，到部，惧怕点视，多有雇倩妻小替点，亦有捏称在逃病故，买讨患帖，官司凭此放过。其军原不系正身，因无妻小解卫，随有随逃。就与长解同回者有之，有过一个月逃回者有之，致使各卫军士空缺。①

就递解而言，"军解通同作弊"②时见于明代法律文献中。军人和解人暗中操作，将原本递解的军妻在途中"卖放"。为了应付卫所的"点视"，只好临时"雇倩妻小替点"，组成临时的假夫妻家庭，故才会"随有随逃"。萧智因此建议要"严加禁约，通行各处司府州县，今后起解军人，务要少壮亲丁、妻小，备开年貌，批差殷实解户管押交割"。③

"雇倩妻小"在文献中有时会被有意掩饰。弘治三年（1490），兴化知府王弼申报旌表时年54岁的节妇戴氏，就透露了"雇倩妻小"的执行情况："戴氏，名清合，浦里人，年十四适兴福里蔡本澄。越二年，本澄当戍辽东，以妇年少，艰于跋涉，因买妾与俱。戴之父恐其不返，乃与约五年不归，听其改适，立券为信。"④据此推算，戴氏应生于正统二年，14岁嫁蔡本澄，婚后两年，丈夫往戍辽东。从前文讨论知，按规定军士戍边须携"当房妻小"，蔡本澄以妻年少而买妾同行，明显是对"雇倩妻小"的委婉表达。在蔡本澄归乡后，其妾下落不明，不排除其妾是雇倩而来，以塞解军"佥妻"的规定。

到了弘治年间，地方军解"雇假妻"现象更加普遍："军解畏惧路远，或过违限期，或军雇假妻，及包揽长解，畏惧审出送问，不将原批赴部投下，私自捏买伪印批回。"⑤解人和军人联手参与"雇假妻"。关于这些假妻的来源，此时的文献并未明确记载，但从稍后的明人说法中可略窥一斑，如嘉靖三十年（1551）浙江右布政使莫如忠说："军妻之有无，多买脱隐匿，其见解者类皆雇倩丐妇，搪塞一时，不可胜诘。"⑥又如天启年间兵部尚书兼右副都御史王在晋称，雇倩女性"必择犯奸背逃之妇，或盗贼官卖之妻，方可买充起解"。⑦军人借这些"丐妇""犯奸背逃之妇"或"盗贼官卖之妻"为假妻，办完"收伍"

① 《起解云南军人务要正身连妻小不许买雇异姓之人》，《皇明成化二十三年条例》，中国国家图书馆藏明抄本。

② 霍冀：《军政条例类考》卷4《长解受财违限充军》，《续修四库全书》，第852册，第53页；《解军批回》，赵堂：《军政备例》，《续修四库全书》，第852册，第190页。

③ 《起解云南军人务要正身连妻小不许买雇异姓之人》，《皇明成化二十三年条例》，中国国家图书馆藏明抄本。

④ 《（弘治）兴化府志》卷45《礼纪三十一·列传十二·女德》，《域外汉籍珍本文库》第4辑，重庆：西南师范大学出版社，2013年，史部，第18册，第534页。

⑤ 霍冀：《军政条例类考》卷4《解军买捏批回》，《续修四库全书》，第852册，第53页。

⑥ 莫如忠：《崇兰馆集》卷17《军政议》，《四库全书存目丛书》，集部，第104册，第717页。

⑦ 王在晋：《越镌》卷20《议军妻》，《四库禁毁书丛刊》，北京：北京出版社，2000年，集部，第104册，第478页。

手续后，又“鬻妻而逃”，并将所得之钱作为逃亡之资。还有一些被买为军妻的女性在军人逃亡后，“恩既不属，视如唾核”，往往生活无着，“终流落乞丐而冻馁以死”。①

“佥妻”例在正统元年成为“常法”后，明廷正式采取“军士应起解者，皆佥妻”的措施。随着该例的实施，地方上规避“佥妻”的手段也开始出现，给正常清勾带来困扰。从成化以后军人“雇倩妻小”，到弘治年间“雇假妻”顶替流行，女性成为逃军与解军拉锯战中最大受害者。上文所引弘治《兴化府志》所载旌表戴氏一事，跨景泰、天顺、成化、弘治四朝，地方官员就忽视了明廷“佥妻”的法律规定，参与编修方志的官绅对之也未回避，公然付梓，可见地方官绅对“佥妻”例之漠视。

三、“佥妻”例编入“大法”及行用中遇到的挑战

“佥妻”例虽然在地方适用中产生了一些弊端，但自正统元年增入《军政条例》成为国家常法后，其对卫所的稳固作用，得到以兵部为首的管军部门及卫所官员的肯定。土木之变以后，明朝原有的卫所军、京军受到很大打击。②面对外部的军事压力及内部军政问题，明廷更加重视动员亲属与军人同居。③因为若军妻不随军同往，士兵更易逃跑。景泰五年（1454），提督宣府军务右佥都御史李秉奏：“城堡官军多只身无妻，易为逃窜。宜敕兵部移文总兵、镇守等官计议，将官军家属，尽令随住，庶人心有系，边备充实。”④言下之意是佥妻团聚可羁绊军人、稳定军心。

在“佥妻”例成为常法以后，明廷由于不能改变军人待遇、有效控制卫所官员腐败等问题，逃军依然如故，因此对“佥妻”例更为重视。成化十六年，贵州都司署都指挥佥事张骥在奏疏中强调“拘连妻小”与军士一起“发卫补役”，突出了“佥妻”例对稳定卫所的作用。兵部对此十分重视，遂以“清出军丁连妻发卫”为题收入《皇明成化十六年条例》，予以执行：

> 将清出本都司卫所（巡）[逃]军，先解所在官司问罪，拘连妻小，发原卫补伍。其清出户丁并妻小，差人解卫补役。但各处留守寄操等项军士，亦连妻小发原卫着役，庶得军伍填实、屯守有备，使在营军士畏惧，不敢潜逃。原籍官司知警，不致容隐，实为便益。⑤

军人因妻小在营，不敢轻易潜逃，使卫所“军伍填实、屯守有备”。也就是说，从正统元年“佥妻”例成为常法后，军妻随军已成为兵部以降管军部门的共识。

① 朱健：《古今治平略》卷25《国朝兵志》，《续修四库全书》，第757册，第263页。

② 张显清、林金树主编：《明代政治史》，桂林：广西师范大学出版社，2003年，第541页。

③ 奥山宪夫：《明代軍政史研究》，第243页。

④ 《明英宗实录》卷237，景泰五年正月甲子，第5161—5262页。

⑤ 《清出军丁连妻发卫》，《皇明成化十六年条例》，台北傅斯年图书馆藏明抄本。

鉴于兵部对“佥妻”例的严格执行，成弘时期地方衍生了雇假妻等手段应付清勾，以致军人逃亡仍相当严重。弘治元年兵部尚书余子俊题称：“我朝设立卫所，除官编军，本为防奸备盗，近年军士逃亡过半。”[①]弘治十三年监察御史刘芳称：“京师根本之地，而军士逃亡者过半。”弘治十六年，甘肃总兵官都督刘胜奏：“甘肃各卫原额旗军共七万三千九百四十余人，今见在止四万一千六十余人，余皆逃亡。凡腹里清解者，多随到随逃。”[②]各地存在大量卫所军人逃亡，预示着用“佥妻”例以达到“屯守有备”的目的并不理想，与上文成化二十三年萧智所言军人“雇倩妻小”或“无妻小解卫”，出现“随到随逃”的现象相仿。

由此可见，一方面是管军部门普遍认可“佥妻”例的效用，另一方面正统以来“佥妻”例在行用过程中又确实存在不少弊端。为了进一步彰显“佥妻”例的法律地位，明廷将正统元年确立的“佥妻”条例收入正德《大明会典》中，其内容被概括为：

凡解军丁、逃军，须连妻小同解。违者问罪。无妻小者，解本身。[③]

正德《大明会典》开始纂修于弘治十年，初成于弘治十五年，直到正德六年（1511）才正式颁布。这是规范国家重大政务和各项基本制度、经久长行、在法律体系中居于“纲”的地位的“大经大法”。[④]这说明至迟在弘治后期，明廷已有意提升“佥妻”例的法律地位，标志着“佥妻”例从正统以后的“常法”正式上升为国家“大法”。

在正德《大明会典》颁布之前，为应对成化、弘治以来在清勾中出现的“雇假妻”等问题。明廷于正德元年已经开始对“佥妻”例进一步细化，出台了一些相关规定：

今后有司各将清解过军人，并妻小及解人姓名、起程日期、类卫，造小册一本入递，径送清军御史处交割。出巡，将册内军数逐一查审，曾否存恤、有无卖放剥削。若在逃数多，参究卫所；不曾解到，参究有司。[⑤]

---

① 《选委官军与巡捕官相兼捕盗并处置在外民壮及充警之人不许给引出外》，《皇明弘治元年条例》，台北傅斯年图书馆藏明抄本。

② 《明孝宗实录》卷161，弘治十三年癸丑，第2906页；卷199，弘治十六年五月己巳，第3682页。

③ 李东阳：《大明会典》卷124，第46册，第8页上。

④ 《会典》自明清以来已被认为具有大经大法的地位，如正德《大明会典》御制序称其“斟酌古今，足法万世”；（李东阳：《大明会典》，第1册，第5页）张居正称其“乃昭代致治之大经大法”。（《张太岳集》卷44《请专官纂修疏》，上海：上海古籍出版社，1984年，第566页）王世贞、孙承泽亦谓其为“经世大法”“大经大法”。（王世贞：《弇州史料》后集卷29《应诏陈言疏》，《四库禁毁书丛刊》，史部，第49册，第577页；孙承泽：《春明梦余录》卷12《文渊阁》，王剑英点校，北京：北京出版社，2018年，第156页）清朝历代《会典》御制序均称其为“大经大法”。近年来，法史学界通过对明清法律体系的深入研究，确立了《会典》在法律体系中的地位，提出“典例”体系说，故本文采用此说。参见杨一凡：《明代典例法律体系的确立与令的变迁——“律例法律体系说”、“无令”说修正》，《华东政法大学学报》2017年第1期；杨一凡：《质疑成说，重述法史——四种法史成说修正及法史理论创新之我见》，《西北大学学报》（哲学社会科学版）2019年第6期；陈灵海：《〈大清会典〉与清代“典例”法律体系》，《中外法学》2017年第2期；等等。

⑤ 谭纶：万历《军政条例》卷3《册单类》，日本内阁文库藏万历二年刻本，第7—8页。

朝廷要求清军册簿上写清楚军士及妻小姓名、解发日期等，交给清军御史逐一清查。其中妻小是递解的重点之一。正德六年，又对军妻在递解中可能出现的问题加以明确规定：

> 各府州县清解补伍军丁，如果批内原开有妻，而无解到者，即于收管回文内，开写妻无解到。销缴批回之日，原籍官司验有中途事故明文，长解免问。若有纵放情弊，将长解问罪，仍追妻给批，责令亲属伴送给军完聚。敢有托以无妻，将长解刁蹬措勒者，将掌印佥书等官参问。[①]

朝廷要求卫所在收管军人时，查明批文内有无注明军妻，如有妻无解到者，要求亲属送妻完聚。这一规定显然是对《大明会典》“妻小同解”的强调，若清解官吏舞弊，会被追责。但这种规定在具体执行时，被解军人有妻还是无妻，则取决于长解、掌印佥书等的态度，也成为他们勒索被解军人的借口。

“佥妻”例被编入《大明会典》后，在地方实施的过程中仍然面临各种挑战，其中解人卖放就是一个侧面的反映。正德十五年，巡按河南御史喻茂坚上奏：

> 臣据开封府祥符县解人雷礼告称，有本县奉府牌，将礼等八名佥点长解、管解同起为事充发军人庞景隆等四名，俱赴陕西固原卫充军。同批一张，内开：解人二名、管押军人一名并妻，各姓名明白。被长解一名蔡表将本身领解军人庞景隆并妻刘氏中途卖放，一同暗逃回家。礼等各管解军人赵凤仪等三名到卫。查得批内数，少军人庞景隆及解人蔡表不到，不与批回。将解人裴林等三名监候，给礼等批文回籍提解。[②]

解人蔡表、雷礼等负责押解庞景隆、赵凤仪等军人及庞妻刘氏，由河南祥符县前往陕西固原卫充军，此程序完全按《大明会典》中“佥妻”例实施。但中途蔡表将自己负责领解的军人庞景隆及妻刘氏卖放，三人一同暗逃回家，似应为同里甲者。在这起案件中，充军者庞景隆是军妻同行，并未交代赵凤仪等军人是否有妻子同行，这与军士有妻者同解、无妻者解本身的“佥妻”例契合。从此也能看出，负责押解的长解与军人出于同乡之谊或其他因素，途中卖放等现象也就不难理解。

因此，即便“佥妻”例已经纳入“大法”体系，但在落实“佥妻”例时，对军妻有无及卖放，在具体实施上并不周全。嘉靖二年，甘肃巡抚陈九畴上奏，“本镇官军原额七万有余，近年逃亡几半”[③]。“逃亡”即逃跑，并不包括死亡。嘉靖十五年巡按陕西御史胡守中在描述甘肃镇逃军时指出，“（江）［河］西军额尚缺四万有余，岂皆死绝，多系逃亡”[④]。此二人说法，与上述甘肃总兵官都督刘胜所说的弘治十六年逃军数量稍有增加，说明进入“大法”的“佥妻”例并未能阻止军人逃亡。吴晗据此认为，此时卫所制度已到

① 霍冀：《军政条例类考》卷4《批内有妻而无解到》，《续修四库全书》，第852册，第56页。

② 霍冀：《军政条例类考》卷5《题为祛时弊以安军民事》，《续修四库全书》，第852册，第98页。

③ 《明世宗实录》卷28，嘉靖二年六月癸丑，第771页。

④ 《清处屯丁以便开种》，赵堂：《军政备例》，《续修四库全书》，第852册，第190—191页。

了完全崩溃的阶段；[①]而顾诚则认为，虽然卫所的军事职能自明中期起严重削弱，但卫所依然有实际功用。[②]

明政府为保证“佥妻”例的落实，从批文确定有无军妻，到再进一步细化对清勾军人及其妻子年貌进行登记。嘉靖二年，明廷将军丁夫妻信息具体到村落，“备开军解军妻年貌，并原充改调姓名、贯址、来历，具由填注批收申”[③]。从嘉靖年间开始，明廷在执行“佥妻”例时，特别强调“真正军妻”随军。嘉靖七年，首辅杨一清明确指出：

> 欲广兴屯种，必先补助屯丁。按屯种事例，三分守城，七分屯种……见在军伍已非原额，守城有数，拨屯无人。宜令布、按二司清理各卫军户，应继军伍，俱令选解精壮军人、真正军妻，并添带军余一名，户大族众者二名，随伍住坐。正军差操，余丁屯种，使其来即可以为侣，而至即可以为家，有亲属相依之势，有生理相安之心。庶几久长利便，不至随到随逃矣。[④]

杨一清曾任兵部尚书兼都察院左都御史，提督陕西三边等处军务，他特意强调“真正军妻”是构成“家”的首要条件，进而使军士“不至随到随逃”。嘉靖十五年兵部规定，清勾时“如有不将正妻随行，沿途买捏妻故及假捏印信收管者，各衙门查照律例从重问拟”[⑤]。嘉靖时规定“正妻随行”，显然是对成、弘以来地方社会雇倩“假妻”屡禁不止的应对。

但即使如此，雇倩军妻的现象仍未杜绝。嘉靖十年兵科给事中王瑄指出，军士“到部之日，雇倩军妻，以伪为真，既乃脱身独亡，无复系累”[⑥]。军士到部雇妻，暗示在卫所附近有专门待雇的女性。军士与受雇女性临时结成夫妻，就是准备随时逃亡。如果仅从文本看，嘉靖年间从国家到地方确实都在执行正德《大明会典》的“佥妻”例，但实际效果并不理想。

嘉靖时期，地方社会为了应对“佥妻”例，急于完成军差，在朝廷尚未解决雇倩军妻问题时，又将之前零星出现里甲为无妻军人买妻的现象公开化，以符合“真正军妻”的要求，但由此又造成“军丁有家而里甲破家”的现象。嘉靖十年巡按浙江御史郑濂曾就此上书，被嘉靖《军政备例》以“处给军妻”收录：

> 府州县起解军人，定佥长解……至如军无妻小，亦着里甲朋费买妻。贫人之家甚有卖男鬻女、变产易田，以资军装。由此观之，军丁无室者而有室，里甲有家者而无不破家，是无辜之人反困于有罪之人也。及至到卫不及数月，思恋乡土，在彼无由系

① 吴晗：《明代的军兵》，《吴晗全集》第3卷，第113页。

② 顾诚：《明帝国的疆土管理体制》，《历史研究》1989年第3期，第143页。

③ 《清解文移》，赵堂：《军政备例》，《续修四库全书》，第852册，第180页。

④ 《嘉靖事例》，《北京图书馆古籍珍本丛刊》，第51册，北京：书目文献出版社，1998年，第121页。

⑤ 《清处屯丁以便开种》，赵堂：《军政备例》，《续修四库全书》，第852册，第191页。

⑥ 《明世宗实录》卷131，嘉靖十年十月辛卯，第3112页。

绊，往往随解而随逃，拘逃而复解，里甲受累不可胜言，地方累害莫甚于此。……如无妻者，亦就于其家亲族给娶，如或军逃回家，亲族邻佑随即举首者，免其充解，定佥容隐之人。[①]

“朋费买妻”大约在弘治十六年已有记载，南京刑部主事胡世宁曾提及里甲“替取贫妇以为军人之妻小”之事。[②]这一现象在嘉靖时期更为普遍，郑濂认为逃军肆无忌惮是因“亲邻徇情互相容隐”，因而建议将“里甲朋费买妻”改为“其家亲族给娶”。但这一转变对底层社会来说并无实质不同。而兵部认为其说“与本部见行事例不同”，故要求“仍照前例举行”。[③]也就是说，嘉靖十年“亲族给娶”的“佥妻”例补充条款并未通行全国。有学者据崇祯时范景文编《南枢志》所录万历二年（1574）《军政条例》中“处妄勾以绝逃军”条认为，“亲族给娶”是郑濂题请立法才通行全国的。[④]这一观点并不成立。虽然国家并未立法，但里甲帮费买妻确实一直存在，嘉靖三十一年巡按浙江监察御史霍冀引嘉靖十五年兵科给事中冯亮奏称，“县官每佥一军之妻解，必编派里甲之帮费”[⑤]。

除了为正常清勾军丁买妻外，地方上还为犯罪充军无妻者买妻，这是以往从未出现过的现象。胡世宁上奏说：“今南方发彼充军人犯，多系穷凶极恶，一方民害，或死罪奏减之人。朝廷悯其一身之死，减发充军。不知此辈到彼即逃，卫所反受其累。而又累死军解及买娶军妻无辜三二人，尤可悯也。”[⑥]明中后期充军已趋于“常刑化”[⑦]，一些光棍“窃附军妻因以为利”而主动投军，[⑧]以解决婚姻问题。万历初，北直隶灵寿知县张照说：“近见本县先年清勾军伍有逃绝者，即以甥婿疏远亲戚之人补之，致有光棍者贫而难娶也，利其得军妻焉。”[⑨]所谓“先年”应在万历前。如此则清勾军士与犯罪充军在性质上日趋一致。

“佥妻”例在执行过程中出现的各种弊端，使其在明中期后不断受到非议。文官群体从社会（州县）反应的角度与以兵部为首的管军部门对卫所稳定的考量产生分歧。如上文引述给事中冯亮就指出，里甲帮费买妻以解，被解之人随解随逃，“上既无益于国，而下徒以病其民”，并陷入官府再清勾、里甲再帮费的恶性循环。嘉靖三十年浙江布政使司讨

---

① 《处给军妻》，赵堂：《军政备例》，《续修四库全书》，第852册，第413页。

② 胡世宁：《少保胡端敏公奏议》卷1《陈言时政边备疏》，北京：全国图书馆文献缩微复制中心，2009年，第41—42页。

③ 《处给军妻》，赵堂：《军政备例》，《续修四库全书》，第852册，第414页。

④ 参见于志嘉：《试论族谱中所见明代军户》，《“中央研究院”历史语言研究所集刊》第57本第4分，1986年，第642页。

⑤ 霍冀：《军政条例类考》卷5《题为顺下情以实缺伍严稽查以杜欝放事》，《续修四库全书》，第852册，第74页。

⑥ 胡世宁：《少保胡端敏公奏议》卷5《陈言边务情弊疏》，第156—157页。

⑦ 吴艳红：《明代充军研究》，北京：社会科学文献出版社，2003年，第241页。

⑧ 《挨拿逃军》，赵堂：《军政备例》，《续修四库全书》，第852册，第182页。

⑨ 《（万历）灵寿县志》卷10《艺文·申文》，《上海图书馆藏稀见方志丛刊》第1册，北京：国家图书馆出版社，2011年，第655页。

论“佥妻”例，有人建议“今后补役，务选壮丁，不许往来轮当。勘将无妻者止令只解，不许遗累里甲代娶”；反对者则认为，“此不过袭旧之空言尔”。因为军人冒批回籍真伪难辨，军妻真假也难确认，“于此不能严为之法，而徒开无妻只解之条，以示姑息，殊不知例曰委无、曰勘实之云，其指严矣。若滥用之，则军岂复有连妻解发者耶？”[①]隆庆六年（1572），御史刘应节甚至建议清勾时取消“佥妻”，认为“清勾军士不必拘妻，不必佥解”。但兵部否决了他的建议，“仍旧拘妻佥解。”[②]同年十月，兵部武选司主事谭纶在奏疏中要求“仍责各清军官，应清解者，务查审本户真正壮丁及有妻室者解补”，获允准。[③]这说明“佥妻”例在兵部的坚持下仍在继续施行。

各地都在摸索解决“佥妻”弊病的方案，但文官群体和管军部门出于各自的考量，未能达成共识，也未能建立相应的沟通机制。军妻随军作为稳定军士在卫所的重要因素，一直是兵部及各卫所管军部门防止逃军的理想方式之一，尤其在“佥妻”例编入《大明会典》成为“大经大法”以后，更加深了其不可变更性。虽然有文臣因“买军妻”造成的社会矛盾和弊端提出过异议，但掌握军政法令制定及实施大权的兵部仍希望照常实施。

四、明后期“佥妻”例的延续

“明之衰，衰于正、嘉以后，至万历朝则加甚焉。明亡之征兆，至万历而定。”[④]在卫所制上的表现就是逃军不断增加，导致其军事功能不断弱化。据兵部统计，仅南京“自宣德四年起，至万历十年止，逃故军士共六万四千四百八十六名”[⑤]。但卫所制在明后期依旧存在，即使明中期以来逃军严重，也并没有迅速崩解。[⑥]卫所制的存在，说明维护该制度的“佥妻”例仍有实施的基础，于是明后期文臣与管军部门就该法的争议仍在继续。

万历初年，兵部诸官再次重申“佥妻”对卫所稳固的重要作用。万历元年，阅视陕西三边兵部侍郎王遴上书，要求“令墩军随带妻小”，以此“守边兼亦自防其家，杜脱逃旷离之弊”。[⑦]他的建议获朝廷批准。为了进一步落实“佥妻”例，万历二年由兵部尚书谭纶领衔重修《军政条例》，便照录了郑濂关于“如无妻者，亦就于其家族给娶”的规定，[⑧]但仍遭到文官的反对。万历三年七月，兵科给事中虞德烨上奏要求禁止里甲代娶，并建议回

---

① 莫如忠：《崇兰馆集》卷17《军政议》，《四库全书存目丛书》，集部，第104册，第716—717页。

② 刘效祖：《四镇三关志》卷7《总督侍郎刘应节条陈疏略》，《南京图书馆藏稀见方志丛刊》，北京：国家图书馆出版社，2012年，第4册，第407页。

③ 《明神宗实录》卷6，隆庆六年十月丙子，第234页。

④ 孟森：《明史讲义》，上海：上海古籍出版社，2002年，第255页。

⑤ 郭应聘：《郭襄靖公遗集》卷9《议处勾捕军伍疏》，《续修四库全书》，第1349册，第212页。

⑥ 赵世瑜：《卫所军户制度与明代中国社会——社会史的视角》，《清华大学学报》（哲学社会科学版）2015年第3期，第123页。

⑦ 《神宗实录》卷16，万历元年八月壬子，第472页。

⑧ 谭纶：《（万历）军政条例》卷5《清勾类》，第24页。

归“佥妻”例最早的规定，得到朝廷同意：

> 勾补之军，不带室家，到卫之时，雇别军妻小应点，取讨批收。合无行令各省清军巡按，严督所属司府等官，务审当房真正军妻，批内填注年貌、疤记，一同起解，不许别娶及听容雇倩。如违……就将雇倩之妻，不分军民妻小，通行变价入官，或给别卫无妻军人。其一应作弊人犯俱依律问罪。其无力贫军不娶者，亦不必苛求军妻，摊累里甲代娶。应解，就将本军只身起解，明注批申，以凭收伍。奉圣旨：依拟行。①

这条经皇帝允准的“勾解军人不许雇人妻小”条例表明，“佥妻”例又恢复到正统元年无妻者只解本身的内容，晚明仍在继续执行。万历十五年刊行的重修《大明会典》继承了正德《大明会典》的“佥妻”例，②显示立法具有一定的稳定性。

万历以来，尽管法律仍十分注重对军妻样貌、年龄等登记，以防假妻现象，但实际执行情况却不容乐观。万历二十二年盖州等处为解补操余丁刘彦的宪牌，颇能说明“正妻”真假难辨：

> □军都督府都督同知董处告投，守奉批回，须至批者。计管解广宁正兵选锋右营正军刘安脱逃不获。今解补操余丁一名刘彦，[一]名妻李氏，买枣骝骟马一匹，四岁，三尺七寸，一赍公文一角。九月十八日到，解刘仲、汉圭。万历二十二年九月。备御官□。③

宪牌是完成清勾军士手续最主要的凭证，这份宪牌是目前所见十分珍贵的关于明代清勾军士填戍卫所、妻子随行的文献。从中可知，万历间广宁卫正军刘安脱逃，解补余丁刘彦填充缺额。宪牌写明清勾原因、军人军妻姓名、携带马匹、解人姓名、到营时间等，但并没有军人、军妻的样貌描述，也没有详细籍贯住址的记载，根本无法判定军妻之真假。即使朝廷不断强调正妻同往，但依靠这种批文凭证，要“行令各省”落实，难度可想而知。明人凌濛初曾描述万历时休宁县犯人姚乙“定了卫所，发去充军，拘妻签解”，但姚乙未婚，其父花钱将犯妇郑月娥赎下，“改了姓氏，随了儿子作军妻解去”，后两人“遇赦还乡，遂成夫妇”。④负责清勾的官员并不清楚郑月娥身份；其父花钱买郑月娥，也符合地方上“亲族给娶”的做法。这一案例虽是小说，但在一定程度上可以反映底层社会对“佥妻”的态度。

---

① 《增修条例备考・兵部》卷5《勾解军人不许雇人妻小》，日本尊经阁文库藏明刻本，第2—3页。

② 申时行等修：《大明会典》卷155《兵部三十八・军政二・起解》，北京：中华书局，1989年，第793页。

③ 《盖州等处为解补操余丁刘彦及马匹的宪牌》，中国第一历史档案馆、辽宁省档案馆编：《中国明朝档案总汇》，桂林：广西师范大学出版社，2001年，第93册，第55—56页。

④ 凌濛初：《拍案惊奇》卷2《姚滴珠避羞惹羞，郑月娥将错就错》，《古本小说集成》，上海：上海古籍出版社，1994年，第114—115页。

因兵部等坚持“佥妻”例，文官群体也不再强调取消“佥妻”，而是积极参与对“佥妻”例实施过程中衍生诸多问题的讨论，以期消解之前的弊端。吕坤针对“佥妻”给里甲带来的困扰问题，要求“有司议行”。他建议：“大奸巨恶，犯该充军，有边远、有烟瘴，犯人不足惜矣，惟是长解两名，先佥宗族，宗族无人则佥里甲，无妻代为娶妻，无盘费代处盘费。”[①]吕坤先后任山西襄垣、大同等地知县，山东右参政、山西按察使、巡抚等职，对充军、清勾流程十分熟悉，所言应不虚。从中可知，里甲为“无妻代为娶妻”的现象虽有万历三年明令禁止，但地方上仍在继续实施。

因此，自万历后期开始，文官对里族代娶军妻的批评之声不断增多。吕坤描述清勾扰民时说：“有军无妻，族人代娶，一军两解，族人报佥，盘费之津贴，道途之艰苦，卫所之需索。甚者川贵、两广往返，连年瘴邪陨命。”[②]时左春坊左庶子朱国祯对充军“佥妻”也批评说：“原有妻者索直另买，到彼处挂号食粮逃归，则粮系彼处冒支，公私皆受损。”[③]有妻军人“索直另买”，显然会加重地方负担，甚至被当时人称为“今时之巨蠹”。[④]鉴于此，有文官建议“无妻之军，量给娶军妻银，以十两为限，载入批文，封付长解，一并载批投递到官，听于彼处卫所，代为娶配土著妇女，使之相安。”[⑤]万历四十六年山东巡盐御史毕懋康直接从立法的角度明确要求“省戍妇”，取缔里甲为无妻军人买妻起解的现象：

> 佥妇者一家，而敛资以娶妇者十余家。彼十余家有何罪也？……且律无佥妻之文，止《名例》云：就拘当房家小起发随住。查《会典》正统元年奏准，凡解军丁、逃军，须连妻小同解，违者问罪，无妻小者解本身。又万历三年部复兵垣疏内云：无力贫军不妻者，亦不必苛求军妻，摊累里甲，就将只身起解，明注批申，以凭收伍。二项俱奉有明旨。而佥累之纷扰如故，里甲之受害未歇。有原无妻而里族代娶者，有原有妻不愿随行而刁勒别娶者，甚且折娶妻财礼入己，临时雇觅假妻，及审出又累重娶者。……此在终身军及免死改戍者行之，自无异说。即永戍或止量处银数两，印发该卫就近娶妻，亦綦便耳。[⑥]

毕懋康所说的“律无佥妻之文”，是指《大明律·名例》中没有明文规定。他还列举了《大明会典》以及万历三年兵部奏准事例等法律文献，都只规定有妻者同解、无妻者只身

① 吕坤：《实政录·民务》卷4《解送军囚》，《北京图书馆古籍珍本丛刊》，第48册，北京：书目文献出版社，1998年，第154页。

② 吕坤：《吕新吾先生去伪斋文集》卷1《摘陈边计民艰疏》，《四库全书存目丛书》，集部，第161册，第51页。

③ 朱国祯：《涌幢小品》卷12《清军》，《续修四库全书》，第1173册，第74页。

④ 崇祯《义乌县志》卷7《物土考·军政》，《稀见中国地方志汇刊》，第17册，北京：中国书店，1992年，第450页。

⑤ 金忠士：《察吏安民约章》不分卷，日本公文书馆藏明万历三十五年刻本，第22页。

⑥ 胡博文：《毕司徒东郊先生年谱》，《北京图书馆藏珍本年谱丛刊》，第56册，北京：书目文献出版社，1999年，第219—220页。

递解，从未规定里甲代为买妻的条文。“佥妻”例衍生的里甲为无妻军人买妻没有法律依据。因此，他建议对“永戍”军人无妻者，可在卫所“就近娶妻”。

天启年间，地方上为充军者买妻的现象仍然存在。天启《海盐县图经》记载：“万历三年起至今，新军户又三十有三。旧规：起解军犯，点佥本军，该图里递长解一名，军犯无妻者，该解代为之娶，并在路一应盘费，俱于该图里递出，津贴长解使用。”所谓“旧规”应指天启以前海盐县已经实施了里甲出资代娶，但这并非国家法律。一些犯罪充军者在获得“代娶”妻后，“一经到卫，即将本妻货卖，以为盘用，身复脱逃。迨本卫勾补，复累里递再娶再解，甚至有累娶数四者。”犯罪充军反而能“累娶数四”，无疑会败坏社会风气。海盐县因此决定，只为充军者代买一次军妻，“初次问军无妻者，买妻起解，逃回再获起解者，例不买妻，以为本犯脱逃之资。如是则军亦不利于逃，离卖之弊可绝。”[①]从海盐县的举措看，万历年间依然存在“买妻”现象。

地方上的无奈之举，归因于国家对“佥妻”例的坚持。面对万历以降文官们的呼吁，天启间，兵部尚书王在晋觉察到国家明令禁止里甲代娶并未被地方接受的事实，其态度开始有了转变，“以本乡之妇嫁作从军，是有罪之人未即正法，而先以无辜之妇置之死地也。无奈令甲开载，不可以无妻之军充伍，势不得不为娶妻解发。”既然“令甲”规定“不可以无妻之军充伍”，因此地方执行“佥妻”时就必须保证有军妻随行，这也是导致“里甲代娶”屡禁不止的根源。为解决这一问题，他同意毕懋康建议无妻军人在戍所娶妻的想法，“在彼中娶配，则土妇相安，既无流离之苦，而室家留恋亦有羁縻之方。”[②]王在晋提议对新军无妻者，以千里为标准，由里甲出资贴银20两，每增加百里再加银1两。这些银两中的一半是作为解军到卫所娶妻的专项费用，目的是用“土妇”拴住军士的心，也省了军妻长解的苦痛。即便如此，作为兵部尚书的王在晋因军妻能够稳固军心的现实作用仍予以坚持。

虽然王在晋作为兵部尚书已经意识到里甲代买军妻的弊端，但似乎仅限于提案，并未付诸行动。随着卫所制度的衰落，朝廷似乎也没有精力打破以往的做法，重立新法。“佥妻”所带来的各种社会问题一直延续至明末，崇祯时还有人说：“凡军罪犯人，要佥妻起解。无妻者，要与之讨妻。有妻矣，又要将亲支取保。仍差人送到彼卫，取有实收，方得结局。”[③]顾炎武曾反思清勾中的买妻现象，“每解一军，为之买妻，为之佥解，为置路费，以一人之故，累及数十人者有之。乃解而辄逃，逃而复勾，勾而复补。”[④]因“佥妻”而出

① 《（天启）海盐县图经》卷5《食货篇第二之上·户口》，《中国方志丛书·华中地方》，第589册，台北：成文出版社，1983年，第358—359页。

② 王在晋：《越镌》卷20《议军妻》，《四库禁毁书丛刊》，集部，第104册，第478页。

③ 佘自强：《治谱》卷4《词讼门·军罪不可轻问》，《续修四库全书》，第753册，第543页。

④ 顾炎武：《天下郡国利病书》，顾宏义等点校：《顾炎武全集》，上海：上海古籍出版社，2011年，第13册，第898页。

现买妻现象给地方造成的困扰也一直存在，明末清初徐树丕在《勾军之弊》中说：“恶人遣戍，必责地方备衣甲、军妻，骚扰不可言。”[①]

结　语

明代的例，就法律效力和稳定性而言，有“可变通之法”事例、“常法”性质的条例和会典“大法”的条款之别。一般来说，凡由各部院题准的临时立法、缺乏普遍适用性的事例，在行用一段时间后会被废弃；而经过修改后在较长时间内于全国通行的事例，则会上升为具有稳定性的“常法”条例，如果被列入《大明会典》就成为国家“大法”的条款。这一模式在明代例的演变中具有普遍性，如洪武二十五年实施的“军士老疾”事例，[②]经宣德四年兵部题准后被收入《军政条例》，[③]《大明会典》又将此收在“老疾”条目下。[④]天顺八年（1464）刑部题准“江西客人[各]处买卖奏告情词立案不行”事例，[⑤]即为《问刑条例》吸纳，[⑥]后又被列入《大明会典》。[⑦]吏部对外官考满给由的规定，也经历了洪武事例入弘治《吏部条例》，再列入《大明会典》“外官考满患病丁忧”条的过程。[⑧]弘治元年户部题准“均徭不许增加余银镇守不许干预均徭”事例，[⑨]被《问刑条例》收入，[⑩]后被列入《大明会典》“赋役”条。[⑪]上述由诸部题准事例的演变模式尽管有一定的普遍性，但并非是唯一的路径，也有例未经过收入“常法”而直接列入“大法”，本文暂不讨论。

明代由各部院题准“例”的数量不胜枚举。“佥妻”例作为其中之一条，牵涉面广、影响深远。考察其从制定到不断修正的过程，有助于今人管窥明代“例”的演变之一斑。明代为了维持卫所的稳定，从洪武二十四年首次下诏携妻同行，到正统元年“佥妻”例收

① 徐树丕：《识小录》卷2《勾军之弊》，《丛书集成续编》，上海：上海书店，1994年，子部，第89册，第936页。

② 《明太祖实录》卷220，洪武二十五年八月己巳，第3226页。

③ 黄训辑：《皇朝名臣经济录》卷44《兵部·条例事奏》，《四库提要著录丛书》，北京：北京出版社，2010年，史部，第30册，第398页。

④ 申时行等修：《大明会典》卷137《兵部二十·老疾》，第701页。

⑤ 戴金：《皇明条法事类纂》卷38《刑部类·听讼回避》，《中国珍稀法律典籍集成》乙编第5册，北京：科学出版社，1994年，第496页。

⑥ 劳堪：《皇明制书·问刑条例》，《北京图书馆古籍珍本丛刊》，第46册，第373页；嘉靖《问刑条例》，《中国珍稀法律典籍集成》乙编第2册，第493—494页；《大明律》，第423页。

⑦ 申时行等修：《大明会典》卷169《刑部十一·诉讼·越诉》，第868页。

⑧ 劳堪：《皇明制书·吏部条例》，《北京图书馆古籍珍本丛刊》，第46册，第319页；申时行等修：《大明会典》卷12《吏部十一·在外司府州县官》，第73页。

⑨ 《均徭不许增加余银镇守不许干预均徭例》，《皇明弘治元年条例》，台北傅斯年图书馆藏明抄本。

⑩ 劳堪：《皇明制书·问刑条例》，《北京图书馆古籍珍本丛刊》，第46册，第352页；嘉靖《问刑条例》，《中国珍稀法律典籍集成》乙编第2册，第460—461页；《大明律》，第370页。

⑪ 申时行等修：《大明会典》卷20《户部七·赋役》，第133页。

入《军政条例》，又经正德《大明会典》再提升而成为“大经大法”。“佥妻”例在实施过程中产生了诸多弊端，明廷将“佥妻”的责任推卸给地方，导致明中期以后，人们对“军妻”身份的恐惧，故盛行假妻等现象。在国家、社会与民众围绕“佥妻”例的互动中，地方应对“佥妻”手段层出不穷，主要经历从个人雇倩到里甲“朋费买妻”的变化，最后泛化到对犯罪充军无妻者也要买妻。“佥妻”例在实施中所衍生的各种弊端，也引起文武官员的争论，朝廷权衡两方意见，明令禁止里甲代买军妻，并在万历重修《大明会典》中继续对之予以确认，故该例延续到明末。“佥妻”例的出台，原本是为了保证卫所军人有完整的家庭，以稳定卫所制度，但在行用过程中产生的雇倩与买妻现象，又制造了新的社会矛盾，导致妇女孤苦及被“商品化”。

明廷基于长期的军事实践以及“寓兵于农”的军事理念，了解军妻对卫所的作用，因此颁布了“佥妻”例，并试图靠该例来防止逃军、稳固卫所，因此在行用中逐步提升其法律地位。尽管“佥妻”例在行用中产生了诸多问题，但明廷始终抱着修补的心态，未能从根本上加以改变。以往学界多讨论“例”的灵活性及可变更性，[①]却忽视了“例”在地方社会行用中的变中有不变、不变中有变的黏着性。明代“例”的制定和适用是一个长期的过程，在研究“例”的变迁时，必须要透视文本背后的民众、地方官绅及朝廷内不同利益群体的反应，才有可能真正揭示国家与社会在法律演变及其行用过程中的博弈互动。“佥妻”例的立法和行用的过程，具体展现了王朝在完善法律体系中事例提升为“常法”再上升为“大法”的过程。同时也说明，立法与行用之间往往存在着差距，只有把法律的制定与实施结合起来考察，才能动态地揭示法律变迁的真相。

（原载《历史研究》2020年第4期）

① 苏亦工：《明清律典与条例》，第217—218页。

明朝中国海商与澳门开埠

陈文源

澳门开埠将当时世界上最大的经济体与西方新兴的贸易市场相连接，逐步改变了明朝政府与外国的互动模式，成为中国乃至世界历史发展中的一件大事，曾备受学界的热议。然而，关于澳门开埠的原因，虽然经历了四个多世纪的争论，却一直没有达至共识。现存的主要观点有四种：第一，认为16世纪50年代，葡萄牙商人协助明朝政府剿灭珠江口的海盗，从而获准入居澳门，形成了"驱盗说"[①]。至今许多西方学者仍然坚持这一说法。第二，雍正年间的《广东通志》记载澳门开埠过程时称："嘉靖三十二年，舶夷趋濠镜者，托言舟触风涛缝裂，水湿贡物，愿暂借地晾晒，海道副使汪柏徇贿许之。时仅蓬累数十间，后工商牟奸利者，始渐运砖瓦木石为屋，若聚落然。"[②]中国学者据此而形成"受贿说"。第三，因应当时朝廷急需大量龙涎香而有限度地开放海禁，葡商因此逐渐移居澳门，从而形成了"香料说"[③]。第四，20世纪初，布拉加（J.M.Braga）根据葡国远东舰队首领莱奥内尔·德·索萨（Leonel de Sousa）致葡国王子的信函内容，认为澳门开埠是索萨与汪柏和平协议的结果，因而提出了"协议说"[④]。美国学者查·爱·诺埃尔（Charles E Nowell）在总结葡萄牙在东方建立霸权的情形时认为，"部分是靠武力征服，部分是靠外交手腕"[⑤]，其意蕴涵着澳门开埠是中葡外交努力的结果。如今澳门已经回归中国十余年，而澳门开埠原因在学界仍然有可探讨之处。考察以上各种论点，不难发现，中外学者虽然立场不同，见解各异，但其思路基本一致，就是将此问题置于中葡外交关系的框架之中，试图为澳门开埠寻找政治定位，其结果就是淡化了对贸易港的经济功能与意义的探讨。事实上，澳门开埠首先是对近代贸易全球化回应的结果，主要属于经贸议题，然后，随着澳

① 金国平：《TCHANG-SI-LAO其人文海钩稽——"海盗说"溯源》，《中葡关系史地考证》，澳门：澳门基金会，2000年，第61—100页。

② ［明］郭棐：《（万历）广东通志》卷六九《番夷》，《四库全书存目丛书》，史部第198册，济南：齐鲁书社，1996年影印本，第700页。

③ 参见梁嘉彬《明史稿佛郎机传考证》，王锡昌等：《明代国际关系》，台北：台湾学生书局，1968年，第39页；金国平、吴志良：《澳门历史的"香""烟"论》，《早期澳门史论》，广州：广东人民出版社，2007年，第125页。

④ 〔葡〕布拉加（J.M.Braga）撰，王伟译：《第一次中葡和约》，《文化杂志》（澳门）创刊号，1987年第1期。布拉加，又译白乐嘉。

⑤ 〔美〕查·爱·诺埃尔（Charles E Nowell）著，南京师范学院教育系翻译组译：《葡萄牙史》，香港：商务印书馆，1979年，第153页。

门社会的发展，葡商鸠占鹊巢，澳门问题逐渐成为中葡交涉的政治议题。因此，探讨澳门开埠的背景与原因，应当重点关注明朝朝贡贸易体制与贸易全球化趋势之间的矛盾与冲突，考察明朝政府、中国海商、葡国商人等各方利益的妥协与平衡。唯其如此，方能让研究超越民族情绪与政治意识，更真切地反映澳门开埠的本质，客观评价其在近代全球化进程中的历史意义。在澳门港埠的形成过程中，中国海商扮演着重要的角色，但学者囿于传统的思维，一直没有给予足够的重视。有鉴于此，本文拟以中国海商的角色为主线，对澳门开埠的时代背景、过程以及早期的港口管理进行探讨，为此课题的深入研究提供一个新的思考路径。

一

地理大发现使贸易全球化成为可能，以葡萄牙、西班牙为首的西方新兴贸易市场乘此加速东进，寻求与神秘的东方国家发展经贸关系。葡萄牙远东舰队征服印度西南海岸的科钦等地后，1508年，葡萄牙王室派遣一支舰队，远航马六甲，并谕令舰队首领塞格拉（Diogo Lopes de Sequeira）“必须探明有关秦人的情况”[①]。当时，马六甲已是一个相当繁盛的贸易集散地，也是中国海商环南海贸易圈的重要港口之一。塞格拉首航马六甲，与中国海商有了初步接触，并了解到中国人的一些生活习惯与性格，留下了“良好印象”[②]。

为了控制马六甲港口，公元1511年，葡属印度总督阿方索·德·阿尔布克尔克（Afonso de Albuquerque）决定武力征服满剌加王国。当时中国海商正想启程回国，阿尔布克尔克强留他们多住几天，目的是让他们目睹葡人的勇敢善战，以及满剌加王国灭亡过程，在回国后向中国皇帝报告。周景濂认为，阿尔布克尔克占领满剌加时，“颇留意中国商人之行动，结欢中国商人，而预为后日与中国通商之地步”[③]。

葡萄牙人占领马六甲后，很快与中国海商建立了贸易合作关系。1513年，葡萄牙王室商务代表乔治·欧维士（Jorge Álvares）受命租船载货，随中国船长蔡老大（Cheilata）的船队抵达广东沿海的Tamão岛，[④]成为首批到达中国沿海的葡萄牙商人。因受朝贡贸易体制的限制，欧维士一行被禁止上岸，但在中国商人的协助下，他们得以卖掉所有货物，并

① 《寻找秦人》，金国平编译：《西方澳门史料选萃（15—16世纪）》，广州：广东人民出版社，2005年，第17页。

② 〔葡〕洛瑞罗（Rui Manuel Loureiro）：《葡萄牙人寻找中国：从马六甲到澳门（1502—1557）》，吴志良、金国平、汤开建主编：《澳门史新编》第1册，澳门：澳门基金会，2008年，第19页。洛瑞罗，又译罗理路。

③ 周景濂编著：《中葡外交史》，北京，商务印书馆，1991年，第7页。按：阿尔布克尔克（Alboquerque），周书译为“达步奎克”。

④ 《欧维士初来》，金国平编译：《西方澳门史料选萃（15—16世纪）》，第32—35页；林梅村：《寻找屯门岛》，郝雨凡、吴志良、林广志主编：《澳门学引论：首届澳门学国际学术研讨会论文集》，北京：社会科学文献出版社，2012年，第583—606页。Tamão，一般认为是广东省台山市的上川岛。

"获利甚丰"[①]。1516年，拉斐尔·佩雷斯特洛（Raphael Perestrello）奉葡印总督之命又率领30名葡萄牙人和马来人乘坐中国海商的帆船前来广东沿海贸易。此次航行与中国海商的合作十分愉快，获利达20倍之多。在返程后，他说："中国人愿意同葡萄牙人友好相处，他们是非常好的人。"[②]

广东地方官对中葡商人联合在沿海进行走私贸易的情况也有所了解，当时东莞县白沙巡检何儒到葡国商船实施查验时，发现有中国人杨三、戴明等充任葡商的助理。[③]陈文辅亦称："近于正德改元，忽有不隶贡数恶彝号为佛郎机者，与诸狡猾凑杂屯门、葵涌等处海澳。"[④]面对这一情况，广东地方官并没有简单地予以驱逐，相反，为了解决地方财政问题，他们设法加以利用。正德十二年（1517）广东右布政使吴廷举建议对传统的朝贡贸易制度进行改革，"命番国进贡并装货舶船，榷十之二……勿执近例阻遏"[⑤]。此议获准后，为中国海商协助葡商混称贡使前来广东沿海贸易提供更多的便利。因此，谈迁认为："自吴廷举不限年，至即抽货，致蛮夷杂沓。"[⑥]

面对巨大的市场潜力，却因受限于明朝的贸易体制，不得不混迹别国使团，偷偷摸摸地进行贸易，显然无法满足葡商的意愿。为了能在广东沿海贸易常态化，葡商试图在朝贡体制内寻求更大的、合法的活动空间，开始效仿明朝藩属国的商人，"联合推举一人为首领，借贡使之名，行贸易之实"[⑦]，于是，第一个以葡国王室名义的使团来访明朝。这个使团由托梅·皮莱资（Tomé Pires）率领，在舰长费尔南·佩雷斯·德·安德拉德（Fernao Peres de Andrade）的护送下，正德十二年到达广东屯门。当时使团船队共有8艘，每艘船上都有中国人担当领航员。[⑧]使团的主要通事火者亚三，原名为傅永纪，江南洞庭东山人，[⑨]正德初年流寓东南亚，经商致富。[⑩]火者亚三凭着对明朝官场处事习惯的熟悉，一路为葡国使团打点各层官员，最后获准进京觐见。

然而，进入广东沿海后，葡人亦商亦盗的双重个性并没有改变，部分散商参与了扰乱社会的不法行动。《明实录》记载："先是，两广奸民私通番货，勾引外夷，与进贡者混以

① ［英］亨利·裕尔（Henry Yule）著，张绪山译：《东域纪程录丛》，昆明：云南人民出版社，2002年，第143页。

② 吴志良、汤开建、金国平主编：《澳门编年史》第1卷，广州：广东人民出版社，2009年，第24—25页。

③ 参见［明］严从简著，余思黎点校：《殊域周咨录》卷九《佛郎机》，北京：中华书局，2000年，第321页。

④ ［明］陈文辅：《都宪汪公遗爱祠记》，［清］靳文谟：《（康熙）新安县志》卷一二《艺文志》，《广州大典》，第35辑第63册，广州：广州出版社，2015年，第143页。

⑤ 《明武宗实录》卷一四九，正德十二年五月辛丑，台北："中央研究院"历史语言研究所，1966年，第2911页。

⑥ ［清］谈迁撰，张宗祥校点：《国榷》卷五一，正德十五年十二月己丑，北京：中华书局，1958年，第3209页。

⑦ 《若昂·德·巴罗斯亚洲史——旬年史之三》，金国平编译：《西方澳门史料选萃（15—16世纪）》，第131页。

⑧ 张天泽著，姚楠、钱江译：《中葡早期通商史》，香港：中华书局有限公司，1988年，第44页。

⑨ 金国平、吴志良：《"火者亚三"生平考略——传说与事实》，中国社会科学院历史研究所明史研究室编：《明史研究论丛》第10辑，北京：故宫出版社，2012年，第226—244页。

⑩ ［清］王维德：《林屋民风》卷一二《附见闻录》，《四库全书存目丛书》，史部第239册，第536页。

图利。招诱亡命，略买子女，出没纵横，民受其害。”[①]此外，葡商的不法行为还有：一是擅筑防卫工事。1518年8月，西蒙·德·安德拉德（Simão de Andrade）率领船队抵达东涌停泊，实地贸易。他的任务原本是接回葡国使团，当得知使团尚滞留广州、无法进京时，十分愤怒，于是在屯门擅自修筑炮台、堡垒、哨所等。[②]二是为了垄断对华香料贸易，葡商阻挠暹罗、北大年、柬埔寨等国商船的正常贸易。[③]三是擅违则例，不服抽分。[④]中、葡商人的不法行为，逐渐成了广东海疆安全的重大隐忧。

在葡国贡使入京觐见的同时，一方面，满剌加国使臣也到达了京城，控诉葡人侵吞的事件；另一方面，广东地方官在奏疏中，历数葡商在广东沿海的种种不法行径。[⑤]因此，有朝臣提议拒绝葡国使臣的贸易要求。如监察御史丘道隆言：“满剌加，朝贡诏封之国，而佛朗机并之，且啖我以利，邀求封赏，于义决不可听。请却其贡献，明示顺逆，使归还满剌加疆土之后，方许朝贡。脱或执迷不悛，虽外夷，不烦兵力，亦必檄召诸夷，声罪致讨，庶几大义以明。”御史何鳌亦担心葡商往来贸易，“势必至于争斗而杀伤，南方之祸殆无极矣”[⑥]。在这种情形下，明朝收紧了广东对外贸易政策。正德十六年（1521）五月，嘉靖皇帝登基不久即下诏：“自今外夷来贡，必验有符信，且及贡期，方如例榷税。其奸民私舶不系入贡、即入贡不以期及称诸夷君长遣使贸迁者，并拒还之。”[⑦]六月，满剌加国贡使再次控诉葡萄牙夺其国、逐其主的暴行，“请省谕诸国王及遣将助兵复其国”[⑧]。七月，明朝宣布断绝与葡人的交往，规定“如佛郎机者，即驱逐出境；如敢抗拒不服，即督发官军擒捕”[⑨]。随后又下令囚禁葡国的使团成员，直至满剌加复国。至此，葡商首次谋求合法贸易的企图遭遇挫折。

嘉靖新政对刚刚起步的中葡外交与贸易予以沉重打击，而葡萄牙船队首领西蒙·德·安德拉德的傲慢又加深了明朝社会对葡人的不信任，甚至愤怒，使得广东沿海水兵与来华葡国贸易船队不断发生冲突，其中1522年西草湾之役，规模最大，战况最为惨烈，葡商在

---

① 《明武宗实录》卷一四九，正德十二年五月辛丑，第2911—2912页。

② 《若昂·德·巴罗斯亚洲史——旬年史之三》，金国平编译：《西方澳门史料选萃（15—16世纪）》，第144—153页。

③ 金国平编译：《西方澳门史料选萃（15—16世纪）》，第36页、第150页。

④ ［明］王希文：《重边防以苏民命疏》，［明］张二果：《（崇祯）东莞县志》卷六《艺文志》，北京：中华全国图书馆文献缩微复印中心，2001年，第870页。

⑤ 《广州葡囚信》称：“广州官员的信件则称，佛郎机抗税并抢夺暹罗人的税款。他们竟然逮捕暹罗人，封他们的船，还派人上船监视他们，不让他们进行贸易，也不许他们纳税。他们筑起了一石墙瓦顶的堡垒，四周布满了炮火，里面存有大量武器。他们偷狗，然后炙食之。他们从河道强入羊城并携炮而来。在城下禁地竟然开炮。”参见金国平编译：《西方澳门史料选萃（15—16世纪）》，第80页。

⑥ 《明武宗实录》卷一九四，正德十五年十二月己丑，第3630页。

⑦ 《明世宗实录》卷二，正德十六年五月庚申，第86页。

⑧ 《明世宗实录》卷四，正德十六年七月己卯，第208页。

⑨ ［明］黄佐：《泰泉集》卷二〇《奏疏下·代巡抚通市舶疏》，《广州大典》，第56辑第7册，广州：广州出版社，2015年影印本，第224页。

此役中人员伤亡、财产损失惨重。[①]西草湾之役后，广东地方政府为了杜绝商盗混迹冒进，下令“自是将安南、满剌加诸番舶尽行阻绝”[②]，致使明朝与东南亚国家的朝贡贸易基本停顿。

二

明朝政府以旧的体制、旧的理念压抑代表新兴贸易形式的商人诉求，迫使中葡商人形成利益共同体，为了谋求贸易利润而改变策略，潜入闽、浙沿海，私通贸易。约于1527年，为了恢复失去的对华贸易，葡萄牙国王若奥三世（D.João Ⅲ）调整其父唐·曼努埃尔（D.Manuel）所推行的对华贸易政策，他致函马六甲城防司令佩德罗·德·马斯卡雷尼亚斯（Pedro de Mascarenhas）说：“因为朕得到情报说，对华贸易利润巨大，所以必须刻意保存。如你所知，目前已破坏殆尽，必须努力恢复原状，保持和平与友好。”为了实现这一目标，他建议：“通过现在与华人有贸易的暹罗、北大年及其他王国的人办理此事，托他们传达朕的口信。”[③]若奥三世对华新政策凸显其鲜明的实用主义原则，他认为，在选择中国对话者时，中国皇帝不再是第一目标，而各省地方官才是葡萄牙外交的首要目标。因为在这些当政者手中掌握了接受或拒绝葡萄牙贸易的实际决定权。[④]

在这原则的指导下，部分葡商利用与暹罗的良好关系，混迹于暹罗使团在广东沿海进行贸易。当时暹罗的大城王朝实行王室垄断贸易的政策，常常任用中国商人负责征集出口物资，担当水手、代理商，甚至贡使等，[⑤]从某种意义来说，中国商人控制着暹罗对明朝的朝贡贸易，因此，这一时期明朝与暹罗之间的贸易，几乎可视为中国商人之间的贸易。葡商要混进暹罗使团，必须依赖流寓暹罗的中国商人。16世纪30年代，海禁政策使广东财政日渐匮乏，巡抚林富奏请恢复与朝贡国的贸易，并获得批准。[⑥]这为葡商混迹暹罗朝贡使团进行贸易提供可乘之机。事实上，活动于北大年、暹罗的葡商，不仅寻求混进使团进行合法的朝贡贸易，而且还与一些中国海商合作，流窜至闽浙一带，从事走私贸易。1540年，流寓于北大年的著名海商许氏兄弟（许松、许楠、许栋、许梓）联合那边的葡商前往

---

① 金国平：《1521—1522年间中葡军事冲突——“西草湾”试考》，《西力东渐：中葡早期接触追昔》，澳门：澳门基金会，2000年，第1—18页。

② ［明］黄佐：《泰泉集》卷二〇《奏疏下·代巡抚通市舶疏》，《广州大典》，第56辑第7册，第223页。

③ 里斯本国家档案馆，老档第875号，第71—72页，转引自金国平、吴志良：《早期澳门史论》，第113—114页。

④ ［葡］阿尔维斯（Jorge Manuel dos Santos Alves）著，夏莹译：《澳门开埠后葡中外交关系的最初十年》，《文化杂志》（澳门）总第19期，1994年夏季刊。

⑤ 据“四夷使臣多非本国之人，皆我华无耻之士，易名窜身，窃其禄位。”载［明］严从简《殊域周咨录》卷八《暹罗》，第281页。印光任等介绍暹罗国时亦称：“今其国中多闽人，计赀授官，尤多仕者，往往充使来贡云。”载赵春晨点校《澳门记略》卷下《澳蕃篇》，广州：广东高等教育出版社，1988年，第47页。

⑥ 《明世宗实录》卷一〇六，嘉靖八年十月己巳，第2507页。

东南沿海从事走私贸易活动。[①]平托在《远游记》中记载着这样的一个故事，一群葡人被中国地方官吏捕获，在审讯的过程中，这些葡人“哭着回答说，我们是外国人，乃暹罗国人氏，故乡名叫满剌加。我们是些富商，带了些货物到双屿港来做生意”[②]。

而同时更多的葡商在中国海商的协助下，从马六甲直赴闽浙沿海进行贸易。1526年，福建海商邓獠初以罪囚福建按察司狱，后越狱出逃，至海上“诱引番夷，往来浙海，系泊双屿等港，私通罔利”[③]。西方文献《中国事务及其特点详论》的记载更为详细：“在费尔南·德·安德拉德滋事之后，这些流寓国外、与葡人为伍回国的华人开始引导葡人到双屿（Liampoo）做生意，因为那一带没有城墙的城镇，沿海皆是贫苦人家的村落。他们乐于与葡萄牙人交往，因为可以卖给他们给养，从中获益。与葡人结伴航行而来的中国商人是这些村里人，因为他们在当地有人熟悉，因此对葡人也优待。通过这些商人，约定由当地商人带货来卖给葡萄牙人。在葡萄牙人与当地商人的买卖里，与葡人同来的华人做中间人，所以这些人收益巨大。沿海小官们也从中大获其利，因为他们允许双方贸易，买卖货物，从中收受巨额贿赂。”[④]正是由于中国海商在闽浙沿海地区有广泛的官、商人脉，“福人导之改泊海仓、月港。浙人又导之，改泊双屿”[⑤]。当时朱纨也认为，活跃在闽浙的葡人“非藉漳、泉之民，虽不禁之而亦不来也”[⑥]。因此，在中国海商的协助下，葡人虽失去广东市场，却在闽浙沿海“发现了50多个优于广东的港口”[⑦]。

中葡商人联合走私于东南沿海一带，且声势越来越大，当时主管海防事务的官员称：“浙江定海双屿港，乃海洋天险，叛贼纠引外夷深结巢穴，名则市贩，实则劫虏。有等嗜利无耻之徒，交通接济，有力者自出赀本，无力者转展称贷；有谋者诓领官银，无谋者质当人口；有势者扬旗出入，无势者投托假借。双桅三桅，连樯往来。愚下之民，一叶之艇，送一瓜，运一罇，率得厚利，驯致三尺童子，亦知双屿之为衣食父母，远近同风，不复知华俗之变于夷矣。”[⑧]葡商与华商在朝贡体制之外，合作经营双屿港，使之成为中葡商人共处分治的贸易重镇。当时华商主要聚集于西部港口区，葡商则集中居住在东南部台门

---

① Hsü Yün-ch'iao，*Pei-ta-nien shih*，p.107。转引〔美〕施坚雅（G.William Skinner）著，许华译《泰国华人社会：历史的分析》，厦门：厦门大学出版社，2010年，第8页。

② 〔葡〕费尔南·门德斯·平托（Fernao Mendes Pinto）著，金国平译注：《远游记》（上），澳门：葡萄牙大发现纪念澳门地区委员会、澳门基金会、澳门文化司署、东方葡萄牙学会，1999年，第246页。

③ ［明］郑舜功：《日本一鉴》卷六《穷河话海·流逋》，董为民、殷昭鲁、徐一鸣编：《明清文献》，南京：南京大学出版社，2016年，第96页。

④ 《中国事务及其特点详论》，金国平编译：《西方澳门史料选萃（15—16世纪）》，第196—197页。

⑤ ［明］郑若曾撰，李致忠点校：《筹海图编》卷十二下《经略二·开互市》，北京：中华书局，2007年，第853页。

⑥ ［明］朱纨：《甓余杂集》卷二《阅视海防事》，《四库全书存目丛书》，集部第78册，第26页。

⑦ 〔葡〕费尔南·罗佩斯·德·卡斯达聂达（Fernão Lopes de Castanheda）：《葡萄牙人发现征服印度史》，转引自金国平、吴志良：《早期澳门史论》，第117页。

⑧ ［明］朱纨：《甓余杂集》卷四《双屿填港工完事》，《四库全书存目丛书》，集部第78册，第94页。

港至蛟头一带。[①]聚居于双屿港的葡商建立起颇具规模的“自治机构”。1541年12月，法里亚的船队及费尔南·平托抵达双屿港。据描述，当时葡萄牙人建立在陆地上的村落，房屋逾千间，居民有3000人，其中葡萄牙人达1200人。岛上有葡萄牙的市政官、巡回法官、镇长等，还有六七所教堂。[②]

在明朝严厉的海禁政策下，中、葡商人形成利益共同体，活跃于闽浙沿海。他们扮演着亦商亦盗的角色，时而从事走私贸易，时而联合抗杀官兵，劫掠沿海，这不仅严重冲击了明朝的贸易体制，造成大量财税流失，而且扰乱了东南沿海的社会秩序，史称“贼首许二纠番舶聚浙江之双屿港，大为福兴诸府沿海患”[③]。嘉靖二十六年（1547），朱纨主其事，率兵荡平了双屿港。随后葡商“整众犯漳、泉之月港、浯屿。副使柯乔等御却之”。次年，“又犯诏安。官军迎击于走马溪，生擒贼首李光头等九十六人，余遁去。纨用便宜斩之”[④]。经此一役，葡商在中国沿海的贸易活动再次遭受重挫。

三

16世纪30、40年代，东南亚主要国家或遭占领，或是政局动乱，加之中葡商人走私贸易猖獗，加速了传统朝贡贸易的式微，致使广东“市井皆萧然”[⑤]，地方财政严重匮乏。此时，朝廷在闽粤觅购龙涎香“久之无所得”，于是主事王健提议，“宜于海舶入澳之时，酌处抽分事宜，凡有龙涎香投进者，方许交商货买，则价不费而香易获，不必专官守取”。此建议得到朝廷的允准，并责令“广东抚按官于沿海番舶往来处所设法寻买，并将海船抽税事宜议奏”[⑥]。明朝政府在广东沿海实施有限度的开海政策，对于葡商的禁例也开始松动。

而经历双屿港、走马溪之战后，葡人对明朝中国的认识变得更为深刻与现实。他们意识到，中国不像东南亚小国那样容易被征服，甚至将中国“描绘成一个唯一可与正在扩张的欧洲对抗和严肃对话的国家”[⑦]。因此，为了争取对华贸易，葡商不得不采用更为务实的策略。此时，广东沿海弛禁的消息从不同的途径在海商中传播。1551年12月，囚禁于广州的葡商洛佩斯（Gauspar Lopez）向活跃在广东沿海的老友迪奥戈·佩雷拉（Diogo

① 钱茂伟：《明代宁波双屿港区规模的重新解读》，张伟主编：《浙江海洋文化与经济》第1辑，北京：海洋出版社，2007年，第152—158页。

② 汤开建：《平托〈游记〉Liampo纪事考实》，《澳门开埠初期史研究》，北京：中华书局，1999年，第27—57页。

③ ［明］郑若曾：《筹海图编》卷四《福建倭变记》，第269页。

④ 《明史》卷三二五《佛郎机传》，北京：中华书局，1974年，第8432页。

⑤ ［明］严从简：《殊域周咨录》卷九《佛郎机》，第323页。

⑥ 《明世宗实录》卷四五四，嘉靖三十六年十二月乙未，第7691页。

⑦ ［葡］洛瑞罗（Rui Manuel Loureiro）：《葡萄牙人寻找中国：从马六甲到澳门（1502—1557）》，吴志良、金国平、汤开建主编：《澳门史新编》，第1册，第30页。

Pereira）发出求援信称：广东政府已对他们发话说，你们可以放心来纳税，并要求释放他们。[①]佩雷拉将此消息转告正在上川岛活动的传教士方济各·沙勿略（S.Francis Xavier），1552年10月，沙勿略致函果阿加斯帕尔·巴尔札埃奥（Gaspar Barzaeo）神父称："据可靠消息，我得知中国国王派人出国到某地考察当地的政治与司法。所以人们对我说国王一定会颁布一新法律。"[②]沙勿略所谓的"新法律"，指的是明朝的海防新政策。

汪柏正是在这样的政治环境下，于嘉靖三十二年（1553）出任广东按察司副使，巡视海道。他到任后，在海疆安全、财政税饷、采购龙涎香之间找到一个平衡点，即利用朝廷的弛禁政策，对葡商与海盗、倭寇混处的情形，实施"分而治之"的策略。葡商船坚炮利，准其通商而使其中立；倭、盗为害最烈，坚决围剿。[③]被誉为澳门奠基者之一的戈列高里奥·冈萨雷斯（Gregório Gonzúlez）神父在信中也写道："许多年来，中国与葡萄牙人大兴干戈，尽管如此，葡萄牙人从未停止过他们的对华贸易。此种情况一直持续至［15］53年。此时传来消息说，华人愿同葡萄牙人修好。"[④]此时，中日航线首领莱奥内尔·德·索萨（Leonelde Sousa）率领商队前来中国，显然获得了这一消息，为了使贸易顺利进行，途中要求舰队成员不要做出会引起中国人激愤的事情，不再自称"佛郎机"。当其船队进入广东沿海，众人推举他负责与广东官员"商定习惯上缴纳的关税"。[⑤]结果，索萨委派代表拜谒汪柏，汪柏依法准予纳税贸易。[⑥]葡国学者罗理路（Rui Manuel Loureiro）认为，葡国商人得以在中国进行合法贸易及后稳居澳门，乃得益于葡商摆脱了与海盗、倭寇的关系。[⑦]

后来，广东官员为了加强海防安全与对外贸易的管理，将主要贸易据点从上川迁移至更为便利的浪白滘。[⑧]1555年，平托（F.M.Pinto）经过浪白滘，发现中葡商人大多在岛上交易。"直至一五五七年，广东官员在当地商人的要求下，将澳门港划给了我们做生

① 〔意〕格奥尔格·舒马赫梅尔（Georg Schurhammer）：《沙勿略文集》，第671—672页，转引自金国平、吴志良：《过十字门》，澳门：澳门成人教育学会，2004年，第63页。

② 《致果阿加斯帕尔·巴尔札埃奥神甫》，金国平编译：《西方澳门史料选萃（15—16世纪）》，第66页。

③ 戴裔煊：《关于澳门历史上所谓赶走海盗问题》，《中山大学学报》1957年第3期。

④ 金国平：《莱奥内尔·德·索札与汪柏》，《中葡关系史地考证》，澳门：澳门基金会，2000年，第49页。

⑤ 《广东国及广州城海道遣人议和》，金国平编译：《西方澳门史料选萃（15—16世纪）》，第218页。

⑥ 按：在早期西方文献的记载中，将索萨与汪柏的接触诠释为中葡和平谈判，因此，有学者认为这是中葡第一个和平协议。为了缓解没有书面证据的缺陷，称之为"口头协议"。"1554年少校莱昂尼·德·苏萨终于达到了这一目的，他在漫长的谈判后和海岸舰队的代理指挥（海道副使）汪柏（Wang Po）达成口头协议，允许葡人按暹罗的同等条件在广东进行交易。"〔英〕博克塞（Charles Ralph Boxer）著，何高济译：《十六世纪中国南部行纪》，北京：中华书局，1990年，第13页。

⑦ 〔葡〕罗理路（Rui Manuel Loureiro）著，Chen Yong Yi译：《澳门寻根》，澳门：澳门海事博物馆，1997年，第23—24页、第28页。

⑧ 索萨称"华人要我前去那里（指浪白滘）"。金国平编译：《西方澳门史料选萃（15—16世纪）》，第219页。〔葡〕徐萨斯（Montalto de Jesus）称："1554年，葡萄牙人被禁止涉足上川。"并认为，明朝政府指定浪白滘为对外贸易中心，是出于海防安全的考虑。参见黄鸿钊、李保平译：《历史上的澳门》，澳门：澳门基金会，2000年，第12页。

意。”[①]利玛窦（Matteo Ricci）在叙述澳门开埠过程时称：“这种交往持续了好几年，直到中国人的疑惧逐渐消失，于是他们把邻近岛屿的一块地方划给来访的商人作为一个贸易点……而这个地方就叫做澳门，在阿妈湾内。”[②]《葡萄牙17世纪文献》亦称：“直至1553年，葡萄牙人与华人在上川岛进行交易。华人于1555年将他们由此移往浪白滘，并于1557年迁至澳门。官员将此港给他们进行贸易。”[③]成书于万历十四年的《东夷图说》亦载：“嘉靖间，海道利其饷，自浪白外洋议移入内，历年来渐成雄窟。”[④]从上述中外早期的史料可以看出，中葡商人在东南沿海的贸易地点最终选择澳门是由中国商人提出请求，经广东地方官员商议批准的。

广东地方官员同意将贸易地点迁往澳门，对于官府与中葡商人来说，是一件双赢的选择。首先，澳门位于珠江口西岸，与内陆相联，既安全又便利。嘉靖四十三年（1564），巡按浙江监察御史庞尚鹏称：“往年俱泊浪白等澳，限隔海洋，水土甚恶，难于久驻，守澳官权令搭蓬栖息，迨舶出洋即撤去。近数年来，始入蚝镜澳筑室，以便交易。”[⑤]罗理路认为，在这里“可以同邻近的香山县的居民有更为频繁的接触。生活必需品的供应有了保证，而且还可以雇用大批工役来担负各式各样的劳务。”[⑥]其次，作为广东地方官员来说，允许商人在澳门集中贸易，有利于监督与管理，“他们（指中葡商人）就不能漫无节制地在大片沿海地区乱闯，人员、船只和货物的出入就可以容易控制，而同时，中国居民同外国人之间的接触也可以减少到最低的限度”[⑦]。这不仅可以有效地维持贸易秩序，确保贸易税收的征缴，而且阻绝葡商与海盗的关系，保障海疆的安全。再次，从防务战略来说，将葡商移居澳门，可以利用其坚船利炮，对活跃于珠江口的海盗起到震慑的作用。居澳的中葡商人武装于1564年协助平定柘林寨哗变水兵对珠江口的侵扰、1568年又协助剿灭海盗曾一本于唐家湾的残余，足见澳门对于广东珠江口防务的重要性。有鉴于此，广东士绅霍与瑕在讨论澳门的存废时，主张让葡商留驻澳门，他认为：“香山海洋，得澳门为屏卫，向时如老万、如曾一本、如何亚八之属，不敢正目而视，阖境帖然。若撤去澳夷，将使香山自为守。”[⑧]

① 〔葡〕费尔南·门德斯·平托（Fernao Mendes Pinto）：《远游记》（下），第698页。戴裔煊认为，澳门开埠“实际上就是广州官吏贪他们的钱，让他们入澳门居住，居间作介的则是本地商人。”参见《关于澳门历史上所谓赶走海盗问题》，《中山大学学报》1957年第3期。

② 〔意〕利玛窦（Matteo Ricci）、〔法〕金尼阁（Nicolas Trigault）著，何高济等译：《利玛窦中国札记》，北京：中华书局，1983年，第2卷，第140页。

③ 荷兰殖民档案馆所藏《葡萄牙17世纪文献》，金国平编译：《西方澳门史料选萃（15—16世纪）》，第235页。

④ 〔明〕蔡汝贤：《东夷图说》卷首《东夷图总说》，《四库全书存目丛书》，史部第255册，第410页。

⑤ 〔明〕庞尚鹏：《百可亭摘稿》卷一《陈末议以保海隅万世治安事》，《四库全书存目丛书》，集部第129册，第130页。

⑥ 〔葡〕罗理路（Rui Manuel Loureiro）：《澳门寻根》，第22页。

⑦ 〔葡〕罗理路（Rui Manuel Loureiro）：《澳门寻根》，第22页。

⑧ 〔明〕霍与瑕：《霍勉斋集》卷一九《处濠镜澳议》，《广州大典》，第56辑第11册，第373页。

四

澳门开埠最初的二三十年，广东政府依照传统的观念，仍将其视作季风性贸易港口，海道副使成为澳门的实际管理者，但其对澳门的管理重点在于关税与海疆防务，而所辖之香山县政府，在1580年代起才开始介入澳门的行政治理，因此，这时的澳门实际上处于无政府的状态，社会秩序的维护仰赖于居澳中葡商人自发组织的团体。

根据当时葡萄牙王国的惯例，其远东巡航首领在驻留澳门期间，充当行政长官，拥有民事和刑事司法权，[①]负责居澳葡人的管理事务。但远东巡航首领的驻澳时间每年只有两三个月，且常与居澳葡人发生利益冲突，为此，在1560年代居澳葡人从较有威望的商人中选举产生一个委员会，负责处理居澳葡人的内部事务。[②]这个委员会应该就是古文献常常提到的阿尔玛萨（Armacão）公会，它的主要职责有：第一，平衡葡国王室、远东巡航首领与居澳葡人的利益关系；第二，解决居澳葡商各自为利的混乱局面，使澳门贸易有序、稳定地发展；第三，与广东政府交涉，为居澳葡商谋取更多的贸易机会；第四，团结葡商，以应付外来的威胁。[③]

与此同时，居澳华人也组成了两个团体：一是以林宏仲（Lin Hong—zhong）为首的华商团体，一是以托梅·佩雷拉（Tomé Pereira）为代表的华人通事团体。他们均与葡人驻澳首领迪奥戈·佩雷拉（Diogo Pereira）有着密切的合作。[④]从现有史料来看，妈阁庙乃居澳华人集议商事之地，广东政府赴澳宣达圣谕以及协调粤澳关系均在此地。[⑤]

考其历史，早在1548年前后，林宏仲即与葡商在闽浙沿海有着良好的合作关系，是一名“惯通番国”的海商。[⑥]据史料载，在此期间，迪奥戈·佩雷拉正活跃在闽浙一带。[⑦]从这一时空点上来看，林宏仲与迪奥戈·佩雷拉极有可能在福建时即已展开合作，随后将这种合作维持到澳门开港之后。同时，林宏仲与明朝抗倭名将俞大猷有着较好的私人关系。1564年，潮州柘林寨水兵哗变，直捣珠江口沿岸。俞大猷请求澳商协助平定叛乱，林宏仲

---

① 张廷茂：《澳门总督制的缘起》，《文化杂志》（澳门）总第58期，2006年春季刊，第95—104页。

② Austin Coates，*A Macau Narrative*，p.25. 转引自吴志良：《生存之道：论澳门政治制度与政治发展》，澳门：澳门成人教育学会，1998年，第49页。

③ 陈文源：《16世纪澳门葡商共同体的成立与运作》，《中国经济史研究》2010年第1期。

④ 〔葡〕阿尔维斯（Jorge Manuel dos Santos Alves）：《澳门开埠后葡中外交关系的最初十年》，《文化杂志》（澳门）总第19期，1994年夏季刊。

⑤ 金国平、吴志良：《澳门与妈祖信仰早期在西方世界的传播——澳门的葡语名称再考》，《早期澳门史论》，第395—437页。

⑥ ［明］朱纨：《甓余杂集》卷五《申论议处夷贼以明典事以消祸患事》，《四库全书存目丛书》，集部第78册，第141页。

⑦ 按：1549年初，迪奥戈·佩雷拉为避明军的追剿，率领部分葡船返回马六甲。参见吴志良、汤开建、金国平主编：《澳门编年史》，第1册，第87页。

因与其熟稔，积极协调华葡商人参与了这次军事行动。[①]1568年7月3日，海盗曾一本残部有白艚贼船20余艘突袭香山唐家湾九洲口一带。在这次抗击海盗的过程中，居澳华葡商人“自请欲助兵灭贼”[②]。其中林宏仲、何中行等率领兵夫夹剿前贼，生擒贼徒二十五名，斩获贼级四十八颗。[③]从这两次抗击叛兵与海盗的战事来看，以林宏仲为首的居澳华商联合葡商武装参与战斗，并发挥了关键的作用。

而托梅·佩雷拉其人，据葡国学者罗理路研究推断，他是中国人，会葡语，信天主教，当时在迪奥戈·佩雷拉手下当差，并在迪奥戈·佩雷拉等人与广东官府的多次交涉中充任译员。[④]当时澳门活跃着一群翻译兼买办的华人，他们的生活方式基本已经葡化。庞尚鹏称：“其通事多漳、泉、宁、绍及东莞、新会人为之。椎髻环耳，效番衣服、声音。”[⑤]葡人在澳门的交易与后勤供给均仰赖这些通事代为筹谋。1623年，吏科给事中陈熙昌上奏称：“又有华人，接济爪牙，彼尚未悉中国虚实，即或不逞，犹得以汉法从事也。乃垄断之徒，肩摩毂击，杂还澳中。谓无可结夷心，得夷利，则夷言夷服，习夷教，几于夷夏一家，多方引诱，代为经营。”在贸易过程中，“夷无斗、无尺、无秤，则与之较轻重、挈长短”[⑥]。郭尚宾曾指责居澳华人“藏身于澳夷之市，画策于夷人之幕者更多焉”[⑦]。

由此可见，林宏仲、托梅·佩雷拉两人，一是华商代表，一是华人通事代表，他们与葡商首领迪奥戈·佩雷拉密切合作，在澳门开埠的前二十年里，对维持澳门贸易秩序、沟通与广东政府的关系方面，发挥了积极的作用。

经过十余年的磨合，广东地方官对驾驭葡商的信心有所增强，排除了驱赶驻澳葡人的建议，并允许葡商到广州进行交易。原来与葡商合作的华人富商也转场于广州，与官府合作，形成官督商办的行商体制，而留守澳门的华人主要从事贸易服务性的工作，渐渐成为了葡商的附庸。1570年代起，广东政府加强对澳门的行政管理，修筑关闸，逐步明确香山县、海道副使对澳门的管理责任，并默认居澳葡商的自治议事机构（议事会）对葡人的管

① ［明］俞大猷著，廖渊泉、张吉昌整理点校：《正气堂全集》卷一五《集兵船以攻叛兵书》称：“叛兵事决为攻剿之图，亦须旬日后，乃可齐整。香山澳船，猷取其旧熟，用林宏仲者数船，功成重赏其夷目，贡事已明谕其决不许。”福州：福建人民出版社，2007年，第369页。按：曾在1563年葡国访华使团担任文书的若昂·德·埃斯科巴在《关于至高至强之塞巴斯蒂昂国王派往中国的使节团的评述》中称：“一位名叫Ni Lao的中国人，此人十五年来一直同葡萄牙人打交道，自有两三艘帆船，他也是自愿同葡萄牙人一起参加援兵出征的。”（参见〔葡〕罗理路（Rui Manuel Loureiro）：《澳门寻根》，第116页）此Ni Lao应该就是林宏仲。

② ［明］张瀚：《台省疏稿》卷五《查参失事将官疏》，《四库全书存目丛书》，史部第62册，第108页。

③ ［明］张瀚：《台省疏稿》卷六《海上擒获捷音疏》，《四库全书存目丛书》，史部第62册，第109页。

④ 黄庆华：《对明代中葡关系研究中几个问题的考察》，《故宫博物院院刊》2005年第6期。

⑤ ［明］庞尚鹏：《百可亭摘稿》卷一《陈末议以保海隅万世治安事》，《四库全书存目丛书》，集部第129册，第130页。

⑥ ［明］高汝栻辑：《皇明续纪三朝法传全录》卷一三《陈熙昌疏》，《续修四库全书》，第357册，上海：上海古籍出版社，2002年，第829页。

⑦ ［明］郭尚宾：《郭给谏疏稿》卷一，《丛书集成初编》，第908册，上海：中华书局，1936年，第12页。

理，形成了“华人治华、葡人治葡”的治理格局。17世纪初，“南京教案”发生后，天主教在华传教事业遭受挫折，传教士为保持澳门这一传教基地，开始炒作澳门的起源问题。葡人凭藉其经济和文化的影响力（主要是天主教），以及明清政府“无为而治”的态度，渐渐加强了澳门发展的话语权，俨然成了澳门的“主人”，并在中葡交涉中试图变更澳门的“主权”。

综上所述，澳门开埠过程经历三个阶段：首先，中国海商协助葡商从马六甲来到广东沿海进行走私贸易，并试图协助其谋求朝贡贸易的合法地位，无果；其次，在广东遭受挫折后，中国海商又引导葡商前往闽浙沿海进行走私贸易，但其亦商亦盗的行为，不仅冲击了朝贡贸易体制，更扰乱东南沿海的社会秩序，遭受明朝政府的追剿；最后，明朝政府为了解决财政与香料问题，实施有限的开放政策，汪柏利用这一政策，允许中葡商人进行合法的海上贸易。为了加强管理，在中国商人的请求下，广东官员同意将中外贸易集中于澳门进行。从澳门开埠的过程来看，中国海商居中发挥了重要作用。事实上，16世纪前，明朝社会的商品经济发展已经达到了一定的程度，流寓于海外的中国海商，也已构建起颇具规模的环南海贸易网络，其自身需要一个更为灵活的市场模式，朝贡贸易体制却严重抑制海外贸易的发展，而葡商东来，为中国海商打破传统朝贡贸易的桎梏提供了外部助力。迫于形势，明朝政府在海疆安全、财税收入与商人利益方面，寻找到最佳的平衡点，调整了对外贸易政策，允许在体制内选择一个相对较为安全的滨海地方，提供给中外商人进行合法的贸易，这不仅从中增加了贸易税收，也缓解了这股“亦商亦盗”不稳定的力量对明朝政治与地方社会秩序的冲击。因此，澳门开埠不能简单地理解为“冲击→反应”的发展模式，这只是明朝政府在新形势下对外政策的适当调整。明朝实行有限度的开放政策，甚至开放澳门，只是为纾解朝贡贸易体制与中葡商人自由贸易需求的矛盾而建立起来的一个缓冲平台，至少在形式上维护明朝政府的权威。

（原载《中国史研究》2018年第2期）

“吴六奇书札”正名

——清初名臣傅弘烈书札的新发现

赵灿鹏

清初名将吴六奇（1607—1665），是广东潮州海阳县丰政都汤田乡（今属梅州市丰顺县）人。他先仕南明桂王为总兵，清顺治七年（1650），迎降平南王尚可喜（1604—1676），授协镇潮州总兵，驻镇饶平，后实授总兵官，给左都督衔，加太子太保，晋少傅，卒赠少师兼太子太师，赐谥顺恪。他在为清廷平定全粤，取得粤东海防主控权，打击明郑集团势力方面，曾立下卓著功绩。[①]不仅如此，在《聊斋志异》等众多清代文学作品中，还记载着他与海宁名士查继佐的生死交谊传奇，堪称近三百年人间之佳话。[②]近今更有查氏后人、蜚声国际的武侠小说家金庸，在其名著《鹿鼎记》中，除查、吴交谊之外，将吴六奇描写为身在满营心在汉室，是一位具有高超武学与侠客风骨的大英雄。[③]此一传奇影响之长久深远，非比寻常，经三百年之层层累积，吴六奇大名之脍炙人口，可谓其来有因。

近年友人潮龙起教授撰写《吴六奇正传》（山东画报出版社，2010年），书中附录吴氏两部稀见著作《吴六奇书札》和《忠孝堂文集》，供读者进一步研究参考之用。受潮教授委托，笔者将文集和书札的点校稿拜读一过，不想却有一个意外的发现：《吴六奇书札》的作者并非吴六奇，而是清初名臣、在三藩之乱中忠勇殉职的广西巡抚傅弘烈。

《吴六奇书札》原为抄本，藏广东省立中山图书馆，近年先后收入桑兵主编《清代稿钞本》（广东人民出版社，2007年）与纪宝成主编《清代诗文集汇编》（上海古籍出版社，2009年）影印出版。全书收录一百六十三通书札（其中失题十八通），卷首有聂崇一辑《记吴六奇将军》一篇，卷末有聂崇一《补记》《吴顺恪之家传》二篇。[④]

---

① 参见马楚坚：《试析吴六奇之保土捍民及其对明郑集团的打击》，《明清人物史事论析》，南昌：江西高校出版社，1996年，第233—292页。

② 据近人研究，查继佐、吴六奇交谊传奇中有讹传、附会者，不尽合乎史实，参见陈慧星：《大力将军、铁丐、雪中人——潮州吴六奇考述》，汕头大学潮汕文化研究中心等编：《潮汕文化论丛》，初集，广州：广东高等教育出版社，1992年，第309—317页。

③ 金庸：《鹿鼎记》，香港：明河社出版公司，1994年，第一回，第27—37页；第三三回，第1369—1372页。

④ 聂崇一（1870—?），字子才，广东恩平人。清光绪三十年（1904）毕业于两广将弁学堂，奖五品顶戴；后派往安徽招募新军，驻广州北较场新军营任军官，训练新军；宣统元年（1909）任水师巡防营第七、八营教练；民国初年任广东陆军第一师副官，后一直于军中服役；晚年解甲归隐，抗日战争期间去世。聂氏喜藏书，能诗善文，惜遗稿大半散失，编著有《恩平县志补遗》行世。

首先引起我们疑问的，是其中致平南亲王尚之信（1636—1680）的两通书札。第一通《致王爷启》，言“溯自先太王骖鸾上乘，已经一载……盖由义海恩山，宛然如昨，遂致羹墙恍惚，靡刻难忘也……谨备祭品数种，伏望殿下叱致宝幢之侧”；另一通《致平南亲王启》，言“惟先太王勋超百代，忠炳千秋。升遐之日，山陬海澨，莫不悲号躃踊。某受恩深长，抱痛弥切。兹闻圣天子恸念前王，特颁御祭……某征师远涉，敬逢大典，弗克骏奔在庙，少效微劳，负咎如何。谨专员代躬叩候”。这里提到“先太王”云云，收信人当然是平南亲王尚可喜之子尚之信，背景为康熙十五年（1676）十月尚可喜去世，次年（1677）六月，长子尚之信袭爵，七月，朝廷特遣国子监祭酒宜昌阿等至粤赐祭之事。[①]按吴六奇于康熙四年（1665）已经去世，他如何能在十余年后起死回生，写信给尚之信呢？

其次，书札中有一通《与金臬司》言：“……独是知己如老亲翁……而乃从傍议论。不曰‘某老爷全不听我们言语’，则曰‘傅老爷不容我们说话’；不曰‘某老爷无一好将官’，则曰‘某老爷不善用人’；不曰‘我们不屑与随他’，则曰‘某老爷不容我们在身边’；不曰‘某老爷官兵全是乌合’，则曰‘傅老爷书生全不知兵’。弟每闻斯言，愧汗浃背……”如果书札作者是吴六奇的话，“傅老爷”三字从何说起？

第三，《复虞二球》一通，作者自述“弟文至巡抚，武至将军”，吴六奇职任饶平总兵官，“文至巡抚”云云，与吴氏的身份亦不符合。

那么，这些书札的作者会不会是另有其人呢？

据上引书札《与金臬司》称“傅老爷”云云，另一通《致傅天生》，亦言“叔侄情深，多年阔别……贤侄有心仕籍，愚叔自当留意，惟是同宗，未便亲题”，这些信息提示我们，书札的作者有可能是一位傅姓人士。

我们对清初两粤的官员履历进行核查，发现最有可能符合这批书札作者身份之人，是傅弘烈。

傅弘烈（1623—1680），后世因避清乾隆帝弘历讳，改写作傅宏烈，字仲谋，号竹君，江西进贤县人。明末流寓广西，南明永历帝时任迁江知县。清顺治十四年（1657），降于两广总督王国光，荐授广东韶州府同知。康熙二年（1663），迁甘肃庆阳府知府。七年（1668），傅氏密奏平西亲王吴三桂逆谋，坐诬论斩，九年（1670）特命减死戍广西梧州。十二年（1673），吴三桂反。十四年（1675），傅氏佯受伪职信胜将军，招募义勇，从中反间。十六年（1677），特擢广西巡抚，加授抚蛮灭寇将军，晋太子太保。十九年（1680），为叛将马承荫诱陷于柳州，执送贵阳吴世璠处，以不屈遇害。敕赠太子太师、兵部尚书，谥忠毅。二十一年（1682），诏广西建双忠祠于桂林，祀巡抚马雄镇与傅弘烈。雍正二年（1724），入祀京师昭忠祠，乾隆年间入祀京师贤良祠。《清史稿》卷252有传。著作存世有

---

① 释今释撰次：《平南王元功垂范》，《北京图书馆藏珍本年谱丛刊》，北京：北京图书馆出版社，1999年，第68册，第350页。

《傅忠毅公全集》。[①]

我们检读《傅忠毅公全集》，在集中卷8发现有四通书札，与所谓“吴六奇书札”完全对应。为清楚起见，兹作对照表如次：

表一　《傅忠毅公全集》卷8书启与“吴六奇书札”对照[②]

序号	《傅忠毅公全集》	“吴六奇书札”	备注
1	《复虞二球》，8：第1页b、第2页a	《复虞二球》，第17页a、b	“书札”本多“人世几何”以下113字，疑为失题之另一通
2	《复西塞主人》，8：第6页a、b	《复西塞》，第17页b、第18页a	“书札”本多“风便附候”以下8字
3	《复马公子世济》，8：第6页b、第7页a	《复马世济》，第18页a、b	“书札”本多“可耳”以下10字
4	《致东省各司道》，8：第14页b、第15页a	《谢东省各司道》，第18页b	“书札”本多“肃函鸣谢”以下16字

在这些对应的书札中，除了上表备注中所记，《傅忠毅公全集》本删去书札末尾一些礼仪性的套语之外，全集本与“书札”本在文字方面也有一些小的差异，这说明“吴六奇书札”并非根据《傅忠毅公全集》抄成，应该是傅弘烈书札的另一版本，很有可能是根据傅氏底稿编成。

细读未见于《傅忠毅公全集》的其他书札，发现还有一些证据，可以证实我们的想法。如《致靖逆侯》一通云“忆承乏庆阳，密依大树”，按靖逆侯指清初名将张勇（1616—1684），康熙二年（1663）傅弘烈任甘肃庆阳府知府，同年张勇任甘肃提督，十四年（1675）封靖逆侯。《致江右帅总漕》云：“某瘴岭飘蓬，渴慕紫芝玉树；乡园桑梓，幸依蔽芾甘棠。”《致江西佟抚军》云“宁仅里闾乡井，仰荷覆帱”，傅弘烈为江西进贤人，故有“乡园桑梓”“里闾乡井”之说，书札中且有《与进贤县》一通。又康熙年间，“特封傅生母但太君一品夫人，赐第会城，敕和硕简亲王、两江总督董卫国、巡抚佟国桢、总兵哲尔肯加意颐养”[③]，书札《答康亲王》云：“某以碌碌庸流，荷沐皇仁深重，耄年老母，复荷恩纶。子母宠荣，千古罕见，糜身百体，未足□酬。”《致南昌令》云：“启者，家慈眷口，移居省会，所望少垂青盼。”书札中且有《致江西哲总戎》一通，凡此皆与傅氏身份符合。

上文提出质疑“吴六奇书札”的三个问题，首先致平南亲王尚之信的两通书札，康熙十九年（1680）傅弘烈才去世，犹及见康熙十五年（1676）尚可喜去世之事，并可以在次

① 参见吴伯娅：《傅弘烈与尚之信——兼论康熙的平藩策略》，《清史论丛》，沈阳：辽宁古籍出版社，1993年，第61—77页。

② 资料出处：傅弘烈：《傅忠毅公全集》，清咸丰元年（1851）刻本；《吴六奇书札》，影印钞本，桑兵主编：《清代稿钞本》，广州：广东人民出版社，2007年，第24册。

③ 徐珂编撰：《清稗类钞》，北京：中华书局，1984年，第1册，恩遇类，“圣祖加恩傅忠毅生母”条，第284页。

年写信给袭位的尚之信；其次，《与金臬司》言“傅老爷”三字，为他人对傅弘烈的称呼；第三，《复虞二球》言“弟文至巡抚，武至将军”，傅弘烈任广西巡抚、抚蛮灭寇将军，身份亦符。

至此，我们可以确定所谓“吴六奇书札”的作者为傅弘烈，而这批书札也可以正名为《傅弘烈书札》了。至于此书何以被误认作吴六奇书札，聂崇一何以在书之首尾增补吴氏传记资料三篇，具体情形已难以详察。

新发现的《傅弘烈书札》中《致平南亲王》等二十六通，与《傅忠毅公全集》卷8《启平南亲王》等十一通书启，收信人相同，而内容不同，具体情形见下表：

表二　《傅忠毅公全集》卷8书启与《傅弘烈书札》对照

序号	收信人	《傅忠毅公全集》	《傅弘烈书札》	备注
1	班总戎（绍明）	《复班总戎》等一通	《复班总戎》《贺班总戎接印》等二通	
2	平南亲王	《启平南亲王》《复平南亲王》《致平南亲王》等三通	《致平南亲王》《贺平南王接宝册》《谢平南亲王》《贺平南亲王启年》《贺平南亲王元旦》《贺平南亲王加大将军》《送平南大将军上京》《贺平南亲王韶州大捷》《致平南亲王启》《贺平南亲王新受宝册启》等十通	“书札”之《贺平南亲王启年》题名原文如此，“启年”疑当乙正作“年启”
3	王都统（国栋）	《致王都统》等一通	《复王都统》《贺藩下王固山接印》等二通	
4	金臬司	《致金臬司》等一通	《与金臬司》等一通	
5	金抚军	《与广东金抚军》等一通	《迎新任广东金抚军》《贺东金抚军年》等二通	“书札”之《贺东金抚军年》题名原文如此，“贺”下疑脱“广”字
6	金制军	《与金制军》（二通）、《致金制军》等三通	《中秋复金制军》《贺金制军寿》《贺金制军年节并复职》《复金制军年节》《复金制军（十月）》《复金制军》《中秋复金制军》《与金制军（八月十八）》等八通	
7	顾内院	《致顾内院》等一通	《复顾内院》等一通	

对读之下，这些书札内容互为印证，相得益彰。

傅弘烈的著作有《易理须知》《经教汇集》《秦草》《粤草》《端鸣草》《烬余集》《庆阳诗歌》等，但“年远散失”，其后人搜拾丛残，仅得《粤草》残本二卷，复搜辑疏稿、启牍若干首，合钞成帙，至咸丰年间，始付梓刻成《傅忠毅公全集》八卷（又首一卷）。[①]《傅忠毅公全集》收录书札五十四通，新发现的《傅弘烈书札》总数多达一百六十三通，

① 傅猷著识语，载《傅忠毅公全集》书末，清咸丰元年刻本，页码另起，第1页a—第2页b。

去除与前者重复四通，新见书札计有一百五十九通。

《傅弘烈书札》内容以傅弘烈与两广、江西官员及亲友往来的私人信件为主，其中谈论军政时事，记述生平活动，表达人生感慨，为傅氏宦海生涯与社会关系的一个缩影，是十分难得的第一手资料，蕴藏着清初历史的许多丰富信息。根据我们粗略的考证，《傅弘烈书札》的收信人有平南亲王尚之信、尚之孝兄弟（十通），平南藩下总兵王国栋（二通）、时应运（一通），水师总兵张瑜（一通）、谭升（三通）、杨国泰（一通），和硕康亲王杰书（二通），两广总督金光祖（十一通），广东巡抚佟养钜（三通）、冯甦（四通）、金儁（三通），广东提督严自明（一通）、王可臣（一通），广西巡抚陈洪明（一通），广西提督马雄（一通）、广西左江镇总兵马承荫（三通），南赣总兵哲尔肯（一通），福建总督姚启圣（一通），甘肃提督张勇（一通）等，凡此皆为清初三藩之乱期间的重要人物。由于篇幅所限，这里不能逐一列举每通书札的内容。可以预见，《傅弘烈书札》与《傅忠毅公全集》二者合观，将成为研究清初，特别是三藩之乱期间，两粤政治、军事、社会、文化等方面的重要史料。

就傅弘烈生平的研究来说，《傅弘烈书札》尤其能表现傅氏的心理状态与精神世界。特别引起我们注意的，是傅氏与释、道二氏人物往还的书札多通，包括海幢寺阿字和尚（三通）、丹霞乐说大师（一通）、澹归大和尚（一通）、熊僧（一通）[①]、逍遥观黄道人（一通）、张天师（一通）等。

海幢阿字禅师，法名今无（1633—1681），为广州海幢寺住持，著有《光宣台集》《海幢阿字无禅师语录》等。丹霞澹归禅师，法名今释，字澹归（1614—1680），俗名金堡，为粤北丹霞山别传寺主持，著有《徧行堂集》《丹霞澹归禅师语录》等。丹霞乐说禅师，法名今辩（1638—1697），历主丹霞、海云、海幢诸寺，后主持福州长庆寺，著有《四会语录》《菩萨戒经注疏》等。阿字、澹归、乐说，皆为岭南高僧函昰天然禅师（1608—1685）弟子。天然于清初创建番禺雷峰山海云寺（亦称雷峰寺），后归此终老。康熙十七年（1678），傅弘烈捐资刊刻天然撰《首楞严直指》十卷。澹归与乐说书云：

> 豁大来，得手书，极慰老怀。竹君自是快人，可爱可敬也。《直指》每卷后列衔，但今释已作前序，吾弟当作一后序为缘起，具述竹君高雅爽拔之风，更有情致。刻成装订，与豁大赍送也。[②]

今本《楞严经直指》卷首乐说撰《刻首楞严直指缘起》，有“大中丞傅公竹君，遂捐资全刊流通……公昔守庆阳，今抚粤西，识度超卓，指麾敏捷，一举止间，悉不落寻常蹊

---

① 此札内容为“老年台”云云，上一通《复丹霞李》则云“一则晨钟晚磬，心与白云俱闲；一则东征西讨，身随汗马同劳”，疑有错简。

② 释今释：《与丹霞乐说辩和尚》，《徧行堂续集》，清光绪间释惟心钞本，明复法师主编：《禅门逸书续编》，台北：汉声出版社，1987年，第6册，卷10，第189页。

径”云云，每卷之末皆有“太子太保抚蛮灭寇将军巡抚广西都察院右副都御史进贤傅弘烈捐资全刻”牌记。[①]豁大为澹归之使者。《傅弘烈书札》中《与澹归大和尚》一通，云：“昨得豁大到梧，备悉道履清喜，始慰鄙怀。”澹归与傅弘烈书亦云：“豁大归，具感护持成就之雅，已留数行于敝法弟，嘱其专使陈谢矣。”[②]二者若合符契，此亦为《傅弘烈书札》可信性之一证。澹归集中有为傅弘烈撰寿序一篇，往还尺牍五通，诗六首，词三阕。[③]现珍藏澳门普济禅院的澹归日记手稿，亦载澹归于康熙十二年（1673）十月廿九日，“又为雷峰作傅竹君书……”云云。[④]据云傅弘烈本人为穆斯林先贤，[⑤]他与释、道二氏人物的交游，是值得思想史研究者进一步探讨的题目。

傅弘烈是清初三藩之乱中岭南战场的关键人物，《傅弘烈书札》——这份一度被“张冠李戴”的珍贵史料的发现，相信将引起清史研究者的广泛兴趣。咸丰年间，傅氏后人刊刻《傅忠毅公全集》时曾感慨：

> 呜呼！公生平心切报国，奋不顾身，栉风沐雨之余，两粤全复，功已垂成，而出师滇黔，复为降将所害，卒死于难，命亦蹇矣！乃翰墨留贻，从余烬中，而得其一二，犹遭家多故，不克速付枣梨，岂命蹇而文亦因之而厄耶？抑开雕之早暮，亦或有数存乎其间耶？[⑥]

如今《傅弘烈书札》的发现，上距傅氏故世已三百余年，虽一时“张冠李戴”，以至

① 明函昰疏：《首楞严经直指》，《明版嘉兴大藏经》，台北：新文丰出版公司，1987年，第37册，第797、810、934页；参见汪宗衍：《明末天然和尚年谱》，台北：台湾商务印书馆，1986年，第87—88页。

② 释今释：《与傅竹君抚军》之一，《徧行堂续集》，卷11，第202页。

③ 《傅竹君中丞寿序》，《徧行堂续集》，卷2，第39—40页；《与傅竹君太守（三则）》，《徧行堂集》，清光绪间释惟心钞本，明复法师主编：《禅门逸书续编》，第5册，卷26，第569页；《与傅竹君抚军（二则）》，《徧行堂续集》，卷11，第202页；《芙蓉山下行赠别傅竹君郡丞擢守庆阳》，《徧行堂集》，影印清乾隆五年刻本，《四库禁毁书丛刊》，北京：北京出版社，2000年，集部第127册，第671—672页；《寄别傅竹君太守之庆阳》，《徧行堂集》，《禅门逸书续编》，第5册，卷32，第683页；《寄韶州傅竹君郡丞》，《徧行堂集》，《禅门逸书续编》，第5册，卷35，第729页；《傅竹君招晤相江》、《留寄竹君中丞（二首）》，《徧行堂续集》，卷14，第275、278页；《蝶恋花　寄傅竹君太守》《风流子　酬别董苍水兼寄傅竹君》，《徧行堂集》，《禅门逸书续编》，第5册，卷43，第866页，卷44，第893页；《大圣乐　寄贺竹君》，《徧行堂续集》，卷16，第322页。

④ 转引自姜伯勤：《石濂大汕与澳门禅史：清初岭南禅学史研究初编》，上海：学林出版社，1999年，第508页。

⑤ 马明龙等收集整理《广西回族族谱家谱资料·傅氏宗谱》（载马建钊主编：《中国南方回族谱牒选编》，南宁：广西民族出版社，1998年，第60页；此谱为怀德堂族众编订，1938年木刻本）云：“自吾始祖弘烈公由江西进贤县游宦来粤……”参见马文清主编：《回族谱序与宗源考略》，长春：吉林文史出版社，2011年，第950—952页，序列六一傅氏。傅弘烈殁后葬江西进贤县六都北岭（今凰岭乡北岭，参见江西省进贤县史志编纂委员会编纂：《进贤县志》，南昌：江西人民出版社，1989年，第567—569页），傅氏又有墓在广西桂林市临桂县旧村滚子岭回族墓地，有乾隆五十八年（1793）立碑，上部为阿拉伯文，中以汉文书“清故显考耄寿傅公之墓”（陈育宁等编著：《中国回族文物》，银川：宁夏人民出版社，2008年，第382页）。但据学者近年研究，临桂县傅公墓与傅弘烈似无关系（参见蒋桂英：《临桂县“傅公墓”与清代广西巡抚傅弘烈关系研究》，广西壮族自治区博物馆编：《广西博物馆文集》第十一辑，南宁：广西人民出版社，2015年，第341—344页）。

⑥ 傅猷著识语，载《傅忠毅公全集》书末，页码另起，第1页b。

隐晦不彰，然其书历劫犹存，且有影印本暨点校本相继行世，化身千万广布人间，作者问题又水落石出，堪称一大幸事，孰谓一代名臣“命蹇文厄”哉！

（原载《文献》2012年第2期）

风水、宗族与地域社会的构建
——以清代黄姚社会变迁为中心

麦思杰

一、引言

风水是帝国时期乡村社会文化的重要元素，其既投射出民众的空间观念，又反映了地方社会的权力秩序。弗里德曼（Maurice Freedman）与王斯福（Feuchtwang）[①]在其研究中指出，帝国时期乡村社会的风水观念往往与宗族权力的构建有着密切关系。但在目前人类学与中国社会史的研究中，对乡村风水的研究更着重于共时性的讨论，而历时性演变的研究较为薄弱。造成这一状况的原因一方面在于缺乏连续性的文献材料，另一方面则在于研究者对地方文献中所描述山川的具体地理方位缺乏足够的敏感。在乡村社会演变的过程中，风水话语往往因应不同的历史问题而被不断地重新叙述。以风水话语为切入点，可以从另一侧面了解帝国时期中国乡村社会民众空间观念与社会权力结构变动之间的关系。本文以清代广西昭平县黄姚街的风水话语的演变为个案，讨论广西府江（即桂江）中游地区在经历宗族创建、地方动乱等历史演变的过程中，风水如何被创建与重塑以配合社会权力的构建。

二、黄姚街的空间地理与风水话语

黄姚街又称黄姚寨，属昭平县，位于昭平县城东北方70公里，在明清两代属宁化里。昭平县位于广西东部府江流域的中游，隶属平乐府。从地理位置上看，黄姚所属之宁化里与文化里、见龙里及招贤里同属于黄姚盆地。黄姚位于盆地中央，为明清时期的市场中心地，故黄姚寨又称黄姚街。黄姚街内的居民主要有八大姓氏：林、莫、梁、黄、古、劳、吴、麦。除麦姓外，每姓在街内均建有宗祠。莫氏、古氏和梁氏是黄姚街内势力较强的宗族。黄姚街内的民众自称祖先由广东移民而来，称周边的许多民众为“僮”和“客家

① 参见：弗里德曼（Maurice Freedman）：《中国东南的宗族组织》，刘晓春译，上海：上海人民出版社，2000年；Stephan Feuchtwang，*An Anthropological Analysis of Chinese Geomancy*，Vientiane：Editions Vithagna，1974.

人”①。清中期以后，黄姚街内的宗族在盆地内为势力最强的群体。而黄姚地区风水话语的形成正是与这些宗族的创建与发展有着密切关系。

黄姚街风水话语的核心内容是街内民众对其居住环境周边河流与山峰在空间格局上的理解与阐释（参见图1）。黄姚街坐落于三条溪流汇集之地，其干流为姚江，珠江与兴宁河为支流。姚江为北南流向，出盆地后汇入府江的重要支流马江。黄姚街周边的山峰为喀斯特地形的石山，主要有真武山、酒壶山（或称酒瓶山、金瓶山）、旗鼓山、金鸡山、天马山、天堂山、螺峰山（又称螺山）、隔江山、蚌山。真武山位于黄姚街的河对岸，被群山环抱于中央。另在黄姚街边、与真武山隔河相望处有小石山名曰宝珠山，②因其形如宝珠而得名。在黄姚街的西北方，为马鞍山山脉。马鞍山原为黄姚盆地通往县城的必经之路。马鞍山山脉的尾端为十里坪。在黄姚的风水话语系统中，马鞍山被称为龙脉，真武山为龙穴。黄姚街兴盛的关键是龙气沿马鞍山龙脉“走到”真武山。龙气从真武山龙穴而出，居民再建带龙桥横跨姚江，将真武山的龙气带到街内。黄姚街兴盛的重要原因在于其吸纳了真武山的龙气，同时周边群山环抱，锁住龙气。在镇锁龙气的数山之中，最关键的是下游天马、天堂、螺峰三山，三山组成文明峡，镇锁水口，防止龙气外泄。此外，黄姚街民众认为街内人杰地灵的另一原因为宝珠山与附近的山峰呈宝珠莲花之势。周边山峰如莲花花瓣簇拥宝珠，使龙气聚集于街市。为更好得到祖先的庇佑，街内各姓宗族将祖坟分葬于街市周边的好气场。如林氏宗族的祖坟修建于乾隆初年，葬于街市北边的十里坪，十里坪位于天马山至真武山的龙脉之上。古氏、莫氏的祖坟修建于道光年间，位于天马山山脚，姚江之畔，面北，以吸聚姚江上游地区的财气。

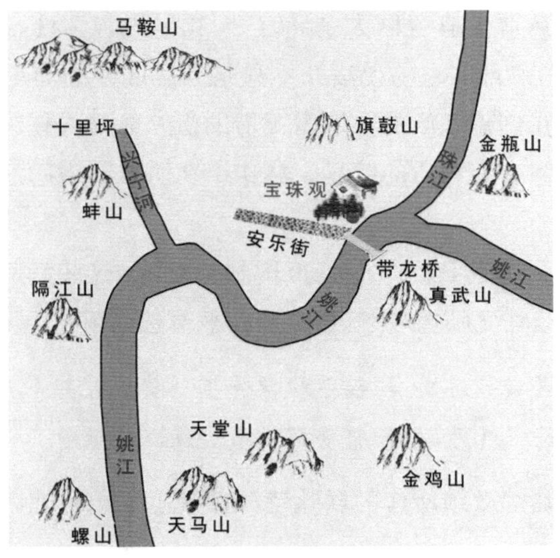

图1　黄姚地形示意图

---

① 客家人的表述因与本文无直接联系而不赘言。笔者将另文探讨此问题。

② 真武等山高数十米不等，宝珠山高约3米，虽名为山，但实为天然山石。

以上为黄姚风水的粗略大概。在这套风水话语中，我们发现既有堪舆学的元素，亦有佛教的符号。这一现象提示我们，黄姚风水观念由不同的文化传统互动而成。同时，不同宗族在不同时期将祖坟分葬于不同的空间地点，意味着黄姚街的空间观念曾发生过改变，不同的宗族对地理空间亦有着不同的理解。顺着这一思路，我们需要具体回答的是，黄姚街风水在不同的时期曾被哪些宗族所操控，用以面对不同的问题。

三、宗族的创建与风水话语的形成

黄姚街的风水话语形成的第一阶段为康熙末年至乾隆初年期间，与地方社会登记入籍过程中所产生的民僮田产纠纷、地方宗族的建立有着密切关系。康熙中期，清王朝大体确立了其在黄姚地区的统治并在当地登记田产与户籍。当其时，地方社会民众有“民”、“僮”之分。“民”、“僮”区分的标准为是否在官府登记入籍。所谓“民”，是登记在册的民众，所谓“僮”，是不在册的民众。“民”在登记入籍的过程中，与“僮”围绕着田产发生激烈的争夺（麦思杰，2008）。双方甚至展开了旷日持久的官司。为获得官府的支持，先登记入籍的“民”开始通过创建宗族、捐修县志、参与科举等文化手段使其在官司中占据上风。黄姚街风水话语的出现正是街内民户在田产纠纷中文化身份创建的结果。康熙末年至乾隆初年，黄姚街内最有势力的为林氏宗族。林氏的代表人物为乾隆初年的举人林作楫。民国《昭平县志》对其有“重兴义学，增膏火，赏优等，助士子乡会二试资斧”[①]的记载。乾隆二十二年，林作楫协助知县陆焞撰修《昭平县志》。在陆志中，林作楫宣称宁、文二里的民户与僮人在族源上有着巨大差异，“宁化里民獞杂处，獞为土著，余皆来自粤东”[②]。林作楫认为祖先来自广东的说法并不只是族源区分的简单表述，而且与当时创建宗族有着密切关系。正在创建宗族的乡绅需要借助祖先显赫或移民的身份以显示自己久受教化，与周边的“僮人”有着本质的差异。林作楫在协修陆志的过程中，邀陆焞及各乡士绅到黄姚街游览。

众乡绅在黄姚期间，赋诗十余首并收录于陆志之中。这些诗赋中最重要的是众乡绅为陆焞所作的联咏诗《恭颂陆父师德政兼以志别》，兹节选如下：

> 买谷不劳编户累（关琪），均徭尽绝蠹胥求（黄观礼）。
> 清厘祀产崇先德（叶开运），整饬祠堂敬古侯（麦逢春）。[③]

这首众乡绅为歌颂陆焞政绩所作的联咏诗深刻揭示了黄姚地区的赋役情况，以及田产

① 《（民国）昭平县志》卷5《仕宦部》，《中国方志丛书》，台北：成文出版社，1985年影印本，第1390册，第130页。

② 《（乾隆）昭平县志》卷4《风俗》，第3册，第9页b。

③ 《（乾隆）昭平县志》卷8《诗歌》，第5册，第17页b。

控制与文化创建之间的关系。“买谷不劳编户累，均徭尽绝蠹胥求”，指昭平地区的版籍在乾隆初年已趋于稳定，赋役归一折银征收。透过科举制度获得了功名的乡绅开始创建宗族以控制田产。“清厘祀产崇先德，整饬祠堂敬古侯”即为这一情况的最好说明。该诗句一方面强调祖先、宗族在社会生活中的作用，另一方面则凸显了祀产为构建宗族社会的关键。将此句与之前林作楫祖先来源的表述相联系，我们不难理解祖先故事及祭祖礼仪背后的经济意义。在田产纠纷中，民户将田产登记于先人名下，通过追溯祖先购买田产来获得官府的支持。因此，理解乾隆时期黄姚风水话语最初形成的关键之处在于民僮田产纠纷解决过程中建立起来的宗族。以男性祖先崇拜为核心的宗族的建立，自然事关到祖坟的安葬。故黄姚风水的关键在于将祖坟安葬于龙脉与好气场之处。当时林氏宗族认为，龙脉攸关之地为马鞍山山脚的牛岗坪，故将祖坟葬于此地坪，可以吸纳财气，庇佑后人。同时，由于风水话语有明确的排他性，所以在祖坟的安葬地一带必须禁止锄挖。乾隆年间，街内乡绅立《牛岗坪禁碑》于宝珠观，禁止外人前往锄挖，以保护龙气：

窃思牛岗之坪，原系龙脉风水所关，又系牧羊之地。春来田野遍耕，牛马无寄足之区。籍此地以为抚之原则，春耕有赖，国赋从出。迩来年湮世远，多有贪利之徒，藉耕久为业主，甚迩驱古冢为平地，以至栽植遍壤。他若□近要地，无知者在此锄挖以伤阴阳气脉……今春合议，复立严规。嗣后倘有不遵乡约，仍往侵占耕种锄挖，任从牛马践踏餐食，斥辱不得恶言詈骂。如是逞刁，众议扭禀鸣官究惩，绝不徇情。自是以为定规，勒石以永垂不朽！

乾隆四十五年岁次庚子二月初三众立①

此碑立于乾隆四十五年（1780）。碑文告诉我们，牛岗坪为“古冢之地”，为“龙脉风水所关”，时有“贪利之徒”在此锄挖，伤及“阴阳气脉”，故立碑禁挖。牛岗坪北为马鞍山，南为黄姚街，该地恰处两者之间。文中所指“阴阳气脉”，实指龙气经北边马鞍山过牛岗坪，最后聚集于龙穴真武山。接下来我们需要问的是，马鞍山为何如此重要？对此，陆志给出了一个清晰的答案：

马鞍山，在黄姚街北，绵亘数里。岭南为宁化里，岭北则二五都、凤律洞。三里赴县者必经此，乾隆十六年修路。②

在当时的人们眼中，马鞍山的意义在于其是宁、文、见三里乡民赴县纳粮的必经之路。显然，乡民对马鞍山为“龙脉”的理解，是建立在其为赋道的基础上的。而《牛岗坪禁碑》中关于祖坟可以确保“春耕有赖，国赋从出”的说法更是有力地证明了田产、赋税与祖坟风水之间的关系。但仅将祖坟葬于龙脉之上是不够的，一套风水知识往往包括龙

① 《牛岗坪禁碑》，碑存黄姚街宝珠观。

② 《（乾隆）昭平县志》卷2《山川》，第2册，第3页a。

穴、气场、阴宅与阳宅等因素在内的完整解释体系。在黄姚街民众的观念中，龙气经牛岗坪入黄姚街后聚于真武山龙穴，遂在真武山周边形成一气场。因此，乾隆初年黄姚街乡绅除在牛岗坪禁挖外，还在龙穴及气场周边立碑禁挖，以防龙气外泄。从现存的碑铭看，当时禁山的地点还有西边的天溪凹、南边的文明峡三山（天马、天堂、螺山），以及真武山。天溪凹的禁山碑立于乾隆六十年（1795），现存于黄姚街宝珠观，碑文摘抄如下：

立严禁风水龙脉。土场土地□后至天溪凹一带之山，乃□头、虎头、沙棠三寨、虎□山龙脉喉咽所关之处。曾经孝廉林作楫公众议碑禁，无知石匠竟向此处挖石□卖，理言不恤，益津鸠张。即天溪凹之山三村喉咽岂可□哉……

乾隆六十年乙卯岁九月二十八日立[①]

此碑虽立于乾隆六十年，但碑文显示，林作楫此前已经禁止在天溪凹一带开挖。表面上看，碑文似乎在谈论黄姚街西边三寨的风水，但实际上是保护黄姚街的风水。时至今日，黄姚街的民众仍认为天溪凹为黄姚街气场的西界。而黄姚街南边的文明峡三山（即天马、天堂、螺山）禁山的情况，则在乾隆三十年（1765）的《禁山石碑》中有清晰的反映：

文明峡之与螺山也，鼎峙宁、文之界，一则两峰耸翠，锁万派之合流；一则中流砥柱，障北风之凛冽。三山之关系二里之风水也，岂□□哉？况挖凿之禁，由来久矣……

乾隆三十年岁次乙酉仲夏吉旦立[②]

此碑立于距黄姚街南两里文明峡边的天马山山腰。关于文明峡在黄姚街风水话语中的意义，在林作楫所作的《文明峡》一诗中亦有所体现：

不减环滁胜，宁文襟带间。川分双岸断，峰锁一溪湾。□水深千尺，濠梁扼两山，里门无闭处，峻岭自相关。[③]

以上两段材料揭示了作为宁化里与文化里交界的文明峡，攸关宁化里的风水。值得玩味的是，文明峡于宁化里风水的意义是黄姚街乡绅所赋予的，同时，宁化里风水的好坏根本上又由黄姚街的风水所决定。此种关系凸显了黄姚街乡绅在宁化里的领导地位。需顺带指出的是，文明峡此时虽在风水上甚为重要，但远未及乾隆末年以后，天马山上的庙宇亦未翻修。如果说在黄姚周边山场禁挖的目的是防止龙气外泄，那么《严禁真武山碑记》则体现了黄姚街乡绅使真武山的龙气惠及黄姚街阳宅的努力：

尝闻贤哲□生，实赖崧山毓秀；厘居寝识，足征地脉钟灵。盖黄姚之东，有名山

① 碑存黄姚街宝珠观。

② 《禁山石碑》，碑存黄姚街文明阁。

③ 《（乾隆）昭平县志》卷8《诗歌》，第5册，第14页a。

为□，曰真武。由其龟蛇并见而得名者也。况金瓶文明，左右侍卫，旗鼓螺星，镇锁水口，天马御屏，障列□宫，日月依肩而出，绕山绕足而旋。且前有石拱，名曰带龙。□旬明季巩固，来兹聚秀凝奇，发祥呈瑞，四境居民，藉斯以荫邑，谨保障一方而已哉……向因私砍以经议罚，是以合排绅耆，惜纤费鸠工勒石，大彰严禁□后……

士人古峻书

大清乾隆岁次丙子盛秋谷旦立[①]

此碑刻于乾隆二十一年（1756），现存于黄姚通往真武山必经之路的新兴街门左侧。此碑清楚勾勒了真武山龙穴及周边旗鼓、螺星等数座山峰在风水上的关系。值得注意的是，上述山峰及前文所提的马鞍山，均被收录于陆志的《山川》部分[②]。如果考虑到林作楫的因素，我们大致可以判断，陆志中《山川》部分对黄姚附近群山的选择性表述极有可能是基于黄姚街风水因素的考虑。地方乡绅在方志中巧妙地糅合了地方的风水观念，这恰是地方乡绅权力在不同文化场景的表达，两者之间相互联系、相互呼应。此外，上文中所提到的“前有石拱，名曰带龙”即指真武山脚的带龙桥。带龙桥在风水上的功能为将真武山的龙气带到黄姚街内，使街市内接受到从真武山而来的龙气。从康熙末年到乾隆初年，黄姚街最早兴起的林氏宗族是黄姚街风水话语形成的最重要塑造者。这一时期的风水观念的形成与“民”、“僮”田产之争过程中宗族的创建相呼应。作为宁化里权力的主导者，林氏为配合宗族的创建，将祖坟葬于国赋要道的龙脉之上，并在黄姚周边的气场禁山锄挖。林氏宗族通过对地理空间话语的创建，表达其在宁化里一带的权力。

四、权势的转移与风水话语的变化

从乾隆中叶开始，黄姚的风水话语因街内不同宗族势力的消长而发生改变。乾隆中叶以后，黄姚街林氏的势力日渐式微，而莫氏、古氏、梁氏宗族则势力日盛。这些支派的乡绅通过捐修道路、捐赠祀田，逐步取得对地方事务的话语权。乾隆五十五年（1790）莫氏族人莫家成在黄姚捐修道路即是这一方面的重要例证：

黄姚山环水绕，人烟辐辏。凡桥梁道路之□缺者，无不修理筑□，惟准提阁左一路独缺焉未理。虽非羊肠鸟□，然当夏雨淋漓，行者有颠踬之忧。国学先严有志未逮，适今春为母上寿，乘歌台剧梨园以酬戚友。裂锦环顾，斯路果皆倾侧泥泞，难跨步焉。因先严有念，不觉慨然陨涕，遂命匠断山骨，夷险阻，使侧者正，险者平，荡荡乎如由九陌之道、四达之途。虽□蹈扬鞭阿，□又奚□焉！□非敢侈言修千万人从往之路，亦以成先人未成之志也。云尔！工竣敬叙词组以志不忘！

① 《严禁真武山碑记》，碑存新兴街门口。

② 《（乾隆）昭平县志》卷2《山川》，第2册，第2页b。

贡生莫家成谨撰

乾隆五十五年岁次庚戌仲春月立[①]

从碑文可知，莫家成“先严有志未逮”，无疑是因为其家族势力未兴。至乾隆末年，莫氏日渐兴起并开始介入社会公共事务，于是才有了莫家成捐修道路，“成先人未成之志”。民国《昭平县志》对莫家成亦有“生平乐善好施，每年除夕以数百金分给贫民，行之四十年，不稍吝啬。至于平日拯人之危，济人之急，更不止此数。里中父老至今犹啧啧称之”[②]的记载，可见莫家成在当时的社会影响力。崛起的新兴宗族在取代了林氏成为黄姚街的领导群体的同时，确立了其代表宁化里与官府打交道的地位。随后，攸关宁、文、见等数里通往县城交税的马鞍山、接米岭渐为其控制。道光乙巳年（1845），莫家成长子莫霭然与昭平县知县徐士珩联合倡修了马鞍山、接米岭至县城的道路即是重要例证：

龙平，岩邑也。所属地方多崇山峻岭，其最险而尤著者，莫过于土名接米岭，在邑之东南方，离城百里有奇。其岭绵亘数十里，深谷高崖，羊肠鸟道，车不得方轨，马不能纵驰。纵杖策优游，犹刻刻凛临深履之虞，而况其为负荷往返者，且地当孔道，为凝、文、招、见龙二伍各都里赴邑郡、趋省城必由之路。余昔年钦奉简命，来宰斯土，因见公亲历险途，目击征夫困苦，行旅艰难……适绅士莫霭然等禀请劝捐，与余同志。但虑工繁费巨，独力难支，是以捐廉饮助，而外与绅民等公议，发簿劝捐。幸所属士民踊跃同心，乐襄善举，或舍仁浆，或馈义粟，有采花酿蜜之资，集腋成裘之美。当即谕令绅民等公举督理之人，觅工雇匠，相度险夷，画定绳尺，卜吉兴工。其修治之处始自黄姚马鞍岭，以迄西坪而止，阅数寒暑而巨功告成……

授奉政大夫现任广西庆远府同知前知昭平县事徐士珩谨撰

特授庆远府分府前知昭平县正堂加五级纪录五次徐捐工舍钱　　贰百千文正

例授儒林郎吏部候选直隶州分州莫蔼然捐工金钱壹百千文正

庠生莫泰然偕弟坦然捐钱陆拾千文正

……（捐款名列略）[③]

马鞍山道路此次由莫霭然倡导，宁、文、见三里乡民捐修的情况证明了莫氏宗族此时在黄姚盆地内的领导地位。莫霭然倡修赋道的最重要原因在于其家族在兴起的过程中田产不断增加，需要与官府建立关系，以确保其对田产的控制。而参与此次修路的乡绅多数亦是这一时期黄姚盆地的新兴势力。马鞍山此次修路的规模为历次之最，在某种程度上证明了乾隆末年至道光年间黄姚盆地权力的转移。权力的转移直接导致了黄姚街内风水表述的改变。在这一阶段内，黄姚街内新兴乡绅修建道路与桥梁，不仅出于公共事务的考虑，亦

① 碑存黄姚街宝珠观内。

② 《（民国）昭平县志》卷5《人物部》，第146页。

③ 《道光乙巳年兴修接米岭并鞍西□大路碑》，碑存于黄姚街宝珠观。

有改变风水的目的。嘉庆十一年（1806），三星桥的修建即是其中一个例子。修建碑文如下：

> 闻览史乘至姚溪，可爱者甚蕃！武峰、文峡枕激天然，带龙入市，四面桥路，靡不康庄，独潘家巷底有吕公社一所，桥路未辟。熙朝以来，名士潘超留隐此间，后有山人驱车至止，徘徊瞻眺而兴叹曰："此地多产人杰，惜无路以上达。"时余祖会宇耳熟斯言，奈有志未逮。迨乾隆丁未岁，中郎业显即继父志，架木为桥，幸族弟士新义捐园地为路，利济行人，已二十年于兹矣！第风雨飘零，桥梁数易，志恒□□！嘉庆丙寅之秋，中郎谋之同人。莫君家成等易梁以石巩焉，但功程浩大，独立难成，爰是倡首沿签，采花酿蜜，集□成裘。幸诸君不吝，欣然同举。桥成不日，梦帝赉锦笺于桥，有福、禄、寿三字，众皆悦之，故名斯桥曰"三星"……
>
> 府庠古士扬盥手敬撰
>
> ……（捐款名列略）
>
> 嘉庆拾壹年岁序丙寅仲冬月谷旦立①

《鼎建三星桥碑》现立于黄姚街吕公社三星桥边。碑文撰者古士扬为古氏天佑公支族人。碑文显示，古士扬的祖父先前无力捐修三星桥，至乾隆丁未（1787），其父开始"架木为桥"。到嘉庆丙寅（1806），莫家成再易为石拱桥，并由古士扬撰写碑记，莫氏与古氏的关系显而易见。而吕公社的居民正是由莫氏、古氏以及梁氏的族人构成。更为重要的是，与乾隆的风水话语相比，古士扬对吕公社与黄姚街风水关系有了一些新的表述。潘家巷吕公社位于黄姚的老街之北。在乾隆中叶之前，吕公社未兴，虽紧连黄姚，但其并未分享由真武山至黄姚街的风水。三星桥修建的意义就在于将吕公社与街外道路（即通往县城的道路）连接，使金德街的龙气能从吕公社流出。吕公社由此能分享到由真武山而来的龙气。莫、古、梁三族兴起后，族内士绅立社修桥，并将其与黄姚老街的风水连接起来。因此，文中提到因桥路维修而致吕公社"此地多产人杰，惜无路以上达"的局面，实指风水龙气未接而影响到此三族获取功名。

新兴乡绅群体在改变街内风水的过程中，一方面与此前风水话语中的某些部分保持一定的距离，但另一方面又强化了原有话语中的某些元素。关于新兴乡绅对此前风水的疏离态度，我们可以透过《光绪二十年甲午重修宝珠观壁背并通宝珠山碑》作深入分析：

> 风水之说，岂可过泥，又何必尽非？诚以天地钟灵，自有生气，乘其生气而培毓孕育。自尔肇启祯祥，从或间□未足，亦只补苴一二。若过于修饰，致失天真□，谓动□有常，刚柔断矣！既□云其吉又不已，于焉允藏也。□□境祖庙宝珠观九曲朝堂，水缠玄武。其四崖层迭，□若莲花，或高□龙门石彩，有破浪之鲤；或深藏蛟□

① 《鼎建三星桥碑》，碑存黄姚街三星桥边。

□花，有透地之泉。尤可奇者，庙后背旁□□小山，环回□绕，宛在中央，秀而且丽，俨若宝珠。庙建厥初，因以名观。前贤慎重，恐江水逼近后殿，甃以石，筑以土，而灵迹因之隐伏焉！至观前朝堂，潭水底涌，甘泉浩瀚，潆洄观澜，有自临流羡赏，清且涟漪。先乡辈亦虑河涨冲激照墙，因增砌数尺以广余□。时喜谈风水，家遂有填实不美之论，其后不旋踵而地方果有不测之虞。是风水似不可尽非也！抑知世之盛衰关乎气运，人之兴替只论心田。诚方懋厥德自罔有天灾矣！又何风水之足泥耶？虽然人事□修，尽有挽回之力，而天然具在聿张补救之功俾合浦。一今□还珠并狂澜特回于既倒，询谋同惟吉之从。乡中父老集众剧金，审慎重修，因共推梁君慎之兄董其事以兴举焉。告成之日并嘱余叙颠末。余自维谫陋，恐荒谬贻议，安敢□尔操觚，敢虞□漏。然事关祖庙风水，功程甚巨，一误何可再误？略溯来由，弁诸碑首，功既垂成，特泐□珉以昭郑重。尚望后贤继踵，慎勿轻易更张，窃风水攸关地方所赖，以成亘古不移之业，为累世休嘉之占。[①]

碑文开始即提及“风水之说，岂可过泥，又何必尽非”，这提示我们，街内不同势力曾经因风水发生过激烈的辩论，有人支持，亦有人反对。至光绪年间，这一争论已逐步平息，街内乡绅已倾向用折中的态度对待风水。碑文同时揭示，先前人们喜谈风水，但其先人却大加反对并发表了“填实不美之论”，随后地方有了“不测之虞”。我们推测，这极可能是新兴的士绅在崛起并控制了黄姚街之后，对此前林作楫时期的风水话语的否定。至光绪年间，地方社会接连遭遇水灾，故街内的风水话语重新抬头。但新兴的乡绅阶层在重新接受风水话语时，增加了宝珠、莲花的概念，使用了佛教文化对其加以改造。这一变化实质是佛教传统的复兴。翻阅乾隆县志我们可以发现，黄姚地区的文化在万历以前以佛教传统为主。黄姚的重要庙宇如宝珠观、文明阁原先均为佛寺，内祀如来、观音。后随着地方社会的变动，这些佛寺或加祀其他神明，或日渐圮废。在林作楫时期，乡绅们倾向于弱化佛教与地方社会的联系，在地方文献中较少提到佛教的观念。但乾隆末年以后，佛教词汇在碑文中出现渐频，新崛起的乡绅在取代旧势力的过程中通过重新强调佛教知识以与此前的文化话语保持一定距离。

莫、古、梁三姓乡绅在用佛教观念弱化黄姚街内风水话语的同时，还大力渲染街市南边文明峡三山在风水上的意义。新兴的宗族认为文明峡是宁化里与文化里的交界，是宁化里的最下游。该处地势狭隘，能聚集财气。为此，新兴乡绅重修了文明峡天马山山腰文明阁并将祖坟修于山脚，将这一风水之地据为己有。文明阁在乾隆县志中载于《古迹》一目，当时只是一圮废的佛教寺庙。这表明文明阁在林作楫时期并不重要。乾隆后期，三姓乡绅开始向文明阁捐赠祀田、修筑至文明阁的道路。关于文明阁的情况，民国《昭平县志·建置部》如是记载：

① 《光绪二十年甲午重修宝珠观壁背并通宝珠山碑》，碑存黄姚街宝珠观。

文明阁在黄姚街天马山下。创始明季，清乾隆庚子年、道光庚寅年、同治庚午重建、民国丙寅修复。石壁题刻甚多。[①]

材料清楚显示文明阁虽创在明代，但直至乾隆后期才在地方社会生活中变得重要。乾隆庚子年（1780），文明阁第一次重修。道光《重建文明阁碑记》亦有“乾隆庚子古君业干等始访旧址而重修之”[②]的记载。乾隆五十年（1785），莫昌祖倡修文明阁，众姓合资向文明阁捐赠祀田：

文明阁踞姚水南山之巅，雕甍倚岫，尽栋参天。其间奉二帝。要非聚以僧徒，晨夕拥篲明洁，殊无以肃观而妥神灵也。聚僧徒必资乎祀田。假祀田不设，则僧徒无由而聚，祀典于何而明？爰是莫昌祖等于告竣文明之后，复行倡首，采花酿蜜，议置祀田，以为居僧饔餐之具，俾朝夕得以奉祀神明，而茶烟不辍，使客玩游于斯。靡不登高作赋，临流咏诗。诚见诗中有画，画中有诗，而名山胜概，宁有穷乎？由是王盏长明，龙诞高□。二帝之声灵远播，姚山之毓秀何穷？功德载于砥石，芳名泐于坍台。于是乎序。……（捐款名列略）

乾隆伍拾年岁次乙巳桂月吉旦刊立[③]

从材料中可知，文明阁此时仍为佛教庙宇，庙中有僧侣。囿于史料阙失，我们并不知道文昌、关帝如何被加祀进去。我们推测，这一情况极有可能是三姓乡绅崛起后将文昌、关帝加祀至文明阁，故捐赠祀田亦是记于二帝名下。随后在乾隆五十六年（1791），古培旬又捐款修筑至文明阁的道路，捐修路碑如下：

古公培旬发善心修文明阁路肆拾余丈。

乾隆伍拾陆年岁次□□月吉日□[④]

在地方权势变动的过程中，新兴的乡绅围绕着文明阁重构了村落内部以及宁化里的社会关系。乾隆末年以后，文明阁的地位日益重要，在黄姚街的社会公共生活中实际起着村庙的作用，成为三姓族人支配村落公共生活的重要手段。同时又因这三族在科举上的成就最为突出，文明阁日渐成为各乡里文人墨客的游玩之地。文明阁有声门后的崖边，现仍保留着很多乾隆末年以后的诗文摩崖。重修文明阁的同时，三姓族人又将祖坟葬于天马山脚。乾隆四十一年（1776），古氏天佑公支立古恩承二公墓于天马山北麓，古恩为天佑公支的始迁祖，“生于崇祯丁卯年八月二十七日卯时，终于康熙丙子年六月二十七日卯时。”道光十八年（1838），梁氏广益公支立始迁祖之发配古氏之墓于天马山北麓。古氏生于乙

① 《（民国）昭平县志》卷2《建置部》，第46页。按：文明阁只有道光庚子年重修的碑记而无道光庚寅年的记录，故笔者疑为道光庚子年之误。

② 《重建文明阁碑记》，碑存黄姚街文明阁。

③ 《重建文明阁碑记》，碑存黄姚街文明阁。

④ 碑存于文明阁山路边。

亥年二月初六日子时，终于辛酉年九月二十八日戌时。墓碑两边有莫靄然撰写的挽联：

> 阃范再传光族第，墓田重整荫先支。
> 候选直隶州左堂莫靄然拜撰[①]

“墓田重整荫先支”清楚显示立墓与族产的管理有着密切的联系。新兴的乡绅认为，将祖坟朝北修于天马山山脚，可以吸聚宁化里的财气，增加宗族的财富。简而言之，黄姚街的风水话语在乾隆中期以后随着新兴宗族的崛起而经历了重新表述的过程。检视道光以后黄姚文献中有关风水论述的碑铭文献与口述资料，马鞍山道路在风水上虽仍非常重要，但已被新兴的宗族所据有。街内的风水格局又因新桥梁的修建与佛教的复兴而发生改变。而街市周边的气场则发生了转移。北边的牛岗坪已没有乾隆前期那般重要，攸关之地已移至南边文明峡三山。新兴的古氏、莫氏、梁氏宗族一方面透过在天马山另立庙宇以凸显其在黄姚街与宁化里的地位，另一方面则透过新建祖坟、重构谱系以控制新田产。

五、风水与乡村联盟的构建

道光以后，文明峡、文明阁的风水话语又成为宁化里与南边的文化里、北边的见龙里构建乡村联盟的重要文化资源。宁化、文化、见龙三里构建乡村联盟的直接原因是府江乃至华南地区日趋严重的社会动乱。昭平地区在这一时期亦未能幸免，不断遭受流匪洗劫。道光三十年（1850），“洪秀全攻永安，号天觉王，旋改太平王，头裹红巾，人称红头贼。清兵万有余，自大河来，路经礼仪冲、石人岛、富裕冲以救永安，兵到城已陷。秀全军亦万余自是由永安走仙回，被清军郧将追击在永昭交界之平冲”[②]。同年，“昭平叶天娘聚众千余，劫掠昭平、贺县各村堡，踞沙子、天门岭以抗官军，旋入富川马峰、麦岭，同知英秀、参将成保所败，回窜昭平”。为应付地方社会日渐猖獗的“匪乱”，道光末年以后，黄姚街古、莫、梁三姓乡绅开始联合操办团练。当时的代表人物主要有古绍先、莫汝功（莫靄然长子）、梁都等人。民国《昭平县志》对古绍先有如下记载：

> 古绍先，字述堂，关区黄姚人，恩贡生。生性聪敏，读书日以千言，善属文，尤工音韵。咸丰四年，贼匪猖獗，蹂躏乡村，绍先与团绅贝德义、汤新干、李秉绅设立公局于客塘墟，以维持地方。匪徒伏路捉人，见绍先来，即避去。咸丰八年，发逆陈金刚以数万人据贺县，派伪司马陈金亮数万人据贺县，擅作威福，任意杀戮。地方之人得绍先救活者不少……[③]

① 墓存于天马山脚。

② 《（民国）昭平县志》卷7《风土部》，第187页。

③ 《（民国）昭平县志》卷5《人物部》，第142页。

从材料可知，古绍先在地方颇具声望，为匪徒所畏惧。“团绅”的字眼证明了乡绅组织团练活动的情况。材料所提及的贝德义、汤新干、李秉绅为文化、见龙各里的乡绅。这一细节提示我们，黄姚街乡绅组织的团练活动，不仅仅局限于宁化一里，而是覆盖了黄姚盆地的大部分地区，其实质是三里乡村联盟的构建。在此基础上我们需要考虑，宁化里的乡绅如何与邻里的乡绅合作操办团练。在帝国时期，乡村联盟的组织往往是以庙宇为中心。当其时，黄姚盆地三里的团练组织的中心正是文明阁。民国以前，文明阁文武二帝在每年农历五月十三出巡宁、文、见三里。文明阁神明管辖的范围与文献记载团练的范围基本重合，此点证明了文明阁在团练组织的核心作用。关于文明阁在晚清三里团练中的地位，我们还可以从同治乙丑年（1865）知县张秉铨到黄姚催科的事件加以考察。咸同以后，官府对地方社会的控制日渐松弛，赋税征收亦显困难。官府不得不依赖操办团练的乡村联盟来征收赋税。时张秉铨到黄姚催科，与三里乡绅对饮于文明阁并赋诗一首，节录如下：

（同治）乙丑岁暮春，余来黄姚催科，郎中绅士李公秉绅、梁公广信、劳公锡□、锡庞二昆仲、林公上清、古公之愚、绍德二昆仲□余于文明□阁。阁在山巅，风景绝胜。时巡检徐公遇春亦在座，联作五古一篇以酬其情，工□非所计也。即求请公郢政。……

幽思寄绵邈，座有乡之人。
□及峰因扰，有地成石田。
无人不饿殍，室庐掳一空。
贼□□原燎，此阁独宛然。
完璧仍归赵，言之惨可怜。
听者色应愀，劝君且莫哀。
……（下略）[①]

张秉铨在诗中描述了地方社会在经历了动乱之后土地荒芜、生灵涂炭的惨况。在此背景下，张秉铨在文明阁与以黄姚街为主的各里乡绅对饮催科一事就格外值得玩味。其一方面折射出官府在动乱之后对地方乡绅更为依赖，另一方面则凸显了文明阁在地方权力秩序中的重要性。更为重要的是，张秉铨催科三里于文明阁更深层的原因是咸丰年间昭平县行政区的变动。“咸丰年间，地方多故，邑侯沈芬倡办团务，将县属十里改分十区，以预、备、财、恒、足、关、防、乐、太、平十字”。[②]宁、文、见三里隶属于关区。团务区划分之后，每区设有一至两个团务分局。关区有两个团务分局，一在西坪，一在黄姚。关区中

① 摩崖刻于黄姚天马山山崖，文明阁有声门后。《（民国）昭平县志》卷8《艺文部》，第203页亦有收录，但与摩崖原文略有出入。

② 《（民国）昭平县志》卷1《考据部》，第25页。

部群山绵亘，以接米岭、仙殿顶、天塘山等山为界，划分成两大区域，成为两个团务分局的辖区。西坪分局的辖区范围为昭平里的西部，黄姚分局的辖区范围则是宁、文、见三里。黄姚分局管辖的地区正是文明阁游神的区域。在这一背景下，张秉铨催科三里于文明阁实际上就是催征黄姚团练分局辖区的赋税。在道咸以后社会重组的过程中，团练组织一定程度上取代了"里"成为官府征收赋税的主要单位。政区的重新划分，是政府在对地方社会控制力减弱的背景下对地方权力体系的承认。

在明白宁、文、见三里以文明阁为中心组织团练的意义后，我们再进一步了解风水在这一关系形成过程中的意义。道光庚子年（1840），文明阁经历了一次大修。其重修碑铭恰反映了风水与乡村联盟构建的关系。此次重修的碑铭《道光庚子年重建文明阁新建魁星楼并建亭台碑记》现存于文明阁。全碑分《重建文明阁碑记》和《墨香斋新尊神相并神龛碑》两部分。《重建文明阁碑记》中有两篇碑文，分别为昭平举人黄可学与长沙文人陈洪□[①]所撰。黄可学为昭平县附城人，嘉庆十三年（1808）举人[②]。陈洪□文则是其应樟木林巡检分司司官邵安曾之邀所撰。[③]《重建文明阁碑记》的捐款名列又有两部分，前为黄姚街内民众捐款名列，后为周边村落的捐款。后者共有二十个村寨，名列如下：仁会寨、玉笋山、西坪、石塔墟、白眉山、旺头山、苦竹寨、崩江、新丰寨、古洞、北黎、虎（竹）寨、茶埠寨、猪头岩、罗望洞、容堂墟、见肚寨、东坪、封门、黄屋社。这些捐款村落与宁、文、见三里以及文明阁游神区域的范围大致重合。另外，此次重修的首事为黄姚街乡绅莫汝功。从捐款数额看，黄姚街的捐款最多。《墨香斋新尊神相并神龛碑》主要就是黄姚街民众为新尊神相与神龛捐款的刊名。显然，这次重修的意义在于确立宁、文、见三里的联盟关系，而这一联盟关系又是在黄姚街乡绅的主导下建立的。在乡村联盟建立的过程中，文明阁的风水成了三里权力体系构建的文化资源。文明阁被置于三里的空间下重新诠释，但这一诠释又因黄姚街乡绅的地位而延续着黄姚街风水中对文明阁的理解。这一点在黄可学所撰写的《重建文明阁碑记》中有清晰反映：

> 尝考县志昭之旅丛，里控贺溪富，与文化□□相错。而层峦迭嶂，山水幽奇之首推文明阁焉。阁处黄姚东南方，坐巽向干，气象开豁，岩壑耸翠，俨盖尽图。其西北溪流汇于阁前潆洄亭，蓄灞渚水深千尺，又有螺峰特峙介于天塘、天马二山之间以为关键。故前人建阁于此，洵一方之巨镇也……若夫楼阁重新，山川生色，所以妥神灵者于斯，所以培风水者□于斯。从兹以后农桑遍植于郊原，商贾安集于墟市……斯阁之建，固凝里文建之隆替所攸关也，岂□供骚人逸士游览登临而已哉……

① 因石碑剥落与史料阙失，无法确认此君身份。

② 《（民国）昭平县志》卷4《选举部》，第115页。

③ 樟木林巡检设于道光十六年（1836），驻樟木林，移驻黄姚街。无专建衙署，或借公地，或凭民房以作办公之所。至宣统三年（1911）裁撤。《（民国）昭平县志》卷4《职官部》，第108页。

戊辰恩科乡进士陆川县教谕黄可学敬撰[①]

这篇碑记中除清楚描述文明阁的地理位置、重修缘由以及空间格局外，最值得我们注意的是黄可学对于文明阁风水的表述方式。黄可学认为文明阁“坐巽向干”，为“培风水”之关键，“凝里文建之隆替所攸关也”，而非仅供“骚人逸士游览”之用。换而言之，文明阁是维系三里风水的关键。与前面联系，我们看到文明阁作为村庙与作为团练机构在风水上分别有不同的诠释。这两套话语重叠的关键在于乾隆中期以后黄姚街新兴的三姓乡绅。黄姚街乡绅在确立其在团练领导地位的过程中，将自身在村落及宁化里中的权力话语运用于团练体系之中，以此表达了其在乡村联盟中的权力地位。道咸以后的文明阁风水观念，既是乾隆末年以后黄姚风水观念在时间上的延续，又是其在空间上的扩张。这一风水观念，不仅仅是黄姚街新兴乡绅在宁化里权力地位的表达，亦是三里团练组织、地域关系构建的重要文化资源。道咸以后，昭平县的行政由“里”向“区”过渡，地方社会透过团练重建地方的行政体系。在此过程中，风水成了塑造区内民众共同情感、实现地方自治的重要文化手段。

六、结语

有清一代是府江流域社会在王朝体制下确立其社会秩序的时期，社会形态从化外的部落社会逐步转变为化内的宗族社会。这一转变的过程实际上是明末清初昭平设县后民众入籍问题的延续。土地登记引发的田产纠纷导致了地方社会的激烈竞争，这一问题构成我们理解府江流域社会转型的起点。科大卫、刘志伟在珠江三角洲的研究中指出，明清时期华南地区宗族建立的根本原因在于土地的登记与赋役的征收。这一研究深刻揭示了祖先谱系的追溯在社会经济生活中的意义。作为历史记忆与时间观念的重要元素，祖先符号是民众构建其社会生活的重要文化资源与手段。从这一思路出发，本文尝试进一步回答的是，在宗族建立的过程中，府江流域的民众如何借助于风水观念的表达以配合祖先文化符号的创建与运用，确立地方社会的权力秩序。而清中叶以后，随着新宗族的产生以及宗族间乡村联盟的构建，乡村风水话语亦不断地被重塑以适应社会的演变。民众在风水话语中对当地山川的解释体系，并非仅仅是地理空间上的表述，其背后更是隐喻着民众的国家观念及地方社会的秩序。国家的构建，并非一个简单的自上而下的历史过程，其中包含着民间社会与帝国之间的种种文化互动。以风水观念的变动为切入点讨论区域社会史时，我们看到的是帝国构建与地方社会关系演变另一极具吸引力的历史过程。

（原载《社会学研究》2012年第3期）

① 《重建文明阁碑记》，碑存黄姚街文明阁内。

闽东民间文书的新发现及其学术价值

周正庆

一、新发现闽东民间文书的分布及收集方法

（一）新发现闽东文书的地域分布

周宁县，位于福建省东北部。地处鹫峰山脉东麓，地势由西北向东南倾斜，平均海拔800米，除了有小径与外界相通之外，“层峦叠嶂，舟车不至”[①]，历史上交通较为闭塞。1945年8月1日，以周墩、宁德两地首字定名，设置周宁县。周宁县“东邻福安，西接政和，北连寿宁，东南与宁德接壤，西南与屏南隔溪相望”[②]，处于闽东、闽北及浙南交界。新中国成立后政府一直注意保护生态环境，没有在经济建设大开发中进行大拆大建，乡村风貌保存良好。我们以周宁县为中心，扩展到周边的县市收集民间文书。此地域至今依然如清代文献所述，或是“环峰复嶂，效奇献秀，双溪合流，襟带其间”，或是“双溪合抱，四山环拱”[③]，是一种小溪蜿蜒流于群山，舟楫难通的景象。独特的地理环境，为民间文书资源的保存提供了优越的自然条件。

据笔者所知，闽东民间文书目前保存得较为分散，公私皆有收藏。闽东文书收藏数量较多者为上海交通大学图书馆，其中：宁德市5601件、福安市389件、寿宁县1645件、屏南县700多件、古田县300多件、霞浦县36件，共计约为8671件[④]；卢增荣先生发现的文书有：寿宁县1032件、福安市34件、屏南县65件，共计1131件[⑤]。

我们对于闽东文书的收集，较大规模的有两次。2015年10月24日至11月2日暨南大学历史学系周正庆、崔世平带领十个学生（包括硕士研究生与本科生）深入周宁地区乡村，对保存于周宁县泗桥镇、纯池镇等地区民间文书进行拍摄与收集，这次收集的文书约

① 《（民国）周墩区志》卷一《舆地志》。

② 周宁县地方志编纂委员会编：《周宁县志》，北京：中国科学技术出版社，1993年，第1页。

③ 《（乾隆）福州府志》卷之三《疆域形势附》。

④ 该数据由上海交通大学历史系赵思渊博士提供。

⑤ 卢增荣：《福建民间契约文书的最新搜集和论说》，厦门大学博士学位论文，2000年，藏于厦门大学图书馆。

为8000多件。第二次于2016年5月19日至5月25日由暨南大学周正庆、深圳大学张小也、南开大学余新忠带领六个学生到周宁县前溪村、政和县北斗村进行考察，收集到包括契约文书与族谱在内的民间文书近3000件。

闽东文书保存的资源十分丰富，或分散于乡村民众之家，或落入文物售卖者之手，其数量难以估计，根据我们与柘荣、屏南、寿宁三县博物馆馆长的前期排查，加上我们收集的文书，估计数量超过五万件。目前四县博物馆与暨南大学历史学系形成合作态势，共同在闽东山区开展民间文书的收集与整理工作。

我们对已经收集到的从崇祯年间至民国初年的民间文书进行初步整理，经过统计共有9669件文书，具体情形见下表[①]。

表1　新发现闽东民间文书数量分布表

文书发现地	文书数量（件）	文书发现地	文书数量（件）
周宁县	3724	永泰县	359
寿宁县	1760	福安县	632
屏南县	938	南平县	91
古田县	923	闽侯县	16
政和县	808	尤溪县	418
合计	9669		

文书分布有两个特点。第一，文书分布存在着密集区域，呈块状分布。新发现的文书密集分布于清代建宁府、福宁府和福州府三府交界处，相当于现代行政区的周宁、寿宁、屏南、政和、福安五县交界处。我们收集到的数量较大的家族文书也基本出现在这个区域。比如发现了许氏、周氏家族文书711件的政和县澄源乡北斗村，就是位于政和、屏南和寿宁三县交界之处。在清代的宁德县与寿宁县交界处的周宁县泗桥乡硋窑村，我们发现了连氏家族文书434件。表1显示，周宁、寿宁、屏南、政和、福安五县的文书共有7869件，约占了已统计文书的81.3%。第二，与密集区相离，发现文书的地方呈稀疏星点状分布。剩下的18.7%的文书广泛分布于古田、永泰、平南、侯官、尤溪五县，数量较少，比如侯官县只有16件卖山契，南平县仅有一个家族（应氏家族）91件文书。又如尤溪县玉溪村、永泰县月洲村远离文书分布密集区。两种特点的文书分布态势，在地域上基本覆盖了闽东山区。

① 目前尚有三千余件在周宁县博物馆，没有拆封统计。随着我们收藏增加，数量还会上升。

（二）新发现闽东文书的收集方法

1.“文书群”的收集理念

文书的“收集”与“整理”是两个概念，二者之关联与区别，并没有引起学者足够的重视，学者在进行文字表述时容易写成“收集整理（或书之为收集、整理）”，将其视作并列词，我们认为在文书的收集与整理过程中存在着多层内容。文书的“收集”并不是指对文书单纯的“购买”或“知识产权”的拥有，应该包括三个层面的内涵。

其一，对于文书保存的认知。指对所收集文书历史与地理背景的了解，包括文书所在地、保存者、文书存放形式等。闽东山区长年潮湿，一般来说家族的文书以存放于长方形木箱（有大有小，小木箱大概可以装200件文书），放置于阁楼上的形式为主。如周宁县泗桥乡硋窑村连洪法家中木箱长宽高分别是30cm×7.8cm×12cm，装有300多件家族文书。也有特例，如福安市坂中乡铜岩村陈云生将其家族238件从道光至2010年代的文书，粘连成长39米，高92厘米的长卷。现代人的这种存放形式看似破坏了文书保存的原生态，但却反映了地方民众重视家族文书的民风。这些文书包括土地、房产买卖契约、验契税、借字条、纳户执照、纳粮清单等与家庭生活相关的文书，以单张纸件为主。

其二，对“立体史料“的关注。文书的形成与存在，必然与一定的社会空间相关联，在文书收集时，必须关注与文书保存地地域空间相应的“立体史料”，既包括庙宇、宗祠、碑刻等实体文物，也包括与文书相关的地理、人口、乡村发展史与村民口述史等有形与无形的历史资料，注重在历史脉络下的思考与收集。

其三，收集方式与文书的系统性。一般情形下收集方式有原件拍摄和脱离文书“在地”的购买二种。在实际收集过程中因收集方式的不同，史料价值会有所迥异。前者文书保存系统性较好，可以溯知其背后的故事。后者存在着在售卖过程中追求文书的品相与质地，以求高价，较多地出现支解文书的现象，这就需要与售卖者进行耐心的沟通，找出其认为卖相不好，但对于学术研究具有重要价值的文书。

对于文书的“整理”，刘伯山提出了“归户性”原则[①]。其所指的“户”即具有家族的内涵，强调将与同一家族相关联的资料进行整理，注重文书源的分辨。石仓文书整理原则，蒋勤概括为“在地”与“有机性”。他认为“在地”是“将史料放回村庄的社会、经济历史变迁过程中”，“不脱离地方情境”。“有机”即是“以人物为中心，进行匹配和交叉校验：在家庭、家族、村落不同层次的各类文书，彼此以人物为中心都可进行匹配与相互验证”[②]。清水江文书整理过程中强调“包”与“帙”的概念，突出文书的完整性[③]。学者

① 刘伯山：《徽州文书的遗存及特点》，《历史档案》2004年第1期。

② 蒋勤：《清代石仓文书的“在地”与“有机”分析》，《上海交通大学学报》（哲学社会科学版）2014年第3期。

③ 张应强：《清水江文书的收集、整理与研究》，见《清水江文书 第1辑 前言》，桂林：广西师范大学出版社，2007年，第7页。

的理念更多地体现了法国档案学的“尊重全宗”的文书整理原则，也即是在文书整理过程中，对于“来源于一个团体、一个机构、一个家庭或者一个人的所有文件都要组成全宗；档案管理人员不得把全宗拆散或将不同的全宗混合在一起”[①]。可见学者对文书“整理”的共同理念是尊重文书的原始状态，努力使经过整理的文书能够“重返历史现场”。这些理念是对随意将文书打散，按主题分类整理做法在观念上的一种修正。

文书“整理”着重于文书系统性的构建，包括文书的编纂原则、资料梳理、对残缺文书的修复与校辨等，在“整理”环节往往因资料收集的不完整性，加入整理者个人标准与判断，曲解了资料的本意。实际上，文书“整理”建立在“收集”基础上，文书收集阶段的系统性决定着文书整理的非“碎片化”，所以必须认真重视文书的“收集”内涵。

闽东文书的收集是建立在政府文博保护系统之下，涉及周宁、寿宁、柘荣、屏南等山区县属一次大规模协作的民间文书保护行动。这个地区在清代至民国期间，政区变换频繁，社会发展脉络具有很强的联动性，所收集文书时间跨度长，不能单纯“以人物为中心”，文书的收集工作即使做到了“归户”性的分辨，但如果忽视了文书所处的社会空间与历史情境，同样会对文书的理解产生歧义，所以我们倾向于运用“文书群”的理念进行文书收集。

什么是“文书群”？学者没有进行总结。杨培娜、申斌在总结日本学者对中国契约研究时，认为日本学者最早提出了这一概念，并将之理解为“同一保有者的不同类型文书所构成的文献整体情况”[②]。目前这一概念被国内学者屡次提及，但存在着与“归户性”“有机性”等概念混用或不清晰的问题。陈春声先生在多种场合强调了民间文书研究中的“地点感”“时间序列”和“地区历史脉络”诸问题[③]，他的观点被学者表述为“具体的时空下，将当地的民间文献与田野调查相结合，构筑具有地点感的时间序列，在一个立体的史料综合体中追寻区域社会历史的内在脉络[④]”。陈先生所说的“立体的史料综合体”更符合我们所理解的“文书群”内涵，即是在文书收集的前期尽量能够甄别文书的“归户”，并将相关的史料群纳入文书体系中进行收存，包括有文字文书与没有文字的庙宇、祠堂、古村落等实体文物，也可以是图片的、口述的历史内容，构成立体的可以解读的史料。

为了更具体地说明我们所理解的“文书群”的观点，试以政和县澄源乡北斗村许氏、周氏家族文书为例进行解读。北斗村的文书是许姓家族拆屋拿来售卖给我们的，共7包711件。如果进行简单的“归户”有可能存在拆分文书的风险。因为周氏是许氏家族的姻亲，

① 转引自刘金芳：《论来源原则的历史演变》，《浙江档案》2007年第4期。

② 杨培娜、申斌：《走向民间历史文献学——20世纪民间文献搜集整理方法的演进历程》，《中山大学学报》（社会科学版）2014年第5期。

③ 请参阅陈春声：《走向历史现场——“历史田野丛书”总序》，《读书》2006年第9期；陈春声：《市场机制与社会变迁——18世纪广东米价分析》，北京：中国人民大学出版社，2010年，第332—334页。

④ 杨培娜、申斌：《走向民间历史文献学——20世纪民间文献搜集整理方法的演进历程》，《中山大学学报》（社会科学版）2014年第5期。

二家的文书摆放一起，由许家后人保存。相应的资料还有二家的诉讼纸，抄账本、买卖婚书、植福会记事本等，如果将资料进行剥离，分别归入周家或许家的“户”，文书的整体性就受到支解。故我们更愿将之视作“群”进行收集。我们在文书中看到周氏家族自康熙开始，至民国初年在北斗村势力雄厚，被称为“豪强”。但我们到达北斗村进行考察时，并没有感觉到周氏宗族在许姓北斗村中的曾经强势，相反我们在村口小路上发现了一块乾隆五十六年捐建碑，内中有许长位捐献500文的记载。村旁有定风寺，建于唐咸通五年（864），重建于乾隆五十六年（1791）。在寺庙的大厅屋顶横梁上，我们仍然可以看到许长位作为愿首为建寺捐献四十四两白银的记录，处处显示着许氏宗族的强势。

我们前后花了两年多时间，经过实地考察，将周氏宗族的发展置于许氏宗族发展的大脉络下进行观察，不仅将许、周宗族文书进行收存，也将相关族谱、宗祠与佛寺资料及村民的口述史、碑刻纳入“文书群”中进行保留。经过多种材料的比对研究，我们才能理解，处于十八村许姓包围下的周氏家族，尽管在康熙至道光年间显示出它的强势性，但仍然摆脱不了最终衰落的结局。

为了文书的系统性能够更好地体现，我们努力将新发现的闽东文书“文书群”的形成前移置至收集阶段，而不是在后期的整理阶段中去体现它的特点。

2.政府主导下文书收集系统的建立

陈春声先生在作历史人类学田野考察中多次强调文献“在地性”的重要性，并将其理念写入清水江文书的序言，总结为四项原则①，要求“尽量通过与地方政府和本地研究机构的合作征集或复制文献”。我们遵循陈先生提倡的原则，以周宁县博物馆为中心与寿宁、柘荣、屏南等县博物馆进行合作征集文书。地方政府为了保护文物，在县一级行政区设立博物馆，负责对地方文物进行保护，在乡村一级设立兼职的文化协管员，负责对接县博物馆，对地方文物进行日常的巡视与监护，形成了完善的地方文物保护系统网络。我们正是依托地方文物保护网络建立文书征集网络，通过乡村文物保护协管员，对分布于乡村的民间文书进行前期了解，根据反馈回来的信息进行分析，与文书持有者沟通，为后期入户拍摄或购买做好准备。

陈先生要求“尽量将文献和档案原件保留于原地”，这一点在实际操作中有一定的难度。2014年我们在硋磘村连兴步家拍摄时发现了包括清代至民国年间契约、契税单、账本等生活文书300多张，但保存得非常差，经过我们的清点，能够辨认并可拍摄的只有290张，有超过80张已经虫蛀或潮烂而不可辨认，我们拍摄后保留在原地，由于旧屋翻修等原因，连家多次联系我们，请求我们收购，并且声言如果我们不要，留在他家也没有什么用处，老人（连夫保，96岁）走了这些契约也就不要了，言词甚殷，令人难以拒绝。

对于文书的收集，由于闽东山区民风淳厚，我们在文书征集过程中常常得到大力支

① 请参阅张应强：《清水江文书 第1辑 前言》，桂林：广西师范大学出版社，2007年。

持，能够实现以“入户拍摄，文书归还原主”的方式收集文书。我们的做法是通过县博物馆、村干部与文书持有人进行沟通，对所持文书进行拍摄后归还收藏者，对于一些价格不高，关联性较强，又有损毁危险的，又或是强烈要求我们收购保存的，我们作了收购持有。

二、新发现闽东山区文书的特点

新发现的闽东文书以收集时间长、地方合作机构多，收集者理念统一而拥有自己的特色。

（一）文书种类丰富，可以形成研究专题

由于民间契约文书存在“同质化”、家族文书“碎片化”的特点，成了目前困扰民间文书研究的重要问题，如何走出研究的困境，陈支平先生提出的解决方法是“更新视野与研究方法”[①]，要做到这两点，必须突破文书收集的“同质化”和“碎片化”瓶颈。新发现的闽东文书力图在这一点上有所创新，我们收集的文书种类较为丰富，内容包括：土地买卖与赋税类文书，如纳户执照、纳粮清单、上忙下忙票据、收租单等。家族经济类文书，如抄契簿、田价单抄本、家族账簿、收借据、当铺赎回登记单、清末股票、民国盐引单等。宗族文书，如族谱、乾隆至嘉庆年间纯池“父母会公议书”流水账抄本、家族分阄书、家族诉讼文书等。家庭生活文书，如家庭命簿、婚嫁彩礼单、清人照片、中举捷报、福建振捐总局手札等。我们收集的文书由于数量大，内容丰富，且“文书群”特点明显，很容易形成专题研究，刘正刚与黄忠鑫的新作就是以新材料用新视角去研究闽东妇女权利和“田根”流转问题的专题性论文。

利用契约研究妇女问题者不多，阿风的《明清时代妇女地位与权利——以明清契约文书、诉讼档案为中心》是这一研究领域的经典性著作。阿风的研究“透过契约文书与档案”，以“家族法”视角为切入点，着重梳理清代妇女的家庭财产权、社会诉讼权等诸问题，从宏观的角度“探讨明清时代中国妇女的地位与权利”[②]。基于作者学术背景，个案的选取以徽州为多。刘正刚的《清代闽东女性地位研究：以契约为例》一文，以新发现的100多件涉及女性的契约文书，将视野聚焦于清代的闽东一隅，得出在民间契约秩序下的闽东社会，妇女财产权同样得到契约的保护，故不能以妇女在家庭地位高低去评价其有社会中地位的结论，在材料与研究视角上丰富了阿风的研究，也开拓了利用契约研究闽东妇女史的先河。

① 陈支平：《近五百年来福建的家族与社会文化》，北京：中国人民大学出版社，2011年，第247页。

② 阿风：《明清时代妇女的地位与权利——以明清契约文书、诉讼档案为中心》绪言，北京：社会科学文献出版社，2009年。

对于福建田骨权的研究，目前未见专文论述。杨国桢在《明清土地契约文书研究》一书第六章，第一节“明清闽北民间的土地买卖”中，利用收集到的三千多件闽北文书，对明清时期闽北建阳地区“田根权”作了研究。认为田根在契约中的书写存在着“粮田、大苗、骨（田骨、地骨、骨田）大租等俗名[①]”，黄忠鑫的论文《清代福建永泰县的田根流转与契约书写》考证出在闽东地区，“田根”的书写还存在着“退佃字、承佃粮字、寄根租字”等形式，指出这些书写形制背后实际是地权关系变化的反映，印证了在闽东土地流转也存在着如杨国桢所述“卖而不断”“断而不死”“牙交错”的态势结论[②]，黄忠鑫以经济学视角对“田根权”进行再审视，得出“（田根权）每一层面的产权都可能进入交易和借贷领域”，这样的结论异于学者单纯于生产关系的传统研究，彰显民间文书研究的新意。

（二）新发现的闽东文书关联性较强

新发现的闽东文书是基于“文书群”立体史观的收集，文书之间具有较强关联性，其中土地契约文书的“有机性”更强。新收集的清代南屏县长桥乡周佳山村胡氏家族的文书共88张，契约关联性很强，其中有一帧三联卖地红契，清晰地反映同一块土地从绝卖田底权，到尽卖田面权，至最后卖断田底与田面权的完整过程。

第一张卖田契是《道光元年十二月胡长熊立即召业契》。胡长熊将坐落于屏南县长桥乡周佳山村“土名俗叫西答顶又及里垮仔”的“壹亩肆分”阄分民田的田底权以“价银五十贰两五钱”卖与其侄孙胡振桂（从后二张契约看应为“柱”字误），但保留田面权，“其粮照契项纳胡长熊户，俟至大造之年推入桂户纳官，言约十冬限满任熊备价赎回，若无力，与桂管耕收租”。

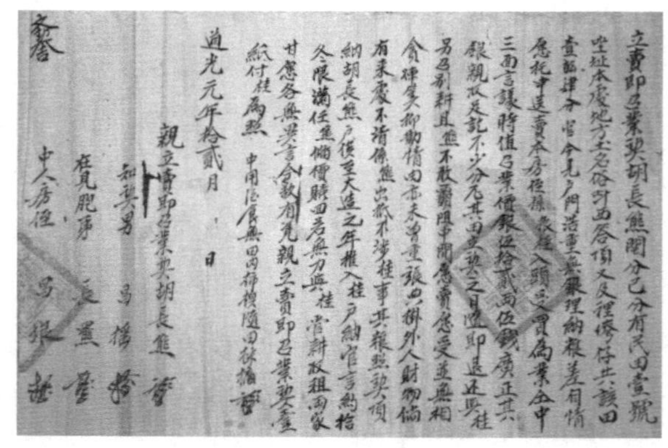

十年过后，“其田分在摇（与昌招、昌抱）等三人阄内”，“因年荒栽缺”，三兄弟无力赎回，至道光十年（1830）十一月只能再签第二张“胡昌摇兄弟立尽卖田契”，以“尽出退业价银二十二两五钱”，将田面权“退业”典与胡振柱，“言约五冬足限，摇兄弟有力之

① 杨国桢：《明清土地契约文书研究》，北京：中国人民大学出版社，2009年，第219页。

② 杨国桢：《明清土地契约文书研究》，北京：中国人民大学出版社，2009年，第226页。

日，备办原尽价银赎回，若无力任柱耕管”。

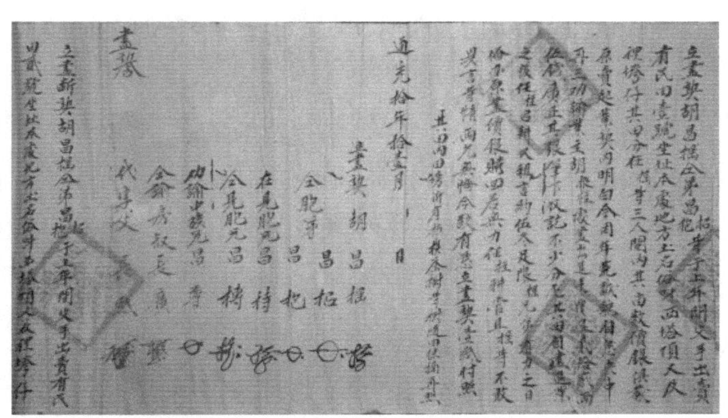

道光十三年（1833）十一月，胡昌摇兄弟无力取赎田底与田面权，只好再签第三张尽断契，但前二次胡长熊父子已经分二次将同一块地的田底与田面权典卖与胡振柱，所以第三张契实际是一张找贴断赎契，在胡氏族叔、亲兄与族兄的见证下签下了最后一张土地买卖契约，父亲胡长熊亲自代字书写契约，见证了这块土地的最后流转，原文辑录如下：

立尽契胡昌摇仝弟昌（招、抱）等，于上年间父手出卖有民田一号，坐落本处地方，土名俗叫西答顶又及里垮仔，其田苗米价银俱载原尽契内明白，历管无异，今因门户浩重，难以当差，自甘情愿，央中劝谕业至胡振柱处，尽断出价银叁拾两广证其银，笔下是摇兄弟亲收足讫，不少分厘，其田自愿断之后，随契即退典，柱子孙永远管业，且兄弟等经手领较，足断产时价甘心情愿，父立终笔断产契尽付柱子孙永远管业收租，且摇及子孙不敢言及尽赎，亦不敢妄生枝节，即有吉凶事务，亦不敢登门启齿，藉端滋事，永断葛藤，其粮在胡长熊户推入柱户，两相情愿，俱已甘愿，并无抑勒，今欲有凭立尽断契壹纸付与柱子孙为照。（契尾略）

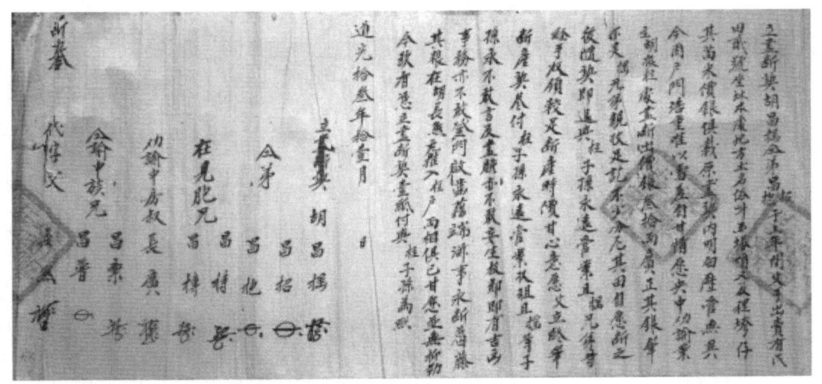

从第三张契约中我们看出，前两次的契约带有典当性质，虽说断卖，实际上是活卖，第三张契约最终进行了“推粮过户”，土地纳税人的转移标志着土地的真正绝卖。

三、新发现闽东文书的学术价值

新发现的闽东文书由于故事性强、关联度高，具有为清代至民国初年闽东乡村社会经济史、社会史、法律史、民俗学等学术领域的研究，提供重要史料的学术价值。又因文书的规模化、系统化，也具有为研究中国文书在清代至民国初年的演变提供实物证据的学术意义。

（一）填补福建民间文书“发现”的空缺

福建民间文书的发现始于20世纪30年代，厦门大学傅衣凌教授在永安县的发现。他在此基础上将资料编撰成《福建佃农经济史丛考》。20世纪80年代厦门大学、福建师范大学相继整理出版了《清代闽北土地文书选编》《闽南契约文书综录》《福建民间经济契约文书选辑》等一批以明清时期土地契约为主的资料性文献；2006年厦门博物馆陈娟英、张仲淳编辑了《厦门典藏契约文书》、2007年陈支平主编的《福建民间文书》六册相继出版，可见，福建文书的出版几乎涵盖了除闽东以外的其他地域。闽东是福建文书发现与整理出版的空白点，随着新发现的闽东文书的整理与出版，对于福建文书整体构成有着填补空白的重要价值。

（二）推动闽东乡村社会走向深化研究

利用民间文书研究明清乡村社会，成为近年福建区域史学术发展的一个重要方向，陈支平利用民间文书对福建家族、商业家族史进行研究，写成了《近五百年来福建的家族社会与文化》《民间文书与东南族商研究》，拓宽了民间文书研究的口径；郑振满利用闽西、闽北山区方志、族谱、契约等民间文书资料写成的《明清福建家族组织和社会变迁》，其研究范式使人们看到了民间文书对宗族、乡族等问题研究的独特性。

对于清代闽东乡村社会的研究，目前主要集中于福安地区的天主教和畲族文化，厦门大学张先清的《官府、宗族与天主教：17—19世纪福安乡村教会的历史叙事》是其中的代表作，但比对于福建其他区域史的贡献，闽东社会经济史、社会史研究的学术成果在深度与广度上仍然不够，新发现的闽东文书规模化、“文书群”式的出现，为学者对闽东山区区域史的具体与深化研究提供了可能性，略举一例以说明新发现闽东文书对于宗族研究的推动作用。

郑振满认为清代福建宗族是具有按照“继承式—依附式—合同式发展模式推进”，并最终向泛家族倾向发展的普遍规律[①]，郑先生的论证运用的民间文书以闽西北山区与闽东南沿海为主，综览郑先生全书，没有用到闽东的个案，新发现的闽东文书收集了超过40个以家族为单位的文书，在资料上可以印证郑先生论断的正确性，政和县澄源乡北斗村许氏与周氏宗族的兴衰交替就是一个很值得去研究的个案。

从许氏分关书中我们可以知道，周氏五世祖周辉生乾隆二年聘娶许氏长女许孟金为妻。由于周氏听从“召唤”，于乾隆五年（1740）入赘许家，来许家后周氏“果然竭力，视（许吴氏）犹如乳母”，深得许吴氏欢心，又由其“便操井臼，办持衣食”掌管许氏家业，“自婿来家调理之后，蒙天庇佑，不特衣食有靠，而且陆续置买田产、山场、仓楼等物”，在许家渐有地位，所以许吴氏嘱咐其子要与周氏“奕祈共灶”，要求其他儿子对周辉生“宜以全子长男相待”，并且于乾隆二十五年（1760）仲夏月谷旦日立分关书，称“虽曰女婿为半子”，在阄分家产时拥有与其他儿子一样的待遇，许吴氏在分家时将家中田产“两股均分，议抽顶号良田贰种，坐落西春凸，与氏膳食”作为寿田，其余一股分作二股，“周辉生分一股，男芳、敏等分一股”。但即使如此得到岳母许吴氏的青睐，周辉生仍然被视作依附于许家的女婿而存在，作为宗族地主的社会地位仍然没有被乡村社会认同。直至其子周天鹏捐赠了三间房子给许氏作宗祠，才被认可立宗建祠，并在许氏宗族议会上被通过入“集”，享有可以致祭许氏宗族与周氏宗族的权利，直到道光以后周天鹏儿子周广绰的乡族地主身份才被认同。

周氏宗族在北斗村的崛起显示，宗族地主的发展可以依附异姓宗族发展起来，进而发展成为乡族地主。但乡族地主身份被地方社会认同是一个极其复杂曲折的过程。其间被排挤、被诉讼时有发生，需要长时间人力财力的付出去塑造社会声望，最后才能得到乡里的认同。乡族地主身份认同的标志，是以宗祠的建立与祖坟迁址至所居地的归宗体现出来。政和县澄源乡北斗村保留711件文书，很好地体现了周氏宗族性地主向乡族地主身份演进的历史进程，这些资料的发现在一定程度上完善了郑先生的宗族理论。

（三）为文书形制的发展与演变研究提供规模化、系统化实体文物

福建文书格式的发展与演变，以杨国桢先生为代表的学者已经作了较多研究，本课题所收集到的闽东文书，最早为明代崇祯年间，晚至20世纪40年代。特别是清代的文书，自顺治至宣统年间，朝代齐全，时间连续性强，对于全面考证清代福建民间文书格式的地域特征和时代差异、文书的制作与传承过程，具有在资料上填补前辈学者研究空缺的作用。又由于闽东与浙南和江西相邻，可以将新发现的闽东文书与浙南石仓文书、江西文书进行对比探讨，对于民间文书自身形成机理进行跨地域联合性考察，对研究中国民间文书

① 请参阅郑振满：《明清福建家族组织与社会变迁》第四章《宗族组织的发展进程》，北京：中国人民大学出版社，2009年。

的形成与演进轨迹具有重要的学术价值。

陈支平曾经说过，“民间文书雷同很多，特别是民间契约”，存在着“搜寻多，研究少，创新不够”的现状[①]。如何解决陈先生提出的问题，让我们先阅读一下冯尔康先生这段话“没有史料，便没有史学，史料乃是史学的基础”，又说“学术乃天下之公器，期盼同好同道从基础做起，扎扎实实，共同关注极其丰富的清史史料搜集、整理与运用，将清史研究推向新境界”[②]。冯先生所说虽是语境不同，但扎扎实实走向民间采撷多元化的民间文献，建立资料种类丰富的“文书群”，或许是改变民间文书研究困境，实现创新的最好办法，新发现的闽东民间文书即是这种指导思想在收集阶段的初步尝试。

［原载《暨南学报》（哲学社会科学版）2017年第1期］

① 陈支平：《近五百年来福建的家族社会与文化》，北京：中国人民大学出版社，2011年，第247页。

② 冯尔康：《冯尔康先生寄语》，《清史史料学》扉页，北京：紫禁城出版社，2013年。

《汉学商兑》学术批判方式探析

曾光光

汉宋相争是清代学术史的一个重要特征。清代汉学派崇尚考据，以东汉古文经学的朴实学风相标榜，反对宋学空疏学风。宋学派则以程、朱义理相标榜，指责汉学为饾饤琐碎之学。两派围绕考据、义理等核心问题相互攻讦不断，《国朝汉学师承记》与《汉学商兑》就是这场旷日持久的学术论争中双方为各自张本的代表作。一般看来，方东树所撰的《汉学商兑》应为回应江藩《国朝汉学师承记》之作①，但从全书的整体内容看，《汉学商兑》的批判对象并非仅仅限于《国朝汉学师承记》，而是以批驳《国朝汉学师承记》为由展开对清代汉学的全面批判。《汉学商兑》多被研究者视为清代宗宋学者批驳汉学派的代表作，故以往的相关研究多集中于对《汉学商兑》学术思想及其在清代汉宋之争中地位的探讨。虽然方东树在写作《汉学商兑》时屡以肆意谩骂替代学术论争而多被后世学者诟病，但从学术批评史的角度考察，《汉学商兑》与《国朝汉学师承记》都不失为中国传统学术批评的经典著作。本文就意在从学术批评的角度具体研究《汉学商兑》批驳汉学并为宋学张本的方式方法，以期从个案角度管窥清朝宗宋学者在汉宋交锋中展开学术批评的特征。

一

方东树（1772—1851），字植之，安徽桐城人。方东树先后应乡试十次不果，五十岁后绝意不试，历主庐州、宿松等书院讲席。嘉庆年间，方东树曾被两广总督阮元聘为幕宾，执教学海堂。

方东树为桐城派领袖姚鼐的著名弟子之一。桐城派不仅是一个与清王朝相始终的散文派别，也因倡导“义法”说而成为清朝官方意识形态即程朱理学的代言人，为清朝宋学一派的中坚。梁启超在谈及桐城派立派时曾说：“乾隆之初，惠（栋）、戴（震）崛起，汉帜大张，畴昔以宋学鸣者，颇无颜色。时则有方苞者，名位略似（汤）斌、（李）光地等，尊宋学，笃谨能躬行，而又好为文。苞，桐城人也，与同里姚范、刘大櫆共学文，诵法曾

① 近有学者对此观点提出质疑，於梅舫就以为《汉学商兑》的撰写实非激于江藩的所谓汉宋门户之见。见於梅舫：《〈汉学商兑〉的发轫、缘起及旨趣》，《社会科学战线》2011年第8期。

巩、归有光，造立所谓古文义法，号曰‘桐城派’。又好述欧阳修‘因文见道’之言，以孔、孟、韩、欧、程、朱以来之道统自任，而与当时所谓汉学者互相轻。”[①]正是缘于桐城派既尊宋学，又“好为文”的特征，一些研究者又视桐城派为学派。作为桐城派弟子，方东树以竭力维护理学闻名，“当乾、嘉时，汉学炽盛，鼐独守宋贤说，至东树排斥汉学益力”[②]。

方东树所著《汉学商兑》是清代宗宋学者撰写的为数不多的专门阐述宋学学术思想、全面反驳汉学的专著。方东树撰写《汉学商兑》主要是因江藩的《国朝汉学师承记》而起。为使问题的论述更为深入，这里有必要先对江藩及《国朝汉学师承记》作一简略的介绍。

江藩（1761—1831），字子屏，江苏甘泉（今属扬州）人。江藩曾从余萧客、江声等游，余萧客师从吴派汉学家主将惠栋。汉学家重家法，吴派尤严守师训，故江藩修养成“纯汉学”家[③]。嘉庆二十三年（1818），时在两广总督阮元署中参与撰修《广东通志》的江藩将个人学术著作《国朝汉学师承记》刊行于世。该书主要阐述清代汉学家的学术思想、著述、师承关系，强调清代汉、宋学的分野，力求为汉学张本。[④]在《国朝汉学师承记》中，江藩先是强调“经术一坏于东西晋之清谈，再坏于南北宋之道学”，随后褒扬汉学在清朝的勃兴：“至本朝，三惠之学，盛于吴中；江永、戴震诸君，继起于歙。从此汉学昌明，千载沉霾，一朝复旦”[⑤]。这种对比鲜明的写法既展现了当时汉宋学严重对立的状态，亦清晰地表达了作为汉学家的江藩对于方东树等宗宋学者的态度。

桐城派作为清代宋学中坚，江藩对其自然抱批判态度，这种态度在《〈汉学师承记〉跋》中体现得很明显。《汉学师承记》跋尾为江藩同乡汪喜孙所撰，汪喜孙在是跋中一一批评汉学对立面：“若夫矫诬之学，震惊耳目，举世沿习，罔识其非。如汪钝翁私造典故，其它古文词支离牴牾，体例破坏；方灵皋以时文为古文、三礼之学，等之自郐以下；毛西河肆意讥弹，譬如秦、楚之无道；王白田根据汉、宋，比诸春秋之调人。恶莠乱苗，似是而非，自非大儒，孰有能辨之者！”[⑥]汪喜孙点名批评的四人中即有两人为古文家，汪琬

---

① 梁启超：《清代学术概论》，《饮冰室合集》专集之34，北京：中华书局，1989年，第49页。

② 赵尔巽等：《清史稿·文苑二》第44册，北京：中华书局，1977年，第13430页。

③ 见梁启超：《清代学术变迁与政治的影响》，《饮冰室合集》专集之75，北京：中华书局，1989年，第22页。关于江藩修养成“纯正的汉学家”的说法，也见王树民：《江藩的学术思想及汉学与宋学之争》，《河北师范大学学报》（哲学社会科学版）1999年第4期。

④ 关于江藩写作《国朝汉学师承记》的目的，邓实有如下论述：“当时桐城之学，几于风靡天下，其流风余韵，流被百年，下至道咸之世不绝。学者寻声企景，所在响应，争以宋学相尚，痛诋汉学，等之杨、墨、老、释，毁为乱道。于是甘泉江郑堂悯汉学之中绝，起而相争，著《国朝汉学师承记》，独尊汉儒，矜其家法，阴为抵制。”邓实：《国学今论》（续第四期），《国粹学报》第五期（光绪三十一年五月二十日），第1—2页。

⑤ 江藩：《国朝汉学师承记》卷一，《汉学师承记（外二种）》，北京：生活·读书·新知三联书店，1998年，第8页。以下有关《国朝汉学师承记》引文皆引自该书，不再注明出版社。

⑥ 汪喜孙：《〈汉学师承记〉跋》，《汉学师承记（外二种）》，第160页。

（钝翁）为清初与魏禧、侯方域齐名的古文家，方苞则为桐城派始祖。江藩将此跋附于书后，借汪喜孙之口表达了自己对古文家及桐城派诸人的轻视。其实，江藩并不隐晦自己对桐城派的态度，他曾向方东树特别申明自己的文章与古文一派泾渭分明："吾文无他过人，只是不带一毫八家气息"[①]，以与桐城派划清界限。桐城派自诩学行继程、朱，文章效韩、欧，江藩则在《国朝汉学师承记》中对汪中"土苴韩、欧，以汉魏、六朝为则"大加赞赏[②]。江藩的这番话让方东树耿耿于怀，他在《汉学商兑》中特别予以回击："夫以韩、欧之文而谓之觳。真无目而唾天矣！"[③]

1823年，江藩又刊印《国朝宋学渊源记》，此书虽是叙写清代宋学渊源，但江藩在书中一开始就强调"以故训通圣人之言，而正心诚意之学自明"，训诂明则义理明，江藩之意仍在尊汉抑宋。值得注意的是，江藩在是书中还述及他与词章家的过节："藩少长吴门，习闻硕德耆彦谈论，壮游四方，好搜辑遗闻轶事，词章家往往笑以为迂。近今汉学昌明，遍于寰宇，有一知半解者，无不痛诋宋学。"[④]此处所言词章家当指桐城派，桐城古文一派是清代词章家的代表，亦是清代宋学派的中坚，笃信考据搜辑的江藩被词章家嘲笑也在情理之中。看来江藩所以要"痛诋"宋学有着学术对立与个人恩怨上的双重缘由。

江藩在其著作中对宋学、桐城派的攻讦，触怒了当时与他同在阮元幕府中的方东树，道光丙戌（1826）四月，方东树写就《汉学商兑》，以相对抗。其实，不管是在《国朝汉学师承记》还是在《汉学商兑》中，有关古文争论及桐城派的内容并不多。笔者于此强调方东树的桐城派身份及江藩对桐城派的轻视，一方面有助于说明方东树写作《汉学商兑》的缘起，一方面也有助于揭示方东树何以对汉学家持激烈批判态度的内在缘由。

二

汉、宋两派在有清一代相互攻讦、互为沟壑，汉学家"厌义理之庸言，以宋贤为疏阔，鄙经义为俗体"[⑤]；宋学家则认为汉学家"琐碎支离、悖义伤道"[⑥]。清代汉宋之争所以激烈，就是因为两者的学术之争并非只关乎一二学理的争论，而是在义理、考证等关乎学派生存核心问题上的针锋相对。方东树所以对当时的汉学派严加驳斥，就在于其时汉学派的主张已经威胁到宋学的地位与生存。方东树如此论及汉学的威胁："举凡前人所有成

---

① 见方东树：《汉学商兑》卷下，《汉学师承记（外二种）》，北京：生活·读书·新知三联书店，1998年，第384页。以下有关《汉学商兑》引文皆引自该书，不再注明出版社。

② 江藩：《国朝汉学师承记》卷七，《汉学师承记（外二种）》，第135页。

③ 方东树：《汉学商兑》卷下，《汉学师承记（外二种）》，第384页。

④ 江藩：《国朝宋学渊源记》卷上，《汉学师承记（外二种）》，第186—187页。

⑤ 姚鼐：《停云堂遗文序》，姚鼐著，刘季高标校：《惜抱轩诗文集》，上海：上海古籍出版社，1992年，第53页。

⑥ 戴钧衡：《方望溪先生集外文补遗序》，《方苞集》附录三，方苞著，刘季高校点：《方苞集》下，上海：上海古籍出版社，2008年，第914页。

说定论，尽翻窠臼，荡然一改，悉还汉唐旧规，祧宋而取之，使永远万世，有宋不得为代，程朱不得为人，然后为快足于心。大抵以复古为名，而宇内学者，耳目心思为之一变。不根持论，任意讥弹，颠倒是非，欺诬往哲。当涂者，树名以为招；承流者，怀利以相接；先进者，既往而不返；后起者，复习俗而追之。”[①]汉学之于宋学的威胁是颠覆性的，不仅涉及宋学派“为代”的问题，还涉及宋学家“为人”的问题，其影响所及，波及“宇内学者”。从这个角度看，方东树所撰《汉学商兑》批判的对象并非仅仅限于江藩及其著作，而是以批驳江藩为由展开对“国朝汉学”的全面批判。方东树在全书序例中所言“河滨之人，捧土以塞孟津，不自度其力之弗胜也”虽似谦辞[②]，却正表明他对汉学的批判是基于学派的而非个人恩怨的立场。虽说方东树在批驳对手时多主观臆断及肆意攻击之词而降低了《汉学商兑》的学术价值，但从学术批评的角度考察，《汉学商兑》“针砭汉学家处，却多切中其病”，故不失为“清代一极有价值之书”。[③]下面拟从写作形式、重点问题的选择及解决、反驳技巧等方面对《汉学商兑》的学术批判方式作一大致的探析。

（1）《汉学商兑》在写作形式上即摆出与汉学派针锋相对的态势。在汉学“正统派炙手可热之时，奋然与抗”，采取这种毫不妥协、近乎“革命”的学术批驳方式[④]，确有引发学界广泛关注、动摇对方根基的作用。

方东树撰写《汉学商兑》的主要目的并非是为了阐述学术思想，而是意在学术论争。为达到驳倒对方，为己方张本的目的，方东树在写作形式上颇下了一番功夫。

在书名上，作为宗宋学者的方东树以“汉学商兑”为书名，突出了学术“商兑”目标，使读者从书名上即能感受到作者挑战汉学的意图。同时，将书名定为《汉学商兑》，也使该书的“商兑”目标扩展为整体意义上的汉学，而不是仅仅局限于对江藩《国朝汉学师承记》的回应。

在写作体例上，《汉学商兑》与《国朝汉学师承记》颇为不同。江藩在写作《国朝汉学师承记》时采用列传体形式，全书选择清初至乾嘉时期的三十九位汉学家，各个立传，以此展现“汉世儒林家法之承授，国朝学者经学之渊源”[⑤]。《汉学商兑》则“仿朱子《杂学辨》例，摘录原文，各为辨正于下”[⑥]。朱子撰《杂学辨》是为驳斥当时诸儒杂于佛老之学，方东树仿《杂学辨》作《汉学商兑》，既也可借此回击汉学家关于理学堕于禅学的攻讦，也方便于摘录汉学家原文逐条有序批驳。

在全书的谋篇布局上，《汉学商兑》全书分为三卷，卷上“首溯其畔道罔说之源”；卷

① 方东树：《汉学商兑》卷中之下，《汉学师承记（外二种）》，第385页。
② 方东树：《汉学商兑·序例》，《汉学师承记（外二种）》，第236页。
③ 梁启超：《清代学术概论》，《饮冰室合集》专集之34，北京：中华书局，1989年，第50页。
④ 梁启超：《清代学术概论》，《饮冰室合集》专集之34，北京：中华书局，1989年，第50页。
⑤ 阮元：《〈国朝汉学师承记〉序》，《汉学师承记（外二种）》，第3页。
⑥ 方东树：《汉学商兑·凡例》，《汉学师承记（外二种）》，第237页。

中“次辨其依附经义小学，似是而非者”；卷下“为总论，辨其诋诬唐宋儒先，而非事实者”。[①]上、中、下三卷其实就是三个批驳专题，所摘录汉学家原文及辨正分门别类归入各卷。如果说《汉学师承记》的系统性体现在对清代汉学传承脉络的逐次梳理，《汉学商兑》的系统性则体现在对清代汉学弊端的系统剖析与批判。

（2）《汉学商兑》起笔即渲染汉学派对宋儒的攻击，指责汉学派为挑起门户之争的肇始者，为后文批驳汉学并为宋学辩护做好了铺垫。

方东树在《汉学商兑》序例起笔就写汉学家对宋儒的攻讦：“近世有为汉学考证者，著书为辟宋儒、攻朱子为本，首以言心、言性、言理为厉禁。海内名卿巨公，高才硕学，数十家递相祖述，膏唇拭舌，造作飞条，竞欲咀嚼。”此处不仅指明汉宋之争发端于汉学考证者对宋儒的攻击，还将汉学家“妄加”给宋学的罪名总结为三端：“究其所以为之罪者，不过三端：一则以其讲学标榜，门户分争，为害于家国；一则以其言心、言性、言理，堕于空虚心学禅宗，为歧于圣道；一则以其高谈性命，束书不观，空疏不学，为荒于经术。”将序例列于文章之首，多为陈明写作缘由及写作宗旨，《汉学商兑》开篇即揭橥批驳对象，并梳理出汉学攻击宋学的三端罪名，为下文系统批驳汉学，并为宋学辩护做好铺垫。方东树所以在文章开篇即渲染汉学家对宋儒的攻讦，意在强调汉学诸家才是挑起门户之争的肇始者：“历观（汉学）诸家之书，所以标宗旨、峻门户，上援通贤，下詟流俗，众口一舌，不出于训诂、小学、名物、制度。弃本贵末，违戾诋诬，于圣人躬行求仁、修齐治平之教，一切抹杀。名为治经，实足乱经；名为卫道，实则畔道。”[②]方东树还从学术史的角度对清代汉学家标举门户的过程作了梳理：“顾、黄诸君，虽崇尚实学，尚未专标汉帜。专标汉帜，则自惠氏始。惠氏虽标汉帜，尚未厉禁言‘理’；厉禁言‘理’则自戴氏始。自是宗旨祖述，邪诐大肆，遂举唐宋诸儒已定不易之案，至精不易之论，必欲一一尽翻之，以张其门户。江氏作《汉学师承记》，阮氏集《经解》，于诸家著述，凡不关小学，不纯用汉儒古训者，概不著录。……夫说经不衷诸义理，辨伪得真，以求圣人之意，徒以门户之私，与宋儒为难。”[③]方东树于此强调“专标汉帜，则自惠氏始”，表明他所批驳的并非整体上的汉学，而是针对惠栋特别是戴震以后的乾嘉汉学一派。他在文中还特别褒扬了郑玄、贾逵等汉学名家的学术公正立场：“郑、贾诸儒，不禁学者‘穷理’，又未尝蓄私意，别标宗旨，欲以一手掩天下目也。”[④]即便对南宋黄震及明末清初的顾炎武等对理学颇多微词的汉学家，他也抱相对宽容的态度：“黄氏、顾氏，犹目击时病，有救敝之意，言虽失当，心则可原。及妄者主之，则借以立门户，与程朱为难，援黄震以为重，又自矜

① 方东树：《汉学商兑》卷上，《汉学师承记（外二种）》，第238页。

② 方东树：《汉学商兑·序例》，《汉学师承记（外二种）》，第235页。

③ 方东树：《汉学商兑》卷上，《汉学师承记（外二种）》，第259页—260页。

④ 方东树：《汉学商兑》卷中之上，《汉学师承记（外二种）》，第295页。

能辟伪古文，而已与黄、顾之意全别。”[①]对阎若璩的《四书释地》、江永《乡党考图》等汉学家著作，他也予以肯定：“如《四书释地》《乡党图考》，诚为朱子功臣。故凡为学，但平心求是，补正前贤，是前贤之所攸赖，而望于来世之有其人也。”[②]

方东树指责汉学家标举门户的真正目的是要为宋学张本。方东树本是“姚门四杰”之一，为姚鼐“高第弟子”[③]，工于古文，他曾用这样一段颇为形象的文字来陈述所以要为宋学张本的原因：“（汉学家）扬风纵燎，欲以佐斗为鏖战而决胜，灭此朝食，廓清独霸。而程、朱之门，独寂然不闻出一应兵。夫习非胜是，偏听成惑，若守文持论，败绩失据，吾恐此道遂倾矣。”[④]方东树在这里将自己喻为一个为将倾之道而奋起应战的士兵，由此也可见其卫道、护道，为宋学张本的决心。方东树并不介意自己的态度会引来“为党”之嫌，他以为物以类聚、人以群分，见道之人自然是相互呼应：“世又谓程、朱见道之明，不应为党。此亦不然。夫讲道刑仁，气类朋来，自然之理。五臣不同气，而与共驩为类乎？孔子不与颜、曾同气，而与阳货、季孙为类乎？”[⑤]

方东树为何对乾嘉汉学一派深恶痛绝呢？关键的一点就在于乾嘉汉学一派欲以汉学考证否定程朱义理，进而否定程朱“道统”。在相当程度上，考据、义理不过是汉宋相争的手段而已，“道统”才是双方争夺的焦点。

朱熹把汉唐以来的儒家全部排斥在儒家的“道统”之外，并认为二程才是儒家“道统”的承继者：“宋德隆盛，治教休明。于是河南程氏两夫子出，而有以接乎孟子之传……虽以熹之不敏，亦幸私淑而与有闻焉。”[⑥]方东树对此亦有清晰的表述：“伊川《明道墓志》：先生生乎千四百年之后，得不传之绪于遗经云云。及朱子称，程子因子思《中庸》得孔孟不传之绪。罗璧识遗称，夫子之道，至晦翁集大成；诸家经解，自晦翁断定，然后一出于正。”[⑦]方东树据此将宋儒之学抬高到至高无上的地位：“窃以孔子没后，千五百余岁，经义学脉，至宋儒讲辨，始得圣人之真。平心而论，程、朱数子廓清之功，实为晚周以来一大治。”[⑧]

而钱大昕、江藩、汪中等汉学家则不认可理学道统，他们所主张的“训诂之学，直接唐、虞、周、孔正传，欲以黜程朱而代其统”[⑨]。汪中以为“国朝诸儒崛起，接二千余年沉沦之绪”[⑩]，宋儒被归入沉沦之列。江藩曾以“千载沉霾，一朝复旦”来形容乾嘉汉学

① 方东树：《汉学商兑》卷中之上，《汉学师承记（外二种）》，第266页。

② 方东树：《汉学商兑》卷中之下，《汉学师承记（外二种）》，第380页。

③ 曾国藩：《欧阳生文集序》，《曾国藩全集·诗文》，长沙：岳麓书社，1994年，第246页。

④ 方东树：《汉学商兑》卷下，《汉学师承记（外二种）》，第385页。

⑤ 方东树：《汉学商兑》卷下，《汉学师承记（外二种）》，第394页。

⑥ 朱熹：《大学章句序》，《四书章句集注》，《晦庵朱文公文集》卷76，四库丛刊本。

⑦ 方东树：《汉学商兑》卷中之下，《汉学师承记（外二种）》，第373页。

⑧ 方东树：《汉学商兑》卷上，《汉学师承记（外二种）》，第236页。

⑨ 方东树：《汉学商兑》卷中之下，《汉学师承记（外二种）》，第314页。

⑩ 江藩：《国朝汉学师承记》卷七，《汉学师承记（外二种）》，第134页。

的兴起[①]，宋儒被归入“千载沉霾”的行列，还谈什么接不传之绪的问题？方东树以“敌”字来形容两派在道统问题上的对立，可见冲突之激烈。[②]

关于乾嘉汉学对于宋学的威胁，方东树认识得很清楚：“今汉学宗旨，必谓经义不外于小学，第当专治小学，不当空言义理。以此欲蓦过宋儒而蔑之，超接‘道统’，故谓由考核以通乎‘性与天道’，由训诂以接夫唐、虞、周、孔正传。”[③]这段话包含了这样两层意思：第一，汉学家欲以训诂替代义理，是试图从治经方法的角度否定宋学；第二，汉学家对程朱等理学经典大师的否定与排斥，是企图从道统序列上剔除宋儒而“超接”道统。对于汉学“超接”道统之说，方东树反应至为激烈，认为汉学家的此种说法是“务破义理之学，祧宋儒之统而已”[④]；乃“最异端邪说，然亦最浅陋，又多矛盾也！”[⑤]

（3）正面回击汉学家对于宋学的诘难，全面梳理并批判清代汉学流弊。

《汉学商兑》开篇将汉学家妄加给宋儒的“罪名”归结为标榜门户；空疏不学；言心、言性、言理堕于心学禅宗三个方面。综观《汉学商兑》全书，基本上围绕这三个问题予以回击。在全书近结尾时，方东树重申这三桩“汉学家所执为宋儒之罪”，随后又以简洁性的文字再次一一作答。全书在这一问题上的首尾呼应，说明作者的写作重心在回击汉学家对于宋学的诘难。从整体上考察，《汉学商兑》在相当程度上就是对汉学家攻讦的被动回应，文中不时出现的激烈甚至谩骂之词，其实正体现了处于学术弱势地位的宋学家的尴尬处境。

对于宋儒标榜门户罪名的回击，方东树采取的是以子之矛，攻子之盾的回击方式，你指责我标榜门户，我则反过来指斥你标宗旨、峻门户，关于这个问题前面已经论及，此处不再赘言。

“空疏”是汉学家攻讦宋儒的主要问题[⑥]。方东树对此攻击的反驳很有意思，他多是直接引用程朱有关经世实用的语录予以反驳，很少从别的角度去证明宋学的实用。如在《汉学商兑》卷中之上，方东树为驳斥戴震有关宋学空疏的言论，先是引用朱熹之语以说明理学之“实”：“朱子曰：‘圣贤说‘性’、‘命’，皆是就事实上说。言‘尽性’，便是尽得三纲、五常之道；言‘养性’，便是养得此道，而不害至微之理、至著之事。‘一以贯之’，非虚语也！”在引用程朱经典之后，方东树随即展开对汉学家的反驳：“汉学家皆以高谈性命，为便于空疏，无补经术，争为实事求是之学，衍为笃论，万口一舌，牢不可破。以愚论之，实事求是，莫如程朱。以其理信，而足可推行，不误于民之兴行。然则虽虚理，而

① 江藩：《国朝汉学师承记》卷一，《汉学师承记（外二种）》，第8页。

② 方东树：《汉学商兑》卷中之下，《汉学师承记（外二种）》，第373页。

③ 方东树：《汉学商兑》卷中之下，《汉学师承记（外二种）》，第334页。

④ 方东树：《汉学商兑》卷中之下，《汉学师承记（外二种）》，第373页。

⑤ 方东树：《汉学商兑》卷中之下，《汉学师承记（外二种）》，第334页。

⑥ 邓实在论及此点时就说：“尊宋学者则讥汉学为破碎，尊汉学者则谓宋学为空疏。”邓实：《国学今论》（续第四期），《国粹学报》第五期（光绪三十一年五月二十日），第1页。

乃事实矣。汉学诸人，言言有据，字字有考，只向纸上与古人争训诂形声，传注驳杂，援据群籍证佐，数百千条。反之身己心行，推之民人家国，了无益处，徒使人狂惑失守，不得所用。然则虽实事求是，而乃虚之至者也。”[①]虽然方东树称程朱理学“虽虚理而乃实事”难以服人，但方东树以一个“虚”字来概括汉学末流的特点，认为汉学于现实“了无益处”，“乃虚之至者”，也可谓抓住了汉学末流的弊端。[②]

言心、言理是否为空言穷理是清代汉宋相争的一个焦点问题。汉学家多抨击程、朱“穷理”为空言，方东树以为“此说乃汉学宗旨第一义。千条万端，皆从此路差去”[③]。对于汉学家的质疑，方东树主要从三个方面作答：第一，承认程、朱之学强调“心”，而后声明程、朱所言之心与陆、王心学所言之心有根本区别。程、朱“所言人心、道心、正心者”，不是如陆、王心学“高谈性命、纵恣放佚”，而是强调“人事”“伦常”“致知穷理”“道中庸、尽精微、崇礼”四实事。[④]第二，“穷理”切于实用而非空言。“程朱教人‘穷理’。皆先就自家身心，及伦物日用之地求之，为说甚详，何尝空言‘穷理’”；“若不‘穷理’，亦安知所求之是之所在？朱子固曰‘在即物而穷理’，夫‘即物穷理’，非即实事求是乎？”[⑤]第三，“心”与“理”其实密不可分，舍心何以见理？传理即传心也。既然“心”“理”不可分，则汉学家将“心”与“理”割裂开来予以否定自是谬误自见了：“戴震禁言‘理’，诋程朱不当别言有理具于心；黄震、顾亭林禁言心，以理流行于天地古今，特具于心，而不当以心为主，皆边见、邪见，非正知见也。”[⑥]方氏对汉学的指斥，基本上都是基于宋学立场或借用宋儒经典，一定程度上削弱了论辩的力度。在学术论争上，权威不一定就等同于真理，但在某一具体的历史时期，权威与正统常常取代真理成为裁判学术的标准，方东树视朱熹为当然的、不可动摇的权威与裁判汉宋争端的标准，自然难以服人。

清代汉学家常以宋儒言心、理近于堕禅攻讦宋学派。方东树以为，汉学家所以会产生宋学近于禅学的误解是因为禅学“所托心性，弥近理而大乱真”，故必须“严辨乎禅者”。为厘清宋学与禅学之间的界限，方东树一是从禅学兴起的时间角度论证“禅学之兴，与程、朱无涉”[⑦]；二是以为宋学言心、言理与禅者所言的心、理完全相反：“惟圣人吾儒之学，无不用心，而禅宗则专忌用心；惟圣人吾儒之学，无不穷理，而禅家则专忌穷理。其

---

① 方东树：《汉学商兑》卷中之上，《汉学师承记（外二种）》，第275—276页。

② 《四库全书总目·经部总叙》对汉学“浅陋”、宋学“空疏”之论的评价颇有参考价值：“汉学、宋学两家，互为胜负。夫汉学具有根柢，讲学者以浅陋轻之，不足服汉儒也。宋学具有精微，读书者以空疏薄之，亦不足服宋儒也。”（纪昀：《经部总叙》，《四库全书总目》卷1，北京：中华书局，1965年，第1页。）

③ 方东树：《汉学商兑》卷中之上，《汉学师承记（外二种）》，第297页。

④ 方东树：《汉学商兑》卷中之上，《汉学师承记（外二种）》，第270页。

⑤ 方东树：《汉学商兑》卷中之上，《汉学师承记（外二种）》，第297页。

⑥ 方东树：《汉学商兑》卷中之上，《汉学师承记（外二种）》，第267—270页。

⑦ 方东树：《汉学商兑》卷下，《汉学师承记（外二种）》，第389—390页。

事正相反。汉学者，标训诂名物为宗，无以破程朱言理之正，则一借禅以诬之。不知程朱言人心、道心、精一、执中、致知、穷理，正是破禅。又不知己之禁不许言心、言理，乃是用罔，正与禅同病。”[①]由此看来，程、朱非堕狂禅，反是破禅。方东树还据此反问：“不知古今能辨儒、禅之分，毫厘厉害之介者，莫如程、朱，岂虑守捉者反为盗贼邪?”[②]方东树对禅学的评价其实并不低：“窃尝谓，为学而能堕于禅，此虽为圣学之害，然大段已是上乘人物。若其余，则皆溺于货色，忿欲私曲邪佞者，众也！”[③]他还以为禅家远比汉学家高明：“故使天下学者，果人人皆能如禅家之刻苦用心，斩情断妄，其胜于俗儒之密对根尘，坚主情执，日夜汩没，终生交滚于贪、嗔、疑、淫、杀、盗、妄言、绮语、恶口、两舌、颠倒、梦想、恐怖、挂碍、烦恼、忧惑、老死不悟者，已多矣！”方东树对禅学的肯定，并从禅学角度对汉学家的嘲讽，加之他对佛学“致广大、极高明、尊德性、敦厚、尽精微”的颂扬，不经意间又坐实了宋学与禅学之间的密切关系。[④]

为使自己的辩驳具有反击力，方东树还对清代汉学“流弊”作了全面的梳理。他所总结的汉学六大流弊常为后世研究者所引，这六大流弊分别为：其一，力破理字，首以穷理为厉禁，此最悖道害教；其二，考之不实，谓程、朱空言穷理，启后学空疏之陋……；其三，则由于忌程朱理学之名，及《宋史》《道学》之传。其四，则畏程朱检身，动绳以理法，不若汉儒不修小节，不矜细行，得以宽便其私……其五，则奈何不下腹中数卷书，及其新慧小辨，不知是为驳杂细碎，迂晦不安，乃大儒所弃余，而不屑有之者也；其六，则见世科举俗士，空疏者众，贪于难能可贵之名，欲以加少为多，临深为高也。[⑤]对于以上六点，方东树并无过多论述，但从全书内容的整体安排看，方东树将清代汉学六大流弊置于《汉学商兑》卷下，有前面的论述作为铺垫，结论的得出也算是水到渠成。

（4）借朝廷权威打压对手，并以政治标准取代学术标准，从政治标准的角度将汉宋两家划分为邪说、正说，将学术纷争上升为“邪说害正”的政治问题[⑥]。

为彻底压制对手，方东树还在《汉学商兑》中引用乾隆皇帝指斥谢济世诋毁程朱的上谕，试图借文字狱威胁学术对立派。如此手段，确实让对手无还手之力。为说明问题，特将这段文字全引如下：“乾隆初，谢济世诋朱子《大学》《中庸》章句，且谓明代尊崇朱子之书，以同乡同姓之故，因奏请废朱子《章句》，而用其自注《学》《庸》颁行天下。六年九月二十五日，奉上谕：‘朕闻谢济世将伊所注经书，刊布传播，多系自逞臆见，肆诋程、朱，甚属狂妄！从来读书学道之人，贵乎躬行实践，不在语言文字之间，辨别异同。况古

① 方东树：《汉学商兑》卷中之上，《汉学师承记（外二种）》，第272页。

② 方东树：《汉学商兑》卷下，《汉学师承记（外二种）》，第388页。

③ 方东树：《汉学商兑》卷中之上，《汉学师承记（外二种）》，第301页。

④ 方东树：《汉学商兑》卷下，《汉学师承记（外二种）》，第389页。

⑤ 方东树：《汉学商兑》卷下，《汉学师承记（外二种）》，第385—386页。

⑥ 方东树：《汉学商兑》卷中之上，《汉学师承记（外二种）》，第296页。

人著述既多，岂无一二可以指摘之处？以后人而议论前人，无论所见未必即当，即云当矣，试问于己之身心何有益哉？我圣祖将朱子升配'十哲'之列，最为尊崇，天下士子，莫不奉为准绳。而谢济世辈，倡为异说，互相标榜。恐无知之人，为其所惑，殊非一道同风之义，且足为人心学术之害。朕从不以语言文字罪人！但此事甚有关系，亦不可置之不问也。尔等可寄信与湖广总督孙嘉淦，将谢济世所注经书中，有显与程、朱牴牾，或标榜他人之书，令其查明具奏，即行销毁，毋得存留。钦此！'煌煌圣训，诚天下学者所当服膺恭绎，罔敢违失者也。"方东树所以要在文中转载乾隆这段上谕，是因为这段上谕从朝廷最高权威的角度确立了程朱之学不可触犯的尊崇地位，即便真有错失，也不容置疑、批评："夫宋儒训诂，岂必千虑无一失，然而王制也。今之为新说者，岂必千虑无一得？然而非王制也。先王所是著为令，士安得倡异说于王制外乎？"[①]所谓王制，即指"王"治理天下的规章制度，乾隆上谕已将程朱之学确定为"王制"的一部分，汉学家所言即便正确，也是悖于"王制"的异说。

有了朝廷上谕与王制作为后盾，方东树在指斥汉学时，都将自己置于正统、神圣、权威的地位，按方东树的话来说就是"正"的地位[②]。凡是与"正"作对者，自然是"邪"了："攻程、朱者，必无君子，心术邪也"[③]，所谓正、邪的划分其实是以政治而非学术为标准了。正是从政治标准出发，方东树对汉宋两家的称谓都泾渭分明，我们来看看《汉学商兑》中有关汉宋学的称谓：对于宋儒之言，方东树多尊称为"圣人之道""圣人之言"；对于汉学家之言，方东树多用"谬论""边见""邪见""大乱之道""异端邪说"等贬低之词。[④]

方东树在反驳汉学时，多武断之词，少理性分析[⑤]，究其原因，当与理学本身在清朝的政治背景及正统学术地位有关。如在驳斥戴震有关理学"以意见杀人"的攻击时，方东树如此回答："程朱以己之意见不出于私，乃为合乎'天理'，其义至精、至正、至明！何谓'以意见杀人'？"既然程朱理学"至精、至正、至明"，那么与程、朱为难，就是"罔气乱道"。如此义正辞严，其底气就在于官方所赋予的正统学术地位。又如在驳斥戴震有关理学"以理杀人"的攻击时，方东树以为程朱非但与"杀人"无关还可以"明民"："治教政刑，以节其性。司徒之命，修道之教，学校之设，所以明民者，惟义理之用为急"。程朱所言之理不仅是学术的一家之言，还是教化民众、维护统治的工具。既然如此，反"理"就不仅是学术之争的简单问题了："今谓不当以义理为教，而第惟民之欲是从，是率

① 方东树：《汉学商兑》卷下，《汉学师承记（外二种）》，第402—403页。

② 方东树：《汉学商兑》卷中之上，《汉学师承记（外二种）》，第272页。

③ 方东树：《汉学商兑》卷下，《汉学师承记（外二种）》，第400页。

④ 方东树：《汉学商兑》卷中之上，《汉学师承记（外二种）》，第266页、269页、270页、278页、280页。

⑤ 邓实在论及此点时曾说：方东树在《汉学商兑》中"肆口讥弹，文辨虽雄，而无实学真理以为佐证，故不足以折服学者。"邓实：《国学今论》（续第四期），《国粹学报》第五期（光绪三十一年五月二十日），第2页。

天下而乱也。”[①]从政治角度回应学术争论，学术争论就不再是学术问题而成为政治问题了。

（5）清代宗宋学者虽与汉学家势如水火，但对于“汉学胜场”即作为治经方法的考据本身还是颇为忌惮的。在涉及汉学家所擅长的训诂、考证领域，方东树少有正面交锋，而是多采取回避、兼采、贬低的方式。面对无法自圆其说的问题时，则以“理”压制对手。

关于“汉学胜场”的提法见于方东树对于《国朝经师经义目录》的批驳。江藩所著《汉学师承记》附有《国朝经师经义目录》，该目录分易、书、诗、礼、春秋、论语、尔雅、乐八个部分，对清朝汉学家相关的经义著作进行了系统梳理。方东树则在《汉学商兑》卷下分易、书、诗、三礼、春秋、四书、小学、经义八个方面予以相应批驳，之后还特别补充：“以上皆据江藩《国朝经师经义著录》，所谓‘专门汉学者’也。其实诸家所著，每经不下数十种，有刊行而不为江氏所采者，有刊行而江氏未见者，有刊行在江氏著录之后者，有仅传其目而竟未成书者。新名林立，卷帙盈千，充牣艺林。要其中实有超绝冠代，江河万古，自不可废。究之主张宗旨既偏，则邪说谬言，实亦不少。”[②]方东树在系统批判清代汉学家经义著作的时候，并非全面否定。他对汉学家于三礼、小学方面的相关研究不仅未作否定，还多有褒扬，其原因他也分别讲得很清楚：于三礼研究方面，他以为“盖三礼专主制度、名物，此自汉学胜场，况又能不拘注疏旧法，兼收博取，实事求是，论学皆能若此，固万世之眼目矣”[③]；于小学研究方面，他以为“小学、音韵，是汉学家诸公绝业，所谓此自是其胜场，安可与争锋者。平心而论，实为唐、宋以来所未有”[④]。三礼、小学研究既然是汉学家的“胜场”，避其锋芒，也不失为一种辩驳策略。

方东树承认小学、音韵、制度、名物考核为“汉学胜场”，意味着他对作为研究方法的汉学训诂、考证之法的承认甚至兼采，他曾说：“愚谓天下自有公是公非，宋儒义理，实不能不用训诂、考证；而汉学训诂、考证，实不足尽得圣人之义理。”[⑤]既然宋儒义理“不能不用训诂、考证”，则涉及“宋儒义理”之学及“汉学训诂、考证”之学孰高孰低的比较问题。

方东树曾有一段文字专门论及这个问题：“古今学问，大抵二端。一小学，一大学。训诂、名物、制度，只是小学内事。《大学》直从‘明’、‘新’说起，《中庸》从‘性’、‘道’说起。此程子之教所主，为其已成就向上，非初学之比。如颜子问仁、问为邦，此时自不待与之言小学事矣；子夏固谓草木有区别，是也。汉学家昧于小学、大学之分，混小学于大学，以为不当歧而二之，非也。故白首著书，毕生尽力，止以名物、训诂、典

① 方东树：《汉学商兑》卷中之上，《汉学师承记（外二种）》，第278—279页。
② 方东树：《汉学商兑》卷中之下，《汉学师承记（外二种）》，第383页。
③ 方东树：《汉学商兑》卷中之下，《汉学师承记（外二种）》，第379页。
④ 方东树：《汉学商兑》卷中之下，《汉学师承记（外二种）》，第383页。
⑤ 方东树：《汉学商兑》卷下，《汉学师承记（外二种）》，第388页。

章、制度小学之事，成名立身，用以当大人之学之究竟，绝不复求明、新、至善之止，痛斥义理、性、道之教，不知本末也！”[①]方东树将古今学问分为小学、大学，就清代学术具体而言，即是汉学、宋学两端。既然将汉学列为古今两大学问中的一种，也就无彻底否定汉学之意。方东树所要否定的是以训诂、考证之法攻击宋儒义理的乾嘉汉学家。虽说无意否定汉学，但方东树却是有意贬低汉学。不管是小学、大学之分，还是本、末之学的划分，甚至草木之别的比喻，都是从层次高低的角度来划分汉宋学，视汉学为较宋学层次低下的“初学”“末学”，方东树还以形象的语言讽刺汉学家持“末”以傲：汉学家所长“仅在于形声、训诂、名物、制度之末。譬如良农春谷，尽取精鑿以去，贫子不知，方持糠秕以傲之”[②]。从本、末角度区别宋儒义理与汉学训诂、考证，那就意味着汉学家凭其考证末学永远无法企及理学的高度：“自贾、马、服、郑、扬雄、蔡邕、许慎、孙炎、郭璞、张揖、刘熙诸人，可谓真能考覈名物、制度、训诂、小学矣，而皆未闻其克通乎性与天道也。”[③]

本、末学的划分虽意在贬低汉学，却又从研究方法的角度肯定了汉学。训诂、考证之学虽是末学，却是传统经学的基本功，是“入圣之阶”[④]。若因为与汉学家为敌而全面否定汉学，宋学就真成“无根之学”了。对于这一点，方东树还是很清楚的，他以朱子为例来说明理学大师对于训诂、考证之学的重视：“朱子教人，固未尝废注疏”[⑤]。“固未尝”三个字很微妙地表现出宋学家对于汉学的态度。方东树还特别强调朱子《四书集注》对义理的发明是以训诂、考证为基础的：“朱子《四书集注》，惟重发明义理，以训诂、名物、注疏已详，不复为解。故曰：‘邢昺《论语疏》，集汉、魏诸儒之说，其于章句、训诂、名物之际，详矣。学者读是书，其文义、名物之详，当求之注疏，有不可略者’。又曰：‘汉魏诸儒，正音读，通训诂，考制度，释名物，其功博矣。学者苟不先涉其流，则亦何以用力如此’。又曰：‘本之注疏，以通其训诂；参之《释文》，以正其音读，然后会之诸老先生之说，以发其精微’。据此，可知朱子非废训诂、名物不讲，如汉学诸人所訾谤也。”[⑥]

在辩驳中，为加强己方的说服力，方东树在《汉学商兑》中也频频使用考证法。《汉学商兑》卷中之上及卷中之下，更是多用考订、训诂之法以驳斥汉学“依附经义小学，似是而非者”[⑦]。考证本非宋学家长项，但方东树似乎对自己的考证颇为自信，他还从“实考”的角度嘲笑汉学家种种攻击宋学的议论“乍看似甚渊雅，义据通深。……若以实考

① 方东树：《汉学商兑》卷中之下，《汉学师承记（外二种）》，第320页。

② 方东树：《汉学商兑》卷中之上，《汉学师承记（外二种）》，第274页。

③ 方东树：《汉学商兑》卷中之下，《汉学师承记（外二种）》，第360—361页。

④ 方东树：《汉学商兑》卷中之下，《汉学师承记（外二种）》，第323页。

⑤ 方东树：《汉学商兑》卷下，《汉学师承记（外二种）》，第385页。

⑥ 方东树：《汉学商兑》卷中之下，《汉学师承记（外二种）》，第380—381页。

⑦ 方东树：《汉学商兑·凡例》，《汉学师承记（外二种）》，第238页。

之，乃不根之谈也”[①]。

方东树显然明白宋儒对义理的诸多阐发经不起考证的推敲。对于无法自圆其说的问题或宋儒之学不可辩驳的错漏之处，他自有解决之道：

第一，将程、朱摆到圣人的位置上，既为圣人，其对义理的阐发自然处于不能怀疑的位置。方东树曾说：“必若前圣所未言，后圣不许增一辞，则后来安得有六经？前书所未及，后书所有不可信，则此《论语》之言，亦今文《尧典》所未有。愚尝反复究思之，无论伪古文足信与否，《荀子》所引足重与否，只此二语（即人心惟危，道心惟微，笔者注），即出于巷说里谚，亦当平心审谛。”“巷说里谚”只是谦辞，方东树真正要表达的意思是程、朱作为与孔、孟并列的圣人，其对义理的阐发也具有不容怀疑的权威地位。他还引用南宋经学名家何基之语强调治经者不可怀疑理学经典：“治经当谨守精玩，不必多起疑论。”[②]

第二，考订圣贤之言，不必全藉佐证，可“以其义理辞气得之”。朱熹将《礼记》中的《大学》《中庸》与《论语》《孟子》并列为四书，以为《大学》中的“经”的部分为“孔子所言而曾子述之”，“传”的部分为“曾子之意而门人记之”。[③]汪中抨击《大学》非为曾子所作，而是为“七十子后学者所记，于孔氏为支流余裔”；戴震则从年代的角度质疑朱熹关于《大学》作者的定论。《大学》是宋学理论体系之纲，方东树以为汉学家对《大学》的考证与怀疑于宋学而言具有摧毁根基的威力：“以此辟《大学》，是拔本塞源，直倾巢穴”。面对汪中、戴震的考证、质疑，方东树如此回击：“然考订圣贤之言，亦以其义理辞气得之，非必全藉佐证”[④]，他还反过来嘲讽汉学家固守训诂：“义理有时实在语言文字之外者。故孟子曰：‘以意逆志，不以文害辞，辞害意也。’汉学家专泥训诂，如高子说《诗》，所遇多不可通。”[⑤]方东树试图从“义理辞气”的角度去解决“考订圣贤之言”的问题，显然经不住推敲。方东树随后的一段评论则是以“理”压人、强词夺理了：“夫《大学》纵非孔子之言，曾子之意，但令学者守此为学，学必不误；本此为教，教必不误；本此为教，教必不歧。可以远绍唐虞、三代，司徒、庠序之教，包孕六经群圣之言而不悖焉，亦足矣！”[⑥]言外之意即是理学经典无须考证，毋庸置疑，只要照此标准“为学”“为教”，自然“不误”“不歧”，方东树这段话倒是道出了传统专制体制下学者的生存与发达之道。

对于有关宋学谬误的种种无可辩驳的考证，方东树有时也以“言各有当”一语化解：

① 方东树：《汉学商兑》卷中之下，《汉学师承记（外二种）》，第344页。
② 方东树：《汉学商兑》卷中之上，《汉学师承记（外二种）》，第266页。
③ 朱熹：《大学章句集注》，《晦庵朱文公文集》卷76，四库丛刊本。
④ 方东树：《汉学商兑》卷中之上，《汉学师承记（外二种）》，第288—289页。
⑤ 方东树：《汉学商兑》卷中之下，《汉学师承记（外二种）》，第321页。
⑥ 方东树：《汉学商兑》卷中之上，《汉学师承记（外二种）》，第292页。

"古人言各有当，随举自明，何不可通？"[①]方东树以为，同样的字词在不同的语境下有不同的含义，理解理学义理须"处上下文义"[②]，而汉学家每"执一以解之"，"其意主于破宋儒之说"[③]。其实，不管是"言各有当"与"义理辞气"的说法，还是在论辩中将理学置于不可考证质疑的圣学位置的态度，本质上都是对汉学家质疑的回避，这也在相当程度上削弱了《汉学商兑》的学术水准与说服力。

方东树在写作《汉学商兑》时特别申明自己公正持平的学术批评立场："推阐义理，必持平审正，不敢以目睫一孔边见，偏宕放激，取罪于世"[④]，但综观全书，持平审正没有做到，偏宕放激之语倒是不少。学术论争的主要目的就是批驳对方并为己方张本，要做到持平审正其实是一件很难把握的事情。尽管如此，《汉学商兑》还是以其对当时学术主流乾嘉汉学的"最激烈的反动"而闻名一时，乾嘉汉学也随之从发展的最高峰逐渐跌落下来。其实，推动乾嘉汉学的由盛转衰的真正原因是时代的变化而非方东树的批驳。嘉道年间，社会动荡不安，中国进入了一个前所未有的大变局中。面对岌岌可危的国势，一方面是乾嘉时期盛极一时的汉学因束手无策而渐受质疑，一方面则是经世致用思潮的兴起促使知识分子纷纷调整学术路向，"对照现实的变局，汉学的无用性愈发明显，而宋学虽不一定是理想的选择，但当时复兴宋学的人大多还试着把学问与现实产生联系，而且发生过相当的效果"[⑤]。在这样的时代背景下，汉学开始衰败，理学开始走向复兴。社会变局才是清代后期学术流变的真正推手，《汉学商兑》对汉学的批判及对理学经世的强调可谓适逢其会。方东树曾说自己写作《汉学商兑》是"就知识所逮，掇拾辨论，以启其端，俟世有真儒出而大正焉"[⑥]。《汉学商兑》的面世确实开启了清代后期学术变化之"端"，但方东树并未等来复兴理学的"真儒"，进入近代以后，学术近代化成为中国学术的发展大势，传统经学研究逐渐式微，理学在晚清的复兴最终也是昙花一现。

（原载《史学理论研究》2012年第3期，收入本书时稍作修改）

① 方东树：《汉学商兑》卷中之上，《汉学师承记（外二种）》，第306页。

② 方东树：《汉学商兑》卷中之下，《汉学师承记（外二种）》，第312页。

③ 方东树：《汉学商兑》卷中之上，《汉学师承记（外二种）》，第305页。

④ 方东树：《汉学商兑》卷上，《汉学师承记（外二种）》，第238页。

⑤ 王汎森：《方东树与汉学的衰退》，王汎森：《中国近代思想与学术的系谱》，石家庄：河北教育出版社，2001年，第24—26页。

⑥ 方东树：《汉学商兑·序例》，《汉学师承记（外二种）》，第236页。

“捕属”与晚清广州的城市社会

梁敏玲

明中后期萌芽的州县佐杂官员分辖制度在清代以降得到了快速发展，这一状况体现了国家基层管理方式的一大转型。近年，相关问题已经引起学界的关注。不同的研究者对佐杂辖区的定位不尽相同，但大都承认这些佐杂官员在基层社会的治理中发挥了一定的行政职能。①其中，清代广东的情况相当特殊，几乎所有的州县都为不同的佐杂官员所分辖，张研、西川喜久子、胡恒等学者对佐杂官员的辖地、职能等方面进行了探讨，其中，胡恒更是通过全面的分析，指出清代的捕巡官员已在广东形成“司”一级辖区。②

不过，由于佐杂官员的分防更多体现在对县辖乡村地区的管理之上，佐杂分防对行政城市的具体影响较少受到学界关注。但事实上，在广东这个佐杂分防最为特殊的地区，附郭省城的南海、番禺两县之“捕属”（意为“典史管属”）逐渐成为大致与城厢内外范围相对应，并得到官民双方认可的概念。此种状况，正是佐杂辖区作用于城市社会的一个例证。其中，“捕属”与户籍的关联值得注意。胡恒曾就几则与南海、番禺县捕属相关的记载，综合全省的情况，指出“捕属”是区域地理单元而非籍贯归属，只具籍贯“标识”意义。③不过，此种说法针对的是全省的整体状况，具体到附郭省城且城厢人口规模庞大的南海、番禺两县，情况难以一概论之，所谓的籍贯“标识”意义亦有可讨论的空间。尤其在晚清广州的社会转型过程中，佐杂官员的行政职能日渐弱化，但“捕属”的相关记载不减反增，影响延续至民国以降。这种情况说明，佐杂分辖作用于广州的方式，不仅是自上

① 贺跃夫：《晚清县以下基层行政官署与乡村社会控制》，《中山大学学报》（社会科学版）1995年第4期，第82—89页；傅林祥：《古代上海地区的次县级行政机构》，《上海市历史博物馆馆刊》第1辑，上海：上海社会科学院出版社，2002年，第31—43页；傅林祥：《清雍正年间的次县级行政机构及其职能探析》，《清史研究》2011年第2期，第60—67页；张研：《对清代州县佐贰、典史与巡检辖属之地的考察》，《安徽史学》2009年第2期，第5—18页；吴佩林：《万事胚胎于州县乎——〈南部档案〉所见清代县丞、巡检司法》，《法制与社会发展》2009年第4期，第30—37页；胡恒：《皇权不下县？——清代县辖政区与基层社会治理》，北京：北京师范大学出版社，2015年；〔日〕太田出：《清代江南デルタ佐雜“分防”考》，《待兼山论丛》33号，1999年，第25—49页；〔日〕西川喜久子：《佐式官・属官・雜職官》，收入同作者《珠江デルタの地域社会—清代を中心として》，东京：涩谷文泉阁，2010年，第638—692页。

② 张研：《对清代州县佐贰、典史与巡检辖属之地的考察》，第7—18页；〔日〕西川喜久子：《佐式官・属官・雜職官》，第638—692页；胡恒：《“司”的设立与明清广东基层行政》，《清史研究》2015年第2期，第111—136页。

③ 胡恒：《捕属再考》，《皇权不下县？——清代县辖政区与基层社会治理》，第162—165页。

而下的行政职能的实现，而是存在一个与城市社会相关的复杂机制。此种机制关乎佐杂辖区深入影响城市社会的实际形态，值得细致探讨。

本文从“捕属”入手，综合利用地方志、族谱、档案、报刊以及多种地方文献，附以民国以降的回忆性文字，结合珠江三角洲区域社会的特点与广州城市的空间与社会结构，探讨南海、番禺两县佐杂分辖如何作用于晚清广州的城市社会。在梳理两县佐杂辖区的形成与发展的状况后，将重点讨论晚清广州城厢的佐杂辖区如何成为外来移民入籍后的户籍标识，而这种户籍标识又如何通过科举与宗族深入广州城市的基层社会，并与两县城厢地区产生不同互动的过程。

一、南海、番禺两县的佐杂分辖：乡村与城厢

在清代附郭广东省城的南海、番禺两县，逐渐形成了由不同的佐杂官员分辖城乡的状况。在两县的乡村地区，主要由不同的巡检司分辖，南海县还在乾隆末期增设了九江主簿。关于巡检司的分划辖境，早在明《（万历）南海县志》中就有“乡则六巡司系焉。金利巡司所辖为金利都，东抵省城界，西抵三江界，南抵神安界，北抵番禺界”①的记载。到了《（康熙）南海县志》，还出现了“金利司图”等简单记载各巡检司辖境的地图。②而在番禺县，《（康熙）番禺县志》虽未收入巡检司图，但有巡检司辖村的记载。③

巡检司等佐杂官员在两县乡村地区的分辖，主要是为了发挥缉捕等治安维持的职能，而值得注意的是，这些佐杂辖区也逐渐成为图甲体系的上级分区。赋役制度改革之后，清代珠江三角洲地区图甲制中“户籍”的性质转变成了纳税账户，图甲体系中的“户”是人们进行纳税、土地登记、科举考试时所使用的“户籍”④，图甲体系继续在社会经济生活中扮演重要角色。图甲体系与佐杂辖区的关系，在乾隆年间的方志中开始得到确认。《（乾隆）南海县志》关于都、堡、图的记录与《（康熙）南海县志》相同，但堡、图后的文字从“以上属某某都”变成“以上属某某司某某都”⑤，巡检司开始被置于都、堡、图之上。而《（同治）番禺县志》也有“沙湾巡检司属都一堡十三图二十七客图一村八十七……”⑥等列出巡检司属都、堡、图的记载。这些记载说明，两县的巡检司辖区逐渐被

---

①《（万历）南海县志》卷1《舆地志》，明万历三十七年刻本，第4页b。

②《（康熙）南海县志》卷1《舆地志》，《图》，《日本藏中国罕见地方志丛刊》，北京：书目文献出版社，1992年，第28—30页。

③《（康熙）番禺县志》卷1《舆地》，清康熙二十五年刻本，第5页a。

④刘志伟：《在国家与社会之间：明清广东里甲赋役制度研究》，广州：中山大学出版社，1997年，第237—275页。

⑤《（康熙）南海县志》卷1《舆地志》，第13页b—第25页b；乾隆《南海县志》卷2，《建置志》，清乾隆六年刻本，第25页b—第26页a。

⑥《（同治）番禺县志》卷3《舆地略一》，清同治十年刻本，第4页b—第10页a。

用于图甲体系的分区。

在两县的城厢地区，也出现了佐杂分防的情况。清代广州的城厢由衙署集中的老（旧）城、南边与老城相连的新城、城外的关厢地带（西关、南关、东关、北关）所构成。南海、番禺两县一西一东划城而治，老城内有八旗驻地，管辖方式与民地不同，本文暂不讨论。而城外最为繁盛的关厢地带是西关，属南海县管辖（见图1）。雍正八年（1730），为了新城与西关的夜间救火之便，布政使王士俊上奏，将广州府督粮通判从老城内的广州府衙以西移驻新城，将南海县县丞从老城内的南海县衙以西移驻城外的西关。[①]移驻后的佐杂官员需在定更后负责部分新城与城外西关的治安，“如定更后内城已闭，而新城内外遇有失察疏虞，即将通判、县丞各照专官例查参。”[②]从档案上看，南海县丞确实参与了对西关的管理。[③]至于番禺县，县丞曾在雍正年间从老城内移驻市桥南村，但在乾隆四十六年（1781）又重新移回新城[④]，辅助知县管理番禺县城厢。

县丞之外，掌管一县缉捕、监狱的知县属官——典史，也开始分划辖境。典史一般驻在县城[⑤]，雍正后期担任番禺县知县的逯英指出，该县典史专管的只有“城厢内外地方”：

> 查看得典史一官，原辖通县，向例县属。遇有失事，故与巡检并参，此相沿之成规也。但查番邑典史，所专管者只有城厢内外地方，其余四处乡庄，则分隶各巡检专管。是典史虽有通辖之名，究无通辖之实。[⑥]

其实，在广东地区，典史管属的范围超过城厢并包括大量乡村地区的情况更为常见。[⑦]番禺县典史的这种状况，应是其附郭省城，城厢面积较他县为大，人口较他县为多之故。

尽管南海县丞移驻西关后承担一定管辖职能，番禺县典史也专管“城厢内外地方”，但两县城厢乃知县驻地，又有多名佐杂官员共同参与管理，县志中最初并没有这些佐杂官

① ［清］王士俊：《奏报将南海县丞移驻广州新城折》（雍正八年十一月十五日），台北“故宫博物院”编：《宫中档雍正朝奏折》第17辑，台北：台北“故宫博物院”，1986年，第173页。移驻地点参见《（乾隆）南海县志》卷2《建置志》，第17页a；《（同治）番禺县志》卷15《建置略二》，第12页a。

② ［清］鄂弥达：《广东巡抚鄂弥达题请将广粮通判移驻新城南海县县丞移驻十三行专司巡防本》，雍正九年四月十四日，中国第一历史档案馆编：《雍正朝内阁六科史书·吏科》第65册，桂林：广西师范大学出版社，2002年，第89页。

③ 乾隆年间，南海知县发现西关有人私铸钱文时，派县丞与营员前往查拿。参见［清］鄂弥达：《题为会审广东南海县民程斌等私铸铜钱一案依例分别定拟请旨事》，乾隆二十一年六月初六日，中国第一历史档案馆藏内阁刑科题本（土地债务·贪污·违禁类），档号：02-01-07-14153-003。

④ 《（同治）番禺县志》卷15《建置略二》，第12页a。

⑤ 《（同治）番禺县志》卷15《建置略二》，第12页a。

⑥ ［清］逯英：《饬行查议事》，日本东洋文库藏《诚求录》卷3，清乾隆十一年刻本，第22页a。

⑦ 光绪《广州府志》卷9《舆地略一》，清光绪五年刻本，第21页b—第32页b中，南海、番禺、顺德、东莞、龙门、香山、三水、花县等县的都堡均记有“属督捕厅”“隶典史”“典史属”“捕厅管属”“捕属”等，其中大多数包括乡村。

辖境的相关图示与记录。《（乾隆）南海县志》《（乾隆）番禺县志》中有“以上俱典史管属”“典史属塘汛二”的记载[①]，但这里的“典史管属”“典史属”的对象，只是位于城厢的绿营汛地与炮台，并未包括图甲或街道。

但是，从道光朝的方志开始，“捕属”相关记载出现，典史辖境走向清晰化，且与乡村的佐杂辖区一样，逐渐被用于图甲体系的分区。在《（道光）南海县志》的《县治分界图》中，城墙外的关厢地带和相邻的金利司属区之间有明确的边界线，边界线的一边清晰标明“金利司属”。而在《县境全图》中，城墙与城外的几个堡之间，标有“捕属”二字。[②]因典史衙门又称捕厅或督捕厅，可知典史具有了与金利司辖区划界而治的清晰辖境。而在“都堡”条中，除了列出主簿与巡检司属的图甲外，还有“堡。城西、图四。一图、四图、十四图、十六图。西隅、图一。一图。以上属督捕厅”的记载[③]，说明典史辖区也被用于图甲体系的分区。

在同治时期的两县方志中，捕属的范围及其与图甲体系的关系被更为清晰地表示了出来。《（同治）南海县志》开始收有记载典史辖境的“捕属图”[④]，还收有以司系堡、以堡系图、以图系甲，最后详细记载户名的图甲表。图甲表的“咸丰四年南海县各堡实征米总数”条记载了各堡的税粮额度，“捕属”下辖城西、西隅、河泊三堡：“捕属下甸。城西堡。一、四、十四、十六图，米捌佰贰拾陆石贰斗四升四合。西隅堡。一图，米叁拾伍石伍斗捌升捌合，河泊堡百四十八、百四十九、百五十二图，米肆斗陆升七合”。[⑤]不过，这三堡所在地均是城外农地，关于捕属区域内街道的图甲编排，方志中并没有相关记载。

《（同治）番禺县志》同样明确地记载了该县捕属的范围。在坛庙、津渡、桥梁、墟市等处列出全部地名后，记“以上俱捕属”，或将“捕属”和“某某司”列在地名之前。[⑥]与《（同治）南海县志》一样，《（同治）番禺县志》也收入了专门记载典史辖境的“捕属图”。[⑦]而在“都堡”条中，分“城内街”“新城内街”“东门外街”“新城外街”列出各街名称，云“谨按任志云坊昔十一、后定为三……今皆无考、谨据采访册录捕属各街于篇。”[⑧]任志即《（乾隆）番禺县志》，该志记清代新定三坊“状元坊十五图、东北坊一图六图十图十二图、泰通坊七图十图。东城厢三图六图、城南厢一图”[⑨]，说明清初可能曾

---

① 《（乾隆）南海县志》卷10《兵防志》，第2页a、第3页a—第4页a；《（乾隆）番禺县志》卷10《兵防》，清乾隆三十九年刻本，第4页b。

② 《（道光）南海县志》卷3《图一》，清道光十五年刻本，第1页b—第2页a；第3页b—第4页a。

③ 《（道光）南海县志》卷6《舆地略二》，第4页b。

④ 《（同治）南海县志》卷1《图说一》，《捕属图》，清同治十一年刻本，第11页b—第12页a。

⑤ 《（同治）南海县志》卷6《经政略》，《咸丰四年南海县各堡实征米总数》，第1页a。

⑥ 《（同治）番禺县志》卷17《建置略四》，第1页a—第28页a；卷18《建置略五》，第1页a—第1页b、第4页a—第6页a、第11页b—第12页a。

⑦ 《（同治）番禺县志》卷2《舆图》，《捕属图》，第2页a—第3页a。

⑧ 《（同治）番禺县志》卷3《舆地略一》，第3页a—第4页b。

⑨ 《（乾隆）番禺县志》卷6《坊厢》，第10页b。

在城厢编排图甲，但是，编纂《（同治）番禺县志》时，这些坊厢图甲“今皆无考”。取而代之的是“捕属”的“各街”，它们与编排了图甲的乡村都堡具有了同等的地位。

要言之，在清代中后期的南海、番禺两县，大致形成了巡检司和主簿分辖乡村，县丞、典史等分辖城厢的状况。“捕属”一词在道光以降两县方志中出现并愈发常见，作为典史辖区，它一方面管属城厢内外的街道、桥梁、坛庙等（见图1），另一方面又与巡检司、主簿辖区一样，被用作图甲体系的分区。不过，与乡村地区不同的是，在城市的街区，并没有编排图甲的记载，“各街”为佐杂辖区所直接统属。而这种直接统属关系，正是造成捕属相关记载大量出现的主要原因，下文将对此进行考察。

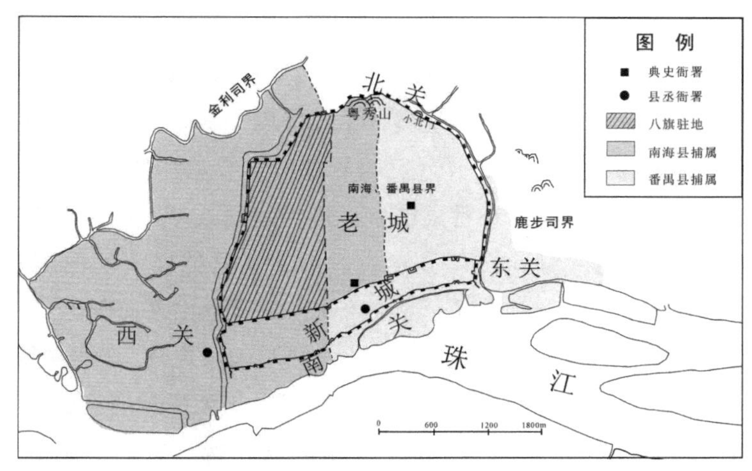

图1　南海、番禺县捕属范围示意图

资料来源：底图为《广东省城图》，清光绪年间，《广州历史地图精粹》，北京：中国大百科全书出版社，2003年，第88—89页，比例尺根据《广州省城图》，清宣统二年，《广州历史地图精粹》，第90页大致校正。捕属范围与分界根据《（同治）番禺县志》卷2《舆图》，《捕属图》、《鹿步司图》，第2页a—第3页a、第8页a—第9页a；《（同治）南海县志》卷1《图说一》，《捕属图》，第11页b—第12页a所绘；八旗地界根据《驻粤八旗志》卷2《建置》，《旗境分界图》，光绪五年刊本，第8页a—第9页a所绘。典史、县丞驻地根据《（乾隆）南海县志》卷2《建置志》，第17页a；《（同治）番禺县志》卷15《建置略二》，第12页a所绘。需要说明的是，南海县捕属与金利司的分界线主要依据河流，在方志地图上也有清晰展现，但番禺县捕属与鹿步司的分界在方志地图上展示得较为模糊。

二、移民、户籍、科举

如前所述，捕属相关记载大量出现在两县方志中的时间，是晚清时期。该时广州经历了两次鸦片战争与洪兵起义，为恢复动乱后的局势，官方设置了大量局所，绅士和商人更是越来越多地介入城市的管理。相较之下，佐杂官群体在晚清的广州社会中并不显眼。此时捕属的相关记载之所以会大量增多，窃以为主要有以下两方面的原因。

首先，“捕属”一词，虽是典史管属之意，但逐渐泛化为一个地域概念，其使用范围不断扩大。胡恒指出，清代广东的“司”一级辖区成为了得到官方与民间双重认可的“地域观念”[①]，“捕属”自不例外。前文已提及南海县丞分辖城外的西关地区，而番禺县“城内坊一十四……街一百十有六巷四十二，隶典史兼隶丞焉”[②]，可见县丞与典史一同管理城厢街道。[③]因此，县志中被记为“捕属”的区域虽为典史辖区，但并非为典史专属，而成为一个广泛意义上的区域概念。

其次，捕属逐渐与居住城厢的外来者的入籍相关联，成了一个重要的户籍标识单位。随着入籍人口的增多以及他们的活跃，相关记载自然随之增多。本节将重点探讨这一问题。

从同治年间的方志开始，大量出现“捕属人”的说法。这些文字往往直接记某人是“捕属人”。比如，《（同治）南海县志》列传“桂文燿”条有记，“桂文燿，字星垣。其先浙江慈溪人，祖鸿以商籍生员改本邑学生员，中乾隆丙午科举人，官安徽泾县知县，遂着籍本邑，居省垣，故为捕属人。”[④]而《（民国）番禺县续志》的“袁应”条中有记，“袁应，字绍，本号致堂。原籍东莞，补番禺诸生，遂为捕属人。”[⑤]桂文燿成为南海县捕属人的原因是其“着籍本邑”并“居省垣”，袁应成为番禺县捕属人的原因是其“补番禺诸生”。“捕属人”在此处成了与移民入籍、省城居住甚至科举相关的概念。

继续翻阅族谱等地方文献，会发现“捕属”“捕属人”之外，“捕属籍”也时有出现。仅笔者所见，广州本地各机构所藏族谱中涉及“捕属”相关记载的族谱就有十数部，这些族谱的编纂时间，从同治年间起至20世纪50、60年代不等，它们绝大多数是外来者移居广州城厢，“世居”经年且入籍后编纂而成。移居者有来自外省，如安徽、福建等地，也有来自周边的珠江三角洲地区。修谱者在族谱中追溯移居历史，“捕属”记载便在此时登场。

在詹天佑编纂于光绪十年（1884）的《徽婺庐源詹氏支派世系家谱》中，收有詹氏在嘉庆二十五年（1820）入籍南海县的文书。詹氏原籍安徽婺源，祖父詹榜乾隆二十五年（1760）来广东营生，嘉庆五年（1800）购大北门拱辰坊屋居住，祖父母去世后均葬于北门之外。“迨嘉庆二十一年，迁居西门外十二甫，自置房屋。计自故祖居家粤城，今逾六十余载，庐墓产业，在在可据”，“惟是生斯长斯，从未施籍，人事生疏，徽粤远隔，委实不能往徽应试。窃在治属居住远年，祖孙父子已成四代，所置屋业契经投印，庐墓俱全”，

---

① 胡恒：《“司”的设立与明清广东基层行政》，第129—133页。

② 《（光绪）广州府志》卷9《舆地略一》，第23页b。

③ 例如，在城厢的保甲编排上，往往是县丞与典史共同参与的。参考《粤东例案》，《编查保甲议详》，嘉庆四年二月十一日，《三编清代稿钞本》第146册，广州：广东人民出版社，2010年，第454—459页。

④ 《（同治）南海县志》卷13《列传》，第51页b—第52页a。

⑤ 《（民国）番禺县续志》卷19《人物志二》，民国二十年刊本，第5页a。

故而请求“入籍考试”[①]。乾隆定例为寄籍满二十年且庐墓俱全，呈明入籍方可应考，而嘉庆十一年（1806）又有了调整，“至迁徙六十年以外者，寄居既久，各安其业，即与土著无异，不必补行呈明，准其寄籍报捐应考。……务须取足邻里亲族甘结，声明原籍地方”[②]。最终，詹氏“例得入籍”。

针对这次入籍，族谱称“嘉庆廿五年十月，取男名詹钰，具禀县准详，学入南海县捕属籍”[③]。族谱不直接称“南海县籍”而要加上“捕属”，说明“捕属”具有较强的户籍标识意义。在清代广州的城厢居民中，相当一部分人来自周边的乡村地区，其户籍本就登记在了乡村的巡检司等佐杂辖区下各都堡的图甲之中。但对于像詹氏这种来自外地又世居城厢的移民来说，入籍处只能是城厢内外的捕属区域。因为晚清两县的城厢街区并没有编排图甲的相关记载，佐杂辖区与城厢“各街”是直接统属关系，所以我们可以推断，“捕属籍”很大程度上是一个相对于乡村佐杂辖区属下图甲户的标识单位，用于标识居住城厢街区的入籍移民的户籍单位。而在编纂这本族谱的晚清时期，这种标识有被强调的必要，因此被写入族谱之中。

这一推断可以在其他文献中得到证实。比如，同样编纂于光绪十年（1884）的《晋江入粤周家族谱》记载了从事商业的周氏从福建晋江移居广东番禺县城厢的历史。关于“入粤第二世”的“高祖仁侯”（1669—1728），族谱仅记“先世闽之晋江人，高祖仁侯懋迁来粤，占籍番禺”[④]，但族谱在“汝阳安庆大宗之派”后开始记晋江一支，写有“原籍祖福建泉州府晋江县新门街崇正境胜德铺紫垣青琐人氏，今籍广州府番禺县捕属”[⑤]。可见族谱编纂者对捕属户籍有明确意识。而南海芦排梁氏康熙年间从顺德县迁至南海县西关，在编纂于宣统三年（1911）的《南海芦排梁氏家谱》中，“来粤三世祖玉书公”处记“至公至省，始隶南海籍，并遵例报捐兵部主事加内部郎中衔”，并未提到“捕属”。[⑥]而在“七世祖东屏公”处则记“公讳大镛，字配笙，号东屏，南海捕属人”，明确记载其为“捕属人”。[⑦]玉书公的生卒年是1698—1746年，东屏公的生卒年是1815—1883年，后者正是“捕属”记载出现并增多的时期。

除此之外，在编纂于晚清的其他几部族谱，如《重修颜氏迁粤家谱》（1874）、《郭氏族谱》（1879）、《西关杨氏支谱》（光绪年间，时间不明），以及编纂或增订于民国年间以

① 《徽婺庐源詹氏支派世系家谱》，《具状文童詹钰为沥情叩恩批准入籍事》，广州市荔湾区地方志编纂委员会办公室藏光绪十年稿本复印版，页码不详。

② ［清］姚雨芗原纂、胡仰山增辑：《大清律例会通新纂》卷7《户律户役》，沈云龙主编：《近代中国史料丛刊三编》第22辑，台北：文海出版社，1987年，第856、860页。

③ 《徽婺庐源詹氏支派世系家谱》，三十八世祖，页码不详。

④ 《晋江入粤周家族谱》卷下，广东省立中山图书馆藏民国三十六年稿本，《周君翰卿墓表》，页码不详。

⑤ 《晋江入粤周家族谱》卷上，泉州府青琐字派世系图开始处，页码不详。

⑥ 《南海芦排梁氏家谱》卷3《家传谱》、《三世祖玉书公传》，广东省立中山图书馆藏清宣统三年刻本，第4页b。

⑦ 《南海芦排梁氏家谱》卷3《家传谱》、《七世祖东屏公传》，第10页a。

降的族谱，如《河阳世系龙溪潘氏族谱》（1920）、《番禺李家族谱考》（1929）、《浙杭迁粤高阳许氏族谱》（1947）、《伍氏入粤族谱》（1956）、《广东省城梁氏族谱（捕属）（梁鼎芬一支）》（1966）等中[①]，也都散见两县"捕属""捕属人"或"捕属籍"的记载。《浙杭迁粤高阳许氏家谱》更是清晰讲述了"捕属"作为户籍标识的理由：

> 景韶公于清乾隆嘉庆年间游幕来粤，长子又川公、次子廉夫公、三子醇斋公先后入粤省视，遂家广东省垣，今改广州特别市。景韶是为迁粤第一世祖也。诸孙以应试，故占籍广州府番禺县捕属。故列别省人入籍番禺者，不分隶各司，特编归县捕厅隶属，故曰番禺捕属。[②]

这份民国时期的材料不乏缺漏，比如，不仅别省，省内其他地区之人居住省垣后占籍番禺捕属的情况也不少见。但是，正如光绪三十三年（1907）广东提学使司所云，"今则统称外省人来客居此地者谓之客家，犹捕属，犹商籍"[③]，清末也有官员笼统地将捕属视作外省客居者，这应是捕属户籍中外省人入籍情况较多之故。至于入籍流程，台湾大陆同乡会《广东文献》有回忆文章详述："如外来欲落籍者，得向番禺捕房登记，同时纳金八钱，由捕头查明确属良民，准予注册入籍，此为我邑捕属之原由，即县衙捕房所属之籍民是也。"[④]

捕属这一户籍标识之所以大量出现在晚清以降，正是与该时城市中入籍移民数量的增加密切相关。清代中叶以降，广州在外贸上的地位愈发彰显，在城厢，特别是城外西关地区从事商业活动的人口大增，又由于省城衙署林立，城内聚集了大量客居的官宦与幕客。随着居住时间的增长，加上户籍政策的日渐宽松，越来越多的城市寓居者申请入籍。上引婺源詹氏与高阳许氏，就分别是商人与幕僚的后裔。麦哲维（Steven Miles）曾指出，在嘉道以降的广州，存在一个"地方性转向（localist turns）"，围绕学海堂这个立足省城又具有跨地域意义的学术机构，形成了一个流动性很强的，由外来移民后裔构成的知识精英团体。缺乏地方根基的他们依靠学海堂，逐渐构建起自己的"本地人"身份认同，并有意与周边的珠江三角洲腹地区别开来。[⑤]这些知识精英的"本地人"身份的建构，伴随着寓居者的入籍、士绅的城居选择、文人与洋商间的积极交游等过程。

此外，上引多份文献已提示出，这些移民入籍的一个重要目的是在本地参加科举考试，因此，捕属这一户籍标识与科举考试的关系，亦需要细致讨论。何炳棣很早就指出，

---

① 这些族谱除《广东省城梁氏族谱（捕属）（梁鼎芬一支）》通过familysearch.org网站下载，其余均藏于广东省立中山图书馆。

② 《浙杭迁粤高阳许氏家谱》，《编辑浙杭高阳许氏家谱序》，民国三十六年油印本，页码不详。

③ 《牌示更正乡土历史教科书·广东》，《申报》1907年5月12日，第2张第11版。

④ 黄煊：《番禺县都堡捕属乡村记》，《广东文献》第4卷第2期，1974年6月，第70页。

⑤ Steven B. Miles, *The Sea of Learning: Mobility and Identity in Nineteenth-Century Guangzhou*, Cambridge, Mass. and London: Harvard University Press, 2006, pp.277-286.

科举考试制度对籍贯观念的形成具有莫大影响，因为科举与学校均需以籍贯为根据。[①]然而，科举考试中原籍应考的规定，与社会流动日益频繁的现实之间的矛盾愈加明显，为了调和这种矛盾，其中一种手段便是设立“商籍”。根据王振忠、许敏等人的研究，明万历年间，朝廷准许盐商子弟在本籍之外的行商省份附籍，并为他们特设官学学额，准其在当地参加科举考试，“商籍”即是这样一种科举考试的凭籍。[②]随着清朝统治者对人民迁徙流动的认可，“商籍”施及面越来越广，对象也从贵族盐商扩散至中小盐商及其子弟。[③]上引提学使司的说法中将“捕属”与“商籍”并置，就提示了“捕属”与“商籍”在指涉定居的外来移民这一意义上有着共通之处，且两者均建立在朝廷对社会的高流动性有所因应的基础上。其不同之处在于，“商籍”针对的是盐商子弟，并为其特设学额，是临时性的科举凭籍，而“捕属”针对的是按照规定入籍，且不被编入乡村图甲的城厢居住者，是永久性的户籍标识。前文提及的《（同治）南海县志》中桂文燿先祖的例子，即是先以商籍生员改本县县学生员，后入籍南海，并被县志编纂者认为是“捕属人”。

虽然捕属并非“商籍”般的针对特殊人群的科举考试的凭籍，但由于移民入籍往往是为了科举应试，捕属就成了一种与科举和学校都有着较强相关性的户籍标识。捕属户籍的一个重要的使用场合，就是与科举相关的事务。随着入籍者子孙的繁衍，捕属这一户籍标识得到愈来愈多的使用。在清中后期珠江三角洲的图甲制运作中，由宗族组织支配和使用图甲户名的情况愈发常见[④]，这种方式也影响到了城居氏族。在对氏族子弟的科考资助上，捕属标识一再登场。

晚清，两县县学的印金由各氏族统一筹缴，当中包括了捕属氏族。印金又称印卷金，指新录取的文武生员赠送给学官的礼金，包括印金、印朱、贽仪、书斗、办公费、印红费等。广东省立中山图书馆藏光绪刻本《南海氏族》详细记载了印金缴纳的状况。该份材料将一个或数个图甲户对应所属氏族，按照氏族先后开列图甲户名、氏族名、合族丁数与缴纳的印金数额。正文之外，还增补了不少手写眉批，包括补报氏族的图甲户与丁数、部分氏族的堂名、缴纳的册金、学宫尊经阁经费（捐）的数额等。而在这份文献中，专门设有“捕属报册氏”“续报捕属”栏，记有两百多个捕属氏族的始祖及男丁数量。[⑤]捕属各族始祖多是庠生或寒士，这些氏族编入图甲的很少，多是直接用捕属户籍标识的移民氏族。

① 何炳棣：《中国会馆史论》，台北：台湾学生书局，1966年，第7—9页。

② 王振忠：《两淮“商籍”何以无徽商》，《盐业史研究》1994年第1期，第16—19页；《明清徽商与淮扬社会变迁》，北京：生活·读书·新知三联书店，1996年，第62—71页；许敏：《明代商人户籍问题初探》，《中国史研究》1998年第3期，第116—127页。

③ 许敏：《试论清代前期铺商户籍问题——兼论清代“商籍”》，《中国史研究》2000年第3期，第150页。

④ 〔日〕片山刚：《清末広東省珠江デルタの図甲表とそれをめぐる諸問題—税糧·戸籍·同族》，《史学杂志》第91编第4号，1982年，第42—81页；《清代広東省珠江デルタの図甲制について—税糧·戸籍·同族》，《东洋学报》第63卷第3号，1982年，第1—34页；刘志伟：《在国家与社会之间：明清广东里甲赋役制度研究》，第255页。

⑤ 《南海氏族》，广东省立中山图书馆藏清光绪年间刻本，卷目不详，《捕属报册氏》、《续报捕属》。

捕属氏族的印金筹缴，在族谱中也有所反映。比如，祖籍福建晋江的郭氏早期从事外贸，诚斋公（1687—1765）在康熙年间贩茶入粤，后家族定居广州。编纂于光绪五年（1879）的《郭氏族谱》有记，“同治八年阖邑举报氏族，每丁科银三分，为永远公送。邑内印册金费，每新进一名，印金三十元。郭姓报丁二十一名，系始祖诚斋公遗下，已填册，需注明诚斋祖方准送印金”。族谱还把此次登记的南海县捕属氏族的总丁数与印金总额记录了下来，曰“计此次捕属报丁口五千六百四十七名，共丁口银一百六十九两四钱一分正。”[①]此外，前引《徽婺庐源詹氏支派世系家谱》中，也收有缴纳印金的单据，记“詹姓名钰，始祖鸣珂，阖族男丁七名，报氏族单，分填二张，一张交采访局，使报局，一张携同男丁银数，缴到双门底上德昌银铺，给回收单报局验收，已收银。同治五年九月初三日南海捕属采访局报单书字第十号。”[②]关于郭氏与詹氏的印金筹缴，在《南海氏族》的“捕属报册氏”中分别记为“郭姓始祖诚斋，科名延禧，男丁二十一名”与“詹姓始祖鸣珂，寒士，已捐银，男丁七名”[③]，均能与族谱记载一一对应。

除了南海县，番禺县也推行了筹缴印金以资助氏族子弟科考的方式。光绪四年（1878），在籍绅士潘亮功等提出仿效南海等县，筹措印金，由各氏族捐缴[④]，分司属与捕属分别支送：

> 绅等拟仿效规条于邻邑，思沾润泽于儒林，用集同人，会商善举，乡城分股，劝司捕各筹生息。广额未满，每名新进酌送印金三十员，广额既完，每名新进酌送印金三十两。南海先定准绳，番禺遂依榜样，现已局开数月，捐集零星项，分司捕各筹款，分司捕各缴藉……司属印金由司款汇交，捕属印金由捕款按送。[⑤]

根据县志中粘列的章程，印金“由司捕属绅董将司捕属分存册金公款各行按名支送”[⑥]，引文所谓“司款”“捕款”，即司属和捕属的“册金公款”。册金为入学注册费[⑦]，此时的番禺县在印金事上“乡城分股”，并根据乡村的巡检司属与城厢的捕属形成了各自筹捐册金的习惯。四司与捕属还分别成立了以绅士为中心的册金局，四司册金局购置有公产[⑧]，而捕属册金局于光绪六年（1880）成立，在城内的三贤祠“建一大堂为考生报名查对捐册办公之用”[⑨]。

要言之，捕属的意涵在晚清不断泛化，更成为居住城市街区的入籍移民的户籍标识，

① 《郭氏族谱》，广东省立中山图书馆藏光绪五年抄本，抄录旧版世系部分最末尾处，页码不详。
② 《徽婺庐源詹氏支派世系家谱》，《禀为遵批缴契呈验事》后页，页码不详。
③ 《南海氏族》，卷目不详，《捕属报册氏》，页码不详。
④ 《（同治）番禺县志》书末，《捐题经费附录》，第1页a—第17页a。
⑤ 《（同治）番禺县志》书末，《番禺册金案附》，第1页a—第1页b。
⑥ 《（同治）番禺县志》书末，《番禺册金案附》，第1页b。
⑦ 《（民国）番禺县续志》卷10《学校志一》，《重修学宫碑记》，第3页a。
⑧ 《番禺四司大沙头公产印示》，广东省立中山图书馆藏宣统三年铅印本。
⑨ 《（民国）番禺县续志》卷5《建置志三》，《重修三贤祠设立番禺县捕属册金局碑记》，第24页a—第24页b。

在文献中屡屡登场。《南海氏族》有云，“氏族之设，所以嘉惠士林，亦所以杜冒滥。有非土著而瞒报氏族者，虽已刻入氏族簿内，倘经查确，即照原议将该氏族铲去，所捐丁口银不得取回。”[①]而作为城市中的入籍移民，捕属氏族同样位列其中，成了与两县乡村图甲户有着同等地位的“土著”。这种入籍移民的户籍标识与科举和学校关系紧密，它通过印金等缴等科考相关事务被反复认定，亦通过氏族的繁衍得以代代传续。

三、两县差异：人群活动与自我认同

随着捕属标识与区域社会的互动，在南海、番禺两县出现了饶有深意的不同走向。从最简单的数字上看，在清末民初两县方志的清朝人物传记部分，《续修南海县志》记为“捕属人”的有10名，《番禺县续志》记为“捕属人”的则高达42名[②]，可见在晚清两县的地方名人中，番禺县有更多的名人被标记为捕属人。而仅在光绪二十年（1894）的《番禺同案录》中，详细记载的33人里就有12人明确写有“捕属”“捕属人”“捕属民籍”[③]，也从一个侧面反映出番禺县捕属士绅确实在本县士绅中占有一定比例。

晚清番禺县捕属士绅不仅人数较多，在活动上也远较南海县捕属士绅活跃。如前所述，番禺县的捕属与四司分别建立了册金局，但是，以印金一事为契机建立公局、形成共同体的做法，并不见于南海县捕属士绅。而在番禺县捕属册金局成立后，又在光绪十九年（1893）于捕属册金局所在地三贤祠旁成立了捕属士绅的集会场所，“用价二百二十五两，购得祠右庄姓铺屋，添置房舍二间、厨房一间，从此士绅因公集议，岁时来祭，均有聚会之地”。几年后科举停废，“本局经集绅会商，改为捕属集议所”[④]，捕属士绅的集会议事活动继续进行。

番禺县捕属士绅有公局、有公款，与司属的划分日益清晰。开办于光绪二十八年（1902）的教忠学堂，设在府学宫孝悌祠内，是当时广州最重要的新式学校之一，由“在籍翰林院侍读丁仁长、编修吴道镕等数十人筹款倡建，总督陶模、巡抚德寿、学政文治会同招考，并汇广州中学时敏学堂、岭东同文学堂等奏请立案”。在经费的筹措上，“长年经

① 《南海氏族》，卷目不详，《捕属报氏册》后页，页码不详。

② 《（宣统）续修南海县》卷14《列传一》，清宣统二年刻本，第29页a、第60页a；卷16《列传三》，第1页a；卷17《列传四》，第1页b、第4页b、第10页a；卷19《列传六》，第5页b，第15页a；卷23《列传十》，第14页a。《（民国）番禺县续志》卷19《人物志二》，第5页a、第6页b、第7页b、第12页b、第21页b、第24页b、第26页a、第26页b、第27页b、第28页a、第28页b、第29页b、第30页b；卷20《人物志三》，第14页a、第23页a、第26页a、第37页b；卷21《人物志四》第14页b、第15页b、第19页a、第19页b、第20页a、第24页a、第25页b；卷22《人物志五》，第1页a，第15页b；卷23《人物志六》，第1页a，第1页b，第3页a，第3页b，第6页a，第11页a，第18页b，第21页b；卷24《人物志七》第5页b，第16页b，第18页b；卷25《人物志八》第5页a，第26页b，第29页a，第31页a。

③ 《番禺同案录》，广东省立中山图书馆藏光绪二十年刊本，页码不详。

④ 《（民国）番禺县续志》卷5《建置志三》，《重修三贤祠设立番禺县捕属册金局碑记》，第24页a—第24页b。

费在惠济仓租息下拨银九千余两，余则南海明伦堂、番禺司捕册金局、东莞明伦堂……均有岁捐。”[①]根据征信录，进款中“南海明伦堂银六百两、番禺捕属银三百两、番禺司属银三百两……”[②]两县士绅虽然捐集金额相当，但南海县以明伦堂为单位整体捐集，而番禺县则由捕属与司属分别承担。科举废除后，番禺县公立中学堂的建设，亦按照捕属与司属分配学生额数与捐款数，“光绪三十二年，邑绅集议筹设公立学堂于省城……定制由倡办人及捐款人用投票式公举学生额数，一捕四司平均选录”，“一捕属四司属各派认七百两，共三千五百两”[③]。

在清末办理地方自治时，番禺县捕属士绅亦展示出了较强的自我认同。《城镇乡地方自治章程》规定，“凡府厅州县治城厢地方为城，其余市镇村庄屯集等各地方，人口满五万以上者为镇，人口不满五万者为乡”，空间划分标准是“固有之境界”。[④]关于分属南海和番禺两县的广州城厢是否合并为一个城区，两县士绅产生了很大分歧。“现据册金局吴绅道镕、丁绅仁长等五十人投呈意见主张分办，又据自治研究社易绅学清、卢绅乃潼等十人函送理由书主张合办。”[⑤]主张分办的正是以番禺捕属册金局为中心的士绅群体，而主张合办的易学清、卢乃潼分别为鹤山、顺德县人，主要居住或活动区域均在南海县西关。[⑥]此外，主张合办的除地方自治研究社外，还有广州商务总会、粤商自治会等团体。[⑦]

这场争论，折射出晚清时期两县城厢地区不同的空间结构与社会构成，而这正是捕属标识在两县的影响有所差异的原因。南海县的城内辖区大部分为八旗驻地所占，因而城内辖地面积远小于番禺县。（见图1）随着对外贸易的繁盛，人口激增，南海县不断往城外拓展。城外的西关乃平原地带，水网密布，易于开发。沿着西边的城濠，西关被逐渐开发成繁盛之区[⑧]，著名的十三行亦位于西关。入籍南海县的捕属人祖辈大多居住西关，但他们较少用捕属来进行自我标识。[⑨]晚清广州绅商力量崛起，当中多为西关住民。以西关士绅为基础形成的文澜书院[⑩]，甚至规定“寄居西关，须税业三十年后进庠中式，始得入

① 《（民国）番禺县续志》卷11《学校志二》，第10页b—第11页a。

② 《教忠学堂征信录》，广东省立中山图书馆藏光绪二十八年刊本，第1页a。

③ 《（民国）番禺县续志》卷11《学校志二》，第3页b—第4页a。

④ 《城镇乡地方自治章程》，第1章第2节第2条、第3条，徐秀丽编：《中国近代乡村自治法规选编》，北京：中华书局，2004年，第3页。

⑤ 《广东地方自治筹办处第二次报告书》，《清代稿钞本》第50册，广州：广东人民出版社，2008年，第109页。

⑥ 龚志鎏：《广州西关士绅和文澜书院》，《广州文史资料》第12辑，广州市政协文史资料研究委员会编印，1964年，第163页。

⑦ 《（民国）番禺县续志》卷9《经政志三》，第11页a—第11页b。

⑧ 曾昭璇：《广州历史地理》，广州：广东人民出版社，1991年，第379—382页。

⑨ 比如，《伍氏入粤族谱》中《紫垣公略传》记紫垣公为“南海捕属人”（广东省立中山图书馆藏1956年油印本，页码不详），而紫垣公即伍崇曜（1810—1863），是怡和行著名洋商，史料中基本不见其用“捕属人”身份标识自己。

⑩ 参见黄海妍：《清代广州文澜书院》，中山大学孙中山研究所编：《孙中山与近代中国的改革》，广州：中山大学出版社，1999年，第149—164页。

院”。[①]这些精英未必是本县人，更未必是本县捕属人了。除了文澜书院，晚清广州九大善堂中的大半均设置在西关，这些善堂积极参与城市的公共事业，拥有很大的影响力。自治研究社、商务总会、粤商自治会等团体，也与善堂相关人员多有重合。对于这些精英来说，商业与社会事务上的身份、在西关的居住或活动，都比户籍标识重要得多。

再观番禺县。城外东关多丘陵，开发不多，捕属区域内的工商业也不算发达[②]。八旗驻地的划分使老城内的南海县辖境较小，大量的省、府级衙署被安排于两县辖境交界或毗邻的南海县辖境，少量设置在番禺县辖境。在广州活动的官宦与幕客受官衙位置与职业、同乡联系（游幕者多来自浙江绍兴府）的影响，多集中居住在城内番禺县辖境的北部，“前清官幕两途，卜居北关者为多，其子弟恒有注番禺捕属籍，应考童子试，试而售焉，正式取得粤籍为粤人，试而不售，则捐纳为粤官，比比皆是”[③]。可以想见，许多人由于居所相邻、先辈经历相似而有所交集。他们共享外地人入籍应考的经历，也就更为重视本县捕属这种应考时的户籍标识，主张两县分办自治也就很合理了。

番禺县捕属在城市社会中的影响还延续到了民国以降，由此亦可反观其在晚清时形成的深厚根基。民国时期的《申报》仍散见番禺捕属的记载。[④]许多人对番禺“捕属”的认同甚至强于对“广州市”的认同，所谓“我邑官民，一向对捕属籍者一视同仁，同时甚为爱佩，缘该籍者多属官商，更以捕房认为良正之人民也。鼎革以还，虽则户籍不重，而广州市出生多称为番禺者，不以广州市民称也”。[⑤]前引教忠学堂乃捕属册金局绅士丁仁长、吴道镕所倡建，民国时期改称教忠师范学校，“教忠的学生，大多数是番禺‘捕属’子弟（所谓捕属，就是外省人因仕宦而来广东，祖辈代代便安居于广州而成为番禺人），而且又多是教忠的教师或亲戚的子弟”[⑥]，依旧处于“捕属”的社会网络的影响之下。而前引番禺公立中学堂在民国时期改称番禺私立八桂中学，依旧按四司一捕分配教职工名额与校务委员。[⑦]番禺县司、捕的划分还让地方文人有“捕属与司属语音大略相同，而微有特异之处”这般细致的认识。[⑧]

番禺县捕属人的身份甚至影响了一些国民党元老的早年生活与成长。张发奎在回忆中谈到，汪精卫、胡汉民、朱执信、古应芬等，都是“我们通称的‘番禺捕属’，他们是跟

① 《文澜众绅总录》，《书院规程》，广东省立中山图书馆藏光绪十七年刻本，第14页a。

② ［民国］邬庆时：《番禺末业志》，民国十八年刻本，卷4，第1页b—第2页b。

③ ［民国］篠园：《汪胡家乘及其青年生活》，《国闻周报》14卷第2期，1937年1月4日，第41页。

④ 《坚苦卓绝之朱执信》，《申报》1931年9月21日，第5张第17版；《粤省政府改组后、各长官元旦就职》，《申报（香港版）》1938年12月22日，第2张第8版。

⑤ 黄煊：《番禺县都堡捕属乡村记》，《广东文献》第4卷第2期，1974年6月，第70页。

⑥ 曾绍洙：《教忠中学沿革》，《广州文史资料》第52辑，http://www.gzzxws.gov.cn/gzws/gzws/ml/52/200809/t20080916_7911.htm，浏览时间2019年2月25日。

⑦ 卫恭：《两间浓厚地方主义的中学：“八桂”和“禺山”》，《广东文史资料存稿选编》第4卷，广州：广东人民出版社，2005年，第856—858页。

⑧ ［民国］邬庆时：《南村草堂笔记》，民国九年刻本，卷2，第1页a。

着大官到广州做胥吏的外省人后裔……聚居在广州附近的番禺”。[①]更有人指出，“胡汪之先，皆非粤籍……均自其曾祖或祖游幕至粤，寻而占粤籍为粤人”，“北关限于小北门内一隅，故又名小北，即胡汪钓游之地”，二人“皆番禺捕属人”。[②]可见，他们有着相当接近的祖辈经历与幼年成长环境。

汪兆镛（汪精卫之兄）之子汪宗衍在《试谈“捕属”》中提到，冒广生《题关颖人戊戌童试题名册》第三首有“司、捕、南、番籍贯分，捕皆寄籍外江人”以及“粤籍有司、捕之分，司属皆土著，隶南海；捕属十九外来官、幕之子孙，隶番禺”的注释。汪宗衍则觉得冒广生生于广东都府街，又以广生命名，却“只知道番禺有捕属，而不知南海有捕属”。而这一误解的形成，乃是“由于南海捕属人少，所以司捕的分别，不及番禺司捕有突出显著的现象”[③]。其实，冒广生的误解，正反映了本节所分析的内容——官幕子弟大多入籍番禺县捕属，番禺县的捕属人数量与自我认同亦远超南海县。

结　论

本文以捕属为中心，集中分析了附郭省城的南海、番禺两县佐杂辖区作用于晚清广州城市社会的机制。毫无疑问，清代广东的佐杂分防相当特殊，而省会广州的情况更是特殊中的特殊。晚清广州官署集中、绅商与社会团体活跃，佐杂官员自上而下的行政职能的实现，或多或少被多机构多力量共治城市的状况所稀释。在此种情况下，捕属相关记载仍旧不断增多，这种状况与其说是来自于典史等佐杂官员在辖区内的行政管辖力度，或者说是来自于一般意义上的地域观念的形成，不如说是来自于佐杂辖区在空间上大致对应城厢内外，并在制度运作上成为户籍标识后的一系列衍生反应，是多个因素共同作用的结果。

首先，在佐杂分防遍行于广东的潮流下，基层行政因应城乡差异所作出的调整，是两县捕属深入城市社会的重要前提。一般认为，清代佐杂分防制度的形成是地方行政因应人口膨胀、治安问题凸显等状况的“便宜从事”。而近代市政建立以前，城市并不构成独立的行政单元，但是，面对社会经济层面的城乡差异，基层行政又必须做出应对。在人口众多、商业繁盛的省城，为了因应“城厢内外”与“四处乡庄”的不同状况，两县基层行政逐渐形成由不同的佐杂官员分辖城厢与乡村的惯例，这应该是区域地方行政发展的合理方向。同时，也会因辖区与城厢范围大致对应而得到民间社会的认可。

其次，佐杂辖区在广州城厢的具体影响，需与珠江三角洲区域社会的状况结合起来理解。图甲是清代珠江三角洲赋役户籍的编制单元，其中的“户”是重要的户籍标识。由于

① 张发奎口述，夏莲瑛访谈及记录，胡志伟翻译：《张发奎口述自传》，北京：当代中国出版社，2012年，第9—10页。

② ［民国］篠园：《汪胡家乘及其青年生活》，第41—42页。

③ 汪宗衍：《试谈“捕属”》，《艺文丛谈》，北京：中华书局，1978年，第192页。

佐杂辖区也被用于两县图甲体系的分区，而晚清的城厢街区没有编排图甲，直接由大致对应城厢内外的佐杂辖区——捕属所辖，因此，大量申请入籍的城厢居民就被笼统编排在了捕属之下。在珠江三角洲的宗族社会中，图甲制中的户名越来越被宗族组织所支配和使用，而与乡村图甲户相对的捕属这一户籍标识，也随着城厢宗族的形成、子孙的繁衍而得以存续，又由于与注重籍贯的科举考试关系密切，亦在与科考相关事务的进行中被一再使用。同是佐杂辖区所形成的人群标识，乡村的司属与城厢的捕属就在有的人眼中化作了本地人与外来者的区别："凡南海、番禺各司本地的人们，都叫司属人，就是他们搬去省城居住，还是属于县司的本籍，仍叫做司属人。凡是外省人来广东做官或者做幕客的人们，居住在省城时间久……那便向该县衙门，禀请入籍……经过调查批准后，才算合法成为南海或者番禺县捕属人。"[①]这种认识已非一般意义上的地域观念。捕属作为户籍标识，从一开始就存在着"已入籍本地"与"本属外来者"的一体两面，而这正是佐杂分辖制度、珠江三角洲的图甲户籍形态以及高流动性的城市社会共同作用的结果。

再者，广州城市的空间与社会结构亦对佐杂辖区的走向产生深远影响。清代广州城市人口不断膨胀，但是，制度上的两县分治、地理空间上的两县有别、八旗驻防对南海县辖境的分割，都造成了两县城厢不同的发展路径。其中，南海县城外西关商业区的发展与番禺县城北部官幕子弟聚居区的形成，是两者差异的一个体现。在竞争激烈的晚清城市社会中，捕属这一与科举相连的入籍移民的户籍标识并未在商业繁荣、社会团体众多的南海县城厢地区造成很大影响，却成了凝聚以入籍官幕子弟为首的番禺县城厢士绅的重要手段，说明佐杂分辖制度作用于广州城市社会的形态，同样受制于城市空间与社会结构的非均质性。

州县佐杂官员的辖区首先是地理空间上的区划，当其同样成为与人口相关的赋役户籍的分区后，户籍管理的复杂性及其在社会的深远影响必然会相伴而来。清末以降，城市的行政区划与管理方式发生了巨大改变。但是，直到最近几十年，关于捕属的讨论依然见于文史资料等本地文献之中。[②]此种绵延至今的民间记忆，应是上述一系列衍生反应的余波。这一佐杂辖区作用于社会的机制，也提示我们用更为整合的眼光去思考清代的基层治理形态及其社会影响。

（原载《中国历史地理论丛》2020年第4辑）

① 汪宗衍：《试谈"捕属"》，《艺文丛谈》，第193页。

② 梁松生：《南海捕属的由来》，《南海文史资料》第15辑，南海县政协资料委员会编印，1989年，第64—65页；《捕属称谓的由来》，《穗郊侨讯》1997年第2期，第37页；谭标：《略谈清末民初南海县的辖区及捕属问题》，《南海文史资料》第18辑，南海县政协资料委员会编印，1991年，第97—101页；文中：《"捕属"考》，《羊城今古》2002年第3期，第34—35页。

军费运筹与晚清后期的保疆治国经略

刘增合

边患与国困桴鼓相应，彼此牵制。晚清中国积贫积弱，清廷保卫国家领土陷入极大的防御困境和战略两难，财政困难突出体现在军费运筹上。清代后期光绪中叶，四面边疆几乎同时遭逢外来巨患，筹兵筹饷，清廷竭蹶以应，“靖边”与“纾困”成为治国保疆的两大要政。此前边疆史研究较多从民族宗教与治边、宗藩关系与羁縻体制、西方列强与边疆危机等视野展开讨论，成果繁富，新论迭见；[①]近年有学者关于近代中国“西北陆地边疆轴向和东南沿海海疆轴向历史空间互动”的研究，尤具启发价值。[②]若转换视野，从军费运筹、兵力增裁、设省管控等多维路径切入，梳理清代后期财政窘困背景下，清廷如何应对巩固边陲与纾缓国困之间的纠结，[③]深究传统制度与多变时局怎样调适，却能发覆新境，窥见异相，有裨于深刻理解中国历史上治国理政的复杂性。

一、国困现实与朝臣筹边认知

清代后期的国困开始于道光末期，咸丰、同治两朝陷入低谷，至光绪前期仍竭蹶不振。道光二十八年枢臣已经面临因部库窘绌而放款受限的隐患，大学士管理户部大臣潘世恩密陈道光帝，建议各直省大吏必须统筹大局，积极筹解，否则京饷支放将陷于困顿。[④]咸丰至同治二十余年间，大规模战事持续不断，战争耗费银两至少高达8.5亿两，[⑤]户部和行省窘困程度日甚一日。户部堂官忧惧本月敷衍过去，未知下月如何渡过，甚至上半月可

① 马汝珩、马大正主编：《清代的边疆政策》，北京：中国社会科学出版社，1994年，第19—55页；周卫平：《论中国边疆研究的特点及面临的困难》，《暨南学报》2016年第12期等。

② 王鹏辉：《中国近代边疆的转型时代——以九边处处蹄痕的吴禄贞为中心》，华东师范大学2014年博士学位论文，第4页；《龚自珍和魏源的舆地学研究》，《历史研究》2014年第3期等。

③ 限于篇幅，本文侧重讨论清代后期光绪中叶西北、东北和东南海疆危机与清廷的财政因应，西南边陲俟另文讨论。

④ 潘世恩：《奏为密陈部库情形请饬直省大吏统筹全局以实京饷折》，中国第一历史档案馆（以下引用军机处录副奏折、朱批奏折、随手登记档等，均来自该机构收藏，不另注），军机处录副，03-9988-055。

⑤ 咸同大规模战争耗财数字，各家所见不一，彭泽益先生保守估计为8.5亿两，史志宏、徐毅认为这个数字大致是可信的。史志宏、徐毅：《晚清财政：1851—1894》，上海：上海财经大学出版社，2008年，第67—69页。

以勉强应付，下半月更不知如何筹措。[①]镇压太平天国运动后，清廷财困局面并未结束，因镇压捻军、西南和西北回民起义战争次第展开，需饷数额再度攀升；第二次鸦片战争后，清廷又面临筹措英法两国赔款的压力。部臣履职期间时有惊悚不安、临深履薄之惶恐。[②]同治末年，西北战场需款迫切，前线统帅对部臣酌拨不力、解饷不济的困境难以理解，指责其“随意点缀，以塞其求，过后不复措意。”[③]这种激愤不满传至京师，部臣实有委屈，基于自我辩解和透露内情需要，管部大臣特意奏请圣上密谕统兵大臣部库面临的窘绌实情：部库存储仅够一月之需，实非“敛外藏以实京师。”[④]

至光绪中叶，户部拨款能力依旧受限，库储殆尽的情形时有发生。[⑤]枢臣翁同龢在家信中透露：“兵饷难筹，大农搜剔者纤细非体。”[⑥]管部大臣阎敬铭面见慈禧时，针对部库收支不敷的严峻现实，痛陈“寅吃卯粮”的危险，并提醒尽力避免再借洋债。[⑦]部库这种长期窘困的现实，严重制约着治国安邦大计的展布，边疆经略筹策更是备受牵制。

光绪中期，收复伊犁谈判期间，沙俄在西北和东北施加军事压力，稍后法国在滇桂南疆和闽台海疆构衅，陆疆海疆四面危机短期内迅速凸显。枢臣与疆吏、言官与司道等基于部库省库财困现实，在财力投送方向上，必然存在轻重缓急、留存取舍这类现实问题的歧见。东北系清朝发源的“龙兴之地”，重要性和根本地位不容置疑，东南和西南地近中原，也未引起争议。惟有新疆因其距内地遥远，疆域辽阔，经略耗财尤为浩繁，在如何处理保障内地与经略新疆方面，引起的争议最大。在晚清“兵为将有”和行省督抚财权上升的背景下，这种争议隐含着地域利益和派系利益的深层纠葛；清廷因部库财绌和兵力掌控不足的双重制约，靖边国策在一定程度上受到现实格局的牵制和左右。

关于内地与新疆，较为典型的认识有三种：其一是先顾内地，后收新疆；其二是内地与新疆并举处理；其三是保内地，弃新疆。三种认识中，前两种均主保疆，惟次序有差异；而第三种弃疆主张实际上是东部淮系势力基于分饷目的，有意排斥湘军的西征新疆经略，东南七省厘金收入使用权的争夺充分体现了这种派系纷争的趋势。[⑧]

第一种认识认为清廷应该先巩固内地元气，后收复和经略新疆。这种认识自同治末年迄光绪中叶始终存在。山西巡抚鲍源深、李鸿章幕僚朱采的意见较有代表性。鲍源深在上奏中将内地视为人的“心腹”，视新疆边陲为“四肢”：“内地心腹也，边陲四肢也，耗费于边陲，竭财于内地，何以异是？天下事有先本计而后末图，舍空名而求实益者，亦惟于

① 《王文勤公日记》第3册，扬州：江苏广陵古籍刻印社，1998年，第1542、1568页。

② 董恂：《还读我书室老人手订年谱》，台北：文海出版社，1968年，第76页。

③ 《答袁筱坞阁学》，《左文襄公（宗棠）全集》，台北：文海出版社，1979年，第3148—3151页。

④ 载龄等：《奏为京师库存仅敷一月拟请密谕左宗棠折》，军机处录副，03-4951-156。

⑤ 景廉等：《奏为敬陈时事艰难部库存款放拨殆尽亟应筹备饷需折》，军机处录副，03-6602-006。

⑥ 《致翁曾荣函》，谢俊美编：《翁同龢集》上册，北京：中华书局，2005年，第289页。

⑦ 《翁同龢日记》第4册，北京：中华书局，1992年，第2071—2072页。

⑧ 刘增合：《左宗棠西征筹饷与清廷战时财政调控》，《近代史研究》2017年第2期。

轻重缓急一权衡之耳。”主张对新疆边陲暂示羁縻，而对内地先培元气。[①]鲍氏这种暂缓收疆态度，一定程度上受直隶总督李鸿章授意，[②]李氏幕友朱采曾为官晋省，对晋抚这一看法有直接影响。[③]稍后，朱采将鸦片之害视为“心腹之忧”，而将新疆之乱看做“手足之疾”，[④]孰轻孰重，一目了然。此前川督骆秉章等人主张暂缓解决西北内患和外乱，也是基于饷源不足的现实。[⑤]光绪六年夏季曾纪泽赴俄谈判后，坚持“重海疆轻新疆”的许景澄仍对收复伊犁的努力难以释怀，认为左宗棠、清廷枢臣以及在野士绅存在“三误”：“湘阴不揆交涉大局，在边言边，轻起索土之议，误一；枢廷择非其人，误二；士大夫不明新旧条约，以为一切皆此次所许，激愤盈廷，势成不解，办事者几无下手处，误三。”[⑥]这种政见大约反映了对新疆取守势的少数人士的主张。清廷决定新疆设立行省的前夕，仍有翰林院官员反对在新疆设立郡县制度，[⑦]它折射出第一种认识的顽固性和持续性。

第二种认识力主缓纾内地财困与经略新疆并举进行。早在乾隆时期，清廷早已抱定保疆守土的立场，乾隆十五年谕旨称：“夫开边黩武，朕所不为，而祖宗所有疆域，不敢少亏尺寸，”这是寻求“边圉久远”之至计。[⑧]除非面临大军压境等非常遭遇，不得已而有割地赔款之举，此外，清廷枢臣不可能有轻易拱手揖让领土的想法。时至光绪中叶，内地因战争连绵而赋税亏折，财政支持能力大减，保障内地财政和西陲耗财之巨才形成一个巨大的矛盾，光绪十年二月十七日户部尚书阎敬铭奏章也隐含此种矛盾纠葛：“内地根本也，边陲枝叶也。公私匮竭则根本伤，根本伤则枝叶安所附夫！”[⑨]这一说法强调的仍是并举处理内地财困与边陲经略耗财，并无舍疆之意。远征西北的左宗棠认为，西北如果“停兵节饷，自撤藩篱，则我退寸而寇进尺，不独陇右堪虞，即北路科布多、乌里雅苏台等处亦恐未能晏然，是停兵节饷于海防未必有益，于边塞则大有妨，利害攸分，亟宜熟思审计者也。”[⑩]这份近5000字的奏疏，从陆疆海疆需饷概况、欧美列强和沙皇俄国侵华利益差异等数个方面入手分析，得出海疆、塞疆并举经略的结论。左氏致同僚私函也窥见李鸿章代表的淮系官员裁撤西防的真实意图：“少荃议撤边饷，以裕洋防，人人知其不可，朝论亦不

---

① 鲍源深：《奏为边事饷需紧迫内地协拨艰难应筹度缓急变通办理折》，军机处录副，03-6054-034。

② 刘绪义：《晚清政坛的左李之争》，《中国纪检监察报》2015年5月29日，第6版。

③ 《复许竹筼》，朱采：《清芬阁集》，台北：文海出版社，1968年，第320页。

④ 《上李中堂》，朱采：《清芬阁集》，第348页。

⑤ 骆秉章：《筹拨新疆暨庆阳粮台饷项疏》，盛康辑：《皇朝经世文续编》，台北：文海出版社，1972年，第1937—1943页。

⑥ 许景澄：《上赵桐荪师》，朱家英整理：《许景澄集》第3册，杭州：浙江古籍出版社，2015年，第646页。

⑦ 刘海鳌：《奏为酌议新疆善后事宜请权缓急折》，军机处录副，03-5092-013。

⑧ 《清实录·高宗纯皇帝实录》第13册，北京：中华书局，1985年影印本，第1169页。

⑨ 《谨奏为西路军饷浩繁中外交困急须统筹全局以规久远而固国本折》，阎敬铭撰：《户部奏折》，收入《阎敬铭奏稿》，中国社科院近代史所档案馆特藏，甲246，第20页。

⑩ 《覆陈海防塞防及关外剿抚粮运情形折》，《左文襄公（宗棠）全集》，第1844页。

然之，然必加四百万以贴南北洋，而于边饷则不独无加，且置之不顾，又何说也？”[①]函中“朝论”大约代表了清廷的立场，光绪帝颁布的寄谕，[②]实际上显示出陆海并举、拒绝弃疆的立场，意味着尽管国库财绌，清廷依然兼顾西部边陲。

第三种意见与前两者有质的区别，简言之即放弃新疆经略大计。内而醇亲王奕譞[③]、刑部尚书崇实[④]，外而直隶总督李鸿章等倾向于此。李鸿章奏请中止收复新疆行动，建议仿照朝鲜、越南藩属国形式处理新疆问题，“伊犁、乌鲁木齐、喀什噶尔等回酋，准其自为部落，如云、贵、粤、蜀之苗、瑶土司，越南、朝鲜之略奉正朔可矣。”[⑤]这一弃疆主张深深触痛了边陲将帅，多年后，陕西藩司李有棻仍愤懑不已：“何怪文襄督师之日，复群起而倡弃地之议？使非文襄抗疏力争，朝廷知人善任，则新疆今日已非我有！”[⑥]光绪六年清廷派曾纪泽与俄谈判收复伊犁，李鸿章仍批评嫡系名将刘铭传“盲目”跟随举朝官员支持收复伊犁态度。[⑦]李氏亲信翰林院侍读张佩纶奏请筹划东征日本行动，也有减西饷益淮饷的企图在内，[⑧]清廷对此持谨慎态度，[⑨]李氏扩张淮饷企图连江西巡抚刘坤一也看得出来，谓其空谈不实。[⑩]

作为淮系统帅，李鸿章对征疆行动与收复伊犁交涉耿耿于怀，实因这两项行动均对淮系军费利益造成损害，私函表达其真实的忧虑：海防拨饷每年名义上400万两，因西征耗财巨大而海防解不足额，落到李鸿章手中实际仅有三四十万两，部分淮军遭到裁撤，“淮军协饷亦十去其四，上年奉部议，饬裁一万余人。”[⑪]征疆行动如此牵制淮系利益，其公开表态和私下聚议必然反对。光绪六年至十年，清廷先后面临四方边陲危机，西北问题虽存在缓急取舍的争议，但清廷内部以奕䜣、文祥、宝鋆为主导，外省以左宗棠、刘坤一等为中坚，力排扰攘纷议，[⑫]确定了整体靖边的政策，根据边患爆发的时间，左宗棠、刘锦棠、张曜等在西北加紧布防的同时，东北增防首先被提上议事日程。

① 《答谭文卿》，《左文襄公（宗棠）全集》，第3209页。

② 《寄谕》，军机处随手登记档，03-0242-1-1210-042。

③ 《复丁雨生中丞》，顾廷龙、戴逸主编：《李鸿章全集》第31册，合肥：安徽教育出版社，2008年，第252页。

④ 崇实：《奏为西征宜缓筹款国用以备海防折》，军机处录副，03-6006-008。

⑤ 《筹议海防折》，顾廷龙、戴逸主编：《李鸿章全集》第6册，第160—167页。

⑥ 李有棻：《〈勘定新疆记〉序》，魏光涛编：《勘定新疆记》，台北：文海出版社，1968年，第5—6页。

⑦ 《复刘省三军门》，顾廷龙、戴逸主编：《李鸿章全集》第32册，第622—623页。

⑧ 张佩纶：《奏为日本国已成中国巨患请密定策略并饬令李鸿章等会同彭玉麟等迅练水陆各军近攻折》，朱批奏折，04-01-30-0135-005。

⑨ 针对张佩纶之奏，清廷决定慎重攻防日本，见张佩纶奏折后面的朱批上谕。

⑩ 《复李光汉》，欧阳辅之编：《刘忠诚公（坤一）遗集》，台北：文海出版社，1968年，第6586页。

⑪ 《复刘省三军门》，顾廷龙、戴逸主编：《李鸿章全集》第32册，第622—623页。

⑫ 枢臣文祥、奕䜣等力排纷议，决定鼎力推行保疆战略，参见刘增合：《左宗棠西征筹饷与清廷的战时财政调控》，《近代史研究》2017年第2期。

二、东北固防与军费调升

清廷固疆解危第一步，是根据当时俄国军事威胁现实，除新疆重点布防外，[①]尤注重筹划东三省军事防务和军费运筹。光绪六年夏季，由沙俄国防大臣米留金（D. A. Miliutin）主持，陆海军高级官员以及外交、财政两部大臣参加的专门会议召开，决定不接受中方代表曾纪泽提出的伊犁修约方案，派遣海军舰队赴远东向中国示威；[②]俄方谈判官员梅热尼（Aleksandr Genrikhovich Jomini）主张给清廷施加军事压力。[③]俄驻华公使布策（E. K. Butzow）在圣彼得堡威胁中国驻俄参赞邵友濂："俄国海军上将勒索夫斯基率领的二十三艘军舰，已由黑海开往日本长崎。"[④]俄国海军调兵遣将消息在谈判期间即开始在国内盛传。[⑤]俄军除了在中国西北边疆布防1万余人的兵力外，在东北边境也驻防重兵，仅黑龙江以北就驻兵1.2万人。[⑥]战事风险日益临近，而东三省防务力量和实际供应军费几乎不足挂齿，[⑦]廷臣中忧惧此事者不乏其人。[⑧]光绪五年底迄次年春天，京官疆臣等针对崇厚交涉失败筹划对策的同时，如何筹防俄国军事威胁成为一个关键点。

这一时期，两位低级别官员的奏章影响了清廷关于东北防务的思路。首先封奏的是詹事府左春坊中允张之洞。张氏于光绪五年十二月初五日至十六日连上两疏，引起总署和慈禧太后的注意。首疏建议清廷立即筹备"三路"防御战略，除了西路新疆和北路天津分别由左宗棠湘军、李鸿章淮军承担外，张氏建议饬令左宗棠、金顺遴选统兵干将移驻东路吉林，自南北洋海防经费400万两中划出一半，作为"经略东三省之资"；[⑨]次疏就东三省防务经费来源进一步提出自己的筹策。[⑩]张氏两疏奏上，朝内反映极佳，大学士载龄认为

---

① 据德国人福克(Focke)的观察，征疆湘军"将官阵法，尽善尽美，若与俄人战于伊犁，必获胜仗。"福克：《西行琐录》，王锡祺：《小方壶斋舆地丛钞》第6卷，上海：著易堂，光绪十七年刻印本，第303页b。

② 《米留金日记（1881—1882年）》第3卷，第267页，莫斯科1950年版，转引自编写组：《沙俄侵略中国西北边疆史》，北京：人民出版社，1979年，第254—255页。

③ 查尔斯·耶拉维奇、巴巴拉·耶拉维奇合编：《俄国在东方：1876—1880》，北京编译社译，北京：商务印书馆，1974年，第144页。

④ 明骥：《伊犁史稿》，台北：黎明文化事业股份有限公司，2014年，第217页。

⑤ 《李鸿章致曾纪泽手稿》，李鸿章：《李鸿章书札册》，北京图书馆藏，转引自明骥前揭书，第231页。

⑥ 参见明骥前揭书，第216—217页。

⑦ 盛京将军岐元：《奏为筹备边防大概情形折》，军机处录副，03-6014-010；吉林将军铭安：《奏为遵旨筹备边防并兵单饷绌情形折》，军机处录副，03-6014-015；署黑龙江将军定安：《奏为筹备黑龙江边防折》，军机处录副，03-9417-007。

⑧ 光绪五年十二月初十日，在东暖阁垂帘会议上，翁同龢洞见及此，忧虑重重地说："西路重兵尚可恃，东三省仅有虚名，北路喀尔喀四部弱极，奈何？"陈义杰整理：《翁同龢日记》第3册，北京：中华书局，1993年，第1464页。

⑨ 《详筹边计折》，赵德馨编：《张之洞全集》第1册，武汉：武汉出版社，2008年，第23页。

⑩ 同上，第24页。

“张折甚好，可照行”；[①]官员中传抄张氏两疏的大有人在，[②]随后在年轻士绅中也产生反响，[③]《北华捷报》将其全文译载，评价甚高。[④]

接下来是翰林院编修于荫霖的奏疏。于氏系吉林人，对本省防务情形知之甚多，他先后两递封奏，均围绕吉林军事布防展开，尤其是对该省在东北防务中的特别地位再三强调，[⑤]于氏认为，从整个防务格局上看，“吉林急于奉、江两省，吉林固，则蔽奉东北，控江东南，三省可以盂安；吉林危，则奉撤东藩，江绝西通，两省必至瓦解。”[⑥]于疏奏上，得到枢臣重视，谕旨还特别肯定其对吉林防务了如指掌：“编修于荫霖折于吉林情形言之甚为详晰，著抄给铭安阅看。”[⑦]十二月初五日的内阁会议，群僚开始集体研读三份奏疏，其中就包括张之洞当日递上的奏折。会议过程中，大学士管理吏部事务大臣宝鋆力主备战，“翰林四谏”之一的黄体芳、翰林院学士李端棻也主张宜修战备。[⑧]

张、于两人备战奏疏引导了廷臣思考的方向，清廷决定召开最高决策会议。十二月初十日，东暖阁垂帘会议召开，恭亲王、亲郡王、御前大臣、军机大臣等官员共45人参与垂帘最高会议。这次会议仅持续四十多分钟，“处理俄约阅折四大臣”之一的翁同龢跪在第一排，他关注东北防军实力和军饷供应能力，发言较多，跪在后排官员并未与议。因涉及战备布防和军费运筹调配等重大问题，经慈安、慈禧两太后允准，会议改在总署继续商讨对策。[⑨]五天后，张之洞关于东北防务筹兵筹饷的次疏奏上，长达数千言。这些筹策方案对光绪六年正月二十一日奕䜣等递交筹备边防一折影响至关重大，尤其是筹备东北三省防务军费，清廷特别重视，当日上谕颁下：“此次开办东北两路边防，需费浩繁，现在部库支绌，必须先时措置，以备不虞……惟边防刻即举办，需饷甚急，著户部先于提存四成洋税项下酌拨巨款以应急需，一面按年指拨各省有著的项，俾无缺误。”[⑩]

东北边防经费的筹拨由于涉及海关税，总署得以介入户部这次酌拨军费行动。四天后两部门决定：这项军费计划每年筹额200万两，由各省关地丁、关税、盐厘和厘金等构成，要求按年解部，违者以贻误京饷例严参。鉴于此项方案落实尚需时日，户部决定先动用四

① 陈义杰整理：《翁同龢日记》第3册，第1462页。

② 笔者在查阅李鸿藻档案时，发现其完整抄录的张之洞奏折抄件，长达36页，见《奏为驭俄之策断宜先备后讲详筹边计以定宸谟折》，《李鸿藻存札》第八函，中国社科院近代史所档案馆藏，甲70-7，第111—147页。

③ 胡钧：《张文襄公年谱跋》，收入胡钧撰：《张文襄公年谱》，台北：文海出版社，1969年，第289页。

④ North-China Herald（简称NCH），pp.460-461，May 25，1881.

⑤ 于荫霖：《力绝要盟敬陈管见折》，于翰笃编：《于中丞（荫霖）奏议》，台北：文海出版社，1968年，第36—37页。

⑥ 于荫霖：《力绝要盟大议已定应速备防至计折》，同上，第47页。

⑦ 铭安：《奏为遵旨密陈筹备边防折》，朱批奏折，04-01-01-0942-065。

⑧ 陈义杰整理：《翁同龢日记》第3册，第1462页。

⑨ 王彦威、王亮辑：《清季外交史料》第19卷，台北：文海出版社，1985年，第1—3页；另见陈义杰整理：《翁同龢日记》第3册，第1464页。

⑩ 奕䜣等：《奏为遵筹东北两路边防经费折》，军机处录副，03-6602-005。

成洋税银100万两，听候拨解。[1]除了军饷运筹行动外，调兵遣将也是应对危机的重要行动。远在西北的毅军被抽调至奉天驻防，提督宋庆配合盛京将军岐元，在锦州、大连湾等重要防地进行履勘驻扎，强化了东北要隘的防卫。[2]山海关地区则由曾国荃统军防卫。[3]吉林将军迅速添募马步各军，强化本境防务力量。[4]黑龙江短期内致力于壮大练军实力，[5]以弥补本省防务弱点，强化防守边圉的军事能力。

三、西陲经略与军费裁减

光绪七年一月伊犁终于索回，俄国对西北和东北的军事压力暂时缓解。但新疆主要难题并未解决，突出的症结有三个，即兵勇冗多、饷需庞大和事权不一。兵勇因饷缺而屡屡哗变，致西陲局势动荡不定，[6]愈发演成西北边陲另一种危机。清廷靖边大略最紧迫的是寻求西北边陲的长治久安。光绪中叶经国治疆处处关涉财政支持，户部当然位居枢纽地位，而咸同宿臣阎敬铭再度出山，膺任户部尚书，在清廷支持下，控驭着国家财政调配方向，致力于化解西北边疆三大顽症，实为不可忽视的关键。

阎敬铭曾任职户部主事，工部侍郎，[7]咸丰年间为鄂抚胡林翼督办粮台，精于理财，被胡氏视为“湖北第一贤能”；同治元年鄂抚严树森专折推举，赞其“才力、心思胜臣十倍”；[8]同治初年任职山东巡抚，为该省有清一代罕见的廉能抚臣，川督丁宝桢盛赞其具“拨乱反正之功”，[9]同治六年因疾归乡，清廷屡召，迄未出山。光绪八年春季，阎氏能够复出，既是遵从清廷屡屡渴求贤才之旨，也是“十数年至交”的川督丁宝桢竭力规劝的结果，[10]张之洞力荐和斡旋之功更不可忽视。[11]

光绪八年五月阎敬铭进京后，慈禧嘱咐户部政务交给阎氏管理，权力极大。[12]阎氏全

---

① 奕䜣等：《奏为遵筹东北两路边防经费折》，军机处录副，03-6602-005。

② 岐元：《奏为毅军抵奉会同提督宋庆履勘驻扎地折》，军机处录副，03-6014-072；岐元：《奏为函致宋庆一军仍驻锦州俟山西巡抚曾国荃到防酌度会商布置折》，军机处录副，03-6015-013；岐元：《奏为咨调提督宋庆统带毅军前往大连湾营口一带驻防折》，军机处录副，03-6043-046等。

③ 曾国荃：《奏报督率防军行抵山海关日期及宋庆等军归盛京将军岐元就近节制折》，军机处录副，03-6043-053；《奏为密陈遵旨会筹布防等情形折》，军机处录副，03-6015-065等。

④ 铭安：《奏为吉省添练马步各军檄季统领分扎各防一律成军酌改营制筹购军火折》，朱批奏折，04-01-01-0943-051等。

⑤ 定安：《奏为遵旨筹备边防布置练军折》，朱批奏折，04-01-01-0943-084。

⑥ 陈义杰整理：《翁同龢日记》第4册，第1716页。

⑦ 阎忠济、阎悌律：《晚清重臣阎敬铭》，西安：太白文艺出版社，2014年，第134页。

⑧ 严树森：《奏为密举堪胜大任之臬司阎敬铭等各员折》，军机处录副，03-4600-002。

⑨ 《张荫桓来函》，《阎敬铭存札》第6函，中国社科院近代史所档案馆藏，甲246-11，第9—12页。

⑩ 《丁宝桢来函》，《阎敬铭存札》第13函，中国社科院近代史所档案馆藏，甲246-18，第53页。

⑪ 《详筹边计折》，《阎敬铭定期赴阙折（并抄件）》，赵德馨编：《张之洞全集》第1册，第25、57—59页。

⑫ 阎忠济、阎悌律：《晚清重臣阎敬铭》，西安：太白文艺出版社，2014年，第126页。

心致力于部库收支积弊的核查，云南奏销案被揭发后，又参与彻查此案，耗去近一年时间。[①]光绪九年冬季，户部就新疆南北两路屯田新政进行安排，[②]不过，这一计划见效迟缓，难以彻底解决新疆财困兵乏的现实，甚至连疆内事权不一、十羊九牧的纷乱格局也未触及。

引发阎敬铭关注化解新疆困局的契机，是陕甘总督谭钟麟与阎氏之间的私函交流。光绪丁戊奇荒期间，稽查山西赈务大臣阎敬铭全力办理晋省灾赈，时任陕抚谭钟麟以邻省救济灾民为急务，出面组织本省官员运输粮食赈济晋省，与阎氏保持密切联系，交流对策可谓推心置腹。[③]光绪十年春节后不久，甘督谭钟麟应阎氏要求，以7页长文详细透露了甘新地区关内外驻军数量、裁军进程和关内外军费需求实情。此前，谭氏曾函商钦差大臣督办新疆军务刘锦棠、乌鲁木齐都统恭镗、伊犁将军金顺、帮办新疆军务大臣张曜等官员，希望有关各方就其辖境内的裁军计划、撙节饷需方案提出意见，但各方反应不一，天山南北的裁军计划无法推进，谭氏深感事权不一带来的困境。这些在官样奏章中不易获知的私密信息（谭函末尾特意提醒阅后焚毁），为阎敬铭随后起草纾困和治疆宏大计划，提供了珍贵的资讯。

谭函推测，关外天山南北实需兵力2.5万人，每年军费实际需求，合计每年300万两足以支持。而关内部分军费，谭氏预估每年120万两大致可以满足。关内光绪八、九两年已经裁军1万余名，节省军费高达130余万两。目前甘肃关内仅剩余3.6万名，相比清廷规定的甘省关内兵额5.7万名已经裁减了五分之一，基本达到裁军节饷的目标。但关外各方的实际底细，尤其是各营人数是否满额（每营额定500人），他实在无法提供，但估测关外各营虚额现象严重。函中对湘军统帅刘锦棠寄予厚望，[④]他提示阎氏，打破新疆困局，除了陕甘总督谭氏本人之外，刘锦棠也是值得信赖的干员。

边患与财困在光绪九、十年之交，一直是清廷枢臣焦虑的问题，翁同龢于九年除夕之夜，慨叹时局四难："一民生日蹙，一边衅，一水灾，一言路颇杂。"[⑤]慈禧的担忧尚犹过之："今日入对时，谕及边方（防）不靖，疆臣因循，国用空虚，海防粉饰，不可以对祖宗！"[⑥]作为户部尚书，阎氏除关注部库困绌的一面外，边患压力也是考虑的重点。[⑦]阎敬铭化解西北困局的筹策基本上就在这个基础上逐层展开。

① 阎忠济、阎悌律前揭书，第133页。

② 额勒和布等：《奏为新疆南北两路急需大兴屯田以裕边储折》，军机处录副，03-6714-082；额勒和布等：《呈新疆屯田章程清单》，军机处录副，03-6714-083。

③ 中国社科院近代史所档案馆收藏的《阎敬铭存札》第4函共计119页，大部分为谭氏写给阎氏的信函，显示两人交往非常密切。

④ 《谭钟麟来函》，《阎敬铭存札》第4函，中国社科院近代史所档案馆藏，甲246-9，第59—62页。

⑤ 陈义杰整理：《翁同龢日记》第4册，第1799页。

⑥ 同上书，第1817页。

⑦ 《致阎迺林、阎迺竹函》（甲申八号信），《阎敬铭书信》，中国社科院近代史所档案馆藏，甲246-28，无页码。

光绪十年正月，阎敬铭全力拟具“统筹西路全局”折稿，祈求精准化解西北困局，以纾缓国库财绌颓势。奏疏草稿大约于正月初十日前已经拟就，正月十一日后，为答复刘锦棠奏请统筹全局奏片和进一步解决新疆划一事权问题，又特意拟就两个附片。这一折两片先在部内高官之间传阅，因与工部尚书翁同龢关系交融，阎敬铭二月初七日主动拿出折稿请翁氏审阅。[①]目前第一历史档案馆收藏的朱批奏折和军机处录副奏折等均未发现这一折两片，仅随手登记档留下登记痕迹。[②]幸运的是光绪二十一年阎氏后人使用“万泰号”稿纸抄录了一份，包括二折三片。正月初十日前形成的奏折抄本全长达26页，计4200余字，三个附片篇幅长短不一，“二折三片”共计抄录133页；[③]而已刊文献中，盛康辑《皇朝经世文续编》第78卷“饷需”类仅收录《统筹新疆全局疏》，成文时间错标为“光绪十三年”，内容且有删减，字数计3900余字。[④]

当下有学者认为晚清财政的转型，体现在指导思想上就是由“量入为出”向“量出为入”的实质性转变。[⑤]为打破财困限制，清廷和各省在实际征税和财源拓展的具体做法上的确如此，但主观层面，尤其“指导思想”层面是否如此明确，则需要审慎讨论。至少在财政支出决策方面，清廷上谕和部臣操作大部分时间仍旧秉持“量入为出”古训。[⑥]户部尚书阎敬铭奏折及附片就是在这个意义上继续贯彻这一古训，认为目前国家财政支出最大的一项就是以甘新军饷为主的“西路耗财”，竟占全国财政支出六分之一。它至少包括了10个部分，每处各自收支，各自迎提解饷，形成了十羊九牧的格局。阎氏将光绪十年之前每年解饷款目逐一列举出来，追踪源流，然后确定新的拨款额度。此处略作简表呈示如下：

表1　阎敬铭《统筹西路全局折》所述光绪十年前每年拨款简表　　单位：库平两

序号	拨款名称	拨解对象	款额	备注
1	西征军饷	谭钟麟、刘锦棠	793万	
2	西宁专饷		1万	

① 陈义杰整理：《翁同龢日记》第4册，第1810页。

② 军机处《随手登记档》记录为一折两片，即“西路军饷浩繁急须统筹全局由”“详筹西饷事宜由”“拟请简员节制全疆由”。军机处《随手登记档》，03-0242-1-1210-042。经查，该折现收藏于台北“故宫博物院”录副奏折系统，编号为125333。

③ 光绪二十一年抄本目录将此折题目标注为《统筹西路全局折》，按照奏折开端来看，准确的命名应是《谨奏为西路军饷浩繁中外交困急须统筹全局以规久远而固国本折》，参见阎敬铭撰：《户部奏折》（乙未抄本），收入《阎敬铭奏稿》，中国社科院近代史所档案馆藏，甲246，第2—27页。

④ 《统筹新疆全局疏》，盛康辑：《皇朝经世文续编》，台北：文海出版社，1972年，第1993—2007页。谢俊美编《翁同龢集》时，据盛康《续编》，列在其中，成文时间亦同样错标。实际上翁氏并非该折作者，列衔而已。见谢俊美前揭书，第59—64页。

⑤ 倪玉平：《从国家财政到财政国家——清朝咸同年间的财政与社会》，北京：科学出版社，2017年，第274—276页。

⑥ 刘增合：《西方预算制度与清季财政改制》，《历史研究》2009年第2期。

续　表

序号	拨款名称	拨解对象	款额	备注
3	宁夏专饷		10万	
4	宁夏凉庄专饷		8.4万	
5	伊犁军饷	金顺	228万（部垫3.6万）	
6	巴里坤专饷		40万	
7	塔尔巴哈台军饷	锡纶	33万	
8	乌鲁木齐军饷	长顺	9.6万	
9	豫军专饷	张曜	60万（豫省专解）	
10	各地善后经费		数万、数十万不等	
阎折统计总额	10个拨款名称	9个接收使用对象	1210万（平常年份） 1300万（闰年）	光绪十年五月议复折中，该部统计平常年份为1450万，闰年1527万

阎折针对每年1200多万两西路军饷拨解难度，特别是对东部承协省关的严重牵制作了详细铺叙，断言“耗中以奉边终非长策，但西陲要地非内地为之调拨，亦不能支。”他将纾困和靖边两者兼顾起来，提出三大新政，分别是定额饷、定兵额、一事权。三项新政彼此牵制，环环相扣，这正是支撑新疆顺利建省的基石。

定额饷就是安排甘肃、新疆两处军费筹解计划，阎氏基本依据是“稽考旧章，旁采众论”。所谓“旧章”是指道咸以来清廷对西北拨饷的规模，“众论”则包括上述谭钟麟私函提供的信息以及左宗棠光绪四年的奏疏。户部于光绪十年正月至五月决策时，据以对比的新旧指标大致可以通过简表呈现出来。

表2　光绪十年春季户部制定甘新军饷参考指标简表　　单位：库平两

栏目序号	时段	估拨	除留抵外实拨
1	道光年间	404万或415万	300余万
2	咸丰年间	302万	244.5万
3	光绪四年左宗棠奏估		三百数十万（建议三年后再开始照此拨解）
4	光绪十年之前	1210万（常年） 1300万（闰年）	900万左右
4	光绪十年正月谭钟麟函札估计		420万（未计宁夏凉庄等处经费）
5	光绪十年二月户部初步定额	三百数十万两	包括留抵在内合计400万两左右
6	光绪十年五月户部最终定额		包括留抵在内合计480万，删去各类专饷名目，统称“甘肃新饷”

光绪十年正月初十日之前阎敬铭亲拟折稿（二月十七日正式上奏）初定额饷规模，较之此前额饷已作大幅度减少，仅占此前每年拨额33%，跟谭钟麟私函估额大致相近。然

而，户部此奏欲在翌年即开始落实，对于裁军欠饷虽规定补发半年之额，[①]但未能就常年欠饷发放的纠葛做充分考虑。

“定兵额”实际是为实现节减军费、强固边军两个目标而确定的重要筹策。甘肃关内“定额兵”的进展，阎氏通过谭钟麟私函已经得知，所以折内直接认定关内裁军成效较大，而新疆数处兵力则必须尽快实施大幅度裁减。根据他的统计，疆内刘锦棠、张曜、金顺等各处合计现有制兵、营勇5万余名，超出清代历朝关于额兵总额规定1万余名，阎氏奏请朝廷饬令刘锦棠、金顺、张曜等会商裁减，全疆必须压缩至额定4万名以内，并将目前正在实施的行粮制度改为坐粮制度，以适应节饷要求。[②]

“一事权”是实现新疆创建行省最主要目标和最大前提条件，是保障“定饷额”“定兵额”两大新政顺利落实的关键举措。阎敬铭草拟一个折片，专门就“划一事权”与新疆建省、改革旧制、实现节饷、推行裁军等要政之间相互制约进行充分阐释，为六个月后新疆改设行省决策提供了相当充分的依据。阎敬铭拟定的附片从旧制之弊、新规待立、重臣吁请等各个角度，试图阐释“划一事权”的必要，新疆建省变革要求更多地体现在这个层面：

> 全疆既定，爰有建立行省之议。左宗棠于光绪四年奏称：将军、都统与参赞、办事大臣、协办与领队大臣，职分等夷，或出自禁闼，或久握兵符，民隐未能周知，吏事素少历练，各不相下，督责难行，极陈其弊。实以帅多权分，是以请建行省。左宗棠旋即来京供职，未竟其绪。刘锦棠始以钦差大臣督办新疆军务，各城都统、参赞、领队、办事大臣因朝廷有特设之官，不复归伊犁将军考核；钦差大臣未奉节制全疆谕旨，亦未便统辖各路大臣……刘锦棠虽有改行粮为坐粮，并招募土勇规复制兵之奏，因人自为将，不能强令裁改，彼此互异，终难骤行。臣等现议裁勇节饷，必须得人挈领提纲，一气呵成，始能竟全功而收实效。若事权不专，听各路大臣自行自止，必致勇不能裁，饷不能节，力分财匮，贻误匪轻！[③]

看得出，“兵为将有”和财政散权的掣肘，均隐含在此折中。阎氏拟奏期间，清廷对边衅和民情非常关注，每日召对大臣，时常责令自强，力戒因循。[④]当二月十七日户部一

① 《户部附片》，《户部奏折》（乙未抄本），收入《阎敬铭奏稿》，中国社科院近代史所档案馆藏，甲246，第35页。

② 所谓行粮，是指战时发放带有激励津贴性质的饷章制度，人均标准较高一些；而坐粮则是承平时期发饷制度，发放标准稍低一些。

③ 阎敬铭：《密陈划一事权片》，《户部奏折》（乙未抄本），收入《阎敬铭奏稿》，中国社科院近代史所档案馆藏，甲246，第39—42页。阎敬铭提到的左宗棠折是指《奏陈新疆甘肃设防开源折》，《宫中档光绪朝奏折》第2辑，台北：“国立”故宫博物院，1973年，第78—85页。

④ 阎敬铭：《致迩林、迩竹涵》（甲申十一号信），《阎敬铭书信》，中国社科院近代史所档案馆藏，甲246-28，无页码。陈义杰整理：《翁同龢日记》第4册，第1817页。

折两片同时奏上，上谕爽快允行。[①]此项重大安排能否落实，西北疆臣的态度十分关键。

目前所见西北各官覆陈情况，刘锦棠、张曜、金顺分别于四月二十八日、五月二十一日、闰五月二十四日具奏，谭钟麟一折大致于七月中旬到京。正如谭钟麟所言，四位高官主张皆有不同，相比而言，谭、刘二人主张较为接近，而伊犁将军金顺与其他人分歧最大。作为满族高官，金顺考虑问题多从满营旗丁和随军家属利益出发。[②]他批评刘锦棠关于伊犁地区保留兵力数额的建议极不可靠，必将导致兵力不敷分布；更不赞成他全裁参赞、办事和领队大臣的主张，反对尽改旧制；建议伊犁地区在额设1.7万名制兵和营勇基础上保留1.5万名规模，主张仍按照行粮制度发放兵饷，每年需要120万两军费。[③]光绪中叶的裁军节饷行动中，金顺是一个歧见最多的官员，是清廷经略新疆的一个主要阻力。

甘新四位高官的议复奏折先后到京，清廷饬令有关部臣集体会商研究。由于经略方案涉及军饷、裁军和设官分职三项要政，户部、兵部和吏部三个机构在一起详细核议，分别就本部管辖范围提出答复意见，[④]再由户部集合众议主稿上奏，请旨裁定。因甘新四大员奏折到京时间不一，五月十七日谕旨最先饬令三衙门集体研究刘锦棠一折；七月十八日起开始合并研究金、谭等奏折。三部堂官对于新疆营制、省内官制、行粮和坐粮选择等，或有不同意见，[⑤]但经各部尚书彼此沟通，最终形成相对一致的改革主调。

简言之，三部集体会议结果分两次上奏，包括一折一片。[⑥]他们基本肯定刘锦棠、谭钟麟的主张，而对金顺一折则有舍有留。最终形成了总体意见：关于军费协济额度，自光绪十一年始至十四年止，每年480万两规模，甘肃关内留用40%，关外分饷60%，三年后执行左宗棠此前提议的三百数十万两规模；兵勇裁留额数，同意谭钟麟提出的甘肃关内额数，而关外则只准存留4万名兵力，根据裁军进程逐步实行坐粮制度，金顺所部伊犁地区仅准保留1万名驻军；官制改革方面，同意刘、谭提出的裁撤参赞大臣、帮办大臣、领队大臣等基本主张，继续推进府厅州县等郡县制度。关于设立行省问题，左宗棠前后四次奏请，清廷鉴于实际情形，曾经有不同的答复；[⑦]刘锦棠此次奏疏中再度提议新疆改设行省，

① 中国第一历史档案馆编：《光绪朝上谕档》第10册，桂林：广西师范大学出版社，2008年，第46—47页。

② 后任伊犁将军色楞额反映，金顺对伊犁、塔城客军的管理太过宽松。色楞额：《奏为伊犁岁拨饷需请饬部援案再拨一年以便遣并客军折》，朱批奏折，04-01-01-0964-054。

③ 金顺：《奏为遵旨详筹伊犁饷额兵制分别裁留兵勇并请饬提各省关欠饷折》，朱批奏折，04-01-01-0951-034。

④ 部臣议复会议上，户部负责军饷规模裁定和屯政安排，兵部负责裁军和布防方面，吏部则负责新疆设省中的裁官设职等重大问题。

⑤ 参与决策的工部尚书翁同龢总体上赞成各部上奏主张，但个别问题与上奏折稿微有区别，例如倾向于缓设新疆巡抚、继续推行行粮制度。谢俊美编：《翁同龢集》上册，第294—295页。

⑥ 《奏为遵旨议复督办新疆军务大臣刘锦棠奏统筹新疆兵饷官制屯田情形并陈欠饷不可折发全疆宜联一气以规久远折》，阎敬铭：《户部奏折》（乙未抄本），收入《阎敬铭奏稿》，中国社科院近代史所档案馆藏，甲246，第44—109、110—133页。

⑦ 这四次分别是光绪四年正月初七日、十月二十二日、光绪六年四月十八日以及光绪八年九月初七日上奏。

巡抚、布政使等官缺也奏请尽快确定。[①]吏部研究后，均予支持。清廷最终裁决谕旨于光绪十年九月三十日颁下。[②]一个多月后，清廷降旨令刘锦棠补授甘肃新疆巡抚，[③]甘肃布政使魏光焘调任新疆布政使，郡县设置和州县官员任命次第展开，行省权力架构逐步完善。

值得注意的是伊犁将军金顺对三部会议奏折的决策结果是不满意的，他在裁撤境内防军、节饷省费、推行屯田等方面持消极态度，[④]光绪十年前后的军费奏销也搁置未办，[⑤]只是断断向朝廷请饷，甚至要求户部垫款应对缺饷危机。针对其纵容属员、缺少作为的倾向，管部大臣额勒和布、户部尚书阎敬铭对其提出严厉批评，该部断然拒绝为其垫拨部款，仅出面督催有关行省和海关尽快解款。[⑥]其实，金顺问题对户部纾困决策的牵制倒还在其次，对清廷而言，更麻烦的是法国大规模侵台事件正在发生！

四、台湾设省增防与福建协济

经略新疆以外，清廷固边行动还包括处于法兰西舰队威胁下的台湾地区。中法战争刚刚结束，疆臣即有感慨：中国陆地上有能力抗衡外来侵略，但海上却乏胜可言。[⑦]战后，强固东南海防又成为一个迫在眉睫的大事。台湾作为“闽左屏藩、七省门户”，[⑧]而且也是整个“南洋门户”，[⑨]其特殊地位受到清廷格外关注。台湾本由福建省辖，虽置台湾道管治，但仍须福建巡抚兼顾两地。乾隆二年内阁学士兼礼部侍郎吴金奏请设立台湾省，[⑩]但未获廷议支持。同治末年日本侵台，办理台湾海防大臣沈葆桢在应对危机期间，虽有在台设省意念，但虑及台地器局偏小，财力皆仰赖于闽省，深虑单独设省实不合理。[⑪]“台闽不分家”的传统架构除了地缘因素外，主要还是基于担忧失去闽省的财政支持，闽抚若常年驻台，或许“将变成台湾巡抚，提饷不灵”，[⑫]李鸿章也担忧出现闽省与台湾“彼此争

---

① 刘锦棠：《奏为哈密镇迪道等处暨议设南路各道厅州县拟请归并甘肃合为一省折》，朱批奏折，04-01-01-0946-011。

② 中国第一历史档案馆编：《光绪朝上谕档》第10册（光绪十年），第301—302页。

③ 刘锦棠：《奏为奉旨补授甘肃新疆巡抚谢恩并沥陈下悃折》，朱批奏折，04-01-12-0531-123。

④ 金顺：《奏为遵议伊犁屯田事宜请暂缓折》，朱批奏折，04-01-22-0063-022。

⑤ 光绪十二年金顺去世后，延搁伊犁军务奏销，给甘督谭钟麟造成困扰。《谭钟麟致刘锦棠函》（光绪十二年六月二十九日），《谭钟麟函札》，中国社科院近代史所档案馆藏，甲580，第29—35页。

⑥ 额勒和布等：《奏为遵旨速议伊犁军饷请旨饬下各省关迅解折》，军机处录副，03-6094-020。

⑦ 杨昌濬：《奏为遵议海防水师及闽台拟办各事折》，军机处录副，03-9389-030。

⑧ 沈葆桢、李鹤年等：《奏为会商台湾抚番开路兴业等大计折》，军机处录副，03-5091-007。

⑨ 杨昌濬、刘铭传：《奏为遵旨筹议台湾改设行省事宜折》，军机处录副，03-5093-022。

⑩ 许良国：《台湾建省之议应始于乾隆二年》，《学术月刊》1982年第2期。

⑪ 《请移驻巡抚折》，吴元炳辑：《沈文肃公（葆桢）政书》，台北：文海出版社，1967年，第875页。

⑫ 沈葆桢：《李中堂》，陈支平主编：《沈文肃公牍》（一），北京：九州出版社、厦门：厦门大学出版社，2004年，第333页。

饷，各执意见”的局面。[①]可见，巡抚分季渡台体制之下事权不一导致的困境，与新疆设省前面临的乱象具有同质性。

同光以降，在涉台奏疏中，刑部侍郎袁保恒于光绪二年冬季明确提出设台湾巡抚，专治台湾，[②]左宗棠在中法战争后更附议袁氏治台方案，议设台抚。[③]此议得到奕譞主持的王大臣会议支持。光绪十一年九月初五日，清廷根据这次王大臣会议结果，直接降旨设立台湾省，专设台湾巡抚一员驻扎管治，实现闽、台分治，各有专责，以靖海患。[④]五天后，清廷降旨“福建巡抚”（一个多月后改称“台湾巡抚”）由刘铭传补授，常川驻台督办防务。[⑤]问题是台防所需巨饷如何到位？户部视台湾省为“富庶之区”，[⑥]但在国家财困背景下，“以台养台”“闽台分治”显然令新任疆臣不易施展，可谓压力与机遇俱存。在东南海疆经略问题上胶柱鼓瑟还是适时应变，这是考验枢廷与疆臣治国理政的关键。

设省谕旨下达三个月前，督办台湾防务福建巡抚刘铭传对台湾经略前途具有信心，认为台地每年收入100余万两，如果剔除盐务中饱等可达到120余万两，以全台财力办台地防务诸政，有赢无绌，但需要苦心经营数年。[⑦]出乎意料的是九月初五日台湾设省已成定局，刘铭传因而忧虑闽省支持款项难以保障，[⑧]专折奏请朝廷收回设省成命，认为台湾“以后仍须闽省照常接济，方能养兵办防”，而创设行省，则深忧“畛域分明，势必不相关顾。”[⑨]因缘际会之下，清廷派令曾在西北有治边经验的杨昌濬担任闽浙总督，使台省初期经略有所依赖。

杨昌濬抚浙时期曾倾力协济左宗棠西征，名扬一时，向有顾全大局美誉。[⑩]督闽之后，他对台事关注程度超越前任，且专折上奏强调闽台协作和各省协济，反对畛域自分。[⑪]台省初设后，台澎防务、州县调整增设等紧急事务，杨、刘联袂协商决策，即如巡抚名称，

① 李鸿章：《复丁雨生中丞》，顾廷龙、戴逸主编：《李鸿章全集》第32册，第7、9页。贾小叶（《晚清台湾建省的台前幕后》，《史学月刊》2016年第7期）对台地设省背后的官员人脉纠葛，包括袁保恒此奏背后的人事牵制有较好的研究，此不赘论。

② 袁保恒：《奏为请将福建巡抚改为台湾巡抚经营全台事务片》，军机处录副，03-5116-063。

③ 左宗棠：《台防紧要请移驻福建巡抚驻台震慑折》，刘泱泱等校点：《左宗棠全集》第8册，长沙：岳麓书社，2009年，第647—648页。

④ 《清实录·德宗景皇帝实录》第54册，北京：中华书局，1987年影印本，第1023页b。

⑤ 刘铭传：《刘壮肃公（省三）奏议》，台北：文海出版社，1968年，第184页。光绪十一年十月十九日，奉懿旨，福建巡抚改为台湾巡抚，礼部铸关防，名曰“光字第二十九号福建台湾巡抚”。参见刘铭传：《奏报启用福建台湾巡抚关防日期折》，朱批奏折，04-01-16-0225-033。

⑥ 刘铭传：《奏为遵筹澎湖防务请饬部拨款折》，军机处录副，03-6101-039。

⑦ 刘铭传：《奏为条陈台澎善后事宜急须次第举办折》，军机处录副，03-6020-038。

⑧ 刘铭传：《奏为患病吁请开缺折》，军机处录副，03-5201-066。

⑨ 《台湾暂难改省折》，刘铭传：《刘壮肃公（省三）奏议》，第261—262页。

⑩ 刘体仁：《异辞录》，上海：上海书店出版社，1984年，第139页；左宗棠：《与两江总督刘岘庄制军》，《左文襄公（宗棠）全集》，第3181页。

⑪ 杨昌濬：《奏为筹议台湾改设事宜折》，军机处录副，03-5685-011。

杨氏亦建议仿照甘肃新疆体制，显示出闽台一体化的心态。[①]设省初期，台湾情形与新疆迥不相同，其裁兵节饷进展顺利，短期内撤防官兵23000余人。[②]台省为支付撤军和善后诸务，尚不敷30万两，希望闽省每月协济3万两。[③]法军退后，刘氏认为，台防经费亟需再增加100万两，专折奏请从左宗棠此前所借台防洋款中分润救急。[④]此奏到京，正是国库支出相当紧张的时候，五六项要政需款接踵而至，部臣正竭蹶以应，[⑤]户部只能建议刘铭传发挥督抚自主权，循序渐进办理台防。[⑥]这是典型的"以台养台"思路。台抚拟疏力争，深忧台澎办防遥遥无期。[⑦]

关键时期杨昌濬于光绪十二年二月赴澎湖各海口巡阅，顺便与刘铭传会商要政。[⑧]刘氏专程赴会，两人在澎湖筹商三天，杨氏也反对户部目前坚持的"以台款办台事"主张，[⑨]答应立即返闽紧急筹策，"督臣老于军务，洞悉戎机，深以澎防为急，明知闽饷奇绌，然一片公忠悬挚，慨允回省力筹。"[⑩]数月后，督抚两人确定由闽省承借洋款80万两，两省各使用一半，三年后再由台省偿还40万两，其余闽省承担。[⑪]问题是举借洋款户部此前已有禁令，非有特旨许可不准议借，该部碍难支持。[⑫]这一决断自然有部库紧张之背景：

> 国用奇绌，司农终日仰屋，如海军衙门专恃捐输，而捐者寥寥；三海工程责令前后各关道报捐，时或停工，以待洋款，借至千八百万，耗息不少；举行大婚又需千数百万，户部存款不足供官兵一岁之用。时势至此，良用浩叹。[⑬]

台防、善后、抚蕃等在在需款，光绪十二年四月下旬，刘铭传乘赴福州治疗眼疾之机，与闽督杨昌濬深入磋商，筹划福建等省对台湾的支持，全面制定台湾设省筹备事宜清单。刘铭传对闽督杨昌濬的至诚和胸襟极为钦服，这次赴福州会商，最大收益在于将闽省等处协济经费的额度确定下来。闽省承诺解台款项，"议由厘金项下每年协济二十四万两，由闽海关照旧协银二十万两。"[⑭]督抚二人又建议由粤海关等五关，每年再协济银36万两，

---

① 杨昌濬、刘铭传：《呈筹议台湾改设行省事宜清单》，军机处录副，03-5093-023。

② 刘铭传：《呈全台各路先后裁撤内渡营勇数目清单》，军机处录副，03-6099-008。

③ 刘铭传：《奏为遵旨裁留营勇及全台出入款目请拨军饷折》，军机处录副，03-6099-007。

④ 刘铭传：《奏为台疆紧要防务急需请饬拨银两办防片》，军机处录副，03-6020-095。

⑤ 谢俊美编：《翁同龢集》上册，第317页。

⑥ 刘铭传：《奏为遵筹澎湖防务请饬部拨款折》，军机处录副，03-6101-039。

⑦ 陈澹然：《设防略叙五》，刘铭传：《刘壮肃公（省三）奏议》，第57—57页。

⑧ 杨昌濬：《奏报带印出省巡阅日期及赴厦门澎湖各海口察看情形折》，军机处录副，03-6021-017。

⑨ 刘铭传：《奏为复陈台湾出入款目请饬查核折》，军机处录副，03-6615-064。

⑩ 刘铭传：《奏为遵筹澎湖防务请饬部拨款折》，军机处录副，03-6101-039。

⑪ 刘铭传：《奏请饬令速行筹借银两以济急需片》，军机处录副，03-9392-039。

⑫ 户部：《奏为酌议台湾巡抚刘铭传等拟借洋款一案片》，军机处录副，03-6558-066。

⑬ 《致刘锦棠函》，《谭钟麟函札》，中国社科院近代史所档案馆藏，甲580，第66—71页。

⑭ 刘铭传：《奏为病痊陈请销假并到省与督臣杨昌濬会商台湾情形折》，军机处录副，03-5209-091。

以五年为限，期望台省解决“过渡期”困难。[①]这一奏疏到京后，军机大臣立即缮写寄信，饬令闽省遵办。[②]五海关协济的建议其实被户部拒绝（详后），但此后三年闽省实际协济台湾的业绩较为明显，闽督杨昌濬不分畛域，布政使张梦元苦心筹措，每年44万两的协济毫无贻误。[③]

台湾初创行省，获得闽省解囊协济，可谓大旱逢甘霖。其实，中法战争刚刚结束不久，作为主战区省份，闽省曾驻扎150余营兵勇，省内财政早已悬釜待炊，[④]三年后，洋药税厘改由海关征收，闽省每年顿失50余万两收入，陷入挪东补西境地。[⑤]杨昌濬时刻惦记台省创设之初，邻省协济刻不容缓，因此，能够在数年内一如既往，依额实解，实属不易。

与户部调减甘新军费供应做法相比，清廷对于新设台省的军费需求并非漠然应付，基本背景仍是基于部库“量入为出”的纾困安排，不得不仍旧沿用“闽台一体”的协济机制，发挥相对富裕行省的支持能力，尽量避免造成部库更大的窘困局面。当然，针对西北甘新地区和东南台澎海疆的紧迫需饷，部臣并未完全置之不顾，特殊时期，该部毅然下决心舍弃京师放饷紧要需求，直接大量调拨本属京饷的财源，“舍己芸人”，以满足西北边疆和东南海疆的紧迫需求。

五、靖边军费投放与国家纾困纠结

在清代历史上，光绪中期具有一定的特殊性，它表现在：承平时期却夹杂战事，内地和平而边患纷至，秉政者面临国库财绌与边患侵袭的重大挑战，可谓敝舟逆风，体弱负重，因此，“纾困”与“靖边”之间必然形成一种矛盾，部臣、疆臣、边陲大员毕竟视界不一，利益有别。左宗棠征战西北期间对此感触甚深，尝言：“九州之大，相与支撑者不越十余人，掉扁舟于极天怒涛中，努力一篙，庶有同登彼岸之望；如图各急其私，事固有未可知者。”[⑥]两大要政的推行，户部处于枢纽地位，既顾国帑安全，又兼边圉需财，费心筹策，仍时感竭蹶；而外省疆臣基于在地利益，虽奉行谕令，但或有敷衍因循，甚至杯葛博弈，所谓龃龉丛生于此可见。

① 杨昌濬、刘铭传：《奏为遵旨筹议台湾改设行省事宜折》，军机处录副，03-5093-022。

② 军机大臣：《奏为刘铭传到省会商台湾情形请饬拨银折所请由闽省协济银四十四万两等恭拟寄信谕旨事》，军机处录副，03-5692-083。

③ 卞宝第、刘铭传：《奏为革职留任福建藩司张梦元竭力筹措台湾饷银从未延误请开复处分片》，朱批奏折，04-01-16-0227-027。

④ 古尼音布、杨昌濬：《奏请闽省用兵后支绌异常请准暂免拨解京饷折》，军机处录副，03-6099-050。

⑤ 杨昌濬：《奏为闽省度支奇绌京协各饷亟须解应请饬部迅将税关洋药厘金划拨济用折》，朱批奏折，04-01-01-0959-043。

⑥ 《答江西巡抚刘仲良中丞》，左宗棠：《左宗棠全集》书信三，长沙：岳麓书社，2009年，第95页。

在讨论时段内，阎敬铭执掌户部，国帑是否充盈足拨，阎氏的作为和实效自具代表。开源与节流是其全力贯彻的大计，其施政效果获时人褒评较多。光绪十四年春季，曾任职户部侍郎、出使美国的张荫桓致函阎敬铭，盛赞其执掌户部以来的出色业绩，[①]后来研究者如汤象龙、何烈均认为甲午战争前清政府财政足以维持平衡而有余。[②]这类褒评其实仅反映财政之一面，晚清后期国库远未脱离捉襟见肘的被动局面，极大地牵制着治国保边行动。

开源节流行动是阎敬铭倡导的国家纾困大计。该政策始于光绪十年九月初五日懿旨："现在军饷紧要，应如何预为筹划之处，著军机大臣、户部、总理各国事务衙门大臣会同妥议具奏"，枢臣研究的结果是形成"开源节流"二十四条，部疏于十二月初八日奏上，初十日奉旨准行。[③]其中虽分列开源和节流两个方面，但实际上偏重节流一端，这与清廷刻意执行"量入为出"的财政指针有密切关系。[④]其间，有个别京官指责二十四条"皆烦碎琐屑，不成政体，得小失大，窒碍难行"，主张删繁就简，就饷筹兵；[⑤]各省大多数复奏或强调部疏不符合本省情形，难以施行；或解释某款数年后视情况方可推行，较有成效者寥寥无几。山东巡抚陈士杰私下告知阎敬铭："各省大吏节省经费而国用仍未充者，基本上是以姑息为宽大。"[⑥]开源节流行动落实在州县这个层面，为官者也有苦衷。山东黄县知县致函阎敬铭，剖白自己面临的难处："卑职勉力裁减，亦只裁去道府节寿一项，余项无可再裁，提摊各款无从设措，只可缓图。"[⑦]也有地方知县刻意隐瞒，不令上峰闻知，即便被察觉，因利益共存，无如之何。[⑧]作为富庶省份的江苏省，面对清廷勒令节饷解部谕旨，苏抚竟称没有节余款项可以委解部库。[⑨]

然而，同一时期，在督抚司道看来，户部酌拨行为往往不顾及外省实际，颇如"店中掌柜"之类："但知算盘上拨入数字，不顾伙计为难，更不知门前之客为难。"[⑩]因此，沿海临江省份时常以办理海防、江防为借口，动辄奏请改变部臣指拨边疆省份协济银两的方

---

① 《张荫桓来函》，《阎敬铭存札》第3函，中国社科院近代史所档案馆藏，甲246-8，第53页。

② 汤象龙：《民国以前关税担保之外债》，《中国近代经济史研究集刊》第3卷第1期，1935年5月；何烈：《清咸同时期的财政》，台北："国立"编译馆中华丛书编审委员会，1981年，第320页。

③ 户部：《奏陈开源节流章程疏》，杜诗笠：《光绪财政通纂》第53卷"通论"，成都：蓉城文伦书局，清末铅印本，第1—11页。

④ 户部：《议覆御史谢祖源奏饷需支绌妥筹借款折》，《户部奏稿》第8册，北京：全国图书馆文献缩微复制中心，2004年，第3915页。数年后，该部仍主张开源不如节流。参见户部：《通盘筹划量入为出以裕度支疏》，杜诗笠：《光绪财政通纂》第53卷"通论"，第12页。

⑤ 户部：《议覆御史张廷燎奏户部筹饷二十四条请饬量加删汰折》，《户部奏稿》第9册，第4101—4103页。

⑥ 《陈士杰来函》，《阎敬铭存札》第1函，中国社科院近代史所档案馆藏，甲246-6，第181—182页。

⑦ 《山东黄县官员来函》，《阎敬铭存札》第7函，中国社科院近代史所档案馆藏，甲246-12，第51—52页。

⑧ 《同光度支琐闻》，徐珂：《清稗类钞》第2册，北京：中华书局，1984年，第516页。

⑨ 《复陈江苏司关各库奉饬每年酌提存储委实无款可筹折》，谭钧培：《谭中丞奏稿》第4卷，清末铅印本，第38—42页。

⑩ 《致翁曾荣函》，《翁同龢集》上册，第246页。

案，部臣艰于应付，愤而指责行省诸臣："沿海各省无论军情缓急，同声藉口办防，而腹地各省又有募勇招军，可以一意推诿，甚至率请尽留京饷，全不问根本之盈虚……荒田不垦，赋额欠完，税款短亏，各省亦毫无整顿，今遇有急务，若复畛域分明，各图私便！"[①]经略边陲重大行动实际上受到清廷财政储量和各省关协济能力两面影响，东北边防经费协济、新疆设省后旧欠军饷发放、台湾防务紧急需饷难题，无一不与户部酌拨能力和各省协济力度有直接关系。

关于东北边防经费的成效问题。光绪六年奉旨设立东北边防经费时，每年指定各省关协解200万两。总署负责对这笔经费协济执行情况实行监控，定期向清廷报告，且屡屡督催欠解协济款项的省份。据光绪六年至光绪二十年奏报来看，各省关解款并不均衡，至光绪二十年底欠解总额为223万两。[②]刨去极个别情况，总体年平均欠解大致为15万两，欠解率为7.5%，对东北边防整体运作的影响基本不算严重。这种解款业绩相对理想的结果，与各省关按期解款直接到部库，再由东北各处来京领回的特殊做法有关。假如令各省关径解东北，情况可能大不相同。时人一般认为："解京即属有著，协拨遂不可恃"[③]，京饷考核较协饷更为严格，所以疆臣重京饷、轻协饷的传统认知牢不可破。大约同一时期，户部规定吉林省练饷协济须径解吉林，不必解部转提，导致各省积欠较多。[④]吉林将军希元要求部库垫付欠饷，该部也只能允准垫解部分款项。[⑤]各省东北边防经费协款采用京饷方式直接解部的做法，说明清廷将东北龙兴之地的军费需求置于特殊地位，与其他边疆军费需求采用一般协饷规程的处置方式迥不相同，其重视程度超越一般。

新疆省与东北差异较大。虽奉旨设省，但筹建运作能否顺利，很大程度上取决于裁军节饷的有效实施。刘锦棠统率的湘军是疆内最主要的兵力，湘军裁改是通过裁遣老弱，推行坐粮制度，以节省财政支出。但是，裁兵行动无法绕开积欠军饷的发放，而这一点却令疆臣为难。依照户部规定，旧欠时间截止到光绪十年新疆建省时为止，刘锦棠湘军欠饷高达285万两。[⑥]该部认为可通过折发方案并辅之以报效捐输来解决这个难题，但刘锦棠认为朝廷应体恤老勇长期征战，不应以折发令其寒心。[⑦]然而，全发欠饷的经费来源难以兑现，户部虽指拨广东、福建、浙江等有关省份带解积欠银两，却很少能得到实质性响应。[⑧]甘

① 户部：《议覆浙江巡抚刘秉璋奏请将浙省奉拨甘省调直防月饷改拨片》，《户部奏稿》第7册，第3118—3119页。

② 奕劻等：《呈光绪六年至十二年七年各分省关欠解东三省边防经费银两数目清单》，军机处录副，03-6108-075；奕劻等：《呈各省关欠解本年及历年东北边防经费银数清单》，军机处录副，03-6635-024。

③ 《议复署黑龙江将军文等奏官兵困苦请将俸饷仍由部领折》，《户部奏稿》第1册，第93页。

④ 庆裕、启秀：《呈各省欠解东三省甲申年的饷并历年欠解清单》，军机处录副，03-6610-057。

⑤ 阎敬铭：《奏为遵议吉林将军侯希元等奏练饷瞬将届满各省协饷毫未解报仍请由部垫拨折》，军机处录副，03-9420-009。

⑥ 刘锦棠：《奏报查明截上年止历年欠发军饷实数折》，朱批奏折，04-01-01-0953-027。

⑦ 刘锦棠：《奏请饬部限解军饷折》，朱批奏折，04-01-01-0956-062。

⑧ 欠饷285万两，仅闽海关解过2万两，其余杳无音信。参见阎敬铭等：《奏为遵旨速议甘肃新疆巡抚刘锦棠奏请饬催各省关协解西征欠饷折》，军机处录副，03-6105-011。

督谭钟麟也为湘军欠饷这一陈年旧案久拖不决愤愤不平，[①]无奈之下，谭氏向翁同龢等枢臣倾诉欠饷的难处，且派甘肃官员陶模赴京活动。[②]据陶氏从北京反馈的信息看，户部诸臣或有解决的希望。[③]于是刘锦棠和谭钟麟信心始足，准备向清廷具奏请款要求。

事实上，当时国家财政是在高危状态下竭蹶运行，阎敬铭向光绪帝奏报："近来如山东省河工、东三省边防、海军衙门及江浙闽广添购之船炮、神机营及广东、福建所借之洋款，加以在京官兵俸饷规复原额、采办滇铜洋铜鼓铸制钱需款之多，较之数年前每岁增出款千数百万；至于滇粤及沿海各省新募设防各勇目前又未全裁，所增饷项尚不在内。在边陲各省辄谓地贫饷绌，筹拨必须的款，而财赋之区则皆自收自用，坚云无可裁减。臣等补救无方，昕夕只惧。"[④]部臣进退纠结心态于此可见。

谭、刘二人联衔邀饷奏折于光绪十三年三月初上奏，试探性奏请部库垫解140万两。[⑤]一个月后，谭钟麟又以附片形式再度奏请户部垫解西征欠饷，为谨慎起见，他只建议部库垫拨70万两，其余款项甘肃可以设法支援。[⑥]其实，户部决断的行动比较快，谭氏附片到京前，针对谭、刘联衔奏疏的处理结果已经形成，并得到谕旨允准。四月初八日，该部在本年新增一千数百万两支出的背景下，毅然决定"舍己芸人"，饬令福州将军、直隶、两江等18个省关将本年度应解部库的京饷100万两，直接解往甘肃藩库，限期于五月底必须解到。[⑦]得知这一大好消息，甘督谭氏对阎敬铭的巨大支持极为感慨："幸朝邑垂注西事，此信于二十八到京，故初八速议，允拨百万，然搜括十数行省始成此款，可谓难矣！"[⑧]谭氏且令藩司谭继洵从甘省藩库中分批挪借40万两支援新疆。[⑨]至光绪十四年春天，新疆湘军旧欠问题得以解决。[⑩]西征经费指拨由光绪十一年前每年1200万两大幅度减少到480万两。节省下来的银两，陆续移到紧急需款的领域，[⑪]从实际上纾解了清廷财政的巨大压力。

与新疆这一广袤大省不同，台湾系"小省"，中法战争结束后，按说户部有可能腾出财力支援台湾省肇建，但实际上该部酌拨能力依然受限于部库支绌的现实，台款指拨协济过程一波三折，几经调改。但这并不意味着国家财政在边陲经略上厚此薄彼，实有部拨方案不实不尽的具体失误。

台湾购炮筑台等海防急需饷项，虽有闽省协济支持，但缺额仍然较大。光绪十二年六

① 《致刘锦棠函》，《谭钟麟函札》，甲580，第2—10页。
② 陈义杰整理：《翁同龢日记》第4册，第2007页。
③ 《致刘锦棠函》，《谭钟麟函札》，甲580，第23—28页。
④ 阎敬铭等：《奏为遵旨速议甘肃新疆巡抚刘锦棠奏请饬催各省关协解西征欠饷折》，军机处录副，03-6105-011。
⑤ 刘锦棠：《奏为各省关奉拨西征欠饷逾期未到请饬部垫拨库款折》，朱批奏折，04-01-01-0958-079。
⑥ 谭钟麟：《奏为积欠湘军饷银恐生事端请由户部拨款片》，军机处录副，03-5848-093。
⑦ 同上。
⑧ 《致刘锦棠函》，《谭钟麟函札》，甲580，第56页。
⑨ 谭钟麟：《奏请饬催江浙闽粤各省筹解协甘饷银折》，军机处录副，03-6106-080。
⑩ 刘锦棠：《奏报驻军欠饷现已清理就绪并拟请筹还借款折》，朱批奏折，04-01-35-0993-028。
⑪ 福锟等：《奏为指拨光绪二十年分筹备饷需银两折》，军机处录副，03-6132-017。

月中旬，闽督杨昌濬和台抚刘铭传联衔上奏，建议粤海关等五关共协解36万两。七月中旬户部在审查时，对此予以否决，认为该五关承担的协解任务已经相当艰巨，不应再增加负担，改为指拨左宗棠此前奏设糖厂盈利、杨昌濬奏设铅矿盈利项下“十数万两”，连同福建认解24万两在内，共凑成36万两，足以堪用。[①]针对这一方案，刘铭传详细了解后得知，糖厂盈利和铅矿盈利两个项目因故难产，这十几万两指拨根本靠不住，讽刺部臣“凭空”指拨：“部臣以已故大学士左宗棠之空言指为要需实用，自系帑项支绌、暂行延宕起见。”[②]户部得知这些，深感意外。[③]震惊之余，十一月该部奉旨赶速筹划，下决心仿照新疆湘军旧欠解决办法，令有关省份将本来解部京饷款项，改解台湾。包括安徽省认解4万两、浙江省认解10万两、台湾征存加征洋药税厘项下拨银19万两、福建省应解部库筹边军饷项下拨银3万两，共计36万两，户部强调：“以上各款皆系部库要需，一经划拨，则年底部库倍形支绌，应由臣等设法另筹弥补。”[④]户部暂时以京饷财源来紧急支持台省急需款项，体现出中央财政针对地方紧迫需求的“救急”色彩。

其实，部臣这次调整指拨方案中，75%的款项依旧虚悬不实。光绪十三年闰四月初，刘铭传了解到，浙省承担的10万两，前抚臣刘秉璋已经奏准动用8万两，只剩2万两；而台湾加征洋药税厘属于包商承办，并无另存加征之饷，属于无著之款，这两项共计27万两，他不得不奏请另外指拨有著之款。[⑤]直到十一月初，这难以落实的27万两经费，先后辗转指拨、改拨，最终完成解款。[⑥]中央财政指拨行为，看似直接有效，实则涉及各省和各海关财政协济能力的通盘筹划，是一个繁琐交互的系统工程，部内司员拨册审核若有失误，整个指拨协济行为便运作失灵。

靖边军费投放行动中，东北边防经费因清廷以京饷方式置于特别突出地位之外，新疆和台湾的财政需求在清廷制度安排中，亦各具特色：新疆军费投放以常年定额协饷为基本保障，紧急军需则辅之以部库京饷财源予以支持；台湾军费投放以本省财源收入为基干，而以邻省福建定额协济为必要辅助，当紧迫需求均不能满足时，户部则以京饷财源作为坚强后盾。形成这种差异性军费协济制度的原因，完全是基于西北广袤边疆区域地瘠民穷，环境恶劣，而需饷数额却十分庞大，必须依赖于内地财源有余行省的齐心支持，遵循着临

① 阎敬铭等：《奏为遵议台湾巡抚刘铭传奏请饬催拨饷折》，军机处录副，03-6103-072。

② 刘铭传：《奏请饬令速行筹借银两以济急需片》，军机处录副，03-9392-039。

③ 左宗棠：《奏为试办台糖遗利以浚饷源折》，军机处录副，03-6095-012；杨昌濬、张兆栋：《奏为闽省招商集资开办铅矿折》，军机处录副，03-9427-010。

④ 阎敬铭等：《奏为遵议台湾巡抚刘铭传奏请饬催拨饷折》，军机处录副，03-6103-072。

⑤ 刘铭传：《奏为部拨台湾款项虚悬请饬部另拨折》，朱批奏折，04-01-30-0202-022。

⑥ 崧骏：《奏为光绪十三年节省修舱项下凑支台湾用款片》，军机处录副，03-6617-036；卫荣光：《奏为委解台湾防务经费银两并由浙起程日期片》，军机处录副，03-6107-032；陈彝：《奏为委解皖省应协台湾饷银并已如数解清片》，军机处录副，03-6108-008；卫荣光：《奏为浙省奉拨台湾筑台购炮经费片》，军机处录副，03-6361-037；卫荣光：《奏为凑解台湾需饷片》，军机处录副，03-6618-048。

近、次近、远近的空间距离顺序，[1]按照户部指拨方案，有序进行；而台湾境内财源条件远优于西北边疆，财政收入相对富足，台澎防务需款和省内善后支出，初创时期防务需款数额较大，必须依赖临近省份的鼎力协济，紧急情况下或需部款挹注辅助。户部拨济时，在国库困绌背景下，针对新疆和台湾需求，作出如上差异明显的制度安排，确有衡情酌理的革新运作和特定区域的现实考量。如果说清廷执行的边疆军费协济存在共性模式的话，首推以协饷为主的制度运作；而光绪中叶，鉴于边患频仍、防务紧迫，清廷不得不将协饷制度与京饷制度混合运作，设立带有京饷特征的“专项经费”，或干脆直接调配京饷财源救急济困，摒弃僵化守制的做法，进行应对时局巨变的制度改革，就边疆经略的军费运筹而言，这恐怕是清代后期财政支出方面较为显著的制度性改革举措。

深入检讨后可以发现，西北、东北、东南三个方向的靖边大计，军费运筹得当与否是一个无法回避的关键，各省财政盈绌总体上决定着支持治国保疆的力度。各行省整军经武、洋务新政在在需饷，原不敷支放，但靖边大计关乎国家安全，全赖清廷通盘筹策，顾内与靖边彼此兼顾，在竭蹶困顿中维系着协饷制度的有效运行。纾困与靖边矛盾实际上是对立而又统一。所谓对立，乃指内地行省财政盈余规模较小与边陲经略需财庞大、内地整军洋务需求与应对边患需求之间的矛盾；所谓统一，乃是边疆局部与神州整体在国家命运上的一体化寄托，亦即如学者所指陈的那样：“西北陆地边疆轴向和东南海疆轴向的互动对于国家建设具有深远影响，尤其事关近代中国前途和中华民族整体的历史命运。”[2]清廷虽锐意保疆纾困，但受制于既有官僚体系和地方畛域利益的杯葛博弈，总体成效必然呈现非均衡态势：部库纾困显效，但酌拨能力高低交替；边疆虽已设省经略，但财政困顿时有发生。两大要政经略能否守得云开见明月，变数依然较多。如何调处这两大要政之间的彼此纠葛和互为牵制，既要聚合群力，又须处常应变，适时推进制度改革，这恰好是检验清廷治国安邦能力的重要方面，所遗留的思想和教训，值得今人体悟反思。

（原载《中国社会科学》2019年第3期，有删改）

---

① 昆冈等：《钦定大清会典事例》卷169，北京：中华书局，1991年影印本，第1145页。

② 王鹏辉：《龚自珍和魏源的舆地学研究》，《历史研究》2014年第3期。

晚清传教士韶波《儒教衍义》的耶儒关系探微*

吴　青

在基督教传入中国的过程中，历代传教士大都不能无视中国作为一个文明体的存在。一旦他们清楚地意识到儒教意味着"中华文明的基石"①，他们对儒教的态度就会更加复杂起来。特别是当他们在儒教经典和中国人的行为中"发现有一种对神圣之物的高度虔诚和崇敬"②时，如何基于《圣经》和基督教信仰来评判儒教及其义理就成了他们必然要面对和处理的一个重大问题。就传教士而言，这一问题自然是出于传教的目的才被提出来的，但由此引发出来的种种讨论，涉及不同宗教传统之间的相互认知、理解，乃至误解，具有相当重要的文化交流和文明对话的意义。

晚清新教传教士在面对深受儒教传统影响的中国民众时，逐渐发展出一种"孔子加耶稣"的传教策略，或可视为后来出现"儒家基督徒"这一概念的重要思想渊源。③在这一传教路线及其相关的思想谱系中，人们较为熟悉的是理雅各（James Legge，1815—1897）、丁韪良（William A. P. Martin，1827—1916）、林乐知（Young John Allen，1836—1907）、花之安（Ernst Faber，1839—1899）等这些在晚清历史上影响较大、也更为知名的人物。相比之下，像瑞士传教士韶波（Martin Schaub，1850—1900）这样的普通传教士几乎很少被人提及，以至这群名不见经传的传教士已逐渐被历史所遗忘。实际上，韶波所著的《儒教衍义》在晚清新教传教士与儒家对话的历史中具有独特的意义，甚至可以说是确立了一种"以耶判儒"的典范，该著对于我们思考基督教的中国化和儒教的自我更新亦有相当大的启发意义。④

---

* 本文为国家社科基金一般项目（15BZJ022）的阶段性成果，发表于《世界宗教研究》2019年第2期。

① 丁韪良：《中国人有关灵感的看法》，载沈弘等译：《汉学菁华》，北京：世界图书出版公司，2010年，第182—193页。

② 慕维廉：《中国与福音真理》（1870），转引自吉瑞德（Norman J. Girardot）著，段怀清、周俐玲译：《朝觐东方：理雅各评传》，桂林：广西师范大学出版社，2011年，第159页。

③ 更早的渊源自然应当回溯到明末以来天主教传教士合儒、补儒、超儒的传教策略以及相应的儒教评判，但是，由于新教传教士认可源于托马斯·阿奎那的普遍启示观念，不接受天主教传统中的自然神学思路，所以他们的以耶判儒就呈现出相当不同的特点。

④ 关于韶波生平及其著述《儒教衍义》，参见吴青：《瑞士传教士韶波〈儒教衍义〉的文献价值》，载《文献》2016年第3期，第86—95页；薛忠洙：《巴色会传教士韶波〈儒教衍义〉研究》，《宗教与历史辑刊》2016年第6期，第356—364页。

《儒教衍义》的正文分为三卷，卷一论人之成仁有何根底，主要讨论儒教关于心性、天命与德行的思想；卷二论上帝所赋于人之才如何得成，主要讨论儒教关于圣贤与人伦的思想；卷三论上帝赋于人者如何发见，主要讨论儒教关于富强、教化等治国、平天下的思想。因卷三篇幅不长，新意不多，故以下主要就卷一、卷二略加论列。

一、启示的范畴：儒教属于普遍启示？

韶波是来自瑞士的巴色会传教士，他于1850年出生在瑞士巴塞尔，巴塞尔被称为西方七大教区之一。1872年，韶波进入巴色神学院接受神学教育。1874年，受巴色会差派来到中国。韶波一生勤勤恳恳，因长年累月地从事圣经翻译的文字工作，终至积劳成疾，于1900年病逝，年仅50岁。韶波的中文著述主要有《儒教衍义》《圣经入门》《旧约新约圣史记》《教会史记》《教会异同》《论路德教会之事》等。其中，《儒教衍义》是韶波最重要的中文著述，该著序言标明的落款为“光绪二十一年（1895）巴色教士韶波序于新安李朗传道书院”①，目前见存的版本均为1895年巴色会新刻版。②

在《儒教衍义》的序言中，韶波交代了自己以《圣经》为基准评判儒教的方法与理由，其中特别诉诸启示的观念：

> 天下兆民，不拘何国，皆有圣贤挺起，立言垂训，以为后世法者。惟亚伯拉罕之裔，上帝特为启示，立以诫条。而兆姓则由其秉彝以自为法则，其间各是其是，各非其非，分门别户，日见纷纭，横派旁支，总无归宿。虽然，亦各存其真。其真者何？乃人之道心也。是以中国儒教，亦本乎道心垂训，使复性之功明，成人之道显。今作此书，乃按儒教圣贤，如何赖其良知，教人尽己之性，并尽人性及物之性也。夫欲察其真以全之，核其伪以去之，须以圣经为准。盖圣经妙道，非如星之照耀，乃似日之耿光。凡凭圣经之启示者，视亿兆教门之真伪，如指诸掌也。③

这里呈现出的对包括儒教在内的“亿兆教门”的可能肯定，其根据来自《罗马书》第2章第14—15节所记载的保罗说过的话：“没有律法的外邦人，若顺着本性行律法上的事，他们虽然没有律法，自己就是自己的律法。这是显出律法的功用刻在他们心里，他们是非之心同作见证，并且他们的思念互相较量，或以为是，或以为非。”值得注意的是，在根据保罗的这段话来给儒教加以定位时，韶波尽可能使用了儒教自身的相关理念。“秉彝”的说法来自《诗·大雅·烝民》，曾被孟子引用：“天生烝民，有物有则。民之秉彝，好是懿

① 韶波：《儒教衍义·序》，香港巴色会藏版，1895年，第2页。

② 该书除哈佛燕京图书馆有馆藏外，加州大学伯克利分校、巴色会总部档案馆亦有馆藏，国内原岭南大学图书馆收藏该书，现为中山大学保存。总之，目前该书全世界所存应该不超过五本，属珍稀图书。

③ 韶波：《儒教衍义》，香港巴色会藏版，第1页。

德。”因为这里的“秉彝”对应于前面的“物则”，所以韶波就用“秉彝”来对应保罗话语中的“自己的律法”或“律法的功用刻在他们心里”。“道心”的说法来自《尚书·大禹谟》，而为宋儒所重视：“人心惟危，道心惟微。惟精惟一，允执厥中。”韶波用“道心”来指“良知”，这在儒教义理系统中也没任何问题，但必须指出，良知概念在儒学和基督教神学中的位置和相关的诠释结构并不一样，所以以“道心”或儒教义理系统中的“良知”来对应保罗话语中的“良知”，即“上帝所铭于人心之法”，这种评判仍然呈现出很强的基督教立场而不可能真正内在于儒学的语用脉络。

“上帝所铭于人心之法”与基督教中的启示观念有密切关联，即与特殊启示（special revelation）相对应的普遍启示（general revelation）[①]。在亚伯拉罕宗教传统中，“上帝的启示”这个概念总是处于中心地位，以至于学界一般都把犹太教、基督教和伊斯兰教判定为典型的启示宗教。启示意味着上帝对人的自我昭示或自我通传，最重要的当然是上帝通过超自然手段而传达给人的特殊启示，尤其是圣经。然而，上帝的全能也表现在祂对自然的创造和管理上，换言之，自然也属于上帝所启示的范围，只是在方式上不同于特殊启示。在当时的语境中，普遍启示概念的提出与自然神学有很大关系，以至于这构成天主教神学的一个重要思想传统。新教神学家往往认可普遍启示的观念，而不承认自然神学，这是与现代以来拒斥古代自然观念的时代精神一脉相承的。

在基督教神学传统中，谈到普遍启示观念的圣经根据，往往诉诸《罗马书》第1章第18—20节、《诗篇》第19章第1—6节和《马太福音》第5章第43—45节。让我们先来看《诗篇》第19章第1—6节：

> 诸天述说上帝的荣耀，穹苍传扬他的手段。这日到那日发出言语，这夜到那夜传出知识。无言无语，也无声音可听。它的量带通遍天下，他的言语传到地极。神在其间为太阳安设帐幕。太阳如同新郎出洞房，又如勇士欢然奔路。它从天这边出来，绕到天那边，没有一物被隐藏不得它的热气。

这段经文的要点在于说明，自然无非就是上帝荣耀的表现，反过来说，上帝通过祂所创造的自然将关于祂自己的真理传达给人。[②]如果说上帝通过圣经将祂启示给人是一件非常特

---

① 中世纪著名的天主教经院哲学家和神学家托马斯·阿奎那基于自然理性的概念建立了普遍启示的神学，尤其是他发展出来的有关天主的存在的“五路证明”（quinque viae ad Deum）对后来的自然神学有着深远的影响。托马斯认为，自然神学的主要任务就在于，不依靠特殊启示（耶稣的在世生活、圣经、奇迹等），而仅凭自然理性之光就能认识到的有关天主的真理。他的五路证明就是一个很好的例证。由此，他也被称为自然神学之父。参见托马斯：《神学大全》第一集第二题（ST.I Q.2）。

② 关于上帝的启示是否包含命题真理是在神学中颇有争议的一个问题。一般而言，现代以来的神学大都强调上帝通过启示创立的是一种人格的关系，也就是说，上帝向人启示的无非是他自己，与这种人格主义的启示观念相比，传统的启示观念更接近于一种理智主义的启示观念。参见奥特、奥托编，李秋零译：《信仰的回答——系统神学五十题》，香港：道风书社，2005年，第71页。

别、非常特殊的事，那么，上帝通过自然将祂启示给人则是更为一般、更为普遍的。[①]普遍启示与特殊启示的对比，也可以从这段经文与紧随其后的一段经文（第7—14节）的对比中清晰地看到。[②]这段经文中，特别提到了“上帝的律法”“上帝的法度”“上帝的训词”“上帝的命令”“上帝的道理”“上帝的典章”等，所指当然是以圣经为依据的特殊启示。既然自然意味着上帝的普遍启示，那么，作为上帝所造自然中之一物的人对待自然的态度和方式也就具有了神学的意义。宽泛而言，人对待自然的态度和方式构成了文化，人意识到内在于自身的自然，并听从这个内在自然的声音行事则表现为宗教性（religiousness）。宗教性往往意味着一个文化的内核，也是反映一个文化达到何种高度的重要指标。关联于普遍启示的观念，我们可以说，文化就是人对普遍启示的自然响应，而宗教性则意味着人对普遍启示的内在响应能力。按照圣经的启示，人的这种内在响应能力当然也是由上帝所赋予的，也属于普遍启示的一部分，此即“上帝所铭于人心之法”，也就是良知。[③]因为上帝早已将一种独特的“知”的能力铭于人心，所以，落实于所造之物上的上帝的永能和神性才能获得真正的认知。就此而言，良知不仅是普遍启示的一个组成部分，更是普遍启示的关键要素，因为如果没有良知，上帝的普遍启示就不可能为人所知。良知更使得人意识到自身的宗教性存在，由良知的自觉而建立起来的则是以宗教性为内核的文化。

具体来说，既然圣经作为特殊启示是与犹太人的民族历史紧密相关的，而耶稣则为特殊启示的顶峰，那么，在耶稣诞生之前出现在其他民族历史中的文化与宗教就其关联于普遍启示而言则可能获得一定的历史意义。[④]对于基督徒来说，当然必须基于特殊启示并透过特殊启示去理解普遍启示。这也就意味着，对于自然以及人经由自然而创造出的各种文化与宗教，必须基于圣经去看待之，而不能仅仅从理性的角度去看待之。

由此可见，从普遍启示的观念中可以发展出一种对待各种文化与宗教的态度。韶波的《儒教衍义》正是基于普遍启示的观念展开了以耶判儒的工作。这种基于基督教立场的判

---

① “general revelation”也可以翻译成“一般启示”，正如“special revelation”也可以翻译成“特别启示”一样。在汉语中，“一般”与“特别”相对时，强调的是重要性上的差异，“特别”即是“不一般”，“一般”则有“普通”之义；“普遍”与“特殊”相对时，强调的则是范围上的差异，“普遍”即指向“全面”而“特殊”则指向“部分”。很显然，在普遍启示与特殊启示这一对概念中，同时包含着这两种语义差异。

② 耶和华的律法全备，能苏醒人心；耶和华的法度确定，能使愚人有智慧。耶和华的训词正直，能快活人的心。耶和华的命令清洁，能明亮人的眼目。耶和华的道理洁净，存到永远；耶和华的典章真实，全然公义。都比金子可羡慕，且比极多的精金可羡慕；比蜜甘甜，且比蜂房下滴的蜜甘甜。况且你的仆人，因此受警戒，守着这些便有大赏。谁能知道自己的错失呢？愿你赦免我隐而未现的过错。求你拦阻仆人，不犯任意妄为的罪，不容这罪辖制我；我便完全，免犯大罪。耶和华我的盘石，我的救赎主啊，愿我口中的言语，心里的意念，在你面前蒙悦纳。

③ 在《罗马书》第1章第18—20节中，这一点有所呈现：原来上帝的忿怒，从天上显明在一切不虔不义的人身上，就是那些行不义阻挡真理的人。上帝的事情，人所能知道的，原显明在人心里；因为上帝已经给他们显明。自从造天地以来，上帝的永能和神性是明明可知的，虽是眼不能见，但借着所造之物，就可以晓得，叫人无可推诿。

④ 比如理雅各曾将儒教经典作为“《旧约》补充”来看待，通过这种方式将儒教经典“与权威性的圣经或者基督教的《圣经》联系起来”，甚至认为“儒教经典可能在某些方面实际上还要优越于犹太人的圣经”。参见吉瑞德著，段怀清、周俐玲译：《朝觐东方：理雅各评传》，第194、195页。

教工作并没有笼统地从“基督与文化”的对立中展开讨论，而是在充分意识到儒家文化中的宗教性（更具体地说就是儒教自身的宗教性）并在充分尊重其宗教性的基础上展开讨论的。

二、心性的视角：成圣之机与外在恩典

从正文的结构可以看到，虽然“上帝”一词出现在两卷的标题中，但韶波并没有按照基督教系统神学的结构展开讨论，而是充分考虑儒学自身的脉络，但其中的论述和看法又表达出很强的基督教立场，是一种典型的跨文化阐释。卷一分两部分，第一部分论人之成仁之才，细目包括论人性、论心、论天、论尽性之法；第二部分论分内之善行，细目包括论行、论言、论四德，都提出了很多独特的看法。论人之成仁之才，以论性为首要。这是基于韶波对性的一个重要理解，即性乃“为圣为贤之机”：

> 人者何？《书》云“人为万物之灵”，可知人乃超乎物上，非蠢然一物者也。《中庸》曰“致中和，天地位，万物育”，又曰“参天地赞化育”，儒书论人之地位如此。可谓尊之至矣。然所谓万物之灵者，统言乎人智愚贤不肖，无不皆然，而配天配地者乃专以物欲净尽、扩充德性之圣贤既造其极者言之，斯非庸众之所可及。夫人何能臻此地位乎？其中必藏蓄为圣为贤之机。机者何？儒书所谓性是也。①

以性乃为圣为贤之机，可见韶波抓住了儒学的要点，其所习必以理学为主。正是在此基础上，韶波指出孟子论性善与基督教圣经相合：

> 惟孟子论性曰：“乃若其情，则可以为善矣。若夫为不善，非才之罪也。”此言相似圣经，盖上帝之赋畀，无有不善之理，苟能依其本性之善而行，则理义悦心，必犹口之于味，耳之于声，目之于色，不期然而然矣。②

很明显，这是将儒教“天命之谓性”与《旧约》“上帝以自己的形象造人”的经文加以对勘、格义而得出的结果。既然如此，韶波接下来对儒教之性论所提出的两个批评就是可理解的了。一个批评是专门针对孟子的性善论，认为孟子论性善虽有极高明之处，但在恶的来源问题上则不无所敝，其缘由在于不懂得原罪，而荀子论性，则与原罪说近之：

> 但孟子不明万人陷溺之憾。盖圣经所载之不善，非由外铄，因人自生初恒怀恶念，即始祖所传之原罪也。凡用力以尽其性者，更明故有之我，见鬻于罪之中，斯说荀子近之。孟子所言者，赋性之理，荀子所论者，原罪之祸，皆有大过不及之差。③

① 韶波：《儒教衍义》，第1页。

② 韶波：《儒教衍义》，第3页。

③ 韶波：《儒教衍义》，第3页。

严格来讲，荀子论性恶，与基督教的原罪观念也有很大差别。忽略这一点，韶波的目的是对儒教之性论做出总体的判断，于是他不仅评价了孟子和荀子的性论，而且顺此论述了韩愈、宋儒的性论。

第二个批评是总括性的，认为儒教论性，虽然与圣经有相合之处，特别是说性乃为圣为贤之机，但总的来说，儒教因为缺乏圣经的特殊启示，只是停留于普遍启示，所以对性的问题的认识是不够的：

> 孔孟之论性，乃人方命后所遗帝象之余光，如《罗马书》二章十四五节上帝铭于人心之法是也。然而徒本良知而论性，非凭天之特启而为言，将何以得其精深、究其全体乎？惟圣经论性，不第为危微精一之原，实肖乎上帝纯全之象。盖上帝造人，本其象而造之，使如明镜以反照其荣，斯为性道之真原，成仁之极至。非受上帝之特启，曷克臻此？[①]

“徒本良知而论性”，所凭乃上帝之普遍启示，“实肖乎上帝纯全之象”，才是圣经论性之要旨，也就是说，“性道之真原”乃在上帝，因为人所具有的乃是“上帝纯全之象”的肖像。由此而论及成性之道，儒教以为“在乎人力”，基督教则认为“非人力所致，必赖上帝之救恩”。[②]孟子以知言养气为工夫，要点在志帅气，而“志必宜契性而后可以为帅，可以运用其气”，对此韶波提出，“志尤宜与赋性之本——上帝——默契，然后可屹然特立以为心之帅也。”所以，站在基督教的立场看，孟子是“徒知外侵之阻滞，未明内蕴之牵缠”。基督教的成性之功，最终必须依赖圣灵的恩典（这是二者的最大不同，即自修与外力的差异）：

> 总之，成性之功，要遵循上帝所赋之天良，行事于前，不仅藉平旦之气以消融其渣滓，实赖上帝之神气，念念系之，须臾不离，如是以修其天爵，养其天良，以存其行善之本，使之日加滋荣，随时结实，自致义精仁熟之境矣。然而世人陷溺如死，其尽性之功，毕生成之不足，一日废之有余，非得基督救恩以助其不逮，安能扩充其本然之性，以深造于道哉！[③]

这也就引出了儒教关于心的义理。儒教之论心，与基督教论圣灵之恩典在各自的义理结构上有对应之处，因为二者皆与成圣成贤的动力有直接关系，但其意义又迥为不同。韶波首先拈出宋儒，特别是朱子对心的论述：“心者，神灵之舍也。具众理者，心之体也；应万事者，心之用也。合性与知觉，故有性之名。”然后指出，儒教论心，“特言抵外来之迷惑而已”，在这方面尤以孟子论“求放心”最为“精切有味”：

---

① 韶波：《儒教衍义》，第2页。
② 韶波：《儒教衍义》，第2页。
③ 韶波：《儒教衍义》，第6页。

> 孟子论人心之逐外，可谓精切有味。夫放心云者，即将灵海之诸才，置于事事物物之中，流荡忘返，如舟漂流，无停泊之处，故孟子深责人之不知求。然人心溺于物欲之纷纭，必有强健之主帅，方能收所放以复其元，如舟有锚，巩固而不可移。①

如果说这里的论述还比较符合孟子本来的意思，尽管从“灵海之诸才”这种表述中仍然可以看出论述者的基督教色彩，那么，在此基础上进一步引出的恰恰是明确站在基督教立场上对孟子的批评，即认为儒教不能认识到原罪和恩典的意义。

三、君子与圣人：超越与人伦

在儒家学说里，如何成就君子的理想人格，是孔子开创的儒学在理论和实践上都需要解决的问题。马一浮在《泰和宜山会语论语首末二章义》中称，《论语》的首末两章都论述君子，意味着君子论贯穿《论语》的始终。美国汉学家史华兹（Benjamin Schwartz）认为，君子的任务并不仅仅是承担理想的、践守“礼”节的表率作用，还必须设法使得人民能被教育成依照道德规范而生活。这并不意味着他们必须获得最高水平的知识，或者取得最高层次的“仁”德成就；而是，他们需要超脱对于人世间的盛衰荣辱的关怀。②

在孔子眼中，君子和圣人都是人应当追求的道德榜样。在为人处世方面，“君子敏于事而慎于言”（《论语·学而》），任劳任怨地做事却不张扬，说话谨慎有度。在义和利的抉择方面，君子重义轻利，“君子喻于义”（《论语·里仁》），且君子是“乐知天命”的人，因“不知命无以为君子”（《论语·尧曰》）。关于圣人，《郭店楚简·五行》中称：“闻而知之，圣也。圣人知天道也。……圣，知礼乐之所由生也，五（行之所和）也。”③这段话的意思是，圣人是知天道者，而圣人所知的天道就是“礼乐所由生”的根据，也是五行（仁义礼智圣）统合而成的“天德”。儒家圣人之为先知先觉，指的是他们先于常人而认识了“天道”“天德”，因而拥有最高的智慧。圣人的所作所为就是用自己先知先觉的“天道”“天德”教化后知后觉者，使普通百姓也知道并成为有智慧和德行的人。可见，儒家圣人不仅是知晓天道者，而且担负着“代天宣化”的使命。④在孟子看来，圣人不仅是人们追求的道德理想，而且还是可以在现实中实现的，“人皆可以为尧舜”，而成圣的不二法门则是修身养性，“尽心知性”。孟子列举了儒家道统里的圣人，他称：“由尧、舜至于汤，五百有余岁，若禹、皋陶，则见而知之；若汤，则闻而知之。由汤至于文王，五百有余岁，若伊尹、莱朱，则见而知之；若文王，则闻而知之。由文王至于孔子，五百有余岁，若太公望、散宜生，则见而知之；若孔子，则闻而知之。由孔子而来至于今，百有余

① 韶波：《儒教衍义》，第8页。

② 〔美〕史华兹著，程钢译：《古代中国的思想世界》，南京：江苏人民出版社，2004年，第107页。

③ 李零：《郭店楚简校读记》（增订本），北京：中国人民大学出版社，2007年，第102页。

④ 傅有德：《希伯来先知与儒家圣人比较研究》，《中国社会科学》2009年第6期，第21页。

岁，去圣人之世若此其未远也。近圣人之居若此其甚也，然而无有乎尔，则亦无有乎尔！”（《孟子·尽心下》）。由此可见，儒家所推崇的圣人——尧、舜、禹、汤、文、武、周公和孔子等等，都是礼制政治制度的体现者和推行者。

总体而言，儒家将对人格的要求定义为培养人们在严重困境里坚定操守、保持气节，甚至舍生取义，因此君子和圣人都是儒家的理想人格，儒家的成圣阶梯具有积极的正能量。

韶波认为“儒书论造道之功，其次第有四：士也，大人也，君子也，圣人也。”[①]所以在卷二第一部分“论人成性之次第”即以士、大人、君子、圣人为其细目。这一看法与儒教内部有所不同，故亦有可说者。儒教经典及其诠释史上关于成德之阶的一些重要看法，韶波显然是非常清楚的。比如，他说：“荀子曰：‘始为士，终乎圣人’，其进德如此。”[②]这是引用《荀子·劝学篇》中的说法。他又说：“儒书亦以士为尽性之起功，进德之初步。士苟能克尽其道，则由士希贤，由贤希圣，由圣希天，行见骎骎日上矣。”[③]这是引用周敦颐《通书·志学》中的看法。他还引用《孔子家语·五仪解》中论君子何论圣人的文字，可以推测他对其中所载孔子关于德之五仪的说法应该是熟悉的：“人有五仪，有庸人，有士人，有君子，有贤人，有圣人。审此五者，则治道毕矣。”[④]但是，从以上这些引文中恰恰很难得出“士、大人、君子、圣人”的成德次第。那么，如何理解这种结构上的改造呢？

首先，这与儒教传统内部义理的复杂性和表达方式的特殊性有关。韶波将君子放在成德之阶的第三级，是因为他以“君子”为“成德之名”。这种看法当然没有错，但是，如果全面考察儒教经典中关于君子的说法，诚如程颐所说，君子在经典文献中是“统上下而言”，具体来说，“君子”有时候是在与小人相区别的语境中呈现的，有时候也会指圣人。这就导致了在理解儒教成德之阶问题上的复杂性。而从以上几处引文可以看到，儒教成德之阶的传统说法往往是关联于治道而言，也就是说，往往是关联于一个政治框架而言的，无论是士、君子，还是大人、圣人，都与居位者有关。韶波虽然也注意到这一点，特别是提到大人乃以居位者而言，但对于儒教世界中这种特殊的政教关联方式并未特别留意。

其次，这也与韶波对儒教义理的理解有关。前面已经说过，韶波特别从宗教性的角度理解儒教的义理，尤其是以性为天人相与之机。于是，我们能够看出，韶波在论述儒教成德之阶的看法时仍是紧扣“成性”这个主题，从而以志于学者为士，为第一级，以大于性分者为大人，为第二级，以成于德者为君子，为第三级，以全于德者为圣人，为第四级。

如果我们要对儒教成德之阶的看法做一系统性的概括，那么，比较妥当的或许是将之

① 韶波：《儒教衍义》，第64页。
② 韶波：《儒教衍义》，第64页。
③ 韶波：《儒教衍义》，第64页。
④ 韶波：《儒教衍义》，第76页、第91页。

分为三级：君子、贤者、圣人。此处君子主要强调其与小人之别，而贤者则重视其成德之渐，圣人则指称其成德之全。以此来衡定经典诠释史上的不同说法，即是将士与君子作为一级，而将大人归为贤者一级。从诠释史来看，这个概括显然也更接近周敦颐。虽然说韶波对于儒学的理解也是宋明的进路，一言以蔽之，非常突出儒教的性命之学。但是，由于他的“衍义”主要聚焦于《论语》和《孟子》，当他面对原始文本时，特别是面对《孟子》中关于“大人”的精彩论述时，未能将这些论述与性命之学的整体架构贯通起来，所以觉得有必要将“大人”单列一级而置于“士”与“君子”之间。就单列而言，其理据昭然，但将之列于“士”与“君子”之间则很难说是一种恰当的看法。

韶波论儒教成德之阶，亦是遵循其以耶判儒之思路，一方面肯定儒教的相关义理，另一方面声称儒教义理之不足以发明圣灵功用之说。如论士在首先肯定“士尚志”之说的前提下又言“得基督之神者，始可谓之为尚志之士”；论大人则以“大于性分”为确解，又言不光要“大于性分”，还要“大于神分”；论君子则言“孔门所论之君子，非庸众所能及”，又言“孔孟之论君子，均不出人道立论，惜未及上帝一边”。而其中最具基督教色彩的一个新见，是认为儒教论配天之圣只有耶稣堪称，儒教论圣人之高明如果不“入于幻景”，则只能“应于基督之身”[①]：儒教恰恰以孔子为配天之圣，韶波的论述显然不合儒教自身的义理，但又非常敏锐，在这个主题上找到了以耶判儒的恰当位置。于是也可以理解，在具体论及儒教的圣人谱系时，韶波在多处提出了质疑和批评，比如在论周公时说：“惜仍从卜筮之术，故不及《圣经》所论之圣，以全心靠赖者也。”[②]由此转向论五伦。韶波首先提出一个断言：既然五伦皆为人伦，那么，人伦应当以“天伦”为本：

> 若稽古圣，以道之微光，皆凝结于五伦之道。其所论亦有可观，但言人伦而未及天伦。故所论之人伦，祇悬空造作，而无实地。《圣经》言五伦，悉以天伦为本，以爱上帝过于万物，为诸德之基，然后爱人，故能得人伦之至也。[③]

此处的“天伦”，当然不同于儒教文献中以父子、兄弟为“天伦”的看法，而是指人与上帝之伦，如前所述，这是韶波在《儒教衍义》中一直念兹在兹的。在人伦之上发明天伦、并以天伦为人伦之基的看法是非常独特的。这与儒教“性即理”的看法有暗合之处：既然人伦之理乃天理的重要内容，那么，在儒教内部，天人之间若亦有一伦的话，亦是以天伦

① 子夏论圣人之神化，曰：“有始有卒者，其惟圣人乎？”又《中庸》有曰：“诚者不勉而中，不思而得，从容中道，圣人也。是故言而民莫不信，行而民莫不悦，凡有血气者，莫不尊亲。故曰配天。”此说何人堪称乎？斯世谁属乎？自亘古至今，又至于后世，圣德之广大，如天之无不覆，地之无不载，惟基督一人而已。其外无他。人若希贤希圣，舍救主其又谁归？亚伯拉罕及诸先知圣人等，皆望赐安者至，所谓百世以俟圣人而不惑者，非应于基督之身，其待谁乎？故知儒教论圣人参天地、赞化育，极高而不可量，此等深远极至之论，漫为脱凡设想，入于幻景，全无实迹可凭。倘非应于基督之身，则此等能力，殊令人不可解者。韶波：《儒教衍义》，第77—78页。

② 韶波：《儒教衍义》，第87页。

③ 韶波：《儒教衍义》，第92页。

为人伦的基础。所不同者则在天人之间的交往方式。

结　语

在《儒教衍义》的结尾，有一段概括性的文字，作为全书的总结，原文总结如下：

> 总上全书所论基督教与儒教同异之处。一、儒教则论人与人交以尽其性而言之；《圣经》则论人与上帝交以尽其性而言之。二、儒教不明人之来历，徒知人为万物之灵，乃肖乎上帝之象者。三、儒教论尽性，据古人为模范；《圣经》则以上帝之子基督为表率也。四、儒教论尽性，赖乎固有之能，而克己复礼；《圣经》乃赖乎上帝之特恩，神之能力。五、儒教以中为正，太过不及者罪也；《圣经》以遵上帝之命为正，凡逆其命，歉其荣者罪也。六、儒教无赎罪、挽回之道；《圣经》则以基督为挽回之祭。七、儒教论德，在以仁待人；《圣经》论德，在爱上帝愈于万物，爱人如己。八、儒教修身在格致、诚正，齐治、均平；《圣经》修身，在回心、应召，遵从基督，肖乎上帝之荣，而见义成圣。九、儒教论国在世，《圣经》论国在天。十、儒教立说，惟凭道心之微，凭依古训，凡所言者仅得零碎，未得全盘；《圣经》立说，皆凭天诏，基督特示，凡所言者穷其大本，获其要领。由是观之，儒教与《圣经》所论，虽有略同，实如天壤。耶稣曰："尔属下，我属上；尔属此世，我不属此世。"救道儒教之别有如此。①

如果乍从这一段文字看，会觉得韶波对于儒教的肯定如此之少，该书主要是呈现儒教与基督教的差别。但仔细阅读全书，会发现这段放在结尾的概括其实更像是一种特别申明，将儒耶之差别突出列出。其实在书中，韶波对儒教的解释恰恰强调了儒教的宗教性以及儒教与基督教在很多问题上的相同或类似处，其中对儒教的肯定也是非常多的，而其前提，正是建立在他对儒教的深入把握上。因此，可以说，这是个多少有些引人误解的结尾。究其缘由，或许还在于《儒教衍义》一书的写作动机上。晚清传教士面对中国这个儒教主导的社会，儒教成为他们传教所不得不面对的一种文化阻碍。《儒教衍义》的写作当然是为了传教，所以就可以理解，为什么要在全书的结尾处特别申明基督教高于儒教。

《儒教衍义》成书于1895年，这一年是清王朝甲午战败最为惨痛的年份。"周虽旧邦，其命维新"，甲午战后，处在"千年变局"困境之下的清朝政府，惟有"维新"和"求变"方能挽救自己，这是一个时代命题。国人之外，包括孜孜矻矻来华布道的传教士群体，也在思考如何推进针对中国儒教经典的"维新"命题。瑞士教士韶波笮路蓝缕撰成《儒教衍义》，致力于比较中西经典的差异，凸显基督经典之至圣价值。此类"以耶判儒""援耶释儒"活动，基于其布道需求自不待言，但这种诠释异邦文化经典的具体进路和"比较视

① 韶波：《儒教衍义》，第126页。

野”，却有值得讨论的空间。

毋庸讳言，韶波之作的进路，虽着眼于经典的比较和诠释，但其对中国古代经典所做的解读，存在明显的“主观预设”和“信仰预置”。作为笃信圣经的基督教传教士，韶波本人的信仰结构和心理倾向，使得其诠释行为难以背离其固有的理论立场，当其信仰倾向已经锁定，且理论评判亦已预设之后，面对儒教典籍的“强制性解读”①倾向便不可避免了。这种解读裁判的动机较为强烈，意图在于证明儒教经典整体框架的生命力逊于基督教圣经，为其排除传教障碍作理论努力。韶波之外，同一时期的新教传教士李提摩太，也有类似倾向，他极力将基督教融入晚清中国的政治改革，并做了不太谨慎的乐观估计，认为中国的维新派思想极为开明，“凡是世界上好的东西，他们都准备采纳，不管是否对他们的宗教、他们的国家或亚洲有伤害。”②这种情境之下，韶波在人性、人伦、心性、德行等维度上，定向性解读儒教经典，其“强制性”裁决评价的心态比较明显，在其优劣比较的长文中，儒教经典自然被其强烈的前置立场、预设理论所左右，是否中肯，能否公平，作为今天的研究者，自然可以质疑；即便将时空提前至戊戌维新的时代，瓜分豆剖的困境之下，中国官绅恐怕也对这类中西比较行为，抱具一种特别的警觉，康有为撰著《孔子改制》《新学伪经考》，引发言官和江浙士绅学人的强烈反弹，③具有开明维新倾向的督抚大员甚至还列章纠弹，奏请毁版，其奏章言论中，已经将这种妄加“横向比较”中西典籍的倾向和盘托出：

> 迨康有为当海禁大开之时，见欧洲各国尊崇教皇，执持国政，以为外国强盛之效，实由于此。而中国自周秦以来，政教分途，虽以贤于尧舜，生民未有之孔子，而道不行于当时，泽不被于后世，君相尊而师儒贱，威力盛，而道教衰……而孔子之教散漫无纪，以视欧洲教皇之权力，其徒所至皆足以持其国权者，不可同日而语，是以愤懑淤积，援素王之号，执以元统天之说，推崇孔子以为教主，欲与天主、耶稣比权量力，以开通民智，行其政教……欧洲教皇之徒，其后以横行各国，激成兵祸战争，至数十年，而其势已替。及政学格致盛，而其教已衰，今之仅存而不废者，亦如中国之僧道而已。④

陈宝箴这样督抚大员的认识，相当程度上代表了读书人的认知水平。基于传教目的，而苦心孤诣藉专著专书来讨论儒教在支撑晚清中国人信仰方面的价值，传教士韶波对于儒家经典的诠释和解读，就今天而言，具有宗教层面的学理意义，但在戊戌维新时期却有可

① 关于“强制性阐释”理论的分析倾向，参见张江：《强制阐释论》，《文学评论》2014年第6期。

② 方富荫译：《广学会年报（第十一次）》，《出版史料》1992年第1期，第44—45页。

③ 苏舆编《翼教丛编》，上海：上海书店出版社，2002年，第18—25页；《协办大学士孙家鼐奏为译书局编纂各书宜进呈御览钦定折》（1898年7月17日），《京师大学堂档案选集》，北京：北京大学出版社，2001年，第46页。

④ 陈宝箴：《奏为厘正学术请饬下康有为将所著〈孔子改制考〉一书板本自行销毁以正误息争等事》，中国第一历史档案馆藏，军机处录副，档号：03-9447-049。

能存在实际成效趋低的问题。

今人体会这种宗教性“横向比较”的理论活动，当然可以抱以理解之同情，从中西文化交流视角而言，韶波跨越异邦文化藩篱，撰著《儒教衍义》，无论对于基督教还是儒教在中国以后的发展，均具启发意义。就基督教而言，如何找到一条中国化的福音之路，《儒教衍义》所呈现出来的跨文本释经和比较经学进路，值得中国的基督教界深思和重视；而从儒教角度来看，如何恢复自身的活力，真正贯彻在人伦日用之中的养成一种活泼的精神生活传统，是晚近以来儒教复兴运动所孜孜以求的。

（原载《世界宗教研究》2019年第2期）

三任华人校长与岭南大学的"中国化"转型

夏 泉　蒋 超

近代中国共有16所基督教大学[①]，这些大学早期均由教会把持，独立于中国教育主权之外。在20世纪20年代"非基督教运动"和"收回教育权运动"的冲击下，教会大学纷纷向中国政府注册立案，教会大学华人校长群体由此产生。目前学界关于教会大学华人校长的研究业已取得一定进展[②]，但在深度与个案研究上仍有拓展空间。岭南大学的前身是美国传教士1888年创办于广州的格致书院，1927年7月经国民政府获准立案，正式改名为私立岭南大学，成为第一所向国民政府注册立案并收回由中国人自办的基督教大学。之后相继由钟荣光、李应林、陈序经三任华人校长主持校务，他们处在风云变幻的时代背景中，凭借出众的治校能力和个人素养促使岭南大学在办学主权、办学定位、办学内容诸方面向中国世俗教育与本土化方向发展，渐次完成了岭南大学的"中国化"转型。

一、办学主权"中国化"

"非基督教运动"和"收回教育权运动"使得教会大学被收归国人自办，开始走上自主办学的"中国化"道路。影响大学发展的关键因素如校长人选、学校管理、经费来源是教会大学"中国化"的重要前提。经过钟荣光、李应林、陈序经三任华人校长的不懈努力，岭南大学在校长任命、内部管理、经费筹措方面逐步实现了办学主权的"中国化"。

（一）向中国政府注册立案，积极推进办学主权的"中国化"

辛亥革命后，民国政府曾颁布《私立大学规程》，明确私立学校的设立必须呈报教育

① 这些教会大学包括辅仁大学、燕京大学、津沽大学、圣约翰大学、沪江大学、震旦大学、齐鲁大学、东吴大学、金陵大学、金陵女子文理学院、之江大学、福建协和大学、华南女子文理学院、华中大学、岭南大学、华西协合大学。

② 代表论著有：吴梓明著《基督教大学华人校长研究》，福州：福建教育出版社，2001年；程斯辉的博士学位论文《中国近代大学校长研究》，华中师范大学教育学院，2007年；刘保兄著《基督教大学华人校长办学思想及实践之比较》，载《大同大学学报》（社会科学版）2011年第4期；陈才俊著《华人掌校与教会大学的"中国化"——以陈裕光执治金陵大学为例》，载《高等教育研究》2008年第7期；黄俊伟著《中国近代教会大学的教育理念述评——以华人校长为例》，载《现代大学教育》2010年第5期；田正平著《教会大学与中国教育现代化》，载《文史哲》2007年第3期。

部批准[①]，但教会学校并不理会，岭南大学仍在纽约注册。[②]岭南大学独立于中国教育主权之外的状况让参与校务的钟荣光、李应林深感不安，他们酝酿将学校收回自办。钟荣光提出准备自办的三步工作计划：一是“国人参与校务，供给意见，相助为理”；二是“国人具有实际负担，筹措一部分经费”；三是“勉力自立，使主权属诸国人”。[③]并主张由中国人自行筹组董事局主持校务。

1922年2月，中国爆发了反对帝国主义文化侵略的“非基督教运动”，在“非基督教运动”后期，国人对“收回教育自主权”的诉求如火如荼。钟荣光、李应林顺应时势，在1926年4月的纽约董事局年会上，提出岭南大学应向中国政府申请立案获得通过。之后，部分岭南大学校友开会确定由李应林、林逸民、陈肇祥、黄启明、关恩佐、招观海、司徒卫、韦懿、陈廷恺九人组成委员会，以“研究中国发展过程中学校的前途问题”，后经董事局同意改为同学顾问部。[④]同年9月18日，以李应林为首的同学顾问部向美国董事局请求将行政权交由中国人主持，并致函董事局要求“就地规划一切”，承认岭南大学为基督教的、国际的、私立的、中国人主权的大学。[⑤]该年底，美国董事局派出特派员赴广州与同学顾问部商定，先在国内筹组校董会，遴选钟荣光为校长，聘李应林为副校长。[⑥]随后，美国董事局派代表商谈岭南大学交回中国人自办事宜及改组办法，并订立合约。[⑦]

1927年，国民政府规定，教会大学应由中国人担任校长。[⑧]经过有关各方的共同努力，钟荣光被推举为岭南大学校董会主席和校长，因钟荣光忙于募款，又任国民政府教育行政委员会主任委员和外交部侨务局局长，因此决定“设一华籍副校长，实际担任学校行政”[⑨]，由李应林以副校长名义执掌校长职权。同年3月31日，校董会向国民政府教育行政委员会呈请立案获准，钟荣光成为岭南大学首任华人校长，李应林为副校长。在钟荣光、李应林的共同努力下，岭南大学迈出了办学主权“中国化”的第一步。

---

① 舒新城编：《中国近代教育史资料（中册）》，北京：人民教育出版社，1981年，第659—661页。

② 李瑞明：《岭南大学》，香港：岭南（大学）筹募发展委员会，1997年，第51页。

③ 高冠天：《岭南大学接回国人自办之经过及发展之计划》，广州：岭南大学，1928年，第7页。

④ 何名芳：《岭南人说李应林》，李应林教育基金会编：《岭南大学校长李应林诞辰100周年纪念》，加利福尼亚：李应林教育基金会，1992年，第26—27页。

⑤ 李瑞明：《岭南大学》，香港：岭南（大学）筹募发展委员会，1997年，第173页。

⑥ 韦懿、郑国宜：《百折不挠的教育家——岭南大学校长李应林小传》，李应林教育基金会编：《岭南大学校长李应林诞辰100周年纪念》，加利福尼亚：李应林教育基金会，1992年，第15页。

⑦ 谢琼孙：《李应林校长与岭大》，中国人民政治协商会议广东省广州市委员会文史资料委员会编：《广州文史资料专辑·珠江艺苑》，广州：广东人民出版社，1985年，第33—43页。

⑧ 谭双泉：《教会大学在近现代中国》，长沙：湖南教育出版社，1995年，第59页。

⑨ 何名芳：《岭南人说李应林》，李应林教育基金会编：《岭南大学校长李应林诞辰100周年纪念》，加利福尼亚：李应林教育基金会，1992年，第26—27页。

（二）积极实行教育管理改革，推进学校管理的“中国化”

在收回自办后，岭南大学三任华人校长持续进行学校管理方面的改革，如注重中国教员的聘任和学生的招收、倡导信教自由等，这些举措为岭南大学的“中国化”提供了保证。在钟荣光任内，实际主持校务的李应林副校长协同校内外人士筹组校董会，增加了华人校董人数。1927年8月校董会成立，孙科被推举为校董会主席，金曾澄为副主席，校董会由孙科、金曾澄、林逸民、简鉴清、钱树芬、蔡吕、谭礼庭、王怀乐、钟荣光、黄启明、李应林、龚约翰（美）、香雅各布（美）、嘉惠霖（美）组成。校董会成立后，在纽约的董事局改称岭南大学基金会。①1937年12月，李应林继钟荣光任校长后遵照教育部调整全国大学行政组织令，对岭南大学的行政机构进行调整，设教务、训导、总务三处。教务处设注册组、出版组、图书馆、博物馆、自然博物采集所、植物馆，训导处设生活指导组、军事训练组、卫生体育组及附设护养院，总务处设书组、会计组、庶务组，分掌全校教务、训导、总务事宜，组织简单严密，行政运用灵活。②陈序经在任内也对岭南大学的行政组织架构进行了改革。三任华人校长对管理机构的调整使岭南大学的管理模式逐步与中国本土大学接轨。

在三任校长的共同努力下，岭南大学宗教因素日渐式微。1929年2月，李应林在召开全校教职员追思会时指出，岭南大学“在周三及礼拜日之宗教崇拜，人数日减，且久未举行信徒‘收获会’。”③钟荣光1936年公开提出“信仰自由”，认为“孔佛耶回，有教无类；亚欧非美，天下一家。”④学校在聘任教职员及招收学生时也不以信教为条件，“校内华籍教职员与学生非教徒实居多数”⑤。在李应林的努力下，到1941年太平洋战争爆发时，岭南大学基督徒教师的数量大为减少，中国教员成为主力。⑥抗战胜利复迁广州后，各系系主任及教师已大都是中国人。⑦外籍教师数量的减少固然与日军侵华有关，但主要原因是在华人校长“宗教信仰自由”理念倡导下，岭南大学已走上“中国化”道路。到陈序经任校长时，岭南大学中国籍教师队伍已十分可观。1949年6月1日，富伦向美国岭南大学基金会报告：“陈校长1948年8月1日就职。……他逐步加强了大学的中国人队伍，同美国人一道参与学校的管理和决策。”⑧

---

① 谢琼孙：《李应林校长与岭大》，中国人民政治协商会议广东省广州市委员会文史资料委员会编：《广州文史资料专辑·珠江艺苑》，广州：广东人民出版社，1985年，第33—43页。

② 李应林：《二十七二十八两年度校务概况》，《抗战期间的岭南》，广州：岭南大学，1946年，第13—14页。

③ 岭南大学同学会：《钟荣光先生传》，广州：岭南大学同学会，2003年，第72—80页。

④ 李心光：《创办岭南农科大学的爱国教育家：记著名教育家钟荣光博士》，卢新勤编：《天道酬勤》，广州：华南农业大学，2004年，第29页。

⑤ 简又文：《岭南我岭南》，《岭南通讯》1958年第19期，第18页。

⑥ 刘天路：《中国基督教大学的世俗化问题》，《东岳论丛》2003年第5期，第35—40页。

⑦ 李瑞明：《岭南大学》，香港：岭南（大学）筹募发展委员会，1997年，第114页。

⑧ 李瑞明：《岭南大学》，香港：岭南（大学）筹募发展委员会，1997年，第117页。

（三）多方奔走筹措经费，推进办学经费的“中国化”

经费是大学发展的保障。由于岭南大学的私立性和教会性，政府拨款很少，办学经费常捉襟见肘。[①]岭南大学早期的办学经费主要来源于纽约董事局。1927年收回自办后，原负责筹划学校经费的纽约董事局改为岭南大学基金会，仅负责筹措外籍教员教席费及部分图书、设备费，大部分资金必须由华人组成的董事会和校长筹措。经费问题对三任华人校长提出了严峻的挑战，但钟荣光、李应林、陈序经面对复杂形势，努力筹措经费以保持学校的自立与运行，逐步完成了办学经费的“中国化”。

钟荣光在经费主权决定大学发展这一问题上觉醒最早。他认为，岭南大学收回自办，首先要经济独立，否则还是俯仰由人，[②]遂奔走于国内外努力筹措经费，足迹几乎遍及南洋每一座城市，还到过美洲不少地方，[③]1916年共计在美洲成立“岭南学校共进会”30多处。[④]收回自办后，为彻底实现经济自立，钟荣光通过多种方式争取政府经费支持。在他的努力下，1927年广东省政府首先拨助经费10万元，答允次年再增拨10万元，加上清欠6万元，共计26万元。[⑤]1934年6月，教育部允诺向岭南大学理、农、工三学院拨款3.5万元，并先后拨给医学院50万元。[⑥]

抗战时期是岭南大学经费最为困难的时期。国内捐款几乎为零，政府补助为数亦少，学费收入又不能太高，[⑦]英美援华会和美国基金会经费常因战争不能如期到达。李应林上任后，为解决经费问题绞尽脑汁，凡是筹款事宜都亲自写信联络。[⑧]李应林曾赴重庆要求国民政府教育部拨款，[⑨]但因为教育部要求岭南大学“国立化”的目的未达到而一度没有应允。在广东韶关筹备复校时，美国基金会来电称：“美基会只补助农学院经费，大学停办。”[⑩]上述事情深深刺激了李应林，也坚定了其实现经费自主的决心。经李泰初介绍，美

---

① 夏泉、徐天舒：《试论岭南大学经费筹措及影响因素》，《高等教育研究》2004年第6期，第84—88页。

② 廖奉灵：《回忆钟荣光校长》，中国人民政治协商会议广东省广州市委员会文史资料委员会编：《广州文史资料选辑·第二十四辑》，广州：广东人民出版社，1981年，第150—153页。

③ 廖奉灵：《回忆钟荣光校长》，中国人民政治协商会议广东省广州市委员会文史资料委员会编：《广州文史资料选辑·第二十四辑》，广州：广东人民出版社，1981年，第150—153页。

④ 陈子铭：《在美洲筹款的“岭南学校共进会”》，广东省政协文化和文史资料委员会编：《广东文史资料精编·下编·第4卷·民国时期文化篇》，广州：广东省政协文化和文史资料委员会，2008年，第222—224页。

⑤ 岭南大学同学会：《钟荣光先生传》，广州：岭南大学同学会，2003年，第72—80页。

⑥ 钟荣光：《私立岭南大学二十五年报告》，岭南大学档案38-1-1，广东省档案馆藏。

⑦ 李应林：《复原之回顾与前瞻》，《抗战期间的岭南》，广州：岭南大学，1946年，第60页。

⑧ 郑保：《亲切的怀念——李校长儿女们的回忆》，李应林教育基金会编：《岭南大学校长李应林诞辰100周年纪念》，加利福尼亚：李应林教育基金会，1992年，第52页。

⑨ 谢琼孙：《李应林校长与岭大》，中国人民政治协商会议广东省广州市委员会文史资料委员会编：《广州文史资料专辑·珠江艺苑》，广州：广东人民出版社，1985年，第33—43页。

⑩ 龙加林：《李应林对岭南大学的贡献》，广州市地方志办公室：《广州话旧〈羊城今古〉精选（1987—2000）（上）》，广州：广州出版社，2002年，第576—578页。

国茶商威廉捐助岭南大学法币20万元。[①]1945年，李应林还争取校董富国煤矿公司老板谭礼庭向岭南大学献产，争取侨商郑植之为改良潮州柑橘向岭南大学捐赠学额。[②]抗战时期的经费困窘局面培养了岭南大学自立自主的精神，使学校进一步摆脱了对美国基金会的经费依赖，筹款渠道进一步向国内转移，客观上加速了岭南大学经费来源的“中国化”进程。

陈序经于1948年接任校长，此时内战爆发已有两年，社会动荡不安，货币贬值迅速。[③]同年12月8日，岭南大学总务长伍锐麟在报告中坦承：“本校财政近况预计至明年正月底止不敷之数约达六万余元，屋宇急待修理者甚多。”[④]财务危机给陈序经带来了巨大的压力和挑战。他上任后，在保持学校办学独立自主的原则下，争取到了国民政府的资助。[⑤]而先前钟荣光、李应林任内所建立的经费渠道此时仍然发挥着重要作用。1949年4月16日，陈序经在报告中指出：“星洲华侨廖光汉捐附小校舍建筑费港币六万元，刻已交到二万元，余续交齐，又张郁才捐奖学金港币四千八百四十八元四角八分已经收到。”[⑥]在钟荣光、李应林、陈序经的持续努力下，岭南大学的经费来源逐步实现了“中国化”。

二、办学定位“中国化”

办学定位直接决定着一所大学的办学方向。作为一所基督教大学，岭南大学是沟通中西文化的桥梁，如何立足本土培养人才、服务社会，是三任华人校长需要考虑的问题。他们在各自的治校过程中视岭南大学的情况对学校的办学定位赋予新的内涵，逐步实现了办学定位的“中国化”。

（一）在中西文化交流中凸显中国本位

由于岭南大学的基督教背景，三任华人校长都注重在中西文化交流中寻找“中国化”的出路，引领师生关怀民族文化，成为国际性的公民[⑦]。钟荣光认为：“本校为美国人开

① 谢琼孙：《李应林校长与岭大》，中国人民政治协商会议广东省广州市委员会文史资料委员会编：《广州文史资料专辑·珠江艺苑》，广州：广东人民出版社，1985年，第33—43页。

② 龙加林：《李应林对岭南大学的贡献》，广州市地方志办公室：《广州话旧〈羊城今古〉精选（1987—2000）（上）》，广州：广州出版社，2002年，第576—578页。

③ 林元：《忆爱国学者陈序经先生》，《笳吹弦诵情弥切——国立西南联合大学五十周年纪念文集》，北京：中国文史出版社，1988年，第144页。

④ 《校董会三十七年年会会议记录》，岭南大学档案38-1-20，广东省档案馆藏。

⑤ 林元：《忆爱国学者陈序经先生》，《笳吹弦诵情弥切——国立西南联合大学五十周年纪念文集》，北京：中国文史出版社，1988年，第144页。

⑥ 《校董会三十八年第一次常会会议记录》，岭南大学档案38-1-20，广东省档案馆藏。

⑦ 吴梓明：《岭南大学与中国现代化》，中国人民政治协商会议全国委员会文史资料委员会编：《文史资料存稿选编·24·教育》，北京：中国文史出版社，2002年，第269页。

办，已历二十多年，论情应该感谢，论理则不应该长期依赖他人。”[①]他推崇信仰自由，于基督教义之中撷取平等、博爱等理念，结合儒家的“大同”古训，教书育人，身体力行。[②]在积极聘用中国专家的同时，还延揽罗飞云（Carl Oscar Levine）、考活（Charles W. Howard）等外籍教师以发展岭南大学的弱势学科。在教育爱国的前提下，钟荣光主张以“基督牺牲服务”精神办学，妥善处理了岭南大学因中西文化差异引发的矛盾。“基督牺牲服务”的办学精神一直影响着继任者李应林、陈序经，成为岭南精神的重要内涵。

李应林提出岭南大学应以神学院为纲，大办医学院、农学院、教育学院或学系，以更好地通过中西文化交流砥砺学生的心灵。在他看来，岭南大学不只是一所基督教教会大学，而是一所国际大学。不仅聘用住在乐昌、曲江的两位神父来校讲授音乐、理化等科目，1946年还与天主教合作，由天主教会出资，在岭南大学校内建“神甫屋”一座，由天主教会派两名神父到校任教。[③]在1948年岭南大学发展计划委员会的报告书中，李应林开宗明义强调，“本校为基督教私立的国际性大学”。[④]这种基于中国本位文化的办学定位，使岭南大学学生得以接受多元文化的熏陶，有利于他们的全面发展。

在中西文化交流中凸显中国本位的办学定位，还可从岭南大学的学术科研活动对西方先进技术的汲取方面得以窥见。农学院在蔬菜方面，除种植华南知名品种外，还引进如美国甜糯米粟、甘笋等；在树木方面，从澳洲输入了桉树；在农具方面，除中国传统的犁、铲等外，有美制割草机、手扶播种机等；在园艺方面，进行荔枝、香瓜、柑橘等的繁殖试验，还改良了从夏威夷和东南亚进口的许多新品种果树，对广东新兴农业帮助很大。[⑤]再如，1929年创刊的《岭南学报》刊载了不少讨论中西文化的论文，如谢扶雅的《莱布尼兹与东西文化》《道与Logos》，陈受颐的《十八世纪欧洲文学里的赵氏孤儿》《鲁宾逊的中国文化观》等。[⑥]陈序经于20世纪30年代引发的中西文化论战也是发生在其任教岭南大学时。[⑦]

（二）人才培养上的“中国化”

在人才培养上的“中国化”，首先表现为重视培养学生的爱国意识。钟荣光在教育过程中对学生循循善诱，向学生灌输爱国思想。他指出，岭南大学的办学目的乃“欲以世界

---

① 胡守为：《钟荣光的爱国思想和教育思想》，岭南大学同学会编：《钟荣光先生传》，广州：岭南大学同学会，2003年，第138—142页。

② 《钟荣光：浪子，猛士与圣徒》，王春芙、陈朝华：《广东的前世今生》，广州：花城出版社，2005年，第287—292页。

③ 广州市地方志编纂委员会：《广州市志（卷十九）》，广州：广州出版社，1996年，第239页。

④ 李圣华：《岭南大学的宗教活动》，广东省政协文化和文史资料委员会编：《广东文史资料精编·下编·第4卷·民国时期文化篇》，广州：广东省政协文化和文史资料委员会，2008年，第774页。

⑤ 谭双泉：《教会大学在近现代中国》，长沙：湖南教育出版社，1995年，第79—83页。

⑥ 陶飞亚、吴梓明：《基督教大学与国学研究》，福州：福建教育出版社，1998年，第214—217页。

⑦ 陶飞亚、吴梓明：《基督教大学与国学研究》，福州：福建教育出版社，1998年，第214—217页。

实用之科学，造成中国领袖之人才，加以几分基督牺牲为人之精神，使学成不至自私自利，出则为社会国家尽力，入则负起岭南母校之责任”[①]，还认为“打倒军阀与官僚，建立真正之民国，必有赖于青年之学生，此教育之所以急急也”。[②]在抗战时期，李应林认为大学应以学术为社会和国家做贡献。[③]在他的领导下，岭南大学实施战时教育，举办大规模的乡村服务团支援抗战，师生无不以未能直接参与抗战建设及未能与内地人民同甘苦为憾。[④]

其次是生源的“中国化”。岭南大学的发展自始至终离不开华侨的鼎力资助，招收华侨子弟入读岭南大学，除了有经费方面的考虑，还扩大了岭南大学“中国化”的内涵和外延。岭南大学面向港澳地区、南洋和欧美华侨，在香港、澳门等地都办有岭南分校，又专设华侨子弟学校，华侨均以送子弟回国就读岭大为“最佳选择”。[⑤]周钟岐对此评价：“岭南大学乃南方历史悠久的最高学府，办学成绩超卓，尤其对海外华侨的子女，数十年来培育了多少热爱祖国人士、富商、巨子，为祖国负起侨务工作中的一项重大任务。”[⑥]

招生对象及层次的“中国化”在陈序经任校长时比较突出。如他所言：“岭南大学不但是要向工农开门，而且是要向华侨及港澳学生开门。”[⑦]为使岭南大学更具全国性与国际性，陈序经还面向平、津、沪及其他省份增加招生人数，使岭南大学成为立足岭南、面向全国的大学。在陈序经的主持下，岭南大学朝着国内一流大学的方向稳步迈进。[⑧]在办学层次上，陈序经很重视岭南附中的建设，他指出：“岭南大学是慢慢发展的，他的基础在附中，岭南附中的历史比大学还长，大学的发展在附中之后，所以说起来，附中实在是大学的骨干。”[⑨]陈序经还准备在国内其他地方甚至海外筹建岭南大学附属中学的分校。[⑩]

（三）服务面向上的“中国化”

三任华人校长在任内均鼓励师生服务社会。他们在校内设立专门服务机构，提倡学生自治。抗战爆发后，岭南大学成立抗战服务团，鼓励学生为抗战服务，并以研究高深学术，培养专门人才为目的，增设有关抗战建国科目，以养成学生的爱国观念。[⑪]1938年1

① 高冠天：《岭南大学接回国人自办之经过及发展之计划》，广州：岭南大学，1928年，第23页。

② 胡守为：《钟荣光的爱国思想和教育思想》，岭南大学同学会编：《钟荣光先生传》，广州：岭南大学同学会，2003年，第138—142页。

③ 朱有光：《三年来本校教务之设施与方针》，《抗战期间的岭南》，广州：岭南大学，1946年，第16—17页。

④ 李应林：《二十七二十八两年度校务概况》，《抗战期间的岭南》，广州：岭南大学，1946年，第13—14页。

⑤ 欧安年：《岭南大学首任校长钟荣光》，《同舟共进》2005年第1期，第39—40页。

⑥ 《华侨教育：岭南教育特色之一》，《岭南通讯》1987年第104期，第24页。

⑦ 《经费管理卷》，岭南大学档案38-3-31，广东省档案馆藏。

⑧ 谈火生：《陈序经与岭南大学》，《人物》2007年第9期，第26—29页。

⑨ 《陈代校长对附中周会同学训词》，岭南大学档案38-1-87，广东省档案馆藏。

⑩ 陈其津：《我的父亲陈序经》，广州：广东人民出版社，1999年，第182页。

⑪ 李应林：《二十七二十八两年度校务概况》，《抗战期间的岭南》，广州：岭南大学，1946年，第13—14页。

月，在李应林的指导下，岭南大学成立战时乡村服务指导委员会，于2月6日至19日、2月26日至5月7日开展了两期乡村服务。[①]为了解、服务社会，岭南大学在迁移到香港后还组织了社会教育推行委员会。委员会下设社会调查组、民众教育组、农业推广组和战时救援组，调查香港社会和香港儿童福利事业状况，编辑民众读物，参加对难童的教育，协助战时青年农艺院，宣传防毒常识，研究防空建筑等。[②]不仅支援了抗战，也起到了服务香港发展的作用。抗战时期，李应林认识到医药人才与农业技术人才的重要性。为满足战时需求，医学院五六年级学生在岭南大学迁到香港后仍在内地上课实习，参与各种实际救护工作；农学院三四年级学生则迁往粤北的乐昌县，以期发展农业教育，同时协助政府从事农村建设。为支援抗战，岭南大学还动员文科师生从事宣传抗战和组织民众工作，大大提高了民众的抗战热情。为更好地提高学生的服务能力，李应林曾计划成立社会科学实习处，希望在实践中提高学生的学业水平，锻炼为抗战服务的能力，[③]可惜因广州撤课，未能付诸实践。

三、办学内容“中国化”

办学内容涉及学科建设、科学研究、课程设置等方面。三任华人校长在办学过程中重视将办学内容与中国国情相结合，以培养能为中国发展做贡献的学生，在学科建设、科学研究、课程设置等方面逐步实现了岭南大学的“中国化”。

（一）学科建设上的“中国化”

在学科建设上，三任华人校长均重视学科的中国特色。钟荣光有感于中国以农立国，而农业落后，为此，在收回自办前，他便决心设立岭南农科大学（后改为农学院），[④]以培养农业人才。[⑤]学校设教学、试验、农业、推广四部分，分蚕桑、园艺、田艺、畜牧等系，附设果木种植场、实验农场，钟荣光亲自勘查选址，最后在潮安、香山、海南定点。[⑥]岭南农科大学在造就农业专门人才、推广农业科学知识、介绍优良品种、改良蚕稻品种等方

① 庄泽宣：《抗战期间岭南大学大事记》，《抗战期间的岭南》，广州：岭南大学，1946年，第1页。

② 《私立岭南大学二十七年度兼办社会教育计划》，岭南大学档案38-1-9，广东省档案馆藏。

③ 朱有光：《三年来本校教务之设施与方针》，《抗战期间的岭南》，广州：岭南大学，1946年，第16—17页。

④ 农学院是岭南大学的重要组成部分。1917年岭南学校农学部创建，1921年岭南学校农学部升格为岭南农科大学，1927年岭南农科大学、岭南文理科大学合并组建私立岭南大学，岭南农科大学成为岭南大学农学院。

⑤ 李坚、余齐昭：《钟荣光》，严如平、宗志文编：《民国人物传·第九卷》，北京：中华书局，1997年，第412—416页。

⑥ 陈序经：《有关岭大与钟荣光的几点回忆》，中国人民政治协商会议广东省广州市委员会文史资料委员会编：《广州文史资料·第十三辑》，广州：中国人民政治协商会议广东省广州市委员会文史资料委员会，1964年，第42页。

面具有一定贡献。[①]1929年9月19日，钟荣光回校主持校长职务，全体师生在农学院十友堂召开欢迎大会，他在致辞中提到："今中国一百人当中有八十五人为农，可知中国真是以农立国。……纵使农院每年只造成专材五名，十年亦得五十名；但以五十人同心合力，亦可以使一省之农业改观。"[②]钟荣光以岭南农科大学为依托，使岭南大学在农业教学、科研及成果推广方面取得了丰硕成果，同时也使岭南大学部分学科更富有中国特色。

在钟荣光的努力下，岭南大学受广东省政府委托设广东省蚕丝改良局，为发展富有广东地方特色的蚕桑业做出了贡献。[③]蚕桑科于1927年至1929年间一度扩大为蚕丝学院。岭南大学还成立了牛乳试验室以及岭南牛乳公司，并聘请美国人罗云飞做指导。[④]陈序经则将文学院的商学经济系扩充为商学院，其下设经济、商业管理、银行学三系，促进了广东商科教育的发展。岭南大学也因此成为拥有文理学院、商学院、农学院、工学院、医学院的多科性大学，达到了"全盛时期"。[⑤]虽然美国方面并不赞成根据中国国情设置学科架构的做法，但由于华人校长的坚持以及中国政府的支持，这种做法仍然得以实践，在为中国培养知识人才的同时，进一步使岭南大学摆脱了教会的控制。

（二）科学研究上的"中国化"

三任华人校长充分利用各种社会资源来促进岭南大学的学术研究，努力使科学研究彰显中国特色。1929年，《岭南学报》创刊，刊发的很多论文涉及中国文化研究，如黄菩生的《清代广东贸易状况》、全汉升的《清末的西学源于中国说》、郎敬宵的《清代粤东械斗史实》等。同时，《岭南学报》各卷几乎都有关于岭南文化的内容，并经常出版广东专号，如1937年第六卷二、三合期是《潮州艺文志》。1934年，岭南大学还成立了专门研究中国文化的机构——中国文化研究室。[⑥]在抗战时期，李应林鼓励教员学术研究应体现中国特色，不仅在文学院设立社会科学研究室，还成立了柑橘研究所，[⑦]希望通过科学研究促进国家发展。

---

① 李坚、余齐昭：《钟荣光》，严如平、宗志文编：《民国人物传·第九卷》，北京：中华书局，1997年，第412—416页。

② 岭南大学同学会：《钟荣光先生传》，广州：岭南大学同学会，2003年，第72—80页。

③ 谭锡鸿：《我所知道的岭南大学农学部》，中国人民政治协商会议广东省广州市委员会文史资料委员会编：《广州文史资料·第十三辑》，广州：中国人民政治协商会议广东省广州市委员会文史资料委员会，1964年，第167—172页。

④ 谭锡鸿：《我所知道的岭南大学农学部》，中国人民政治协商会议广东省广州市委员会文史资料委员会编：《广州文史资料·第十三辑》，广州：中国人民政治协商会议广东省广州市委员会文史资料委员会，1964年，第167—172页。

⑤ 余齐昭：《钟荣光先生在收回岭南大学办学权中的贡献》，政协广东省中山市委员会文史委员会编：《中山文史·第二十五辑·文化历史资料专辑》，中山：政协广东省中山市委员会文史委员会，1992年，第275—277页。

⑥ 陶飞亚、吴梓明：《基督教大学与国学研究》，福州：福建教育出版社，1998年，第214—217页。

⑦ 朱有光：《三年来本校教务之设施与方针》，《抗战期间的岭南》，广州：岭南大学，1946年，第16—17页。

陈序经认为："学术的研究，往往与特殊的地域有密切的关系。"①早年在岭南大学任教时，他就十分关注沿海地区疍民问题的研究，并发起成立了岭南社会研究所。在主持校务后，他十分注重与地域特点相关的研究，将在抗战时陷于停顿的西南社会调查所扩充为"岭南大学西南社会经济研究所"，并补充设备，扩大组织，进行有关西南社会经济的专题研究，同时辑校西南社会经济文献，翻译著作，绘制有关图表及模型，从事西南物产资源、农村社会经济、土地制度、物价、工商等方面的调查，在短短一年内就出版了《三水疍民调查》《干栏——西南原始住宅的研究》《南洋与中国》等一批很有分量的研究成果。②

（三）课程设置上的"中国化"

课程设置的"中国化"可以从收回自办前后部分年份的课程变化上窥见端倪。中国文学专业在1917年时包括英文、历史、经济学、宗教、作文、科学、心理学、哲学、政府9门必修课程共计81个学分，其中英文与宗教两门占到23个学分。1924年开设的宗教课程包括基督教伦理学、圣经中之社会道德论、宗教史、旧约史、基督教辩护学、基督言行论和中国宗教史7门。1925年将获得学士学位所需的8个宗教课程改为选修。且自1926年下半年起，不再把宗教课程列为必修。1927年收回自办后，岭南大学按照统一标准开课，其中中国语言文学系开42门，社会科学系史学开22门、哲学开8门，宗教课程基本上已不见踪迹。③课程的宗教因素逐步减少与早期参与岭南大学校务管理的钟荣光、李应林的努力不无关系。

抗战爆发后，岭南大学因应需要，增设有关抗战建国科目，以训练人才参加抗战及为将来重建之用。④李应林根据国民政府教育部颁布的《大学各学院共同必修科目表》，修订了课程设置，特别开设了抗战建国课程，以提高学生的民族意识，培养学生的爱国观念。这些课程包括化学战争、航空力学、战时无线电应用、军事工程、军事救护、战时国际公法、日本政治、战时计划经济、战时教育、国民训练、战时乡村工作、倭寇侵略史论以及危难时期宗教教育等。⑤在香港时，岭南大学为宣传抗战，开设了"抗战时期等文化事业"专题讲座。⑥这些课程使岭南大学的课程设置进一步"中国化"。

---

① 陈序经：《大学教育论文集》，广州：岭南大学西南社会经济研究所，1949年，第22页。

② 黄菊艳：《陈序经的教育思想与岭南大学》，南开大学高等教育研究所编：《东方振兴与西化之路——纪念陈序经诞辰一百周年论集》，天津：南开大学出版社，2004年，第140页。

③ 陶飞亚、吴梓明：《基督教大学与国学研究》，福州：福建教育出版社，1998年，第214—217页。

④ 李应林：《二十七二十八两年度校务概况》，《抗战期间的岭南》，广州：岭南大学，1946年，第13—14页。

⑤ 《私立岭南大学校报》，1938年3月31日，岭南大学档案38-1-87，广东省档案馆藏。

⑥ 《私立岭南大学校报》，1939年1月16日，岭南大学档案38-2-157，广东省档案馆藏。

四、结语

岭南大学建校之初，创办者就有“一俟中国人得有办学之经验及能力，便将学校主权归还”之承诺。[①]在20世纪初民族主义大潮的激荡下，岭南大学“中国化”的进程大大加速。岭南大学的“中国化”始于钟荣光、李应林进入岭南大学管理层并创办农科、努力自筹经费之时。在国人对“收回教育权”的强烈诉求下，岭南大学向中国政府立案注册，实现了校长、管理、经费的“中国化”。在钟荣光、李应林、陈序经三任华人校长的持续努力下，岭南大学在办学主权、办学定位和办学内容上寻求突破与转型，即立足中国本位沟通中西，加强人才培养方向改革，提升大学服务地方能力，因应需者合理设置课程，重视中国文化研究，学科建设彰显中国特色，加之抗战时期的播迁、国共内战及院系调整等原因，岭南大学教会因素逐渐式微，逐步融入中国高等教育体系，最终实现了“中国化”，成了中国人的大学。

（原载《高等教育研究》2015年第4期）

① 李瑞明：《岭南大学》，香港：岭南（大学）筹募发展委员会，1997年，第169页。

科举制度与清末上海书业市场

——以崇德公所和书业公所为中心的探讨

徐世博

一、引言

太平天国战乱之后，凭借在通商口岸体系中的特殊地位，上海的书籍贸易日趋繁盛。1870年代以来，大量采用铅印、石印、雕刻铜版等西式印刷技术进行书籍商业化生产的民营书局相继设立，不但打破了书坊主导的传统书业产业格局，更令上海迅速取代南京、苏州、杭州等地成为江南乃至全国的书籍产销中心。特别是1887年石印书局的数量开始出现爆发性增长以后，石印书业渐成市场主流，并迎来了它的黄金时代。[①]到1905年，科举制度停罢，上海书业也度过了它从无到有的发轫期。

上海书业脱胎于江南传统的书坊业，是上海民营出版业的重要组成部分，又因它在近代知识生产和传播中的重要地位，历来受到研究者的青睐。早在1970—1980年代，中国书史、印刷史研究的拓荒者钱存训、张秀民就曾对清末铅石印刷技术传入上海的情况作过较为详细的介绍，并称上海为“西法印刷的中心”。[②]1990年代以后，随着学界对中国历代出版史的系统性研究形成热潮，大量出版通史问世，其中每有论及近代民营图书出版事业者，亦无不使用相当篇幅描述上海的情况，更丰富了上海书业的历史细节。[③]

---

① Christopher A. Reed，*Gutenberg in Shanghai：Chinese Print Capitalism，1876-1937*，Vancouver：UBC Press，2004，p. 88.

② 参见张秀民：《中国印刷史》，上海：上海人民出版社，1989年，第575—595页；钱存训：《纸和印刷》，李约瑟等编著：《中国科学技术史》，北京：科学出版社、上海：上海古籍出版社，1990年，第5卷，《化学及相关技术》，第1分册，第163—173页。

③ 如宋原放、李白坚：《中国出版史》，北京：中国书籍出版社，1991年，第177—196页；张煜明：《中国出版史》，武汉：武汉出版社，1994年，第233—253页；叶再生：《中国近代现代出版通史》第1卷，北京：华文出版社，2002年，第221—224、363—372、941—954页；吴永贵：《中国出版史》下册（近现代卷），长沙：湖南大学出版社，2008年，第43—80页；汪家熔：《中国出版通史·清代卷（下）》，北京：中国书籍出版社，2008年，第155—253页；元青主编：《中国近代出版史稿》，天津：南开大学出版社，2011年，第133—139页等。

近十余年来，有关发轫时期上海书业的专门研究日趋深入，学者围绕印刷技术、[①]书业机构，[②]乃至书籍的传播、阅读和文化阐释[③]等问题展开探讨，不单佳作频出，理论和视角亦均有突破。然而，回归上海书业之历史现场，从书业中的人和群体出发，针对此一时期上海书业的市场特征、经营策略、行业组织的演变过程，乃至行业经济与社会制度之关系等问题的讨论，似乎仍有继续开拓的空间。因此，本文拟在前贤研究的基础上，试以清末上海书业崇德公所（1886—1891）和书业公所[④]（1896—1898）的历史为中心来探讨这些问题。

崇德公所和书业公所是上海最早的两个书业同业组织，对研究近代上海书业的早期历

① 照相石印（photo-lithography）是此一时期上海书业最为通行的印刷技术，韩琦、芮哲非（Christopher A. Reed）、许静波、杨丽莹等学者对石印术的技术细节、自传入到流行的过程、社会文化背景及影响等问题做了深入的讨论。参见 Christopher A. Reed，*Gutenberg in Shanghai：Chinese Print Capitalism，1876-1937*，pp. 88-127；许静波：《石头记：上海近代石印书业研究（1843—1956）》，苏州：苏州大学出版社，2014年；韩琦、王扬宗：《石印术的传入与兴衰》，上海新四军历史研究会印刷印钞分会编：《装订源流和补遗》，北京：中国书籍出版社，1993年，第358—367页；韩琦：《晚清西方印刷术在中国的早期传播——以石印术的传入为例》，韩琦、〔意〕米盖拉编：《中国和欧洲：印刷术与书籍史》，北京：商务印书馆，2008年，第114—127页；杨丽莹：《浅析石印术与传统文化出版事业的发展——以上海地区为例》，《中国出版史研究》2018年第1期，第100—115页。

② 如杨丽莹：《扫叶山房史研究》，上海：复旦大学出版社，2013年；蔡盛琦：《清末点石斋石印书局的兴衰》，《国史馆学术集刊》第1期，2001年12月，第1—30页；许静波：《鸿宝斋书局与上海近代石印书籍出版》，《新闻大学》2012年第3期，第136—146页；沈俊平：《点石斋石印书局及其举业用书的生产活动》，《故宫学术季刊》第31卷第2期，2013年12月，第101—137页；沈俊平：《晚清同文书局的兴衰起落与经营方略》，《汉学研究》，第33卷第1期，2015年3月，第261—294页等。

③ 此类研究成果相当丰硕，若按照书籍的类别计，则包括举业用书、西学书籍、小说、画谱、“卫生”书籍等等，其中又尤以针对举业用书的研究为大宗。如张仲民：《出版与文化政治：晚清的“卫生”书籍研究》，上海：上海书店出版社，2009年；潘光哲：《晚清士人的西学阅读史（一八三三～一八九八）》，台北：“中央研究院”近代史研究所，2014年；曹南屏：《阅读变迁与知识转型：晚清科举考试用书研究》，北京：社会科学文献出版社，2018年；Milena Doleželová-Velingerová and Rudolf G. Wagner，eds.，*Chinese Encyclopedias of New Global Knowledge (1870-1930): Changing Ways of Thought*，Berlin，Heidelberg：Springer-Verlag，2014；章清：《晚清西学“汇编”与本土响应》，《复旦学报》（社会科学版）2009年第6期，第48—57页；孙青：《引渡“新知”的特殊津梁：清末射策新学选本初探》，《近代史研究》2013年第5期，第81—103页；潘建国：《西洋照相石印术与中国古典小说图像本的近代复兴》，《学术研究》2013年第6期，第127—133页；沈俊平：《晚清石印举业书的生产和流通：以1880—1905年的上海民营石印书局为中心的考察》，《中国文化研究所学报》第57期，2013年7月，第245—275页；赖毓芝：《清末石印的兴起与上海日本画谱类书籍的流通：以〈点石斋画谱〉为中心》，《“中央研究院”近代史研究所集刊》第85期，2014年9月，第57—127页；孙宏云：《清末科举改制与“新学”出版》，《政治思想史》2016年第4期，第172—186页；赖毓芝：《晚清中日交流下的图像、技术与性别：〈镜影箫声初集〉研究》，《近代中国妇女史研究》第28期，2016年12月，第125—213页等。

④ 除特别说明之外，本文的“书业公所”均指坐落于英租界鼎新里的书业公所。1906年，席子佩等人在英租界小花园又有书业公所之设，但与前者并无组织或财务上的联系。

史有重要价值。[①]一方面，两个公所均是书业群体的自发性行业组织，它们的发展忠实地记录了当时上海书业日常经营活动的实态。另一方面，正如图1所示，尽管两个公所的活跃期都不算长，但它们的兴衰立废却恰好与清末江海关书籍总出口量在1888—1889年和1897—1898年这两次关键的跃升期重叠；加之1870年代中期以后，科举制度及其政策演变成为上海书业发展的原始驱动力，上海书籍的出口量总是随着乡试考期呈现周期性的变化。那么，对两个公所历史的进一步解读不仅有助于把握不同时期上海书业的行业特质，更可作为透析科举制度与上海书业市场之关系，乃至发轫时期上海书业总体发展脉络的解释范例。

上海市档案馆较为完整地保存了这两个书业公所的历史档案，包括启事、章程、账簿以及后人的回忆性文字等，特别是尚未被先行研究利用的账簿，更是记录两个公所细节难得的一手资料。此外，同期的《申报》也曾刊载不少与之相关的新闻报导。因此，本文将先以两个公所的账簿为线索，结合其他档案、报刊资料，重建崇德公所和书业公所的史实。然后，笔者将把两个公所的演变作为清末上海书业发轫过程中的独特历史现象，分析影响它们设立之初衷、时机和结果的深层原因，以期从行业组织的微观视角，进一步揭示清末科举制度主导书业发展的复杂情态。

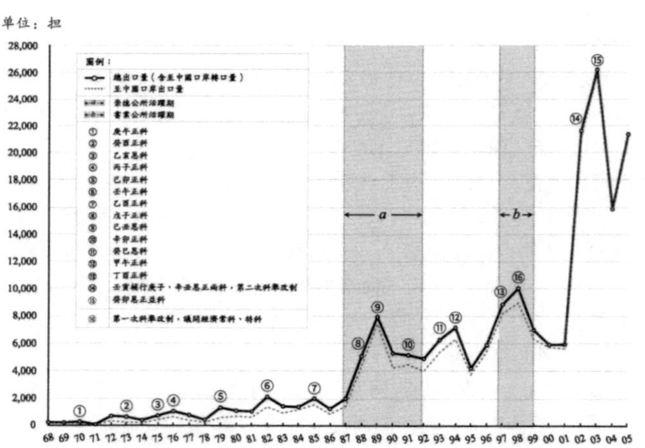

图1　清末江海关书籍（土货）的出口量与乡试考期（1868—1905）

资料来源：据历年江海关贸易报告整理，参见中国旧海关史料编辑委员会、中国第二历史档案馆、中国海关总署办公厅：《中国旧海关史料（1859—1948）》，北京：京华出版社，2001年。

① 芮哲非、汪耀华、王飞仙、许静波、杨丽莹等学者的研究都曾提及崇德公所和书业公所，惟研究对象各有侧重，他们对两个公所的描述大多仅据公所"启事""章程"等文件一带而过，未能深究。更有研究者将两个公所乃至此后数个上海书业同业组织的历史视为连续不断的发展史，以致于将它们的史料混为一谈，且对史实的重建和解读也过于简单化。参见Christopher A. Reed，*Gutenberg in Shanghai：Chinese Print Capitalism，1876-1937*，pp. 171-174；汪耀华编著：《上海书业同业公会史料与研究》，上海：上海交通大学出版社，2010年，第264—265页；Wang Fei-Hsien，"Creating New Order in the Knowledge Economy：The Curious Journey of Copyright in China，1868-1937，" Ph.D. dissertation，The University of Chicago，2012，pp. 231-233；杨丽莹：《扫叶山房史研究》，第145—155页；许静波：《石头记：上海近代石印书业研究（1843—1956）》，第186—193页。

二、“兴也书局、衰也书局”：崇德公所的历史

1870—1880年代，上海书业之日渐繁盛主要得益于两方面原因。一方面，太平天国战后，江南各地的书坊纷纷迁沪或在沪设立支店，其中不仅包括苏州席氏之扫叶山房、浦氏之绿荫堂等老字号，还包括湖州醉六堂、常熟抱芳阁、宁波文玉山房和千顷堂等等，加之还读楼、万选楼、读未楼、翼化堂等本地书坊，上海书业已初具规模。[①]另一方面，采用铅印、石印、雕刻铜版等新式印刷技术从事书籍商业化生产的书局开始崭露头角，更为书业注入了新的发展动力。

1886年，上海扫叶山房经理朱槐庐、黄熙庭，翼化堂主人卫甫堂邀集同业在益庆楼“写捐”，最终自29处捐得规元300两、银洋711元，倡立上海书业崇德公所，是为上海书业同业组织之始。创建公所的启事指设立公所是为了“资整顿而壮观瞻”，而“购买基地、创造堂宇”以及扶助“同业朋侪”，皆应举之事。倡建者又拟有八条意见，涉及建造公所、诸事公论、司事轮流、提捐定数、收支明晰、禁绝淫书、推广诸善和详列规条等方面，予以明确规范。[②]

然而，以后见之明来看，崇德公所的活动与最初设想有相当差距，据熟知上海书业掌故、曾任民国初年上海书业公所董事的叶九如回忆：

> （写捐之后）即将捐下之款，由朱槐庐、卫甫堂等十四人经手，购得朱锡钧自产、在城二十五保五图得字圩七十二铺新北门内障川路北香花桥坐北朝南内外楼平屋一所……计价一千五百十八元，中金、图保等另外付洋，不在此内。……房屋基地买下之后，大加修葺，添瓦、添砖、油漆等，〔以〕及付中金等，费了四五百元。所收捐款不敷所支，朱槐庐商之扫叶股东谢桂生所开允章绸缎店借洋一千元。后来此款印了一种加批《四书味根录》，积山书局承印、同业分销，其余金拔还了借款。买下之屋，理应设所，因为经常费困难再捐，同业集议讨论，将此屋先以出租，〔待〕收下之房金积数有资，再行建设。[③]

也就是说，同业的捐款本不足以购屋设所，此不敷之数遂先由公所执事朱槐庐举债凑

---

① 参见叶九如记录之上海书业情况（原件无标题、时间），上海市档案馆藏：《上海书商业同业公会档案》（后文简称“沪档”），档号S313-3-1，第29—30页。

② 参见《上海书业崇德公所创立书业公所启》，宋原放主编，汪家熔辑注：《中国出版史料（近代部分）》，武汉：湖北教育出版社，2004年，第3卷，第497—498页。另据该启事称，创立上海书业崇德公所系因苏州、杭州的书业已“均立公所”，而倡设上海公所，“名以‘崇德’，仍苏例也”。这里的“苏例”指苏州崇德公所，该组织早于康熙年间就已成立，后毁于太平天国战火。同治十三年（1874），又在苏州小酉山房主人金国琛、扫叶山房主人席威等人的主持下得以重建。另参见《［苏州］重建崇德公所二件》，宋原放主编，汪家熔辑注：《中国出版史料（近代部分）》，第3卷，第495—496页；杨丽莹：《扫叶山房史研究》，第145—149页。

③ 叶九如忆录：《书业公所创立经过事实略记》，1953年1月9日，沪档S313-3-1，第5—6页。

足，再以同业印书分销的余利偿还。无奈房屋购入之后，崇德公所却因经费无着，活动陷入停滞，可谓“创而未建”。然而，叶氏之轻描淡写，模糊了崇德公所“创而未建”的细节。即便如此，他至少指出了公所的几项重要活动，包括写捐、购屋、印书分销等，接下来笔者将通过对崇德公所账簿的分析重新讨论这些事项。

（一）崇德公所的账簿及其编纂的时间序列

在开始讨论以前，有必要先对崇德公所的账簿作一介绍。这些账簿共有五种，主要记录叶九如提到的那类公所假手书局印书、再由书坊同业分销的经营活动，公所房屋购买、修葺、出租以及其他营运收支等情况。按照档案收录的顺序，第一种是光绪十六年（1890）九月公所向书业同人公布的账目，内容包括上述各类项目，即总账性质，惟因展示用途被誊写在一张榜纸上，本文姑且称为“账簿A”。①

第二、三种亦为公所总账，前者首页右书“光绪十三年岁在丁亥杏月　吉立”，账目即从该年（1887）二月记起，到丙午年二月廿八日（1906年3月22日）止，凡十九年，本文称为“账簿B”；②后者首页书“光绪十三年仲春　吉立”，惟记账时间较前者短，至光绪十八年（1892）即止，称为“账簿C”。③

第四种为“收各家银总账”，只记录公所经营书籍的收入情况，称为“账簿D”。④

第五种主要是公所与各书坊往来钱货的流水账，每页最右处写有书坊名称，称为“账簿E”。此外，另有三个载有公所向书局进货记录的单页，亦应归于“账簿E”。⑤

具体而言，账簿E是随时记录的，账簿D则是对账簿E中收入款项的汇总。此外，账簿E内绝大部分书坊的账目只记录至光绪十五年（1889）四、五月份，且末尾标有“两讫”或“讫”的字样，表示书坊买入的书籍与向公所缴纳的书价相抵。账簿D则一直记录到光绪十七年（1891）年末。

账簿C是崇德公所的第一本总账，据其首次结算的时间为光绪十四年（1888）年尾可知，这个账簿最早应编纂于此时。另外，账簿C本身又分为两个部分，第一部分到光绪十七年为止，与账簿D同。此后一页书有“十八年小春月接立”⑥字样，时间止于该年底，是第二部分。

账簿B又是在账簿C的基础上重新编辑的版本，它的编纂应始于光绪十六年九月，因为其首次结算时的余额为“七元六角一分”，⑦这与账簿A上的余额相同，而账簿A的落款

① 沪档S313-1-80，第S00001页。
② 沪档S313-1-80，第S00012—S00056页。“杏月”即农历二月。
③ 沪档S313-1-81，第S00001—S00008、S00011—S00014页。
④ 沪档S313-1-81，第S00017—S00025页。
⑤ 沪档S313-1-81，第S00027—S00029、S00031—S00034、S00036—S00057页。
⑥ 沪档S313-1-81，第S00011页。“小春月”即农历十月。
⑦ 沪档S313-1-80，第S00015页。

时间就是“光绪十六年九月”。[①]对比可知，账簿A就是账簿B的副本。

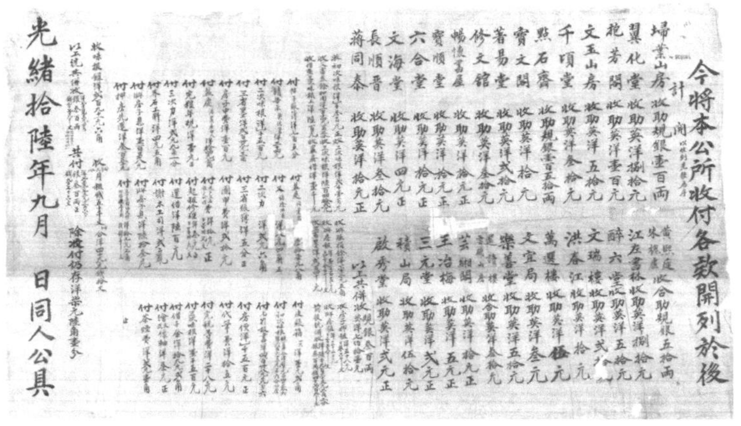

今將本公所收付各款開列於後
光緒拾陸年九月 日同人公具

图2　崇德公所账簿A

资料来源：沪档S313-1-80，第S00001页。

光緒十三年歲在丁亥吉月 吉立
光緒拾叁年仲春 吉立

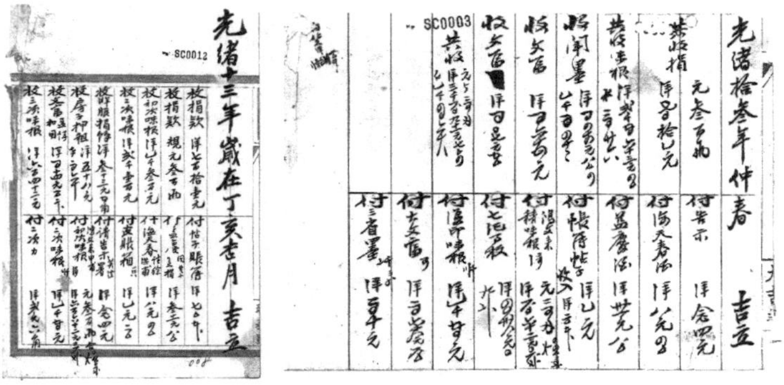

图3　崇德公所账簿B首页（左）、账簿C首页（右）

资料来源：沪档S313-1-80，第S00012页；S313-1-81，第S00003页。

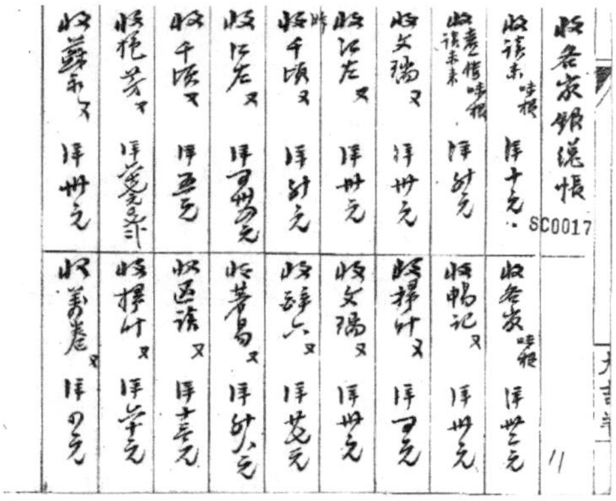

图4　崇德公所账簿D首页

资料来源：沪档S313-1-81，第S00017页。

① 沪档S313-1-80，第S00001页。

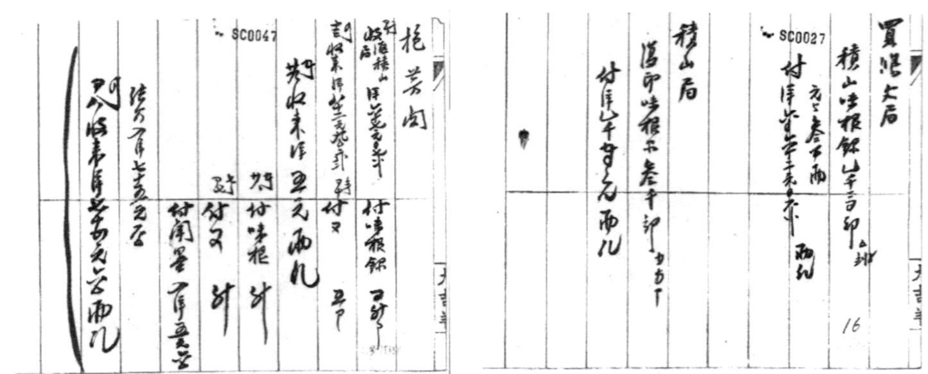

图5　崇德公所账簿E抱芳阁流水账（左）、《四书味根录》进货单（右）

资料来源：沪档S313-1-81，第S00027、S00047页。

如果将上面提到的各个账簿开始编纂的时间及它们记账的时间范围汇总起来，即如表1所示：

表1　崇德公所五种账簿的“时间”

	账簿E	账簿D	账簿C	账簿B	账簿A
光绪十三年（1887）二月	开始编纂的时间 记账时间起点	开始编纂的时间 记账时间起点	记账时间起点	记账时间起点	记账时间起点
光绪十四年（1888）底			开始编纂的时间		
光绪十五年（1889）四、五月	记账时间终点				
光绪十六年（1890）九月				开始编纂的时间	开始编纂的时间 记账时间终点
光绪十七年（1891）底		记账时间终点	停止记账		
…					
光绪十八年（1892）十月			恢复记账		
光绪十八年年底			记账时间终点		
…					
光绪三十二年（1906）二月廿八日				记账时间终点	

在这里，每种账簿皆有与之相关的三个“时间”，即账簿开始编纂的时间以及记账时间的起点和终点。可以看到，账簿开始编纂的时间与记账时间的起点并不总是相同的，而只有同时开始编纂的账簿在记账功能上才应被视为一组。换言之，上述五种账簿应被分为三组，即最早开始编纂的账簿E和账簿D、光绪十四年底开始编纂的账簿C及光绪十六年

九月前重修的账簿B和账簿A。

此外，账簿内书籍经营的结算数字也是支持上述分组的另一个证据，以账簿D、C、B作对比，即如表2：

表2　崇德公所账簿D、C、B内书籍经营收入对比

<table>
<tr><th></th><th colspan="2">账簿D</th><th colspan="2">账簿C</th><th colspan="2">账簿B</th></tr>
<tr><th></th><th>洋</th><th>钱</th><th>洋</th><th>钱</th><th>洋</th><th>钱</th></tr>
<tr><td>光绪十三年</td><td>312</td><td>1468</td><td rowspan="2">2980.74</td><td rowspan="2">1468</td><td rowspan="4">4396.12</td><td></td></tr>
<tr><td>光绪十四年</td><td>2568.236</td><td></td><td></td></tr>
<tr><td>光绪十五年正月至六月</td><td>980.65</td><td>40</td><td rowspan="2">1682.85</td><td rowspan="2">40</td><td></td></tr>
<tr><td>光绪十五年七月至十二月</td><td>702.2</td><td></td><td></td></tr>
<tr><td>…</td><td></td><td></td><td></td><td></td><td></td><td></td></tr>
<tr><td>光绪十六年九月</td><td>291.6</td><td></td><td>291.6</td><td></td><td>291.6</td><td></td></tr>
<tr><td>…</td><td></td><td></td><td></td><td></td><td>…</td><td>…</td></tr>
<tr><td>光绪十六年十二月</td><td>363</td><td></td><td>363</td><td></td><td></td><td></td></tr>
<tr><td>…</td><td></td><td></td><td></td><td></td><td></td><td></td></tr>
<tr><td>光绪十七年八月</td><td>11</td><td></td><td rowspan="3">515.5</td><td></td><td></td><td></td></tr>
<tr><td>…</td><td></td><td></td><td></td><td></td><td></td></tr>
<tr><td>光绪十七年十一月</td><td>504.5</td><td></td><td></td><td></td><td></td></tr>
</table>

资料来源：据崇德公所账簿D、C、B整理，参见沪档S313-1-81，第S00017-S00025页；S313-1-81，第S00001-S00008、S00011-S00014页；S313-1-80，第S00012-S00056页。

表中最左边的时间序列，系根据三者中最早开始编纂的账簿D而来。可以看到，账簿D与账簿C记录的经营收入自光绪十五年正月以后完全一致，而光绪十三、十四年的总数则略有不同；账簿B与前两者相比，相同的数字出现在光绪十六年九月，此前的记载则与账簿D和账簿C略有出入。不同账簿统计上的微小差别显然是由于重修新账簿引起的，这也与表1所反映的几种账簿开始编纂的时间一致。新账簿的编纂活动本身是常常被忽略的问题，它们通常与记账者对账簿功能的新需求有关。因此，相较于各个账簿记录的具体内容，新账簿编纂的时机和用途似乎更加值得关注，甚至是重建崇德公所历史的关键。

（二）账簿的故事：崇德公所史实重建

前文提到叶九如回忆中崇德公所的几项重要活动，包括写捐、购屋和印书分销，若将它们放回公所账簿纂修的时间序列里，则可发现，公所同人在光绪十二年（1886）年末写捐之后，转年便已开始印书分销的经营活动，[①]而叶氏对此闭口不谈，显然需要注意。

根据账簿E和账簿D记载，崇德公所投资的几部书以前两批石印《四书味根录》最早，

① 账簿D在光绪十三年已录有少量进账，参见表2。

此后又陆续购入《大题文富》《三省闱墨》等书，皆由公所内同业分售。[①]理论上，这些书籍如果全部售罄的话，应分别收回《四书味根录》首批1300元（每部1元，1300部）、二批2100元（每部0.7元，3000部）、《大题文富》300元（每部3元，100部）和《三省闱墨》240元（每部0.04元，6000部），共计3940元。[②]而从账簿D所载的收入情况可知，到光绪十四年底，公所营收的总额已达洋2880.236元、钱1468文（表2），超过应收的七成。因此，可以推测，公所初期，尤其是1888年的经营状况是令人满意的，而这也应该是公所执事决定购入新北门基地的前提。

如前所述，崇德公所的启动资金仅有向同业募捐而来的规元300两、洋711元。这笔钱在公所购入第一批《四书味根录》时，已花去规元300两、洋662.064元。[③]可见，崇德公所经营的是小本生意，为了快速积累财富，必须提高资金的周转率，换言之，公所需要将收到的款项尽快再投资出去。同时，正是由于资金短缺，公所的投资项目不仅数量少，还必须逐次展开。故而，此时公所的资金调度基本是单线的。于是，账簿E和账簿D这类流水账就完全能够满足公所日常经营活动的需求。

账簿C之编纂则与公所购屋资金的调配有关。这是因为，尽管自光绪十四年以后，账簿D已开始不定期计算新近收入的总额，但此类账目并不方便纳入其他与经营无关的项目，亦无法令公所执事及时掌握公所资金的实存情况。也就是说，由于购屋计划被提上日程，公所之经营所得不能再被简单地专用于投资新书，而为了适应公所资金调度由单线到复线的变化，账簿C应运而生。

根据账簿C的首次结算数字，光绪十四年底，崇德公所给付房屋定洋100元后，尚存实洋417.08元，钱260文。[④]次年正月，由于账上余额不敷补足全部房款之用，遂有执事朱槐庐举债千元购定公所基址之举。[⑤]差不多同时，公所第三次订印《四书味根录》（3000部），并期望以其利润偿还借款。[⑥]此后，账簿C除了不断自账簿D汇入各书坊的来款数字，更随时记入购买房屋、三批《四书味根录》印钉工价以及偿还借款等各项支出。一直到光绪十七年年末，《四书味根录》的售书款项收足，房款、印书款、借款付讫，账簿C也随即停止记账。而前述自翌年十月到年底短暂接立的部分，主要记录公所房屋租金收入和修缮支出，且声明“旧管项下：未交”，[⑦]虽言“接立”，其实与前账不符。

① 参见沪档S313-1-81，第S00027-S00028页。另，崇德公所还曾由江左书林经手购入铅板《七朝纪事本末》书板一股、书五十部，前后共费洋438.096元。但是，在崇德公所的活跃期，并没有此书的后续经营纪录。直到1891年，此五十部存书才全部售出，收洋259.5元；1899、1902、1903年又三次将此书书板出租，共收得版租75元而已。另参见沪档S313-1-80，第S00016、S00037、S00044、S00048页；S313-1-81，第S00029页。

② 沪档S313-1-80，第S00001页。

③ 沪档S313-1-81，第S00027页。

④ 沪档S313-1-81，第S00004页。

⑤ 沪档S313-1-81，第S00004页。

⑥ 沪档S313-1-81，第S00005页。

⑦ 沪档S313-1-81，第S00011页。

崇德公所最后一次重修账目要等到光绪十六年九月，此次重修的结果是账簿B和账簿A，后者是前者的一部分，而编纂这两个账簿的最初目的是为了向同业公布。崇德公所在倡立近四年之后，才首次向同业公开账目，直接原因应与当年六月底、七月初，公所执事扫叶山房经理朱槐庐和同业管可寿斋主人管斯骏在《申报》上的一场笔墨官司有关。

这场笔墨官司缘于朱槐庐托名扫叶山房主人席孟则在《申报》上刊登的两则告白。其中之一宣称扫叶山房所出书籍对“远省”书商“悉照纸料印工合价发兑，不取一文之利”，同时批评沪上业石印者以“妓院、酒楼、马车、烟馆”笼络“远方贩客”，置东家血本不顾，奉劝他们改弦更张、早归正途。另一文则重申苏州扫叶山房“永记”与上海扫叶山房“义记”无关，并宣布“同行远客批发之事，一切交易均在上海城内及抛球场两处又四马路口江左书林。”[①]乍看之下，两文似乎毫不相关，细观便可发现，两文所预设的读者既非上海业石印者、亦非苏州扫叶山房，而是不约而同地指向“远方贩客”“同行远客”，通过指摘对手以便拉拢客源的意图明显。

一石激起千层浪，以“书业同人”“书业外人”为名的打抱不平者管斯骏五日之后便刊文回击；[②]之后数日，报上又有双方往来相互攻讦的文字数篇。[③]限于篇幅，本文无法对其中的细节多作讨论，惟管氏之批评有关崇德公所者，值得重视。他指责朱氏长期把持公所事务，身为书业董事非但不能“公平调度，大彰晓谕”，反而“独断独权，以公积数千元独据”，将公所变成扫叶山房的独家买卖，并斥之为公所“成而复散”的祸首。随后，更以同业所捐巨款“既不建造公所，又不能有益于同业”，且“所有账簿皆朱某独自书写，不能作数”为由，提出根查账目、清理公所的要求。[④]

管斯骏的批评确实点出了公所当时的窘境。事实上，恰在购屋之后，公所的经营就已开始显现疲态，第三次加印《四书味根录》的销售情况远低于预期。据账簿D记载，光绪十五年公所收入尚不及前一年的七成，并且，下半年的经营颓势较之上半年更甚（表2）。公所流动资金匮乏，中秋节后甚至必须再次告贷才能周转。[⑤]次年的前八个月，公所更是

---

① 古吴莫厘峰樵隐孟则：《代友赠言》，《申报》1890年8月3日，第4版；席氏扫叶义记主人孟则：《声明苏州永记疑似》，《申报》1890年8月3日，第4版。另，江左书林当时系扫叶山房联号，见叶九如记录之上海书业情况，沪档S313-3-1，第S00033—S00034页。

② 海上寓公：《直揭阴谋》，《申报》1890年8月15日，第4版；管斯骏：“贺朱槐庐得子诗二首”（原文无标题），《申报》1888年3月20日，第9版。管斯骏（1849—1906），字秋初，世袭云骑尉，诗名“藜床旧主”。另参见《吴县管氏家谱》（1921年排印本），下册，《支系谱·绍阳公支》，第23页a—第24页a。

③ 书业同人：《同业众友谢言初稿》，《申报》1890年8月8日，第4版；海上寓公：《致扫叶山房主人席孟则书》，《申报》1890年8月11日，第4版；书业外人：《谢赠续稿》，《申报》1890年8月13日，第4版；海上寓公：《直揭阴谋》，《申报》1890年8月15日，第4版；书业同人：《扫叶执事朱槐卿事实三稿》，《申报》1890年8月17日，第4版；苏州扫叶山房永记洪春江：《彼〔此〕服心》，《申报》1890年8月17日，第4版。

④ 书业同人：《同业众友谢言初稿》，《申报》1890年8月8日，第4版；书业外人：《谢赠续稿》，《申报》1890年8月13日，第4版；书业同人：《扫叶执事朱槐卿事实三稿》，《申报》1890年8月17日，第4版。

⑤ 沪档S313-1-81，第S00006页。

完全没有进账。

在这种情况下，整理公所账目并予以公开就成为朱槐庐取信于同业的必要之举。于是，就在这场笔墨官司结束大约两个月后，账簿A被公之于众。这份账目除了账簿C的既有内容之外，又加上光绪十五年以来的房屋租金收入以及修葺、完税等项支出，账目的结算时间为“光绪十六年九月 日”，此时“除收付仍存洋七元六角一分”，且尚有650元未偿之借款，[①]足以作为对批评者的响应。

此后，随着光绪十七年末账簿C停止记账，公所亦不再组织经营活动。公所唯一继续记录的账簿B则基本围绕公所房屋的出租、维修和完税展开，一直到崇德公所的资产在1906年被席子佩等人新设立的书业公所接收为止。综上可见，崇德公所纂修账簿可谓公所历史的缩影。然而，崇德公所之兴、衰原因何在？是笔者下面将要讨论的问题。

（三）崇德公所的兴与衰

崇德公所自1886年底写捐之后，转年即着手书籍经营活动，直到1888年末，以有限的资金连续投资了多部书，营收情况令人满意，于是执事朱槐庐借款购屋，这是公所事业日趋兴盛的明证。然而，到了1889年，公所的经营急转直下，第三次订印《四书味根录》的销售情况未达预期，转年的前八个月更颗粒无收，同业矛盾以报端一场笔墨官司浮出水面，“书业同人”对朱氏的批评随即转为对公所现状的不满。之后不久，尽管公所以公开账目的形式化解危机，却万难挽回公所事业的颓势。公开账目无异于宣判了公所之死，之后一年收归欠款、偿还债务的活动不过是为公所料理后事而已。这就是笔者所谓的崇德公所的兴与衰。

崇德公所经营初期的喜人业绩当然与公所促成书局、书坊间的合作有关。本节开头已经指出，1870—1880年代，采用西式印刷技术进行书籍商业化生产的书局崭露头角，成为上海书业旧秩序的破局者。翻看崇德公所最初的捐助名单（图2）即可知道，除了为数众多的传统书坊，当时上海的新式书局也几乎全部在列。据笔者管见所及，崇德公所倡立之初，上海的石印书局仅点石斋、同文书局和积山书局三家而已。点石、积山都是崇德公所的捐助者，前者之捐款更达规元150两，在所有捐款者中最多，与之相当的，仅扫叶山房捐助规元150两，其中还包括扫叶南北号经理朱槐庐、黄熙庭以个人名义合捐的50两。[②]同文书局虽不在捐款名单中，但是，据叶九如回忆，这是由于同文书局主人只愿捐助虹口地产，并要求将公所设于虹口，众议不妥，遂作罢论。[③]并且，据公所账目中“请徐洪甫洋八元四角”一项，[④]徐即同文经理，亦说明公所与同文确曾有过接触。另外，崇德公所

---

① 沪档S313-1-80，第S00001页。

② 沪档S313-1-80，第S00001页。

③ 叶九如忆录：《书业公所创立经过事实略记》，沪档S313-3-1，第5页。

④ 沪档S313-1-80，第S00001页。

的捐助者中还有专做铅印书籍的修文书馆和著易堂，以及专门经营雕刻铜版书籍的乐善堂。

将新式书局视为同业并和他们合组公所，是传统书坊业顺应新技术引发的生产方式、产销分工变化的结果。这种变化在于，传统书坊已经开始减少或放弃自行开造雕版新书的做法，转而将书籍的生产环节委诸各类书局完成。在新的技术条件下，书坊丧失对书籍生产部门控制权，必须积极探索委托生产、联合发行的新业务模式。崇德公所组织的印书分销活动本身就是一个例子，这种同业合作的模式不可能脱离书业经营的现实而存在，至多是一种“放大了”的现实。

然而，就在公所创办的次年即1887年，上海的书局，特别是石印书局数量的暴增，可能是令崇德公所执事们始料未及的一个新问题。仅就笔者所见，这一年至少有鸿文书局、蜚英馆、大同书局、大文书局、石仓书局、多文书局、清华书局、广百宋斋、龙文书局、同和书局、鸿宝斋、大章书局、文运书局等13家书局相继开业。[①]其中潜藏的商业危机在经历了1888年秋天戊子正科乡试的利市之后，却被公所账簿上不错的销售业绩所掩盖。尽管当年乡试前后，时人已对洋板书泛滥导致不少书商亏损的情况有所警觉，[②]后来与朱槐庐展开笔战的管斯骏甚至公开倡议平抑书价、稳定书市的方略，[③]而这类警告似乎并未引起上海书商足够的重视，他们仍然寄望于转年开行的恩科乡试，希望藉此挽回一点损失。[④]

遗憾的是，1889年的书市并无好转，这从当年各省乡试考市的书籍销售情况即可略见端倪。乡试前，《申报》就称，南京考市中的书坊如往年一样多，所售书籍亦“一色洋板”，惟“闻其价，多因购者挟持其同行相妒，于便宜中益贪便宜，以致买卖或高或下，一门之内且不能自主”。[⑤]乡试之后，《申报》的消息又指“各省石印书之折阅，正不独金陵一隅之书肆”，其原因就在于书商“不顾成本之积压，但期门市之畅消（销），为将本求

① 仓山旧主〔袁祖志〕：《论车书之盛》，《申报》1887年9月21日，第1版；委宛书佣：《秘探石室》，《申报》1887年2月4日，第4版；《新开鸿文书局》，《申报》1887年2月21日，第4版；《新开大同书局》，《申报》1887年3月5日，第4版；《石仓书局》，《申报》1887年7月28日，第6版；《新开铅版石印书局》，《申报》1887年8月11日，第4版；《新开清华书局开印启》，《申报》1887年9月25日，第4版；《新开龙文石印书局》，《申报》1887年10月20日，第4版；《新开同和书局》，《申报》1887年10月24日，第6版；《鸿宝斋石印书馆开设启》，《申报》1887年11月2日，第4版；《新开大章石印书局告白》，《申报》1887年11月7日，第6版；《新开文运石印书局》，《申报》1887年12月5日，第4版。

② 《王韬致盛宣怀》（时间原文无载，经笔者考证为1887年9月28日），王尔敏、陈善伟编：《近代名人手札真迹：盛宣怀珍藏书牍初编》，香港：香港中文大学出版社，1987年，第8册，第3398—3399页；《趋利反足以致害论》，《申报》1888年9月1日，第1版。

③ 《拟为变通沪上石印书籍以平市价而免讼累章程》，《申报》1888年8月30日，第1版。文中提到投稿人是管君秋初，即管斯骏。

④ “Native Trade Last Year,” *North China Herald and Supreme Court and Consular Gazette*, 30 Jan 1889, p. 114.

⑤ 《江南考事》，《申报》1889年8月17日，第1—2版。

利者之江河日下也。”[①]此外，又有来自南昌的报导称，“近日石印书籍盛行，书肆皆争相贬价，上年各书坊所售视沪上只取值五成，今年又只售五成之半，恐个中人将不免于折阅矣。”[②]可见，书局数量的增多固然是推动书业市场繁荣的直接原因，然而，书籍越出越多，很快导致书业市场供大于求，且书籍愈多，书业营销中的恶性竞争愈烈，其后果是书商反受其累。

1889年的书业滑铁卢不仅可以解释当年崇德公所的经营困境，公所转年长达八个月的营收空白、朱槐庐和管斯骏笔墨官司中反映的同业矛盾，乃至崇德公所创而未建的命运可以说皆系于此。因此，或可认为，崇德公所之兴衰，皆因采用新技术的书局兴起而致。以公所作为书籍生产与销售两个部门的中介，在书局刚刚出现之际，是对局、坊双方皆有益处的制度安排，这从点石斋、扫叶山房对公所的重金赞助中便可看到。然而，书局越开越多，书坊的营销活动也必然趋向激烈的竞争，当书商之间的竞争渐渐大于合作，崇德公所之创而未建便在情理之中了。由是观之，崇德公所正可谓是“兴也书局、衰也书局”。

三、规管书业的初次尝试：书业公所的历史

崇德公所倡建十年之后，上海又出现了一个书业同业组织，它就是设在英租界鼎新里的书业公所。尽管档案中涉及这个公所的史料相当有限，事实上除了一张题名为“石印书籍章程草约”的折页之外，只有一本记录该处两年多时间收支情况的账簿，但是，仅凭《草约》末尾倡建者对公所功能的描述，其性质已经相当明白了：

> 一　凡同行往来兑货，每日下午在公所兑换，其价目亦照定价划一，不得参差。
>
> 一　凡同行各友每日下午至公所兑货，其清茶、水烟皆归公所预备，不取分文，如吸洋烟，各友自备。
>
> 一　凡公所开销，各号每月认捐若干，以分上、中、下三等，按月公所持条收取，自十一月朔日为始。[③]

可见，书业公所是为方便同行“兑货”的服务机构。所谓“兑货”，据叶九如的说法，是因为当时上海书商出版的石印书籍名目繁多，大家都以自己的书“兑换”别家的书，兑换的标准则以印书所耗费的标准印石[④]的数量为据，只是“必须分明冷热门货”。此外，木板书则以“批价、纸张分别论之”。此类交易先是由同业在四马路乐心茶馆自发组织，待到鸿宝斋经理沈静安、宏文阁店东葛直卿等发起成立书业公所之后，兑换交易即移

① 《书市减色》，《申报》1889年10月12日，第2版。

② 《豫章试事》，《申报》1889年9月15日，第2版。

③ 《石印书籍章程草约》（光绪二十二年八月），沪档S313-1-119，第S00001页。

④ 此种石印石略大于半张连史纸或毛边纸的大小，是当时上海石印书业通行的标准，而近代书籍“开本”的概念最早亦据此而来。

此处。[①]

也就是说，鼎新里的书业公所实际上是一个由同业集资共建的行业市场，而《石印书籍章程草约》便是规范市场内交易活动的行为准则。该公所的存世时间更短，据叶九如的回忆，公所自倡设至停止活动，前后大约两年。[②]与崇德公所一样，叶氏也仅以“捐款、议章等不妥”[③]简单解释了公所旋立旋废的原因。那么，一个理所应当的追问是，这里的“不妥”指的又是什么？要讨论这个问题，还是应该先从重建书业公所的历史入手。

（一）书业公所的账簿和经费问题

书业公所仅存的一册账簿亦是了解其历史的重要线索，账簿封面题有大字“书业公所第一结总账”，又有小字“租印三续文编细账附后”，标示它的两个部分。[④]前一部分共五页，系公所自“光绪廿二年丙申（1896）十一月起至廿四年戊戌（1898）十二月止”[⑤]的四柱清账；后一部分仅三页，即公所租印《三续文编》的细账，账前另有署名为“书业公所司年、〔司〕月董事同识”的引文一通。[⑥]

公所的四柱清账，一如同时代的此类账目，分为“旧管”“新收”“开除”“实在”四项内容。据“旧管”：

> 旧管：无。查书业公所早年曾经创办捐项、置产等事，皆归扫叶山房经理，历有年所。因在城内进出不便，故又在城外另创公所，一切用项并未动用老公所存款。特此登明。[⑦]

可知这是该公所编纂的第一本账目，并且，从它特意说明崇德公所的经管责任归扫叶山房、并未动用崇德公所存款的情况，又可知道，前后两个公所并没有组织上的继承关系。

“新收”项下主要记录公所同人的“月捐”“印书”和“杂项”等收入情况。其中月捐部分共897元，是公所主要的收入来源。总的来看，所录缴纳月捐的书业牌号共49家。其中，捐款最多者共缴纳63元，最少者仅1元，具体情况如表3：

① 叶九如忆录：《书业公所创立经过事实略记》，沪档S313-3-1，第S00006页。

② 叶九如忆录：《书业公所创立经过事实略记》，沪档S313-3-1，第S00006页。

③ 叶九如忆录：《书业公所创立经过事实略记》，沪档S313-3-1，第S00006页。

④ 沪档S313-1-80，第S00003页。

⑤ 《书业公所第一结总账（租印〈三续文编〉细账附后）》，沪档S313-1-80，第S00004页。引文内公历年份为笔者所加。

⑥ 《书业公所第一结总账》，沪档S313-1-80，第S00010页。

⑦ 《书业公所第一结总账》，沪档S313-1-80，第S00004页。

表3 《书业公所第一结总账》"新收"项下各家月捐情况

序号	牌号	月捐总额	牌号个数统计	序号	牌号	月捐总额	牌号个数统计
1	慎记书庄	63	3	16	醉六堂	28	1
2	鸿宝分局	63		17	申昌书局	22	1
3	江左书林	63		18	点石斋	21	1
4	十万卷楼	42	12	19	文宜书庄	16	1
5	千顷堂	42		20	博文书庄等	8	2
6	文瑞楼	42		21	积山分庄等	6	2
7	文渊山房	42		22	耕余书局等	5	9
8	纬文阁	42		23	文苑山房等	4	3
9	焕文书局	42		24	天禄阁等	3	7
10	著易堂	42		25	南申昌等	2	4
11	古香阁	42		26	久敬斋等	1	3
12	宏文阁	42					
13	简玉山房	42					
14	祥记书庄	42					
15	扫叶山房	42		总计		897	49

资料来源：据《书业公所第一结总账》整理，参见沪档S313-1-80，第S00004-S00007页。

月捐之外，尚有两笔"印书"收入，其一是"收著易堂十六种余洋四十八元"，其二是"收《三续文编》余洋一千另四十八元五角"。[①]前者应指著易堂于1896年排印的《西学启蒙十六种》，[②]此项收入，或与公所参与该书经销有关，惟具体细节不得而知。后者则应指《皇朝经世三续文编中外时务策学大成》，[③]此款亦由同业经销此书而来，是公所收入中最大一笔进项。此外，"新收"项下，另有"三义公板壁""和彩""暂记"等"杂项"收入，合计不过十余元。接着是"开除"，记录公所的各项开支，包括置备应用各物、房屋家具的租金、管理人员的薪水以及同业宴会酒席等，共付洋1416.9元。"新收"和"开除"相抵，即得到"实在"，也就是当时公所账面的余额633.5元。[④]

根据公所的收支情况可知，同人租印《三续文编》所得，正是公所得有盈余的关键，这也是公所总账之后专门附有此书租印细账的原因。而租印《三续文编》之举，实为公所月捐减少以致"亏空"，且在垫款者"屡垫无还"的情况下，用以解决公所经费问题的对策。《三续文编》细账前的引文对此种情况作了说明：

① 《书业公所第一结总账》，沪档S313-1-80，第S00007页。

② 日本全国汉籍データベース：日本所藏中文古籍数据库，http：//kanji.zinbun.kyoto-u.ac.jp/kanseki?record=data/FATORITSU/taggedSaneto/037017.dat&back=1（2019年3月6日检索）。

③ 《新出石印〈皇朝经世三续文编中外时务策学大成〉》，《申报》1897年8月14日，第4版。

④ 《书业公所第一结总账》，沪档S313-1-80，第S00007—S00008页。

窃维公所经费，月须数十元。自去秋以来，月捐只有司年、〔司〕月照付，所〔收〕有限，不敷应用。去岁底结账，已亏空洋三百余元，均系鸿文、慎记、鸿宝三家筹垫。屡垫无还，终非了局。今秋鸿宝管事沈静翁因公起见，于七月初间议租《三续文编》书底，印书三千部，邀集司年、〔司〕月各号分销，略沾余利，以济公所公用，皆以为然。①

另据该引文记载，沈静安于七月初提议租印《三续文编》之后，因“其时洋务、时务书籍畅销之际，杭连大缺，几无买处”，且“各印局大忙”。之所以成事，多亏沈氏先将鸿宝斋所定振昌、恒通“庆源京庄”连史纸一百件“竭力说项，让与公所”，后又“再三相恳”，令中西、顺成、文澜、鸿宝四家书局共同负责印刷工作，“九月底，幸均印齐”。又半个月后，装订完工、书套做齐，始得分送销售。

到当年十二月底，这部书的经销工作应已完成，且细账中明确记载“售出《三续文编》三千部，共收英洋三千九百元正”，可见参与分销此书的同业很可能是一次性向公所付款的。这与崇德公所的情况完全不同，书业公所本身并不参与此类经营活动，只是售书活动的受益者，甚至“未出书以前用款皆鸿宝分局设法筹填”。故而，书业公所的董事们称此事“诚沈静翁之力也”，其后开列的细账也正是沈氏交来公所的版本。②

书业公所靠月捐收入难以维系，遂以同业经销书籍的形式筹款，更得盈余600多元。然而，经费问题得以暂时解决，并不代表公所之运作便可高枕无忧。事实上，没有证据表明书业公所在租印《三续文编》之后仍有其他活动，《三续文编》所得余款亦并未继续用于公所开支，而是存于鸿宝斋。到1906年，当后继的小花园书业公所假“书业公所同人”之名要求继承这笔资金的时候，鸿宝斋即以“该款究非捐资集成，自我老同业公销《经世文三编》盈余而来”为由拒绝交付，并声明若提该款，就必须同时另外征得“老同业焕文、文渊、宏文、文瑞、千顷、纬文、慎记”七家同意。③可见，困扰书业公所的，除了经费问题，还有其他原因。

（二）对月捐和《三续文编》细账“小引”之分析

如前所述，月捐是书业公所主要的长期收入来源，对此加以分析，可以了解公所的更多细节。由于公所账目中的“月捐”是一个“逐月”积累的最终结果（表3），这里要做的，是根据这项结果还原它们在时间序列上的实态。可以看到，尽管曾经向公所缴纳月捐的书业牌号多达49家，但是，捐款总额超过10元的只有19家。并且，这19家的捐款总数达到780元，占总捐款额的87%。因此，可以推测，捐助公所的大部分同业不是月捐的定

① 《书业公所第一结总账》，沪档S313-1-80，第S00009页。

② 《书业公所第一结总账》，沪档S313-1-80，第S00009—S00011页。

③ 《书业公所同人致鸿宝斋》，沪档S313-1-75，第S00079页；《鸿宝斋老局致书业公所》，沪档S313-1-75，第S00098页。

额较低，就是连续缴纳的时间较短。

鉴于捐款总额在10元以上的各家捐款绝大多数为7或21的倍数，又可推测，公所收取月捐的工作，最有可能是连续执行了7或21个月。那么，从账目的起算时间，即光绪二十二年（1896）十一月开始，如果公所收取月捐的工作仅维持了7个月，即到光绪二十三年（1897）五月止，显然不甚合理。但是，如果认为公所收捐的活动进行了21个月的话，那么，整个月捐结构所反映出的情况则恰好与《三续文编》细账小引中描述的公所经费不敷的情况相吻合。

按公所连续收捐21个月计算，那么，一共缴交63元月捐的慎记书庄、鸿宝分局和江左书林则每个月各缴纳3元。同理，十万卷楼等12家每月缴纳2元，而月捐总额更低者可能每月仅缴纳1元。这种情况亦与前引公所《石印书籍章程草约》中月捐分上、中、下三等的规定一致。换言之，一共缴纳63元和42元的15个书业牌号曾连续21个月向公所认缴上、中等月捐。一共缴纳28元、22元月捐的醉六堂和申昌书局，如果他们认缴的是中等月捐的话，则分别连续缴纳了14和11个月。当然，不能排除他们曾经缴纳不同等级月捐之可能，但这无关大局。点石斋、文宜书庄的情况与醉六堂、申昌书局相仿，他们缴纳月捐的时间可能长达21个月和16个月，亦有可能因曾缴纳较高等的月捐而缩短连续捐款的时间。但是，另外多达30家书业牌号最有可能缴纳的是下等月捐，并且认捐时间最长的也不会超过8个月。

如果把上述情况与《三续文编》细账小引加以比对的话，将可对书业公所经费问题认识更加清晰。前文据小引说明公所经费不敷的问题时，曾涉及几个重要的时间点，分别是“去秋”“去岁底”“今秋”和“七月初”。由于该文作于光绪二十四年（1898），故“去秋”指光绪二十三年的秋天，“去岁底”指光绪二十三年底。所以，引文中“自去秋以来，月捐只有司年、〔司〕月照付”就是说，到了光绪二十三年的秋天，只剩“司年、司月”按章缴捐，其他牌号不再缴纳月捐，也就是退出公所了。光绪二十三年的秋天距二十二年十一月公所开始收取月捐恰好八九个月的时间，与月捐的缴交情况对比之下即可明白，所谓“司年、司月”以外的其他牌号，正是那些最可能缴纳下等月捐的参与者，它们为数众多，至少有30家。

此外，引文还提到“去岁底结账，已亏空洋叁百余元”，但因有“鸿文、慎记、鸿宝”三家筹垫，公所得以勉强维持。到了“今秋”“七月”沈静安议租《三续文编》的时候，公所靠收取月捐获得经费已不可支，而“七月”距公所开始收捐时又恰好是21个月。也就是说，就在沈氏提议印书贴补经费的同时，公所由月捐筹集经费的做法也彻底停止了。

然而，租印书籍所得仅仅是公所的一次性收入，并不具备取代“月捐”这类长期财源的合理性。并且，尽管前述参与该书发行工作的8个书坊都是连续向公所缴纳了21个月上、中等月捐的“司年”“司月”，但毕竟不是所有缴纳上、中等月捐的书业牌号都愿意承担分销此书的义务，这暗示当年七月前后，有更多的同业决定退出公所。因此，可以断定，困扰书业公所的经费问题，不过是前后两次公所成员“退出潮”的表象。

（三）退出书业公所的原因

书业同人两次退出公所的原因，或可以《石印书籍章程草约》推行不力加以解释。这份《草约》系在光绪二十二年八月拟就，其精髓是书底挂号、厘定价格和禁止翻印。书底，即石印书籍照相制版的底本，一般是由抄写的稿页或现成的书叶经剪贴装裱而成，与成书“除大小悬殊外，字行均无二致”，是书商最重要的财产之一。[①]就石印书业而言，书商投资于某书，必须先行制作书底，或以租印的方式取得他人书底的使用权。故而，“书底挂号”，就是对同业所有各书的产权情况予以统计；“厘定价格”，是在既有“以书易书”的兑货交易基础之上，进一步按照书价约定公所同业之间的交易价格，以及同业对外批发、零售，甚至出考时售书的最低折扣，[②]是为了防止“滥价”引发价格战；“禁止翻印”，则是藉助书底挂号和公所稽查机制，永远杜绝重复的新书上市。[③]其中，书底挂号是后两者得以施行的基础。这是因为，书底挂号的目的是透过行业规约的形式保护出版专利。非此，禁止翻印则无从谈起。反之，若同业的出版专利不能得到保护，不仅翻印之风难以抑制，防范价格战的同业售价体系自然更难以维系。

据《申报》记载，公所最早于1897年3月29日（光绪二十三年二月二十七日）刊登公告，开始汇查书底：

> 各号历年所有书底，自今设立公所后，无论石印、铅版，除已经出书者只须呈报书名外，其甫经举办、未印出书者，须将书名、页数呈明，并将书底送交公所查核，无论抄描，裱全为度。自登报第一日为始，至月底为限，各号务将各书底报清，过期勿录，幸勿迟误。自三月初一日起，如有新做书底与各局已呈书底仍有交涉者，须将全书底呈核，并无违碍，方得挂号准印。此布。[④]

然而，这项工作进展并不顺利。五日后，书底登记期限已过，书业公所再发布告白，惟并非是宣布对书底的管理机制开始执行，而是以“各号或因事繁，或值他出，且当月底收账，未及一律遵限”为由，宣布对书底的汇查“展期”至三月初五。[⑤]此后，《申报》再无相关报导。显然，五天的“展期”并不会给书底汇查的工作带来转机，况且这类事本就“众擎易举、独立难支”，而参与的人越少，其效果就越打折扣。

① 黄永年：《古籍整理概论》，西安：陕西人民出版社，1985年，第40—42页；苏铁戈：《漫话中国的石印本书籍》，《图书馆学研究》1987年第2期，第147页。

② 在各类销售场景中，又以“出考”（即书商在考市售书）时的折扣最低，仅八折或九折。

③ 《石印书籍章程草约》，沪档S313-1-119，第1—5页。

④ 《书业公所汇查书底告白》，《申报》1897年3月29日，第6版。

⑤ 《本埠书业公所汇查书底展期告白》，《申报》1897年4月3日，第6版。

值得一提的是，书业公所到此时才正式展开汇查书底的工作，已较《草约》议定的时间延后了数个月。因为《草约》的落款时间是“光绪二十二年八月”，其中又有“定限于十一月初一日为止，不得再有翻印”的规条，同时，公所开始收取月捐的时间也是光绪二十二年十一月。换言之，按照《草约》的设计，到公所开始收取月捐以前，汇查书底的工作应已告成。虽然我们无从知道公所汇查书底的行动为何一再延宕，但是，即如前文所分析，这项工作能否顺利开展，关系公所的组织基础。据表3可知，早期退出公所的绝大部分同业是从光绪二十三年四月开始停缴月捐的（共缴纳月捐1–5元），也就是说，公所在开始收捐五个月以后仍然未能完成汇查书底的工作，很可能就是导致大量同业退出公所的直接原因。

尽管如此，书业公所并没有就此收歇，如前所述，公所至少有“司年”“司月”照付月捐，纵使经费不敷，亦有“鸿文、慎记、鸿宝”三家积极筹垫。不过，据公所月捐细目之记载，慎记书庄、鸿宝分局均是公所缴上等月捐者，他们愿意负起为公所筹集经费的责任并不难理解。鸿文书局既然也长期为公所垫资，在公所的组织中亦应有较重要的地位，可月捐名单中竟然未载，显有蹊跷。查阅《申报》，则1898年7月6日（光绪二十四年五月十八日）英租界会审公廨的一桩翻印案件或可释此疑惑。

该案的原告即鸿文书局，据称，其所刊行的《五经汇解》一书，“于去冬十一月禀蒙道宪批准出示禁止，各书坊不准翻印”。今年二月，发现宝文书局翻印此书，曾向公堂控诉。公堂提讯之后，命令“同业及公所司事清理”。但是，无奈宝文经理杨兆璜“延不清理”，这才有了第二次申诉。[①]报章大段引用了被告的供词，供称：

> （被告杨兆璜）宁波人，在宝文书局执事。所有不准翻印之《五经汇解》一书，去秋由千顷堂、江左书林、纬文阁三书坊来稿，嘱代印一千五百部，至今春二月完竣。非但禁翻时同业并未关照，且出示在代印之后，是以无从清理。求鉴二尹，令交保出外，仍著书局董事协同各同业理处。[②]

可以看到，在该案中，宝文书局只是《五经汇解》一书的代印者，千顷堂、江左书林、纬文阁才是宝文翻印该书的背后主使。值得注意的是，这三个书坊不仅是书业公所的捐助者，并且都是捐款较多的“司年”“司月”。况且，此案早由鸿文书局在二月提告，公堂即令书业公所自行清理，此时宝文书局仍以翻印在官府示禁之前推脱，可见书业公所早已议定的《草约》并未发挥实际作用。而到了1899年初此案再次开庭时，被告杨兆璜竟完全推翻了此前的说法，供称“并未翻过，实被诬控”。[③]

显然，书业公所无法保障鸿文书局的利益，更何况争议就出现在公所的核心圈子里。

---

① 《英界晚堂琐案》，《申报》1898年7月6日，附张。

② 《英界晚堂琐案》，《申报》1898年7月6日，附张。

③ 《英界晚堂琐案》，《申报》1899年1月14日，附张。

因此，有理由相信，曾经为公所垫资的鸿文书局本来就是公所“司年”“司月”中的一员，而这个翻印官司可能就是鸿文书局与公所最终决裂的原因。同时，鸿文书局的退出更加剧了公所经费不足的窘境。不久之后，公所停止收捐、沈静安议租《三续文编》等后事便顺理成章了。

然而，书业公所成立的重要目的之一就是保护同业的书籍免遭翻印，纵使《草约》推行不力，仍有十余家公所司年、司月愿意长期纳捐资助。并且，前述《五经汇解》案中鸿文书局首次提告后，也仍寄望公所介入调解。那么，接下来的问题是，鸿文书局、江左书林、千顷堂、纬文阁等书业公所的核心支持者缘何无法凭借《草约》了断纠纷？《五经汇解》案的被告宝文书局以“翻印”在官府示禁之前推脱在先，径自否认翻印的事实在后，又有什么隐情？这恐怕仍要从鸿文书局《五经汇解》案的案情中寻找答案。

（四）书业公所的立与废

翻阅《申报》即可知道，其实鸿文书局《五经汇解》一案由来已久，早在1894年，该局就曾针对此书被翻印的事件发表名为“鸿文书局原板《五经汇解》”的告白。根据这则告白，该局之《五经汇解》早于1888年夏天就已初版上市，旋于1893年始遭同文、耕余、宝文三家翻印。鸿文此时刊发告白，除了指出该书系该局首创的事实之外，更不厌其烦地列出该局“原板”与各种“翻板”在行格、页数、字数上的不同，强调原板字迹最大、校雠最精，以便顾客在购买时加以区别。[①]

这一事件在当时并没有演成讼案，鸿文指责竞争对手不顾道义、“取巧翻印”的同时，更在于证明“原板”较“翻板”质量更佳。这是因为，在中国书业的传统中，本无所谓“版权”，书商投资一部书，先要自行出资开雕书板，或租借他人书板的使用权，只要书籍所据的书板不同，就无所谓“翻印”。石印书业兴起，石印书的书底便可视为雕版书的书板。因此，若按照这个习惯，只要成书据不同书底印成，亦无所谓翻印。鸿文列举各家书籍的行格、页数、字数各不相同，显然它们是据不同书底制作而成的，虽言“翻印”，亦无可如何。

然而，到1898年鸿文状告宝文的时候，情况已经发生了改变，这时鸿文提出诉讼的理据变成了上海道台蔡钧为该书颁发的翻印禁令。[②]兹将这则签发于1897年12月18日（光绪二十三年十一月二十五日）的禁令照录如下：

> 钦命二品顶戴江南分巡苏松太兵备道蔡为出示谕禁事。据职员凌赓扬在英大马路开设鸿文书局，于光绪十一年（1885）辑印《五经汇解》一书，共二百七十卷，于十四年出书。不料癸巳年（1893）同文、耕余及宝文三书局竟敢先后翻印，旋因美华书

① 《鸿文书局原板石印〈五经汇解〉》，《申报》1894年3月22日，第4版。

② 《英界晚堂琐案》，《申报》1898年7月6日，附张。

馆以博文书局翻印《泰西新史揽要》控于英公堂，提讯认罚；又点石斋王奇英因袖海书局翻印其《经策通纂》亦经指控，均蒙给示严禁。职员因事同一律，援案恳给示谕，俾得永远遵守，并准候查询明确、指名禀究等情到道。查近来各书贾往往翻印他人所著新书，希图射利，迭经示禁在案。据禀前情，事关一律，除批示并分行外，合亟出示谕禁。为此示仰书贾人等一体知悉，嗣后《五经汇解》一书，尔等不得私自翻印、出售渔利，倘敢不遵，一经禀控，定行提究不贷。①

可见，鸿文书局先为《五经汇解》申请示禁，后来又将翻印此书的宝文书局告上法庭，是对美华书局起诉博文书局翻印《泰西新史揽要》、点石斋起诉袖海山房翻印《经策通纂》的模仿。其中，《泰西新史揽要》的"版权"属于广学会，早在光绪二十三年正月，该会就曾通过英国驻沪总领事向上海道台刘麒祥申请了此书的翻印禁令。②并且，尽管这份禁令中并没有出现"版权"的字眼，但是，毫无疑问，这份告示的内容已经包涵了近代版权观念的精神，其目的在于保护"本会"（出版者，即广学会）及"作书人"（印刷者，即美华书馆）的专利。③也正是因为如此，后来美华书馆才能在起诉博文书局的案件中获胜。

此外，点石斋得到印销《经策通纂》专利的具体经过，限于材料，尚无法查明。但1898年，该局为新作《时务通考》申请示禁翻印的告示则说明，这份批准于1898年8月3日（光绪二十四年六月十六日）的公文也是援照"上海所设广学会、益智会暨时务报、实学报馆"等处的案例。④然而，由中国地方官出面为书籍的专卖权利背书并不是那么惯常的做法，但洋人藉此解决翻印问题，确为后来者申请同类禁令提供了依据。⑤

值得注意的是，前文已经提到，书业公所的《草约》中也包含"禁止翻印"的内容。只不过，《草约》将翻印问题的处理方法分作两步，即先以"汇议价目""各归各印，不得私相贱售"的原则解决重复书底的"历史问题"；然后，再禁止重复的"新做书籍"上市。其目的亦是建立一个近代意义上的行业内的"版权同盟"，这恐怕是清末上海书业群体第一次自发维持版权的行动。⑥

因此，有理由相信，包括鸿文书局在内的大批上海书业业者确曾希望通过组织公所厘

---

① 《申禁〔翻〕印》，《申报》1900年5月22日，第4版。

② 《宪事照登》，《申报》1897年3月2日，第3版。

③ 当时《北华捷报》的英文报导则明确使用了上海道台给予广学会的出版物版权保护的说法（"in the jurisdiction of the Shanghai Taotai protected by copyright"）。参见"Results of the War," *North China Herald and Supreme Court and Consular Gazette*, 5 Mar 1897, p. 374.

④ 《示准专利》，《申报》1898年8月10日，第3版。

⑤ 据笔者所见，上海道台刘麒祥还曾于1897年1月26日（光绪二十二年十二月二十四日）颁布禁令，宣布给予广学会委托图书集成局出版的《中东战纪本末》《文学兴国策》两书版权保护，这个禁令较该会为《泰西新史揽要》申请的禁令还要早一个月。参见《广学会严禁翻刻新著书籍告示》，周林、李明山主编：《中国版权史研究文献》，北京：中国方正出版社，1999年，第17页。

⑥ 《石印书籍章程草约》，沪档S313-1-119，第2—3页。

清同业“版权”归属、解决翻印痼疾，进而通过划一的售价体系保障同业的平均利润。换言之，《草约》的制定者确曾考虑到当时书业存在的各类问题，可称法良意美，这也是公所得以建立的前提。只不过，或许公所的组织者的确也高估了“兑货”市场这一实施《草约》的组织基础，而公所创立不久就发生了书底调查不力、同业相继退出的情况，《草约》的条文自然是不易真正落实的。

当然，即便按照《草约》的规定处理，鸿文书局的《五经汇解》一书也并不属于“新做书籍”，而是“各归各印”的“旧书”，这恐怕就是江左等处继续委托宝文加印的理由。但是，不管公所对各家《五经汇解》的处置是否曾经达成一致，抑或径是鸿文书局“出尔反尔”，书业翻印问题的“历史包袱”总归牵扯了太多的实际利益，这就迫使鸿文效法西人，将解决问题的方式由公所转向法庭。如此一来，宝文书局先是承认“翻印”在示禁之后，继而又全盘否定“翻印”的指控，更不足为奇了。

就在鸿文书局《五经汇解》案前后，更多的书业同业开始为其出品申请翻印禁令，其中就包括不少书业公所的成员。例如，向公所缴上等月捐、并曾为公所垫资的慎记书庄刊发在《申报》上的告白，就称“坊间每见新出之书，觊觎翻印”，已到了“难以理喻”的程度，适逢其新书《西政丛书》出版，故援点石斋《经策通纂》案向上海县令要求“示禁翻印”，并将官府的告示抄刊报端。[①]同样，书业公所的另一个资助者醉六堂亦援点石斋《经策通纂》《时务通考》案向上海租界的会审同知申请《西学大成》《庸庵全集》两部书的专卖权。这份告示甚至提到“书业中虽设有公所”，惟“诚恐有人翻印”，仍请给示申禁。[②]另外，粗略翻阅《申报》，还可见到袖海山房为《万国分类时务大成》、飞鸿阁为《续西学大成》、文盛堂为《策学百万卷》《中外时务策府统宗》《皇朝经济文新编》等书向上海道台申请的禁止翻印的告示等。[③]

与此同时，翻印官司亦有愈演愈烈之势。比如，傅兰雅（John Fryer，1839—1928）在为其编译的《格致汇编》《格致须知》等西学书籍申请翻印禁令时，也指控天禄阁、文瑞楼、飞鸿阁、鸿宝斋、祥记、慎记、十万卷楼、藏经史馆和文运书庄等中国书商翻印了他的作品。后来得到上海道台的支持，并勒令翻刻者销毁底本，而这些翻印者超过一半都是书业公所的“司年”“司月”。[④]另如，在书业公所缴纳中等月捐的宏文阁又曾因翻印点石斋《时务通考》涉讼，中西书局亦因翻印文盛堂《中外时务策府统宗》被告，类似的诉讼所在多有，实难绝禁。[⑤]可见，包括书业公所成员在内的大批书业业者纷纷申请翻印禁令

① 上海县正堂黄发布的告示（原文无标题），《申报》1898年6月16日，第4版。

② 《翻刻必究》，《申报》1898年8月3日，第3版。

③ 《示禁翻印》，《申报》1898年9月6日，第4版；《示禁翻印》，《申报》1898年9月9日，附张；《示禁翻印》，《申报》1898年9月11日，附张。

④ 《谕禁翻印格致书籍告示》，《申报》1898年8月29日，第4版。

⑤ 《英界晚堂琐案》，《申报》1898年11月17日，附张；《英界公廨纪事》，《申报》1898年12月12日，附张。

或通过法庭解决翻印纠纷，更何况作为“正人”者的公所司年、司月尚不能“正其身”，其结果是，尽管书业公所通过印书筹集了大量资金，但是，它规管书业的初试终究难以化解中西版权观念转换的阵痛，只得草草收尾。

四、科举制度：清末上海书业发轫的原动力

在重建了崇德公所和书业公所“兴衰立废”的历史之后，笔者将再次检讨其中的一些细节，找出两个公所应对“书局”“版权”等问题时的共性，以便从更为宏观的视角理解书业创办两个公所的初衷、时机和结果，并尝试在文末阐明上海书业发轫时期的总体脉络。在这以前，仍须先对科举制度与发轫时期上海书业的关系稍作说明。

（一）科举制度与上海书业：机遇与局限

上海书业之兴起，归根结底是清末科举制度及其政策演变推动之下的产物。一个重要例证，是本文业已指出的1870年代以来江海关土货书籍出口总量之上下波动与乡试考期的密切关系（图1）。具体而言，在乡试年，上海书籍的出口量总是位于一个波动周期的顶点，相较前一年有明显上升，而乡试结束的翌年则大多下降。值得注意的是，恩科乡试年的出口情况亦保持了和正科年份相同的变化趋势。然而，由于庆榜开行的年份并不固定，故这些数据更进一步坐实了上海书籍出口量之上扬与乡试的相关性。①此外，非乡试年唯一一次书籍出口量上涨的情况出现在1898年，如我们所知，光绪帝在这一年首次下达了废除八股、改试策论以及议开经济常科、特科的上谕，因此，该年书籍出口量之逆势表现显然也与科举考试有关。

要解释此种现象，就必须考虑乡试时空的特殊性。众所周知，一个正常的科举考试周期始于各省学政主持的岁、科试，这类考试以府州为单位，学政随棚就考，规模相对较小。随后是乡、会试，其中乡试通常在各省省城同时举办，与试人数最多、规模最巨，对书业贸易而言，市场也最为集中；会试尽管考试级别最高，但因限于京师一隅，对书业市场的影响始终有限。换言之，乡试年较之非乡试年的出口增幅，其中绝大部分应该是被运往各省的乡试考市的。对于清末的上海书商来说，幸运的是，几乎所有科举大省的省城就

① 光绪时恩科乡试凡五次，分别于元年（1875）、十五年（1889）、十九年（1893）、二十八年（1902）和二十九年（1903）举行，前三科在正科前后加开，后两科则为恩正并行。

是通商口岸，或与通商口岸毗邻，他们可以方便地委托轮船运送大宗货物。[①]那么，即便江海关的贸易统计未涵盖民船贸易的数据，鉴于其中所反映出的上海书籍出口与科举制度内在时空系统的紧密关系，我们几乎可以断定，清末上海书籍出口的主要市场无疑是科举考场，而上海书业在相当程度上就是一种“考试经济”。

当然，上海书商以“考市”为利薮，并不仅限于乡试。中华书局的创始人陆费逵（1886—1941）在回忆清末书业的情况时就曾指出：

> （书业）平时生意不多。大家都注意“赶考”，即某省乡试，某府院考时，各书贾赶去做临时商店，做两三个月生意。应考的人不必说了，当然多少要买点书；就是不应考的人，因为平时买书不易，也趁此时买点书。[②]

这里需要指出的是，陆费氏所言之“临时商店”是相对于一次考试而言的。由于科举体制之下，三年一度的乡会大考之外，更低层级的县、府、院试场期，除去祁寒酷暑，几乎排布全年。从这个角度讲，书商随考就市开设“临时商店”的经营活动更应被视为一种常态。据《申报》记载，不单是江南地区，北至直隶、南至台湾的较低层级的考市，都曾留下上海书商的足迹。[③]另外，近代出版史料中著名的《汴梁卖书记》是1903年上海开明书店的经营者“赶考”会试的记录。[④]由此观之，科举制度不仅为上海书业提供出版内容，各类科举考试的“场”“期”更主导了书业经营活动的空间与时间，可谓塑造上海书业市场形态的决定性因素。

然而，上海书业过度依赖科举市场，亦受到明显的局限。相对于乡试，其他层级的考市不但市场容量无法与其比肩，更为常态化的县、府、院试的考市地点也过于分散，在此种情况下，上海书业的经营者必然愈加重视乡试行情。这不仅导致乡试考市的书籍供给往往远大于需求，书籍的种类和内容也出现严重的同质化问题。也就是说，乡试是一柄双刃剑，书业经营在迎来难得的“利市”同时，亦必须面对更加残酷的同业竞争。因此，从长时段来看，尽管上海书业享有乡试带来的周期性的市场机遇，但同业间循环往复的低水平

① 光绪时历届正科乡试的全国中额约为1500人次，其中顺天、江南、浙江、江西、福建、广东、湖北七处中额最多，占全国总额近60%，其贡院所在地北京、南京、杭州、南昌、福州、广州、武昌均可从上海经轮船运送大宗货物。此外，其余各省不少乡试考场亦位于南北主要通商口岸的“市场圈”内。因此，可以认为当时上海书业的销售网络已可覆盖全国绝大多数乡试考场。参见礼部纂辑：《钦定科场条例》，《近代中国史料丛刊三编》，影印清光绪十三年礼部重修本，台北：文海出版社，1987年，第20、24卷，《乡会试定额》、《捐输加广乡试定额》，第1403—1407、1717—1720页；滨下武志著，高淑娟等译：《中国近代经济史研究：清末海关财政与通商口岸市场圈》，南京：江苏人民出版社，2006年，第382—385页。

② 陆费逵：《六十年来中国之出版业与印刷业》，张静庐辑注：《中国出版史料补编》，北京：中华书局，1957年，第275页。

③ 如《温州试事》，《申报》1884年11月2日，第2版；《鲲身白浪》，《申报》1892年5月31日，第2版；《北通州近闻》，《申报》1896年1月6日，第2版等。

④ 王维泰：《汴梁卖书记》，张静庐辑注：《中国现代出版史料（甲编）》，北京：中华书局，1954年，第403—415页。

竞争却难以激发行业持续发展的活力。这恐怕正是上海书局的数量出现爆发性增长之后十年，上海书籍的出口量却始终维持在一个固定的波动区间内，未能再次出现实质性增长的原因。

（二）科举时空体系之下的书业同业组织：初衷、时机和结果

既然发轫时期的上海书业是科举制度时空体系之下的书业，那么，对两个书业同业组织历史的解读，亦不能脱离这一清末上海书业兴起过程中的总基调。因此，进一步检讨“书局”“版权”等问题在科举主导的书业历史中的意义，就显得十分必要，这将有助于深化我们对两个公所设立的初衷、时机和结果的理解。具体来说，这里要回答的问题包括：为什么到了1880年代中期，上海的书局业已成为传统书坊必须联合的要角？为什么1887年上海书局的数量会出现爆发性的增长？为什么到了1896年，翻印会成为书业如芒在背、亟待解决的难题？为什么直到1897年，广学会才开始为其出版的书籍申请版权保护？等等。

实际上，民营书局之出现，本身就是科举新政刺激之下书业市场增长的一个结果。咸同时期，清廷为了筹集军费，允许地方通过捐纳增广学额的政策，对此后科举制度的实践产生了深远的影响。最为直接的变化是各省生员人数的急剧增加，并且，他们甚至无须参加科试，只要在录遗中获得通过，即可获得乡试的考试资格。加之清末各省学政录送遗才的考试通常相当宽松，“一榜尽赐及第”的情况时常发生。故只要经济条件允许，士子大多不愿放弃秋闱观光的机会。时间愈久，这一政策累积的影响愈深，乡试应考人数的不断增加，导致各省贡院号舍大多不敷使用，特别是同光时期，全国范围内更出现了一股添建贡院号舍的新风潮①。与此同时，人数越多，考试管理的难度就越大。且不论场中考纪难以维持，单就进场搜检一项早已形同具文。考生点名进场的秩序混乱，又为考场夹带大开方便之门，特别是那些小巧易于携带的“洋板书”。因此，从这个角度上说，增广学额的政策间接为书局开辟了新市场。

在上海，这类将先进印刷技术引入书籍商业化生产的新式机构以申报馆为肇始，尽管那时它并未采用“书局”作为牌号。就在该馆创办尚不及一年的时候，已经把铅印的小开本举业书运往南京、杭州、武昌和福州等处的乡试考场（同治癸酉正科，1873），这更可能是上海生产的“洋板书”与古老的科举制度的第一次邂逅。②到1878年，申报馆又附设点石斋，随即开始生产成本更加低廉的石印缩本举业书。③数年之后，日人岸田吟香再携

① 徐世博：《清代贡院号舍添建活动考论》，《近代史研究》2021年第6期。

② 参见申报馆告白（原文无标题），《申报》1873年4月2日，第1版；《本馆告白》，《申报》1873年7月26日，第1版。

③ 沈俊平：《点石斋石印书局及其举业用书的生产活动》，《故宫学术季刊》，第31卷第2期，第101—137页。

东洋雕刻铜版的考试用书来沪，据说适逢壬午正科乡试（1882），因此获利甚巨。[①]另据其后来长期刊登在《申报》上的书目可知，岸田氏开设的乐善堂书局所售书籍亦大都与科举考试有关。[②]当然，这些首开先河者的商业成功很快便招致模仿与竞逐，数年之内，铅印即有机器印书局、著易堂，石印有同文、积山，雕刻铜版则有福瀛书局等。于是，到1880年代中期以前，在各类书局的推动之下，上海书籍的总出口量不仅较之1870年代出现了长足进步，其随乡试考期波动的特点也悄然成形。

不仅如此，利润丰厚的“洋板书”还引起其他行业商人的注目。比如，曾经捐助崇德公所的六合堂、蒋同泰号、长顺晋，他们既不属于书局，也不是传统意义上的书坊，却常常与书局直接交易，抑或投资书局的出版项目，专做科举用书的发行生意。比如，1882年点石斋出版的四书文新选本《增选多宝船时文》，于当年6月10日登报宣告完工在即，十余日之后便由六合堂承买，并另登告白，详列各地售处。[③]据其告白，该书起初在上海本埠同慎长、长源泰贩卖，外地售处则有京都生和泰、南京慎益庄、福州同茂茶栈、广州同慎长、同安麦栏、香港同慎长等。后又增设汉口怡和行、长源泰，杭州万昌烟店、扬州新太钱庄。[④]前面已经提到，1882年是壬午正科乡试举办的年份，而六合堂设立售书处的城市大多为乡试考场所在，且增设售处之举均在农历八月以前，当时正值各省士子赴考之期，该书广告中更有“更妙在置之巾箱中，甚易携带出入，胜前书之繁迭，真有天壤之别”之类的说辞，[⑤]专售场屋的意图相当明显。

据笔者考察，“六合堂”此前从未在《申报》上刊发任何广告，很可能只是一个账目上的名称。而据前述各地售处在《申报》上的记录，上海的同慎长、长源泰皆为往来各个口岸的行商，前者又有广州、香港的分号，其业务范围应该以上海以南沿海航线上的贸易为主；后者则在汉口设有分号，似与其专营长江航线的贸易有关。[⑥]并且，同慎长还长期代办福建“茶捐请奖”事宜，可见它与闽省茶商应有密切关系，而《增选多宝船时文》在福州的发售也由同茂茶栈经手。[⑦]另外，南京慎益庄系一钱庄，[⑧]再加上同安麦栏、怡和

① 《岸田吟香君传》，濑川光行编著：《商海英杰伝》，东京：三益社印刷部，1893年，第27—28页；陈捷：《岸田吟香的乐善堂在中国的图书出版和贩卖活动》，《中国典籍与文化》2005年第3期，第46—59页；赖毓芝：《技术移植与文化选择：岸田吟香与1880年代上海铜版书籍之进口与流通》，黄自进、潘光哲主编：《近代中日关系史新论》，新北：稻乡出版社，2017年，第547—603页。

② 如《上海乐善堂精刻铜版各书发兑价目》，《申报》1885年7月7日，第5版。

③ 《新印缩本〈增选多宝船时文〉出售》，《申报》1882年6月10日，第1版；《告白》，《申报》1882年6月29日，第1版。

④ 《缩本〈增选多宝船时文〉》，《申报》1882年8月14日，第4版；《缩本〈增选多宝船时文〉》，《申报》1882年8月30日，第4版。

⑤ 《新印缩本〈增选多宝船时文〉发售》，《申报》1882年6月28日，第1版。

⑥ 《遗失提单》，《申报》1880年11月14日，第6版；《代客买卖》，《申报》1880年10月15日，第6版等。

⑦ 《茶捐将停》，《申报》1881年2月4日，第6版。

⑧ 《失票》，《申报》1877年12月17日，第6版；《失票》，《申报》1878年10月15日，第7版等。

行、万昌烟店、新太钱庄，可见这整个经营网络竟全部是在书业之外的。

又如，1883年点石斋石印的《四书味根录》又曾“统售”于“华商荷记”，不久，该书的发售处除了申报馆原有的发行网络之外，多了“后马路乾记衖蒋同泰绸庄”。[①]此后几年，蒋同泰号又趸买点石斋出品的《小题文薮》，[②]并陆续经营《小题文薮二集》《小题搭截精华》等多部与岁科小试有关的参考书。[③]再如，同文书局于1885年乙酉正科乡试前出版的《大题文府》《经义宏括》两部书，则“统售于扬州长顺晋”。[④]1886年，点石斋招股出版《佩文韵府》，据称也是“代晋记”而为。[⑤]另据《申报》记载，扬州长顺晋应系一盐号。[⑥]

毫无疑问，新式书局的出现、传统书业之外的商人携资进入书籍营销领域，特别是他们对科举书籍的持续关注，必然会对既有的书坊业经营产生冲击。当然，经营雕版书的传统书坊早已深谙此道。杨丽莹对扫叶山房的研究就表明，自嘉道以来，科举应试读物一直是扫叶山房刊印和发售的主要图书。[⑦]故而，到了1880年代中期，新式书局的商业成功及其引发的书业产销格局的变化，已经成为书坊业者必须正视的问题。尤其是考虑到即将举办的戊子正科乡试（1888）和因光绪帝亲政即将开行的恩科，[⑧]此时，占崇德公所参与者大多数的传统书坊群体通过筹建公所来加强与新式书局的产销联系与合作，其初衷更在于

---

① 《〈四书味根录〉出售》，《申报》1883年5月19日，第1版。

② 《〈小题文薮〉》，《申报》1884年2月25日，第8版。

③ 《石印〈小题文薮二集〉出书》，《申报》1886年3月26日，第5版；《出售石印〈小题搭截精华〉》，《申报》1886年12月7日，第5版。

④ 《〈大题文府〉、〈经艺宏括〉》，《申报》1885年6月20日，第4版。

⑤ 《加价招股石印〈佩文韵府〉告白》，《申报》1886年9月20日，第1版。

⑥ 《戏资助赈》，《申报》1884年3月4日，第3版。此外，另据扬州长顺晋曾多次代扬州“木犀轩大善士”捐款可知，该号应为李盛铎的产业。同时，早期为李盛铎所设蜚英馆石印书局处理代印生意的也是长顺晋号。参见《上海四马路文报局内协赈公所经收赈捐四月下旬清单》，《申报》1887年5月18日，第13版；《文报局内协赈公所琐记十九》，《申报》1887年5月23日，第3版；《蜚英馆石印书籍告白》，《申报》1887年3月13日，第4版等。

⑦ 杨丽莹：《扫叶山房史研究》，第99—104、139—140页。

⑧ 1889年己丑恩科乡试以及转年的庚寅恩科会试系因光绪帝亲政而开。早在1886年7月，慈禧太后就颁布懿旨，决定次年归政，后于1887年2月7日举行光绪帝亲政典礼。清代逢重大国家庆典，例开恩科，因此，此时的上海书商有理由提前为即将开行的恩科乡试做准备。另参见《本馆接奉电音》，《申报》1886年7月20日，第2版；马勇：《慈禧太后归政记》，《决策与信息》2013年第12期，第68—73页。

保障他们在未来市场竞争中的商业利益。①

于是，崇德公所“写捐”之后，即着手推进书坊、书局的合作计划。并且，公所经营的几部书全都是科举用书。亦如公所账簿中所记录的那样，公所在1888年戊子正科乡试之后，大获其利。此后不久，《申报》又刊登了加开恩科的消息。②恰在此时，崇德公所决定加印书籍，借款购屋。

然而，崇德公所之成立，并不能阻止更多投资涌入书局行当。在同样的产业背景之下，1887年，上海书局，特别是成本更低、更契合中国书业生产组织形式的石印书局数量激增，彻底改变了传统书业的面貌。③上海书籍的总出口量随后在1888、1889两个乡试年接连打破历史纪录，正是其结果。书局的大量兴办，无非意在考市，时人即有评论云：

> ……何书卷之多耶？岂昔之人不读书，今之人皆读书耶？实今之人欲不读书，而但钞夹袋耳！故《佩文韵府》《渊鉴类函》倡之于前，《大题文府》《小题渊海》继之于后。一州一县应大小试者，何止数百人，合天下二十省计之，一人一部书而生意大旺矣。加以不通之监生以及未完篇之童子，皆可各挟一部以入试场，而国家遂庆人文之盛。似此灾害之深，实有害甚于淫词、淫画！若仅以买卖之佳而论，固驾乎百货之上也。④

可见，直接导致崇德公所事业由盛转衰的1889年之书业滑铁卢亦不是突然发生的，而是1870年代以来，从新式书局成功进入科举市场到将本求利者疯狂投机，以致产业矛盾不断累积的恶果。由此观之，作为这一事件的亲历者和牺牲品的崇德公所更可谓是“兴也科举、衰也科举”。

① 值得一提的是，同样由扫叶山房于同治年间参与重建的苏州崇德公所就曾以“印书行规”的形式禁止印手在书坊业之外结行，实则是通过遏制书业产销分工，以保障书坊主群体的商业利益。道光年间苏州扫叶山房的主人席元章，即清末上海扫叶山房主人席威之父，参与了此“印书行规”的订立，而席威等人后来重建苏州崇德公所时，亦宣称“一应章程，率循旧规”。可见，面对1880年代以后上海书业产销分工的新趋势，扫叶山房倡立上海书业崇德公所之时，恐怕也借鉴了苏州崇德公所的经验。同时，有零星数据显示，苏州崇德公所重建后，也曾通过苏、申书坊发售铅印本乡试《闱墨》，这与上海崇德公所的经营活动亦颇为相似。参见《崇德公所印书行规碑》（道光二十五年六月二十八日），江苏省博物馆编：《江苏省明清以来碑刻资料选集》，北京：生活·读书·新知三联书店，1959年，第72—73页；《［苏州］重建崇德公所二件》，宋原放主编，汪家熔辑注：《中国出版史料（近代部分）》第3卷，第495—496页；杨丽莹：《扫叶山房史研究》，第145—149页；《江南闱墨发兑》，《申报》1879年11月14日，第6版；《壬午科江南浙江闱墨》，《申报》1882年10月15日，第5版；《壬午科江南闱墨》，《申报》1882年11月8日，第5版等。

② 《本馆接奉电音》，《申报》1889年1月11日，第1版。

③ 有关铅印、石印、雕刻铜版的技术之争，学界已有充分的讨论。参见韩琦、王扬宗：《石印术的传入与兴衰》，上海新四军历史研究会印刷印钞分会编：《装订源流和补遗》，第360页；潘建国：《西洋照相石印术与中国古典小说图像本的近代复兴》，《学术研究》2013年第6期，第127—133页；Christopher A. Reed，*Gutenberg in Shanghai：Chinese Print Capitalism*，1876-1937，pp. 88-90；许静波：《石头记：上海近代石印书业研究（1843—1956）》，第125—136页；赖毓芝：《技术移植与文化选择：岸田吟香与1880年代上海铜版书籍之进口与流通》，黄自进、潘光哲主编：《近代中日关系史新论》，第586—591页；徐世博：《清末科举停罢前的上海“书局”考论》，《文史》2019年第2辑，第223—256页等。

④ 仓山旧主〔袁祖志〕：《论车书之盛》，《申报》1887年9月21日，第1版。

如果说1889年的市场巨变对崇德公所的倡建者来说多少有些措手不及，那么，书业公所之创办则颇具不豫则废的意味。在这以前，上海书业在度过了清末唯一一次乡试年的出口疲软（辛卯正科，1891）之后，逐渐回归正轨。不久之后，他们因祸得福，迎来了新的发展机遇。

甲午战败，创巨痛深，光绪帝下旨求才，尤其提到“究心时务，体用兼备”以及精于“天文、地舆、算法、格致、制造诸学者”，[①]科举考试的内容随之发生新的变化。一方面，在学政主持的地方性考试中，格致、时务等新内容被纳入经古场，作为学政选拔的重要参照。[②]另一方面，1896年秋，翰林院侍讲学士秦绶章奏请乡会试三场“略弛时务之禁”。不久礼部议覆，认为“三场试策，一切时务并无例禁命题明文，嗣后乡会试策问，应准考官兼问时务”，得旨允行。[③]到1897年丁酉正科乡试开考以前，三场将问时务的传闻甚嚣尘上，大量时务策书充斥市场，继而成为当年上海书籍出口量呈现大幅增长的重要推手。[④]不仅如此，戊戌变法期间，光绪帝更先后宣布“废除八股、改试策论”以及议开经济常科、特科，无疑再次加深了书商对利市的期待。前述1898年书业“杭连大缺”“印局大忙”的场景，以及是年不降反升的书籍出口总量正是其真实的写照。

科举考试纳入新内容，为书业市场注入新动力。因此，为了防止价格战的悲剧重演，特别是对书商即将投入重金的西学、时务新书而言，组织公所、厘定行规也就自然成了题中应有之意。然而，防止滥价、禁止翻印绝不是新问题，可见，书业公所的发起者显然已从十年前的教训中得到了某些启示，只是，他们筹建公所的初衷和时机却依然秉持一成不变的“科举思维”。

此外，公所自建立之初就不断发生参与者退出的情况。若仔细考察前后两次“退出潮”出现的时间，便可发现，第一次“司年”“司月”以外的大量同业退出公所，恰在丁酉正科（1897）乡试开考前数月——此时正是上海书商为当年秋季考市筹备新书的关键时期；第二次更多核心参与者退出、公所不得不停止收取月捐改以印书筹集经费的时候，又恰在朝廷确认采纳张之洞科举改革方案之后一个月。[⑤]也就是说，利市之临近无疑再次成为激化同业矛盾的重要诱因。

若认为汇查书底这一维系《草约》机制的基础性工作执行不力，为公所维持“版权”之尝试埋下隐患，那么，包括广学会在内的西人开始藉助官府力量主张版权，继而引发中

---

① 朱寿朋编，张静庐等校点：《光绪朝东华录》，北京：中华书局，1958年，第4册，第3625—3626页。

② 参见徐世博：《清末江苏学政的考试与选拔：以经古考试和南菁书院为中心》，《中国文化研究所学报》第66期，2018年1月，第179—202页。

③ 《礼部议覆整顿各省书院折》，舒新城编：《中国近代教育史资料》，北京：人民教育出版社，1981年，上册，第72—74册。

④ 孙青：《引渡“新知”的特殊津梁：清末射策新学选本初探》，《近代史研究》2013年第5期，第89—92页。

⑤ 光绪帝批准张之洞的科举改革方案，时在光绪二十四年六月初一。参见朱寿朋编，张静庐等校点：《光绪朝东华录》第4册，第4137—4141页。

国书商争相效仿，则确乎是压倒骆驼的最后一根稻草。然而，西人此时主张版权的举动亦与科举考试有关。例如，广学会在为《泰西新史揽要》等书申请版权保护以前，就曾于《申报》刊登告白称：

今年以来，各省岁科考场、各处书院兼考时务策论，视制艺、诗赋为尤重。广学会新著《中东战纪本末》八卷，凡泰西新政之可作掌故者，精心考订，言皆有物，实与去年所译之《泰西新史揽要》同属投时利器。应试诸君奉为蓝本，大可名利双收，而其价只一圆五角，廉莫甚焉。广学会新译《文学兴国策》两卷，凡泰西学校中之良法美意，胪列无遗。场中如考新学，舍此无以运典，每部两角，廉之又廉。①

到了1897年，广学会重印《中东战纪本末》并发行其《续编》的时候，更直言“今礼部议准，乡会试策问、岁科试经古皆兼时务题目”，甚至将“时务”说成是这些考试的必考题目了。②与此同时，广学会的售书收入自1896年亦开始出现连续的大幅增长，1896年（5899.92元）达到前一年（2000余元）的近三倍之多，1897年再达成近三倍增长（15 456.27元），而到了1902年科举改制最终落地，该项收入更达到43 548.92元。③可见，科举新政也为西人著作的畅销提供了舞台，而声请版权保护不过是他们开始直接参与科举书籍市场竞争之结果。

同样，无论是鸿文书局于戊子正科（1888）开始印行，后于癸巳恩科（1893）始遭同文、畊余、宝文等处“翻印”的《五经汇解》，还是公所租印的《三续文编》，以及其他中西书商或声明禁止翻印、或因翻印涉讼的所有书籍，都是科举考试的参考书。由此观之，书业公所的历史所折射出的，相当程度上又是科举主导书业历史的另一个侧面，因此，书业公所亦可谓是“立也科举、废也科举”。

五、结语

清末上海书业之兴起是中国近代书业的开端。本文从清末上海最早的，也是科举停罢以前上海仅有的两个书业同业组织入手，一方面利用档案和报刊资料，重建前人研究中所忽略的崇德公所和书业公所的历史；另一方面，则希望藉助行业组织演变的微观视角，透析科举与书业之关系，乃至发轫时期上海书业发展的整体脉络。

文章认为，尽管两个公所“创而未建”“旋立旋废”，但是，梳理它们的史实可知，上海书业在1880年代中、1890年代末分别经历了生产方式、生产内容的两次巨变，两个公所正是书业面对变局的因应之道——前者旨在联络书坊和书局以顺应书业产销分工的新趋

① 《考试时务场中必备翻刻必究》，《申报》1896年6月30日，第1版。

② 《新著〈中东战纪本末续编〉每部七角》，《申报》1897年4月15日，第1版。

③ 梁元生：《林乐知在华事业与〈万国公报〉》，香港：香港中文大学出版社，1978年，第105页。

势；后者则意在规管书业乱象，解决滥价和翻印痼疾。同时，本文对两个公所的分析更要证明，科举制度及其政策演变是近代上海书业兴起的原始驱动力，科举书籍不仅是清末上海书业市场最重要的出版内容，科举制度之时空体系更是塑造书业市场形态的决定性因素。正是因为如此，对科举书籍的重视就不单是某个书商出于商业策略的考虑，更形成了一种根据科举考试时空和内容组织生产和营销活动的“科举思维”，且为大多数书业业者主动实行。非此，上海书业生产方式、生产内容之“变”，便不会如此剧烈、迅速地成为书业亟须面对的问题。

崇德公所和书业公所不啻为阐释清末科举制度主导书业历史的两个典型案例。两个公所之“兴衰立废”从未跳脱书业经营的“科举思维”——其初衷均是为了保障参与者在科举书籍市场竞争中的利益，时机均恰在利市到来之前，其结果更明显是受到书业长期依赖科举书籍单一市场的局限所致。要之，科举制度的影响如此之深，不但决定了发轫时期上海书业的市场特征、经营策略，甚至决定了书业行业社会演进的方向及其收效。1905年秋，科举制度停罢，上海书业赖以维系的制度安排不复存在，随之而来的是，书业市场由考市转向新式学堂，主要市场需求也从科举书变为教科书。此后不到一年，上海又出现了两个新的书业同业组织——书业商会[①]和书业公所，[②]它们所反映出的后科举时代上海书业的新变化，是有待另外深入讨论的问题。

① 1905年冬初，俞仲还等在三马路望平街创立上海书业商会。参见《本会之成立》，《图书月报》第1期，1906年7月，第25页。

② 1906年6月15日，席子佩等又于英租界小花园创立上海书业公所。参见《书业公所成立》，《申报》1906年6月16日，第17版。

谭嗣同与墨家思想

张永春

在中国近代史上，谭嗣同并非一流的思想家。他的生命不过三十三岁，出现在维新变法运动的历史舞台上才三四年时间，就如彗星般陨落。谭嗣同的思想，典型体现了晚清“学问饥荒”时期（梁启超语）中西糅合、驳杂不纯的时代特征。其思想构成，既包括中国传统的儒、墨、道，又包含佛教华严宗、唯识宗的“三界唯心”思想，也有西方近代自然社会科学知识及基督教观念。[①]谭氏言行对后世主要有两方面深远的影响：一是维新变法运动失败后，以身相殉，践履了“摩顶放踵，以利天下”的献身精神，为后来革命者所膜拜仿效；一是对传统君主制度和纲常名教的激烈批判意识，开启了五四运动批判传统之途。[②]而这两方面内容，都或多或少与墨家思想相关，故学人论及谭氏，都会谈及其思想行为中的墨学来源。如李泽厚就指出，“中国民主思想传统尤其是墨子兼爱和王船山的民族民主学说，和西方自然科学知识，在谭思想渊源中起了重要的良好作用。”[③]更有学者宣称，“他（谭嗣同）的行为处事、人生态度、侠义精神、学术渊源，无不本之于墨学，宗之于墨学。他的乌托邦社会理想及现实中所屡遭的挫折，亦与其宗奉的墨家侠义精神及学术思想有密切关系。”[④]将谭氏言行完全本之于墨学，实失之偏颇，比如其为人所称道的

① 谭氏曾开列一张治学书单，详尽地反映了他思想来源的多样与驳杂：“凡为仁学者，于佛书当通《华严》及心宗相宗之书，于西书当通《新约》及算学格致社会学之书，于中国当通《易》《春秋公羊传》《论语》《礼记》《孟子》《庄子》《墨子》《史记》，及陶渊明、周茂叔、张横渠、陆子、王阳明、王船山、黄黎州之书。”谭嗣同：《仁学》，载蔡尚思、方行编：《谭嗣同全集》（增订本），北京：中华书局，1981年第1版，1998年重印，第293页。

② 戊戌变法运动失败后，康有为的“保皇会”把谭氏塑造成为救“圣主”而献身的忠臣形象，以作勤王运动的号召。反清革命志士如陈天华、邹容、章太炎、黄兴等人则将谭氏视为反清革命的同志，大肆倡导《仁学》中反对异族统治和君主专制的内容，推崇其敢于流血牺牲的烈士精神，以鼓舞革命者的斗志。五四知识分子也从谭氏身上汲取冲决罗网的精神，用以批判传统的纲常伦理，杨昌济就十分推崇谭嗣同的仁学，称许其对封建伦理的尖锐批评。受杨的影响，毛泽东、蔡和森等新民学会会员研读《仁学》和王夫之的著作成为一种时尚（参阅李锐：《毛泽东同志的初期革命活动》，北京：中国青年出版社，1959年，第19—22页）。故烈士精神和批判意识乃后人眼中谭氏的历史形象应大致不错。关于后者，钱穆氏也曾讲，“晚近以来，学术思想之路益狭，而纲常名教之缚益严，然未有敢正面对而施呵斥者；有之，自复生始也。”（参阅氏著：《中国近三百年学术史》下册，北京：商务印书馆，1997年，第740页）

③ 李泽厚：《谭嗣同研究》，载《中国近代思想史论》（修订本），合肥：安徽文艺出版社，1994年，第186—187页。

④ 李禹阶：《谭嗣同的墨侠精神与墨家思想》，《重庆师范学院学报》（哲学社会科学版）1991年第3期。

"赴汤蹈火、死不旋踵"的侠义精神，墨家之外，大乘佛教的影响亦为重要因素。[①]因此，厘清谭氏思想构成中的墨家因素及与其它思想间的关联，有助于更好地把握其思想在晚清历史上的特殊含义，并进一步透视墨学在晚清社会中的影响。

一、摩顶放踵之志

事实上，谭嗣同在近世"任侠"形象的形成，梁启超厥功至伟。谭氏就义后几个月，梁启超即在《清议报》上刊载了谭嗣同的第一篇传记，称其"好任侠，善剑术"，并勾勒其思想演变的大致脉络：

> 少年曾为考据笺注金石刻镂诗古文辞之学，亦好谈中国古兵法；三十岁以后，悉弃去，究心泰西天算格致政治历史之学，皆有心得。又究心教宗，当君之与余初相见也，极推崇耶氏兼爱之教，而不知有佛，不知有孔子；既而闻南海先生所发明《易》《春秋》之义，穷大同太平之条理，体乾元统天之精义，则大服；又闻《华严》性海之说，而悟世界无量，无人无我，无去无住，无垢无净，舍救人外更无他事之理；闻相宗识浪之说，而悟众生根器无量，故说法无量，种种差别，与圆性无碍之理，则益大服。[②]

梁启超将谭嗣同思想的发展分为前后两期，应离事实不远，但过于强调三十岁后西学、康有为今文经学及佛教的影响。即以其与墨家思想的关联看，谭嗣同接触并赞许墨学，在三十岁前就已开始，而且与其早年的生活经历、传统学术的影响有关。

据《谭嗣同年谱》记载，谭嗣同开始读《墨子》是在十九岁，即1883年。[③]根据他后来的追述，他对墨学的兴趣主要集中在两方面：一是"格致之学"，一是"任侠"思想。[④]前者明显受西学的启发，但他大量阅读西学书籍是在1890年前后，即其父谭继洵于1889年12月被任命为湖北巡抚后居住武昌期间。当时真正使他心动的恐怕是墨学中豪迈洒脱、重诺轻死的"任侠"思想，因为这种思想与其性格有契合之处。在同篇追述文章中，谭嗣同述说了少时备受庶母欺压给他带来的思想影响："吾自少至壮，遍遭纲伦之厄，涵泳其苦，殆非生人所能任受，濒死累矣，而卒不死。由是益轻其生命，以为块然躯壳，除利人

① 谭氏"仁学"，唯物倾向的"以太"以外，唯心倾向的"心力"为另一重要概念，如其认为，"夫心力最大者，无不可为。"而增强心力的办法，"莫若开一讲求心之学派，专治佛家所谓愿力，英士乌特亨立所谓治心免病法。"又说，"心力之实体，莫大于慈悲。慈悲则我视人平等，而我以无畏；人视我平等，而人亦以无畏。……无畏有五，曰：无畏死，无恶名畏，无不活畏，无恶道畏，乃至无大众威德畏。而非慈悲无以造之。"［谭嗣同：《仁学》，载《谭嗣同全集》（增订本），第357页］由此可见，谭氏平等思想、视死如归的献身精神，并不单纯与墨家有关。

② 梁启超：《谭嗣同传》，蔡尚思、方行编：《谭嗣同全集》（增订本），第556—557页。此文原载《清议报》第四册《戊戌变法记》第五篇，光绪二十四年十二月十一日（公元1899年1月22日）出版。

③ 杨廷福：《谭嗣同年谱》，北京：人民出版社，1957年，第42页。

④ 谭嗣同：《仁学·自叙》，蔡尚思、方行编：《谭嗣同全集》（增订本），第289页。

之外，复何足惜。深念高望，私怀墨子摩顶放踵之志矣。”这种嫡母早逝、常为庶母所欺的经历，对于天资卓绝而又充满浪漫主义气质的谭嗣同而言，既埋下了日后抨击传统纲常伦理的种子，也培育了他豪迈洒脱、悲天悯人的情怀，而此类情怀，成为他后来推崇孔、耶、佛教的重要因素，并由此赞许墨家无差等的兼爱观。[①]

我们目前缺乏足够的资料来证实谭嗣同读《墨子》时的真实感受和体认，只能从他早年的言行中找出二者间的可能性关联。钱基博先生说谭嗣同“于时方为驰骋不羁之文，讲南宋永康之学，抵掌而谈，奇策纷纭。自以究天之奥，握霸王之略也。自是往来于直隶、河南、陕西、甘肃、湖南、湖北、江苏、安徽、浙江、台湾等省，咨风土，结豪杰。”[②]大致而言，有三点特质影响到谭嗣同对墨学的接受：对下层民众的同情之心；豪迈的性格及经世之志。

自幼起，谭嗣同即显露出丰富的情感和过人的文学天赋，写下了大量沉郁而感情四溢的诗词。这其中，不乏饱含社会同情心和正义感的作品。如他二十四岁旅行时写的《六盘山转饷谣》透露出对下层民众的同情与关怀：“马足蹩，车轴折，人蹉跌，山岌嶫，朔雁一声天雨雪。舆夫舆夫，尔勿嗔官，仅用尔力，尔胡不肯竭？而不思车中累累物，东南万户之膏血。呜呼！车中累累物，东南万户之膏血！”[③]当时正值同治中兴后不久，曾国藩、左宗棠等湘军将领的功绩为湘中子弟所慕，欲袭以博功名，独嗣同不以为然，认为湘军杀人如麻，是为不仁：“湘军其衰矣。狃于积胜之势，士乃嚣然喜言兵事，人颇牧而家孙吴，其朴拙坚苦之概，习俗沾溉，且日以趋于薄。读圣人书而芜其本图，以杀人为学，是何不仁之圣乎？”[④]其仁者之心，实与墨家悲天悯民的济世情怀无异。而谭嗣同性格中另一突出特征是他的豪迈侠义之风。其《与沈小沂书》称：“嗣同弱娴技击，身手尚便，长弓弄矢，尤乐驰骋。往客河西，尝于隆冬朔雪，挟一骑兵，间道疾驰，凡七昼夜，行千六百里。”[⑤]游历各地时，又喜与下层会党交往，结交豪杰之士。据说谭在天津时，为了解下层的秘密团体，特地加入“在理教”，而其与大刀王五的交往更是广为人知。[⑥]

至于谭嗣同讲求经世的思想，与晚清盛行的经世致用思潮尤其是湖湘地区的经世传统有关。湖湘地区自宋以降即为程朱理学重镇，即便在清代考据之学风行天下时，义理、经济之学依旧为士人所重。[⑦]道光年间，魏源所辑《皇朝经世文编》在当地十分流行，“三湘

① 关于谭氏“宗教心灵”的形成，张灏在《烈士精神与批判意识：谭嗣同思想的分析》一文中有精彩的阐述，参阅氏著，桂林：广西师范大学出版社，2004年，第37—43页。

② 钱基博著，傅道彬点校：《近百年湖南学风》（含《经学通志》），北京：中国人民大学出版社，2004年，第86页。

③ 谭嗣同：《六盘山转饷谣》，《莽苍苍斋诗卷第一》，蔡尚思、方行编：《谭嗣同全集》（增订本），第67页。

④ 钱基博著，傅道彬点校：《近百年湖南学风》（含《经学通志》），第87页。

⑤ 谭嗣同：《与沈小沂书》，蔡尚思、方行编：《谭嗣同全集》（增订本），第4页。

⑥ 李泽厚：《谭嗣同研究》，载《中国近代思想史论》（修订本），第180页。

⑦ 关于湖南理学经世思想的传衍，钱基博于《近百年湖南学风》一书中论述甚详，参阅氏著，第3—7页。

学人，诵习成风，士皆有用世之志”。[1]谭嗣同早年老师中，欧阳中鹄和刘人熙极为景仰王夫之和北宋理学家张载，对谭氏思想影响很大，据说他二十六岁时曾作《王志》，自谓“私淑船山”，次年又作《张子正蒙·参两篇补注》。[2]王夫之著作在晚清由曾国藩等人整理出版并大力提倡后，其所特别强调的“实学”（即“致用之学”）为晚清士人所熟知。尤其是王夫之阐述的“器体道用”思想、对人欲的肯定和反清观念，后来在谭嗣同的《仁学》中均有迹可循。除此之外，王夫之吸取老庄辩证思想，在相对主义认识论的基础上对儒墨之争持宽容态度。他说：“夫其所谓是非者，岂是非哉？彼此而已矣。……两相排而益引其绪，以相因而生，则立此而彼方生，使无此而彼不足以生矣。故有儒而后有墨兴，有墨而后儒之说盛。”[3]而张载在《正蒙·西铭》篇中所表达出的仁礼冲突的内在性及对墨子兼爱观的隐晦赞同或许对谭嗣同接受墨家思想有着更深的影响。《正蒙》为张载一生思想的结晶，《西铭》原为《正蒙·乾称》篇的首段，张载曾把它抄出，贴在学堂西侧，题为《订顽》。二程（程颐、程颢）对之极为推崇，将之单独成篇，命为《西铭》，成为理学的重要文献。二程对《正蒙》有所批评而对《西铭》推崇备至，从中可见张载与二程间的差异。[4]事实上，《西铭》和《正蒙》全书一样，包含了一些矛盾的思想。如关于仁礼关系，即有互相交融的表述，也不乏互相冲突的观点。而张载立论，承袭孟子哲学中神秘主义的倾向，加以推衍，强调“万物一体”，难免产生破除亲疏贵贱，导向兼爱的观念，从而与孟子强调的由己及人但亲疏等差有别的仁爱观相异。比如张载在《正蒙·诚明》篇中就说过“爱必兼爱”的话：“性者，万物之一源，非有我之得私也。惟大人为能尽其道。是故立必俱立，知必周知，爱必兼爱，成不独成。彼自蔽塞而不知顺吾理者，则必未如之何矣。”故程门弟子说张载《西铭》所述之“爱”与墨家“兼爱”并无区别，恐非无稽之谈。虽然后来二程及朱熹援佛家“月印万川”之理以“理一分殊”的模式强调《西铭》的原意是“等差之爱”，从而彰显了张载思想中与孟子相一致的观念，[5]但《西铭》篇中潜藏的“兼爱”观念仍然保存下来，并有随时演化为对墨家兼爱认同的趋向。谭嗣同所著《张子正蒙·参两篇补注》已遗失，但从他此时的豪迈侠义的济世情怀来看，他吸收《西铭》潜藏的“兼爱”观到接受墨家关于无等差之爱的思想并非不可能。这实际上成为《仁学》一书中以墨家“兼爱”沟通儒家之仁、佛教慈悲和耶教博爱的重要基础。

查考谭嗣同关于墨家的言论，多见于《仁学》，早年谈墨惟见撰于1886年《治言》中的一段文字，且从传统的夷夏关系立论：

---

① 黄濬：《花随人圣庵摭忆》，上海：上海古籍出版社，1983年，第200页。

② 杨廷福：《谭嗣同年谱》，第56—57页，第59—60页。

③ 王夫之：《读通鉴论·齐郁林王》，转引自罗检秋：《近代诸子学与文化思潮》，北京：中国社会科学出版社，1998年，第12页。

④ 龚杰：《张载评传》，南京：南京大学出版社，1996年，第228—243页。

⑤ 冯友兰：《中国哲学史》下册，上海：华东师范大学出版社，2000年，第235—236页。

世之言夷狄者，谓其教出于墨，故兼利而非斗，好学而博不异。其生也勤，其死也薄，节用故析秋毫之利，尚鬼故崇地狱之说。戛戛日造于新，而毁古之礼乐。其俗工巧善制器，制器不离乎规矩。景教之十字架，矩也，墨道也，运之则规也。……故其教出于墨，乃今则不惟是也。出于墨，自其朔而言之也。其出而为治，不惟是也。其出而为治，罚必而赏信，刻覈而寡恩，暴敛而横征，苛法而断刑，君臣以形名相责，而父子不相亲，奋厉桓拨以空其国于佳兵。是昔之夷狄，墨家之夷狄也；今之夷狄，法家之夷狄也。墨家之学出于夏，忠也；法家之学出于商，质也，而又继之以靡丽。故曰：由忠而质，且向乎文也。且向乎文，则亦且向乎文胜而质不存。文胜而质不存，则其衰也。[①]

《治言》乃谭氏早年撰写的第一篇文章，甲午之前，谭氏虽在1890年前后开始接触西学，但整体思想与一般保守的士大夫并无二致。[②]《治言》的核心在于强调，面对西方夷狄的威胁并不足惧，只要发挥中国之道（纲常伦理）就可应付，达致“怀柔远人”之目的。故此段文字以西学与墨学相比附，一方面说古之夷狄（实指西方、西学）立国之道源于墨家，另一方面又强调今昔有别，墨家思想在西方已发生变异：“昔之夷狄，墨家之夷狄也；今之夷狄，法家之夷狄也。”墨学在西方的演化过程，实则遵循由“忠”而“质”并最终到“文”的过程（即谭氏心目中由夏到商而归于周的历史演化顺序），从而论证了夷狄最终归附于华夏的必然性和周代“文治教化”、儒家伦理具有柔服夷狄的功效。[③]这段文字没有涉及对墨学尤其是墨家兼爱观的评价，或许与这篇文章的立论有关。随着现实的刺激及对西学看法的改变，其早年性格中与墨家相契合处及所受张载等人影响的思想因子才会促使他从全新的角度审视墨家思想并进而加以推崇。

甲午战后，谭嗣同思想大变，诚如他自己所言，三十年前所学都是旧学，三十年后所学都是新学，“三十年适在甲午，地球全势忽变，嗣同学术更大变。”[④]所谓新学，对谭氏而言，包括对西学的全新看法，对康有为今文经学观点、对大乘佛教的接受。这些内容构成了《仁学》的主体，也是谭嗣同融入墨家思想的基础。

关于西学与佛学对谭嗣同的影响，学界似无争议，而于康谭间的思想传承关系，无论

① 谭嗣同：《治言》，蔡尚思、方行编：《谭嗣同全集》（增订本），第233页。

② 如其认为华夏居中，周围皆夷狄：“立乎华夏而言，自而北而西，或左或右或后，三方环以拱者皆夷狄也，其南空阔泱漭，而落落以肴列于前者，皆禽兽也。”他还认为，当时中国面临的最大的问题是“夷狄率禽兽以凭陵乎华夏”，但并不足畏，“今之中国犹昔之中国也，今之夷狄之情，尤昔之夷狄之情也。立中国之道，得夷狄之情，而驾驭柔服之，方因事会以为变通，而道之不可变者，虽百世而如操左券。”他此时所谓“道”，就是三纲五常。在他看来，依靠这个道，就足以应付夷狄之祸，其心态与倭仁、徐桐等保守派并没有太大差别。参阅氏著：《治言》，蔡尚思、方行编：《谭嗣同全集》（增订本），第232页、第236页。

③ 谭氏后来接受康有为今文经学观点后，于儒家经典极推崇《周礼》而不是《公羊春秋》，是与康有为相异处，细究其因，恐更多受早年教育的影响。

④ 谭嗣同：《与唐黻丞书》，载蔡尚思、方行编：《谭嗣同全集》（增订本），第259页。

当时，还是后来，说法不一。康梁师徒强调谭嗣同受康有为影响很深，[①]梁启超说《仁学》构成，乃将西方科学、佛教和今文经学思想融为一体："嗣同幼治算学，颇深造，亦尝尽读所谓'格致'类之译书，将当时所能有之科学知识，尽量应用。又治佛教之'唯识宗''华严宗'，用以为思想之基础，而通之以科学。又用今文经学'太平''大同'之义，以为'世法'之极轨，而通之于佛教。"[②]钱穆氏也说《仁学》的思想来自于康有为《大同书》："则《仁学》者，实无异于《大同书》也。大同即仁之境界，冲决罗网，即《大同书》之破除九界。……九界尽去，尚无人、禽之别，何论三纲五常？"[③]张灏则认为，康有为对谭嗣同思想的影响并不像后来所宣传的那么大，其在与康梁交往前，就已经具备了与之相同的思想基础，如变法思想、如托古改制思想等。[④]而李泽厚更强调谭氏思想构成的多样性。从谭嗣同在《仁学》开篇所列治学书单看，至少包含多方面来源：西方科技知识和中国反传统反世俗权威的传统思想（如《孟子》、《史记》、陶渊明、黄梨洲）；反抗等级制度、追求平等、强调主观精神的思想（如庄子、墨子、佛学）；而《易》《公羊传》《论语》《礼记》等书则是与"托古改制""变法"有关的基本著作（谭氏托古改制思想，更多本之于《周礼》，与康氏相异）。[⑤]现在看来，此说应基本符合实情。

故从谭氏思想来源及构成看，其对墨家思想的推崇是因为墨家的天志明鬼、兼爱、尚贤尚同观念及济世精神大多与维新思想家们所宣传的平等博爱、民权思想相契合，故成为《仁学》庞杂思想体系中的重要组成部分。

二、大同理想与墨家兼爱

谭嗣同《仁学》，核心是"仁"的内容及如何达致"仁"的境界。仁之基本内容是"通"，即"中外通"（即通学、通政、通教，全面学习西方）、"上下通"（即兴民权，反对君民上下悬隔）、"男女内外通"（即男女平等反对礼教）、"人我通"（即自由平等博爱），

---

① 梁启超《谭嗣同传》谈及与谭氏交往时说："自甲午战事后，……时南海先生方倡强学会于北京及上海，天下志士，走集应和之。君乃自湖南溯江，下上海，游京师，将以谒先生，而先生适归广东，不获见。余方在京师强学会任记纂之役，始与君相见，语以南海讲学之宗旨，经世之条理，则感动大喜跃，自称私淑弟子，自是学识更日益进。"康有为《六哀诗》之四也说，"（嗣同）闻吾谈《春秋》，三世志太平，其道终于仁，乃服孔教精。"载蔡尚思、方行编：《谭嗣同全集》（增订本），第553页、第558页。

② 梁启超：《清代学术概论》，北京：东方出版社，1996年，第83页。

③ 钱穆：《中国近三百年学术史》下册，第749页。

④ 张灏：《烈士精神与批判意识：谭嗣同思想的分析》，第2页、第47—50页。

⑤ 李泽厚：《谭嗣同研究》，载《中国近代思想史论》（修订本），第188页。

即，谭氏心目中的平等、博爱、统一、和谐的大同之治。[①]缘此，谭氏倡导冲决罗网之说，以实现“循环无端，道通为一”的境界。此为谭嗣同抨击纲常名教的出发点，也是其推崇儒、佛、耶、墨诸家思想的基础。在他看来，儒、佛、耶三教是实现仁的途径，而墨家则是沟通其中的桥梁：

> 言仁者不可不知元，而其功用可极于无。能为仁之元而神于无者有三：曰佛、曰孔、曰耶。佛能统孔、耶，而孔与耶仁同，所以仁不同。能调燮联融于孔与耶之间，则曰墨。周秦学者必曰孔、墨，孔、墨诚仁之一宗也。惟其尚俭非乐，似未足进于大同。然既标兼爱之旨，则其病亦足相消，盖兼爱则人我如一，初非如世之专以尚俭非乐苦人也。故墨之尚俭非乐，自足与其兼爱相消，犹天元代数之以正负相消，无所于爱焉。[②]

此处论及墨学，有数点可注意者。其一，以墨学兼爱沟通耶、孔，为实现仁的途径。这种思想明显受康有为的启发。在康氏眼中，真似耶稣的唯有墨子。如“西学本于墨子”；“墨子颇似耶稣，能死，能救人，能俭”；“墨子之学胜于老子，西法之立影、倒影，元朝始考出，墨子已先言之”；“墨子之学悍极，颇似耶稣”；[③]“墨子之学，与泰西之学相似。所以邹特夫先生云：‘墨子之教流于泰西，其中多言尊天、明鬼之说’。”[④]谭嗣同认为墨家能沟通孔、耶，不仅在于其“天志、明鬼”的宗教性主张，主要是其兼爱平等观与孔、耶、佛相近：“三教不同，同于变；变不同，同于平等。”《仁学》思想体系中，以太、心力为“通”的重要工具，“仁以通为第一义。以太也，电也，心力也，皆指出所以通之具。”而“以太”显于用，孔子称之为“仁”“元”“性”；墨子称之为“兼爱”；佛教称之为“性海”“慈悲”；耶教称之为“灵魂”“爱人如己”“视敌如友”。[⑤]故均有相通之处。

其二，倡导宗教救世，说“能为仁之元而神于无者有三：曰佛、曰孔、曰耶”，而当复兴孔教。这一观念与康有为推崇孔教之意一脉相承，梁启超曾为文揭诸乃师复原孔教之深意曰：“然以为生于中国，当先救中国；欲救中国，不可不因中国人之历史习惯而利导之。又以为中国人公德缺乏，团体涣散，将不可以立于大地；欲从而统一之，非择一举国人所同戴而诚服者，则不足以结合其感情，而光大其本性。于是乎以孔教复原为第一着

---

① 谭嗣同：《仁学》，载蔡尚思、方行编：《谭嗣同全集》（增订本），第291—293页。揆诸谭氏“仁”之内容，实本于康有为大同学说，故钱穆氏“《仁学》者，实无异于《大同书》也”的说法应符合事实。梁启超也说《仁学》乃发挥康有为大同之旨：“将以光大南海之宗旨，会通世界圣哲之心法，以救全世界之众生也。南海之教学者曰：‘以求仁为宗旨，以大同为条理，以救中国为下手，以杀身破家为究竟。’《仁学》者，即发挥此语之书也。”（梁启超《仁学序》，《谭嗣同全集》，第373页）纵观《仁学》全书，主题思想大致不差。

② 谭嗣同：《仁学·自序》，载蔡尚思、方行编：《谭嗣同全集》（增订本），第289页。

③ 《万木草堂口说》（一八九六年），载《康有为全集》，第二集，上海：上海古籍出版社，1990年，第364—367页。

④ 张伯桢：《康南海先生讲学记》，载《康有为全集》，第二集，第238页。

⑤ 谭嗣同：《仁学》，载蔡尚思、方行编：《谭嗣同全集》（增订本），第334页、第291—294页。

手。”[①]受此影响，谭嗣同极力主张宗教救世，认为孔教、耶教的流行是到达仁之境界的必然阶段。他认为，在“学”“政”“教”三项救世内容中，教最难也最为重要：“教能包政、学，而政、学不能包教。”虽然大同之治是无教，但在此之前，教不可少：“有恶劣之众生，而后有神圣之教主，不愿众生之终于恶劣，故亦不愿教主之长为神圣，此推穷治理，必以无教为极致矣。孔子曰：‘天下有道，丘不与易也。’孟子曰：‘予岂好辩哉？予不得已也。’夫教主之出现，诚不幸而遇于不得已焉耳。”[②]在佛、孔、耶三教之中，谭嗣同最为推崇佛教，认为佛教的理想乃大同之治：“夫大同之治，不独父其父，不独子其子；父子平等，更何有于君臣。举凡独夫民贼所为一切钳制束缚之名，皆无得而加诸，而佛遂以独高于群教之上。”但三教兴盛的顺序是：“佛教大矣，孔次之，耶为小。小者先行，次宜及孔，卒乃及佛。”现今耶教已经昌明，“孔教亦将引厥绪焉，而佛教仍晦盲如故。”[③]故孔教当兴。秦汉之后孔门真学亡佚乃康有为今文经学的主要观点之一，谭嗣同受此启发，认为荀学兴而孔教亡，“方孔之初立教也，黜古学，改今制，废君统，倡民主，变不平等为平等，亦汲汲然动矣。岂谓为荀学者，乃尽亡其精义，而泥其粗迹，反授君主以莫大之权，使得挟持一孔教以制天下！”[④]谭嗣同在维新运动时期与梁启超、夏曾佑等人倡导排荀，激烈抨击儒家纲常伦理，与这一认识不无关系。在此基础上，他畅言要复兴包括孔门真学、墨学在内的古学：“学术可变乎？亦曰复古而已矣。”“三代学者，亦皆有所专习，切近而平实。自秦变去古法，学术亦与之俱变，渐无复所谓实学，而今则滋甚。”[⑤]

其三，关于孔墨关系，谭嗣同虽然不认同墨家的尚俭非乐主张，但认为其在兼爱平等观上与孔学有相通之处，“孔、墨诚仁之一宗也。”他强调先秦诸子和儒家一样，均出自孔子：“绝大素王之学术，开于孔子。……儒家本是孔教中之一门……后世专以儒家为儒，其余有用之学，俱摒诸儒外，遂使吾儒之量反形狭隘，而周秦诸子之蓬蓬勃勃，为孔门支派者，一概视为异端，以自诬其教主。”在这些被视为异端的孔门支派中，就有“任侠而兼格致”的墨家。而且先秦诸子有孔门先哲之遗意，不可偏废：“先圣之遗言遗法，尤莫备于周秦古子，后世百家九流，虽充斥肆宇，卒未有能过之者也。”并表示自己即怀有墨家救世之志：“自惟年来挟一摩顶放踵之志，抱持公理平等之说，长号索偶，百计以求伸，至为墨翟、禽滑釐、宋径之徒之强聒不舍。”[⑥]“诸子出于孔门说”乃典型的今文经学观点。如康有为引《汉书·艺文志》《淮南子》诸书，说：“墨子学儒者之业，受孔子之术。

① 梁启超：《南海康先生传》，载夏晓虹编：《追忆康有为》，北京：中国广播电视出版社，1997年，第12页。

② 谭嗣同：《仁学》，载蔡尚思、方行编：《谭嗣同全集》（增订本），第369页、第370—371页。

③ 谭嗣同：《仁学》，载蔡尚思、方行编：《谭嗣同全集》（增订本），第333—335页。

④ 谭嗣同：《仁学》，载蔡尚思、方行编：《谭嗣同全集》（增订本），第337页。

⑤ 谭嗣同：《报贝元征》，载蔡尚思、方行编：《谭嗣同全集》（增订本），第217页。

⑥ 谭嗣同：《论今日西学与中国古学：第二次讲义》、《与唐绂丞书》，载蔡尚思、方行编：《谭嗣同全集》（增订本），第399页、第265—266页。

以为其礼繁扰而不悦，厚葬靡财而贫民，复伤身而害事，故背周道而用夏政。”[①]又说“墨子内称文子，是子夏弟子，疑墨子是孔子三传弟子。《淮南子》言墨子学孔子之道，是墨子后来畔道而自为教主也。”[②]而且，康有为虽推崇墨家兼爱及救世精神，但认为其尚俭主张难行：“孔子尚中，而墨子太俭。天下惟中可以立教，偏则不可与治天下。墨子尚俭，其道太苦，其行难为，虽有兼爱之长，究不可以治万世。墨子休矣！”[③]这些看法显然对谭嗣同有所影响。

因是之故，针对历来儒家末流专主“体魄”为教，说墨子之兼爱是乱亲疏的说法，谭嗣同辩护道：

> 呜呼！墨子何尝乱亲疏哉！亲疏者，体魄乃有之。从而有之，则从而乱之。若夫不生不灭之以太，通天地万物人我为一身，复何亲疏之有？亲疏且无，何况于乱？不达于此，反诋墨学，彼乌知惟兼爱一语为能超出体魄之上而独任灵魂，墨学中之最合以太者也。不能超体魄而生亲疏，亲疏生分别。分别亲疏，则有礼之名。自礼明亲疏，而亲疏于是乎大乱。……礼与伦常皆原于仁，而其究也，可以至于大不仁，则泥于体魄之为害大矣哉。

此处“体魄”，指中外之分、男女之界、等级亲疏等妨碍实现“道通为一”境界的各种罗网，其中，儒家的礼教即属此类。所谓“灵魂”，即超越了各种界限珍域，达到“通天地万物、人我为一身”境界，趋向平等的精神道德力量，“通则必遵灵魂；平等则体魄可为灵魂。”[④]墨家兼爱为其中典型。其对儒家纲常名教和墨家兼爱的一抑一扬，昭然若揭。

谭嗣同认为，墨有两派：“一曰‘任侠’，吾所谓仁也，在汉有党锢，在宋有永嘉，略得其一体；一曰‘格致’，吾所谓学也，在秦有《吕览》，在汉有《淮南》，各识其偏端。仁而学，学而仁，今之士其勿为高远哉！”[⑤]“汉之党锢”即顾炎武所言舍身赴义、兼爱济世的牺牲精神：“（东汉）尊崇节义，敦厉名实，所举用者，莫非经明行修之人，而风俗为之一变。至其末造，朝政昏浊，国事日非，而党锢之流，独行之辈，依仁蹈义，舍命不渝，风雨如晦，鸡鸣不已。”[⑥]谭氏以之与任侠相比照，正是为了强调墨家兼爱，具有兼利天下、正大无私的献身精神，足以达致孔门“仁”之境界。宋代永嘉学派的代表人物叶适、陈亮等人针对程朱理学空谈心性之弊，倡导经世致用，谭嗣同以之与“任侠”相喻，反映了他的淑世主义济世情怀。至于谈到墨家“格致”，与谭氏对中国学习西方以图自强

① 康有为：《孔子改制考卷二·周末诸子并起创教考》，载《康有为全集》，第三集，第28页。
② 《万木草堂口说》（一八九六年），载《康有为全集》，第二集，第357页。
③ 《万木草堂口说》（一八九六年），载《康有为全集》，第二集，第252页。
④ 谭嗣同：《仁学》，载蔡尚思、方行编：《谭嗣同全集》（增订本），第312页、第291页。
⑤ 谭嗣同：《仁学·自序》，载蔡尚思、方行编：《谭嗣同全集》（增订本），第289页。
⑥ 顾炎武著，黄汝成集释：《日知录集释》，卷十三，《两汉风俗》，长沙：岳麓书社，1994年，第469页。

的认识相关。在他看来，“学”“政”“教”乃保国图强的基本内容。“学不一，精格致乃为实际；政不一，兴民权乃为实际；至于教则最难言，中外各有所囿，莫能折衷，殆非佛无能统一之矣。”而进学之次第，以学为先，政务次之，最后乃教。其中以教最为重要：“教不行则政敝，政敝则学亡。故言政言学，苟不言教，则等于无用，其政术学术，亦或反为杀人之具。”但作为面临亡国灭种之际的中国而言，最急迫的，乃是“学”：“然而求保国之急效，又莫捷于学矣。”[①]从而将墨家格致之学提升到救亡图存的高度。

除上述对墨家的推崇外，谭嗣同还援引墨家思想，以抨击中国传统的纲常名教，这其中，据墨家尚同尚贤思想抨击中国传统的君权制度尤为典型。谭嗣同认为，像中国这样的弱国，求存之道，“莫若张胆明目，代其革政，废其所谓君主，而择其国之贤明者，为之民主，如墨子所谓‘选天下之贤者，立为天子’，俾人人自主，有以图存。”[②]在这里，谭嗣同显然发挥了墨家举贤为君、立为天子的思想。《墨子·尚同》篇里谈到，“古者民始生未有刑政之时，盖其语‘人异义’。是以一人则一义，二人则二义，十人则十义，其人兹众，其所谓义者亦兹众，”从而造成天下的混乱。面对这种乱相，“夫明虖天下之所以乱者，生于无政长。是故选天下之贤可者，立以为天子。天子立，以其力为不足，又选择天下之贤可者，置立之以为三公。天子三公既以立，以天下为博大，远国异土之民、是非利害之辩，不可一二而明知，故划分万国，立诸侯国君。诸侯国君既已立，以其力为未足，又选择其国之贤可者，置立之以为正长。”[③]在此，《墨子》描绘了上古之世人们推举贤能，立为天子、诸侯、三公及正长的过程。谭嗣同亦借此表达了对三代之后君民关系变异的失望及对目前君主专制政体的不满。在他的眼中，三代之后代表名教的三纲，实际上是对真正孔门之学的歪曲，为祸中国甚烈。如其抨击君权，说历代君主，“其所以待官待士待农待工待商者，繁其条例，降其等衰，多为之网罟，故侵其权，使其前跋后疐，牵制万状，力倦筋疲，末由自振，卒老死于奔走艰蹇，而生人之气，索然俱尽。……君主之祸，所以烈矣。”并说“君臣之祸亟，而父子、夫妇之伦遂各以名势相制为当然矣。此皆三纲之名之为害也。”[④]以此为基础，谭嗣同明确地表达了他对于君民关系的新看法：

> 生民之初，本无所谓君臣，则皆民也。民不能相治，亦不暇治，于是共举一民为君。夫曰共举之，则非君择民，而民择君也。夫曰共举之，则其分际又非甚远于民，而不下侪于民也。夫曰共举之，则因有民而后有君；君末也，民本也。天下无有因末而累及本者，亦岂可因君而累及民哉？夫曰共举之，则且必可共废之。君也者，为民办事者也；臣也者，助办民事者也。赋税之取于民，所以为办民事之资也。[⑤]

① 谭嗣同：《仁学》，载蔡尚思、方行编：《谭嗣同全集》（增订本），第354—355页。
② 谭嗣同：《仁学》，载蔡尚思、方行编：《谭嗣同全集》（增订本），第358—359页。
③ 孙启治点校，孙诒让撰：《墨子间诂》，北京：中华书局，2001年，第74—75页。
④ 谭嗣同：《仁学》，载蔡尚思、方行编：《谭嗣同全集》（增订本），第347—348页。
⑤ 谭嗣同：《仁学》，载蔡尚思、方行编：《谭嗣同全集》（增订本），第339页。

谭嗣同此处谈及的“民本君末”思想，已经完全突破了孟子带有等级色彩的“民为本、社稷次之，君为轻”的思想框架，而具有卢梭《契约论》中所表达的“主权在民”的思想含义。正如梁启超所言，“《仁学》下篇，多政治谈。……彼辈当时，并卢骚《民约论》之名亦未梦见，而理想多与暗合，盖非思想解放之效不及此。”[①]至此，谭氏有效地将墨家尚贤尚同思想与近代西方的民权思想联系起来，为当时民权思想的宣传找到了传统的理论依据。

三、逸与归

20世纪初，熟谙西方哲学的王国维曾论及康有为、谭嗣同为代表的维新新学，认为前者的《孔子改制考》《春秋董氏学》，后者的《仁学》乃受西洋学说之影响，以改造古代之学说，在晚清思想界有足够的影响力。并评论说：

> （康）氏以元统天之说，大有泛神论之臭味，其崇拜孔子也颇模仿基督教，其以预言者自居，又居然抱默罕默德之野心也。其震人耳目之处，在脱数千年思想之束缚，而易以西洋已失势力之迷信，此其学问上之事业，不得不与其政治上之企图同归于失败者也。……（谭）氏之说，则出于上海教会中所译之治心免病法，其形而上学之以太说，半唯物论半神秘论也。人之读此书者，其兴味不在此等幼稚之形而上学，而在其政治上之意见。（谭）氏此书之目的，亦在此而不在彼，固与南海（康）氏同也。[②]

王国维乃20世纪初众多倡导学术独立的学者之一，并不认同道咸以降“以经术缘饰政论”的维新新学，[③]但还是肯定康、谭二人思想上的一致性及在思想界的巨大影响力。因此，我们看待谭嗣同的墨学观，应从思想而非学术的角度着手。

如前所述，谭嗣同援引墨家思想批判儒家纲常名教，是基于两点认识：孔门仁学自秦汉之后为名教所乱，已失去原有本意；孔、墨均为仁之一宗，其平等兼爱思想乃通达大同之治的途径。因此，以墨学沟通耶、孔、佛，复原孔教，乃《仁学》所表现出来的基本诉求。至于谭氏舍身取义，以利天下的“任侠”精神，墨家思想的影响外，宗教尤其是佛教精神的熏陶也应视为重要因素。如其所言，“西人之喜动，其坚忍不挠，以救世为心之耶教使然也。又岂惟耶教，孔教固然矣；佛教尤甚。曰‘威力’，曰‘奋迅’，曰‘勇猛’，

① 梁启超：《清代学术概论》，第85页。

② 王国维：《论近年之学术界》，载傅杰编校：《王国维论学集》，北京：中国社会科学出版社，1997年，第213页。

③ 在《论近年之学术界》中，王国维强调说，“未有不视学术为一目的而能发达者，学术之发达，存于其独立而已。然则吾国今日之学术界，一面当破中外之见，而一面勿以为政论之手段，则庶可有发达之日欤！”在学术与政治的关系上，他更欣赏“其忧世之深，有过于龚（自珍）、魏（源）；而择术之慎，不后于戴（震）、钱（大昕）”的为学之道。参阅氏著：《沈乙庵先生七十寿序》，载傅杰编校：《王国维论学集》，第402页。

曰‘大无畏’，曰‘大雄’。”[①]谭嗣同撰写《仁学》时，正值居金陵与杨文会交往密切、醉心佛学的阶段，故在其著述中，佛学痕迹极为明显。杨文会偏重于相宗和华严宗，强调经典研究之外，更要注重精神的实践，即以舍身以利天下的精神相倡导。这种思想深深影响到谭嗣同的行为取向，自不待言。

谭嗣同对儒家纲常伦理的激烈批判，实际上是对康有为偏于激进的大同思想大加发挥的结果，其核心是否定三纲、攻击名教。自此，否定三纲成为一种历史潮流，最终演化为五四时期的“打倒孔家店”高潮，从而真正瓦解了传统儒学的正统地位。但和五四知识分子的全面批判传统有异，谭嗣同并非全盘否定儒家的思想，而是有所取舍。比如，对于儒家五伦之中的朋友之伦，谭氏就赞赏有加：“五伦中于人生最无弊而有益，无纤毫之苦，有淡水之乐，其惟朋友乎。”因为朋友之伦，讲究平等、自由。[②]具体到对墨家的看法上，谭嗣同一面肯定孔墨“诚仁之一宗”，有相通之处，一面又强调墨出于孔，且“其尚俭非乐，似未足进于大同。”这类看法，与五四知识分子对墨家的推崇和对儒家的激烈批判无法相提并论，即便与20世纪初刘师培、章太炎等国粹学派平视孔墨的做法相比较，也远远不如。张灏即认为，谭嗣同的思想比较接近与五四针锋相对的新儒家心态，“新儒家从熊十力到今天的牟宗三和唐君毅在阐扬儒学时，对于以三纲为核心的礼教，虽不一定公开排斥，至少有意无意地贬低其重要性。他们所特别强调的是以仁为首的儒家精神价值。他们的心灵，也和谭嗣同一样，带有浓厚的宗教意识，而与五四的自然主义和主知主义的心态迥异其趣。”[③]实为不刊之论。

（原载《安徽史学》2012年第6期）

① 谭嗣同：《仁学》，载蔡尚思、方行编：《谭嗣同全集》（增订本），第321页。

② 谭嗣同：《仁学》，载蔡尚思、方行编：《谭嗣同全集》（增订本），第349—350页。

③ 张灏：《烈士精神与批判意识：谭嗣同思想的分析》，第94页。

1840年澳门版《意拾喻言》成书与出版问题丛考

赵利峰

澳门是明清时期中西文化交流中最重要的一座桥头堡。世界上最古老的寓言集《伊索寓言》，最早便是从澳门这个孔道，由明末来华的耶稣会士利玛窦等人传入中国内地的。据说利玛窦入华北上时，随身携带的书籍中就有《伊索寓言》。[①]其后，利玛窦所著的《畸人十篇》和庞迪我的《七克》中，都曾引用过《伊索寓言》，以为传教证道之用。1625年，比利时耶稣会士金尼阁口授、中国天主教徒张赓笔传的《况义》在西安刊刻，这是第一种《伊索寓言》的汉译本，其中正编收录寓言22则，补编为16则。

1840年，由Sloth（即Robert Thom，罗伯聃）和他的中文教师Mun Mooy Seen-Shang（蒙昧先生）合作完成的《意拾喻言》在澳门的《The Canton Press（广州周报）》报社出版，《意拾喻言》是《伊索寓言》继《况义》之后的第二种汉译本，也是第一种中英文对照本，共收录寓言82则。

1903年，严培南、严璩（严复之子）口译，林纾笔述的《伊索寓言》，由上海商务印书馆出版印行，此版本共收录寓言298则，这是当时收录数量最为完整的一部《伊索寓言》汉译本。

脍炙人口的《伊索寓言》最终在中国变得耳熟能详，家喻户晓，可以说主要得益于这三次汉译。在《伊索寓言》传华的过程中的，前两次都与澳门有着密切的关系，其中尤以在澳门出版的《意拾喻言》最为关键。虽然学界对《伊索寓言》传华的相关研究论著数量已有不少，但是，有关《意拾喻言》成书出版的来龙去脉等具体情况，迄今仍有一些模糊不清的地方，本文就此作一考述，以求正于方家。

一、1840年6月16日在澳门出版的《意拾喻言》

《意拾喻言》系由《广州周报》报社（The Canton Press Office）于1840年在澳门出版。《广州周报》1835年创刊于广州，受颠地洋行（Dent & Co.）的资助，出版人和主编先是

① 〔法〕裴化行著，管震湖译：《利玛窦评传（上）》，北京：商务印书馆，1993年，第214页。

W. H. Franklyn，后为Edmund Moller，是当时在华的三种英文报刊之一。[①]1839年6月初，因钦差大臣林则徐广东禁烟，中英关系日趋紧张，《广州周报》被迫迁往澳门。[②]之所以将《意拾喻言》称之为1840年澳门版《伊索寓言》，缘由即在于此。

《意拾喻言》出版后，1840年6月20日的《广州周报》在"English News"栏中登载了一篇新闻对此书作了简要介绍。这篇文章的大致内容稍后即被收入林则徐所组织编译的《澳门新闻纸》中，书名被译为《依湿杂记》，这是《意拾喻言》一书在中文史料中出现的最早记载："《依湿杂记》原系士罗所译转之唤咭唎字，今在本礼拜内印出为中国字，可为学中国字唤咭唎人所用。所差者乃因为此次系初试，以中国人之木板，会合唤咭唎活字版，而同印在一篇纸上，所以不见得甚好，然在后来再陆续细心印之。"《广州周报》在报导中还全文引述了该书的英文序言："数百年前，在我等国中初用唤咭唎言语之时，有一和尚将唤咭唎同讷体那言语同印在一篇纸上，而我等现作出之杂说，亦仿其法。此书中之言语，皆系中国人之言语文字，少用虚字浮文。……于一千八百三十七、三十八两年当此书初出之时，中国人甚赞美之，后又入之官府手内，官府因见其中所说之事，多有刺他们之恶规矩，遂出令禁止之。"[③]

同一时期的《中国丛报》对《伊索寓言》的这个汉译本也作了较为详细的报导。据该报第九卷第四期（1840年8月）介绍，"Esop' s Fables"于1840年由《广州周报》报社印刷出版，中文撰者是Mun Mooy seenshang（蒙昧先生），他的学生Sloth（懒惰生）[④]负责编译工作。书中附有意译和直译两种英文形式。报导随后还揭示了"懒惰生"的真实身份："'Solth'，一个不太适用于我们这位不知疲倦的编者的古怪名称，通过出版以现在这种形式（笔者注：即中英文对照）编排的'Esop' s Fables'，又给我们提供了一个向侨居中国的外国人推荐学习中文的机会。汤姆先生（Mr. Thom），正如我们大多数读者所知道的，是一位英国商人，来华已有五六个年头，一直在广州怡和洋行（Messrs. Jardine，Matheson & Co.）从事商业活动。"其间，在雇主渣甸（Jardine）、马地臣（Matheson）等人的资助下，坚持不懈地学习中文。汤姆先生把他的这部作品称为"在一个长时期的中文学习后所收获的第一批成果"[⑤]。

---

① 另外两种为《广州纪录报》（Canton Register，英商马地臣等人于1827年在广州创办）和《中国丛报》（Chinese Repository，美国传教士裨治文于1832年在广州创办）。参见Frank H. H. King，Prescott Clarke：A Research Guide to China-coast Newspapers 1822-1911，Harvard University Press，1965，pp.46-47，p.42.

② 《广州周报》在广州刊行至1839年6月1日（总第195号），之后迁往澳门，1839年7月6日在澳门恢复出版（总第196号）。报社地址起初设在澳门的"Pe do Monte"（葡语意为山脚下，疑是指澳门主教山脚下的英国东印度公司旧址，即澳门十六柱）。

③ 《林则徐全集》第十册〈译编卷〉，福州：海峡文艺出版社，2002年，第5062—5063页；英文原文参见The Canton Press，Vol.5，No.38，Macao，Saturday，June 20th 1840，No.246.

④ 学界一般将Mun Mooy seenshang和他的学生Sloth译为"蒙昧先生"和"懒惰生"。参见戈宝权：《清代中译〈伊索寓言〉史话》，载《中外文学因缘——戈宝权比较文学论文集》，北京：北京出版社，1992年，第437页。

⑤ The Chinese Repository，Vol. 9，No. 4，Aug. 1840，p. 201.

汤姆全名Robert Thom（中文名为罗伯聃），[①]据其在中文序言中称，编译此书的缘由是“盖吾大英及诸外国欲习汉文者，苦于不得其门而入，即如先儒马礼逊所作《华英字典》，固属最要之书，然亦仅通字义而已；至于词章句读，并无可考之书。”有鉴于此，罗伯聃才编译了这样一种中英文对照的“Esop's Fables”，“俾学者预先知其情节，然后持此细心玩索，渐次可通”。他还希望学习者能将此书“长置案头，不时玩习”，并深信通过阅读这种以中英文对照形式编排的故事，学习者一定会学有所得，“未有不浩然而自得者”，“诚为汉道之梯航”。可见，这本中英文对照的读物撰著的初衷，就是帮助有志于学习中文的外国人以这种新颖的方式掌握中文，从而达到能读懂中文，甚或能“执笔成文”。[②]

《中国丛报》还介绍了《意拾喻言》的编排版式和内容梗概，“该书正文共104页：每页分三列——汉语居中，右侧是其官话和广东话的两种拼音文本，左侧为其英文译本，有直译和意译两种形式。这部集古希腊寓言家、蒙昧先生和其门人懒惰生三人智能的作品，精选寓言81则（实为82则）[③]，既有趣又能予人教益，因此有助于学习中文者掌握这门语言。”[④]该书收录的伊索寓言故事，据罗伯聃在书中的英文序言中说，是他在不同的时候先用中国官话口述给他的中文老师“蒙昧先生”，再由这位“蒙昧先生”用当时使用的“杂录体”书写出来的。[⑤]

在前述1840年6月20日的《广州周报》中，除了《意拾喻言》在本周内出版的消息外，同时还登载有该书的售书广告：“待售：《广州周报》报社，《意拾喻言》，中文，附有意译和直译两种英文形式，‘Sloth’著，每册售价2元。”而在《意拾喻言》出版的前一周，6月13日的《广州周报》也登有一则售书广告，内容如下：《意拾喻言》，中文版，附有意译和直译两种英文形式，“Sloth”著，将于下周二在《广州周报》报社出版，四开本，售价2元。[⑥]据此，可推断出《意拾喻言》的出版日期为1840年6月16日星期二。

《意拾喻言》的印数多少，并没有很详细的材料说明，但从《广州周报》长期登载的广告来看，应当有一定的数量。《广州周报》一直断断续续地刊有《意拾喻言》的售书广

---

① Robert Thom，1807年在英国的格拉斯哥（Glasgow）出生，于1834年来华。罗伯聃极具语言天分，除中文外，对拉丁文、希腊文、法文、西班牙文亦颇为精通。其著述除了《意拾喻言（Esop's Fables）》外，还有《*Wang Keaou Lwan Pin Neen Chang Han or The lasting resentment of Miss Keaon Lwan; a Chinese tale*（王娇鸾百年长恨）》《*Chinese and English Vocabulary*（华英通用杂话）》《*The Chinese Speaker*（正音撮要）》等。鸦片战争爆发后，罗伯聃以翻译身份随英军在广东、厦门、舟山、镇海和澳门等地活动。1844年，被任命为首任英国驻宁波领事。1846年9月在任地逝世，终年39岁。关于罗伯聃生平，详见*The Chinese Repository*，Vol.16，No.5，May 1847，pp. 242-245. David Thom，Dialogues on universal salvation，and topics connected therewith，London：H. K. Lewis，1847，pp.vi-xxx.

② 《意拾喻言》中文“叙”。Esop's fables（意拾喻言），written in Chinese by the learned Mun Mooy Seen-Shang，and compiled in their present form (with a free and a literal translation) by Sloth，Canton Press Office，1840.

③ 《意拾喻言》实际共收录寓言82则，第31这个号码被重复使用。参见《意拾喻言》英文目录。

④ The Chinese Repository，Vol. 9，No. 4，Aug. 1840，p.201.

⑤ The Chinese Repository，Vol. 9，No.4，Aug. 1840，p.203；《意拾喻言》的“Preface”部分。

⑥ The Canton Press，Vol.5，No.38，Macao，Saturday，June 13th 1840，No.245.

告，直至该报停刊的前一周（《广州周报》1844年3月30日总第443期发布停刊声明），即倒数第二期第442号。①《意拾喻言》一书，流传甚广。据搜寻检索，英美等国的图书馆皆有该版本收藏，本文所用的为谷歌数字化版本，现藏瑞士沃州州立图书馆（Lausanne，洛桑），封面上有1843年罗伯聃哥哥Davis Thom的赠与签名。

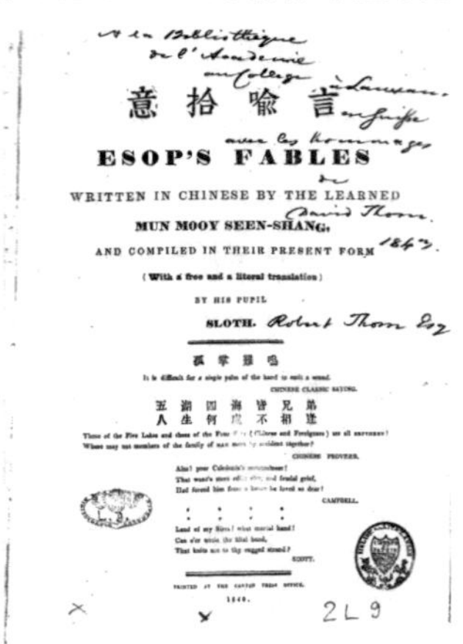
意 拾 喩 言

ESOP'S FABLES

WRITTEN IN CHINESE BY THE LEARNED

MUN MOOY SEEN-SHANG,

AND COMPILED IN THEIR PRESENT FORM

(With a free and a literal translation)

BY HIS PUPIL

SLOTH.

PRINTED AT THE CANTON PRESS OFFICE.

1840.

图一 《意拾喻言》封面

在《意拾喻言》的封面上写有英文“由博学的蒙昧先生用中文撰写，再经他的门生懒惰生编成现在的形式（附有意译的和逐字直译的译文）”字样；除了“意拾喻言”四个汉字之外，还有一个成语（Chinese Classic Saying）“孤掌难鸣”，一句谚语（Chinese Proverb）“五洲四海皆兄弟，人生何处不相逢”。《意拾喻言》是一本四开本（29cm）的横排书，由献辞（1页）；勘误（1页）；英文序言、英中文化交流的历史情况（3页）；绪论（19页）；评论用罗马字母拼写汉字的方式（6页）；英文目录（2页）；叙与介绍伊索生平的意拾喻言小引（3页，中英文对照）；参考及说明（1页）；正文（104页，包括注释1页）组成。其中在“绪论”部分，罗伯聃介绍了汉字的“六书”、字体、中文文体以及汉语文章中所使用的虚字。曾任第二任香港总督（1844—1848）的德庇时（John Francis Davis），也是著名的汉学家，称这一部分对汉语学习极其有帮助，其中传达了许多关于汉字和汉语语法方面的知识。②当时法国著名汉学家儒莲（Stanislas Julien）也给予了高度评价，并说在欧洲学习中国语言的任何人，都应该人手一本。③

二、《意拾喻言》所选底本及其编著方法

《意拾喻言》所选底本，罗伯聃在英文序言中并没有交代参考了何种版本，只是说所

① The Canton Press，Vol.9，No.13，Macao，Saturday，March 30th 1844，No.443.

② John Francis Davis，Chinese Miscellanies：A Collection of Essays and Notes，London：J. Murray，1865，p.60.

③ The Monthly magazine，or，British register，Vol.VI. London：Printed for Richard Phillips，1841，p.505.

选内容来自伊索寓言。据《中国丛报》的报导称，《意拾喻言》是依据1692年罗杰爵士（Sir Roger L' Estrange）的《伊索寓言》版本编选的。①罗杰爵士所编著的《伊索寓言》是英文版的经典之作，文辞优美，篇幅凝炼，总共收录寓言500则，曾经先后多次重版，影响深远，距罗伯聃时间最近的是1738年版本。

通过阅读该书，并与《意拾喻言》比对，可见两书中所选寓言的顺序大致相同，内容长短大体相当，文中的情节安排也比较类似。比如罗杰爵士所编著的《伊索寓言》第1篇“A Cock and a Diamond”与《意拾喻言》的第二篇“鸡公珍珠”（The Cock and the Precious-stone），内容情节完全一致，只不过根据语境作了稍微调整，将钻石换成了宝石，并译为中国人喜好且熟知的珍珠。第3篇“A Wolf and A Lamb”与《意拾喻言》的第一篇“豺烹羊”（The Wolf and the Lamb），第5篇“A Lion and A Bear”与《意拾喻言》的第三篇“狮熊争食”（The Lion and the Bear contending for the spoil），第6篇“A Dog and A Shadow”与《意拾喻言》的第五篇“犬影”，第8篇“A Countryman and A Snake”与《意拾喻言》的第九篇“农夫救蛇”（The Countryman and the Snake），第9篇“A Wolf and A Crane”与《意拾喻言》的第七篇“豺求白雀（鹤）”（The Wolf and the Stork），等等，亦是如此。

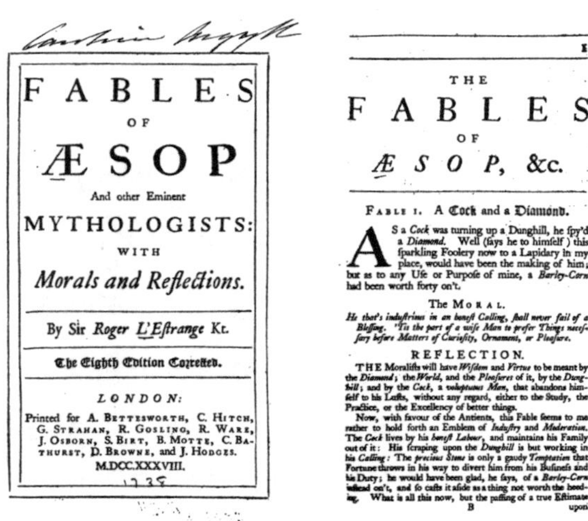

FABLES
OF
ÆSOP
And other Eminent
MYTHOLOGISTS:
WITH
Morals and Reflections.

By Sir *Roger L'Eſtrange* Kt.

The Eighth Edition Corrected.

LONDON:
Printed for A. Bettesworth, C. Hitch, G. Strahan, R. Gosling, R. Ware, J. Osborn, S. Birt, B. Motte, C. Bathurst, D. Browne, and J. Hodges.
M.DCC.XXXVIII.

1

THE
FABLES
OF
ÆSOP, &c.

Fable I. A Cock and a Diamond.

AS a *Cock* was turning up a Dunghill, he ſpy'd a *Diamond.* Well (ſays he to himſelf) this ſparkling Foolery now to a Lapidary in my place, would have been the making of him; but as to any Uſe or Purpoſe of mine, a *Barley-Corn* had been worth forty on't.

The Moral.

He that's induſtrious in an honeſt Calling, ſhall never fail of a Bleſſing. 'Tis the part of a wiſe Man to prefer Things neceſſary before Matters of Curioſity, Ornament, or Pleaſure.

REFLECTION.

THE Moraliſts will have *Wiſdom* and *Virtue* to be meant by the *Diamond*; the *World*, and the *Pleaſures* of it, by the *Dunghill*; and by the *Cock*, a *voluptuous Man*, that abandons himſelf to his Luſts, without any regard, either to the Study, the Practice, or the Excellency of better things.

Now, with favour of the Antients, this Fable ſeems to me rather to hold forth an Emblem of *Induſtry* and *Moderation*. The *Cock* lives by his *honeſt Labour*, and maintains his Family out of it: His ſcraping upon the *Dunghill* is but working in his *Calling*: The *precious Stone* is only a gaudy *Temptation* that Fortune throws in his way to divert him from his Buſineſs and his Duty; he would have been glad, he ſays, of a *Barley-Corn* inſtead on't, and ſo caſts it aſide as a thing not worth the heeding. What is all this now, but the paſſing of a true Eſtimate

B upon

图二　1738年版本《伊索寓言》的封面与第一则寓言“公鸡和钻石”

罗伯聃在择取罗杰爵士著述的过程中，并非原文照录，而是根据中国的文化情境，对寓言编排的前后顺序作了更动，一些不便于中国人理解的寓言则被删除舍弃。如其中第247篇“Hen and Golden Eggs”（母鸡和金蛋），被编排至《意拾喻言》中靠前的第四篇，并改为“鹅生金蛋”（The Goose that laid the Golden Eggs）。这则寓言，罗伯聃自言曾用来与中国官员辩论，并将后者驳斥的哑口无言。第2篇“A Cat and a Cock”讲述的是关于猫找借

① The Chinese Repository，Vol.7，No.6，Oct. 1838，p.335. Sir Roger L' Estrange的《伊索寓言》为经典之作，曾经多次重版，距罗伯聃时间最近的版本是1738年。Roger L' Estrange，Fables of Aesop and Other Eminent Mythologists; with Morals and Reflections，The 8th ed. Corrected. London：Printed for A. Bettesworth，C. Hitch，G. Strahan，R. Gosling，R. Ware，J. Osborn，S. Birt，B. Motte，C. Bathurst，D. Browne，and J. Hodges，1738.

口吃公鸡的故事，情节有点类此“狼和小羊”，而远没有后者生动。加之，在中西文化中，猫的善恶意象大不相同，因此并未收入《意拾喻言》之中。

至于《意拾喻言》编著体例与形式，罗伯聃说他是仿照英国人学习拉丁文的一种版本，即“有一和尚将嘆咭唎同讷体那言语同印在一篇纸上”，进而采用中英文对照这一形式，以用来学习汉语。据此推测，1732年英国拉丁文教师科拉克（H. Clarke）将拉丁语和英文合璧，以便初学者学习拉丁文的《伊索寓言》版本，极有可能就是他参考借鉴的范本。该书收录寓言202则，正文左边为拉丁文，右边是英文的逐字对译。①科拉克的这本书先后多次重版，是当时英国人学习拉丁文的入门常用书。另外，科拉克可能是同样参考了罗杰爵士所编著的《伊索寓言》，在寓言内容方面，与《意拾喻言》也有诸多近似之处。比如科拉克编选的《伊索寓言》中的第一篇寓言是“公鸡和宝石”，第二篇为“犬影”，第三篇为“豺求白鹤”，第四篇为“农夫救蛇”。罗伯聃精通拉丁语，对这一版本的体例与形式应当有所认知，甚或相当熟悉。

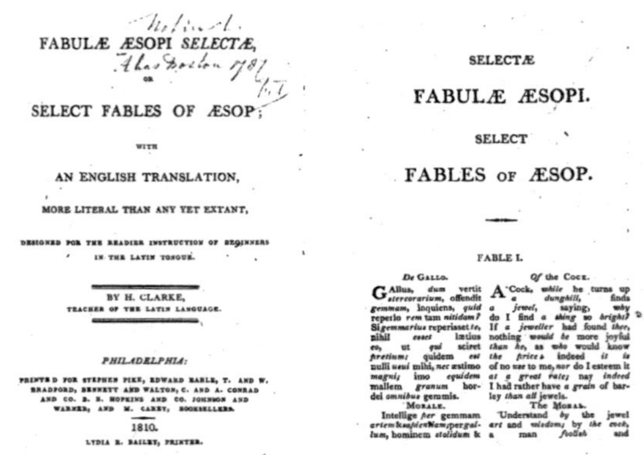

FABULÆ ÆSOPI SELECTÆ,
OR
SELECT FABLES OF ÆSOP;
WITH
AN ENGLISH TRANSLATION,
MORE LITERAL THAN ANY YET EXTANT,
DESIGNED FOR THE READIER INSTRUCTION OF BEGINNERS IN THE LATIN TONGUE.

BY H. CLARKE,
TEACHER OF THE LATIN LANGUAGE.

PHILADELPHIA:
PRINTED FOR STEPHEN PIKE, EDWARD EARLE, T. AND W. BRADFORD, BENNETT AND WALTON, C. AND A. CONRAD AND CO. B. B. HOPKINS AND CO. JOHNSON AND WARNER, AND M. CAREY, BOOKSELLERS.
1810.
LYDIA R. BAILEY, PRINTER.

SELECTÆ
FABULÆ ÆSOPI.
SELECT
FABLES OF ÆSOP.

FABLE I.

De Gallo.	Of the Cock.
Gallus, dum vertit stercorarium, offendit gemmam, inquiens, quid reperio rem tam nitidam? Si gemmarius reperisset te, nihil esset lætius eo, ut qui sciret pretium; quidem est nulli usui mihi, nec æstimo magni; imo equidem mallem granum hordei omnibus gemmis.	A Cock, while he turns up a dunghill, finds a jewel, saying, why do I find a thing so bright? If a jeweller had found thee, nothing would be more joyful than he, as who would know the price; indeed it is of no use to me, nor do I esteem it at a great rate; nay indeed I had rather have a grain of barley than all jewels.
Morale.	The Moral.
Intellige per gemmam artem & sapientiam; per gallum, hominem stolidum &	Understand by the jewel art and wisdom; by the cock, a man foolish and

图三　1810年学习拉丁文版《伊索寓言》的封面与第一则寓言“公鸡与宝石”

综合上述各种情况来看，《意拾喻言》文本内容主要来自罗杰爵士的《伊索寓言》，采用的体例形式则是科拉克的拉丁语和英文合璧的《伊索寓言》。在《意拾喻言》底本和编撰体例确定后，首先由罗伯聃用汉语官话口述，经蒙昧先生按文意用杂录体二次创作，并使之中国化。接着，罗伯聃将中文重新译回英文，并且采取意译和逐字对应的直译两种方式；同时，又依据马礼逊的《华英字典》等书，用罗马拼音分别标注出中文的南方官话和粤语的读音。

《意拾喻言》文辞浅近，通俗易懂。编译文本时使用了一种简单易懂（simple）的文体，即作为“文字之末（Lowest and easiest style）”的“杂录”。据罗伯聃介绍说，他的中文教师蒙昧先生将中文文体分成两大类：文字（即书面语）和言语（即口语）。文字类包

① Fabulae Aesopi selectae ,or，Select Fables of Aesop：with an English translation more literal than any yet extent：designed for the readier instruction of beginners in the Latin tongue. Translated by H. Clarke (teacher of Latin.)，Publisher：Fielding Lucas Jr.，1817. 该书初版时间为1732年，重版过多次。

括古文和时文。其中古文又有经书和古诗之分，时文则被分成六个子类：文章、诗赋、谕契、书札、传志和杂录。杂录为“时文之末”，是最浅白也是最低等的书面文体，常用于小说家言和笔记志怪之类的题材，归入此类的都是些无聊的小说和拙劣的故事，罗伯聃谦称《意拾喻言》也仅属于这一类。不过，罗伯聃认为，如果掌握了这种文体，学习者将能轻松地理解各种不同类型的小说和现在的大众小说；他还说这种文体或可作为通往更高文学殿堂的台阶。[①]

《意拾喻言》译文极其中国化，俗话说到什么山上唱什么歌，可谓别开生面。例如第一篇《豺烹羊》开篇即言，“盘古初，鸟兽皆能言”；把《狮熊争食》这则寓言说成是据《山海经》记载；把《狼受犬骗》和《鹰猫猪同居》的发生地点分别设定在“罗浮山”和“摩星岭”。[②]文末的道德箴言，则多使用一些成语典故或习语俗谚，言简意赅，贴切传神。如“欲加之罪，何患无辞”（第一篇）、“螳螂捕蝉，不知黄雀在后”（第十七篇）、“小不忍则乱大谋”（第二十二篇）、“何以为宝，合用则贵”（第二篇）、“过桥抽板，得命思财”（第七篇）、“宁食开眉粥，莫食愁眉饭”（第八篇）等等。

“杂录”文体的使用，使得《意拾喻言》能够雅俗共赏；而《意拾喻言》的中国化，又拉近了中国人与它的距离。外国人发现“中国人酷爱讲故事和听故事，而且他们的故事种类繁多，既有写下来的也有口头流传下来的”[③]，文中所有故事皆短小精悍，生动活泼，寓意深刻，富有哲理，用当时一位中国人的话来说：“从头到尾都引人发笑，有些故事具有劝谕或告诫的作用，有些则具有讥讽的寓意，非常适合闲暇时阅读。”[④]因此，“当此书初出之时，中国人甚赞美之”。[⑤]英国汉学家翟理思（Herbert Allen Giles）在其1901年所著的《中国文学史》中说，已经出版的诸多旨在向中国人提供的欧洲名著翻译文本，皆因低劣的文风而遭到中国人的排斥。而《意拾喻言》是唯一成功的例子。[⑥]

三、《意拾喻言》的前身是《意拾秘传》

据罗伯聃所作的英文序言和前述《广州周报》的报导，在1840年出版的《意拾喻言》之前，罗伯聃与蒙昧先生合作的译作已于1837—1838年间在广州出版过一次。

看过该版本的日本学者内田庆市称，这一版本的中文名并没有被译为《意拾喻言》，而是名之为《意拾秘传》（现收藏在大英博物馆，该馆据此编写的书目音译为“E-shih-pe

① 参见《意拾喻言》的“Introduction”和“Preface”部分。

② 罗浮山在广东惠州，是著名的道教名山，被称之为“岭南第一山”。摩星岭在广州白云山，是白云山最高峰，被称之为“天南第一峰”。用这两个地名，无疑会令当地读者更觉亲近。

③ The Chinese Repository，Vol. VII，No. 6，Oct. 1838，p.334.

④ The Chinese Repository，Vol. VII，No. 6，Oct. 1838，p.335.

⑤ 参见《意拾喻言》的英文序言，“Preface”。

⑥ Herbert Allen Giles，*A History of Chinese Literature*，New York：Grove Press，1923，p.429.

chuen”)。[①]在道光戊戌年（1838）九月号《东西洋考每月统记传》的“新闻”栏里，刊登有一则广州府的消息，内称：“省城某人氏，文风甚盛，为翰墨诗书之名儒，将希腊国古贤人之比喻，翻语译华言，已撰二卷，正撰者称为意拾秘，周贞定王年间兴也。聪明英敏过人，风流灵巧，名声扬及四海。异王风闻，召之常侍左右，快论微言国政人物，如此甚邀之恩。只恐直言触耳，故择比喻，致力劝世，弃愚迁智成人也。”这则新闻中提到的“意拾秘”，显然就是“Esop”的中译名。文中对蒙昧先生揄扬有加，称其为名儒，还说到该书已经撰写了两卷，与罗伯聃所言相合。而“意拾秘”与内田庆市所见的《意拾秘传》，刚好能对号入座。这则新闻接着又说，“因读者未看其喻，余取其最要者而言之”，[②]随后选录刊载了《豺烹羊》《狮熊争食》《狼受犬骗》和《鹰猫猪同居》四则寓言，经与《意拾喻言》校对勘比，几乎一字不差。

另外，《意拾秘传》在英国剑桥大学图书馆亦有藏本，其音译为“I-shih-pi chuan”。[③]荷兰莱顿大学汉学院图书馆则藏有《意拾秘传》的第三卷。[④]

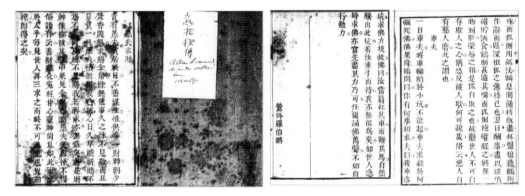

愚夫求財
昔有愚夫[illegible]居[illegible]日不善謀生。惟供奉一財神。朝夕
焚香跪[illegible]求賜金帛。餘無他事。久之殊不見效。而且
日貧一日。愚夫憤然[illegible]心日久。早晚祈禱不
為不[illegible]絕不[illegible]賜。我若再求。亦無益矣。於是將
神像擲破。其[illegible]中果見金[illegible]愚夫[illegible]怪不得
俗語有云。善財難化。冤枉甘心。靈神尚且如此。而況
於人乎。每見世人再三求之而終不可[illegible]
挫。即得之矣。

意拾秘傳

啄而孤則用舐法。瞬息間餚核既盡。杯盤狼藉。鶴則
作辭而返。深恨狐之薄待已也。翌日。酬席盡以玻璃
罐貯酒食。鶴則甚適其嘴。而狐則抱罐舐之。終無一
物到肚。榮辱之報。是狐自取之也。故勸世人不可自
存欺人之心。猶恐反被人欺。何可說哉。俗云。惡人自
有惡人磨。此之謂也。
車夫
一日車夫將車輪陷於小坑。不能起。車夫求救於阿
彌陀佛。佛果降臨問曰。你有何事相求。夫曰。我車落
坑。求佛力援救。佛曰。汝當肩扛其車。而鞭其馬。自然
騰出此坑。若汝垂手而待。我亦無能為矣。如世人急
時求佛。亦當先盡其力。乃可。任爾誦佛萬聲。不如自
行勉力。
鶯吟羅伯聃

图四　荷兰莱顿大学汉学院图书馆藏《意拾秘传》卷三首页和尾页

内田庆市在《谈〈遐迩贯珍〉中的伊索寓言》一文中，曾对大英图书馆所藏的《意拾秘传》的书志等情况作了详细的介绍。该书封面的标题为“意拾秘传”，共分为4卷，12cm×21cm，竖写，线装本。其中的卷一（没有标出）缺英文目录，正文4页，每页9行，每行22字。卷二（从卷二开始，封面上都标有卷数）有英文目录，正文9页，每页9行，每行22字，最后的一页写有“道光戊戌（1838）蒲月（即农历五月）吉旦莺吟罗伯聃述”。

---

① 〔日〕内田庆市：《谈〈遐迩贯珍〉中的伊索寓言》，载《遐迩贯珍——附解·题索引》，上海：上海辞书出版社，2005年，第74页。

② 爱汉者等编，黄时鉴整理：《东西洋考每月统计传》戊戌年九月，《广州府》，北京：中华书局，1997年，第422页。

③ 另在James Ludovic Lindsay Crawford，Bibliotheca Lindesian：Catalogue of Chinese Books and Manuscripts中的《意拾秘传》标识为：“I-shi-pi ch’uan，Aesop’s fables，Translated into Chinese by Lo-pai Tan [i.e. Robert Thom]. 4 Chüan. 238×140mm. 1838.” BiblioBazaar，LLC，2009. p.29.

④ 据台湾师范大学国文学系颜瑞芳教授称：“（他）在荷兰莱顿大学（Leiden University）汉学院图书馆看到一册《意拾秘传·卷三》二十四则，书末署名‘莺吟罗伯聃’，未著出版时地，译文与《意拾喻言》完全相同。”颜瑞芳编著：《清代伊索寓言汉译三种》，台北：五南图书出版股份有限公司，2011年，“导论”，第4页。

卷三有英文目录，正文12页（无第1张），每页9行，每行20字，最后写有“莺吟罗伯聃”。卷四有英文目录，正文11页，每页9行，每行20字。另外，卷一、二和卷三、四所使用的铅字不同。

对于卷二和卷三卷末出现的“莺吟罗伯聃”，内田庆市的解释是，罗伯聃是利用“莺吟”的谐音来影射“英国人（英人）”。此外，卷四的英文目录后附有手写的“罗伯聃自叙”一页和“意拾秘传小引”一页。在自叙中，《意拾喻言》中的《华英字典》在《意拾秘传》中被改为《汉洋字典》；《意拾喻言》署名“知名不具”，而《意拾秘传》则署“罗伯聃自叙”。

《意拾秘传》收集了77则寓言，比《意拾喻言》少了5则。即在《意拾喻言》中，增加了“狮蚊比艺”（第十一篇）、“眇鹿失计”（第三十二篇）、“鸟悟靠鱼”（第五十八篇）、“老蟹训子”（第八十篇）、“真神见像”（第八十一篇）5则寓言。此外，《意拾秘传》和《意拾喻言》中寓言的中文和英文标题也有一些不同之处，如第三卷的最后一则题名“车夫”改为“车夫求佛”（第五十六篇）；[①]文中语句上也有改动，如《豺烹羊》一则中就出现了四处不同，其中的“安能获罪”改成“安能得罪大王”，等等。[②]上述不同，显然是有不断修订、润色加工的意思在里面，以使译文更加晓畅易懂。

根据上文所述的寓言条目和内容来看，1840年在澳门出版的《意拾喻言》，可以认为是广州版《意拾秘传》的增订本。不过，两书的用意大相径庭，《意拾秘传》全文皆是中文，明显是给中国人看的，并非如其后的《意拾喻言》，目的是供外国人学习中文之用。

四、《意拾秘传》的出版时间

《意拾秘传》于1837—1838年间在广州陆续出版，罗伯聃在《意拾喻言》的英文序言中交代的非常明确。[③]按理说，著者自言的出版时间应当不是问题，但实际上并非如此。

关于《意拾秘传》的出版时间，长期以来一直是个难解的谜。由于《意拾秘传》当年是分卷出版的，这就增加了考证其出版时间的难度。据1838年10月的《中国丛报》报导，《意拾秘传》为小的八开本，已经出版有3卷，第1卷7页，第2卷17页，第3卷23页，其中第3卷收录了24则寓言。各卷出版的时间间隔大约是一个月。[④]内田庆市依据这则报导和《东西洋考每月统记传》对《意拾秘传》的介绍，推算出第1卷到第3卷可能在1838年8

① 参见颜瑞芳编著：《清代伊索寓言汉译三种》，插图八，荷兰莱顿大学汉学院图书馆藏《意拾秘传》卷三尾页。

② 主要参考内田庆市：《谈〈遐迩贯珍〉中的伊索寓言》，第75—76页。

③ 有关《意拾秘传》在1837—1838年间出版的记载最早出现在《意拾喻言》的“Preface”中，该序由罗伯聃于1840年5月15日写于澳门。

④ The Chinese Repository，Vol.7，No.6，Oct.1838，p.335.

月到10月期间发行，或者是7月到9月之间，第4卷则是在10月以后发行。①对罗伯聃自己所说的1837年就已经开始出版的说法，他也无能为力，无法解决。

不过，让人感到高兴的是，《意拾秘传》所有四卷的出版，在《广州周报》里都有或长或短的报导。虽然报导中并没有记载每卷的具体出版日期，而仅仅用了一些模糊的表述，如"几天前""刚刚""最近"等，但这并不妨碍我们依此推断《意拾秘传》的大致出版时间。《广州周报》作为一份每周星期六出版的报刊，其所报导的事件一般应是在本周内刚刚发生的，所以根据报导《意拾秘传》的《广州周报》发行日期，可以得出《意拾秘传》第一卷至第四卷的大致出版时间：

卷一，收录寓言9则，1838年6月10日至16日之间出版。②

卷二，收录寓言21则，1838年7月15日至21日之间出版。③

卷三，收录寓言24则，1838年9月30日至10月6日之间出版。④

卷四，收录寓言22则，1839年1月27日至2月2日之间出版。⑤

另外，在《广州周报》中一篇谈及西人学习中文的文章的注释里，还发现了关于《意拾秘传》的一句话："参见《意拾秘传》，共四卷，1838—1839年广州出版"。⑥总而言之，《意拾秘传》确于1838—1839年间出版，毋庸置疑。根据《广州周报》的报导，可见罗伯聃的自述显然有误。编著者本人在时隔不到两年的时间里就出现了如此大的记忆偏差，着实令人费解。或许，这里罗伯聃所说的时间，是与他的中文老师蒙昧先生计划汉译伊索寓言开始尝试的时间。

罗伯聃和蒙昧先生合作撰写的《意拾秘传》，随出随刊，分卷梓行，如果不是广东官方的查禁，或许可能还会有第五卷，甚至第六卷，亦未可知。从后来增订的《意拾喻言》来看，完全是有这个可能的。岂料，广东官方的查禁以及其后中英矛盾加剧的缘故，生生打断了罗伯聃和他的老师蒙昧先生的合作进程，蒙昧先生被迫与罗伯聃分开了。《意拾喻言》封面的识语"孤掌难鸣"和"五洲四海皆兄弟，人生何处不相逢"⑦，极像失去臂助的罗伯聃和蒙昧先生话别时的语气，也让人感到不无遗憾。最终，罗伯聃只得就蒙昧先生润色加工的82则编著成《意拾喻言》面世。

---

① 参见内田庆市：《谈〈遐迩贯珍〉中的伊索寓言》，第73页。

② The Canton Press，Vol.3，No.41， Canton， Saturday， June 16th 1838，No.145. 该则新闻在对《意拾秘传》进行报导时，总计列出了9则寓言的标题，较之内田所见之原书少了1则，即按序号排列的第2则《鸡公珍珠》，疑为漏写。

③ The Canton Press，Vol.3，No.46，Canton，Saturday，July 21st 1838，No.150.

④ The Canton Press，Vol.4，No.5，Canton，Saturday，October 6th 1838，No.161.

⑤ The Canton Press，Vol.4，No.22，Canton，Saturday，February 2nd 1839，No.178.

⑥ 原文为"See Aesop's fables Translated into Chinese，in four parts，published in Canton in 1838 and 1839". The Canton Press，Vol.4，No.52，Canton，Saturday，September 28th 1839，No.208.

⑦ 见《意拾喻言》封面。

五、《意拾秘传》在1839年遭到广东官方查禁

《意拾喻言》是外国人学习汉语的启蒙教材，而真正给中国人看的则是其前身《意拾秘传》。然而，就在中国的影响力而言，《意拾秘传》远不如《意拾喻言》，最主要的原因是前者遭到广东官方的查禁。目前，关于《意拾秘传》在1838—1839年间发行情况的了解也仅限于“此书初出时，中国人争购之。因其中多有讥刺官府之陋规，遂为官府禁止”。至于为何禁止？则不甚了了。

《意拾秘传》当年出版时，倍受中国人的欢迎，罗伯聃在《意拾喻言》的英文序中已有提及。《广州周报》在报导《意拾秘传》每卷出版的情形时，也曾说道它是如何地受到中国人的喜爱。如刚刚出版问世时，《广州周报》介绍说：“读过第一卷的中国人都对其赞美有加。”①第二卷出版后又说：“第一卷在中国人中获得了极大的成功。……我们认为，这些受欢迎的寓言故事将很快为中国的年轻人所熟知，正如它们为我们国家的学生所熟知一样。”②第三卷出版后，“中国人争相阅读，并受到他们的称赞”③。第四卷出版后，“如同前三卷一样，最后一卷也备受中国人赞美，人人争相阅读。”④这些记载无一不在证明《意拾秘传》从第一卷至第四卷的出版都是极其成功的，在中国人中赢得了大量的读者。不仅平民百姓爱读，那些高高在上的官员们也爱读，“我们确实听说它已经流入官府衙门，而且使那里的居住者感到很高兴。”⑤

按理说，如此好书，揄扬惟恐不及，何来查禁呢？据罗伯聃所云：“直到那些官员们因看到他们的一些恶行被如此毫无顾忌地评说而大为光火，下令将其查禁”⑥。作为译员的罗伯聃还提到，在与中国官员发生分歧争执的时候，他不止一次利用其中的故事与之辩论。比如曾经利用《鹅生金蛋》这则寓言使一群坚持说英国意欲挑起与中国的争端的官员哑口无言。⑦或许就是这样的一些交涉辩论，让清政府的官员们产生了丰富的联想。的确，在一个新的地方，言辞辛辣锐利的《伊索寓言》很容易成为政治斗争的武器。在英国人看来，这一说法是可信的：“一个中国高官在读过《意拾秘传》之后，认为这显然是针对他们的。于是，《意拾秘传》就被列入了中国的禁书目录之中”⑧。德庇时在《中国杂记》一

① The Canton Press，Vol.3，No.41，Canton，Saturday，June 16th 1838，No.145.

② The Canton Press，Vol.3，No.46，Canton，Saturday，July 21st 1838，No.150.

③ The Canton Press，Vol.4，No.5，Canton，Saturday，October 6th 1838，No.161.

④ The Canton Press，Vol.4，No.22，Canton，Saturday，February 2nd 1839，No.178.

⑤ The Canton Press，Vol. 4，No.22，Canton，Saturday，February 2nd 1839，No.178.

⑥ 《意拾喻言》，“Preface”。

⑦ The Chinese Repository，Vol. IX，No.4，Aug. 1840，p.204.

⑧ Joseph Jacobs，The fables of Aesop：as first printed by William Caxton in 1484，with those of Avian，Alfonso and Poggio，Publisher：D. Nutt，1889. p.218.

书中谈到《意拾喻言》时，也提到被禁的一些情况。他说："可以想见，这部寓言集，对中央帝国的人们来说是如此新奇，大大地投合了他们的喜好。然而，官员们由于做贼心虚，在《豺烹羊》以及其它一些类似的寓言里，看到了与他们对待百姓的行径有令人不快的相似处，于是变得充满了敌意。我们的第一场战争（指第一次鸦片战争）刚刚开始，迫害和禁止英国人成为官府的主要公干，罗伯聃先生的书也遭到强烈的指责，但他还是冒着风险成功地完成了这部书。"①可以想见，在中英冲突日益加剧的时候，具有中英交涉谈判的译员和大鸦片商雇员身份的罗伯聃，不免被清政府的官员们所怀疑，他的著述是在为英国政府或鸦片商人张目代言。

俗话说，出门问禁，入乡随俗。自乾隆二十四年（1759）洪任辉事件之后，清政府相继出台有专门管理外国人的《防范外夷规条》《防范夷人章程》等规定，鸦片战争前在广州生活的外国人，皆是理所应当遵守的。这些章程中规定有禁止中国人教授西人汉语，更不要说用中文出版书籍之类的了。英国伦敦会传教士麦都思（Walter Henry Medhurst）在1838年撰著出版的《中国现状与展望》一书中，这样写道："现如今学习中国语言，要是由当地人帮助的话，那是违法的。如果外国人不用别人帮助，自己能够学会，政府也不管这些；但是如果得知有当地人竟敢帮助夷人掌握中华上国的语言的话，最轻的罪名也是里通外国的汉奸，更不要说其它了"。"在中国，开展传教活动还有一个困难，就是当局严禁外国人用当地语言文字印制书籍。在广州，英文书籍的出版是自由的，所以这里有两份报纸和一份杂志，既无干预，也无骚扰。外国人互相腐蚀是可以的，只要他们喜欢就行，但是不允许用堕落的东西来毒害本地人的心灵。广东地方当局严禁外国人用中国文字印制出版书籍，这并不仅仅针对宗教书籍，其它任何书籍也是一样。"②

此外，在1839年2月2日《广州周报》中，关于《意拾秘传》有这样一段记载："译者把《意拾秘传》第二、第三和第四卷的一些小册子委托给我们，并请我们发给那些还没有这些小册子的先生们（gentlemen not yet provided with any）。因此，希望获得这些小册子的团体，请派人前往我们的报社领取，它们将在那里免费发给大家。"③这意味着《意拾秘传》有一部分在广州是免费发送的。《意拾秘传》全文皆是中文，这些小册子的发送对象，显然是中国人。在中英矛盾即将爆发的背景之下，难免会让多疑的广东地方政府认为此举别有所图。

总之，英国人罗伯聃和蒙昧先生的所作所为是违法的，尽管现在看来不合情理，但在鸦片战争爆发前1839年，充满敌意的广东地方当局显然无法容忍，这也许就是《意拾秘传》最终被查禁的真正原因。遭到查禁的《意拾秘传》鲜有流传，据笔者所知，现在存世

---

① John Francis Davis，Chinese Miscellanies：A Collection of Essays and Notes，London：John Murray，1865，p.60.

② Walter Henry Medhurst，China：Its State and Prospects，with Especial Reference to the Spread of Gospel，London：John Snow，1838，p.288，pp.289-290.

③ The Canton Press，Vol. 4，No.22，Canton，Saturday，February 2nd 1839，No.178.

的大概只有三本，分别收藏于大英博物馆、剑桥大学图书馆，以及荷兰莱顿大学汉学院图书馆所藏的只有第三卷的残本。还有一点让人感到好奇的是，有关《意拾秘传》被查禁的史实，在中文史料中竟然没有丝毫记载，以至于这一中西文化交流史中的重大事件，我们现在只能通过外文史料获得一些模模糊糊的认识。

结语：承前启后的澳门版《意拾喻言》意义重大

《意拾秘传》遭到清广东地方政府查禁，流传不广，鲜为人知；而《意拾喻言》作为一本外国人学习汉语的书籍，中国人关注的也不多。魏源等人所记的《依湿杂说》，竟然连原书都没有见过。咸丰八年（1858）十二月，曾任广东巡抚的郭嵩焘在其日记里曾有提及："近出有《依湿杂说》《英华通话》，皆审定夷音之书也"[①]，亦不知其所以然。

虽说中国士人对《意拾喻言》知之甚少，但《意拾喻言》对于来华的外国人来说，意义重大。为学习当地语言，方便传教，1843年，《意拾喻言》由伦敦会传教士台约尔（Samuel Dyer）和斯特耐（John Stonach）转译为漳州和潮州方言版本，1856年，由美南浸信会的卡巴尼斯（A. B. Cabaniss）转译为上海话版本。[②]在香港，它还成为在华西人学习汉语的教材，仅仅在1891年到1914年间，就在香港重印了六次。那么，《意拾喻言》的重要性，难道仅仅体现在汉学这一领域？答案当然是否定的。

1853年8月创刊于香港，由麦都思主编的中文期刊《遐迩贯珍》，从第一期开始，每期收录"喻言一则"，均是取自《意拾喻言》。至1856年，上海的教会医院"施医院"，删去《意拾喻言》中《愚夫求财》《老人悔死》《蛤求北帝》《车夫求佛》《愚夫痴爱》《人狮论理》《驴不自量》《鳅鲈皆亡》《真神见像》等九则，改换书名，并删去原来的英文及标音对照，重印七十三则本的《伊娑菩喻言》。这个版本除文字之外，于《鹅生金蛋》《日风相赌》《报恩鼠》等八则寓言的旁边，附有笔触相当细腻的插画，这是目前所见最早有插画的《伊索寓言》汉译本。[③]《伊娑菩喻言》的内容完全来自《意拾喻言》（包括叙中的文字），只是将"意拾"变为"伊娑菩"而已。

① [清] 郭嵩焘：《郭嵩焘日记》第一卷（咸丰时期），长沙：湖南人民出版社，1981年，第209页。

② S. Dyer; J. Stornach，Esop's fables，as translated into Chinese by R. Thom esqr.，rendered into the colloquial of the dialects spoken in the Department of Chiang-chiu，in the province of Hok-kien and in the Department of Tie-chiu，in the province of Canton. Part first Hok-kien. Singapore：Mission Press，1843. 页数为40页。Robert Thom，Yisuopu yu yan（伊娑菩喻言）translated into the Shanghai dialect by A.B. Cabaniss. Shanghai：[s.n.]，1856. 页数为163页。这两种版本，仅是将《意拾喻言》中的粤语拼音内容换成了漳州、潮州方言以及上海话而已。又据澳大利亚国家图书馆藏的1856年上海话版本，采用的是中式的雕版印刷，线装，有鱼尾、栏线之类，封面上有手写的《伊娑菩喻言》字样。该书内文极为古怪，不知为何种文字，或许是一种注音方式，用以与《伊娑菩喻言》中的汉字对照阅读。

③ 颜瑞芳编著：《清代伊索寓言汉译三种》，"导论"，第6页。

伊娑菩喻言

上海施醫院藏板

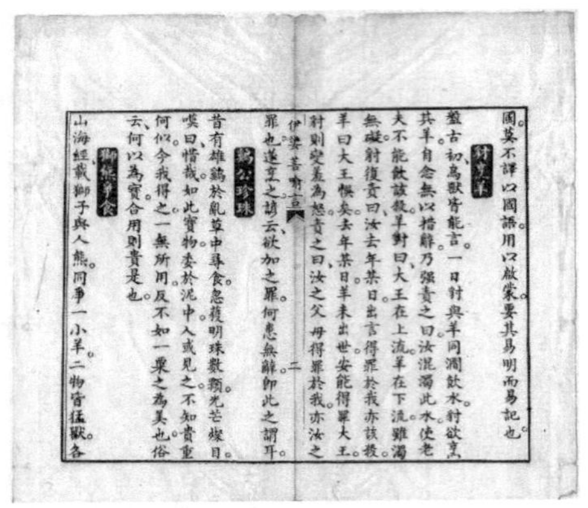

國。莫不譯以國語。用以啟蒙。要其易明而易記也。

豺烹羊

盤古初。為獸皆能言。一日豺與羊同澗飲水。豺欲烹其羊。自念無以措辭。乃强責之曰。汝混濁此水。使老夫不能飲。該殺。羊對曰、大王在上流。羊在下流。雖濁無礙。豺復責曰、汝去年某日出言得罪於我。亦該殺。羊曰大王悞矣。去年某日羊未出世。安能得罪大王。豺則變羞為怒。責之曰、汝之父母得罪於我。亦汝之罪也。遂烹之。諺云、欲加之罪。何患無辭。卽此之謂耳。

伊娑菩喻言 二

鷄公珍珠

昔有雄鷄。於亂草中尋食。忽獲明珠數顆。光芒燦目。嘆曰、惜哉。如此寶物。委於泥中。人或見之。不知貴重。何似今我得之。一無所用。反不如一粟之為美也。俗云、何以為寶。合用則貴是也。

獅熊爭食

山海經載、獅子與人熊。同爭一小羊。二物皆猛獸。各

图五　《伊娑菩喻言》封面及寓言第一和第二则

改头换面的新版《意拾喻言》，和前述的《意拾秘传》一样，完全是面向中国人士。据内田庆市的研究，《伊娑菩喻言》先后曾在香港（英华书院和文裕堂）和上海（大概在墨海书馆或仁济医院）出版过，后又传到日本。①《意拾喻言》几经辗转，通过这一曲折方式，化身千万，流传日广，由此而渐渐深入人心，为中国人所熟知。

总而言之，承前启后的1840年澳门版《意拾喻言》，在《伊索寓言》二次传华过程中，功勋卓著，可谓立下了汗马功劳，其意义之重大，是不言而喻的。

（本文的完成，得到暨南大学文学院吴平老师的大力协助，谨此致谢）

原刊《澳门理工学院学报》2013年第4期，第43～53页。人大报刊复印资料《中国近代史》2014年01期转载。2015年12月，获澳门第四届人文社会科学研究优秀成果论文类三等奖。

① 〔日〕内田庆市：《“西学东渐”与近代日中欧语言文化交流——以伊索寓言的译介为例》，载香港中国语文学会：《词库建设通讯》1999年7月总第20期。

清末皇族内争与袁世凯复出*

朱文亮

武昌起义之后，袁世凯复出主政，是中国近代史上的一件大事，众多论著皆有述及，一般较多关注武昌起义之后革命逼迫及列强施压导致清廷再次起用袁世凯。①然而，袁世凯复出问题从他遭到罢免即已产生，时间跨度近三年之久。在此期间，清朝皇族仍居权力核心，足以决定袁世凯的去就，故而皇族各派的态度，在研究袁世凯复出问题时亦应着重考虑。近年来，学界已对摄政王载沣罢免袁世凯事件有过精深考论，②并重新关注袁世凯复出时提出的具体条件，③对中外各方围绕袁世凯复出的斗争也有过一定论述。④本文将在前人研究基础之上，试从皇族内争的视角对袁世凯复出的整个历程进行探讨分析，并补充论及袁世凯被罢原因以及复出条件等问题。

一、隆裕与袁世凯被罢之关系

1909年1月2日，袁世凯被清廷罢免，是清末重大政治事件。在被罢之前，袁世凯身任军机大臣兼外务部尚书，并与领班军机庆亲王奕劻结好，权倾朝野。此等人物突遭免职，必定出自清廷最高当局权衡定夺。故而要弄清袁世凯被罢缘由，首先有必要了解当时清廷顶层的权力构架。

---

* 本文为国家社科基金一般项目“日本外交史料馆所藏辛亥革命档案的整理、翻译与研究”（17BZS060）的阶段性成果。撰写过程中得到张海鹏研究员的悉心指点，两位匿名外审专家提出宝贵修改意见，谨此致谢。

① 中国近代通史类著作参见郭廷以：《近代中国史纲》，香港：香港中文大学出版社，1980年；张海鹏主编：《中国近代通史》（第5卷），南京：江苏人民出版社，2006年；〔美〕徐中约：《中国近代史：1600—2000中国的奋斗》，计秋枫等译，北京：世界图书出版公司，2008年；等。研究袁世凯的专著参见李宗一：《袁世凯传》，北京：中华书局，1980年；〔加拿大〕陈志让：《乱世奸雄袁世凯》，长沙：湖南人民出版社，1988年；侯宜杰：《袁世凯全传》，北京：当代中国出版社，1994年；等。

② 尹全海：《袁世凯被黜考辨》，《信阳师范学院学报》（哲学社会科学版）1988年第1期；崔志海：《摄政王载沣驱袁事件再研究》，《近代史研究》2011年第6期；李永胜：《摄政王载沣罢免袁世凯事件新论》，《历史研究》2013年第2期。

③ 刘路生：《袁世凯辛亥复出条件考》，《广东社会科学》2003年第4期；侯宜杰：《辛亥革命爆发后徐世昌是否密赴彰德会见袁世凯》，《近代史研究》2011年第3期；骆宝善、刘路生：《袁世凯与辛亥革命》，《史学月刊》2012年第3期。

④ 崔志海：《摄政王载沣驱袁事件再研究》，《近代史研究》2011年第6期。

袁世凯被罢免时距离光绪帝与慈禧太后相继离世不到两个月。慈禧临终遗命虽称“嗣后军国政事，均由摄政王裁定”，授权载沣为其儿子幼帝溥仪摄政并监国，但同时补充“遇有重大事件，必须请皇太后懿旨者，由摄政王随时面请施行”。[①]这意味着摄政王并不能乾纲独断，遇有重大事件，须向皇太后请示，隆裕皇太后可以对载沣进行很大牵制。尽管时人认为“隆裕初无他志，唯得时行乐而已”，[②]但作为光绪帝皇后，慈禧侄女，经历过多年宫廷政治熏陶，其权力意识与手腕仍不可轻视。隆裕与光绪帝并无亲生子嗣，其权力源自她与新帝溥仪的关系。光绪离世当天，慈禧懿旨宣布溥仪“承继穆宗毅皇帝为嗣，并兼承大行皇帝之祧”，[③]兼而继承穆宗（同治帝）与光绪帝两人之位，却并未明示太后人选。由于穆宗此时尚有几位妃子存世，故而隆裕地位尚未明确。直到第二天得知慈禧临终懿旨有“兼祧尊为皇太后”相关内容，隆裕“始惬心”，[④]声言“既如是，我心慰矣”，[⑤]足见其拥有权力之始即未超然物外。

慈禧临终懿旨奠定了宣统朝载沣、隆裕互为牵制的权力格局，却对二者权力界限仍有模糊之处。何为“重大事件”，其中有着不可捉摸的权力空间，留待载沣、隆裕自行博弈。在新旧权力交替的间隙，隆裕亦迅速采取种种措施，巩固自身权力。在慈禧去世的第二天，隆裕就以“摄政王面奉皇太后懿旨”的形式向外界发布懿旨，行使太后之权。[⑥]这些虽然只是一种形式，但在传统体制之下却有不少政治含义，例如，拟旨时张之洞就曾对“摄政王面奉皇太后懿旨”这些措词比较在意，提出“此件系发端之初，宜再斟酌”。[⑦]同一天，隆裕还专门向载沣传达懿旨“各宫妃嫔不得传见摄政王”，[⑧]防止原同治帝的妃嫔等人参与政权，突出其在宫中的独大地位。在诏告天下正式确定“隆裕”皇太后徽号的第二天，又发布懿旨：“皇帝尚在冲龄，一时未能临幸颐和园，著该管大臣饬令司员等，将殿座陈设妥为封存看守”，[⑨]借此向外界表明不会甘心颐养天年，而是会通过与幼帝的关系参与到政权当中。

载沣在摄政之初亦在不断强固自身权力，但很多时候却需要仰仗隆裕的支持，不得不小心行事。与隆裕一样，载沣自然不愿其他敏感人士与隆裕过分接近。恭亲王溥伟原本是承继光绪皇位的重要候选人，两宫病危之时，曾“在内盘旋一昼夜未出”，觊觎大位。载

---

① 《宣统政纪》卷1，光绪三十四年十月，《清实录》第60册，北京：中华书局，1987年影印本，第7页。

② 胡思敬：《国闻备乘》，荣孟源、章伯锋主编：《近代稗海》第1辑，成都：四川人民出版社，1985年，第293页。

③ 《宣统政纪》卷1，光绪三十四年十月，《清实录》第60册，第4页。

④ 《鹿传霖日记（五）》，《文物春秋》1994年第3期，第66页。

⑤ 胡钧：《张文襄公年谱》卷6，北京：天华印书馆，1939年，第15页。

⑥ 参见《宣统政纪》卷1，光绪三十四年十月，《清实录》第60册，第9页。

⑦ 许恪儒整理：《许宝蘅日记》第1册，北京：中华书局，2010年，第219页。

⑧ 爱新觉罗·载沣：《醇亲王载沣日记》，北京：群众出版社，2014年，第301页。此懿旨《宣统政纪》未有记载。

⑨ 《谕旨》，《政治官报》光绪三十四年十一月二十七日，第2页；爱新觉罗·载沣：《醇亲王载沣日记》，第307页。

沣摄政的第二天，就立即传隆裕懿旨，规定除值班人员外，均不准在内住宿，“即是为溥伟而发”。[①]然而溥伟似乎并未就此收敛，传闻他在慰藉新皇太后的悲伤之际，被委托万事翼赞，“于是自行要求停留宫中参与国政”，[②]这不能不引起载沣的担忧。据说载沣“闻有口传懿旨，大惧”，于是“急邀奕劻入见隆裕，言溥伟悖状”。[③]最后降下谕旨：“黜陟赏罚，悉听监国摄政王裁度施行。自朕以下，均应恪遵遗命，一体服从。懿亲宗族，尤应懔守国法，矜式群僚。”[④]载沣借助隆裕巩固了自己的权威。

宫廷政治，礼制森严，甚至有谓“在宫廷内错走一步便是死罪”，[⑤]而礼节的尊荣与否往往意味着权力的高低。载沣摄政时年仅20多岁，资历尚浅，据说“当时各皇族间轻视摄政王，在编定摄政礼节的场合亦分为尊崇派和轻视派两派，形势最为不安”。[⑥]最后制定的礼节也是经过隆裕审阅同意才进行公示，“业由监国摄政王呈请皇太后御览”。[⑦]其中明确规定“监国摄政王在皇太后前称臣，行臣礼”，[⑧]以示太后与摄政王的高下之别。载沣为人“日常生活很有规律，内廷当差谨慎小心”，[⑨]在光绪、慈禧大丧百日期间内发生罢免军机大臣袁世凯这样的“重大事件”，很难想象载沣会不经隆裕许可贸然行事。

由于袁世凯权势过盛，不免会让隆裕、载沣有所忌惮。而且，戊戌变法时期袁世凯向慈禧告密出卖了光绪，隆裕与载沣对袁世凯皆无好感，都有罢免袁世凯大权的动机。但在共同原因之外，亦有个人因素。如前所述，隆裕所牵挂的皇太后一事直至慈禧临终方才确定，其中尚有颇多波折，袁世凯实为阻力之一。

在选择光绪继承人问题上，据皇族高级军官良弼得到的消息，袁世凯先前嗾使御史封奏以恭亲王溥伟继承帝位，后来又劝醇亲王载沣自行即位，甚至主张如有督抚反对，则妥当压制；[⑩]肃亲王善耆也证实：“两宫危笃之际，西太后传旨光绪帝，立溥仪为皇储，帝因

① 恽宝惠：《清末贵族之明争暗斗》，中国人民政治协商会议全国委员会文史资料研究委员会编：《晚清宫廷生活见闻》，北京：文史资料出版社，1982年，第64页。

② 《在清国伊集院公使ヨリ小村外務大臣宛（電報第310号）》，明治四十一年十一月二十三日，JACAR（アジア歴史資料センター）Ref：B03050093800（第67画像目）。本文所引日本外务省外交史料馆及日本防卫省防卫研究所档案源自“亚洲历史资料中心”（アジア歴史資料センター）网站，网址：http：//jacar.go.jp，2016年9月11日。

③ 胡思敬：《国闻备乘》，荣孟源、章伯锋主编：《近代稗海》第1辑，第284页。

④ 《宣统政纪》卷1，光绪三十四年十月，《清实录》第60册，第17页；爱新觉罗·载沣：《醇亲王载沣日记》，第302页。

⑤ 载涛：《载沣与袁世凯的矛盾》，中国人民政治协商会议全国委员会文史资料研究委员会编：《晚清宫廷生活见闻》，第81页。

⑥ 《在清国伊集院公使ヨリ小村外務大臣宛（機密第68号）》，明治四十四年六月二十二日，JACAR：B03050009200（第399画像目）。

⑦ 爱新觉罗·载沣：《醇亲王载沣日记》，第305页。

⑧ 《内阁各部院衙门会奏监国摄政王礼节折》，《政治官报》光绪三十四年十一月二十一日，第8页。

⑨ 载涛：《载沣与袁世凯的矛盾》，中国人民政治协商会议全国委员会文史资料研究委员会编：《晚清宫廷生活见闻》，第79页。

⑩ 参见《在清国伊集院公使ヨリ小村外務大臣宛（電報第5号）》，明治四十二年一月三日，JACAR：B03050094900（第394—395画像目）。

溥仪年幼，有另立年长者的意旨。军机大臣等再三评议，袁世凯突然向醇亲王劝告，应自行为帝”。[①]另据《泰晤士报》报道，在慈禧召开的立储会议上，庆亲王奕劻提议溥伦贝子继位，以恢复长子相继的旧制，也得到袁世凯的热心赞同。[②]

由此看来，或许是有鉴于晚清垂帘政治导致的诸如“辛酉政变”“戊戌政变”之类的政坛风雨，袁世凯主张以成年皇族继统大位，以利权力的统一。但这种提议显然会摒绝隆裕挟幼帝以自重的机会。如果袁世凯继续持有这种想法，对于隆裕的皇太后地位无疑不利。

良弼、善耆在描述袁世凯被罢免缘由时，都将袁世凯先前劝载沣自立为帝一事作为主因之一。[③]亦有史料佐证隆裕同为袁世凯被罢事件的重要推手，军机大臣张之洞的门人在记述此事时称，“监国摄政王秉太后意，命军机拟旨，祸且不测”，因张之洞认为“主上冲龄践祚，而皇太后启生杀黜陟之渐，朝廷有诛戮大臣之名非国家之福”，于是“反覆开陈，始命回籍养疴”。[④]曾任清廷起居官的恽毓鼎用暗语致函端方透露所知罢袁隐情，亦说是“伏皇后曾奉献帝衣带诏，使除曹阿瞒以复仇，相王亦与闻焉”，暗指隆裕奉光绪密诏除袁之事。又提及张之洞曾力保袁世凯之才可用，而载沣回应“予亦知其有才，但予不忍用之，如用之，予无颜以见元祐皇太后”，张之洞“乃不敢置词”。[⑤]有皇族成员甚至认为，“光绪故后，隆裕在他的砚台盒内，发见有光绪亲用朱笔，写的‘必杀袁世凯’的手谕，即交载沣处理”。[⑥]这些描述虽略显夸张，但所述隆裕态度并非全无根据。

在突被罢免的第二天一早，袁世凯就匆忙携其子袁克定逃往天津。据袁世凯的心腹时任民政部右侍郎赵秉钧所言，在发布免职上谕后，没想到宫中又从西太后文匣中发现近年来梁鼎芬等人弹劾袁世凯的几封密奏，涉及其在戊戌政变时对光绪所用阴谋，听说会加重处罚，袁世凯感到危险才迅速逃离。[⑦]光绪、慈禧去世之后，所留遗物应当由隆裕掌管，[⑧]在袁世凯被罢之时恰好传出慈禧所存不利于袁世凯的密折，自然与隆裕有着密切关系。

正是由于隆裕同样有驱袁动机，才使罢免袁世凯成为可能。据载沣记载，在罢袁当

① 《在清国伊集院公使ヨリ小村外務大臣宛（電報第6号）》，明治四十二年一月四日，JACAR：B03050094900（第398—399画像目）。

② Palace Politics In Peking，*The Times*，Sep 6，1910，p.3.

③ 日本公使在分别报告良弼、善耆陈述的袁世凯被罢原因时，都将此点放在前面。参见《在清国伊集院公使ヨリ小村外務大臣宛（電報第6号）》，明治四十二年一月四日，JACAR：B03050094900（第398—399画像目）。

④ 胡钧：《张文襄公年谱》卷6，第16页。

⑤ 朱宗震辑：《端方密函》，中国社会科学院近代史研究所近代史资料编辑组编：《近代史资料》总43号，北京：中华书局，1981年，第212页。

⑥ 载润：《隆裕与载沣之矛盾》，中国人民政治协商会议全国委员会文史资料研究委员会编：《晚清宫廷生活见闻》，第77页。

⑦ 参见《在清国伊集院公使ヨリ小村外務大臣宛（電報第7号）》，明治四十二年一月四日，JACAR：B03050094900（第402画像目）。日方情报中另外记有“从西太后的遗物匣中发现袁世凯阴谋”，见《清国公使館青木少将報告》，明治四十二年一月九日，JACAR：B03050094900（第424画像目）。

⑧ 载沣亦曾仰蒙皇太后颁给光绪、慈禧的遗物。参见爱新觉罗·载沣：《醇亲王载沣日记》，第319页。

天，其曾“仰蒙皇太后召见于长春宫”，[①]两人商谈的应该就是这一“重大事件”。隆裕参与罢袁决策的说法也得到溥仪的认可，“结果是隆裕太后听从了张之洞等人的主意，叫袁世凯回家去养‘足疾’”。[②]另外，日本方面当时也得到过相关情报：“据传促使这位温厚谦让的摄政王此次决意的一个原因是皇太后对袁的感情也与摄政王相同，促成其下此决心。”[③]

二、载涛荐袁与隆裕之阻

尽管隆裕与载沣在罢袁一事上立场一致，但袁世凯的去职并不意味着双方自此和谐共处。隆裕利用太后地位不断干预政治，并成为袁世凯复出的主要阻力。

隆裕虽然不能像慈禧一样垂帘听政，但经常以赏赐大臣的方式间接参与朝政。她每隔一段时间，就会赏赐载沣及其他军机大臣，受赏之人通常第二天都会谢恩，隆裕则在他们履行谢赏礼节时实现召见实质。载沣虽为摄政王，也在慈禧去世后经常“仰蒙皇太后赐给食品”，并须“叩谢慈恩”。[④]那桐、徐世昌出任军机大臣后亦不时得到隆裕赏赐，他们同样会照例谢恩。隆裕在召见军机大臣时，有时会“详询诸事”，召见时间甚至还会选择在早朝之前。[⑤]可想而知，在召见大臣过程中，隆裕想要对政治事务施加一些影响，并非难事。

隆裕对朝政的影响，还可从端方革职一事略窥一斑。端方原任两江总督，由于直隶总督杨士骧病故，受命继任直隶总督。其在进京陛见时连续两天受到载沣接见，“午帅奏对，每日均有三小时之久，条理井然，颇蒙摄政王所嘉许”，[⑥]足见载沣对端方的看重。但在几个月后就因慈禧归葬东陵时“沿途派人照相”等小事而革职。[⑦]据说“摄政王尚无恶于彼，颇欲全之”，但因“隆裕太后怒之甚，谓孝钦皇太后若在，谁敢然者”而最终无果。[⑧]《泰晤士报》也认为“端方的免职让摄政王大失脸面”，隆裕揽权“从摄政王的亲信直隶总督端方的革职中首次展现”。[⑨]

载沣作为摄政王“性极谦让”，[⑩]即便袁世凯也觉得其“有谦让的美德”，“毫无摆弄权

① 爱新觉罗·载沣：《醇亲王载沣日记》，第310页。

② 爱新觉罗·溥仪：《我的前半生》，北京：东方出版社，2007年，第20页。

③ 《袁世凯免職事件ニ関シ清国公使館青木少将報告》，明治四十二年一月二十六日，JACAR：B03050095000（第470画像目）。

④ 爱新觉罗·载沣：《醇亲王载沣日记》，第302页。

⑤ 参见北京市档案馆编：《那桐日记》，北京：新华出版社，2006年，第636页。

⑥ 《端午帅奏对确闻》，《要闻》栏，《大公报》1909年7月28日，第4版。

⑦ 《宣统政纪》卷23，宣统元年十月上，《清实录》第60册，第426页。

⑧ 刘体智：《异辞录》，北京：中华书局，1997年，第198—199页。

⑨ Palace Politics In Peking，*The Times*，Sep 6，1910，p.3.

⑩ 胡思敬：《国闻备乘》，荣孟源、章伯锋主编：《近代稗海》第1辑，第294页。

威之风”，[①]在处理政务时却易被外界评判为“无知、胆怯和软弱”，担心其“把握不了政府”。[②]然而载沣“并非是个完全没有主意的人”，为了维持统治，对兵权最为看重。他在摄政不久即着手组建禁卫军，派亲弟载涛做专司训练禁卫军大臣，后来成立的军谘处亦由载涛掌管。另一弟载洵则控制海军。[③]由于载沣的信任与支持，载涛地位与日俱增。在此后隆裕、载沣的权力博弈中，载涛起到了重要作用。

载涛对宣统朝政产生显著影响始于1910年8月17日撤换军机事件。这一天军机大臣世续、见习军机吴郁生双双被撤，代之以毓朗与徐世昌二人接替。[④]载涛此前曾在日本及欧美各国考察，于半个月前回到北京，回国后大为感慨各国政务运用之美，认为“大清以未具世界知识的老朽之徒掌控枢机，无论如何焦虑，都无望达到国运昌盛”。故而肃亲王善耆判断，此次变动“毫无疑问，是因涛贝勒巡游各国慨叹自国国情衰颓之余向摄政王进言，建议为了国运昌盛，必须果断进行内政革新”。而新任军机大臣毓朗“有涛贝勒一派之代表的意思”。[⑤]日本公使伊集院获得的另一情报亦同样证实：“军机此次更迭自不用说是出于涛贝勒的献策。”[⑥]

载沣自摄政以来，除罢免袁世凯以那桐代替之外，还曾两换军机。一次是张之洞去世，以戴鸿慈取代；一次是戴鸿慈病故，让吴郁生在军机大臣上学习行走，都是在原军机大臣去世后才更换。[⑦]此次同时撤换两名军机大臣，甚至包括世续这样的顾命元老，不免让外界大为吃惊，正如日本公使所观察：“此次变动对于在该国的内外人士来说均有晴天霹雳之感。”[⑧]当天朝堂之上有发言权的军机大臣仅那桐一人，[⑨]即便那桐亦未预闻其事，感叹“朝局一变，殊出意外”。[⑩]事实上，那桐对于世续去职一事似乎还颇为不平。[⑪]由此可见，载沣已经有了改变既往政治格局的想法，而这正是在载涛的推动之下产生的。

① 《在清国伊集院公使ヨリ小村外務大臣宛（機密第152号）》，明治四十一年十二月三十日，JACAR：B03050094000（第165画像目）。

② 《藩苏纳致外交部长先生》，1909年8月2日，章开沅等主编：《辛亥革命史资料新编》第7册，武汉：湖北人民出版社，2006年，第153页。

③ 参见爱新觉罗·溥仪：《我的前半生》，第22页。

④ 参见爱新觉罗·载沣：《醇亲王载沣日记》，第363页。

⑤ 《在清国伊集院公使ヨリ小村外務大臣宛（機密第124号）》，明治四十三年八月二十四日，JACAR：B03050009000（第276—277画像目）。

⑥ 《在清国伊集院公使ヨリ小村外務大臣宛（機密第130号）》，明治四十三年九月三日，JACAR：B03050009000（第283画像目）。

⑦ 参见爱新觉罗·载沣：《醇亲王载沣日记》，第337、353页。

⑧ 《在清国伊集院公使ヨリ小村外務大臣宛（機密第122号）》，明治四十三年八月二十日，JACAR：B03050009000（第264画像目）。

⑨ 参见《谕旨》，《政治官报》宣统二年七月十四日，第2页。

⑩ 北京市档案馆编：《那桐日记》，第664页。

⑪ 参见《在清国伊集院公使ヨリ小村外務大臣宛（機密第130号）》，明治四十三年九月三日，JACAR：B0305000900
（第285画像目）。

此次军机更动之时另一军机大臣鹿传霖已病重危笃，[①]但毓朗、徐世昌二人取代的只是世续与吴郁生，预示着鹿传霖死后军机变动仍有后着，很可能另有替代之人。值得注意的是，同一天，清廷又任命唐绍仪署理邮传部尚书。“众所周知，唐是袁世凯的忠实追随者”，故而英国代理公使麻木勒认为，“如果他决定担任这一职务，或许会替袁世凯逐步重返政坛铺平道路”，据他了解，“总的推测是政府正在同袁世凯进行谈判，准备召他回军机处接替鹿传霖留下的位置”。[②]日本公使亦认为，如果任用唐绍仪出自袁世凯建言的话，只不过是在投石问路，根据其结果，或许又继而有端方的起用，进而有袁宫保之出山亦未可知。[③]外界猜测，起用唐绍仪与袁世凯的复出不无关系。

袁世凯遭到罢免与他派遣唐绍仪推进中美关系抵制日本的外交战略有一定关联。[④]然而到了1910年7月，日本与俄国签订第二次密约，并着手吞并朝鲜，中国东北危机日趋严重，不能不引起清廷的注意。据新任军机毓朗透露：“日俄协议以来，此方作为应对之策，与美国协作之说得势，有议论认为应与该国订立某种密约”，[⑤]原军机大臣瞿鸿禨亦认为：“日俄密约的结果让亲美派得到了机会，北京政府一定时期内会倾向于实行袁氏一派之前主张的亲美政策”，并且判断“此次军机变动为袁世凯复出的前兆”。[⑥]在此背景下，之前主导中美亲近的袁世凯，自然容易受到刚从欧、美考察归国的新贵载涛的青睐。

载涛荐袁一事当时报刊曾有报道：“自涛贝勒回国即向监国前力请起用项城”。[⑦]而日本公使获得的情报较为详细：载涛在建议载沣改革朝政时，频频述说起用袁世凯之必要。各国所到之处，没有不知袁世凯大名，在国事举步维艰之际应迅速起用授予要职。载沣大为心动，然后由庆亲王派人前往河南向袁传达载涛及载沣的意见，劝告他同意此时复出，但袁世凯以病未痊愈为借口没有同意。进而庆亲王以书信再次劝其出山，袁世凯回复称，希望先起用唐绍仪，代替自己授予要职。于是就起用了唐绍仪。[⑧]另外，日本公使还从受其操纵的属于袁世凯派系的某位政客处得到类似消息：载涛归国后，庆亲王秉承载沣意思，通过他人与袁世凯就起用一事进行了三次商谈，但是袁世凯考虑到在中央没有牢固的

① 鹿传霖死于1910年8月26日，参见爱新觉罗·载沣：《醇亲王载沣日记》，364页。

② 《麻木勒先生致格雷爵士函》，1910年8月31日，章开沅等主编：《辛亥革命史资料新编》第8册，第4页。

③ 《在清国伊集院公使ヨリ小村外務大臣宛（機密第122号）》，明治四十三年八月二十日，JACAR：B03050009000（第272画像目）。

④ 参见崔志海：《摄政王载沣驱袁事件再研究》，《近代史研究》2011年第6期；李永胜：《摄政王载沣罢免袁世凯事件新论》，《历史研究》2013年第2期。

⑤ 参见《在清国伊集院公使ヨリ小村外務大臣宛（機密第131号）》，明治四十三年九月九日，JACAR：B03050009000（第292画像目）。

⑥ 《在長沙松永領事代理ヨリ小村外務大臣宛（電報第76号）》，明治四十三年八月十九日，JACAR：B03050009000（第255画像目）。

⑦ 《袁项城确将起用》，《申报》1910年9月9日，第1张第4页。

⑧ 参见《在清国伊集院公使ヨリ小村外務大臣宛（機密第130号）》，明治四十三年九月三日，JACAR：B03050009000（第283—284画像目）。

根基无法充分动作而婉言谢绝。总之，决意推举唐绍仪，先观察其今后的情势之后再定去就。[①]唐绍仪在出任署理邮传部尚书前还曾特意道经彰德会晤过袁世凯，[②]可能也是因为这个原因。

因此，面对日、俄压力，力促军机突变的载涛兼而荐举袁世凯复出较合情理，载沣对于袁世凯的态度有所松动。然而，袁世凯被罢免除了载沣力主外，隆裕的支持也是重要因素，故而隆裕对于军机变动以及袁世凯的态度不容忽视。袁世凯推举唐绍仪先行复出试探或许亦因如此。

清廷政治上的争权夺利往往表现在人事变动上。《泰晤士报》观察，此次军机大更换，是因为载沣受到隆裕率领的原西太后派的压迫，不得已而为之。[③]不久之后，原陆军部大臣铁良被外放为江宁将军，亦被认为是“实欲减削太后党之势力”。[④]值得注意的是，在撤换军机大臣期间，载沣并未与隆裕见面，直到变动已定后才蒙隆裕召见。[⑤]载沣在撤换军机这样的“重大事件”上如果未与隆裕商量，无疑是对隆裕权威的一种挑战，自然难以得到她的认可。毓朗之弟毓盈记述称：“微闻某方面诉之皇太后，太后怒，召摄邸，欲收回成命，摄邸固持不可，乃已。”[⑥]另据皇族载润回忆，隆裕对于此次军机变动甚为不满，“不数日，隆裕即迫令载沣将此二人撤去。载沣始则婉言请稍从缓；隆裕复以言语相逼。载沣不得已，以太后不得干预用人行政之权为对，隆裕始无可如何”。[⑦]

由于载沣的坚持，隆裕面对既成事实虽不便与其公然决裂，但袁世凯复出一事定会受到影响，而唐绍仪面临的处境亦会艰难。此时朝廷要员中与隆裕关系甚为密切的当为度支部尚书载泽，“隆裕妹为载泽妻，常往来宫中，通外廷消息”。[⑧]据美国驻华公使嘉乐恒了解，载涛主张重新起用袁世凯的建议“遭到以载泽为首的一派的激烈反对”。[⑨]此外，湖广总督瑞瀓为载泽姻亲，当属隆裕、载泽一派。据日本公使消息：“湖广总督瑞瀓此次进京

① 参见《在清国伊集院公使ヨリ小村外務大臣宛（機密第130号）》，明治四十三年九月三日，JACAR：B03050009000（第287画像目）。

② 参见《复邮传部尚书唐绍仪函稿》，1910年10月19日，骆宝善、刘路生主编：《袁世凯全集》第18卷，开封：河南大学出版社，2013年，第572页。

③ Palace Politics In Peking，*The Times*，Sep 6，1910，p.3.

④ 《西报纪北京政界近事》，《申报》1910年9月9日，第1张第5页。

⑤ 参见爱新觉罗·载沣：《醇亲王载沣日记》，第363页。

⑥ 毓盈：《述德笔记》，中国社会科学院近代史研究所近代史资料编辑部编：《近代史资料》总79号，北京：中国社会科学出版社，1991年，第128页。

⑦ 载润：《隆裕与载沣之矛盾》，中国人民政治协商会议全国委员会文史资料研究委员会编：《晚清宫廷生活见闻》，第77页。

⑧ 胡思敬：《国闻备乘》，荣孟源、章伯锋主编：《近代稗海》第1辑，第293页。

⑨ Calhoun to the Secretary of State，September 13，1910，*Records of the Department of State Relating to Internal Affairs of China，1910–1929*.转引自崔志海：《摄政王驱袁事件再研究》，《近代史研究》2011年第6期。

受摄政王接见之际，毫不客气地极力弹劾唐绍仪的人品断不可用。”①

或许是出于对以上政治局势的了解，唐绍仪逡巡两月之久才进京赴任。在日本公使看来，由于袁世凯复出无望，唐绍仪在朝廷中几乎遭到孤立。②事实上，唐绍仪上任几个月后就“因病乞解职”，清廷以投靠载泽的盛宣怀代替。③载涛此次的荐袁之举，因隆裕的阻扰而最终受挫。有报刊曾报道，隆裕“尤忌涛郡王奋发有为”，而“召用袁世凯等事因而亦遭阻力”。④

三、内阁总理之争与袁世凯复出阻力渐减

载沣撤换军机大臣的风波过后，清廷政局并未平息。1911年5月8日，“皇族内阁”正式出台，奕劻任内阁总理。然而，因奕劻反复力辞，清廷随即又谕“傥至数月以后，精力实有难胜，彼时再候谕旨”，⑤这意味着几个月后内阁总理一职将有变动。由于袁世凯声望甚高，皇族各派围绕内阁总理之争多有拉拢袁世凯之意，袁世凯复出阻力渐减。

清廷不顾舆论攻击，悍然成立“皇族内阁”，其目的是想将权力掌控在皇族之手。照此思路，第二任内阁总理应当仍从皇族亲贵中产生。于是，“第二次总理仍将为皇族之风说，渐传播于人口”。⑥正如舆论分析：“亲贵中约分三党：一曰庆邸；二曰涛、朗两贝勒；三曰泽公。三党中各有势力，各不相让”。⑦如果奕劻几个月后获准辞职，第二任内阁总理将可能从载涛与载泽两派当中产生。

载涛时任军谘府大臣，代其兄载沣分管兵权，其政治地位从撤换军机大臣一事后急速上升。甚至有谓“不能不结交者，涛公一人。此公能结好，永无后虑”。⑧为了树立改革、清廉的形象，载涛不仅支持学生的剪辫运动，还上奏处分了给其送礼的江北提督雷震春。⑨故而有舆论认为，“庆之衰庸诚不如涛之开展”，“诸亲贵中多以好货闻，其差强人意

① 《在清国伊集院公使ヨリ小村外務大臣宛（機密第130号）》，明治四十三年九月三日，JACAR：B03050009000（第288画像目）。

② 《在清国伊集院公使ヨリ小村外務大臣宛（公信第100号）》，明治四十三年十二月十三日，JACAR：B03050009100（第318画像目）。

③ 参见《宣统政纪》卷46，宣统二年十二月上，《清实录》第60册，第822页。

④ 《国民公报停版原因》，《申报》1910年12月25日，第1张第4页。

⑤ 《宣统政纪》卷52，宣统三年四月上，《清实录》第60册，第938页。

⑥ 《各省谘议局议长议员袁金铠等为皇族内阁不合立宪公例请另组责任内阁呈》，故宫博物馆明清档案部编：《清末筹备立宪档案史料》上册，北京：中华书局，1979年，第579页。

⑦ 《论新内阁之将来》，《言论》栏，《大公报》1911年6月2日，第1张第2版。

⑧ 《盛文颐致盛宣怀函》，1910年11月19日，陈旭麓等主编：《辛亥革命前后：盛宣怀档案资料选辑》第1辑，上海：上海人民出版社，1979年，第76页。

⑨ 参见《朱尔典爵士致格雷爵士函》，1910年12月13日，章开沅等主编：《辛亥革命史资料新编》第8册，第39—40页；《宣统政纪》卷44，宣统二年十一月上，《清实录》第60册，第797页。

者为涛邸”，建议奕劻“避贤让位以娱其天年”。[①]但载涛年仅24岁，缺乏政治经验是其劣势。有报道引自内廷消息，奕劻也向载沣推荐载涛，但遭到载沣的否决，“指涛贝勒为年轻望浅均恐必致贻误”。[②]良弼及第六镇统制吴禄贞在与日本公使见面时也证实了此类消息：庆亲王频频劝说载涛承负此任，并屡屡向摄政王上陈此意，但摄政王认为载涛年轻缺乏经验，因而没有同意。[③]

镇国公载泽时年43岁，曾作为五大臣之一出洋考察宪政，有一定的立宪声望，可以迎合舆论要求立宪的主张。他又任度支部尚书多年，掌管财权，“虽比肩各部大臣之列，然其权实与庆侔”，[④]而且载泽幼时在醇亲王府生活过，与载沣关系密切，“载沣经常称他为大哥，他给出过许多主意”，[⑤]被视为“摄政统治的双手”之一。[⑥]照理应为继任最佳人选。在竞争首任内阁总理时，外界就认为在奕劻之外拟定的是载泽。[⑦]现在“惟数月后庆邸定行辞职”，故而有论认为“总理大臣一席舍泽公莫属。”[⑧]

然而，由于载泽与隆裕关系密切，“泽夫人为太后之妹，日日出入宫禁”，[⑨]深为载沣顾忌。载沣、隆裕的权力都受之于慈禧，而隆裕权势扩张的终极莫过于重现慈禧垂帘。据日本情报部门了解，此前陆军部尚书铁良、协办大学士荣庆等曾想请隆裕垂帘听政，“太后也稍为所动”。[⑩]外界亦流传“满洲八大臣联名请隆裕垂帘”之事，铁良被外放为江宁将军，据说就是载沣“疑其与谋”之故。[⑪]如果载泽出任内阁总理，无疑会加强隆裕的政治影响力。据良弼、吴禄贞所言，奕劻也认为载泽与隆裕关系密切，必然会与以载沣为中心的载洵、载涛一派关系不协，故而自己不能推举其为继任人选。[⑫]谘议局议员联合会亦了解到，“现在朝廷所以不得不用庆王之故，确系为抵制垂帘”。[⑬]

① 《论新内阁之将来》，《言论》栏，《大公报》1911年6月2日，第1张第3版。

② 《监国对于继任总理之难得》，《要闻》栏，《大公报》1911年6月13日，第1张第4版。

③ 参见《在清国伊集院公使ヨリ小村外務大臣宛（機密第65号）》，明治四十四年六月十八日，JACAR：B03050009200（第384画像目）。

④ 《论新内阁之将来》，《言论》栏，《大公报》1911年6月2日，第1张第3版。

⑤ 恽宝惠：《清末贵族之明争暗斗》，中国人民政治协商会议全国委员会文史资料研究委员会编：《晚清宫廷生活见闻》，第65页。

⑥ 《在清国伊集院公使ヨリ小村外務大臣宛（機密第68号）》，明治四十四年六月二十二日，JACAR：B03050009200（第408画像目）。

⑦ 《在清国伊集院公使ヨリ小村外務大臣宛（機密第52号）》，明治四十四年五月二十一日，JACAR：B03050009100（第358画像目）。

⑧ 《泽公仍有内阁总理之望》，《要闻》栏，《大公报》1911年5月17日，第1张第4版。

⑨ 丁文江、赵丰田编：《梁启超年谱长编》，上海：上海人民出版社，1983年，第554页。

⑩ 参见海軍軍令部：《清国の政況並に将来の変局（極秘）》，明治四十四年二月，JACAR：B03050009100（第338画像目）。

⑪ 胡思敬：《国闻备乘》，荣孟源、章伯锋主编：《近代稗海》第1辑，第293页。

⑫ 《在清国伊集院公使ヨリ小村外務大臣宛（機密第65号）》，明治四十四年六月十八日，JACAR：B03050009200（第383画像目）。

⑬ 邱涛点校：《直省谘议局议员联合会报告书汇录》，北京：北京师范大学出版社，2013年，第204页。

载涛与载泽作为总理人选皆不理想，由谁继任奕劻之职成了难题。据肃亲王了解，由于找不到继任内阁总理的合适人选，“摄政王格外忧心”。[①]另外，皇族内阁出台之后饱受舆论攻击，如何安抚民心亦为另一难题。因此，让资历老成的奕劻继续留任不失为一种办法。有消息称，奕劻的真实想法是起用袁世凯为协理大臣，自己继续担任内阁总理。日本公使站在旁观者角度，也肯定这种方案，并且认为载沣为留住奕劻，必定会同意他的要求，而隆裕即便不认可袁世凯，但鉴于内阁总理继任人选难以抉择，也不便强行阻拦。[②]

还有一种方案，即载涛与载泽继任内阁总理，由袁世凯出任内阁协理进行辅佐。莫理循推断：“袁将接替荫昌掌管陆军部，其后将擢升为内阁协理大臣，以接替即将退休之那桐，同时，总理大臣‘一职’将由镇国公载泽出任。”并且判断“上述变动将在10月间资政院再次举行会议之前实现”。[③]由于了解载泽的处境，加之“近来涛贝勒继任总理的说法频频流传”，日本公使推测内阁总理可能会从载涛等年轻的近系皇族中任命，进而“在协理中安排有声望的才干家担当辅佐之任”，[④]这个“有声望的才干家”则首推袁世凯。

早在清廷决议成立责任内阁之初，袁世凯即为重要的考虑对象之一。东三省总督锡良曾致电朝廷起用袁世凯这些“旧日声望素重之大员”以济时艰，[⑤]“拟保荐袁世凯、岑春煊、端方三员皆可充总理副总理之选”。[⑥]奕劻在与英国公使朱尔典会面时亦曾“暗示袁世凯可能被召回北京组成一个新内阁”，对此朱尔典并不感到意外，认为军机处其他大臣的才干都比不上袁世凯。[⑦]后来，袁世凯还曾专门致信奕劻感谢他的“厚期”之情。[⑧]

“皇族内阁”正式出台时袁世凯虽然未能顺利复出，但协理大臣那桐在第二天具奏请辞时就称赞袁世凯“智勇深沉，谋猷闳远”，并且荐袁以自代。原奏公然在视为朝政喉舌的《政治官报》上发表，[⑨]“监国亦居然未加斥责，凡看到官报的人无不诧异”。[⑩]此后，由于“现华人反对亲贵内阁风潮日甚”，外界甚至“谣传庆亲王将荐袁世凯以自代”。[⑪]另

---

① 《在清国伊集院公使ヨリ小村外務大臣宛（機密第65号）》，明治四十四年六月十八日，JACAR：B03050009200（第382画像目）。

② 参见《在清国伊集院公使ヨリ小村外務大臣宛（機密第93号）》，明治四十四年八月九日，JACAR：B03050009300（第440画像目）。

③ （澳）骆惠敏编：《清末民初政情内幕——〈泰晤士报〉驻北京记者袁世凯政治顾问乔·厄·莫里循书信集》上册，刘桂梁等译，北京：知识出版社，1986年，第731页。

④ 《在清国伊集院公使ヨリ小村外務大臣宛（機密第93号）》，明治四十四年八月九日，JACAR：B03050009300（第339—440画像目）。

⑤ 《东督请用废员无效》，《申报》1911年1月8日，第1张第6页。

⑥ 《东滇两督拟请郑重阁臣》，《申报》1911年1月11日，第1张第5页。

⑦ 参见《朱尔典致格雷爵士函》，1910年12月20日，章开沅等主编：《辛亥革命史资料新编》第8册，第49页。

⑧ 参见《复庆亲王奕劻函稿》，1911年3月20日，骆宝善、刘路生主编：《袁世凯全集》第18卷，第649页。

⑨ 《内阁协理大臣那桐奏恳请收回成命折》，《政治官报》宣统三年四月十三日，第8页。

⑩ 载涛：《载沣与袁世凯的矛盾》，中国人民政治协商会议全国委员会文史资料研究委员会编：《晚清宫廷生活见闻》，第81页。

⑪ 《西报译要》，《申报》1911年6月25日，第1张后幅第2页。

外，徐佛苏是代表民意的谘议局联合会机关报《国民日报》的负责人，亦是康有为、梁启超一派的重要骨干，他也不得不承认袁世凯的政治影响力。在与日本公使交谈时，徐佛苏就曾预计：将来召开国会之时，作为政党领袖首先应该看重的当为袁世凯、康有为、梁启超三人。由此可见袁世凯受到朝野各方的注目，日本公使认为"袁世凯在将来必定会卷土重来"。[①]

因此，不论采取哪种方案，载沣似乎都有起用袁世凯的需要，袁世凯复出阻力进一步减少。据良弼、吴禄贞透露，关于袁世凯的起用，载沣方面已私下应允，载洵、载涛及那桐、徐世昌等也同意，奕劻原本就应无所异议，终于已到起用之际。但他们同时表示，由于隆裕始终持反对意见，袁世凯能否复出仍不确定。[②]

关于隆裕阻扰袁世凯复出，舆论也有类似报道："监国亦曾允许，至未能起用之原因，闻为慈宫不甚谓然。"[③]也有消息称载泽反对袁世凯复出，"在太后前力排袁项城，谓切不可令入内阁，致有类引虎自卫"。[④]如此一来，隆裕以及载泽的态度，或为袁世凯复出的最后阻力。

载泽原本对袁世凯没有好感，但时过境迁，在与载涛竞争继任内阁总理时，考虑到他的影响力，似乎有意拉拢袁世凯，"外之复与袁结，欲感涛于绝地"。[⑤]时任邮传部尚书的盛宣怀被视为"泽公唯一的政治顾问始终不可分离"，据说载泽"不惯于政争舞台"，是在盛宣怀的鼓动下才参与争夺内阁总理一职，甚至称载泽"万事依靠盛宣怀"。[⑥]故而盛宣怀对于袁世凯的举动或可一定程度传递载泽的态度。盛宣怀与袁世凯原为政敌，但在内阁总理继任人选待定时，盛宣怀通过袁世凯的政治密友端方向其表达"殷勤期望"。在袁世凯致函端方间接回应"惜从前误听人言""悔不可追"之后，[⑦]盛宣怀又让南下的端方带信给袁世凯："历朝贤将相，罕有其匹。际此时局益艰，跂盼东山再起。"[⑧]端方感知到了载泽一派向袁世凯示好，于是在与袁世凯见面时"传达了政府的意向"，劝告袁世凯直接答应复出，后来又让其弟端锦在归京途中再次向袁世凯转达此意。[⑨]

---

① 参见《在清国伊集院公使ヨリ小村外務大臣宛（機密第93号）》，明治四十四年八月九日，JACAR：B03050009300（第442画像目）。

② 《在清国伊集院公使ヨリ小村外務大臣宛（機密第65号）》，明治四十四年六月十八日，JACAR：B03050009200（第384画像目）。

③ 《袁项城起用之阻力》，《要闻》栏，《大公报》1911年6月18日，第1张第5版。

④ 《袁世凯之摈于泽那》，《申报》1911年6月10日，第1张第4页。

⑤ 丁文江、赵丰田编：《梁启超年谱长编》，第554页。

⑥ 《在清国伊集院公使ヨリ小村外務大臣宛（機密第68号）》，明治四十四年六月二十二日，JACAR：B03050009200（第407画像目）。

⑦ 《致督办粤汉川汉铁路大臣端方函》，1911年6月22日，骆宝善、刘路生主编：《袁世凯全集》第18卷，第681页。

⑧ 《盛宣怀来函》，1911年6月29日，骆宝善、刘路生主编：《袁世凯全集》第18卷，第688页。

⑨ 《在清国伊集院公使ヨリ小村外務大臣宛（機密第93号）》，明治四十四年八月九日，JACAR：B03050009300（第439画像目）。

四川保路运动给清政府造成严重危机。端方趁机向载泽与盛宣怀建议起用袁世凯，“非有如慰帅其人者，万不克镇压浮嚣”，[①]并且欲借湖广总督瑞澂助势，“莘帅谓此役项城最宜，”[②]请求载泽及盛宣怀“居中力为主持，能向扆座力陈”，[③]争取载沣的同意。端方复出原本依靠奕劻、那桐及徐世昌保举，[④]但其举荐袁世凯时却想借重载泽，亦是考虑到载泽背后隆裕的阻力。如果载泽能够力荐，载沣亦表同意，则隆裕这最后一关就会变得容易。但是，袁世凯早知铁路收归国有政策的风险性，[⑤]此前与盛宣怀书信往来时就表示过“愿长作乡人，以了余年”，[⑥]委婉拒绝了复出之请。载泽担心举荐袁世凯会颇费周折，不利于迅速处理四川问题，“惟威望重臣真不易求，阁虑未到之先即已决裂，故游移不决”，[⑦]故而并未特别执著此事。

此后，瑞澂表面上附和端方荐袁意见，却密函载泽举荐同样在野的另一重臣岑春煊。[⑧]岑春煊实为丁未政潮时期奕劻、袁世凯一派的死敌。在起用岑春煊时，载泽“再三密请”。[⑨]由于担心奕劻反对，载泽还“早有伏笔”，特意选择奕劻请假之日促成此事。[⑩]然而岑春煊不仅没有迅速赴任，还要求朝廷先下罪己之诏。端方称岑春煊“专想作内阁总理断断然矣”，要求载泽“留意预防”。[⑪]奕劻等人亦借题发挥，批评载泽力推岑春煊复出一事，“语皆侵如春，因其屡保公”，让载泽“尤觉无以对人”。[⑫]

奕劻原本就反对载泽、盛宣怀的铁路国有政策，[⑬]现在载泽又乘他请假之机举荐他的政敌岑春煊，双方矛盾更加激化。载泽请假五日，[⑭]或许就是在消极应对。随后奕劻也上奏“恳恩开去差缺”，得到的批复却是：“该亲王虽年逾七旬，精力尚健”，“著毋庸议”。[⑮]

---

① 《武昌端大臣来电并致泽公》，1911年8月28日，盛宣怀：《愚斋存稿》卷80，沈云龙主编：《近代中国史料丛刊续编第十三辑》，台北：文海出版社，1975年影印本，第1694页。

② 《端大臣来电》，1911年9月1日，盛宣怀：《愚斋存稿》卷81，第1708页。

③ 《瑞莘帅端大臣来电》，1911年8月31日，盛宣怀：《愚斋存稿》卷80，第1702页。

④ 参见《端方致盛宣怀电》，1911年9月13日，陈旭麓等主编：《辛亥革命前后：盛宣怀档案资料选辑》第1辑，第148页。

⑤ 袁世凯曾警告英国公使，实施铁路国有化草约“那就意味着暴乱”，参见《朱尔典爵士致格雷爵士函》，1911年9月18日，章开沅等主编：《辛亥革命史资料新编》第8册，第60页。

⑥ 《致邮传部尚书盛宣怀函》，1911年7月6日，骆宝善、刘路生主编：《袁世凯全集》第18卷，第687页

⑦ 《寄武昌瑞制军端大臣》，1911年9月1日，盛宣怀：《愚斋存稿》卷81，第1708页。

⑧ 参见《寄奉天赵次帅》，1911年9月13日，盛宣怀：《愚斋存稿》卷82，第1731页。

⑨ 《寄上海岑云阶宫保》，1911年9月17日，盛宣怀：《愚斋存稿》卷83，第1747页。

⑩ 《寄武昌瑞制军》，1911年9月15日，盛宣怀：《愚斋存稿》卷82，第1735页。

⑪ 《宜昌端大臣来电并致泽公》，1911年9月22日，盛宣怀：《愚斋存稿》卷84，第1766—1767页。

⑫ 《盛宣怀致岑春煊》，1911年9月18日，陈旭麓等主编：《辛亥革命前后：盛宣怀档案资料选辑》第1辑，第156页。

⑬ 为此，载泽、盛宣怀一方还特意派人寻求英国公使的帮忙。参见《朱尔典爵士致格雷爵士函》，1911年9月5日，章开沅等主编：《辛亥革命史资料新编》第8册，第55页。

⑭ 参见《邸抄》，《大公报》1911年9月25日，第1张第1版。

⑮ 《宣统政纪》卷60，宣统三年八月上，《清实录》第60册，第1071页。

清廷公开宣谕不批准奕劻辞职请求，使得更换内阁总理的悬念暂时告一段落，载泽、载涛一时皆未如愿。就在宣谕的这一天，载泽假期已满却又“续假十日”，[①]之后再“续假五日”，[②]恐亦与清廷的此次决策有所关联。

按照上述分析，清廷如果选择留任奕劻，则很可能会让袁世凯复出进行协助。据吴禄贞向日本公使透露，载沣不愿载泽继任总理，担心会引起隆裕垂帘听政，载沣看重载涛，但担心他的能力及经验不足，故而奕劻的内阁总理之职暂时无法替代，“庆亲王再三恳求辞职也不被允许即为明证”。此外，10月22日即将开议的资政院必将讨论四川保路运动等议题，“到时将会让盛宣怀开缺以安抚资政院，庆亲王有意推荐袁世凯继任此职，袁世凯复出或将成为事实”。[③]

综上所述，武昌起义之前，袁世凯复出时机已经渐趋成熟。尽管如日本公使分析，视袁世凯不啻仇敌的隆裕是袁世凯复出的“唯一障碍”，[④]但与隆裕关系密切的载泽一派，对待袁世凯的态度已渐趋友好。这在袁世凯此后的复出中起到了重要作用。

四、袁世凯辛亥复出

1911年10月10日，武昌起义爆发。此后，袁世凯应诏复出，得到了皇族各派系不同程度的支持与默许。

在皇族中，最支持袁世凯复出的当属奕劻。武昌起义的第二天下午，那桐、徐世昌获知武昌起义电报后，当即谒见奕劻，邀集内阁成员商议办法。[⑤]面对严峻形势，奕劻觉得“非宫太保出山，则长江一带不堪设想”。10月12日朝议，那桐、徐世昌请求起用袁世凯，[⑥]与奕劻的意见应有一定关系。但是，载沣并未采纳二人意见，仅仅将湖广总督瑞澂革职留任，希其“戴罪图功”，决议“陆军大臣荫昌著督兵迅速前往”，[⑦]是有一定原因的。

从朝议内容来看，如果起用袁世凯应对武昌起义，所将代替之人则为督率大军的荫昌或丢失城池的瑞澂。袁世凯此时离开政坛已近三年之久，加之军情紧急，显然不如身在北京的陆军大臣荫昌火速统兵南下便利。反之，“瑞督失守省城，自有拿问之例在”，让袁世凯复出取代失职的瑞澂则会名正言顺。但载沣最终仅对瑞澂革职留任，是因为“有奥援

① 《寄武昌瑞制军》，1911年9月29日，盛宣怀：《愚斋存稿》卷85，第1785页。

② 参见《邸抄》，《大公报》1911年10月10日，第1张第2版。

③ 尚友俱楽部・広瀬順晧・櫻井良樹编：《伊集院彦吉関係文書》第1卷《辛亥革命期》，东京：芙蓉书房，1996年，第68—69页。

④ 《在清国伊集院公使ヨリ小村外務大臣宛（機密第93号）》，明治四十四年八月九日，JACAR：B03050009300（第438画像目）。

⑤ 参见《徐世昌日记》第22卷，北京：北京人民出版社，2013年，第10765页；北京市档案馆编：《那桐日记》，第700页。

⑥ 参见《张镇芳来函》，1911年10月16日，骆宝善、刘路生主编：《袁世凯全集》第19卷，第13页。

⑦ 参见《宣统政纪》卷61，宣统三年八月下，《清实录》第60册，第1095—1096页。

也”，[①]这个“奥援”当指载泽等人。载泽为瑞澂妻舅，而载泽背后又有隆裕支持。鉴于隆裕反对袁世凯复出，以及革命形势暂未失控，载沣要在载泽休假期间作此更动，难免有所顾虑。

10月13日，载泽“奉命销假”，[②]可以重新参与朝议。然而，除武昌外，汉阳、汉口亦相继落入革命军之手，瑞澂罪责更重。瑞澂属载泽派系的重要成员，载涛自然乐见载泽势力的削弱，赞成起用袁世凯代替瑞澂之职。载涛一派的载洵此时也向载沣陈说，此次大局，非袁世凯不能收拾，并间接授意御史史履晋上奏，[③]奏请“袁世凯署理湖广总督，责以督师”。[④]于是，10月14日，清廷宣谕补授袁世凯为湖广总督，让袁世凯重新复出。

需要说明的是，此时革命初起，各地尚未响应，清廷并未已到非袁世凯不可收拾政局的境地。清廷既然已宣谕由陆军大臣荫昌亲率两镇大军前往，兵力上明显占优。载泽一派的盛宣怀就认为“鄙见蜀事实难于鄂”，[⑤]判断“其实武昌方面估计早晚会平定，并没有那样担心，但因为四川交通不便故而平定困难，此方面反倒与大局有重大关系”，日本公使也“极有同感。”[⑥]武昌起义之时，另一重臣岑春煊正在武汉，直隶总督陈夔龙就曾建议任用岑春煊进行镇压，“川督岑君春煊带队入蜀，计时已在鄂中，请旨褫鄂督职，以岑调任，责令收复省会”。[⑦]从就近便利来看，亦不失为一个可供选择的较佳方案。

因此，袁世凯得以再次起用，实际得益于载沣的大力支持。载沣支持起用袁世凯有惜才的原因。清末内政外交日益严峻，缺乏能干之人。四川保路运动兴起之初，面对端方“另派重臣”的请求，清廷就已苦于“近实无可派之大员”，[⑧]后来还是利用奕劻请假时机勉强起用其政敌岑春煊。而外界呼吁起用的“旧日声望素重之大员”主要为端方、岑春煊以及袁世凯，[⑨]其中“当以在河南彰德韬晦的袁世凯为首”。[⑩]之前相继起用端方、岑春煊，现在自然会将注意力转向袁世凯。

在武昌起义之前，袁世凯复出的阻力即已消减，并且得到了载沣的认可私许；隆裕是罢免袁世凯的重要推手，又是袁世凯复出的最大阻力。载沣要想起用袁世凯，必须得到隆裕的同意。10月14日，袁世凯被正式任命为湖广总督。载沣向隆裕陈请此事时甚至“诣仪

① 参见《张镇芳来函》，1911年10月16日，骆宝善、刘路生主编：《袁世凯全集》第19卷，第14页。

② 参见《寄汉口瑞制军》，1911年10月13日，盛宣怀：《愚斋存稿》卷87，第1812页。

③ 参见《吴篯孙来函》，1911年10月18日，骆宝善、刘路生主编：《袁世凯全集》第19卷，第18页。

④ 《监察御史史履晋奏折》，中国第一历史档案馆、海峡两岸出版交流中心编：《清宫辛亥革命档案汇编》第64册，北京：九州出版社，2011年，第228页。

⑤ 《寄重庆端大臣方》，1911年10月19日，盛宣怀：《愚斋存稿》卷87，第1818页。

⑥ 尚友俱楽部・広瀬順晧・櫻井良樹编：《伊集院彦吉関係文書》第1卷《辛亥革命期》，第75页。

⑦ 陈夔龙：《梦蕉亭杂记》，荣孟源、章伯锋主编：《近代稗海》第1册，第411页。

⑧ 《宣统政纪》卷58，宣统三年七月上，《清实录》第60册，第1044页。

⑨ 《东督请用废员无效》，《申报》1911年1月8日，第1张第6页。

⑩ 海軍軍令部：《清国の政況並に将来の変局（極秘）》，明治四十四年二月，JACAR：B03050009100（第340画像目）。

銮殿请懿旨二次”，[①]足见颇为用心。而载沣的大力举荐，打消了袁的顾虑。在接到任命之初，袁世凯原本有过推辞，“俟见电钞，拟请另简贤能”。[②]为了让袁世凯出山，奕劻曾派阮中枢带亲笔信函至彰德劝驾，却遭到袁世凯的儿子袁克定等人的反对，力劝袁世凯不要出山。[③]但是，袁世凯仍然选择复出，其中原因之一就在于载沣的诚意。载沣不仅让庆亲王传达“密谕各节”，[④]也曾让冯国璋传递“恩意”。[⑤]据袁世凯所述，正是因为载沣“意极恳挚”，他才“断不能辞”。[⑥]

袁世凯虽然接受湖广总督的任命，却须清廷答应其提出的一些条件方肯就道赴任。这些条件的具体文本虽然尚未发现，但袁世凯在写给亲信张镇芳的信中曾略有提及。说是“开具节略八条，大意谓无兵、无饷，赤手空拳，何能办事”，提出练兵、筹饷、不可遥为牵制等要求，表示“如各事照办，兄自当力疾一行”。[⑦]另外，李剑农先生在著作中称袁世凯提出的是这六个条件：一、明年即开国会；二、组织责任内阁；三、宽容参与此次事变的人；四、解除党禁；五、须委以指挥水陆各军及关于军队编制的全权；六、须与以十分充足的军费。[⑧]由于这种说法出处不明，学界近年来对此多有质疑。[⑨]

实际上，李剑农所述六个条件可追溯到军谘府要员哈汉章透露的“四个条件”。哈汉章“为涛所信用之人”，[⑩]其消息或许来自载涛，有一定的可信度。10月18日上午，哈汉章曾向日本公使馆武官青木少将讲述，袁世凯提出了四个条件：明年即开国会、组织责任内阁、赦免归顺的暴徒、取得讨伐军总指挥权。另外，日本公使从其他途径得到相似情报，并且认为这些是清廷权要直接所言，应暂且相信。[⑪]法国方面也接到过该类情报：“人们断言说他在提条件：对暴乱者的镇压要适度，1912年召开国民议会，建立真正的责任内阁和

① 许恪儒整理：《许宝蘅日记》第1册，第368页。与袁同时起用的还有川督岑春煊，但岑春煊先前曾蒙载泽之力复出，当天载沣并未特意向隆裕陈请，故而此时似乎也无请示隆裕的必要。参见爱新觉罗·载沣：《醇亲王载沣日记》，410页。

② 《覆邮传部大臣盛宣怀电》，1911年10月15日，骆宝善、刘路生主编：《袁世凯全集》第19卷，第6页。

③ 参见《与王锡彤之谈话》，1911年10月14—30日，骆宝善、刘路生主编：《袁世凯全集》第19卷，第2页。

④ 参见《覆庆亲王奕劻函稿》，1911年10月15日，骆宝善、刘路生主编：《袁世凯全集》第19卷，第3页。

⑤ 参见《覆军谘冯国璋函稿》，1911年10月18日，骆宝善、刘路生主编：《袁世凯全集》第19卷，第11页。

⑥ 《覆湖南提法使张镇芳函稿》，1911年10月18日，骆宝善、刘路生主编：《袁世凯全集》第19卷，第13页。

⑦ 《覆湖南提法使张镇芳函稿》，1911年10月18日，骆宝善、刘路生主编：《袁世凯全集》第19卷，第13页。

⑧ 李剑农：《最近三十年中国政治史》，上海：太平洋书店，1931年，第190页。

⑨ 参见刘路生：《袁世凯辛亥复出条件考》，《广东社会科学》2003年第4期；侯宜杰：《辛亥革命爆发后徐世昌是否密赴彰德会见袁世凯》，《近代史研究》2011年第3期；骆宝善、刘路生：《袁世凯与辛亥革命》，《史学月刊》2012年第3期。

⑩ 《盛文颐致盛宣怀函》，1910年11月19日，陈旭麓等主编：《辛亥革命前后：盛宣怀档案资料选辑》第1辑，第77页。

⑪ 参见《在清国伊集院公使ヨリ内田外務大臣宛（電報第293号）》，明治四十四年十月十九日，JACAR：C08040653100（0239-0240）。其中第四个条件“取得讨伐军总指挥权”青木听漏了，当时未能告诉伊集院，其后青木打听明白后专门将第四个条件电告日本参谋本部。[《清国公使馆附武官青木少将电報報告》，明治四十四年十月十八日，JACAR：B03050622200（第53画像目）]。

拥有军队的绝对指挥权。”[①]从内容上看，这“四个条件”与“六个条件”的相关条款基本类似，说明李剑农的说法并非毫无根据。但需要注意的是，“明年即开国会、组织责任内阁、赦免归顺的暴徒”只属于政策建议，严格来说并不能称为条件。

自皇族内阁出台以来，速开国会，组织责任内阁已成舆论共识。武昌起义之后，立宪派希望借此良机实现政治主张，地方官僚则建议采用此策以安抚民心。10月13日，宪友会干事徐佛苏就向日本公使表示，中国主张改革的稳健派即立宪派“暗暗希望借此机会实现政治革新”。在日本公使认为，以徐佛苏的身份，这至少可以代表目前汇集于此的资政院地方议员及其他民间志士的一部分意见。[②]同一天，江苏巡抚程德全亦向内阁建言：“至若治本之策，必当先使内阁确负责任。”[③]10月14日，江苏谘议局议长张謇游说江宁将军铁良，上奏“速定宪法”，16日夜，他为程德全草奏“请速宣定宪法，开国会”，[④]程德全进而在10月22日资政院开院当天联合热河都统溥颋、山东巡抚孙宝琦等电奏“解免亲贵内阁，钦简贤能另行组织，代君上确负责任”，“提前宣布宪法，与天下更始”。[⑤]可见，这些主张并非袁世凯的独创。

在外界看来，镇压革命会有失人心，袁世凯此时出山实为一个“吃力不讨好的任务”。[⑥]杨度是国内较早推动速开国会和组织责任内阁的立宪人士，[⑦]他在1910年军机突变时期曾致函袁世凯劝其出山，[⑧]现在却在各界欲借武昌起义良机推动政治改革，资政院即将开院之时特意前来阻行，就是担心“袁公督师必一鼓平之，清之改善殆无希望”，[⑨]则势必与袁世凯提及“明年即开国会、组织责任内阁”以及镇压革命有违舆论这些焦点问题。如此一来，袁世凯决定接受清廷任命，在“节略八条”中提出这些几成共识的政治建言并不意外。这些政策性建议，并不属于必须满足的硬性条件。事实上，在清廷尚未改组责任内阁之时，[⑩]袁世凯即已同意复出。

在前述所有条件当中，哈汉章所说的“取得讨伐军总指挥权”才是袁世凯应允复出最为重要的关键性条件。10月14日，清廷任命袁世凯为湖广总督，但他对北洋军队仅有与荫

① 《斐格致外交部长先生》，1911年10月20日，章开沅等主编：《辛亥革命史资料新编》第7册，第221页。

② 《在清国伊集院公使ヨリ内田外務大臣宛（電報第267号）》，明治四十四年十月十四日，JACAR：C08040652800（0103）。

③ 《宣统三年八月二十二日致内阁》，扬州师范学院历史系编：《辛亥革命江苏地区史料》，南京：江苏人民出版社，1961年，第43页。

④ 张謇研究中心、南通市图书馆编：《张謇全集》第6卷，南京：江苏古籍出版社，1994年，第659页。

⑤ 《宣统三年九月一日致内阁》，扬州师范学院历史系编：《辛亥革命江苏地区史料》，第47页。

⑥ 《朱尔典爵士致格雷爵士函》，1911年10月16日，《英国蓝皮书有关辛亥革命资料选译》上册，胡滨译，北京：中华书局，1984年，第36页。

⑦ 参见侯宜杰：《二十世纪初中国政治改革风潮》，北京：中国人民大学出版社，2011年，第127页。

⑧ 《复京卿杨度函稿》，1910年8月16日，骆宝善、刘路生主编：《袁世凯全集》第18卷，第530页。

⑨ 《与王锡彤之谈话》，1911年10月14—30日，骆宝善、刘路生主编：《袁世凯全集》第19卷，第2页。

⑩ 清廷宣布改组内阁是在11月1日，由于发生“滦州兵谏”才被迫改组。

昌“会同调遣”的权力。为此，袁世凯对张镇芳就曾抱怨“北路去军皆由伊统辖，兄仅有会同调遣之权，恐多推诿”。[①]对冯国璋也表示：“兄纵前往，无兵节制，赤手空拳，用何剿抚？至北去各军，均归荫帅统辖，兄仅有会同调遣之权，执事自应禀承荫帅办理一切。”[②]这从军事角度讲不无道理，就连汉口的日本武官也认为“让袁世凯与荫昌两立，统御困难”。[③]而且，袁世凯蛰伏几年决定复出，恐怕亦不仅仅着眼于湖广总督一职甘居人下。正如英国公使所了解的：“袁世凯的儿子向我保证说，他的父亲一定不会到武昌去，除非摄政王让他直接统率一支远征军。”[④]但是，限于湖广总督的身份，袁世凯针对无兵无饷的处境似乎只能提出练兵、筹饷以及不可遥制等湖广总督应行筹划的条件，以及明年即开国会、组织责任内阁之类的政策建议，而不便以书面形式直接提出与荫昌争权的条件。故而袁世凯只是向张镇芳、冯国璋等人间接抱怨此事。或者“不能尽言，余属阮参议详达”，[⑤]通过清廷派来劝驾的阮中枢间接转达其意。

10月18日，袁世凯的谢恩折以及“应预备各事宜一函”即“节略八条”进呈清廷，[⑥]内阁总、协理大臣当天回复称：“来函并荩筹各节所开手折已照录呈监国摄政王”，尤其提到“并交泽公阅过”，表示“均可照办，即请分别电奏，请旨遵行”。[⑦]说明其在节略中所提要求已得到载沣以及载泽的同意。载沣甚至还朱批表达“优加倚任之至意”。[⑧]

至于“节略八条”中未便明述的“取得讨伐军总指挥权”，清廷应该也已获知。当天给事中蔡金台奏称“军事最忌纷歧”，建议“饬将所带两镇专交袁世凯调度”；[⑨]监察御史齐忠甲也称“自来统帅不专最为行军所忌”，恳请“明降谕旨，饬荫昌即行回京，所带水陆援军统归袁世凯节制调遣”。[⑩]两人同时提出类似请求，恐非偶然。然而，直至第二天，也只是谕示“袁世凯现已补授湖广总督，所有长江一带水陆各军，均著暂归该督节制调遣”，[⑪]并未完全答应袁世凯的要求。

授予袁世凯总指挥权无疑亦属“重大事件”，必然经过隆裕的同意。10月20日，隆裕有所表态，在发布懿旨分拨内帑赈济湖北灾民时，特别提到“由内务府发交袁世凯派委妥

① 《覆湖南提法使张镇芳函稿》，1911年10月18日，骆宝善、刘路生主编：《袁世凯全集》第19卷，第13页。

② 《覆军谘冯国璋函稿》，1911年10月18日，骆宝善、刘路生主编：《袁世凯全集》第19卷，第12页。

③ 《在漢口寺西中佐電報報告》，明治四十四年十月十七日，JACAR：B03050622200（第47画像目）。

④ 《朱尔典爵士致坎贝尔爵士函》，1911年10月23日，章开沅等主编：《辛亥革命史资料新编》第8册，第99页。

⑤ 《覆庆亲王奕劻函稿》，1911年10月15日，骆宝善、刘路生主编：《袁世凯全集》第19卷，第3页。

⑥ 参见许恪儒整理：《许宝蘅日记》第1册，第369页。

⑦ 中国第一历史档案馆编：《光绪宣统两朝上谕档》第37册，桂林：广西师范大学出版社，1996年，第255页。

⑧ 中国第一历史档案馆编：《清代军机处随手登记档》第180册，北京：国家图书馆出版社，2013年，第202页。

⑨ 《给事中蔡金台奏折》，中国第一历史档案馆、海峡两岸出版交流中心编：《清宫辛亥革命档案汇编》第64册，第368—370页。

⑩ 《监察御史齐忠甲奏折》，中国第一历史档案馆、海峡两岸出版交流中心编：《清宫辛亥革命档案汇编》第65册，第29—31页。

⑪ 《宣统政纪》卷61，宣统三年八月下，《清实录》第60册，第1118页。

员”。[①]这份懿旨是由载沣面奉的，[②]两人有协商的机会。隆裕太后之前一直反对袁世凯复出，现在这样表态，可以公开显示她对袁世凯复出的某种认可。

同样是在10月20日，盛宣怀致电袁世凯：“公宜速行，大约公到陆军大臣即可调回”，[③]表明朝廷已答应袁世凯复出所提条件。晚上，盛宣怀又为载泽代拟面奏节略三条，其中反复提出“袁慰庭宜明降[旨]催其赴鄂，即以北军及各省援军均归调遣”，“一军两帅，为行军所忌，俟该督抵汉，应将新军及湘、豫各省援军悉归节制，以一事权”，[④]以催袁世凯速出。10月21日，载沣面见隆裕，[⑤]载泽大约也依盛宣怀所拟节略进行上奏，故而当天“阁电催项城早出以便撤回荫大臣”。[⑥]同一天，清廷还明确宣谕应允了袁世凯“调委人员、筹募新军”等请求。[⑦]至此，可以说清廷基本答应了袁世凯所提请求，尤其是“取得讨伐军总指挥权”这个关键性条件。袁世凯终于可以决心复出。

10月24日，袁世凯对南征清军的将领配置提出建议，“拟请先派冯国璋充第一军总统”，段祺瑞任第二军总统。[⑧]10月25日，在清廷致电“催起程、进攻”的督催之下，[⑨]袁世凯于26日立即回复了出发的具体日期，并且要求以明谕的形式“降旨派充，以尊责成，而安军心”。[⑩]27日，清廷最终宣谕：“湖广总督袁世凯著授为钦差大臣。所有赴援之海陆各军并长江水师，暨此次派出各项军队均归该大臣节制调遣”，“军谘府、陆军部不为遥制，以一事权而期迅奏成功”。[⑪]这也得到隆裕的同意。[⑫]

袁世凯辛亥复出主要出自清廷决策，列强施加的压力非常有限。早在10月14日，清廷宣布起用袁世凯时，在北京的各国公使还曾因清廷对袁世凯忽罢忽起任意处置的方式愤愤不平，“外交团会议上终日都在主张袁世凯不应该接受任命”。[⑬]后来，英国方面确曾有过利用清政府欲向四国银行团借款之机提出各种苛刻要求的想法，其中“尤为重要的是，它使一个由包括载泽和袁世凯在内的能人领导的改革政府掌握北京政权”。[⑭]参照之前莫里循对第二任内阁的判断，也只是希望由载泽出任内阁总理，袁世凯担任协理，重新组阁。

---

① 《宣统政纪》卷61，宣统三年八月下，《清实录》第60册，第1119页。

② 参见爱新觉罗・载沣：《醇亲王载沣日记》，第414页。

③ 《寄彰德袁慰庭宫保》，1911年10月20日，盛宣怀：《愚斋存稿》卷87，第1819页。

④ 《盛宣怀致载泽函》，陈旭麓等主编：《辛亥革命前后：盛宣怀档案资料选辑》第1辑，第215—217页。原书判断时间为10月21日午夜，但据文中“子正”可知，时间应为21日0点。

⑤ 参见爱新觉罗・载沣：《醇亲王载沣日记》，第414页。

⑥ 参见许恪儒整理：《许宝蘅日记》第1册，第369页。

⑦ 参见《宣统政纪》卷61，宣统三年八月下，《清实录》第60册，第1122页。

⑧ 参见《致内阁请代奏电》，1911年10月24日，骆宝善、刘路生主编：《袁世凯全集》第19卷，第26页。

⑨ 中国第一历史档案馆编：《清代军机处随手登记档》第180册，第243页。

⑩ 参见《致内阁请代奏电》，1911年10月26日，骆宝善、刘路生主编：《袁世凯全集》第19卷，第28页。

⑪ 《宣统政纪》卷62，宣统三年九月上，《清实录》第60册，第1140页。

⑫ 载沣此日记有“陈请，仰蒙皇太后召见”，爱新觉罗・载沣：《醇亲王载沣日记》，第415页。

⑬ 尚友倶楽部・広瀬順晧・櫻井良樹编：《伊集院彦吉関係文書》第1卷《辛亥革命期》，第73页。

⑭ 《朱尔典爵士致格雷爵士电》，1911年10月21日，章开沅等主编：《辛亥革命史资料新编》第8册，第89页。

然而，经过与其他公使交流，朱尔典获知“美国、法国和德国的使节都不完全同意我的看法”。[①]

四国银行团是在10月24日讨论向清政府贷款的问题。据莫里循所言，“四国银行考虑借款申请的唯一条件是：赋予袁世凯同革命党人议和的全权，并进行革命党人所要求的不论多大程度的改革”，[②]其中所称的“唯一条件”显然有夸张的成分。因为莫里循也向日本人透露过会议讨论的内容，其中第三条才是“尽快重用有望救济时局的人物（暗指袁世凯）并授予全权，清政府应尽量谋求与革命团体和平解决之途”。而且，日本公使直接从美国消息人士得来的情报与莫里循透露的“大有不同”。[③]另有消息称，四国银行团中法国代表贾思纳同意美国人司戴德的意见，认为“如果清朝请一个强有力的人（像袁世凯）出来协助它，并同意一些宪法改革，则叛乱将失去它的矛头而不久被粉碎”，但他们同时认可“载泽和盛宣怀已经肯定地引导政府走上改革的道路”，[④]很可能主张的仍然只是载泽出任内阁总理，袁世凯担任协理的内阁模式。

因此，英国公使等人希望起用袁世凯，主要是为了改组清政府，这与清政府最初起用袁世凯用于镇压革命的目的并不一致，也就称不上在同意袁世凯“取得讨伐军总指挥权”这个关键性条件时给清政府施加压力。不论四国银行团讨论的具体内容如何，以及是否向清政府施压，都是清政府10月21日已经基本答应袁世凯复出条件之后的事了。

结　语

宣统时期，隆裕皇太后虽然不能像慈禧太后一样垂帘听政，但仍然拥有巨大权力，可以间接参与朝政。作为满族皇室，她与载沣一样，忌惮汉族重臣袁世凯擅权，都有罢袁动机。而且，袁世凯在立帝一事上曾有损她的利益，更是加深了她与袁之间的矛盾。纵观袁世凯复出的整个历程，最大阻力实际是隆裕太后。由此可知，隆裕太后在罢免袁世凯时发挥了重要影响。

载沣出于现实政治考虑，早在载涛力推军机更迭时就对袁世凯的态度有所松动。皇族内阁出台之后，面对舆论压力，以及第二任内阁总理人选难以确定，载沣更加倾向于起复袁世凯。这也是武昌起义之后，在清廷危机尚未达到“非袁不可”的地步时，载沣努力说服隆裕同意袁世凯复出的前提。因此，与其说是载沣被迫同意袁世凯出山，倒不如说是隆

① 《朱尔典爵士致坎贝尔爵士函》，1911年10月23日，章开沅等主编：《辛亥革命史资料新编》第8册，第100页。

② 〔澳〕骆惠敏编：《清末民初政情内幕——〈泰晤士报〉驻北京记者袁世凯政治顾问乔·厄·莫里循书信集》上册，第765页。

③ 《在清国伊集院公使ヨリ内田外務大臣宛（電報第326号）》，明治四十四年十月二十五日，JACAR：B04010802400（第299—300画像目）。

④ 〔美〕李约翰：《清帝逊位与列强》，孙瑞芹、陈泽宪译，北京：中华书局，1982年，第271页。

裕被迫同意更为合适。

袁世凯在复出时提出的条件包括两个部分：一是以湖广总督身份通过奏陈直接提出的“节略八条”，二是通过他人间接提出的“取得讨伐军总指挥权”。哈汉章所述“四个条件”反映了这些条件的部分内容，与李剑农著作中所提“六个条件”的相关内容基本一致，可见“六个条件”的说法并非毫无根据。但“取得讨伐军总指挥权”无疑是最为关键性的条件，由于有载泽的奏陈，10月21日即已得到清廷应允，只是在10月27日公开宣谕而已。

列强在袁世凯辛亥复出时所起的直接作用非常有限，袁世凯之所以复出主要得益于皇族各派的支持与默许。慈禧临终遗命衍生出宣统朝隆裕、载沣互为牵制的权力格局，进而演化为载泽、载涛之间的激烈争斗。皇族内争使得各方皆有拉拢袁世凯的必要，这是袁世凯在武昌起义之后顺利复出的重要背景。

（原载《历史研究》2017年第5期）

后唐德妃墓志考释

——兼论辽墓的“中朝轨式”

崔世平

《考古》2016年第3期刊载了《内蒙古巴林左旗盘羊沟辽代墓葬》发掘简报，据出土墓志记载，墓主为后唐庄宗德妃伊氏。[①]发掘简报提供了德妃墓志拓本，墓志首题“大契丹国故后唐德妃伊氏玄堂志并铭”，志文共33行，1379字。发掘简报执笔者马凤磊先生又另文发表了墓志拓本和录文，并就德妃家世及德妃与后唐庄宗李存勖、辽太宗耶律德光的关系等进行了探讨。[②]由于德妃墓志涉及的伊氏家族和德妃生平、历史地理、丧葬制度诸问题仍有进一步阐释的空间，本文谨参考墓志拓本和马凤磊录文（引用志文与马氏录文不同者随文注明），就这几方面展开讨论。

一、伊氏家族和德妃生平

据墓志，德妃伊氏薨于辽太宗会同五年（942），享年六十一，则她约生于唐僖宗中和二年（882）。后唐庄宗李存勖在藩时迎娶伊氏，后渐封为燕国夫人、德妃。同光四年（926）明宗兵变，庄宗驾崩。明宗遣散庄宗后宫，“特颁睿泽，令归汾晋”，德妃被遣归太原。清泰三年（936），辽太宗耶律德光来助石敬瑭夺取政权，退兵时将德妃掠走，安置于怀美州。德妃在契丹“旋经七载”，卒后葬于怀美州东三十里。

《元和姓纂》卷二“伊”姓条曰：“帝尧伊祁氏之允。裔孙伊尹，名挚，相汤；生陟奋”。[③]《三国志·蜀书·伊籍传》载伊籍为山阳人，蜀昭文将军，曾与诸葛亮、法正等五人共造《蜀科》。[④]德妃志文“其先山阳人”“相殷负鼎”及铭文“相殷道著，仕蜀名扬”，即追溯商代名臣伊尹和蜀汉的伊籍为祖先。

墓志曰：“曾祖讳慎，奉义军节度使、检校尚书左仆射、南充郡王”。伊慎在两《唐书》中均有传，可与德妃墓志互证。据相关传文，伊慎出身军旅，曾参与讨平大历八年岭南衙将哥舒晃之乱和建中二年梁崇义之乱，又参与破李希烈之役，官至奉义军节度使、检

① 赤峰市博物馆等：《内蒙古巴林左旗盘羊沟辽代墓葬》，《考古》2016年第3期。

② 马凤磊：《后唐德妃伊氏墓志铭释考》，《草原文物》2016年第2期。

③ ［唐］林宝撰，岑仲勉校记：《元和姓纂》，北京：中华书局，1994年，第93页。

④ 《三国志》卷三十八《伊籍传》，北京：中华书局，1964年，第971页。

校右仆射。宪宗即位，入真拜右仆射。元和二年，转检校左仆射，兼右金吾卫大将军。因赂第五从直求镇河中，贬右卫将军。元和六年卒，赠太子太保。[①]唐人权德舆所撰《唐故光禄大夫检校尚书右仆射兼右卫上将军南充郡王赠太子太保伊公神道碑铭》载伊慎于元和六年十二月薨于光福里，“明年夏五月庚申，葬于万年县某原”。又曰“公之息男十六人，其家嗣曰宥，左领军卫将军押右神策军牙门之职”。[②]可知伊慎有十六子，伊宥为嫡长子。伊宥事迹见《旧唐书·郗士美传》：“贞元十八年，伊慎有功，特授安黄节度。二十年，慎来朝，其子宥主留事，朝廷未能去”。[③]墓志言德妃祖名宗（马凤磊录文断句误作“宗守”，将“守太原府少尹”之“守”属前），曾历官守太原府少尹、晋州刺史（马凤磊录文误作“泸州刺史”）、刑部尚书，与伊宥经历不同，当是伊宥之弟。

墓志曰：“烈考讳广，光禄大夫、检校司徒、上柱国、临汾县开国伯、食邑七百户，又除忻州刺史，考满又除汾州刺史……乾宁四年随太祖武皇帝问罪幽蓟，经阵不回。庄皇帝追赠太保”。墓志所载德妃父伊广生平与史书所载略同。《旧五代史·伊广传》载：“伊广，字言，元和中右仆射慎之后。广，中和末除授忻州刺史，遇天下大乱，乃委质于武皇。广襟情洒落，善占对，累历右职，授汾州刺史。时武皇主盟，诸侯景附，军机缔结，聘遗旁午，广奉使称旨，累迁至检校司徒。乾宁四年，从征刘仁恭，武皇之师不利于成安寨，广殁于贼。有女为庄宗淑妃（当为德妃之误）。子承俊，历贝、辽二州刺史”。[④]

墓志文体一般由前面的序文和后面的铭文构成，德妃墓志的独特之处在于，铭文结束之后，又增加了一段人物题名，题名前半部分是德妃亲属，后半部分是她的侍卫和随从人员。其中德妃亲属题名为：“弟邓州节度副使、光禄大夫、检校司徒兼御史大夫、上柱国承杰，妹张郎妇三十三娘子，侄男遒哥、税哥、塞哥、十一哥、顒哥，妹婿金紫光禄大夫、检校尚书左仆射兼御史大夫、上柱国张继员，外生张仁宝”。

德妃弟承杰，官职履历与《旧五代史·伊广传》记载的承俊不同，二人当为兄弟。侄男遒哥等五人，应是承杰之子。外甥张仁宝当是其妹三十三娘子与妹婿张继员之子。墓志未刻承俊之名，而史书未载承杰等人，可能是因为承杰等人与德妃同在太原，所以一起被耶律德光掠到了契丹，而承俊不在太原，得以留在中原，从此伊氏家族分居两国。

岑仲勉先生在《唐人行第录》“自序”中指出白居易排行二十二，韩愈排行十八，都是联从祖兄弟为排行。不但男性，女性也是如此。[⑤]德妃之妹名三十三娘子，三十三应是其在伊宥、伊宗兄弟的孙辈中的行第。伊宥一代就有兄弟十六人，两代之后家族人口更

① 《旧唐书》卷一百五十一《伊慎传》，北京：中华书局，1975年，第4054—4056页；《旧唐书》卷一百二十二《路嗣恭附路恕传》，第3501页；《旧唐书》卷一百三十一《李皋传》，第3638、3639页。

② ［唐］权德舆撰，郭广伟校点：《权德舆诗文集》，上海：上海古籍出版社，2008年，第271、272页。

③ 《旧唐书》卷一百五十七《郗士美传》，第4146页。

④ 《旧五代史》卷五十五《伊广传》，北京：中华书局，2015年，第863页。

⑤ 岑仲勉：《唐人行第录》，上海：上海古籍出版社，1962年，第5页。

多，排行三十三毫不奇怪。

伊慎曾“赂第五从直求镇河中”而失败，其子伊宗任守太原府少尹，又迁晋州刺史，是伊氏家族任职河东地区的开始。伊慎薨于长安光福里，葬于万年县，伊宥任职于神策军，显然都居住在长安。伊氏“世为晋阳人”，可能是从伊宗这一支才开始的。伊广又因任忻州、汾州刺史，与李克用通婚，成为河东军事集团的一员。伊氏家族在河东地区经过两代经营，已是具有较大影响力的地方家族，故成为李克用拉拢的对象。

墓志载：“庄皇帝当在藩宣，闻其令淑，有慕姬姜之德，遂成牢卺之欢，自后凡有出征，无不同迈。适值大燕背义，全晋兴师，数载攻围，一朝屠下，旋当振旅，爰义钟恩，遂加燕国夫人”。据志文难以判断李存勖迎娶伊氏的具体时间。伊广乾宁四年（897）从征刘仁恭而死，德妃应成婚于乾宁四年之前伊广在世时。马凤磊也认为“至少在公元897年，伊氏已和李存勖成婚，推算其年龄，当时伊氏年十五岁”。

伊氏“加燕国夫人”是在因“大燕背义”而引起的伐燕战争胜利之后。马凤磊认为“大燕背义”是指乾宁三年、四年刘仁恭两次拒绝李克用征兵一事。乾宁元年李克用占据幽州，次年以刘仁恭为幽州留后。乾宁三年十一月，“武皇征兵于幽、镇、定三州，将迎驾于华下。幽州刘仁恭托以契丹入寇，俟敌退听命”。乾宁四年七月，“武皇复征兵于幽州，刘仁恭辞旨不逊，武皇以书让之，仁恭捧书谩骂，抵之于地，仍囚武皇之行人”。于是，李克用在八月举兵征伐刘仁恭。九月辛巳，攻安塞，德妃之父伊广死于此役。九月“甲午，师次代州，刘仁恭遣使谢罪于武皇，武皇亦以书报之，自此有檄十余返”。[①]可见乾宁四年对幽州的战事只有短短两个月，只发生一次战斗，远达不到“全晋兴师，数载攻围”的程度。当时李克用南有朱温，西有李茂贞、韩建，没有精力发动对幽州的长期战争，一旦刘仁恭谢罪就适可而止了。

李存勖时期，因刘仁恭之子刘守光的一系列狂妄之举导致晋燕之间的大战。天祐八年（911）“八月甲子，幽州刘守光僭称大燕皇帝，年号应天”。“十月，幽州刘守光杀帝（李存勖）之行人李承勋，忿其不行朝礼也”。十一月，燕人侵易定，王处直向庄宗告难。“十二月甲子，帝遣周德威、刘光濬、李嗣源及诸将率蕃汉之兵发晋阳，伐刘守光于幽州”。[②]天祐十年十一月，李存勖亲征幽州，十二月，擒刘守光而班师。[③]这次战争动用了周德威、刘光濬、李嗣源等名将和大量蕃汉军队，跨越三年时间，实可谓“全晋兴师，数载攻围”。由“凡有出征，无不同迈”之言可知，伊氏此时当在军中，故“旋当振旅，爰义钟恩，遂加燕国夫人”。在班师之际，伊氏被封为燕国夫人，时间是天祐十年十二月。马凤磊将伊氏被封为燕国夫人的时间系于天祐五年李存勖继立时，显然有误。

刘仁恭被李克用任为幽州节度使，却两次拒其征兵，还捧书谩骂，囚其使者，确为背

① 《旧五代史》卷二十六《唐书二·武皇纪下》，第406、407页。

② 《旧五代史》卷二十七《唐书三·庄宗纪第一》，第430、431页。

③ 《旧五代史》卷二十八《唐书三·庄宗纪第二》，第437页。

义之举，但墓志中的“大燕背义”，并非指此事。首先，幽州虽简称“燕”，却称不上“大燕”，“大燕”是指刘守光称大燕皇帝的大燕国。其次，“背义”也不是刘仁恭对李克用的背叛，而是刘守光对李存勖或后唐的背叛。幽州是李存勖灭梁的后顾之忧，刘守光称帝，恰好给李存勖提供了奉辞伐罪的正当理由。早在天祐八年三月，“己丑，镇、定州各遣使言幽州刘守光凶僭之状，请推为尚父，以稔其恶。乙未，帝至晋阳宫，召监军张承业诸将等议幽州之事，乃遣牙将戴汉超赍墨制并六镇书，推刘守光为尚书令、尚父，守光由是凶炽日甚，遂邀六镇奉册”①。可以说是李存勖有意纵容刘守光，诱其“背义”，然后倾全晋之力灭之。

墓志说德妃“擅殊欢于绮阁，专厚宠于椒房”，塑造了她深受庄宗宠爱的形象，事实并非如此。“庄宗攻梁军于夹城，得符道昭妻侯氏，宠专诸宫，宫中谓之‘夹寨夫人’。庄宗出兵四方，常以侯氏从军。其后，刘氏生子继岌，庄宗以为类己，爱之，由是刘氏宠益专，自下魏博、战河上十余年，独以刘氏从。刘氏多智，善迎意承旨，其他嫔御莫得进见”。“同光二年四月己卯，皇帝御文明殿，遣使册刘氏为皇后……韩夫人等皆不平之，乃封韩氏为淑妃，伊氏为德妃”。②《新五代史·符道昭传》载其战死夹城的时间是开平二年，③则庄宗得侯氏是在开平二年（908）。侯氏获宠后，伊氏就失宠了，她被封为德妃也是庄宗平衡后宫矛盾的结果。从墓志和史书记载看，德妃无子，这应是她失宠的原因之一。

《新五代史》卷十四：“明宗立，悉放庄宗时宫人还其家……而韩淑妃、伊德妃皆居太原，晋高祖反时，为契丹所掠”④。德妃被遣后住在太原，因为伊氏家族聚居太原。耶律德光册立石敬瑭之后，于天显十一年（公元936年，即后唐清泰三年）十二月庚寅，发太原，⑤这也应是二妃被掠走的时间。

墓志铭文后题名的后半部分为：“道门判官刘知远，元随姨媪，押衙军将、内知密梁□恩，留住，荣哥，小女，女子，记记，阿李，师姨志坚，都押衙、银青光禄大夫、检校工部尚书兼御史大夫、上柱国王敬珣，知宅使、银青光禄大夫、检校兵部尚书兼御史大夫上柱国张彦颙，押衙张廷诲，军将李从宝，小底十一、赵九、三闰，厨使辛彦军”。

德妃归太原后开始倾心道教，“始愿披戴，永弃荣华。霞帔星冠，虔奉焚修之事；忘情涤虑，期归清静之门”。“道门判官刘知远”可能是管理道教的契丹官员。《翻译名义集·七众弟子》：“比丘尼称阿姨、师姨者”。⑥“师姨志坚”应是法名“志坚”的比丘尼。

① 《旧五代史》卷二十七《唐书三·庄宗纪第一》，第430页。

② 《新五代史》卷十四《唐太祖家人传第二》，北京：中华书局，2015年，第169、170页。

③ 《新五代史》卷二十一《符道昭传》，第249页。

④ 《新五代史》卷十四《唐太祖家人传第二》，第173页。

⑤ 《辽史》卷三《太宗本纪上》，北京：中华书局，1974年，第40页。

⑥ ［宋］法云编：《翻译名义集易检》，上海：上海佛学书局，1935年，第40页。

这说明德妃在契丹不仅继续信仰道教，而且还信仰佛教。

德妃墓出土了一件鎏金银执壶（MD：5），壶底一侧边缘錾刻“德妃宅”三字，底中部刻“伊”字，可知德妃居所虽被墓志美称“宫苑”，实际等级只是“宅”。墓志所刻“知宅使”应是管理德妃宅的官吏，“押衙军将”应是负责守卫德妃宅的武官，“小底”“厨使”等可能是负责照顾德妃起居的著帐户。署名于墓志者，或为德妃的亲属，或是与德妃宅的管理、守卫有关的官吏，还有佛道宗教人员，由此也可窥见德妃晚年的生活状况和精神世界。

德妃除了虔心于宗教以度日外，也并非完全不问世事。天福八年春正月辛巳，“后唐庄宗德妃伊氏自契丹遣使贡马”。[①]德妃向后晋贡马，应是得到了契丹的授意，是契丹和后晋交聘活动的一部分。

二、德妃墓志所见怀美州略考

墓志载德妃“以会同五年十一月二十日薨于怀美州本宫之正寝”，“以会同六年七月六日葬于州东三十里”。怀美州，史书无载。发掘简报“结语”说德妃“居住在怀州（墓志称为‘怀美州’）”，是将怀美州视为怀州的异称。《辽史·地理志一》曰：“怀州，奉陵军，上，节度。本唐归诚州。太宗行帐放牧于此。天赞中，从太祖破扶余城，下龙泉府，俘其人，筑寨居之。会同中，掠燕、蓟所俘亦置此。太宗崩，葬西山，曰怀陵。大同元年，世宗置州以奉焉”。[②]怀州是辽世宗于大同元年（947）为太宗怀陵所置的奉陵邑，设州时间比德妃之死晚5年。按《辽史·地理志》之说，先有怀陵后有怀州，怀州之名得自怀陵；而据德妃墓志，怀美州在辽太宗时便已存在，早于怀州之设。

目前学界已确认今内蒙古巴林右旗的岗岗庙古城就是辽怀州城故址。[③]发掘简报云德妃墓西南距辽怀州城址6.8公里，而墓志载德妃葬于怀美州东三十里，如果怀美州即是怀州，这两个里程应大体相符。据胡戟研究，唐代里制有大里、小里，大里用于度地，一里约为531米；小里用于测晷景，一里约为442.5米。[④]五代时期，计算里程大致应按唐大里，唐三十里约相当于15.9公里，是6.8公里的两倍多。德妃墓中出土了一把鎏金铜尺（MD：9），长34.1厘米。如以此尺为准，五尺为一步，三百六十步为一里，那么一里约为613.8米，三十里相当于18.4公里，超出6.8公里更多。从与德妃墓的距离来看，怀美州似乎也不在今怀州故城。

德妃墓在怀美州东三十里，暂且按15.9公里计。而据简报，德妃墓又西距辽怀陵5公

① 《旧五代史》卷八十一《晋少帝纪一》，第1249页。

② 《辽史》卷三十七《地理志一》，第443页。

③ 张松柏：《辽怀州怀陵调查记》，《草原文物》1984年第1期。

④ 胡戟：《唐代度量衡与亩里制度》，《西北大学学报》（哲学社会科学版）1980年第4期。

里，可以推测怀美州应在怀陵以西10.9公里左右。《中国文物地图集》显示怀州故城在怀陵正南略偏西方向，[①]那么大致可以推测怀美州应在怀州故城以西或西北方向10公里左右。

怀美州如果不是怀州，那应该是什么性质的州？我们认为，怀美州可能是辽太宗的斡鲁朵属州。辽代皇帝的宫卫称为斡鲁朵。《辽史·营卫志上》："天子践位置宫卫，分州县，析部族，设官府，籍户口，备兵马。崩则扈从后妃宫帐，以奉陵寝。有调发，则丁壮从戎事，老弱居守"。"国阿辇斡鲁朵，太宗置。收国曰'国阿辇'。是为永兴宫，初名孤稳斡鲁朵，以太祖平渤海俘户，东京、怀州提辖司及云州怀仁县、泽州滦河县等户置。其斡鲁朵在游古河侧，陵寝在怀州南三十里。正户三千，蕃汉转户七千，出骑军五千。州四：怀、黔、开、来"。[②]太宗的国阿辇斡鲁朵下辖四州中已有怀州，与《辽史·地理志一》所载世宗时才设立怀州的记载相矛盾。按《辽怀州怀陵调查记》所言，怀陵在怀州故城北6里（3公里），[③]而此处说怀陵在怀州南三十里，与实际方位、距离都不符，因此这条记载的可信度值得怀疑。我们推测，《辽史·营卫志上》所载太宗斡鲁朵下的"怀州"可能就是德妃墓志所载的"怀美州"。正因为怀美州本是太宗斡鲁朵属州，太宗才会将包括德妃在内的俘户安置于此。

怀美州和怀州故城相距很近，两者应有特殊关系。按《辽史·地理志一》所载，怀州本为唐归诚州，辽太祖天赞年间，耶律德光在此筑寨安置扶余城、龙泉府俘人（太宗国阿辇斡鲁朵构成人户中也包含了太祖平渤海俘户），辽太宗会同年间，又将掳掠的燕、蓟人口置于此地。在大同元年置怀州之前，此地已经聚居了大量人口。考古工作者考察了怀州故城遗址，发现城内建筑主要分为宫殿、皇家庙宇和官署区，未规划安置居民的住所，居民区分布于城北门外的空旷地区。此外，在居民区外围山坡上设有专门的平民庙宇区。[④]我们推测，怀美州就是天赞、会同年间耶律德光设寨安置俘人之地，随着人口的增加，升级为州，隶属于太宗斡鲁朵。世宗为怀陵所置的奉陵邑怀州，是另在怀美州附近，即今怀州故城所在地选址兴建的。由于怀美州渐被史籍遗忘，后人遂将唐归诚州和辽太祖、太宗时安置俘人的寨都当成了怀州的前身。《辽史·营卫志》也以后出的怀州代替了太宗斡鲁朵所属的怀美州。太宗死后，其斡鲁朵转为奉陵邑，怀美州可能隶属于怀州。1986年内蒙古巴林左旗林东镇砖厂出土了天庆八年（1118）鲜演大师墓碑，碑文载其"家族系于怀美之州，俗姓出于陇西之郡"，[⑤]说明怀美州可能在辽代晚期仍然存在。

---

① 国家文物局主编：《中国文物地图集·内蒙古自治区分册》（上册），西安：西安地图出版社，2003年，第146页。

② 《辽史》卷三十一《营卫志上》，第362、363页。

③ 张松柏：《辽怀州怀陵调查记》，《草原文物》1984年第1期。

④ 张松柏：《辽怀州怀陵调查记》，《草原文物》1984年第1期；苗润华、张松柏：《辽怀州磴磴山寺庙遗址调查》，《内蒙古文物考古》1994年第1期。

⑤ 刘凤翥等：《辽上京地区出土的辽代碑刻汇辑》，北京：社会科学文献出版社，2009年，第136页。

三、德妃墓葬形制与"中朝轨式"

墓志载，辽太宗"旻颁诏命，俾创松楸，内密典丧大臣，藏事依中朝之轨式，表上国之哀荣"。"中朝"一词有朝廷、中原、中原王朝等涵义，与"边地"对举时，往往指中原或中原王朝。《旧五代史·赵莹传》："契丹主迁少帝于北塞，莹与冯玉、李彦韬俱从……周广顺初，遣尚书左丞田敏报命于契丹，遇莹于幽州。莹得见华人，悲怅不已，谓田敏曰：'老身漂零，寄命于此，近闻室家丧逝，弱子无恙，蒙中朝皇帝倍加存恤'……莹初被疾，遣人祈告于契丹主，愿归骨于南朝，使羁魂幸复乡里，契丹主闵而许之"。[①]赵莹对汉使称中原王朝为"中朝"，对契丹主称中原王朝为"南朝"，可能"中朝"是在契丹的汉人之间对中原王朝的称呼。德妃墓志撰者王晓应该也是这样的汉人，因此在墓志中称伊氏为"中朝右族"，又说辽太宗"乃将德妃，来归上国"，分别用中朝与上国指中原王朝与契丹。

轨式，即规范、法式。"藏事依中朝之轨式，表上国之哀荣"，即按照中原王朝的丧葬礼仪规范安葬德妃，以示契丹对她的尊崇。直接体现"中朝轨式"的，除了已经看不见的丧葬礼仪外，还应包括今天尚能看到的墓葬形制和随葬品组合。德妃墓为圆形仿木构砖雕壁画墓，由斜坡墓道、墓门、甬道、主室、耳室组成，全长23.7米。墓门上部砖砌仿木结构的屋檐建筑。墓门两侧砖砌立颊，门额上方砌门簪两个，并影作阑额、普拍枋，其上置斗栱三朵。斗栱之上为撩檐、檐椽、板瓦、滴水等。主室平面呈圆形，直径5.6米，左右各有一梯形耳室。主室周壁用雕砖砌出倚柱9根，上承斗栱，倚柱间有砖砌阑额。壁面绘壁画，仅存东耳室门南侧两汉装男侍。主室中部偏北有一砖砌小帐基座，原有木制小帐（图一）。

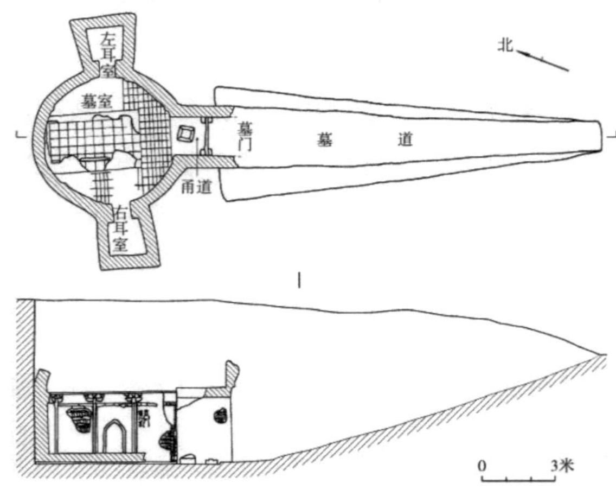

图一　德妃墓平面、剖视图

① 《旧五代史》卷八十九《赵莹传》，第1361、1362页。

文献记载契丹葬俗原为树葬，不作冢墓。《隋书·契丹传》：“父母死而悲哭者，以为不壮，但以其尸置于山树之上，经三年之后，乃收其骨而焚之”。[①]《旧唐书·契丹传》：“其俗死者不得作冢墓，以马驾车送入大山，置之树上，亦无服纪”。[②]立国前后，受汉人影响，契丹人逐渐开始修建冢墓。董新林先生将辽代墓葬分为四期。第一期为太祖、太宗阶段，墓葬形制秉承辽地唐代流行的风格和特点，以圆形“类屋式墓”为主，还有弧方形和方形类屋式墓。墓葬壁画题材和人物形象、服饰特点都继承唐代的风格。第二期为世宗、穆宗、景宗阶段，是辽代墓葬特点初步形成的时期，流行圆形和方形、长方形类屋式墓。第三期为圣宗、兴宗阶段，仍以圆形和方形、长方形类屋式墓为主，出现多角形类屋式墓。第四期为道宗、天祚帝阶段，以多角形类屋式墓为主，也有圆形和方形主室。[③]德妃墓处于第一期的末段，其墓葬形制体现出晚唐河北地区墓葬的影响。

圆形墓的使用可以追溯到山东临淄北朝崔氏墓地的圆形石室墓。[④]唐代初期，河北道北部也出现了大量圆形砖室墓，如辽宁朝阳地区的贞观九年张秀墓[⑤]，此后有咸亨三年勾龙墓[⑥]、咸亨四年左才墓[⑦]、天宝三载韩贞墓[⑧]等。这些墓葬的主室或带耳室，或无耳室。张秀墓、勾龙墓都无耳室；韩贞墓有两个圆形耳室（图二），位置与德妃墓接近，不同的是德妃墓耳室为梯形。朝阳地区的圆形墓逐渐向南传播，河北道南部也出现圆形墓，如董满墓[⑨]、大中元年纪公夫妇墓[⑩]、大中十三年董庆长夫妇墓[⑪]、咸通六年何弘敬墓[⑫]等。河北地区唐墓以圆形砖室墓较多，常用仿木构砖雕装饰，在墓门上部用砖砌筑门楼，在墓壁砌出砖柱、斗栱、假门、直棂窗和桌椅灯檠等家具。圆形墓室和仿木构砖雕装饰，都是河北地区唐墓的典型墓葬因素。[⑬]

---

① 《隋书》卷八十四《契丹传》，北京：中华书局，1973年，第1881页。

② 《旧唐书》卷一百九十九下《契丹传》，第5350页。

③ 董新林：《辽代墓葬形制与分期略论》，《考古》2004年第8期。

④ 山东省文物考古研究所：《临淄北朝崔氏墓》，《考古学报》1984年第2期；淄博市博物馆等：《临淄北朝崔氏墓地第二次清理简报》，《考古》1985年第3期。

⑤ 辽宁省博物馆文物队：《辽宁朝阳隋唐墓发掘简报》，文物编辑委员会编：《文物资料丛刊》第6辑，北京：文物出版社，1982年，第86页。

⑥ 朝阳市博物馆：《朝阳市郊唐墓清理简报》，《辽海文物学刊》1987年第1期。

⑦ 辽宁省博物馆文物队：《辽宁朝阳唐左才墓》，文物编辑委员会编：《文物资料丛刊》第6辑，北京：文物出版社，1982年，第102页。

⑧ 朝阳地区博物馆：《辽宁朝阳唐韩贞墓》，《考古》1973年第6期。

⑨ 廊坊市文物管理所等：《河北文安麻各庄唐墓》，《文物》1994年第1期。

⑩ 《海淀区太平路唐代墓葬》，中国考古学会编：《中国考古学年鉴（1986）》，北京：文物出版社，1988年，第82页。

⑪ 北京市文物研究所：《北京近年发现的几座唐墓》，《文物》1992年第9期。

⑫ 邯郸市文管所：《河北大名县发现何弘敬墓志》，《考古》1984年第8期。

⑬ 崔世平：《河北因素与唐宋墓葬制度变革初论》，北京大学中国考古学研究中心：《两个世界的徘徊——中古时期丧葬观念风俗与礼仪制度学术研讨会论文集》，北京：科学出版社，2016年。

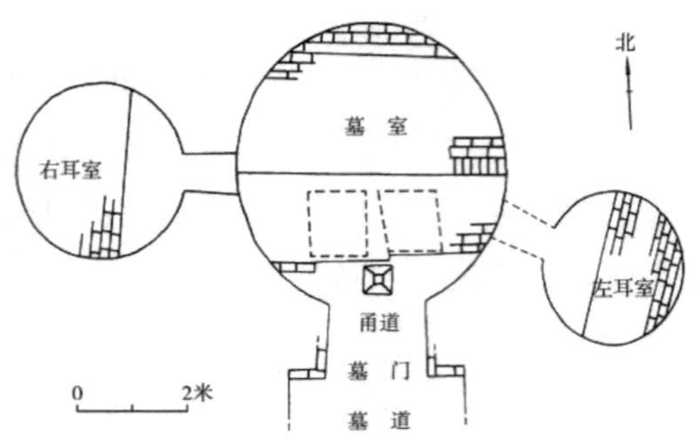

图二　韩贞墓平面图

五代时期，河北地区圆形墓室和仿木构砖雕等墓葬因素除了在本地延续外，还传播到其他地区。与德妃墓形制最接近的同时期墓葬有成都后蜀孟知祥的和陵、北京辽赵德钧墓等。孟知祥死于后蜀明德元年（934）七月，和陵应建于此时，略早于德妃墓。和陵形制为圆形主室附两个圆形耳室，与韩贞墓相似。[①]孟知祥是河北邢州人，故使用了有河北特征的墓葬形制。北京南郊辽赵德钧及其夫人种氏合葬墓，分前、中、后三个圆形主室，每个主室左右又有两个圆形耳室，共九室，墓壁有砖砌立柱、阑额、柱头枋、斗栱等（图三）。[②]墓葬形制虽然复杂，但仍是从唐代河北地区圆形多室墓发展而来的。赵德钧为幽州人，降辽后任卢龙军节度使，封北平王，天福二年（937）夏卒于契丹。发掘简报推测赵德钧墓是在天福二年之后几年修建的，应比德妃墓稍早或同时。

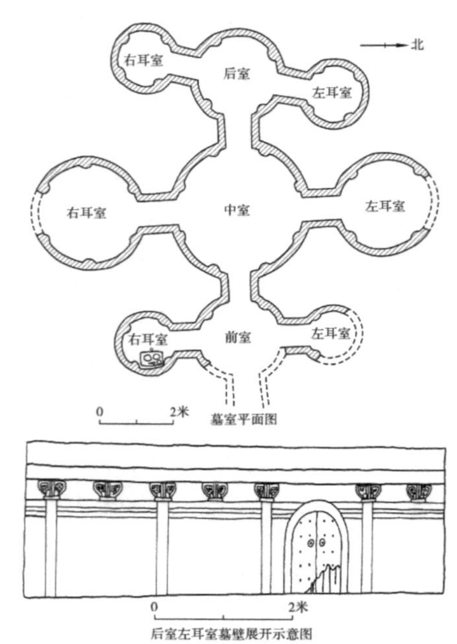

图三　赵德钧墓平面及后室左耳室墓壁展开示意图

① 成都市文物管理处：《后蜀孟知祥墓与福庆长公主墓志铭》，《文物》1982年第3期。

② 北京市文物工作队：《北京南郊辽赵德钧墓》，《考古》1962年第5期。

后唐以洛阳为都城，大量河北人来到洛阳，也带来了河北地区的丧葬文化。洛阳地区发现的五代时期圆形仿木构建筑砖雕壁画墓，有伊川后晋孙璠墓①、洛阳龙盛小学壁画墓②、洛阳邙山镇营庄村壁画墓③、洛阳道北五路壁画墓④、孟津新庄壁画墓⑤和伊川后晋李俊墓⑥等。以孙璠墓为例，此墓为砖砌圆形单室墓，直径5.02～5.08米（图四）。墓壁为砖砌仿木结构，周壁分布八根方形抹角倚柱，柱上承铺作，柱间为阑额。柱间八个壁面砖砌灯檠、小桌、注子、盏及托、凳、障日板、七棂窗、格扇门等。周壁柱头有“一斗三升”铺作八朵，斗栱上依次为撩檐方、檐椽、板瓦，墓顶绘星象图。孙璠墓年代为后晋天福五年（940），李俊墓年代为开运三年（946）。洛阳地区的其他五代圆形砖雕壁画墓与这两座纪年墓形制相似，多数应是后晋墓葬，说明后晋是洛阳地区接受河北墓葬因素的重要时期。这批圆形砖雕壁画墓代表了与德妃墓同时期的洛阳地区流行的墓葬形制。洛阳地区圆形墓均为不带耳室的单室墓，与德妃墓带耳室的形制不同，因此德妃墓的形制可能不是直接源自洛阳地区。

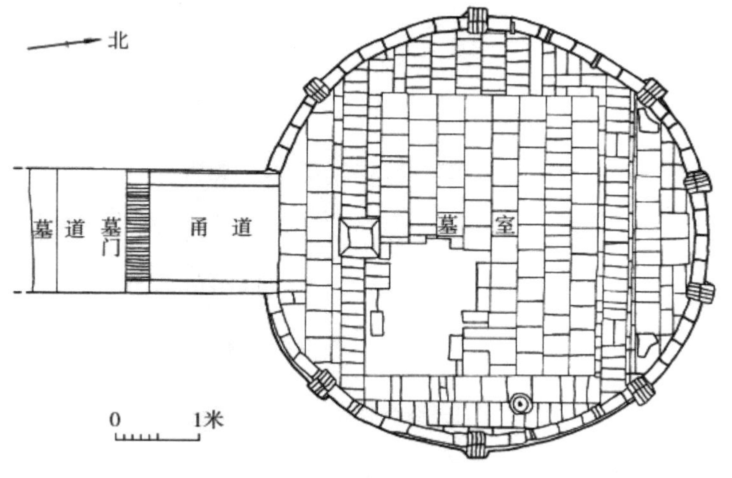

图四　孙璠墓平面图

德妃墓形制被称为“中朝轨式”，反映了在当时契丹人看来，这种圆形仿木构建筑砖雕壁画墓是中原王朝墓葬的代表。这种认识的形成，除了因赵德钧等上层汉人使用这种墓葬形制而造成的印象外，也与洛阳地区已经流行圆形仿木构建筑砖雕壁画墓有关。洛阳为后唐都城，又为后晋西京，是中原王朝的核心地区，洛阳地区流行的墓葬形制无疑构成了中原王朝墓葬制度的重要部分。

---

① 四川大学历史文化学院考古系等：《洛阳伊川后晋孙璠墓发掘简报》，《文物》2007年第6期。

② 洛阳市文物考古研究院：《洛阳龙盛小学五代壁画墓发掘简报》，《洛阳考古》2013年第1期。

③ 洛阳市文物考古研究院：《洛阳邙山镇营庄村北五代壁画墓》，《洛阳考古》2013年第1期。

④ 侯秀敏、胡小宝：《洛阳道北五路出土的五代壁画墓》，《文物世界》2013年第1期。

⑤ 洛阳市文物考古研究院：《洛阳孟津新庄五代壁画墓发掘简报》，《洛阳考古》2013年第1期。

⑥ 侯鸿钧：《伊川县窑底乡发现后晋墓一座》，《文物参考资料》1958年第2期。

五代至北宋早期，中原王朝帝陵级别的墓葬也普遍使用圆形墓。后周恭帝顺陵由竖穴墓道、甬道和墓室组成。墓室平面呈圆形，直径约6.2米，穹隆顶高约7米，墓室及甬道绘彩色仿木建筑构件和人物图像，墓顶绘星象图。[①]顺陵建于北宋初，仍可反映五代制度。宋太宗元德李后陵由斜坡带阶梯墓道、甬道和墓室组成（图五）。墓室平面呈圆形，直径7.95米，穹隆顶高12.26米。周壁砌抹角倚柱10根，柱间连以阑额，柱头砌仿木建筑的单昂四铺作斗栱。壁面上有桌椅、灯檠、衣架、门窗等砖雕装饰。[②]李后是真宗生母，咸平三年（1000）祔葬宋太宗永熙陵西北。魏王墓为宋英宗永厚陵的陪葬墓，形制与元德李后陵相似，墓室圆形，直径6.54米，墓门为仿木构建筑形式。[③]后周皇室与北宋皇室使用圆形砖雕壁画墓，与他们出身河北集团有关，也显示了河北墓葬因素已成为中原王朝制度性的墓葬因素。

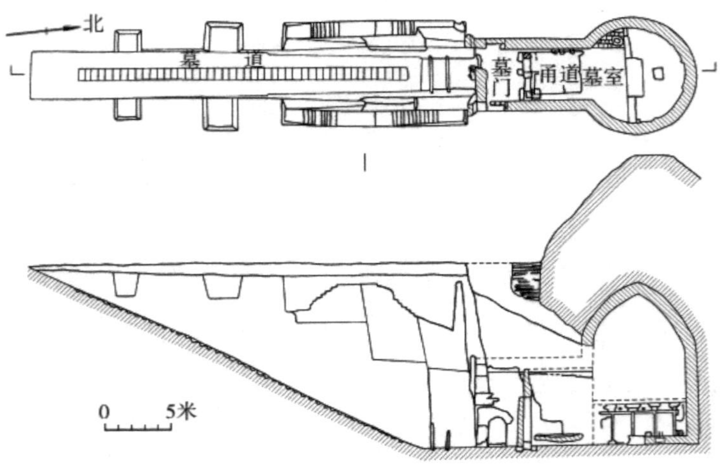

图五　宋元德李后陵平面、剖视图

德妃墓多次被盗，清理出土的随葬品有瓷器、银器、铜器、铁器、骨器、漆器、建筑饰件等。其中的青瓷碗、银执壶、银匜、银盏托、银盒、银茶匙和铁鍑等器物组成一套茶具，铁剪、鎏金铜尺是女红用具，两种形状的骨博具是休闲娱乐用具。这套随葬品组合也反映了汉人贵族的生活习惯，应和圆形仿木构砖雕壁画墓一样，属于“中朝轨式”的一部分。

德妃墓中没有出土鸡冠壶、提梁壶、瓜棱壶、鸡腿坛、马具等契丹特色的器物，但砖砌小帐基座上有木枋残段，说明使用了契丹贵族常用的葬具木制小帐。刘未先生认为：“契丹建国前后初创的贵族葬制，整体风貌有着浓厚的唐代特征，就局部内容而论，与河北北部地区晚唐墓葬有着密切的关联，但在整体设计思想方面则又尊重了契丹民族特

① 李书楷：《五代周恭帝顺陵出土壁画》，《中国文物报》1992年4月5日。

② 河南省文物研究所等：《宋太宗元德李后陵发掘报告》，《华夏考古》1988年第3期。

③ 周到：《宋魏王赵頵夫妻合葬墓》，《考古》1964年第7期。

点”。[1]德妃墓作为入辽汉人贵族的墓葬，则更多地表现出河北地区墓葬因素的影响，同时也受到契丹葬俗的影响，体现了“上国哀荣”的一面。

圆形仿木构建筑砖雕壁画墓在契丹被作为“中朝轨式”，其使用者由汉人扩展到契丹人，逐渐成为一种典型的契丹墓葬形制。德妃墓作为其渊源之一，明确了“中朝轨式”的内涵，有助于我们理解晚唐五代时期中原王朝墓葬因素对契丹的影响。契丹接受中原葬俗也与辽太宗以汉法治汉人的态度有关。《辽史·太宗纪下》：“（会同三年十二月）丙辰，诏契丹人授汉官者从汉仪，听与汉人婚姻”[2]。两年后德妃去世，辽太宗下诏使用中原王朝的丧葬礼仪，也就不难理解了。

安史之乱后，河北地区长期处于藩镇割据状态，半独立于唐朝中央政权。五代后梁也只能使河北部分地区名义上服从，无法彻底收服河北藩镇。然而经过后唐的征服与统治，尤其是明宗的经营，河北地区逐渐消除了割据色彩，成为后唐的核心区之一，河北的士人也开始认同中央政权，这是中唐以来的重要变化。[3]德妃墓使用的“中朝轨式”，体现了河北墓葬因素的影响，而冠以“中朝”之名，却在某种程度上反映了河北墓葬因素在中原王朝的制度化，也是河北地区的政治文化转型在物质文化上的体现。

（原载《考古》2019年第12期）

① 刘未：《辽代墓葬的考古学研究》，北京：科学出版社，2016年，第16页。

② 《辽史》卷四《太宗本纪下》，第49页。

③ 关于后唐时期朝廷对河北藩镇的经营及河北士人融入中原王朝的情况，可参考吴丽娱：《从敦煌〈新集杂别纸〉看后唐明宗时代河北州镇的地缘关系与领地拓展——〈新集杂别纸〉研究之一》，荣新江编：《唐研究》第19卷，北京：北京大学出版社，2013年，第361页。

《世俘》“皆施佩，衣衣，先馘入”解

谢　肃

《逸周书·世俘》“武王乃夹于南门，用俘，皆施佩，衣衣，先馘入。”注家一般以为是武王在周庙献俘，[①]但对具体字义理解分歧颇大，尤其是“皆施佩衣衣先馘入”句。或以为其主语是周军士或献俘者，如陈逢衡认为此“盖由南郊礼毕令军士排列献俘而入。施佩衣衣，指周军士脱剑，故施佩，佩，带也。衣衣，去甲也。”朱右曾解作“献俘者佩櫜鞬衣戎衣先俘入庙。”[②]或以为行为对象是所献的俘。顾颉刚从沈延国意见，认为“衣衣”衍出一个衣字。“《沈释》：‘《周礼注》“施”皆读为“弛”。施衣者，弛俘之衣也。……又施可叚“褫”，《易·讼》上九：“或锡之鞶带，终朝三褫之”，是也。下“衣”字疑衍。“先馘入”者，入周庙时，俘先馘后也。’”[③]即褫衣为夺去俘虏的衣服。李学勤先生从顾颉刚说。但他认为用俘的“用”非祭祀杀牲，[④]不尽同于顾颉刚。黄怀信先生则认为“施，加也。佩衣犹号衣。‘衣’字衍一”。他进而把全句译作“武王就从南门献俘。俘虏都给穿了号衣，并先于被割来的死鬼耳朵入城”[⑤]。

与以上诸家不同，陈梦家断句为“用俘皆施佩，衣衣”，并解释说“俘虏有佩饰并服色”[⑥]。我以为陈梦家得之。惜陈梦家没有做进一步的解释，故未引起学界注意。其实这句话描述的是献俘、祭祀进人牲，并“饰牲”的过程。

后世文献记载有在祭祀之前对牺牲进行“饰”的程序。《周礼·地官·封人》云：封人，“凡祭祀，饰其牛牲，设其楅衡，置其絼”。郑玄注：“饰谓刷治洁清之也。”[⑦]《国语·齐语》齐桓公“与诸侯饰牲为载，以约誓于上下庶神”，韦昭注：“饰牲，陈其牲。为载书而于牲上而已，不歃血。”[⑧]

① 也有学者认为此南门是周都的南门，不是周庙的南门。详见下文引陈逢衡、黄怀信语。

② 黄怀信、张懋镕、田旭东：《逸周书汇校集注》卷四《世俘解第四十》，上海：上海古籍出版社，2007年，第439—440页。

③ 顾颉刚：《〈逸周书·世俘〉校注、写定与评论》，《文史》第2辑，北京：中华书局，1963年。

④ 李学勤：《〈世俘〉篇研究》，《古文献丛论》，北京：中国人民大学出版社，2010年，第54—63页。原载《史学月刊》1988年第2期。

⑤ 黄怀信：《逸周书校补注译》，西安：三秦出版社，2006年，第202页。

⑥ 陈梦家：《西周铜器断代》，北京：中华书局，2004年，第231页。

⑦ 《周礼注疏》卷一二，北京：北京大学出版社，《十三经注疏》本，1999年，第313页。

⑧ 徐元诰撰，王树民、沈长云点校：《国语集解》，北京：中华书局，2002年，第233页。

孙诒让《周礼正义》疏："《大史》'饰中'、《小子》'饰牲'、《羊人》'饰羔'、《校人》'饰币马''饰黄驹'，凡云饰者，义并如是。陈祥道、曾钊并谓饰为文饰，引《庄子·列御寇》篇'牺牛衣以文绣'为证。案：祭牲必先刷治洁清而后被以文绣，陈、曾说亦经义所晐，然非其本义也。"[①]孙诒让所言甚是。《春秋》僖公三十一年："夏四月，四卜郊，不从，乃免牲，犹三望。"《公羊传》："免牲，礼也。"何休注："礼，卜郊不吉，则为牲作玄衣纁裳，使有司玄端，放之于南郊，明本为天，不敢留天牲。"[②]何休也揭明了饰牲有"文绣"。"衣以文绣"或"被以文绣"即相当于《世俘》所言之"衣衣"。

饰牲并不限于文绣，传世文献和古文字材料中还有以贝、玉等饰牲以祭祀神灵的记载。《山海经》有祭祀过程中用玉的词句。如《西山经》云：祭祀羭山神"婴以百珪百璧"[③]。《中山经》载：祭祀泰逢等神灵"皆一牡羊副，婴用吉玉。"[④]出土楚简中也有类似的祭祀过程中用玉的词句。裘锡圭、李家浩先生就曾指出天星观一号墓竹简"举祷大水一静，吉玉瓔之"句中的"瓔"的用法就与上引《山海经》中"婴"的用法相同。[⑤]以后出土的新蔡楚简中更是习见"绥（婴）之以𤦪玉"的词句。

……痒（牂），绥（婴）之吕（以）[𤦪]玉；𦊆……（新蔡简甲二：2）

……𦊆祷于二天子各两痒（牂），瑅（婴）之吕（以）𤦪玉……

（新蔡简甲三：166、162）

𨗨（就）祷三楚先屯一痒（牂），瑅（婴）之𤦪玉。壬唇（辰）㫖（之日）祷之……（新蔡简乙一：17）[⑥]

《说文·羊部》："牂，牡羊也。"[⑦]以上三简中的牂就是祷祠时供奉的牺牲。

关于《山海经》的"婴"，郭璞注："婴，谓陈之以环祭也。"[⑧]后世学者多未能突破此解释。殆及浦江清为江绍原的《中国古代旅行之研究》做书评时，提出《山海经》中所婴祭玉"非用以饰神，乃先结络于牲头，礼毕，瘗之，或投之"[⑨]。但浦江清的观点并未引起注意。待到近年，罗新慧女士方提出：新蔡简和《山海经》中的婴玉就是祭祀饰牲时，

① 孙诒让撰，王文锦、陈玉霞点校：《周礼正义》卷二二，北京：中华书局，1987年，第893页。

② 《春秋公羊传注疏》卷十二，北京：北京大学出版社《十三经注疏》本，1999年，第265、267页。

③ 袁珂校注：《山海经校注》卷三《西山经》，成都：巴蜀书社，1992年，第38页。

④ 袁珂校注：《山海经校注》卷五《中山经》，成都：巴蜀书社，1992年，第155页。

⑤ 湖北省博物馆：《曾侯乙墓》，北京：文物出版社，1989年，第517页。

⑥ 河南省文物考古研究所：《新蔡葛陵楚墓》，郑州：大象出版社，2003年，第187、193、202页。

⑦ 许慎撰，段玉裁注：《说文解字注》，上海：上海古籍出版社，1988年，第146页。

⑧ 袁珂校注：《山海经校注》卷二《西山经》，成都：巴蜀书社，1992年，第38页。

⑨ 浦江清：《〈中国古代旅行之研究〉书评》，《清华学报》1936年第2期。

将玉饰悬系在牺牲身上，以取悦于神灵。[①]曹建敦[②]、晏昌贵[③]等先生也赞同该说。商周时期，人们对祭品是非常讲究的，除了牺牲要“博硕肥腯”（《左传》桓公六年）外，还要想方设法对牺牲加以装饰，谄媚于神。这些装饰皆可以“饰牲”涵盖之。

以上所引，都是关于普通牺牲的“饰牲”，无涉人牲。这当与这些传世文献与古文字材料的时代偏晚有关。据殷墟甲骨刻辞和考古发现，人牲主要流行于商代和西周早期，此后人牲的数量急剧减少，到东周时期甚至“涂车刍灵”也为儒者所不齿。

在商文化的一些祭祀遗迹中常有人牲的身上佩戴有玉柄形器、蚌饰、贝等饰品。过去一般把这类器物当作随葬品，其实它们应该是祭祀用牲前“饰牲”的饰品。殷墟小屯村西曾发掘到商代晚期祭祀坑M50，坑内埋一儿童，在此儿童的腹部发现由1件玉柄形器、1件骨珠、6件条形蚌片、1件穿孔蚌饰组成的成组饰品，报告根据这组饰品的排列情况推测它们可能是缝在麻布上的。[④]殷墟后冈圆形祭祀坑H10中部分人牲的手臂或腰部系有贝，在部分人牲的胸或腹下也压有贝。如该祭祀坑第一层人骨架中的16号人骨架的左手腕上戴有由铜铃、铜泡和45枚贝等串缀在一起的饰物。第二层人骨架中的27号人骨架的右盆骨上有3串贝，第一串20枚，第二串10枚，第三串5枚，这些贝的孔都向下，“似有线穿贯”。[⑤]它们都是饰牲之物。后冈圆形祭祀坑H10属于殷墟四期晚段，在时间上与《世俘》所述献俘、祭祀年代已经相当接近。

佩，《说文·人部》“大带佩也。”[⑥]即系挂在大带上的玉类装饰品。《诗·郑风·子衿》“青青子佩，悠悠我思。”《毛传》“佩，佩玉也。”[⑦]另有珮字，《玉篇·玉部》“珮，玉珮也。本作佩，或从玉。”[⑧]《墨子·辞过》“铸金以为钩，珠玉以为珮。”[⑨]《初学记》卷二十六引蔡谟《毛诗疑字议》“以为佩者，服用之称。珮者，玉器之名。称其服用则字从人，名其器则字从玉”[⑩]。

《世俘》“施佩，衣衣”中的“施”和第一个“衣”字皆是动词，“佩”和第二个“衣”字则为名词。义为给将用为人牲的俘虏戴上玉饰或佩饰，穿上衣服。

---

① 罗新慧：《说新蔡楚简“婴之以兆玉”及其相关问题》，《文物》2005年第3期。

② 曹建敦：《周代祭祀用牲礼制考》，《文博》2008年第3期。

③ 晏昌贵：《巫鬼与淫祀——楚简所见方术宗教考》，武汉：武汉大学出版社，2010年，第285—289页。

④ 中国社会科学院考古研究所：《安阳小屯》，北京：世界图书出版公司，2004年，第164、167页。

⑤ 中国社会科学院考古研究所：《殷墟发掘报告（1958—1961）》，北京：文物出版社，1987年，第272、278页。文献也有以贝为饰物的记载。《说文·女部》：“婴，颈饰也。从女賏，賏，其连也。”桂馥义证引赵宧光曰：“古人连贝为婴”。《诗·鲁颂·閟宫》有“贝胄朱綅”。毛传：“贝胄，贝饰也。”《仪礼·既夕礼》云：“缨、辔、贝勒县于衡”。郑玄注：“贝勒，贝饰勒。”《史记·佞幸列传》有“贝带”，集解引《汉书音义》曰：“……以贝饰带”。索隐：“《淮南子》云：‘赵武灵王服贝带……’”

⑥ 许慎撰，段玉裁注：《说文解字注》，上海：上海古籍出版社，1988年，第366页。

⑦ 《毛诗正义》，北京：北京大学出版社，《十三经注疏》本，1999年，第315页。

⑧ 《宋本玉篇》，北京：中国书店，1983年，第17页。

⑨ 孙诒让：《墨子间诂》，北京：中华书局，2001年，第34页。

⑩ 徐坚等：《初学记》，北京：中华书局，1962年，第627页。

馘，《礼记·王制》“出征执有罪，反，释奠于学，以讯馘告”。郑玄注：“讯馘，所生获断耳者”。孔颖达疏：“讯是生者，馘是死而截耳者”。[①]赵光贤曾从造字原义，西周金文等方面论证了馘当是所斩获的首级，旧注不合古礼。[②]赵氏的结论是合乎商周社会实际的。

综合以上考证，“皆施佩，衣衣，先馘入”可解释作：俘虏们全被饰以佩饰，穿以衣服，先于斩获的首级进入周庙。

殷墟甲骨卜辞中也有关于战争凯旋、在宗庙献俘祭祀[③]的辞例。

> 癸亥，示先羌入。
>
> 王于南门逆羌。
>
> ……入……羌。（《合集》32036）[④]
>
> 王于宗门逆羌。（《合集》32035）

上引两条卜辞为第四期卜辞，辞中的南门、宗门一般认为就是宗庙的门，[⑤]第一辞是分别贞问凯旋军队中的祖先或社神之神主先于俘获的羌人进入宗庙；商王在宗庙南门迎接俘获的羌人。于省吾更进一步指出这两条卜辞中的“逆羌”就是以羌为牲而迎之以致祭。[⑥]

《世俘》“武王乃夹于南门，用俘，皆施佩，衣衣，先馘入”所记述的在周庙献俘祭祀的相关仪节应源于商代。这句话的正确解释不仅解决了该句的字词、句读难点，明了了相关礼节，而且再次证明了《世俘》是周初文献。

（原载《中国史研究》2017年第1期）

① 《礼记正义》卷第十二，北京：北京大学出版社，《十三经注疏》本，1999年，第371、373页。

② 赵光贤：《〈逸周书·克殷〉篇释惑》，《传统文化与现代化》1994年第4期。

③ 王宇信、杨升南主编：《甲骨学一百年》，北京：社会科学文献出版社，1999年，第505页。

④ 郭沫若主编，胡厚宣总编辑：《甲骨文合集》，北京：中华书局，1979年—1982年。本文简称《合集》。

⑤ 陈梦家：《殷墟卜辞综述》，北京：科学出版社，1956年，第478页。

⑥ 于省吾：《甲骨文字释林》，北京：中华书局，1979年，第47—48页《释“逆羌”》。

农业起源的考古人口学研究

李　俊

农业技术的发明是人类迈向复杂社会的关键一步①，这一过程自距今11500—4000年开始在世界的多个地区独立出现：近东的黎凡特地区和中国的华北和长江流域，大洋洲的新几内亚，非洲东北部的埃塞俄比亚，以及北美洲东南部，中美洲和南美洲的部分地区②。当然，除了农业技术的发明，大多数地区农业人群的出现源于农业技术的扩散。例如欧洲，东南亚以及大洋洲的大部分地区等③。

对于农业人群来说，获取资源主要通过食物生产而不再仅仅通过采集和狩猎。食物生产技术的出现和进步不仅来自对自然环境的适应，更是文化进化的结果④，在这个过程中，人口因素通常起到促进作用⑤。在史前社会中，人口数量和密度越大，人群的技术创新的成功率通常就越高⑥，文化与技术的创新与进化是一个累积的过程，而人群中人口数量和密度的增长以及人群间互动的增加为技术的发明和传播提供更加广泛的载体，从而增加了他们发生的几率，同时减少了它们被忽略的可能性，加快其传播和发展的速度⑦。由于人口因素对于人类文化以及社会结构变化的重要影响，世界各地的人口规模在农业产生之前和之后的变化成为一个重要的话题。这里我们将对与农业起源相关的考古人口学研究及其最新进展进行初步介绍。

---

① Childe V. G., *The Dawn of European Civilization* , Routledge, 2013.

② Bellwood P., *First Farmers: The Origins of Agricultural Societies* , Wiley, 2005.

③ Bellwood P. and Oxenham M., The Expansions of Farming Societies and the Role of the Neolithic Demographic Transition , *The Neolithic Demographic Transition and Its Consequences* , edited by Bocquet-Appel J-P. and Bar-Yosef O ., pp.13-34 , Springer Netherlands, 2008.

④ Shennan S., *Genes, Memes and Human History : Darwinian Archaeology and Cultural Evolution* , Thames & Hudson ,2002.

⑤ Boserup E., *Population and Technological Change : A Study of Long -Term Trends* , University of Chicago Press, 1983.

⑥ Shennan S., Demography and Cultural Innovation : A Model and Its Implications for the Emergence of Modern Human Culture, *Cambridge Archaeological Journal* , 11(1) : 5-16, 2001.

⑦ Henrich J., Demography and Cultural Evolution:How Adaptive Cultural Processes Can Produce Maladaptive Losses: The Tasmanian Case, *American Antiquity*, 69(2) : 197-214, 2004.

一、新石器时代人口变迁研究

人口学通过对个体的年龄和性别进行统计学分析，来对人群的出生率、死亡率、增长率、平均寿命等各种指标进行衡量。其目的在于描述或预测人口数量的发展趋势，以及这一趋势与环境和社会等各种因素的关系。在古人口学中，如果可以排除移民的影响，通过墓葬中人口死亡年龄和性别的分布（age-at-death distribution）可以显示人口的变化情况，是研究人口结构和人口规模变化的最直接材料。通过这类材料，我们可以进一步构建墓地人群的生命表（life table），并据此来计算该人群的死亡率（mortality）以及预期寿命（life expectancy）等基本的人口信息[①]。

让-皮埃尔·波切特-艾蓓尔[②]（Jean-Pierre Bocquet-Appel）在新石器时代人口变迁（Neolithicdemographic transition，NDT）的研究中，对世界范围内的多个地区的中石器时代至新石器时代的墓葬中自然死亡的人骨材料进行了古人口学的分析，对新石器化，尤其是农业起源[③]过程中人口变化的过程、原因和影响进行了比较系统的探索。

在古人口学中，人骨年龄的鉴定结果通常以年龄区间来表示，例如0—4，5—9，10—14，15—19，20—25……在新石器人口变迁研究中，将墓葬中的骨骼年龄分为未成年人和成年人两个年龄组，即5—19岁和19岁以上[④]。5岁以下的婴儿骨骼被排除在外是因为在绝大多数墓地中，婴儿骨骼保存下来的情况偏少，用来代表该年龄组的实际分布状况误差很大[⑤]。对45个前工业化时期的生命表进行的相关性统计学分析显示，死亡人口中未成年人比例与人群的出生率和增长率的相关系数分别为R^2=0.963和R^2=0.875，也就是说，通常情况下墓葬中未成年人所占的比例越高，那么对应的人群的出生率和增长率就越高[⑥]。通过计算来自墓葬的未成年人人骨（5—19岁）在除婴儿以外的人骨总数所占比例（P_{5-19}），可以得到人群的人口学指标，包括人口的出生率和生育率，以及人口年龄的金字塔分布方式。因此，墓葬中未成年人比例的变化对古人口变迁的研究有重要的指示作用。

在分别收集了欧洲和北非、北美洲以及近东地区农业起源前后时期的墓葬人骨年龄材

① Bocquet-Appel J-P., *La Paléodémographie: 99, 99% de l'Histoire Démographique des Hommes*, Éditions Errance, Paris, 2008.

② Bocquet-Appel J-P., Paleoanthropological Traces of a Neolithic Demographic Transition, *Current Anthropology*, 43(4): 637-650, 2002.

③ Bocquet-Appel J-P., The Demographic Impact of the Agricultural System in Human History, *Current Anthropology*, 50 (5) : 657-660, 2009.

④ Bocquet-Appel J-P., Paleoanthropological Traces of a Neolithic Demographic Transition, *Current Anthropology*, 43(4): 637-650, 2002.

⑤ Bocquet-Appel，J,-P,and Claude, M. Farewell to Paleodemography. Journal of Human Evolution. 1982, 11 (4): 321-33.

⑥ Bocquet-Appel J-P., Paleoanthropological Traces of a Neolithic Demographic Transition, *Current Anthropology*, 43(4): 637-650, 2002.

料以后，研究者们将这一人口指标放在一个农业起源的相对年代的时间框架中，即每个墓葬的绝对年代与其所在地区最早农耕文化出现的绝对年代之间的差值（dt），可以将不同区域和不同时间进入农业社会的人群的人口变化放在同一时间框架中进行研究。通过这一方法，在近东[①]，欧洲和北非[②]，以及北美洲[③]三个地区都找到了农业起源时期的人口变迁的信号（图一a，b，c），即未成年人所占比例（P_{5-19}）在农业起源时（dt=0）迅速提高，这意味着人口增长率在农业发生的时候有明显的增长。图中的散点显示了旧石器时代晚期至新石器时代的墓葬中未成年人所占比例（P_{5-19}）在dt（墓地所在地区农业开始的年代与墓地绝对年代之差）上的分布。为了寻找这一分布的变化趋势，研究者采用局部加权散点平滑（LOESS：locally weighted scatterplot smoothing）的方法在这些二维数据中拟合出一条曲线。LOESS是一种非参数回归方法，这一方法在对变量进行曲线拟合的时候完全从数据出发，适用于对变量的内在联系没有预期的数据分析中，它仅仅根据数据的特点对数据的分布趋势进行观察和推算[④]，并将其通过曲线的方式表现出来。

二、基于碳十四年代分布的人口分析

根据碳十四年代数据的分布来进行人口分析基于以下这个假设，即在遗址保存状况比较好的状况，人类活动越多，留下来的可检测的碳残余就越多，考古学家所做的检测工作就越多。由于遗存保存状况的不同所带来的误差，要通过遗址中碳遗存的数量进行绝对的人口规模的估算并不可靠，但是根据碳十四数据的分布进行人口规模变化的相对比较研究则是可行的[⑤]。将碳十四数据进行统计学的累积概率分布（cumulative probability distribution of calibrated radiocarbon dates）分析，从而根据需要绘制数据的概率分布曲线或条形图，并以此作为人口分布变化的指标。

碳十四数据分布本身在作为人口变化的指示的同时，也可以被用来进行人口变化与环境变化的相关关系的研究。伍德布里奇（Woodbridge）等人假设农业人口对土地的修整和

---

① Guerrero，E.，Stephan Naji，and Jean-Pierre Bocquet-Appel. “The Signal of the Neolithic Demographic Transition in the Levant.” In The Neolithic Demographic Transition and Its Consequences，edited by Jean-Pierre Bocquet-Appel and Ofer Bar-Yosef. 2008，57-80. Springer Netherlands.

② Bocquet-Appel J-P., Paleoanthropological Traces of a Neolithic Demographic Transition, *Current Anthropology*, 43(4): 637-650, 2002.

③ Bocquet-Appel J-P., Naji S., Armelagos G.J., Maes K.C., Chamberlain A.T., Eshed V., Jackes M., Mosothwane M. N., Sullivan A. and Warrick G.,Testing the Hypothesis of a Worldwide Neolithic Demographic Transition: Corroboration from American Cemeteries, *Current Anthropology* , 47(2):341-365,2006.

④ Jacoby W. G., Loess : A Nonparametric, Graphical Tool for Depicting Relationships between Variables, *Electoral Studies*, 19 (4): 577-613, 2000.

⑤ Rick J. W., Dates as Data: An Examination of the Peruvian Preceramic Radiocarbon Record,*American Antiquity*, 52(1): 55-73, 1987.

利用（例如砍伐或焚烧森林）会造成地表植被（land-cover）的变化，并且它所导致的地表景观变化可以由孢粉所记录的不同植物类型比例变化加以指示。为了验证这一假设，研究者们将英国地区所收集的农业起源时期前后的碳十四数据累积概率分布与当地孢粉记录所指示的地理景观进行比较，试图寻找农业起源时期的人口变化情况及其与地表景观（landscape）变化的关系①（图二）。

研究结果显示，在距今5500—5000年之间，即英国地区最早的农耕文化出现的时期，碳十四数据指示了一个明显的人口上升趋势，同时该地区封闭的落叶林林地景观比例减少而半开放（semi-open）的草本植被比例增加。也就是说，随着农业的出现以及农业人口的增加，越来越多的森林植被因为修整土地而被砍伐，从而对地理景观变化有比较显著的影响（也需考虑气候变化的影响）。

通过碳十四数据所显示的农业起源前后人口规模在时间和空间上的相对变化，可以了解不同人群在空间中的互动以及人群之间文化相互影响的程度，从而来探讨农业传播过程的多样化途径、方式和影响。这一方法近年来成为一个比较常用的考古人口学方法，基于对考古学碳十四数据的量化研究，研究者所获取的样本的分布、质量和数量对分析结果有着非常重要的影响。因此，需要谨慎地对数据进行甄选、校正和合理化的处理。并且对分析结果的局限性有准确的把握。

三、人口变迁的考古学观察

与传统的研究通过考古遗存数量或遗址及遗迹规模大小来对人口规模进行直接推算②不同，这两种新的考古人口学方法对史前人口规模随时间的相对变化趋势进行推算。农业起源的人口变迁（ADT）信号在世界多个地区被检测到，此外这些地区的碳十四数据累积概率分布所反映的人口变化趋势证实了它们的可靠性③，两种方法的研究结果支持同样的观点，即人类在进入农业社会的过程中经历了人口规模的大幅度上升。那么这一农业起源时期的人口变迁的过程是否在社会文化的变化上有所体现呢？

史前人口的增加所带来的影响可以从村庄的裂变（fission）和社会组织方式的变化两个方向来理解④。裂变是指村庄的大小在增长到一定程度以后，会分裂成两个或更多的村

① WoodbridgeJ., Fyfe R. M., Roberts N., Downey S., Edinborough K. and Shennan S., The Impact of the Neolithic Agricultural Transition in Britain: A Comparison of Pollen-based Land-cover and Archaeological ^{14}C Date-inferred Population change, *Journal of Archaeological Science* ,51:216-224, 2014.

② 王建华：《史前人口研究初论》，《文物》2003年第4期。

③ Shennan S. and Edinborough K., Prehistoric Population History: From the Late Glacial to the Late Neolithic in Central and Northern Europe, *Journal of Archaeological Science* , 34(8): 1339-1345, 2007.

④ Carneiro R.L., On the Relationship between Size of Population and Complexity of Social Organization, *Journal of Anthropological Research*, 23 (3): 355-364, 1986.

庄，随着人口的增长，这些分裂出的村庄继续扩张并分裂成更多的村庄。因此在这种情况中，区域内的村庄普遍较小，并且差别不大。从民族学材料来看，这一现象在原始社会中比较常见[①]。对于这一现象的解释可以从资源限制，文化习惯以及村庄内部的社会冲突三个角度来解释[②]。通过考古数据来直接研究这一过程比较困难，因为史前考古学遗存研究的时间尺度要远大于村庄分化的时间尺度。然而如果能够观察到区域内人口规模的大幅增长，同时聚落规模保持稳定，但是数量呈增加的状态，便可以间接证实这一过程的发生[③]。在考古学中，居住方式的相关材料为探讨社会组织方式的变化提供了直接的材料[④]。在这里我们以近东黎凡特地区旧石器晚期至前陶新石器时期的居住建筑遗存的变化为例来介绍该方面的相关研究。

在近东的黎凡特地区，属于旧石器晚期早段和中段的多处遗址中，发现有房屋遗迹。例如在保存和发掘状况较好的Ohalo Ⅱ遗址中[⑤]，发掘区内共发现了六处房屋。这些房屋均近似椭圆形，半地穴式建筑，上部结构推测由树枝搭建，面积在5—13m^{2}之间（图三）。房屋内的地平面经过修整，并有床的痕迹，灶分布在建筑外面的平地上，遗址其年代在距今23000年左右。这一类遗址推测为季节性的临时营地[⑥]。

在旧石器时代晚期晚段，即纳吐夫文化阶段，目前发现的绝大部分遗址点中，都有大量的房屋遗迹发现。这些房屋均为单间半地穴式，平面呈近圆形或D形，房屋底部通常有许多以石块为柱础的柱洞，有些居住面和墙体用石头筑成，屋顶则推测由草木所搭建。纳吐夫文化早期阶段（距今15000—13000年左右）的房屋直径通常在7—15m之间，房屋内通常有石头围成的方形或圆形的灶[⑦]（图四）。此外，在该阶段还发现有少量面积达100—130m^{2}的大型建筑，例如Ain Mallaha遗址的房屋131。该房屋的直径大约9米，平面呈D形，可以看到在房屋内有一圈保存完整的柱洞[⑧]。纳吐夫文化晚期（距今13000—11600年左右）的房屋遗存与早期相比，数量有所下降，且面积较小，通常在5—10m^{2}之间，房屋

---

① Blitz J. H., Mississippian Chiefdoms and the Fission-Fusion Process, *American Antiquity*, 64 (4): 577-592, 1999.

② Bandy M., Population Growth, Village Fissioning, and Alternative Early Village Trajectories, *Becoming Villagers: Comparing Early Village Societies*, edited by Matthew B. and Fox J.R., University of Arizona Press, 2010.

③ Kohler, Timothy A. and Varien, Mark D. A scale model of seven hundred years of farming settlements in southwestern Colorado. In: *Becoming villagers: comparing early village societies*, edited by Matthew Bandy and J.R. Fox, 2010. University of Arizona Press.

④ Dubouloz J., Impacts of the Neolithic Demographic Transition on Linear Pottery Culture Settlement, *The Neolithic Demographic Transition and Its consequences*, edited by Bocquet-Appel J-P. and BarYosef O., pp.207-235, Springer Netherlands, 2008.

⑤ Dani N., Ehud W., Orit S., et al., Stone Age Hut in Israel Yields World' s Oldest Evidence of Bedding, *Proceedings of the National Academy of Sciences of the United States of America*, 101(17): 6821-6826, 2004.

⑥ Maher Lisa A., Richter T., Macdonald D., et al., Twenty Thousand-year-old Huts at a Huntergatherer Settlement in Eastern Jordan, *PloS One*, 7(2), 2012.

⑦ Bar-Yosef O., The Natufian Culture in the Levant, Threshold to the Origins of Agriculture,*Evolutionary Anthropology: Issues, News, and Reviews*, 6(5): 159-177, 1998.

⑧ Valla F R., Aspects du Sol de l'abri 131 de Mallaha (Eynan), *Paléorient*, 14(2): 283-296, 1988.

大致可分为两型，第一型房屋地面没有经过特别的修整，房屋中有较多以石块为柱础的柱洞和石头围成的灶，石块围成的墙体大致呈U形，推测上部有草木搭建的顶部结构。第二型房屋的石头墙呈曲线形，其结构与第一型相比更加开放，房屋内的大部分地区似乎都与灶相关，目前为止在此型房屋中几乎没有发现柱洞，推测可能没有上部结构①。

前陶新石器早期阶段（PPNA，距今11600—10500年）的房屋结构基本继承了纳吐夫文化时期（图五）。房屋为半地穴式，圆形或椭圆形，地面和墙的下部通常为石块，偶见由方形泥砖筑成，灶在房屋内，在一些房屋外面发现有石块筑成的窖藏遗迹。一些地面经过精心修整并且用泥砖砌墙的房屋被推测可能为长期居住的场所②。前陶新石器中期阶段（PPNB，距今10500—8700年）的房屋结构有非常明显的变化。房屋的形状逐渐由圆形变为方形，大量出现分间和连间，并且对于房屋地平面的修整更为普遍，多涂有灰泥③（图六）。此外，晚段的建筑中出现同一房屋内不同房间的地平面高度不同的现象，并出现多楼层的建筑④，其中一些房间面积很小，推测为专门的储藏室，而且晚段建筑的另外一个显著特点是居住区通常房屋紧挨着房屋，建筑密度非常大⑤（图七）。前陶新石器晚期阶段（PPNC，距今8600—8250年）目前发现的房屋遗存要少于前一阶段，从房屋结构和建造方式上看没有明显变化，但是一个重要的新特点是在建筑中出现长条的围墙，这一现象被认为是家庭院落出现的一个标志⑥（图八）。

在考古学中，通过对与社会组织方式相关的材料的观察，例如建筑结构、村落布局、物质材料的分布等，以可呈现社会组织方式的进化过程⑦。同时，社会组织的演化与人口的变化之间有着非常紧密的关联⑧。从个体层面来讲，人口的增长必然带来社会拥挤⑨（So-

① Samuelian N., Khalaily H. and Valla F.R., Final Natufian Architecture at Eynan (Ain Mallaha), Approaching the Diversity Behind Uniformity, *Domesticating Space: Construction, Community, and Cosmologyin the Late Prehistoric Near East* , edited by Banning E.B., Chazan M., pp.35-42, Ex Oriente, Berlin, 2006.

② Goring-Morris A. N. and Belfer -Cohen A., Houses and Households: A Near Eastern Perspective, *Tracking the Neolithic House in Europe* , edited by Hofmann D. and Smyth J., pp.19-44, Springer New York, 2013.

③ Stordeur D. and Abbès F., Du PPNA au PPNB: Mise en Lumière d'une Phase de Transition à Jerf el Ahmar (Syrie), *Bulletin de la Société préhistorique française* : 563-595, 2002.

④ Kinzel M., Some Notes on the Reconstruction of PPNB Architecture, *Neo - lithics: The Newsletter of Southwest Asian Neolithic Research* , 2(4):18-22, 2004.

⑤ Kuijt I. and Goring -Morris N., Foraging, Farming, and Social Complexity in the Pre-Pottery Neolithic of the Southern Levant: A Review and Synthesis, *Journal of World Prehistory* , 16(4): 361-440, 2002.

⑥ Rollefson G. O., Simmons A.H. and Kafafi Z., Neolithic Cultures at 'Ain Ghazal, Jordan, *Journal of Field Archaeology*, 19 (4): 443-470, 1992.

⑦ Kuijt I., People and Space in Early Agricultural Villages: Exploring Daily Lives, Community Size, and Architecture in the Late Pre-Pottery Neolithic, *Journal of Anthropological Archaeology* , 19(1): 75-102, 2000.

⑧ Kuijt I., People and Space in Early Agricultural Villages: Exploring Daily Lives, Community Size, and Architecture in the Late Pre-Pottery Neolithic, *Journal of Anthropological Archaeology* , 19(1): 75-102, 2000.

⑨ Cohen M. N., Prehistoric Hunter-Gatherers: The Meaning of Social Complexity, *Prehistoric Hunter-Gatherers: The Emergency of Cultural Complexity* , edited by Brown J. A., pp.99-119, Academic Press, 1985.

cial crowding)，主要涉及每个个体所面临的，由于空间拥挤、隐私问题、资源获取的限制、决策困难所带来的对环境控制能力降低等问题，人群因此会倾向于设立更多的物质性边界来应对这些问题[①]。人口的增长所带来的劳动力组织方式，社会和环境的变化成为研究人口增长变化的影响的重要方面。社会的分层被认为与人口的增长有着密切的关系，跨家庭以及跨亲缘关系的组织的建立是应对随人口增加而增加的个人之间的摩擦冲突的重要手段[②]。在从考古材料中可以明显地看到黎凡特地区在农业起源前后的这段时期中，居住建筑从建筑规模、布局、方法以及结构上经历了由小到大和由简单到复杂的大致趋势。经历了以家庭为单位的个体层面的，和以遗址为单位的集体层面的社会组织由简单向复杂的演化过程[③]，而这一过程与人口变迁的过程基本吻合。

四、结　论

通过对墓葬中人骨材料的解读，新石器时代人口变迁的研究将人口与农业起源的关系这一极具争议性的话题再次拉到了聚光灯下。研究结果表明，在欧洲、近东以及北美洲人口的迅速增长与农业的起源几乎同时发生，人口的明显变化既没有远远早于农业的发生，也没有明显的滞后，因此无论是将农业的产生归结为人口增长的结果还是将其作为人口增长的原因都无法合理地解释这一现象。波切特—艾蓓尔从微观的人类生育行为模式和宏观的人口理论模型两个角度对这一问题进行了阐释。从生态学的角度来看，人口的大幅度增长意味着人类适应自然能力的进一步增强，农业起源的人口变化是该时期女性生育率提高的直接结果[④]。

詹姆斯·伍德（James W. Wood）[⑤]的M&B（Malthus and Boserup）人口模型[⑥]为解释这一人口变迁的信号提供了理论基础。在这一人口模型中，伍德认为人口数量与土地承载力（carrying capacity）之间是一种动态平衡的关系。当人口数量低于土地承载力的承受范围

① Altman I., Privacy Regulation: Culturally Universal or Culturally Specific? *Journal of Social Issues* , 33(3): 66–84, 1977.

② Johnson G. A., Organizational Structure and Scalar Stress, *Theory and Explanation in Archaeology the Southampton Conference* , edited by Colin Renfrew et al., pp.389–421, Academic Press, New York, 1982.

③ Kuijt I., People and Space in Early Agricultural Villages: Exploring Daily Lives, Community Size, and Architecture in the Late Pre-Pottery Neolithic, *Journal of Anthropological Archaeology* , 19(1): 75–102, 2000.

④ a.Binford L. R. and Chasko W.J., Nunamiut Demographic History: A Provocative Case, *Demographic Anthropology: Quantitative approaches* , edited by Zubrow E., pp.63–144, University of New Mexico Press, Albuquerque, 1976. b.Sussman R. W. and Hall R. L., Addendum: Child Transport, Family Size, and Increase in Human Population during the Neolithic, *Current Anthropology* , 13(2): 258–267, 1972.

⑤ Wood J. W., A Theory of Preindustrial Population Dynamics Demography, Economy, and Well-being in Malthusian Systems, *Current Anthropology* , 39(1): 99–135, 1998.

⑥ Bocquet-Appel J-P., Explaining the Neolithic Demographic Transition, *The Neolithic Demographic Transition and Its Consequences,* edited by Bocquet-Appel J-P. and Bar-Yosef O., pp.35–55, Springer Netherlands, 2008.

时，人口处于富裕状态，增长率较高。但是，土地承载力并非一成不变，来自自然环境、经济技术水平和社会组织能力等方面的变化，都可能通过改变土地所能提供的资源数量来改变土地承载力，而这些因素又同时受到人口规模变化的制约和影响。两者因此在一定条件下处于平衡状态，这一状态的打破与重建决定了人口的增长与停滞，是一种动态的平衡。根据这一模式可以假设在更新世晚期到全新世初期，土地承载力有显著的提高，同时人口数量亦随之增加，这一人口数量的增加促进了新的食物生产技术的出现和传播，新技术的运用带来土地承载力的进一步提高以及人口数量的新一轮增长。这一“齿轮式”（ratchet）的关系使得农业起源地区的人口数量和食物生产技术水平持续增长。

人类的食物来源经历了旧石器时代由捕猎大型哺乳动物逐渐转变为捕猎体形更小的动物的变化过程。随着较高等级的大型猎物数量的减少，人类的狩猎对象开始转向次一级的食物资源（low-rank food），包括水生动物、小型哺乳动物以及更多的植物资源[①]，并最终在新石器时代通过食物生产来获取食物。农业起源前后人群生计方式的变化为解释新石器人口变迁这一事件提供了考古学证据。

对史前墓地中人骨材料所进行的人口学研究需要研究者对墓地年代学进行详细分析，并且拥有对人骨的详细鉴定报告。研究者通过将史前人口的生育率放入相对年代框架中，不仅克服了绝对年代不同为研究不同地区农业起源过程中的人口变化所带来的限制，而且由于具体对象仅限于人类骨骼本身，文化以及环境差异对研究造成的影响不会像通过遗址点的具体信息对人口规模进行估算那样明显。这为研究农业起源提供了一个可以扩展至全世界范围的宏观视角。无论是在以近东地区为代表的农业独立发生地，还是在以欧洲和北非为代表的农业扩散的目的地，都发现了类似的人口变迁现象，证明了人口增长与农业起源的互为因果的关系在不同的文化和环境背景中都普遍存在。然而人口增长的过程在农业独立起源地黎凡特地区似乎比在农业扩散的目的地欧洲地区要更加漫长一些。在黎凡特地区，这一过程持续了至少2600年（图一a），而在欧洲和北非仅持续了1000年左右，然后人口的增长率又回到相对稳定甚至有所下降的阶段（图一b）。这一区别很可能与这两个地区狩猎采集人口逐渐消失的速度不同有关系[②]。

这一研究在讨论史前人口变化的同时能够以此为起点，来探讨在面临环境和资源发生变化时，狩猎采集人群是如何在生计行为和文化行为上进行适应性调整，什么样的行为变化影响了世界各个地区农业的发生，人口增长对于社会文化变迁有怎样的影响以及人口扩

① Flannery K. V., Ucko P. J. and Dimbleby G. W., Origins and Ecological Effects of Early Domestication in Iran and the Near East, *The Domestication and Exploitation of Plants and Animals*, edited by Ucko P. J. and Dimbleby G.W., pp.73–100, Transaction Publisher, 1969.

② Bocquet-Appel J-P., Naji S., Armelagos G.J., Maes K.C., Chamberlain A.T., Eshed V., Jackes M., Mosothwane M. N., Sullivan A. and Warrick G.,Testing the Hypothesis of a Worldwide Neolithic Demographic Transition: Corroboration from American Cemeteries, *Current Anthropology* , 47(2):341–365,2006.

张与文化传播之间有什么样的关系等一系列问题。这使得考古学家们在讨论农业起源时，不仅局限于寻找农业起源的证据（what），而能够将视角扩展至农业为何发生（why）以及如何发生（how）等同样重要的问题上。随着国内传统考古学、动物考古学、植物考古学以及体质人类学等相关学科的数据积累以及研究的进一步发展，我们可以对农业起源时期的人口变迁轨迹及其与史前考古文化的变化关系进行进一步的探索，从而更加全面和深刻地了解中国农业起源的过程。

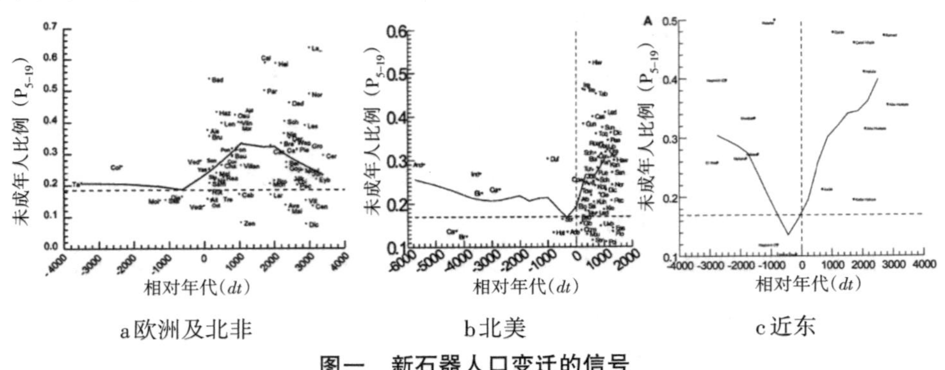

图一　新石器人口变迁的信号

纵轴表示墓地中未成年人（5-19岁）所占的比例（P_{5-19}），横轴代表墓地的相对年代dt（墓地所在地区农业开始的年代与墓地绝对年代之差）

（图表来自 Bocquet-Appel 2002，Bocquet-Apple et al.2006，Guerrero et al.2008）

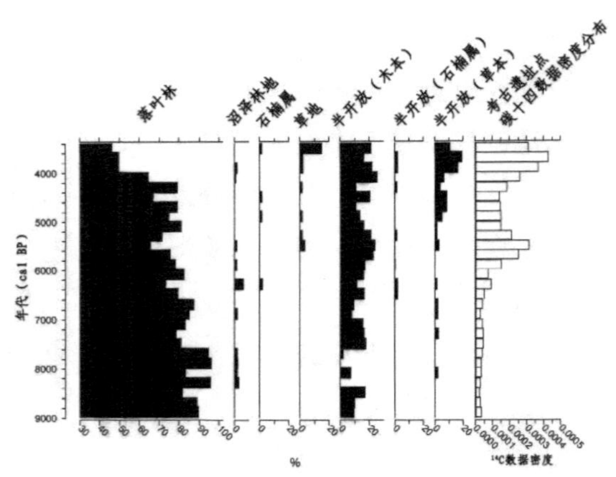

图二　英国碳十四数据累积概率分布与孢粉所指示的景观变化比较

（来自 Woodbridge et al. 2014）

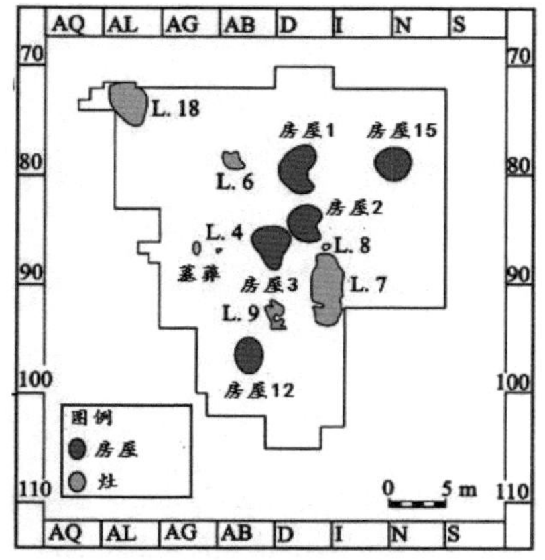

图三　Ohalo Ⅱ遗址房屋及相关遗存分布(来自 Nanel et al.2004)

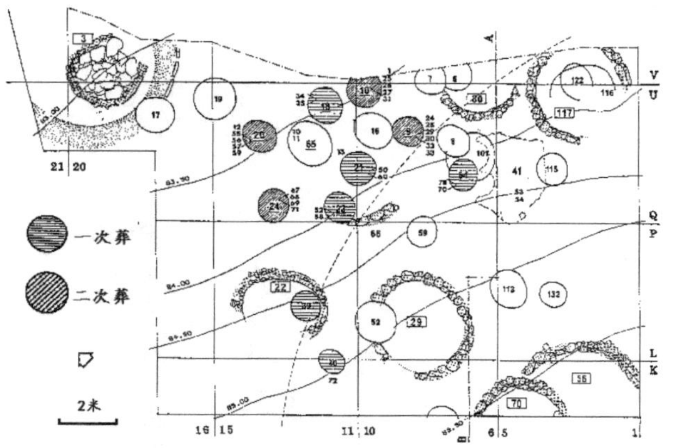

图四　纳吐夫文化早期 Ain Mallaha 遗址（来自 Ofer Bar-Yosef 1998）

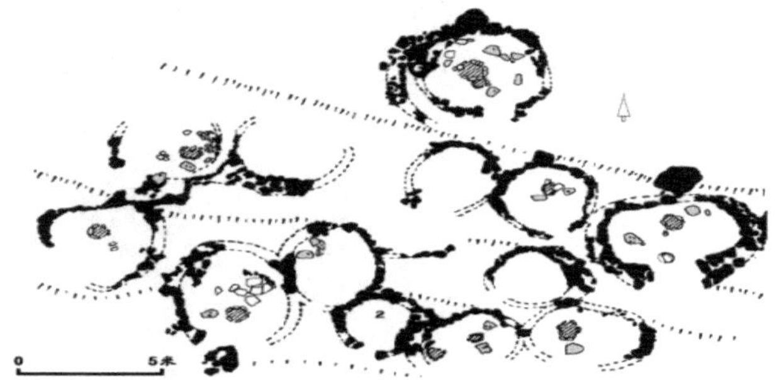

图五　前陶新石器早期 Nahal Oren 遗址房屋及布局

（来自 Goring-Morris and Belfer-Cohen 2013）

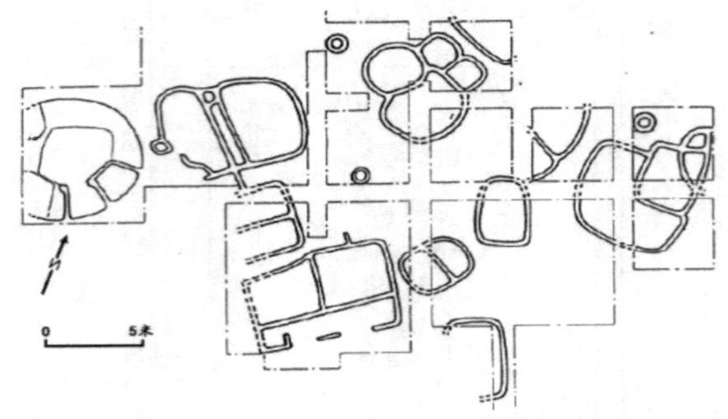

图六 前陶新石器中期中段 Jerf el Ahmar 遗址房屋及布局
（来自 Stordeur et Abbes 2002）

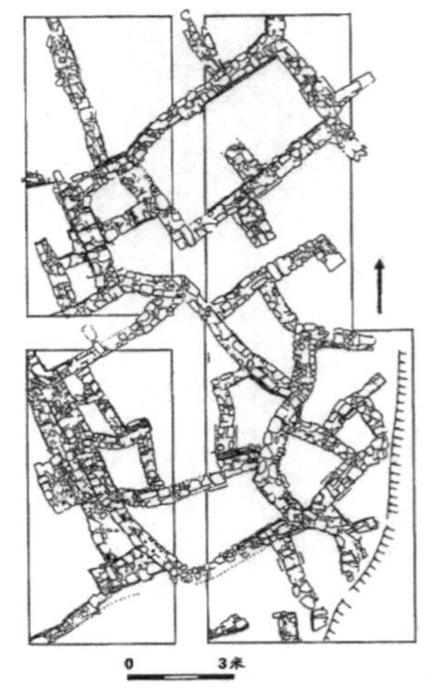

图七 前陶新石器中期晚段 Ba'Ja 遗址房屋及布局
（来自 Kuijit and Goring-Morris，2002）

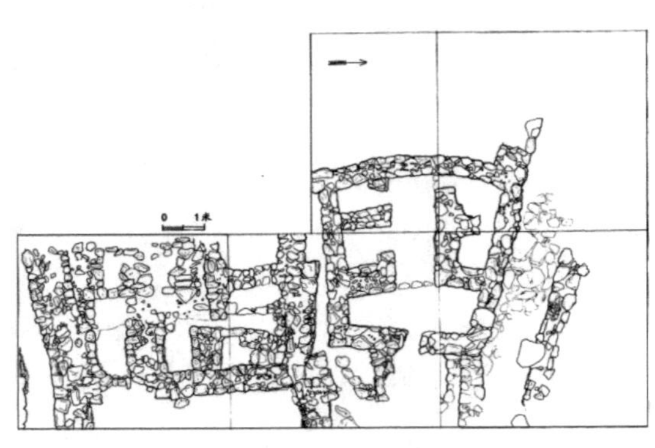

图八 前陶新石器晚期 Ain Ghazal 遗址房屋及布局
（来自 Rollefson et al.1992）

（原载《考古》2018 年第 12 期）

良渚文化的宏观聚落研究

郭明建

一、序言

众所周知，“聚落考古”的提法源于西方考古学界。一般来说，它是指一种以聚落遗址为主要研究对象的考古学方法。其中“聚落”一词在英语中为“settlement”，本意是指人们居住的地方；而在考古学的研究中，它则引申为“人类占据地表的一种具体的表现”（Peter.Haggett），或者我们经常使用“聚落形态”一词代替它，其定义为“人类将他们自己在他们居住的地面上处理起来的方式。它包括房屋的安排方式，并且包括其他与社团生活有关的建筑物的性质与处理方式”。由于“这些聚落要反映自然环境、建造者所使用的技术水平以及这个文化所保持的各种社会交接与控制的程度”，“聚落形态有一大部分为广泛保有的文化需要所形成的”（Gordon.R.Willy），所以通过对“聚落形态”的分析，我们可以得到很多关于古代社会，尤其关于其社会规模、社会结构和社会关系的信息。也正因如此，聚落考古通常带有很强的社会研究的性质，以至于崔格尔和张光直这样定义聚落考古：“用考古学的材料对社会关系的研究”，“聚落考古学是在社会关系的框架之内来作考古资料的研究”。①

聚落考古在西方已经应用了较长时间，并取得了丰硕的成果；在我国，经过考古学家多年的实践和研究，它也正逐步走向成熟。正如许多学者所指出的，聚落考古想要取得比较好的结果，最好首先进行全面的区域系统调查并有选择性地试掘和重点发掘，然后在此基础上分析遗址所代表的聚落情况②。在这个过程中，笔者认为还需要强调的是，由于聚落形态的解释是建立在对遗址分析基础之上的，遗址是聚落考古直接面对的对象，所以在遗址分析的过程中应该依次考虑这样几个问题：一、遗址的年代；二、遗址各个年代的堆积是原生堆积还是次生堆积？如果是后者，则对聚落考古的意义不大，而如果是自然原因形成的次生堆积，则不能称之为聚落；三、遗址各个年代的聚落性质，具体来说是城址、

① 以上引文均引自张光直：《考古学专题六讲》，第五讲《谈聚落形态考古》，北京：文物出版社，1986年。

② 栾丰实：《关于聚落考古学研究中的共时性问题》，《考古》2002年第5期；方辉：《对区域系统调查方法的认识与思考》，《考古》2002年第5期。

村落，还是墓地、手工作坊、宗教场所，等等，抑或兼而有之？四、聚落的规模和内部结构；五、不同聚落之间的关系及聚落与环境之间的关系。当然，在实际工作中这些问题很难一次解决，往往伴随着每次发掘和调查慢慢获得新的认识。

本文研究的主要对象为良渚文化聚落的宏观方面，即各个聚落和聚落群之间的关系及其反映的社会状况；至于各个聚落内部的具体情况则不是本文关注的重点。这个研究最基础的理论支持和大体的工作方法就是如上所述，但它也有特殊之处，兹说明如下。这也可以说是良渚文化聚落考古的两个特点。

首先，由于良渚文化所在的环太湖地区的地理环境等原因，这里还没有进行过区域系统调查。但比较幸运的是，本区开展的考古发掘工作比较多，尤其是良渚文化遗址的资料比较丰富，可以多少弥补这一缺憾。

其次，在发掘过的良渚文化遗址中，有一个特点非常明显，即大部分为墓地，而且高等级墓地的比例较大，因此本文分析的依据主要也是这些墓地。而从目前良渚文化研究的现状看，良渚文化的居址和墓地大体是一对一的关系，因此一个墓地大体也能代表一个村落。这样的现状对于聚落考古研究既有好处又有坏处，好处在于：一、墓葬相对于其他遗迹来说形成过程短，其年代比较容易确定；二、墓葬基本上为一人一墓，因此一个墓地能够比较好地体现其所代表聚落的人口、社会结构、各墓主生前的社会地位等情况。坏处在于：由于很多墓地中墓葬的规格并不一致甚至相差很大，而我们的发掘经常不能揭露整个墓地，所以有时发掘过的墓葬并不能全面客观地代表整个墓地的情况，这对我们判定遗址的聚落等级尤为不利；对此我们就需要结合墓地其他方面的情况，如墓地在聚落群中的位置，是否为高台墓地以及墓地的面积、规模等，对墓地进行全面的考察。

二、本文研究的时空范围和具体步骤

良渚文化的核心分布区是环太湖地区，具体来讲东北面以长江为界，东南面以钱塘江为界，西边以常州市区、太湖西岸和浙西北山脉东麓一线为界。本文为了便于叙述，根据目前各地良渚文化遗址发现的情况进一步把这一区域划分为四个小区，即良渚地区、嘉兴地区、苏沪地区和湖北地区。在这些地区之外，常州无锡两市西部、宁镇地区、江淮南部以及浙西山区虽然也发现过良渚文化遗址，但数量很少；宁绍平原虽发现的良渚文化遗址数量稍多，但资料也比较零星，它们都不在本文讨论的范围内。

本文讨论的时间范围包括整个良渚文化时期。其中，对于良渚文化的分期，很多学者都有过详细论述①。大体来说他们对良渚文化各种典型器物演变序列的认识相差不大，只是在具体如何分期的基础上有所不同。本文兹以栾丰实先生的分期为主要依据②，结合本文内容把良渚文化分为四期，其中第一期相当于栾文划分的第一段，大体以福泉山黄土层和黑褐土层部分墓葬为代表，新出材料包括庙前第一期墓葬等；第二期相当于栾文划分的第二段，大体以福泉山灰黄土层下部和黑褐土层部分墓葬为代表，新出材料包括庙前第二期墓葬和新地里的第二、三期墓葬等；第三期相当于栾文划分的第三段，大体以福泉山灰黄土层中部墓葬为代表，新出材料包括庙前的第三、四期部分墓葬和新地里第四期墓葬等；第四期相当于栾文划分的第四、五段，大体以福泉山灰黄土层上部墓葬为代表，新出材料包括新地里五、六期墓葬等。另外，在此笔者要特别说明的是，良渚文化的很多遗址和墓葬或者由于出土遗物（尤其是陶器）少，或者由于资料披露不详细，笔者对其分期可能有可商榷之处，如张陵山东山的墓葬就是如此，由于墓葬被扰，出土陶器少，笔者只能根据其出土玉器和开口地层中的陶片把它定为良渚文化第二期。

根据目前的研究，大多数学者都同意良渚文化已经进入到酋邦或早期国家阶段了③，而这两种社会阶段在宏观聚落形态上的共同特征就是出现了聚落的分化，具体来说即一个政体中有不同等级的聚落④，其数量随聚落等级由高到低递增，在空间分布上它们则呈低等级聚落拱卫高等级聚落的形态。其理想的形态为“中心位置理论”，即“在一片均匀的景观中”，“相同规模和性质的中心区域或聚落之间会呈等距离的分布，这些中心会被一批次级中心所围绕，而后者本身也有更小的卫星村落。在这样一种完美的条件下，每个中心‘控制’的地域呈六边形，而层次不等的中心会共同组成一种错综复杂的聚落网格。”（图一，1）不过在实际研究中，XTENT模式（可译为“帐篷模式”或“钟楼模式”）则是一种更实用的理论模式，这个理论模式的具体内容是“将区域的范围依其规模划归于一些中心。这样做是假定大型中心支配小型中心（如果它们靠得很近的话）。在这种所谓支配情况下，较小遗址的区域可以划归到较大遗址区域的研究中去：从政治角度而言较小的遗址

① 如黄宣佩：《论良渚文化的分期》，《上海博物馆集刊》第六期，上海：上海古籍出版社，1992年；宋建：《论良渚文化的兴衰过程》，《良渚文化研究——纪念良渚文化发现六十周年国际学术讨论会文集》，北京：科学出版社，1999年；朔知：《良渚文化的初步分析》，《考古学报》2006年第4期；芮国耀：《良渚文化时空论》，《文明的曙光》，杭州：浙江人民出版社，1996年。

② 栾丰实：《良渚文化的分期和分区》，《东方文明之光——良渚文化发现60周年纪念文集》，海口：海南国际新闻出版中心，1996年。

③ 认为良渚文化处于酋邦阶段的论述如戴尔俭：《从聚落中心到良渚酋邦》，《东南文化》1997年第3期；谢维扬，《中国早期国家》，杭州：浙江人民出版社，1995年，第278—294页；等。认为良渚文化处于早期国家阶段的论述如张忠培：《良渚文化的年代和其所处社会阶段——五千年前中国进入文明的一个例证》，《文物》1995年第5期；张之恒：《良渚文化聚落群研究》，《东方文明之光——良渚文化发现60周年纪念文集》，海口：海南国际新闻出版中心，1996年；等。

④ 政体即“一个政治上独立或自治的社会单位”，参阅科林·伦福儒、保罗·巴恩著，中国社会科学院考古研究所译：《考古学理论、方法与实践》，北京：文物出版社，2004年，第174页。

不会自治或独立存在"，"在XTENT模型中，每个中心的大小被认为与它施与影响的区域成正比。每个中心的影响范围被认为像是一个钟或钟楼形的：中心的规模越大，钟楼就越高。如果与某些中心共生的钟楼完全处于一个更大中心的范围之内，那么这些中心就被认为是从属于后者的。如果它们超出这个范围，那么它们就会有作为政治单位存在的自己的中心。"[①]（图一，2）当然，所有的理论模式在实施过程中都会有一定局限性和主观性，尤其在良渚文化的研究中，多数遗址的规模并没有经过准确的测量。不过根据这两个理论最实质的观点，墓地的规格似乎更能表明它"施与影响的区域"大小，所以它们对于聚落形态的分析也是比较理想的。

基于以上的理论模式，本文的具体的研究步骤如下：

首先，按照良渚文化的分区尽量统计良渚文化目前发现的所有遗址，对资料丰富的遗址划分聚落等级。其中对于遗址聚落等级的划分又可以分两步：

第一步，笔者把良渚文化的墓葬分为五级，各个级别墓葬的划分标准如下：

一级墓：本等级的墓葬差距较大，但随葬品大多在40—90件[②]，玉器的数量最少占三分之一，大多数都在三分之二或以上，基本都有玉琮或玉琮、玉璧、玉钺同出。

二级墓：随葬品数量在30—60件，其中玉器数量占三分之一到三分之二之间，一般无玉琮，但多有玉璧或玉钺。

三级墓：随葬品多在15—25件，多数有玉器，但多在10件以下，且大都是小型玉饰，个别有冠状器等物；没有玉器的墓葬则随葬数量较多的陶器和石器等。

四级墓：随葬品多在5—15件，其中有玉器者多在5件以下，且基本都为小型玉饰。

五级墓：无随葬品或随葬品数量少于5件，基本没有玉器。

第二步，在上述基础上我们把墓地（聚落）的等级划分为五级，各个级别墓地的划分标准如下：

一级聚落：本等级墓地的差别也较大，但大体可以分为甲乙两类，甲类墓地以一、二级墓为主，乙类墓地则一、二级墓数量少，其他等级的墓葬占多数。

二级聚落：没有一级墓，但有二级墓，三、四级墓的数量有时也较多，五级墓少见。

三级聚落：没有二级墓，但有三级墓，四、五级墓也常见。

四级聚落：只有四、五级墓，并以四级墓为主。

五级聚落：基本全为五级墓。

这里需要说明的是，由于良渚文化墓葬的差异较大，我们在使用这些标准的时候需灵活操作，另外对于那些非墓地或性质不明的遗址，其定级的标准也参考墓地。

① 科林·伦福儒、保罗·巴恩著，中国社会科学院考古研究所译：《考古学理论、方法与实践》，第178—182页。

② 在此需要说明的是，很多墓葬在统计随葬品时，往往把玉珠、玉管等小饰品按照单体数量统计，以至于这些墓葬随葬品总数看似非常多，其实这些玉珠、玉管等很多都是串饰的一部分，如果能按照串饰的数量统计，其随葬品的总数就会大大减少。

其次，在上述基础之上，鉴于良渚文化聚落的稳定性——即在整个良渚文化期间很多遗址沿用时间较长，尤其是中低等级的聚落（详见下文分析），以及我们所做工作有限——即未进行过区域系统调查，能够区分期别和聚落等级的遗址很少，我们先总体探讨各地区所有已发现遗址的分布情况，并划分出较明显的聚落群——即有一定数量、比较聚集、且中心区域又有高等级聚落的遗址聚群（为叙述方便，聚落群的命名都采用群中一级或二级聚落的名字）①。然后分期探讨本地区聚落形态的变迁，其中对资料比较丰富的聚落群，我们还会分析其内部结构和其可能代表的政体情况。

最后，集中分析良渚文化聚落形态的整体特征和其所反映的社会、环境信息。

三、良渚文化各地区的聚落分析

（一）良渚地区

本区主要包括现在的杭州市市区钱塘江以北部分（含余杭区）和湖州市市区（含南浔区）及德清、长兴两县。本区的面积约4500平方公里（其中除去西部的山地面积约1500平方公里），据笔者统计，共发现良渚文化遗址220处，即平均约每20平方公里发现一处遗址；但如果除去良渚遗址群中的135处遗址，那么则约53平方公里才发现一处遗址，所以说本区的遗址尤其是在湖州市境内实际上不是很多，笔者认为这可能与我们的工作有关。

这些遗址中其中位于杭州市市区的有：老和山（古荡）②、水田畈③、横山④、南湖⑤、后头山⑥、三亩里⑦、玉架山⑧、茅山⑨、灯笼山⑩、小古城、农校茶厂、俞家堰、陶村桥、

① 鉴于目前良渚文化聚落考古的现状，很多聚落群的准确范围和每个时期的中心聚落不好确定，我们在文章和图表中只能做比较粗线条的探讨，详见下文。

② 浙江省立西湖博物馆、吴越史地研究会：《杭州古荡新石器遗址之试探报告》，1936年；蒋缵初：《杭州老和山遗址1953年第一次的发掘》，《考古学报》1958年第2期。

③ 浙江省文物管理委员会：《杭州水田畈遗址发掘报告》，《考古学报》1960年第2期。

④ 浙江省余杭县文管会：《浙江余杭横山良渚文化墓葬清理简报》，《东方文明之光——良渚文化发现60周年纪念文集》，海口：海南国际新闻出版中心，1996年。

⑤ 赵晔：《余杭南湖新石器时代遗址》，《中国考古学年鉴·2007》，北京：文物出版社，2008年。

⑥ 丁品：《余杭区星桥后头山良渚文化墓地》，《中国考古学年鉴·2005》，北京：文物出版社，2006年；浙江省文物考古研究所、浙江杭州市余杭区文管会：《浙江余杭星桥后头山良渚文化墓地发掘简报》，《南方文物》2008年第3期。

⑦ 丁品：《余杭区星桥三亩里良渚文化村落遗址》，《中国考古学年鉴·2005》，北京：文物出版社，2006年。

⑧ 楼航、葛建良、方中华：《浙江余杭玉架山发现良渚文化环壕聚落遗址》，《中国文物报》2010年2月26日4版。

⑨ 丁品、赵晔、郑云飞、陆文宝、仲召兵、陈旭高：《浙江余杭茅山史前聚落遗址 第二、三期发掘取得重要收获》，《中国文物报》2011年12月30日4版。

⑩ 浙江省文物考古研究所：《杭州市余杭区临平灯笼山遗址发掘喜获成果》，《中国文物报》2009年1月16日2版。

香下桥[①]、台山、化城、邵母桥、磨子山、上湖村、凤凰山、洛阳桥、白虎山、西南山、堰马、六墓里、临平山、南扒山、张羊年村、双林3号桥、南山、石塘砖瓦厂[②]、皋城、独山、沈家塘、金家墩、张堰、西安寺、圣堂、柏树庙、凤凰山[③]，以及“良渚遗址群”[④]中的大量遗址（其中单独发表报告的有瑶山[⑤]、反山[⑥]、汇观山[⑦]、吴家埠[⑧]、庙前[⑨]、钵衣山[⑩]、上口山[⑪]等）。位于湖州市市区的遗址有：昆山[⑫]、西界桥[⑬]、谷池荡[⑭]、邱城[⑮]、花城[⑯]、塔地[⑰]、上山[⑱]、东林乡政府、杨家埠、刑窑、洋开庙、蔡家桥[⑲]、洪城、排前、宝塔漾、沙塘田、渔林村、蔡家斗、上塔圩[⑳]、独市、营盘山、马腰、含山、五林、安田村[㉑]。位于德清的遗址有：辉山[㉒]、二都瓦窑[㉓]、新安桥、下高桥、杨墩、董家墩[㉔]、沙岭头、审塘、上山头、南庄、石臼山、钟家村、新村、金鹅山[㉕]。位于长兴的遗址有：江家山[㉖]、台

① 林华东：《良渚文化研究》，杭州：浙江教育出版社，1998年，第29页。

② 余杭县政协文史资料委员会：《余杭县新石器时代遗址一览表》，《良渚文化——余杭文史资料第三辑》，余杭县政协文史资料委员会，1987年。

③ 国家文物局：《中国文物地图集·浙江分册》下册，北京：文物出版社，2010年，第1—59页。

④ 浙江省文物考古研究所：《良渚遗址群考古报告之三——良渚遗址群》，北京：文物出版社，2005年。

⑤ 浙江省文物考古研究所：《良渚遗址群考古报告之一——瑶山》，北京：文物出版社，2003年。

⑥ 浙江省文物考古研究所：《良渚遗址群考古报告之二——反山》，北京：文物出版社，2005年。

⑦ 浙江省文物考古研究所：《浙江余杭汇观山良渚文化祭坛与墓地发掘简报》，《文物》1997年第7期。

⑧ 浙江省文物考古研究所：《余杭吴家埠新石器时代遗址》，《浙江省文物考古研究所学刊》，北京：科学出版社，1993年，第55—84页。

⑨ 浙江省文物考古研究所：《良渚遗址群考古报告之四——庙前》，北京：文物出版社，2005年。

⑩ 浙江省文物考古研究所：《浙江余杭钵衣山遗址发掘简报》，《文物》2002年第10期。

⑪ 浙江省文物考古研究所：《浙江余杭上口山遗址发掘简报》，《文物》2002年第10期。

⑫ 浙江省文物考古研究所、湖州市博物馆：《昆山》，北京：文物出版社，2006年。

⑬ 赵人俊：《吴兴练市镇发现新石器时代遗物》，《考古通讯》1956年第5期。

⑭ 汪济英：《浙江省开展文物普查》，《考古通讯》1958年第12期。

⑮ 梅福根：《浙江吴兴邱城遗址发掘简介》，《考古》1959年第9期；浙江省文物管理委员会：《浙江省吴兴县邱城遗址1957年发掘报告初稿》，《浙江省文物考古研究所所刊》第七辑，杭州：杭州出版社，2005年。

⑯ 湖州市博物馆：《湖州花城发现的良渚文化木构窖藏》，《浙江省文物考古所学刊》，北京：科学出版社，1981年，第203—207页。

⑰ 蒋卫东：《湖州市塔地马家浜文化至马桥文化遗址》，《中国考古学年鉴·2005》，北京：文物出版社，2006年。

⑱ 田正标：《湖州上山新石器时代至汉代遗址》，《中国考古学年鉴·1999》，北京：文物出版社，2001年。

⑲ 林华东：《良渚文化研究》，杭州：浙江教育出版社，1998年，第41页。

⑳ 浙江省文物考古研究所、湖州市博物馆：《昆山》，北京：文物出版社，2006年，第6—10页。

㉑ 国家文物局：《中国文物地图集·浙江分册》下册，北京：文物出版社，2010年，第321—362页。

㉒ 浙江省文物考古研究所：《浙江北部地区良渚文化墓葬的发掘》，《浙江省文物考古研究所学刊》，北京：科学出版社，1993年，第85—103页。

㉓ 王海明：《德清二都瓦窑新石器时代、商周及唐宋遗址》，《中国考古学年鉴·2000》，北京：文物出版社，2002年。

㉔ 林华东：《良渚文化研究》，杭州：浙江教育出版社，1998年，第42页。

㉕ 国家文物局：《中国文物地图集·浙江分册》下册，北京：文物出版社，2010年，第332—353页。

㉖ 楼航：《长兴县江家山马家浜文化至马桥文化遗址》，《中国考古学年鉴·2006》，北京：文物出版社，2007年；楼航：《长兴江家山新石器时代遗址》，《中国考古学年鉴·2007》，北京：文物出版社，2008年。

基山[1]、邵家浜、清明山、高门楼、卫角头[2]。

这些遗址中能够区分期别和聚落等级的如下。

第一期的遗址有10处，按照聚落等级划分如下：

一级聚落：甲类——瑶山、反山

二级聚落：吴家埠

三级聚落：后头山

四级聚落：昆山、庙前、邱城

五级聚落：钵衣山

等级不明的聚落：邱城、上口山

第二期的遗址有8处，按照聚落等级划分如下：

一级聚落：甲类——瑶山、反山

二级聚落：吴家埠

三级聚落：后头山、钵衣山

四级聚落：上口山、水田畈、庙前

五级聚落：无发现

第三期的遗址有7处，按照聚落等级划分如下：

一级聚落：甲类——横山、汇观山、反山

二级聚落：庙前

三级聚落：无发现

四级聚落：无发现

五级聚落：后头山

等级不明的聚落：花城、钵衣山

第四期的遗址有4处，按照聚落等级划分如下：

一级聚落：甲类——汇观山

二级聚落：辉山

三至五级聚落均无发现

等级不明的聚落：庙前、邱城

此外，在期别不明的遗址中，杨家埠、东林乡、新安桥、灯笼山、玉架山都发现过玉琮，应为某时期的一级聚落，其中灯笼山和玉架山均以小墓为主，应为乙类一级墓地，其余遗址情况不明。塔地、茅山、西南山、临平山、金家墩皆发现了玉璧，它们至少为某时期的二级聚落。

由于本区所做工作有限，聚落分布总体比较零散。从目前情况看，余杭区东部的遗址

① 林华东：《良渚文化研究》，杭州：浙江教育出版社，1998年，第42页。

② 国家文物局：《中国文物地图集·浙江分册》下册，北京：文物出版社，2010年，第353—362页。

有一定数量，且呈一定的聚群状态，其中横山、玉架山、茅山（由于玉架山、灯笼山和茅山三个遗址的距离非常近，在图二中只标出了玉架山）三个一级聚落基本上位于这些遗址的中心，因此笔者认为这一带的遗址应该构成一个较独立的聚落群，我们称为横山聚落群。东苕溪上游有“良渚遗址群”，由于工作开展的比较充分，其发现遗址的密度是目前整个良渚文化区最高的，而且高等级聚落的数量非常多，其具体情况详见下文分析，不过在“良渚遗址群”的外围——东苕溪的上下游实际上还有很多遗址，有些遗址的等级也较高，如西南山为二级聚落，又如小古城面积为35万平方米，也有可能为高等级聚落，笔者认为它们与“良渚遗址群”联系较大，所以统一把它们划入“良渚聚落群”。顺东苕溪向下，在德清和余杭之间也有不少遗址，其中新安桥为一级聚落，二级聚落则有金家墩，而桐乡西部的一些遗址也离它们很近，虽然总体来看这些遗址间隔稍大，聚群不很明显，但笔者认为这个区域也应该有相应的聚落群，我们称为新安桥聚落群。在德清县和南浔区之间，也有不少遗址，其中东林乡为一个一级聚落，其周围有塔地、辉山两个二级聚落和更多的等级不明的遗址，其情况和新安桥聚落群相似，我们称为东林聚落群。湖州市东部以及临近的桐乡西北地区遗址也比较多，其中如花城、五林一带的遗址还似呈聚群状态，其中桐乡西北的董家桥遗址为二级聚落，而南浔区附近的洪城、五林、马腰遗址（由于三者距离较近，在图三中我们只标出了前两者）面积分别为10万平方米、5万平方米、10万平方米，且相隔很近，很可能其中也有较高等级的聚落，笔者推测这一小区也应有一至两个聚落群，但目前限于材料不能确指。此外，湖州市区周围及长兴县也发现了一些遗址，其中东西苕溪交汇处的杨家埠遗址为一级聚落，但这些遗址目前看来非常分散，但结合长兴、安吉境内的西苕溪、合溪流域都有很多新石器时代遗址的发现[①]，推测这些区域也应有相应的聚落群，都有待我们的工作开展。综上所述，我们认为本区可以划分出横山聚落群、良渚聚落群、新安桥聚落群和东林聚落群4个比较明确的聚落群，其他区域的情况则有待下一步工作的进行。

如上所述，在未进行系统的聚落考古工作之前，这些聚落群的准确范围和每一期的中心聚落都是不能确定的，本文叙述和图中所绘也只能是其大概范围。(图二、图三)

由于本群中“良渚遗址群”开展的工作较多，它首先为我们提供了一个了解聚落群内部情况的难得案例，这也是整个良渚文化区中唯一能展开这种分析的小区域，兹分析如下：

从空间分布上看，良渚遗址群中的遗址主要分为三大群。其位于中间的一群大体都在良渚古城内或其周围很近的地方，我们称之为古城群[②]。它们之中很多都建在土台之上，如城外的张家墩、杜山等。但其中最重要的还属古城之中面积最大的莫角山遗址，其面积约30万平方米，很可能为宫殿、宗庙一类建筑；而莫角山东部的马金口、龙里、小马山、石安畈等遗址也实为一体，它们共同位于一个面积约15万平方米的土台上，很可能也是一

① 国家文物局：《中国文物地图集·浙江分册》下册，北京：文物出版社，2010年，第344—362页。

② 刘斌：《良渚遗址发现5000年古城》，《中国文物报》2007年12月5日1版。

个独立的高等级建筑。本群中墓地的数量也不少，其中很多为高台墓地，如文家山、仲家山、反山、石前圩，而有些则未发现高台，如公家山、卞家山、和尚斗、后杨村。这些墓地中最重要的当属反山，它也是目前城内唯一一处明确的贵族墓地，按本文的划分它为甲类一级墓地，而且是良渚早期规格最高的一级墓地；而相对的，城外的墓地则一般大、中、小型墓都有，如文家山和卞家山。遗址群北部沿大遮山脉也有一排遗址，我们称为山麓群。其中西端长4.3公里的塘山遗址可能为防洪坝一类性质的遗址，而其中还发现有似制玉作坊的地点[①]。中部的姚家墩与其周围的卢村、葛家村、金村、王家庄、料勺柄自成单元，内部似有独立的生活区、祭祀区、墓葬区、作坊区等，很像是某一显要家族的聚居圈。本群自东向西也有一些墓地，如羊尾巴山、瑶山、窑墩、钵衣山、官庄、梅园里、王家庄、吴家埠、汇观山等，其中的瑶山和汇观山都有祭坛，为甲类一级墓葬，而钵衣山、梅园里等主要为中、小型墓。遗址群东南的荀山周围也有一些遗址，我们称为荀山群。其中的庙前遗址是目前遗址群中唯一一处比较确定的居住址，本群比较明确的墓地有庙前、横圩里两处，它们均以小型墓为主。此外遗址群中有的遗址还可能有特殊用途，如卢村、子母墩等可能为祭坛，卞家山可能为码头，长坟可能为陶器作坊，严家桥可能为石器作坊等。（图四）

遗址群中遗物发现的情况也可以与我们上述的分析相对应。遗址群中出土过玉琮的有反山、钟家村、苏家村、扁担山、羊尾巴山、瑶山、卢村、吴家埠、汇观山9个遗址，其中反山、钟家村位于古城内，其余的都位于古城群和山麓群中。出土过玉璧或玉钺的则有桑树头、大观山（具体位置不明）、庙桥头（大观山村附近）、文家山、公家山、卞家山、马山、金家弄、金家卫高地（现在师姑山、金家弄、石安畈一带）、前山、沈家头、后杨村、黄泥口、凤凰山脚、安石一矿、钵衣山、小竹园、梅园里、百亩山、塘山、庙前、警察坟等遗址和地点，它们除庙前和警察坟位于荀山群，其余的也都位于古城群和山麓群中，其中桑树头则位于古城内。此外凤山、雉山、里山、盛家村、王家庄、师姑坟、荀山周围等地点也出过不少玉器，甚至遗址群外的圣堂、西安寺、张堰、柏树庙、乌山、北湖草荡等遗址也有少量发现。

综上所述，我们认为良渚遗址群中最主要的应为“古城群”，尤其是城内的遗址，除了很多为建筑遗址外，很可能还有几个与反山规格相似的墓地。“山麓群”中的遗址也有很多规格较高的，其中也不乏高等级墓地。而“荀山群”中的遗址却大都为低等级聚落，其出土玉璧的墓葬大概为本地家族的领导者。显然只有一个“荀山群”这样的低等级聚落小群是不足以支持良渚古城代表的政体统治的，所以我们认为，它控制的范围应该超过目前划定的“良渚遗址群”，东苕溪上、下游的临近地区还应该存在着许多类似“荀山群”的聚落小群，而上游如陶村桥、张堰、圣堂、邵母桥一带等就是这样的小群，而且这种小群中也应有一些二级或三级的中心聚落，如下游的西南山应该就是这种聚落。

① 王明达等：《塘山遗址发现良渚文化制玉作坊》，《中国文物报》2002年9月20日1版。

至于本地区其他聚落群的内部情况，横山聚落群也有少量线索。这个聚落群中，现发现的几个高等级聚落相互之间的距离都很近。其中一级聚落中灯笼山遗址的年代可能贯穿良渚文化始终，玉架山遗址的年代为良渚中晚期，横山两墓的年代我们定为三期，因此我们推断横山聚落群代表的政体其中心聚落的位置在整个良渚文化时期变化不大，一直都在这一带。上述三个墓地代表的可能是三个不同的家族，而二级聚落茅山、临平山和一、二期的三级聚落后头山代表的可能是另外三个地位较低的家族。横山遗址群外，本地区其他的聚落群的情况则非常不清晰，在此不作分析。

本区聚落变迁的情况也只有良渚遗址群较清晰。根据其报告，遗址群存在良渚早期遗存的遗址有吴家埠、梅园里、官庄、庙前、荀山东坡，基本上都位于荀山群和山麓群中。存在良渚晚期遗存的遗址有庙前、横圩里、茅庵里、天打网、文家山、石前圩、严家桥，大部分也位于荀山群中；不过文家山发现了多节残玉琮，而百亩山出土的刻符玉璧，安溪出土的刻符玉璧、玉琮也多被认为晚期。良渚中期的遗存则在大部分遗址都有发现，可见良渚中期为遗址群的兴盛期。笔者的分析也大致是这样的情况，如上所述，瑶山、反山的墓葬中，属于一期早段只有瑶山的4座二、三级墓，而一期晚段和二期为反山和瑶山的兴盛期，其大部分墓葬，包括等级最高的反山M12都属于此期，三期时反山和汇观山还仍有一定数量的墓葬，四期时则只有汇观山的M4和反山的M19、M21了。此外，吴家埠一、二期均有二、三级墓，还曾采集到玉琮等，也应为良渚早期的一级乙类墓地；钵衣山和庙前等中小型墓地的变化一至三期不大，但四期的遗存也很少。

综上所述，我们认为良渚遗址群虽然在整个良渚文化时期（至少一期早段到四期早段）都不乏高等级墓葬，尤其是一期晚段至二期更是达到了鼎盛阶段，但良渚文化晚期却有衰弱的趋向，正如报告所说晚期“不再有莫角山那样的宫殿式基址，也不再有反山、瑶山那样的顶级贵族墓地，玉器连同大型祭坛一并衰微了”。不过这种衰落对庙前这种低等级聚落影响应该小一些，遗址群中良渚晚期的遗存多发现在“庙前群”中，且庙前在三期时还发现了二级墓。

本区中其他聚落群的变迁，除了上述的横山聚落群的一点线索外，其他的都不清楚。

（二）嘉兴地区

本区主要包括现代的嘉兴市。本区面积约3477平方公里，据笔者统计的遗址共175处，平均约每19平方公里即发现一处遗址，是目前遗址密度最高的一区。

这些遗址中位于嘉兴市区的有：雀幕桥[①]、陶墩、曹墩、韩家浜、梅园、支家桥、高

① 浙江省嘉兴博物馆、展览馆：《浙江嘉兴雀幕桥发现一批黑陶》，《考古》1974年第4期；嘉兴市文化局：《浙江嘉兴雀幕桥遗址试掘简报》，《考古》1986年第9期；浙江省文物考古研究所：《浙江北部地区良渚文化墓葬的发掘》，《浙江省文物考古研究所学刊》，北京：科学出版社，1993年，第85—103页；嘉兴市博物馆：《嘉兴雀幕桥遗址第五次发掘》，《崧泽·良渚文化在嘉兴》，杭州：浙江摄影出版社，2005年。

柴基、陆家坟、刘家坟、步云、蒋庵、应家港、高家汇[①]、双桥[②]、大坟[③]、高坟墩[④]、石圹头[⑤]、高墩[⑥]、盛家墩[⑦]、倭坟墩[⑧]、曹庄、大墩岗[⑨]、姚家村、倭子坟、周家湾、黄姑庵、白坟墩、高地、三水湾、郎嘉桥、元子汇、金桥[⑩]。位于平湖的遗址有：平邱墩[⑪]、庄桥坟[⑫]、图泽[⑬]、横沼村[⑭]、戴墓墩[⑮]、大墩头、窑墩、长安桥、马厩庙、朱皇庙、李墩[⑯]。位于海盐的遗址有：龙潭港[⑰]、高地[⑱]、王坟[⑲]、周家浜[⑳]、窑墩[㉑]、钱家浜、老坟头、二道庙、

① 嘉兴市博物馆：《嘉兴市古遗址调查》，《浙江文物考古所学刊》，北京：文物出版社，1981年，第198—202页。

② 董巽观：《浙江嘉兴双桥古文化遗址调查记》，《考古通讯》1955年第5期；党华：《浙江嘉兴双桥发现的新石器时代遗址》，《考古通讯》1955年第5期；浙江省文物考古研究所：《嘉兴双桥遗址发掘简报》，《浙江省文物考古研究所学刊》，北京：科学出版社，1993年，第38—54页；嘉兴市文化局编：《崧泽·良渚文化在嘉兴》，杭州：浙江摄影出版社，2005年，第7、16、21页。

③ 陆耀华：《浙江嘉兴大坟遗址的清理》，《文物》1991年第7期；嘉兴市文化局：《崧泽·良渚文化在嘉兴》，杭州：浙江摄影出版社，2005年，第73页。

④ 王宁远：《嘉兴市高坟墩新石器时代遗址》，《中国考古学年鉴·2002》，北京：文物出版社，2003年。

⑤ 刘斌：《嘉兴市石圹头新石器时代及西周遗址》，《中国考古学年鉴·2001》，北京：文物出版社，2002年。

⑥ 刘斌、蒋卫东：《嘉兴市高墩良渚文化与马桥文化遗址》，《中国考古学年鉴·2000》，北京：文物出版社，2002年；浙江省文物考古研究所、嘉兴市博物馆：《嘉兴凤桥高墩遗址的发掘》，《崧泽·良渚文化在嘉兴》，杭州：浙江摄影出版社，2005年。

⑦ 嘉兴市文化局：《崧泽·良渚文化在嘉兴》，杭州：浙江摄影出版社，2005年，第43、46页。

⑧ 廖本春、孟正兴：《嘉兴倭坟墩遗址发掘获成果》，《崧泽·良渚文化在嘉兴》，杭州：浙江摄影出版社，2005年。

⑨ 嘉兴市文化局：《崧泽·良渚文化在嘉兴》，杭州：浙江摄影出版社，2005年，第42、45页。

⑩ 国家文物局：《中国文物地图集·浙江分册》下册，北京：文物出版社，2009年，第276—313页。

⑪ 浙江省文物考古研究所：《浙江北部地区良渚文化墓葬的发掘》，《浙江省文物考古研究所学刊》，北京：科学出版社，1993年，第85—103页。

⑫ 浙江省文物考古研究所、平湖市博物馆：《浙江平湖市庄桥坟良渚文化遗址及墓地》，《考古》2005年第7期；浙江省文物考古研究所、平湖市博物馆：《平湖庄桥坟遗址发掘的主要收获》，《崧泽·良渚文化在嘉兴》，杭州：浙江摄影出版社，2005年；程杰、杨根文、徐新民：《平湖市庄桥坟良渚文化遗址》，《中国考古学年鉴·2007》，北京：文物出版社，2008年。

⑬ 芮国耀、杨根文：《平湖图泽良渚文化墓地》，《崧泽·良渚文化在嘉兴》，杭州：浙江摄影出版社，2005年；陆敏仙、田敏：《平湖图泽遗址考古发掘有重要收获》，《浙江文物》2006年第2期。

⑭ 嘉兴市文化局：《崧泽·良渚文化在嘉兴》，杭州：浙江摄影出版社，2005年，第50页。

⑮ 平湖市博物馆：《平湖戴墓墩遗址良渚墓葬发掘简报》，《崧泽·良渚文化在嘉兴》，杭州：浙江摄影出版社，2005年。

⑯ 国家文物局：《中国文物地图集·浙江分册》下册，北京：文物出版社，2010年，第302—307页。

⑰ 浙江省文物考古研究所、海盐县博物馆：《浙江海盐龙潭港良渚文化墓地》，《考古》2001年第10期。

⑱ 沈咏嘉、李林：《海盐县石泉高地遗址的初步调查》，《浙江省文物考古研究所学刊》，北京：长征出版社，1997年。

⑲ 刘斌：《海盐发现一处崧泽文化晚期至良渚文化早期祭祀址》，《中国文物报》1994年12月25日1版；浙江省文物考古研究所、海盐县博物馆：《海盐王坟遗址发掘简报》，《崧泽·良渚文化在嘉兴》，杭州：浙江摄影出版社，2005年。

⑳ 刘斌：《海盐周家浜良渚文化遗址》，《中国考古学年鉴·2000》，北京：文物出版社，2002年；浙江省文物考古研究所、海盐博物馆：《海盐周家浜遗址发掘概况》，《崧泽·良渚文化在嘉兴》，杭州：浙江摄影出版社，2005年。

㉑ 孙国平：《海盐窑墩遗址》，《崧泽·良渚文化在嘉兴》，杭州：浙江摄影出版社，2005年。

黄道庙、漂母墩、白墙里[①]、南高岗、管山、低田里、许油车、石弄港、枫桥、王桥、南滩、高坟、尚胥庙、南村汇、魏家村、大庙桥、九曲港、乌龟坟、丰泉桥、烧箕浜、泥塘庙、五郎堰、刘家亭[②]。位于海宁的遗址有：千金角、徐步桥、盛家埭[③]、泽达庙[④]、郜家岭[⑤]、金石墩[⑥]、三官墩[⑦]、荷叶地[⑧]、坟桥港[⑨]、大坟墩[⑩]、佘墩庙[⑪]、仙坛庙[⑫]、杨家角[⑬]、东八角漾[⑭]、小兜里[⑮]、桃园、朱家兜、沈家埭、姚家簖、凤凰基、九虎庙、柏士庙、徐家桥、莫家桥、小黄山、高地、中坟山、龙尾山、菩提寺、花山、都家、东港司桥、施家墩、西殳山、北亚山、西汇、前七漾桥、基隆墩、龙尾山、李园、上林庵[⑯]、博儒[⑰]、木排地[⑱]、赞山、伊家桥、范家埭、黄板桥、罗秋浜、凉亭下、黄墩庙、崔家场、姚家汇、河石、夏家斗、管城、蒋家山、李园、沈家石桥、郭家石桥[⑲]。位于桐乡的遗址有：新地

---

① 浙江省文物考古研究所、海盐县博物馆：《海盐周家浜遗址发掘概况》，《崧泽·良渚文化在嘉兴》，杭州：浙江摄影出版社，2005年。

② 国家文物局：《中国文物地图集·浙江分册》下册，北京：文物出版社，2010年，第313—321页。

③ 浙江省文物考古研究所：《浙江北部地区良渚文化墓葬的发掘》，《浙江省文物考古研究所学刊》，北京：科学出版社，1993年，第85—103页。

④ 浙江省文物考古研究所、海宁市博物馆：《海宁泽达庙遗址的发掘》，《浙江省文物考古研究所学刊》，北京：科学出版社，1997年。

⑤ 浙江省文物考古研究所、海宁市博物馆：《海宁郜家岭良渚文化墓地发掘报告》，《东南文化》2002年第3期。

⑥ 海宁市博物馆：《浙江海宁金石墩遗址发掘报告》，《东南文化》2003年第5期。

⑦ 杨楠：《浙江海宁三官墩新石器时代遗址》，《中国考古学年鉴·1987》，北京：文物出版社，1988年，第154页。

⑧ 刘斌：《海宁荷叶地良渚文化遗址》，《中国考古学年鉴·1989》，北京：文物出版社，1990年，158页；刘斌：《海宁荷叶地遗址》，《崧泽·良渚文化在嘉兴》，杭州：浙江摄影出版社，2005年。

⑨ 潘六坤：《海宁发掘新石器时代遗址》，《中国文物报》1988年4月22日1版。

⑩ 王明达、潘六坤、赵晔：《海宁清理良渚文化祭坛和墓葬》，《中国文物报》1993年9月19日1版；浙江省文物考古研究所、海宁市博物馆：《海宁大坟墩遗址发掘简报》，《崧泽·良渚文化在嘉兴》，杭州：浙江摄影出版社，2005年；浙江省文物考古研究所、海宁市博物馆：《浙江省海宁市大坟墩遗址的发掘》，《浙江省文物考古所学刊》第七辑，杭州：杭州出版社，2005年。

⑪ 刘斌、赵晔：《海宁发现良渚文化重要墓地》，《中国文物报》1995年8月6日。浙江省文物考古研究所、海宁市博物馆：《海宁佘墩庙遗址》，《崧泽·良渚文化在嘉兴》，杭州：浙江摄影出版社，2005年。

⑫ 王宁远、李林：《海盐县仙坛庙崧泽文化和良渚文化遗址》，《中国考古学年鉴·2005》，北京：文物出版社，2006年。浙江省文物考古研究所、海盐县博物馆：《海盐仙坛庙遗址的发掘》，《崧泽·良渚文化在嘉兴》，杭州：浙江摄影出版社，2005年。

⑬ 楼航：《海宁市杨家角新石器时代遗址》，《中国考古学年鉴·2004》，北京：文物出版社，2005年；浙江省文物考古研究所：《海宁杨家角遗址发掘情况简介》，《崧泽·良渚文化在嘉兴》，杭州：浙江摄影出版社，2005年。

⑭ 浙江省文物考古研究所、海宁市博物馆：《海宁东八角漾遗址发掘报告》，《崧泽·良渚文化在嘉兴》，杭州：浙江摄影出版社，2005年。

⑮ 浙江省文物考古研究所、浙江省海宁市博物馆：《2009年海宁小兜里遗址良渚墓葬的发掘收获》，《南方文物》2010年第2期。

⑯ 林华东：《良渚文化研究》，杭州：浙江教育出版社，1998年，第34页。

⑰ 浙江省文物考古研究所、桐乡市文物管理委员会：《新地里》，北京：文物出版社，第2006年，第5页。

⑱ 嘉兴市文化局：《崧泽·良渚文化在嘉兴》，杭州：浙江摄影出版社，2005年，第53页。

⑲ 国家文物局：《中国文物地图集·浙江分册》下册，北京：文物出版社，2010年，第286—296页。

里[①]、普安桥[②]、姚家山[③]、董家桥[④]、白墙里[⑤]、蔡家坟、小六房、杨家车、杨家大桥、岑山[⑥]、章家浜、徐家浜[⑦]、叭喇浜[⑧]、金家浜[⑨]、李家横、地环桥、梵山坟、武帅庙、落晚、王墙里、洗粉浜、花果园[⑩]、湾里村、店街塘（店家埭）、大园里（张家桥）、桃子村（太平）[⑪]、石头山、秀才桥、陆家庄、毛家渡、鱼船埭、果园桥、陈家门、邵家桥、杨梅湾、何城庙、路家园[⑫]。位于嘉善的遗址有：大往[⑬]、新港[⑭]、张安村[⑮]、清凉、西徐浜[⑯]。

这些遗址中能划分期别和聚落等级的如下。

第一期的遗址共有11处，按聚落等级划分如下：

一级聚落：乙类——新地里

二级聚落：无发现

三级聚落：普安桥

四级聚落：龙潭港、金家浜、泽达庙、金石墩

五级聚落：东八角漾

等级不明的聚落：周家浜、高墩、双桥、（海盐）窑墩

第二期的遗址共有18处，按聚落等级划分如下：

一级聚落：普安桥

---

① 浙江省文物考古研究所、桐乡市文物管理委员会：《新地里》，北京：文物出版社，2006年。

② 北京大学考古学系、浙江省文物考古研究所、日本上智大学：《浙江桐乡普安桥遗址发掘简报》，《文物》1998年第4期。

③ 王宁远、周伟民、朱宏中：《桐乡市姚家山良渚文化遗址》，《中国考古学年鉴·2005》，北京：文物出版社，2006年；王宁远、周伟民、朱宏中：《桐乡姚家山发现良渚文化高等贵族墓葬》，《崧泽·良渚文化在嘉兴》，杭州：浙江摄影出版社，2005年。

④ 田正标：《桐乡市董家桥良渚文化及春秋战国时期遗址》，《中国考古学年鉴·2004》，北京：文物出版社，2005年。

⑤ 李晓鹏、陈培华、肖国强：《白墙里遗址：桐乡“土筑金字塔”初揭面纱》，《浙江日报》2006年8月21日6版。

⑥ 林华东：《良渚文化研究》，杭州：浙江教育出版社，1998年，第34、35页。

⑦ 浙江省文物考古研究所：《桐乡章家浜、徐家浜良渚文化墓葬发掘》，《崧泽·良渚文化在嘉兴》，杭州：浙江摄影出版社，2005年。

⑧ 王海明：《桐乡市叭喇浜良渚文化遗址》，《中国考古学年鉴·1997》，北京：文物出版社，1999年；浙江省文物考古研究所：《桐乡叭喇浜遗址发掘》，《崧泽·良渚文化在嘉兴》，杭州：浙江摄影出版社，2005年。

⑨ 桐乡市博物馆：《桐乡金家浜遗址发掘简报》，《崧泽·良渚文化在嘉兴》，杭州：浙江摄影出版社，2005年。

⑩ 林华东：《良渚文化研究》，杭州：浙江教育出版社，1998年，第34页。

⑪ 浙江省文物局：《浙江省文物保护单位简介》，《文物考古资料》1986年第4期；嘉兴市文化局：《崧泽·良渚文化在嘉兴》，杭州：浙江摄影出版社，2005年，第53、60、61页。

⑫ 国家文物局：《中国文物地图集·浙江分册》下册，北京：文物出版社，2010年，第296—302页。

⑬ 王明达：《浙江省嘉善县大往新石器时代遗址》，《中国考古学年鉴·1986》，北京：文物出版社，1988年，第125页；王明达：《嘉善大往遗址》，《崧泽·良渚文化在嘉兴》，杭州：浙江摄影出版社，2005年。

⑭ 陆耀华、朱瑞明：《浙江嘉善新港发现良渚文化木筒水井》，《文物》1984年第2期。

⑮ 林华东：《良渚文化研究》，杭州：浙江教育出版社，1998年，第39页。

⑯ 国家文物局：《中国文物地图集·浙江分册》下册，北京：文物出版社，2010年，第307—311页。

二级聚落：金家浜

三级聚落：新地里、徐家浜、郜家岭

四级聚落：徐步桥、金石墩、泽达庙、章家浜、龙潭港、南河浜

五级聚落：东八角漾

等级不明的聚落：大坟墩、周家浜、大坟、双桥、高墩、平邱墩

第三期的遗址共有18处，按聚落等级划分如下：

一级聚落：无发现

二级聚落：新地里、叭喇浜、龙潭港、周家浜、大坟

三级聚落：郜家岭、金石墩、高墩

四级聚落：盛家埭、千斤角、徐步桥、泽达庙、东八角漾、雀幕桥

五级聚落：无发现

等级不明的聚落：大坟墩、双桥、戴墓墩、平邱墩

第四期的遗址共有15处，按聚落等级划分如下：

一级聚落：无发现

二级聚落：龙潭港、新地里

三级聚落：叭喇浜、金石墩、高墩

四级聚落：千斤角、徐步桥、泽达庙、郜家岭、雀幕桥

五级聚落：无发现

等级不明的聚落：大坟墩、周家浜、双桥、戴墓墩、平邱墩

各期的情况汇总为下表：

表一　嘉兴地区良渚文化聚落统计表

期别/聚落等级	一期	二期	三期	四期
一级聚落	1	1	0	0
二级聚落	0	1	5	2
三级聚落	1	3	3	3
四级聚落	4	6	6	5
五级聚落	1	1	0	0
等级不明的聚落	4	6	4	5
合计	11	18	18	15

除上述遗址外，湾里村、桃子村、店街塘、大园里、荷叶地、姚家山、佘墩庙、双桥、曹庄、戴墓墩都发现过玉琮，都应为一级聚落；其中姚家山、荷叶地墓地均以大墓为主，应为甲类一级墓地，佘墩庙、戴墓墩、双桥墓地皆有中小型墓，应为乙类一级墓地，其他遗址未经发掘情况不明。董家桥、落晚、管城、白墙里、小兜里、仙坛庙、大坟墩、

大墩岗、木排地、高地、高坟墩、庄桥坟、平邱墩、横沼村、（平湖）窑墩皆出土过玉璧，至少应为二级聚落；其中小兜里、仙坛庙、大坟墩、平邱墩、庄桥坟经过发掘，它们除了小兜里以大中型墓为主外，其余的也都以中小型墓为主。

从目前本区遗址发现的情况来看它们非常密集，尤其是西南部，基本上是连续分布的，并且有较明显的聚群现象。桐乡南部和海宁西部的遗址总体来说应为一个很大的聚落群，它以大园里一带为中心，其周围的新地里、桃子村、荷叶地遗址都曾出土过玉琮，而其更外围还有店街塘、佘墩庙两个一级聚落和管城、落晚和白墙里三个二级聚落及更多的低级聚落，这个聚落群我们称之为荷叶地聚落群。桐乡东南和相邻的嘉兴、海宁、海盐地区也有一片聚群的遗址，其中普安桥和姚家山为两个一级聚落，其周围则有金家浜（与姚家山和普安桥遗址紧邻，图五未能标出）、叭喇浜、大墩岗、龙潭港、周家浜、仙坛庙、大坟墩、小兜里8个二级聚落和更多的低等级聚落，此外本群的黄道庙遗址面积有20万平方米，似乎也是一个高等级聚落，本群我们称为普安桥聚落群。这个聚落群的规模与荷叶地聚落群相似，而且两者非常接近以至于很难分开，不过目前来看本群中的一级聚落位置稍偏西，因此不排除其东部尚有一级聚落未发现的可能。海宁东南的几个遗址也比较聚群，但未发现高等级聚落，只有位于中心的坟桥港遗址的面积为9万平方米，可能也是一个高等级聚落。海盐大部地区及其临近地区的聚落比较分散，且未发现一级聚落，二级聚落也只有木排地和高地两处，聚落群的情况不明。嘉兴东南的聚落部分呈聚集状，且发现玉琮的一级聚落——曹庄位于它们中央，目前这里发现的二级聚落大坟和高坟墩都在北部且相距较近，不过本群东南也有很多面积较大的遗址，如高柴基、陆家坟遗址分别为10万和15万平方米，而韩家浜则统计为80万平方米，它们都可能为高等级聚落，本群划为曹庄聚落群。平湖东南的聚落也有一定数量，其以乙类一级聚落戴墓墩为中心，其东北部有窑墩、庄桥坟、平邱墩、横沼村四个二级聚落，而西南部图泽、马厩庙（与朱皇庙遗址紧邻，图五未能标出）、朱皇庙、王坟遗址的面积则分别为12万、12万、10万、10万平方米，也应为四个高等级聚落，此群我们划为戴墓墩聚落群。嘉兴地区北部的遗址则相对比较分散，其中只发现双桥一个一级聚落，但其遗址规格非常之高，另外离它较近的应家港遗址面积为12万平方米，可能也是一个高等级聚落，所以我们相信这里也应有一个聚落群，我们称为双桥聚落群。此外嘉善北部、桐乡西部和西北也有一些遗址，但由于离其他地区较近，我们放在其他地区讨论。（图五）

关于本区聚落的具体情况，总体来看有一些自己的特点。首先，我们可以注意到本区缺乏甲类一级聚落，我们虽然把荷叶地和姚家山归为甲类一级聚落，但无疑它们是无法跟其他地区的同等聚落相比的。其次，相对甲类一级聚落，本区的乙类一级聚落发现较多，但它们与姚家山、荷叶地甚至很多二级聚落，如小兜里和仙坛庙，相差并不是很大。第三，本群的聚落一般都沿用时间很长，甚至一、二级聚落也不例外，而且每期之间的变化其实并不大，以新地里遗址为例，其一至四期聚落等级依次为一级、三级、二级、二级，但每期中都是三、四级墓为主，而其他发掘面积较大的聚落，都有相似的情况（详见上面的分期分析）；鉴于这种情况，我们相信它们应该代表了一种比较稳定发展的群体。

由于本区的几个聚落群中遗址分布比较密集，它还为我们观察聚落群的内部结构提供了不可多得的机会。以荷叶地遗址群为例，我们认为其中又可以分成不同的聚落小群，且每个小群都有自己的中心。这样的小群从南到北应该有：白墙里小群、何城庙小群、新地里小群、桃子村小群、管城小群、大园里小群、荷叶地小群、东八角漾小群、佘墩庙小群、金石墩小群、徐步桥小群，至少11个小群。虽然这些小群的具体范围和每期的中心还有待进一步工作的开展，但基于上述本区聚落的稳定性，我们认为每个小群及其内部的中心聚落应该都是比较稳定的。大概来看，这些小群的面积大约都在20平方公里以下，和良渚遗址群中"古城群"的面积相似。当然，这些小群显然也是有等级差别的，其中有些小群，如新地里小群、桃子村小群等5个小群（详见下文分析），内部都有一级聚落，它们应为荷叶地聚落群某期的中心；再如白墙里小群、管城小群2个小群内部都有二级聚落，它们可能为整个聚落群的次级中心；而更次级的小群，如金石墩小群等3个小群，内部只发现了三级聚落，应该只是一个普通的聚落小群。除荷叶地聚落群外，姚家山聚落群内部的结构也算比较清晰，其情况和荷叶地聚落群相似，从西向东依次有徐家浜小群、叭喇浜小群、姚家山小群、郭家石桥小群、大墩岗小群、西投山小群、小兜里小群、大坟墩小群、周家浜小群、仙坛庙小群、丰泉桥小群等，至少12个小群。这些小群之间也有三个等级的差别，不过与荷叶地聚落群不同的是，其中有一级聚落的小群只有姚家山小群1个，而有二级聚落的小群则有7个，剩余的4个小群情况不明。而纵观整个良渚文化区的情况，我们相信这种结构应该是一种更为普遍的情况。（图六）

下面分期看一下本区聚落变迁的情况：本区第一期明确的一级聚落只有属于乙类的新地里一处，其7座墓葬应属于一期晚段，其中M137虽为一级墓，但随葬品总共只有21件，其他的6座墓，1座为四级墓，5座为五级墓，这个情况和张陵山墓地很相似；本期二级聚落无发现，三级聚落也只有普安桥一处，但其资料未完全发表。二期时一级聚落有普安桥1处，如上所述，其详细情况不明，只知道有M11一座一级墓；二级聚落为金家浜，其中除了二级墓，也还有三、五级墓，三级聚落有新地里、徐家浜、部家岭三处。第三期本区的一级聚落未发现，二级聚落有新地里、叭喇浜、龙潭港、周家浜、大坟5处，分别属于前述的荷叶地聚落群、姚家山聚落群和曹庄聚落群，其中除了大坟被扰，只有两座墓外，其余的实际上都是只有少量二级墓，而以其他等级的墓葬为主；三级聚落有部家岭、金石墩、高墩三处。四期时也未发现一级聚落，二级聚落有新地里、龙潭港两处，其情况和三期类似，三级聚落有叭喇浜、金石墩和高墩。在资料未发表的遗址中，荷叶地的年代为良渚早中期，姚家山和佘墩庙的年代为良渚中晚期；而店街塘、湾里村的玉琮从性质上看，属于早期的可能也较大，而大园里、桃子村的玉琮年代则应该为晚期；曹庄的玉琮属于二期或三期的可能也较大；戴墓墩遗址虽有三、四期墓葬，但其玉琮的年代似乎更应为早期，双桥遗址有一至四期的陶片和四期的五级墓，其玉琮年代应为晚期，因此推测这两者可能都是从良渚早期沿用到晚期的。二级聚落中，小兜里遗址为良渚早中期；庄桥坟遗址为良渚中晚期；平邱墩和大坟墩遗址有二至四期的三、四、五级墓，但其玉璧均为采集，无法确定期别；仙坛庙遗址从良渚早期沿用到晚期，大中小型墓皆有。

综上，本区只有荷叶地聚落群和姚家山聚落群所做工作较多，内部的聚落变迁也比较清晰。具体来说：第一期时荷叶地聚落群内部可能有两个比较独立的政体，即北部新地里代表的一个政体，和南部荷叶地代表的一个政体。虽然荷叶地为甲类一级聚落，但如上所述，这两个遗址之间的差别并不大，我们认为这两个政体控制的范围大体分别在荷叶地聚落群的南、北部。本期姚家山聚落群中的普安桥是一个三级聚落，而其他聚落中等级最高的可能也只是属于良渚早中期的二级聚落——小兜里，所以不排除本期姚家山聚落群或者聚落群的西部是处于新地里所代表政体控制之下的可能。二期时荷叶地聚落群的情况似乎变化不大，荷叶地代表的政体仍旧控制着本区南部，而北部政体的中心似乎在湾里村或店街塘一带，新地里本期则沦为了一个三级聚落。在姚家山聚落群中，普安桥成了一级聚落，它所代表的政体则应控制着姚家山聚落群，而与之距离很近的还有二级聚落金家浜，其中部的小兜里则可能为一个次级聚落。三期时的聚落形态与二期变化也不大，但荷叶地聚落群中，南北两个政体的中心似乎分别转移到大园里和佘墩庙两个乙级一级聚落，新地里二级聚落为北部政体的次级中心。姚家山本期可能已经取代普安桥成为其所代表政体的中心，而其北部和东部则出现了叭喇浜、龙潭港、周家浜三个二级聚落，他们都应为次级中心。四期时，荷叶地聚落群中，仍有高桥和佘墩庙南北两个一级聚落。而姚家山可能仍为其聚落群的中心聚落，不过其二级聚落则只发现了龙潭港一个。（图七）

（三）苏沪地区

本区主要包括现在的苏州市市区（含吴中区）、昆山市、吴江市及上海市。本区总面积约7339平方公里（不含水域面积和崇明岛），笔者统计的遗址有94处，平均每78平方公里发现一处遗址；但由于良渚文化时期的海岸线在现代海岸线的西侧（详见下文分析），良渚时期本区东部约三分之一的地区为海，扣除这一因素，本区实际上约每53平方公里即发现一处遗址。

本区中位于苏州市市区的遗址有：草鞋山[①]、张陵山[②]、越城[③]、澄湖前后湾[④]、张墓村[⑤]、金鸡墩[⑥]、光福镇[⑦]、宝山[⑧]、窑墩[⑨]、治平寺[⑩]、独墅湖[⑪]、虎山[⑫]、华山[⑬]、徐巷[⑭]、彭家墩[⑮]、白虎墩北、六埭桥、笔架山、尹山桥黄泥山[⑯]、范家村、龙灯山、大姚山、篁村岭下、石湖上方山、小华山、鲇鱼口、寺前村、西海坟、张泾浜[⑰]。位于昆山市的遗址有赵

① 赵人俊：《吴县发现新石器时代遗址》，《文物参考资料》1957年第3期；南京博物院：《苏州市和吴县新石器时代遗址调查》，《考古》1961年第3期；南京博物院：《苏州草鞋山良渚文化墓葬》，《东方文明之光——良渚文化发现60周年纪念文集》，海口：海南国际新闻出版中心，1996年，第1—17页；南京博物院：《江苏吴县草鞋山遗址》，《文物资料丛刊3》，北京：文物出版社，1980年，第1—24页。

② 赵人俊：《吴县发现新石器时代遗址》，《文物参考资料》1957年第3期；尹焕章、张正祥：《对江苏太湖地区新石器文化的一些认识》，《考古》1962年第3期；南京博物院：《江苏吴县张陵山遗址发掘简报》，《文物资料丛刊6》，北京：文物出版社，1982年，第25—38页；汪遵国、王新：《江苏吴县张陵山东山遗址》，《文物》1986年第10期。

③ 南京博物院：《苏州市和吴县新石器时代遗址调查》，《考古》1961年第3期；尹焕章、张正祥：《对江苏太湖地区新石器文化的一些认识》，《考古》1962年第3期；南京博物院：《江苏越城遗址的试掘》，《考古》1982年第5期。

④ 南京博物院等：《江苏吴县澄湖古井群的发掘》，《文物资料丛刊9》，北京：文物出版社，1985年，第1—22页。

⑤ 吴县文物管理委员会：《江苏吴县越溪张墓村遗址调查》，《考古》1989年第2期。

⑥ 李鉴昭：《苏州市郊金鸡墩发现新石器时代遗址》，《文物参考资料》1956年第12期；南京博物院：《苏州市和吴县新石器时代遗址调查》，《考古》1961年第3期。

⑦ 叶玉琪：《吴县光福发现新石器晚期的石犁》，《文博通讯》1980年第6期；《江苏吴县光福镇发现一批新石器时代的石犁》，《文物》1981年第10期；《江苏吴县出土的石犁》，《农业考古》1984年第1期。

⑧ 叶玉琪：《吴县宝山发现古文化遗址》，《文博通讯》1983年第3期。

⑨ 张志新：《吴县发现一处新石器时代古文化遗址》，《文博通讯》1982年第6期；唐云俊：《江苏文物古迹通览》，上海：上海古籍出版社，2000年。

⑩ 唐云俊：《江苏文物古迹通览》，上海：上海古籍出版社，2000年。

⑪ 朱伟峰：《苏州工业园区独墅湖新石器时代至宋代遗址》，《中国考古学年鉴·2002》，北京：文物出版社，2003年；朱伟峰：《苏州研究生城新石器时代至明代遗址》，《中国考古学年鉴·2003》，北京：文物出版社，2004年。

⑫ 赵人俊：《吴县发现新石器时代遗址》，《文物参考资料》1957年第3期；南京博物院：《苏州市和吴县新石器时代遗址调查》，《考古》1961年第3期；尹焕章、张正祥：《对江苏太湖地区新石器文化的一些认识》，《考古》1962年第3期。

⑬ 南京博物院：《苏州市和吴县新石器时代遗址调查》，《考古》1961年第3期；尹焕章、张正祥：《对江苏太湖地区新石器文化的一些认识》，《考古》1962年第3期。

⑭ 姚勤德：《江苏吴县南部地区古遗址调查简报》，《考古》1990年第10期。

⑮ 唐锦琼：《苏州木渎彭家墩发现良渚文化遗存》，中国考古网，http：//www.kaogu.cn/cn/detail.asp?ProductID=12524。

⑯ 尹焕章、张正祥：《对江苏太湖地区新石器文化的一些认识》，《考古》1962年第3期。

⑰ 林华东：《良渚文化研究》，杭州：浙江教育出版社，1998年，第53—57页。

陵山[①]、绰墩[②]、少卿山[③]、陈墓镇[④]、荣庄[⑤]、太史淀[⑥]、龙滩湖、正仪车站北（正北）、黄泥山、南石桥、东弄[⑦]、县政府后院、东河、市河、花园、陆巷、陈墓荡围垦区、史家埭、榭麓、老庙、蒋泾、傀儡湖、宅前[⑧]、红峰村、庙墩、燕桥浜、勤丰、大窑、葛墓村[⑨]。位于吴江市的遗址有同里镇[⑩]、松陵镇[⑪]、龙南[⑫]、梅堰[⑬]、王焰[⑭]、广福村[⑮]、团结村（大三瑾）[⑯]、刘关圩、唐湾里[⑰]、刘家浜、彭家里、九里湖[⑱]、蠡泽村、何家坟、唐家湖[⑲]。位于

---

① 江苏省赵陵山考古队：《江苏昆山赵陵山遗址第一、第二次发掘简报》，《东方文明之光——良渚文化发现60周年纪念文集》，海口：海南国际新闻出版中心，1996年。

② 尹焕章、张正祥：《对江苏太湖地区新石器文化的一些认识》，《考古》1962年第3期；南京博物院、昆山县文化馆：《江苏昆山市绰墩遗址的调查和发掘》，《文物》1984年第2期；苏州博物馆、昆山市文物管理所：《江苏昆山市绰墩遗址发掘报告》，《东南文化》2000年第1期；苏州博物馆、昆山市文物管理所《江苏昆山绰墩遗址第二次发掘报告》，《东南文化》，2000年第11期。苏州博物馆、昆山市文物管理所、昆山市正仪镇政府：《江苏昆山绰墩遗址第一次至第五次发掘简报》，《绰墩山——绰墩遗址论文集》，《东南文化》2003年增刊。

③ 苏州博物馆、昆山县文管会：《江苏省昆山少卿山遗址》，《文物》1988年第1期；苏州博物馆等：《江苏昆山市少卿山遗址的发掘》，《考古》2000年第4期。

④ 金诚：《江苏昆山陈墓镇发现新石器时代遗址》，《考古通讯》1957年第1期；王志敏：《近年来江苏省出土文物》，《文物》1959年第4期；金诚：《江苏昆山陈墓镇新石器时代遗址》，《考古》1959年第9期；尹焕章、张正祥：《对江苏太湖地区新石器文化的一些认识》，《考古》1962年第3期。

⑤ 王德庆：《江苏昆山荣庄新石器时代遗址》，《考古》1960年第6期；尹焕章、张正祥：《对江苏太湖地区新石器文化的一些认识》，《考古》1962年第3期。

⑥ 陈兆弘：《昆山周庄公社太史淀发现新石器时代遗址》，《文博通讯》1977年第1期；林华东：《良渚文化研究》，杭州：浙江教育出版社，1998年。

⑦ 尹焕章、张正祥：《对江苏太湖地区新石器文化的一些认识》，《考古》1962年第3期。

⑧ 林华东：《良渚文化研究》，杭州：浙江教育出版社，1998年，第58页。

⑨ 国家文物局：《中国文物地图集・江苏分册》下册，北京：中国地图出版社，2008年，第458—459页。

⑩ 胡继高：《江苏省吴江县发现古遗址》，《考古通讯》1955年第2期；王志敏：《近年来江苏省出土文物》，《文物》1959年第4期。

⑪ 谢春祝等：《江苏吴江县松陵镇附近发现古遗址》，《文物参考资料》1955年第11期。

⑫ 龙南遗址考古队：《江苏吴江梅埝龙南遗址1987年发掘纪要》，《东南文化》1988年第5期；苏州博物馆等：《江苏吴江龙南新石器时代村落遗址第一、二次发掘简报》，《文物》1990年第7期；苏州博物馆等：《江苏吴江梅堰龙南新石器时代村落遗址第三、四次发掘简报》，《东南文化》1999年第3期。

⑬ 尹焕章、张正祥：《对江苏太湖地区新石器文化的一些认识》，《考古》1962年第3期；江苏文物工作队：《江苏吴江梅堰新石器时代遗址》，《考古》1963年第6期。

⑭ 吴江县文化馆：《江苏吴江县首次出土玉琮》，《考古》1987年第2期。

⑮ 丁金龙、杨舜融：《吴江广福村新石器时代遗址》，《中国考古学年鉴・1997》，北京：文物出版社，1999年。

⑯ 王志敏：《近年来江苏省出土文物》，《文物》1959年第4期；尹焕章、张正祥：《对江苏太湖地区新石器文化的一些认识》，《考古》1962年第3期。

⑰ 尹焕章、张正祥：《对江苏太湖地区新石器文化的一些认识》，《考古》1962年第3期。

⑱ 林华东：《良渚文化研究》，杭州：浙江教育出版社，1998年，第57、58页。

⑲ 国家文物局：《中国文物地图集・江苏分册》下册，北京：中国地图出版社，2008年，第469—470页。

上海市的遗址有金山坟[①]、福泉山[②]、淀山湖[③]、广富林[④]、机山、北干山、钟贾山[⑤]、汤庙村[⑥]、姚家圈[⑦]、寺前村[⑧]、果园村[⑨]、马桥[⑩]、亭林[⑪]、江海[⑫]、千步村[⑬]、张堰口、柘林[⑭]、解放新村养殖场、枫泾镇果园村、平原村、南桥镇[⑮]。此外在太湖中，横山、漫山、五子山一带长100公里，直径60公里的范围内，也曾出土大量良渚文化遗物[⑯]。

这些遗址中可以区分期别和聚落等级的遗址如下。

第一期的遗址共有13处，按聚落等级划分如下：

一级聚落：乙类——张陵山

二级聚落：福泉山

三级聚落：赵陵山

四级聚落：少卿山、越城、龙南

---

① 上海市文物保管委员会：《上海青浦县的古文化遗址和西汉墓》，《考古》1965年4期；上海市文物保管委员会：《上海市松江青浦两县古遗址调查》，《考古》1961年第9期；上海市文物保管委员会：《上海青浦县金山坟遗址试掘》，《考古》1989年第7期。

② 上海市文物保管委员会：《上海青浦县的古文化遗址和西汉墓》，《考古》1965年第4期；上海市文物保管委员会：《上海市松江青浦两县古遗址调查》，《考古》1961年第9期；上海市文物管理委员会：《福泉山——新石器时代遗址发掘报告》，北京：文物出版社，2000年。

③ 青浦县文物调查工作组：《青浦县淀山湖新石器时代文物的初步调查》，《文物》1959年第4期；康捷：《上海淀山湖发现的新石器时代遗物》，《考古》1959年第6期。

④ 上海市文物保管委员会：《上海市松江青浦两县古遗址调查》，《考古》1961年第9期；上海市文物保管委员会：《上海松江县广富林新石器时代遗址试探》，《考古》1962年第9期；上海博物馆考古研究部：《上海松江区广富林遗址1999—2000年发掘简报》，《考古》2002年第10期；周丽娟：《广富林遗址良渚文化墓葬和水井的发掘》，《东南文化》2003年第11期；上海博物馆考古研究部：《上海松江区广富林遗址2001—2005年发掘简报》，《考古》2008年第8期。

⑤ 上海市文物保管委员会：《上海市松江青浦两县古遗址调查》，《考古》1961年第9期。

⑥ 黄宣佩、孙维昌：《上海松江县汤庙村古遗址调查》，《考古》1963年第1期；上海市文物保管委员会：《上海松江县汤庙村遗址》，《考古》1985年第7期。

⑦ 上海市文物管理委员会考古部：《上海松江县姚家圈遗址发掘简报》，《考古》2001年第9期。

⑧ 孙维昌：《上海青浦寺前村和果园村遗址试掘》，《南方文物》1998年第1期；上海博物馆考古研究部：《上海青浦区寺前史前遗址的发掘》，《考古》2002年第10期。

⑨ 孙维昌：《上海青浦寺前村和果园村遗址试掘》，《南方文物》1998年第1期。

⑩ 上海市文物管理委员会：《上海马桥遗址第一、二次发掘》，《考古学报》1978年第1期；上海市文物管理委员会：《上海市闵行区马桥遗址1993—1995年发掘报告》，《考古学报》1997年第2期；周丽娟：《闵行区马桥良渚文化与马桥文化遗址》，《中国考古学年鉴·2006》，北京：文物出版社，2007年；上海市文物管理委员会：《马桥1993年—1997年发掘报告》，上海：上海书画出版社，2002年。

⑪ 孙维昌：《上海金山县查山和亭林遗址试掘》，《南方文物》1997年第3期；上海博物馆考古研究部：《上海金山区亭林遗址1988、1990年良渚文化墓葬的发掘》，《考古》2002年第10期。

⑫ 上海市文物管理委员会：《上海奉贤县江海遗址1996年发掘简报》，《考古》2002年第11期。

⑬ 黄宣佩、徐英垛：《上海市青浦县发现千步村遗址》，《考古》1963年第3期。

⑭ 黄宣佩、张明华：《上海地区古遗址综述》，《上海博物馆集刊——建馆三十周年特辑》，上海：上海古籍出版社，1983年。

⑮ 林华东：《良渚文化研究》，杭州：浙江教育出版社，1998年，第73页。

⑯ 柴旺顺：《太湖湖底发现大量石器等遗物》，《文物参考资料》1957年第11期。

五级聚落：草鞋山、寺前村

等级不明的聚落：绰墩、澄湖前后湾、梅堰、汤庙村、姚家圈

第二期的遗址共14处，按聚落等级划分如下：

一级聚落：张陵山东山、少卿山

二级聚落：赵陵山、福泉山

三级聚落：广富林、亭林

四级聚落：越城

五级聚落：寺前村、马桥

等级不明的聚落：绰墩、澄湖前后湾、汤庙村、果园村、姚家圈

第三期的遗址共12处，按聚落等级划分如下：

一级聚落：甲类——福泉山、草鞋山

二级聚落：无发现

三级聚落：亭林

四级聚落：越城、金山坟、广富林

五级聚落：马桥

等级不明的聚落：绰墩、澄湖前后湾、龙南、寺前村、汤庙村

第四期的遗址共8处，按聚落等级划分如下：

一级聚落：甲类——福泉山、乙类——亭林

二至四级聚落均无发现

五级聚落：马桥、广富林

等级不明的聚落：澄湖前后湾、绰墩、果园村、汤庙村

各期的情况汇总为下表：

表二　苏沪地区良渚文化聚落统计表

等级/期别	一期	二期	三期	四期
一级聚落	1	2	2	2
二级聚落	1	2	0	0
三级聚落	1	2	1	0
四级聚落	3	1	3	0
五级聚落	2	2	1	2
等级不明聚落	5	5	5	4
合计	13	14	12	8

除上述分期明确的遗址外，徐巷和彭家墩的分期虽然不明确，但出土了玉钺和玉璧，至少应为二级聚落。绰墩虽然未发掘到高等级墓葬，但其遗址的面积有40万平方米，且曾

采集到玉琮，应该为一个一级聚落，从其玉琮的形制来看，属于早期的可能较大。王焰的玉琮虽然采集自河滩中，但也可以推断其周围应该有一个高级聚落，其玉琮的年代从形制看也应为早期。此外，越城虽尚未发现高等级墓葬，但其面积有18万平方米，可能也为一个高等级的聚落。

从目前本区遗址的分布情况来看，本区北部从阳澄湖南岸到淀山湖北岸一带遗址分布比较密，而大体以阳澄湖—澄湖—淀山湖一线为界，北部的遗址又可以进一步分为东西两个小区。其中东部的小区中，北部的聚落集中于阳澄湖的东南岸，即现在的昆山市区周围，其中的草鞋山和绰墩遗址为目前发现的两个一级聚落，笔者把这些聚落称为草鞋山聚落群。中部的聚落聚集在少卿山周围，而它们中张陵山、赵陵山、少卿山都为高级聚落，我们把这一聚落群称之为张陵山聚落群。南部的聚落多分布于现在青浦区周围，但比较松散，福泉山为其中的一级聚落，因此把这个聚落群称为福泉山聚落群。西部的小区聚落数量虽然也很多，但我们目前为止进行的考古发掘却很少，尤其是高等级聚落发现少，不过结合彭家墩、越城、徐巷遗址的发现和本区为后世吴国的都城所在区，我们可以推测此地应该也不乏一级聚落。从目前情况看，这一小区的聚落至少有南北两个比较聚集的群，但限于资料还不能确指。苏沪地区南部的聚落相对松散，但也有亭林和王焰两处一级聚落，而且其周围也有一定数量的遗址，似也有相应的聚落群。此外，嘉善北部的张安村遗址面积有20万平方米，可能为一个高等级聚落，其周围似也有相应的聚落群，但目前还不能肯定。（图八）

下面分期看一下本区聚落变迁的情况。从上述统计的能分期的遗址看，本区一至三期遗址的数量变化不大，四期时遗址数量的下降估计主要也是抽样的结果。在第一期，张陵山是本区发现的唯一的一级聚落，其中的M4的随葬品有41件，玉钺、玉琮同出；福泉山为二级聚落，其7座墓葬可以分别归为二、三、四级墓，随葬最多的M139也有41件随葬品；赵陵山为三级聚落，它有中型墓和部分陪葬墓，而本期的草鞋山只有几座小墓，定为五级聚落。二期时，张陵山（东山）仍为一级聚落，此外少卿山也成了一级聚落，但两者只发掘了3座墓，墓地总体的情况不明；二级聚落有赵陵山和福泉山，赵陵山的大墓M77虽然随葬品较多，但玉器多玉饰，规格较高的却只有一件素面琮，福泉山的情况和一期变化不大，但是随葬品的数量有所提高，其中M144还有玉钺1件；另外，如上所述，绰墩和王焰在一期或二期时也应该为一级聚落。三期时，福泉山和草鞋山成了一级聚落，且两者都为甲类一级墓地。四期时，福泉山仍为一级聚落，其一级墓的数量增加到三座，二级墓却减少为两座；而二三期均为三级聚落的亭林也成了一级聚落，但为乙类。总体来看，本区只有东部小区的情况比较清晰，其一至四期的聚落等级结构变化不大，尤其是三、四、五级聚落，如马桥，其聚落等级基本没有变化。

综上，张陵山是良渚文化第一期时唯一的一级聚落，其中的M4是本区一期规格最高的墓葬，因此推测一期时张陵山对苏沪东部地区甚至整个苏沪地区都有较大的影响。不过此期福泉山遗址的实际与它相差并不大，且两者位于不同的聚落群中，因此推测它们应该代表两个独立的政体的中心聚落，而其实际控制的范围可能都仅限于各自的聚落群。在张陵山聚落群中，此期赵陵山遗址应为张陵山控制下的一个次级中心。二期时除了张陵山（东山），少卿山也成了一级聚落，而绰墩也应是一期或二期的一级聚落，所以本期的一级聚落可能有二至三处。福泉山本期的情况变化也不大，因此笔者认为二期时此区应该有三至四个较独立的政体，其中绰墩代表的政体其控制范围大体应是以绰墩为中心的草鞋聚落群，而张陵山（东山）和少卿山代表的政体应该分别控制张陵山聚落群的东西部。此期赵陵山的地位有所提高，但仍应为一个次级中心，同时广富林也成为福泉山聚落群南侧的一个次级中心。三期的情况和二期相似，有草鞋山和福泉山两个一级聚落。笔者推测草鞋山聚落群仍代表北部的政体，但其中心聚落已经从绰墩转移到草鞋山，而新的一级聚落——福泉山代表的政体无疑控制着福泉山聚落群。四期时福泉山为本区最高等级的聚落，而草鞋山聚落群、张陵山聚落群等都未发现高等级聚落，亭林聚落群虽有乙类一级聚落，但相对来说规格比福泉山低。因此判断此期福泉山代表的政体非常强大，除了仍控制福泉山聚落群外，甚至对苏沪地区的整个东部都有很大控制。总之，本区中东部的三个聚落群应该代表了三个比较固定的群体，而它们中的一、二级聚落则只有福泉山在整个良渚文化时期稳定发展，良渚文化早期它有可能受其他政体影响较大，甚至附属于其他政体，但良渚晚期它则显得比较强大。（图九）

（四）湖北地区

本区主要包括现在苏州市的常熟市、张家港市、常州市市区（含武进区等）、无锡市市区（含锡山区等）和江阴市。本区面积约5186平方公里，据笔者统计共发现良渚文化遗址57处，约合91平方公里才发现一处遗址，而且很多遗址的文化属性还尚有争议。不过由于本区是考古工作进行的比较少的一个区域，所以这种情况并不能说明本区实际的遗址数量也较少，如本区江阴市和无锡市市区的东部很少有遗址发现，而根据林华东先生的介绍，在江阴市几乎每个乡镇都发现过良渚文化遗址①。

这些遗址中位于常熟的有：罗墩②、三条桥、嘉菱荡③、黄土山④、玉蟹墩、石墩、唐市汽车站、导林村、藕渠、塘墅⑤、枫杨树、朱泾、北罗墩、南罗墩⑥。位于张家港的有：

① 林华东：《良渚文化研究》，杭州：浙江教育出版社，1998年，第63—65页。

② 苏州博物馆、常熟博物馆：《江苏常熟罗墩遗址发掘简报》，《文物》1999年第7期。

③ 常熟市文物管理委员会：《江苏常熟良渚文化遗址》，《文物》1984年第2期。

④ 常熟市文物管理委员会：《江苏常熟良渚文化遗址》，《文物》1984年第2期；李前桥：《常熟良渚文化概述》，《常熟文博》2008年第1期。

⑤ 林华东：《良渚文化研究》，杭州：浙江教育出版社，1998年，第61页。

⑥ 国家文物局：《中国文物地图集.江苏分册》下册，北京：中国地图出版社，2008年，第434—435页。

徐湾村[①]、蔡墩、西张、凤凰山[②]、许庄[③]、妙桥、韩墩、杨舍、塘市、老烟墩[④]、河阳山[⑤]。位于常州市市区的有：寺墩[⑥]、姬山[⑦]、青墩、郑陆桥、城海墩、后潘村、天落塘、南山[⑧]、五七农场[⑨]、青墩、东河墩、西河墩[⑩]。位于无锡市市区的有：仙蠡墩[⑪]、锡山公园（施墩）[⑫]、许巷[⑬]、邱承墩[⑭]、金城湾、张镇村、华庄、漳泾、马山、古竹、红旗、雪浪、南泉[⑮]、环湖路七号桥[⑯]。位于江阴的有：璜塘岗[⑰]、高城墩[⑱]、前栗山[⑲]、南楼[⑳]、顾家村、青山[㉑]。

这些遗址中可以区分期别和聚落等级的遗址很少，兹介绍如下。

① 王德庆、缪自强：《江苏沙洲县新石器时代遗址调查简报》，《考古》1987年第10期；苏州博物馆、张家港文物管理委员会：《江苏张家港徐家湾新石器时代遗址》，《考古学报》1995年第3期。

② 王德庆、缪自强：《江苏沙洲县新石器时代遗址调查简报》，《考古》1987年第10期。

③ 苏州博物馆、张家港市文官会：《江苏张家港许庄新石器时代遗址调查与试掘》，《考古》1990年第5期；王德庆：《张家港许庄新石器时代遗址》，《东南文化》1990年第5期。

④ 林华东：《良渚文化研究》，杭州：浙江教育出版社，1998年，第62页。

⑤ 国家文物局：《中国文物地图集·江苏分册》下册，北京：中国地图出版社，2008年，第428—429页。

⑥ 南京博物院：《江苏武进寺墩遗址的试掘》，《考古》1981年第3期；南京博物院：《1982年江苏常州武进寺墩遗址的发掘》，《考古》1984年第2期；江苏省寺墩考古队：《江苏武进寺墩遗址第四、五次发掘》，《东方文明之光——良渚文化发现60周年纪念文集》，海口：海南国际新闻出版中心，1996年。陈丽华：《江苏武进寺墩遗址的新石器时代遗物》，《文物》1984年第2期；车广锦：《玉琮与寺墩遗址》，《东方文明之光——良渚文化发现60周年纪念文集》，海口：海南国际新闻出版中心，1996年。

⑦ 王岳群：《江苏武进姬山遗址调查》，《东南文化》1998年第4期。

⑧ 林华东：《良渚文化研究》，杭州：浙江教育出版社，1998年，第67、68页。

⑨ 徐伯元：《武进县五七农场新石器时代遗址》，《中国考古学年鉴·1988》，北京：文物出版社，1989年，第151—152页。

⑩ 国家文物局：《中国文物地图集·江苏分册》下册，北京：中国地图出版社，2008年，第256—257页。

⑪ 王志敏：《三年来江苏省境内发现大量的新石器时代遗址》，《文物参考资料》1954年第3期；王志敏：《江苏南部新石器时代文化》，《考古通讯》1955年第1期；朱江等：《江苏无锡仙蠡墩发现古遗址及汉墓》，《文物参考资料》1955年第1期；江苏省文物管理委员会：《江苏无锡仙蠡墩新石器时代遗址清理简报》，《文物参考资料》1955年第8期。

⑫ 江苏省文物管理委员会：《江苏无锡锡山公园古遗址清理简报》，《文物参考资料》1956年第1期。

⑬ 江苏省文物工作队：《江苏无锡许巷村新石器时代遗址》，《考古》1961年第8期。

⑭ 江苏省考古研究所、无锡市锡山区文物管理委员会：《江苏无锡鸿山邱承墩新石器时代遗址发掘简报》，《文物》2009年第11期；南京博物院、江苏省考古研究所、无锡市锡山区文物管理委员会：《太湖西北部新石器时代遗址考古报告之三——邱承墩》，北京：科学出版社，2010年。

⑮ 林华东：《良渚文化研究》，杭州：浙江教育出版社，1998年，第63页。

⑯ 朱伟峰：《苏州工业园区独墅湖新石器时代至宋代遗址》，《中国考古学年鉴·2002》，北京：文物出版社，2003年；朱伟峰：《苏州研究生城新石器时代至明代遗址》，《中国考古学年鉴·2003》，北京：文物出版社，2004年。

⑰ 江阴县文化馆：《江苏江阴县璜塘岗发现四口良渚文化水井》，《文物资料丛刊5》，北京：文物出版社，1981年，195—199页。

⑱ 江苏省高城墩联合考古队：《江阴高城墩遗址发掘简报》，《文物》2001年第5期。南京博物院、江阴博物馆：《高城墩》，北京：文物出版社，2009年。

⑲ 林嘉华：《江阴的史前文化》，《无锡文博》1990年第2期。

⑳ 江苏江阴南楼遗址联合考古队：《江苏江阴南楼新石器时代遗址发掘简报》，《文物》2007年第7期。

㉑ 林华东：《良渚文化研究》，杭州：浙江教育出版社，1998年，第63—65页。

第一期的遗址共有6处，按聚落等级划分如下：

一级聚落：甲类——高城墩

二级聚落：罗墩

三级聚落：邱承墩

四、五级聚落均无发现

等级不明的聚落：徐湾村、许庄、寺墩

第二期的遗址共7处，按聚落等级划分如下：

一级聚落：甲类——高城墩

二级聚落：罗墩

三级聚落：无发现

四级聚落：邱承墩

五级聚落：无发现

等级不明的聚落：徐湾村、姬山、寺墩、璜塘岗

第三期的遗址共4处，按聚落等级划分如下：

一级聚落：甲类——寺墩

二至五级聚落均无发现

等级不明的聚落：姬山、璜塘岗、邱承墩

属于第四期的聚落有2处，均为甲类一级聚落：寺墩、邱承墩

除上述分期明确的遗址外，青墩和嘉菱荡遗址都出土过玉璧和玉琮，应为一级聚落；其中嘉菱荡遗址的玉琮从形制看应为晚期，而黄土山、三条桥遗址都出土过玉璧，至少应为二级聚落。

从本区目前遗址的分布的情况来看，较其他地区都分散得多，显然这与本区发现遗址太少密切相关。其中本区东南部的常熟一带有一定数量的遗址，并且还有邱承墩、嘉菱荡、罗墩、黄土山、三条桥五个高等级聚落，笔者认为它们至少代表了两个聚落群，但限于目前发现还不能确认。无锡市市区一带发现的遗址数量也较多，且有聚群现象，但无高等级聚落发现。本区东北部的张家港市和江阴东部一带也发现了不少遗址，而且似乎有聚群现象，这里的东山村崧泽文化墓地为崧泽文化时期的高等级墓地[①]，所有可以推测在良渚文化时期这里也有高等级聚落，只是目前还未发现；江阴中西部的情况也与之相似。本区西北部的常州市市区东部和江阴市西部有一定数量的遗址，并有高城墩和寺墩两个一级聚落，推测它们周围应该有更多的遗址有待发现，我们把这里的遗址归为寺墩聚落群。常州市市区东南也有几个遗址，其中位于中部的青墩为一级聚落，我们称这个聚落群为青墩

① 南京博物院、张家港市文物局、张家港博物馆：《张家港市东山村遗址抢救性考古发掘取得重大收获》，《中国文物报》2010年1月29日4版。

聚落群。此外，在无锡市市区和江阴之间、无锡市西南马山镇半岛以及滆湖北岸附近，都有不少聚落，但都比较分散，且无高等级聚落发现。总之，由于本区发现的遗址相对较少，很多高等级遗址应该还没有被发现，聚落聚群的现象也不明显，所以划分的聚落群实际也都比较模糊。（图十）

如上所述，本区能够分期的遗址更少，在这种情况下分期探讨本区聚落的变迁并分析其所代表的政体情况就更加困难了。从目前掌握的材料来看，本区似乎与苏沪地区有相似的情况，如高城墩遗址已经全部发掘，未见晚期遗迹，而寺墩遗址及其大墓都属于晚期，所以推测这两个遗址可能分别为本地早晚期的两个中心聚落；寺墩和邱承墩皆有早期遗迹和晚期大墓，可能也经历了从低级聚落变为高级聚落的过程。本区要特别说明的是寺墩遗址的几座墓葬，尤其是M3、M4，它们是良渚晚期规格最高的墓葬，可见寺墩遗址代表的政体在良渚晚期应有很大的势力。

四、聚落形态反映的社会和环境信息

（一）关于良渚文化的社会规模和社会稳定性

根据上述统计，良渚文化主要分布区的总面积约18000平方公里，共发现遗址546处，如果我们去掉良渚遗址群中的135处遗址，即平均约43平方公里就发现一处良渚文化遗址，这相当于现代每个乡镇都有1—2处遗址。而如果我们能在这一地区进行全面的系统区域调查，那么根据我们的调查经验，遗址的数量还会增加几倍到几十倍[①]，如果我们保守地按照3—30倍计算，那么实际的遗址数量则可能有1250—12500处，即每1.1—11平方公里就会有一处遗址。这个密度的下限是和现代村庄密度比较相似的，但比良渚遗址群目前遗址点的密度（42平方公里内发现135处遗址点，约0.31平方公里即有一处遗址点）还要低不少[②]。在这些已发现的遗址中，墓葬数量最多的为庄桥坟遗址——236座，数量最少的则只有一两座，其代表的实际人口还不好估计，而如果我们按照每个遗址有50人计算，则良渚文化主要分布区的人口约有6.25万—62.5万人。

笔者对良渚文化中发掘面积超过100平方米的52处遗址进行了统计（表三），其中只有某1期遗存的遗址有5处，有某2期遗存的遗址16处，有某3期遗存的遗址16处，4期遗

① 如在以往开展考古工作较少的日照两城地区，进行区域系统调查前只有10余处遗址，而调查后的遗址为750处，其中龙山文化遗址近200处——蔡凤书、于海广、栾丰实、方辉、孙成甫、Anne P.Underhill、Gary Feinman、Linda Nicholas、Gwen Bennett：《山东日照市两城地区的考古调查》，《考古》1997年第4期；又如在以往开展考古工作很多的洛阳盆地，区域系统调查前的遗址有48处，调查后为222处——中国社会科学院考古研究所二里头工作队：《河南洛阳盆地2001—2003年考古调查简报》，《考古》2005年第5期。

② 浙江省文物考古研究所：《良渚遗址群考古报告之三——良渚遗址群》，北京：文物出版社，2005年，第22、40页。

存全部都有的遗址15处，平均每个遗址都有某2.6期的遗存。如果除去有某2期遗存的一级墓地有8处，有且只有1期遗存的遗址有2处，那么这个平均值则为3期。这充分说明了良渚文化的聚落具有相当的稳定性，大多数遗址都可以沿用3期；而这也进一步说明了良渚文化社会的稳定性，整个良渚文化阶段似乎并没有什么大的事件造成聚落整体性变迁。

表三　发掘面积超过100平方米的良渚文化遗址统计表

地区	有某1期遗存的遗址	有某2期遗存的遗址	有某3期遗存的遗址	有4期遗存的遗址	小计
良渚地区	昆山	吴家埠、汇观山、瑶山、邱城	后头山、反山、上口山、钵衣山	水田畈、庙前	11
嘉兴地区	南河浜、徐家浜、章家浜	雀幕桥、普安桥、千斤角、叭喇浜、金家浜	平邱墩、郜家岭、大坟墩、东八角漾	龙潭港、徐步桥、新地里、金石墩、泽达庙、双桥、高墩、周家浜	20
苏沪地区	梅堰	张陵山、赵陵山、少卿山、姚家圈、江海	草鞋山、广富林、寺前村、马桥、龙南、越城、汤庙村、亭林	福泉山、绰墩、前后湾	17
湖北地区		罗墩、高城墩		寺墩、邱承墩	4
合计	5	16	16	15	52

（二）关于良渚文化的社会结构

在上文的分析中，我们一直使用“聚落群”和“政体”作为基本的分析单位。之所以如此，是因为笔者认为它们是两个比较中性的名词，其不同于“国家”“都城”“部落”“家族”等在人类学和历史文献中经常出现的用语，换言之它们是考古学的一种比较客观的描述。

在良渚文化的主要分布区，我们划分了15个比较明确的聚落群，它们从西北到西南依次为寺墩聚落群、青墩聚落群、草鞋山聚落群、张陵山聚落群、福泉山聚落群、戴墓墩聚落群、曹庄聚落群、双桥聚落群、姚家山聚落群、荷叶地聚落群、横山聚落群、良渚聚落群、新安桥聚落群、东林聚落群和杨家埠聚落群。而根据这些聚落群的平均规模、分布空间和我们上述未划归聚落群的遗址分布情况，我们推测在张家港南部和常熟北部、常熟南部、无锡东部、无锡市市区周围、苏州西北、苏州西南、吴江中南部、上海南部、嘉善中北部、海盐中南部、海宁东南部、南浔南部、桐乡西北和德清东部还有13个不太明确的聚落群，当然这些区域之外也还有一些零星遗址，也不排除其为聚落群的可能。总之，整个良渚文化区内至少应该有30个比较独立的聚落群。从目前一级聚落的情况看，它们的分布还是比较均匀的；而我们划分的比较明确的聚落群，其大体面积都在200—500平方公里之间，即相当于现在1/3—2/3个县的大小。（图十一）而根据上文对资料较丰富的聚落群的分析，大体上每个聚落群可以对应一个（个别为两个）政体，那么按照这个比例计算，整个良渚文化主要分布区内可能有35个左右比较独立的政体。

不过，无论是聚落群还是政体，要“透物见人”还需分析其代表的具体历史、社会情况。如本文伊始所说，目前大多数学者都认为良渚文化已经进入“酋邦”或“早期国家”阶段了，而通过我们的分析，良渚文化的聚落也是符合酋邦或早期国家阶段的聚落模式的。笔者在此先不探讨良渚文化是酋邦还是早期国家的问题，而是首先要分析一下良渚社会的具体结构。

笔者在聚落分级时把聚落分为五级，而根据上文的分析，这五级聚落是普遍存在的。从情况比较明了的嘉兴地区看这五级聚落各期累加的比例为2：8：10：21：2，而如果加上苏沪地区的统计，结果则为9：11：14：28：9（详见表一、表二）。由此可见其中四级聚落是数量最多的，其次是三级聚落，一、二、五级聚落数量较少；而如果考虑到我们的发掘工作以往更多倾向于高等级聚落，则一、二级聚落的比例实际上应该更低。根据上述对聚落群内部结构的分析，我们认为这五级聚落大体上代表了四个政治层次：其中一级聚落基本上每个聚落群每期只有一个（个别两个），所以我们认为它们应为聚落群的中心聚落，也即某个政体的中心所在（当然有个别情况下政体中心也为二级聚落，如良渚文化一期时的福泉山）；这一层次的聚落在本文中讨论最多，其控制的范围大体应为一个聚落群，即200—400平方公里。二级聚落发现的情况虽然不甚理想，但根据目前的资料，每个聚落群也都有，而根据良渚聚落群、横山聚落群、荷叶地聚落群等内部结构相对明确的聚落群的情况，其每期也大体有1—3个，笔者认为它们应为聚落群的次级中心，即政体的次级中心，其控制的范围大体应包括几个聚落小群，即50—150平方公里。三级聚落的情况更不明确，但根据我们上述对荷叶地等遗址群的分析，我们认为它们对应的应为更次级的中心，其控制的范围可能只有一个聚落小群，即10—20平方公里左右；四级聚落应为最基础的村落，这一点应该没有疑问。最后，至于五级聚落，目前它们发现的实际很少，它们无疑也应是一种最基础的村落，但它与四级聚落有一定区别，可能为一种社会地位更低的聚落。

在史前考古中，一般认为同民族志记载和后世的家族墓地情况相似，大部分墓地对应的都是某个家族。如果如此，那么家族无疑是良渚文化的一种基础社会群体。而如果我们进一步认为相邻的聚落和聚落小群具有较近的血缘关系，那三级聚落控制范围中的人们可能是一个大家族；二级聚落控制范围中的人们可能为一个宗族；一级聚落控制范围中的人们则可能为一个氏族，而相距较近的几个聚落群中的人们则可能为一个部落。当然，良渚文化中也可能存在着一定的人口迁徙，使得原有“聚族而居”的格局被打破，不过从环太湖地区新石器文化和良渚社会的稳定性看，迁徙只是居于次要地位。

根据我们上述的分析，良渚文化每个层次的社会集团其内部也有相当的分化：从聚落内部的情况看，一级墓地到五级墓地，每个级别墓地中的墓葬都有差别，而一般情况下各个级别的墓葬数量呈金字塔状分布（但五级墓葬例外，一般墓地中五级墓葬的数量都很少），这说明了一个家族内除了个别的人担任酋长、巫师等重要职务外，大多数人还是低等贵族或普通劳动者。不同聚落之间的区别我们上面已经详细阐述，由这些分析我们可以看出，良渚文化不同等级聚落中的家族其社会地位和控制力也是不同的，四、五级聚落中的家族应该是最基层的人民，而一、二、三级聚落中的家族则拥有一定的地位和控制力。在此，我们需要特别指出的是甲类一级墓地的出现，这种墓地中虽然各墓葬也有差异，但总体来说差异不大，笔者认为它所代表的是一个整体为统治阶层的家族，这和后世的“王族”“贵族”非常相似，它们的出现无疑是良渚文化社会分化程度的重要体现。不同聚落小群之间和不同聚落群之间的差距，则应代表了更大范围上的分化。如在嘉兴地区西南部，荷叶地聚落群内部高等级的聚落很多，很可能是一个很强大的群体，而其它聚落群则可能势力较小。又如苏沪地区东部的聚落群，一期时张陵山聚落群拥有唯一的一级聚落张陵山，不排除草鞋山聚落群和福泉山聚落群当时都是附属于它的；而四期时，福泉山聚落群的等级则较高，不排除其他两个聚落群已经为它的次级聚落群。再如良渚聚落群中的古城群，其规格在整个良渚文化中独一无二，尚未有可比拟者，而其周围的庙前群以及东苕溪上、下游的其它聚落小群无疑都是受其控制的，甚至是横山聚落群、新安桥聚落群也不排除一定程度上附属于它的可能。当然，这种大的群体间的不同可能是由很多原因造成的，如在荷叶地聚落群中，始终存在南北两个政体，有高等级聚落的聚落小群较多，而且中心聚落每一期都有变化，这说明在荷叶地聚落群代表的群体中，各宗族的实力比较平均，虽然有相对强势的宗族，但它们对其他宗族的控制力有限而且不稳定。而与荷叶地聚落群相比，大部分聚落群中心聚落的位置是比较固定的，这在良渚聚落群、横山聚落群、福泉山聚落群中体现的最为明显，这种聚落群可能在整个良渚文化时期都拥有比较一个稳定的制度和强势的宗族。

不过，尽管良渚文化社会的分化已经非常严重，但从另一个方面看，良渚文化中血缘关系仍是一种非常重要的社会纽带，这主要体现在三个方面：一是良渚文化聚落的稳定性，这在上文已多次分析，显然这种稳定性也说明了多数家族的稳定性；虽然这些家族内部也有分化，而且每一期的地位也不尽相同，但始终是以普通家族成员为主，只有其首领的个人地位每期有所变化。二是甲类一级墓地的出现，如上所述，笔者认为它与后世的“王族”“贵族”非常相似，体现了社会分化过程中家族层次上的区别，也体现了血缘关系在政治统治中的作用，即整个家族集体成为贵族阶层，血缘关系仍是这个阶层内部维持团结和对外控制影响的重要因素。三是高等级聚落的聚群现象，在良渚聚落群、横山聚落群、荷叶地聚落群、姚家山聚落群中这种现象体现的比较明显，即数量较多的一、二级聚落都聚集在聚落群中心的小区域内，这种现象无疑是“聚族而居”的体现，它进一步显示了血缘关系对聚落分布的影响。

当然，良渚文化的社会和各种社会集团也不是固定不变的。笔者认为政体时大时小，时分时合以及聚落中心转移、聚落等级变化的过程，就反映了内部社会集团势力的消长。不过这些变化主要是体现在高等级聚落中，也就是说应为大家族、宗族或氏族整体性的变化。具体来说这些变化有三种体现：第一，当某个大家族（宗族）势力大时，其影响和控制的范围也较大，其首领有较高级的随葬品，其中心聚落为二级（一级）聚落；反之其势力小的时候，可能会受制于人，其中心聚落可能只为三级（二级）聚落，这种例子在本文中较多，兹不赘述。第二，一个聚落群内部不同宗族势力的消长会导致其中心聚落的转移，前述的寺墩聚落群中心聚落从高城墩转移到寺墩，草鞋山遗址群中心聚落从绰墩转移到草鞋山估计就是如此；而如果两个宗族势均力敌时，它则可能分裂为两个政体并形成两个中心聚落，如张陵山遗址中二期的张陵山和少卿山和荷叶地聚落群的情况。第三，氏族的情况亦然，其势力小时只能控制小的政体，势力大时则可能影响甚至扩张到较大范围中，这种情况亦多，兹不列举。

（三）环境和资源

除了对于社会的研究，良渚文化的聚落形态还为古环境和良渚先民利用古代资源的研究提供了重要资料。其中关于前者，尤其是对于本区地表沉降、湖泊形成过程的研究及古海岸线变迁的研究，由于很多水下遗址和近海遗址的发现，为学者们提供了大量详细而确凿的信息，而鉴于这些研究已有很多成功的案例①，笔者在此不再班门弄斧。而关于后者，又以对玉器资源的研究最为突出，因为其他的资源，要么如陶器、石器、骨器等，较为普遍，要么如象牙器、漆器等，难以保存，很难单纯结合聚落形态研究说明问题。

相对于其他器物，在良渚文化中，玉器是一种最重要的自然资源，而且可以说是名副其实的“奢侈品”，因为这些玉器中除了比较小型的玉饰品外，其余的大都不是实用器，本文在此不拟分别讨论它们的用途，而是直接采用大多数学者都认可的观点——即玉琮、玉钺、玉璧等高等玉器都是“礼器”，是一种身份地位的象征和社会控制的手段②。那么这

① 这类的研究文章较多，其中关于地表沉降和湖泊形成过程的研究有：严钦尚、洪雪晴：《长江三角洲南部平原全新世海侵问题》，《长江三角洲现代沉积研究》，上海：华东师范大学出版社，1987年，第92—102页；关于古海岸线变迁研究的有：严钦尚、邵虚生：《杭州湾北岸全新世海侵后期的岸线变化》，《长江三角洲现代沉积研究》，上海：华东师范大学出版社，1987年，第15—26页；孙林、高蒙河：《江南海岸线变迁的考古地理研究》，《东南文化》2006年第4期。

② 此类文章极多，其中代表性著述有张光直：《谈“琮”及其在中国古史上的意义》，《文物与考古论集》，北京：文物出版社，1986年；邓淑苹：《由良渚刻符玉璧论璧之原始意义》，《良渚文化研究——纪念良渚文化发现60周年国际学术讨论会文集》，北京：科学出版社，1999年；杜金鹏：《良渚神祇与祭坛》，《考古》1997年第2期；张明华：《良渚玉器研究》，《考古》1989年第7期；安志敏：《关于良渚文化的若干问题——为纪念良渚文化发现五十周年而作》，《考古》1988年第3期；等。

种重要的产品是如何生产和分配的呢？良渚文化的各个聚落在其中担当了什么样的角色，而这种角色又会怎样影响各个聚落的社会地位呢？笔者认为虽然我们目前的工作还不足以圆满的回答这些问题，但从良渚文化玉器的玉料分析入手并结合我们上述的聚落研究则可以得到一些线索。

纵观良渚文化的玉器，其玉料大约有两种，“一类是未受沁为半透明的湖绿色，受沁后为‘鸡骨白’的料，这种玉料当时多用于制作琮、钺、三叉形饰、冠状饰等玉器。另一类为未受沁为不透明的暗绿色，沁后五色斑驳，肉眼常可见绢云母状交杂的纤维结构，这种玉料在良渚早期就已经被采用，主要用于制作面积较大的玉璧，个别也制作成玉琮，但制作的玉琮工艺粗率，从墓葬中出土位置看，其礼仪上的地位明显逊于第一种玉料。到了良渚晚期，可能是由于第一种玉料匮乏，第二种玉料被普遍用于制作高节琮，但玉璧的料始终没有变化。”[①]结合我们对良渚文化聚落形态的研究，笔者认为，这种玉料上的区别其实与良渚文化早晚期有不同的玉器生产中心相关，即不同的生产中心不仅制作玉器时用料不同，而且其产品形态和加工也不尽相同。以玉琮为例，单节或双节玉琮多出现在良渚早期，其中又以良渚遗址群最多，其用料多为前一种玉料，且多刻有相对完整或简化不堪的神人兽面纹，而良渚晚期墓葬中出土的这种玉琮很多也可能是由早期流传下来的；而相对的，高节玉琮（≥3节）则都出现在良渚晚期，其中又以寺墩最多，良渚遗址群中却极少发现，其用料多为后者，刻纹多为极端简化的神人兽面纹。

综上所述，笔者认为良渚文化早期主要的玉器生产中心就是良渚遗址群——其出土玉器的材料、造型、刻纹皆有自己的风格，玉器的数量更是其他聚落群难以企及，且塘山遗址还发现了玉器作坊的线索，可以说证据确凿。而这个玉器生产中心的玉料产地，笔者认为并不在江苏的小梅岭一带[②]，而是在浙西北山区中，具体来说可能离良渚遗址群很近，因为这个地区不仅临近宏伟的良渚遗址群，而且其周边的桐庐[③]、淳安[④]、德清、吴兴等地区的几个遗址也都发现过出土玉钺、玉璧甚至玉琮的高等级聚落（墓葬），尤其是桐庐和淳安的三个遗址，都在崇山峻岭之中，显然如果不是玉矿的原因，我们很难解释这种不适合人类居住和生产的山区会有高等级聚落的存在。而到了良渚文化晚期的情况，随着良渚遗址群的日趋衰弱，良渚文化主要的玉器生产中心很可能转移到了寺墩一带，而它的主要玉料产地才很可能是小梅岭附近一带。

① 蒋卫东：《良渚文化鉴定述要》，《收藏家》1996年第6期；蒋卫东：《良渚文化玉器的原料和制琢》，《良渚文化研究——纪念良渚文化发现60周年国际学术讨论会文集》，北京：科学出版社，1999年。

② 钟华邦：《江苏溧阳县透闪石岩研究》，《岩石矿物学杂志》1990年第9卷第2期；闻广、荆志淳：《中国古玉地质考古学研究》，《东方文明之光——良渚文化发现60周年纪念文集》，海口：海南国际新闻出版中心，1996年。

③ 林华东：《良渚文化研究》，杭州：浙江教育出版社，1998年，第30页。

④ 鲍艺敏：《从淳安发现的玉琮、玉钺看淳安古文化与良渚文化的关系》，《南方文物》1993年第3期。

（四）社会性质的探讨

许多学者都曾讨论过良渚文化的社会性质究竟是酋邦还是早期国家？笔者认为，其实两者很难在考古遗存中直接区别。一般来说，酋邦更强调血缘关系的作用，国家则更强调专业的管理者和管理机构（官员和政府）、地缘关系和法律等的作用（但我国的情况又比较特殊，即使三代时宗族仍为王朝统治的中坚力量和政治组织的重要依托）；而在考古学研究中，虽然很多西方学者都在其著作中归纳了各种社会的不同——如伦福儒，关于酋邦和国家他认为它们除了有人口、经济结构、宗教组织的不同外，在聚落形态上前者有“设防的中心”“祭祀中心”和“规模巨大的纪念遗迹”，后者则有“都市、城市、镇”、“边防、道路”和“宫殿、庙宇和其他的公共建筑”[①]，但显然这些词汇都是比较模糊的——“设防的中心”“都市”“城市”以及“规模巨大的纪念遗迹”“宫殿、庙宇和其他公共建筑”在考古上实际很难区分。

总之，笔者认为在没有充分的证据时，我们没有必要硬套西方学者的标准。下面我们谨参考二里头文化的情况，对比一下它与良渚文化的区别，以说明后者代表的社会所处于的历史阶段。

二里头文化多被学者们认为是夏代晚期的遗存，而笔者认为它的“王朝气象”在考古遗存上有三方面的体现，其中体现在二里头遗址中：一是前所未有的宏伟宫城和宫殿群，这说明了夏代王族空前的地位之高、权力之大。二是绿松石作坊、铸铜作坊和相关产品的发现，由于二里头所在的小区内并无绿松石矿和铜矿，而二里头遗址出土的绿松石器和铜容器的数量和质量却在各个遗址之首，这说明了二里头遗址的控制力之大以及它在二里头文化中独一无二的政治地位。三是其出土的带有各个文化风格的器物，如岳石风格的褐陶器、东南地区风格的硬陶器等，它们说明了二里头遗址可能是一个“国际化”的都市。二里头文化的“王朝气象”体现在整个二里头文化区和文化区之外，一是它具有军事城堡性质的边防重镇——如大师姑和区域中心——如东下冯。二是其对周边文化区的影响之大，其外围的诸多文化，如夏家店下层文化、马桥文化，甚至三星堆文化都不同程度地受到了它的影响，但又没有一个文化能和它相匹敌。[②]

与二里头文化相比，良渚文化确实有一些相似之处：如良渚古城的面积为290万平方米，和二里头遗址的面积相似；莫角山的面积为30万平方米，也被认为是宫殿一类的建

---

① 科林·伦福儒、保罗·巴恩著，中国社会科学院考古研究所译：《考古学理论、方法与实践》，北京：文物出版社，2004年，第175—177页。

② 中国社会科学院考古研究所：《偃师二里头：1959—1978年考古发掘报告》，北京：中国大百科全书出版社，1999年；中国社会科学院考古研究所：《中国考古学.夏商卷》，北京：中国社会科学出版社，2003年，第62—139页；中国社会科学院考古研究所二里头工作队：《河南偃师二里头遗址中心区的考古新发现》，《考古》2005年第7期；郑州市文物考古研究所：《郑州大师姑》，北京：科学出版社，2004年，第339页。

筑；良渚早期的反山墓地和晚期的寺墩墓地，其出土的玉器无论是从数量还是质量上都居所有同期遗址之首；良渚遗址群中的塘山也发现了玉器作坊的线索；而环太湖地区之外的苏北、安徽、江西甚至广东都发现了典型的具有良渚风格的器物，甚至玉琮。单从这些方面看，良渚文化和二里头文化似乎处于同一水平的社会中，只是前者尚未进入青铜时代。但笔者认为这些遗存还不是最重要的证据，如果我们进一步分析，情况就大不一样了：首先，二里头文化主要分布区的面积有8万平方公里之多，而良渚文化分布区的面积则明显较小——不足2万平方公里，甚至比同期的大汶口文化等都要小得多。其次关于良渚古城，很多学者都惊叹其面积的巨大及耗费劳动力的数量，但实际上三代的都城，如二里头、殷墟、丰、镐都是无城墙的，其原因很简单——地处统治区的中心，无须防守，而反之有城墙的则一般都是边疆军事重镇或外围新征服地区的殖民据点，如大师姑、盘龙城、偃师商城、成周，其作用就是防止异族的入侵和干扰，从这一点上看，良渚古城的作用无论是军事防御或是防洪，与“都城”似乎都不相称。最后关于良渚遗址群和寺墩的性质，我们上面已经分析，前者应是良渚文化早期的一个玉器生产中心，而它之所以有能力修建城墙和莫角山、反山之类的建筑，笔者认为就是因为它控制着大量的玉器资源；而到了良渚文化晚期，随着它的衰落，控制着新玉器资源的寺墩则变得强大起来。

综上所述，笔者认为在良渚文化中，不论是早期的良渚遗址群还是晚期的寺墩，其规格之高都是建立在对玉器资源的控制之上的，也正因如此，它们才可能对其周围的政体有较大影响。但与二里头文化不同，它们并没有控制整个良渚文化分布区的迹象。显然，这种政治模式与二里头文化代表的王权政治是截然不同的。夏代是公认的我国王朝的开始，而良渚文化所代表的社会则与西方学者描述的“酋邦”更为相似。

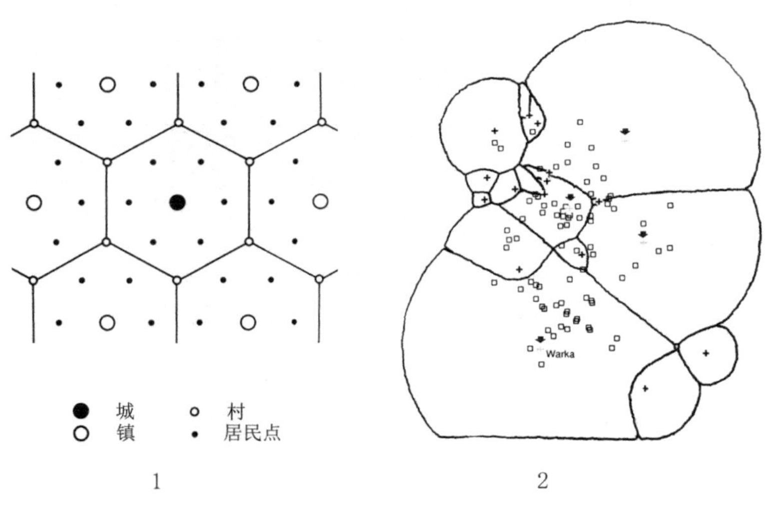

图一　酋邦和早期国家阶段的聚落形态模式

1.中心位置论　2.XTENT模式（美索不达米亚Warka地区，乌鲁克晚期，箭头所指是四处自发形成的中心）

注：摘自《考古学理论、方法与实践》第179、180页

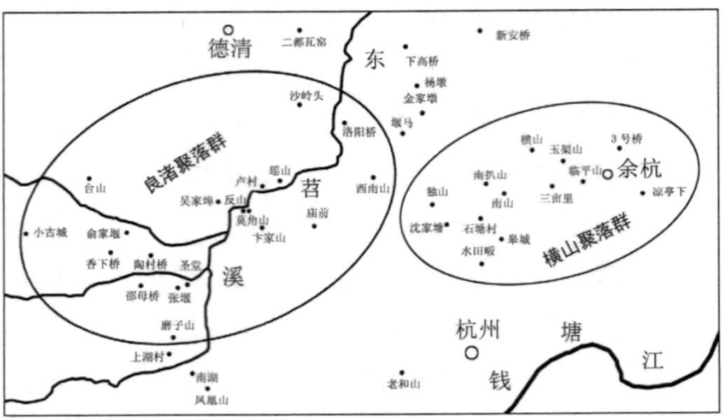

图二　杭州地区的遗址和聚落群

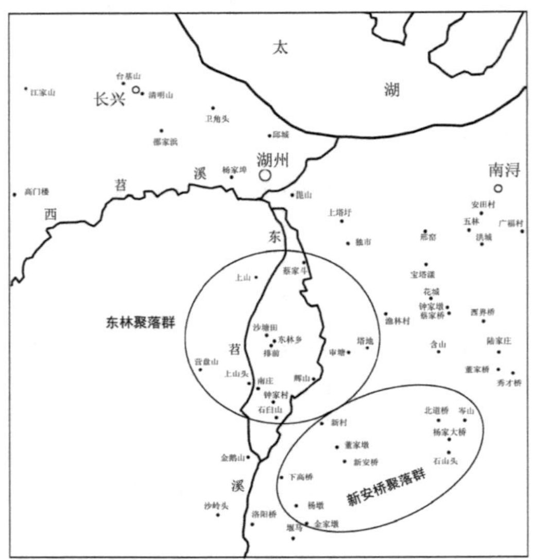

图三　湖州地区的遗址和聚落群

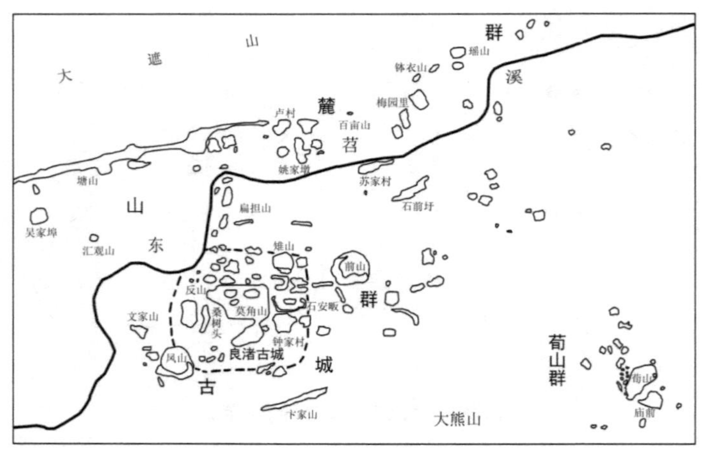

图四　良渚遗址群中的聚落

注：据《良渚遗址群》（文物出版社，2005年）图一〇等改绘

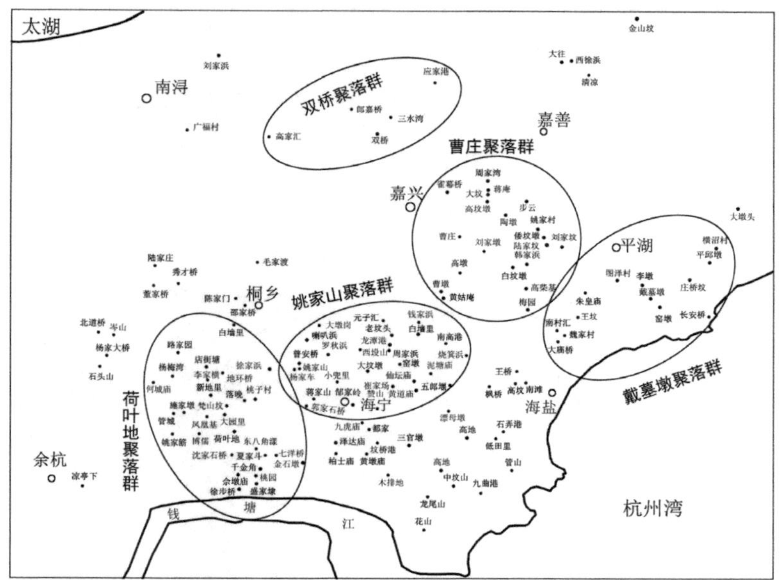

图五　嘉兴地区的遗址和聚落群

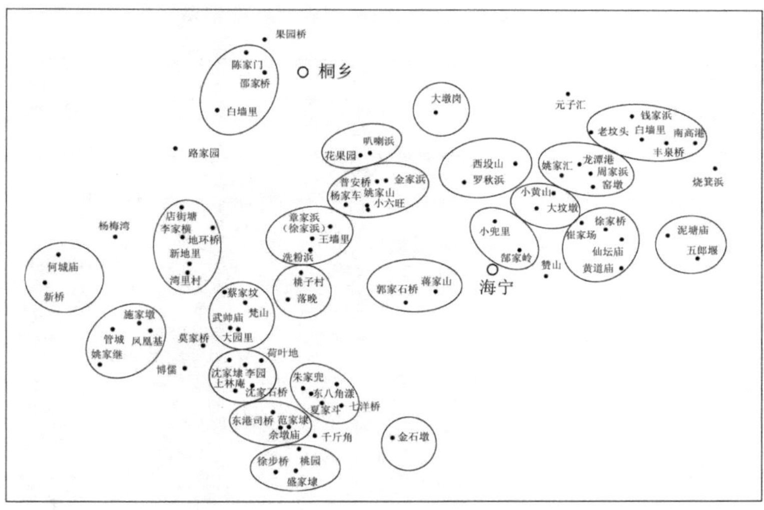

图六　荷叶地聚落群和姚家山聚落群的内部结构

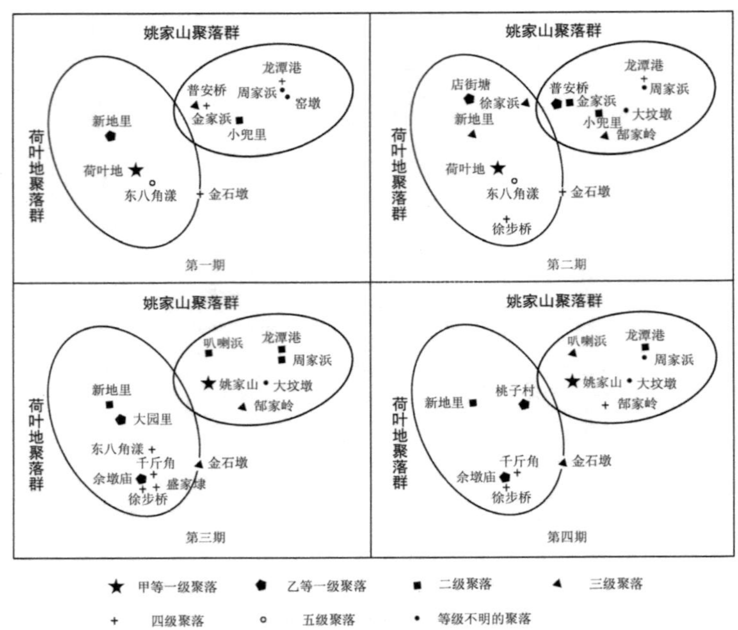

图七　荷叶地聚落群和姚家山聚落群的聚落变迁

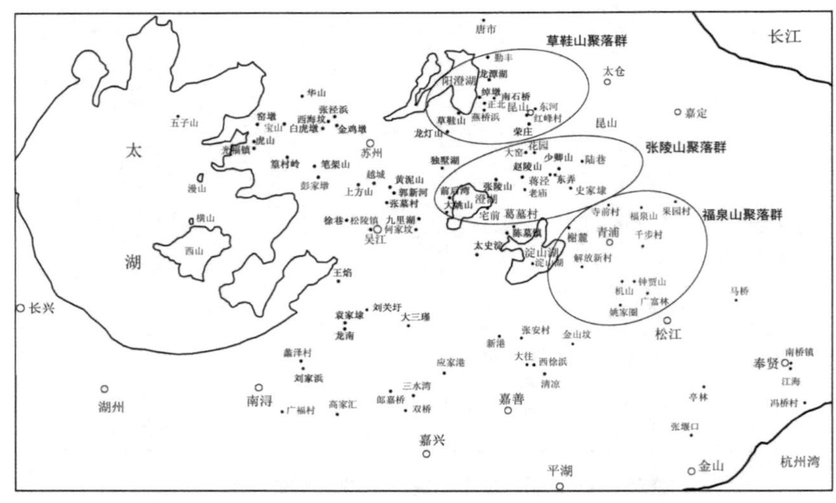

图八　苏沪地区的遗址和聚落群

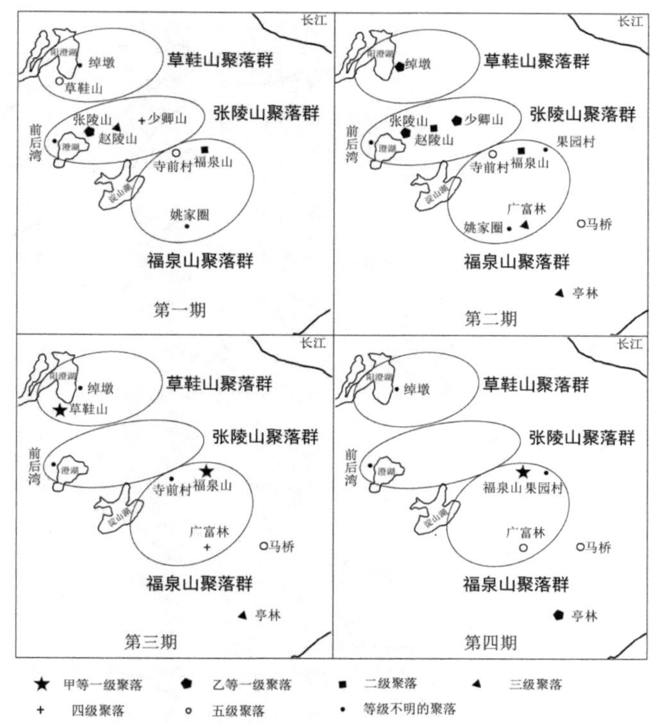

图九　苏沪地区东部的聚落变迁

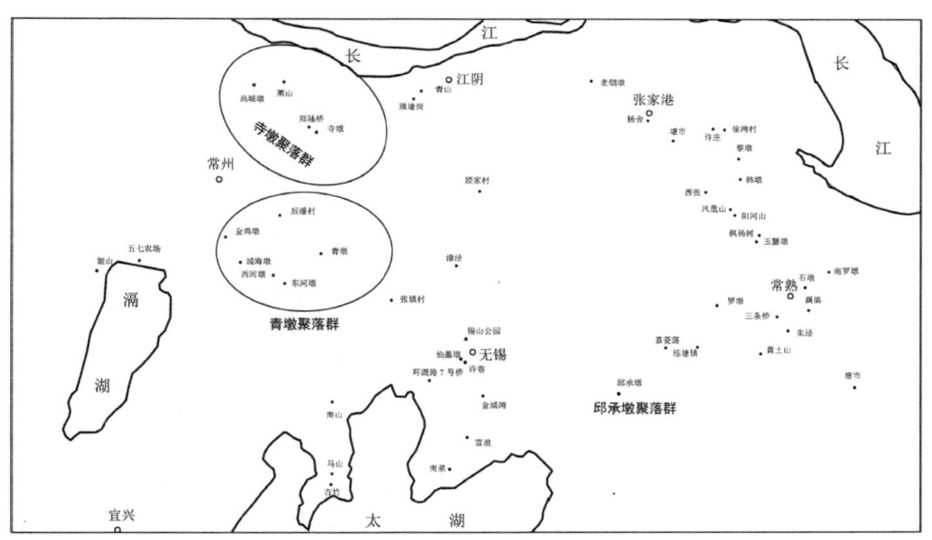

图十　湖北地区的遗址和聚落群

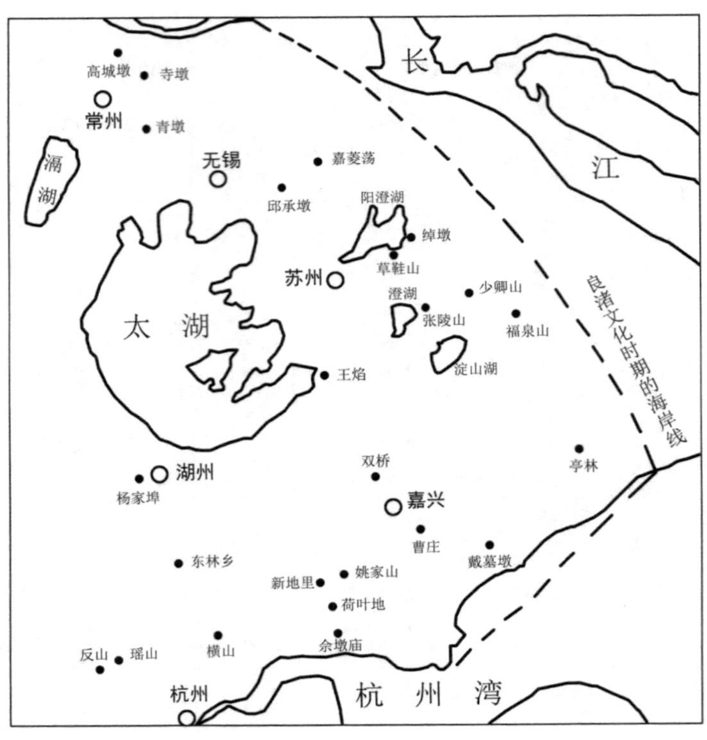

图十一　良渚文化的一级聚落

（原载《考古学报》2014年第1期）

辽宁朝阳半拉山墓地出土玉璧研究

熊增珑　叶晓红　樊圣英

半拉山墓地位于辽宁省朝阳市龙城区召都巴镇大杖子村北600米的山坡上，西南距牛河梁遗址80公里。经过考古发掘，确认该墓地的时代为红山文化晚期①。除发现北部祭祀遗迹外，还出土了140余件玉器，其中，璧是除环、镯之外最常见的玉器。本文拟从类型、材质、加工工艺等方面对该墓地出土的玉璧做初步研究。

一、类型

半拉山墓地共出土玉璧26件②，整体呈形制规整的扁平片状，玉璧横截面多中部稍厚、边缘渐薄。虽然有些玉璧残破严重，但制作精致，器表光滑润泽。平面形状多样，包括圆形、圆角方形、椭圆形、双联、三联及一些特殊形状。内孔多为圆形，偶见圆角方形，钻孔方式分单面钻和双面对钻；玉璧的一侧边缘多钻有1～3个小孔。除2件残损较甚，其余24件玉璧根据整体形状，可分为六型。

A型9件。平面呈圆形。根据内孔尺寸，分二亚型。

Aa型5件。内孔较大，呈圆形。标本M19：1，乳白色蛇纹石，有黑褐色沁斑，呈瓷状至土状光泽。器残，复原后平面近圆形，器表光滑。扁平轻薄，中部稍厚，外边缘渐薄似刃，横截面近梭形。内孔为单面钻，孔壁打磨光滑，稍内凹。直径5.72厘米、孔径2.74厘米、厚0.35厘米（图一）。标本M21：1，乳白色蛇纹石，次生变化严重，黄褐色土沁沿大小裂隙密集分布，呈土状光泽。器物断为四段，复原后平面近圆形，虽然表面粗糙，布满裂隙疤痕，但从局部观察最初器物打磨得较为光滑。器体扁平轻薄，中部稍厚，外边缘渐薄似刃，横截面近梭形。内孔为双面对钻，孔不规整，孔壁呈圆弧状微凸。直径4.27厘米、孔径1.59厘米、厚0.35厘米（图二）。

Ab型4件。内孔较小，呈圆形。标本M29：2，乳白色蛇纹石，质地较粗糙，器表有黑褐色土沁沿裂隙密集分布，呈土状光泽。器表打磨较光滑，平面近圆形，器体扁平轻

① 辽宁省文物考古研究所、朝阳市龙城区博物馆：《辽宁朝阳半拉山红山文化墓地的发掘》，《考古》2017年第2期。

② 简报统计有误，M23出土玉璧2件。参见①。

薄，中部稍厚，外边缘渐薄似刃，横截面近梭形。内孔不居中，近圆形，双面对钻，孔壁打磨至圆弧状凸起。直径5.96～6.35厘米、孔径1.57厘米、厚0.53厘米（图三）。标本M45：4，完整。黄白色大理岩，质地细腻均匀，器表有黄褐色土沁和胶结物，呈土状光泽。形制规整，近圆形，器体扁平轻薄，但整体薄厚不均，中部稍厚，外边缘渐薄，横截面近梭形。内孔为圆形，双面对钻。直径7.92厘米、孔径2.57厘米、厚0.35厘米（图四）。

B型6件。璧体外缘呈圆角方形，内孔为圆形和圆角方形，以圆形为主。根据个体大小，可分为二亚型。

Ba型2件。大型玉璧，直径均大于10厘米。标本T0406③A：3，透闪石，灰绿色略带黄色调，质地均匀细腻，半透明至不透明，油脂光泽。器物断为五段，复原后形制规整，局部有破损疤痕，璧面近圆角方形，体粗细不均，一侧面打磨较平滑，一侧面略呈弧面，边缘渐薄，横截面近三角形。内孔为圆形，单面钻，一侧钻孔结束时敲击留下的破裂面未打磨干净，孔壁略内凹。在一长边上对钻两对细孔，靠近内孔一侧的部分细孔壁被内孔打破。据此推测，该玉璧原为一大型玉璧，此件器物正是改制大型玉璧剩余的部分。长13.11厘米、宽12.57厘米、孔径10.33厘米、厚0.5～0.75厘米（图五）。标本M12：3，透闪石，绿色带黄色调，局部有白色瑕斑，质地细腻，半透明至不透明，油脂光泽。器物断为三段，复原后形制规整，外缘与内孔均呈圆角方形，打磨光滑。璧体扁平宽厚，内、外边缘渐薄似刃，横截面近梭形。一侧长边中部有两孔，两孔形制较特殊，以单面钻为主，并根据佩戴需要对两孔的两侧面进行了二次加工，一面两孔之间打磨出横向连接的浅凹槽，另一面两孔各自打磨扩出斜向上方的浅凹槽。根据穿绳佩戴习惯，有横向磨槽的应为玉璧的正面，另一面则为靠近身体的背面。长14.5厘米、宽13.3厘米、内孔长6厘米、宽5.5厘米，厚0.7厘米（图六）。

Bb型4件。小型玉璧，直径均小于10厘米。标本M36：1，完整。白色透闪石，有两道自然裂纹，质地细腻均匀，透明至半透明，油脂光泽。形制规整，近圆角方形，璧体扁平轻薄，中部稍厚，边缘渐薄似刃，横截面近梭形。内孔不规则，近椭圆形，双面对钻。一侧边中部有一对钻孔，对钻稍有偏差。长5.3厘米、宽5厘米、内孔长2.8厘米、宽2.6厘米、厚0.4厘米（图七）。标本M70：2，完整。灰白色透闪石，可见细小的黑色杂质和黄褐色沁斑，质地略粗糙，不透明，呈土状光泽。形制规整，平面近圆角长方形，扁平轻薄，外边缘稍薄，为一窄小平面。内孔为圆形，双面对钻，孔壁呈圆弧状微凸。长5.22厘米、宽4.83厘米、孔径3.04厘米、厚0.4厘米（图八）。

C型3件。平面呈椭圆形，内孔为圆形。根据内孔尺寸，分二亚型。

Ca型2件。内孔较大，璧体呈宽平的环状。标本M35：1，完整。透闪石，质地细腻均匀，透明至半透明，油脂光泽。形制规整，器表呈椭圆形，扁平轻薄，边缘渐薄似刃，横截面近梭形。内孔为圆形，双面对钻，孔壁呈圆弧状微凸。短轴两侧中部均被打出破裂面，一侧有两个破裂面，另一侧有三个，破裂面均被打磨处理过。长6.6厘米、宽5.84厘米、孔径2.31厘米、厚0.26厘米（图九）。标本M72：4，完整。透闪石，白色带黄色调，有黄褐色沁斑，质地较均匀，半透明，油脂光泽。形制不规整，外缘近圆角长方形或椭圆形，扁平轻薄，中部稍厚，外边缘渐薄如刃，体表一面较平整，一面略呈弧形，横截面近梭形。内孔近圆形，不居中，双面对钻，孔壁呈圆弧状微凸。一侧边缘有一段未磨平的切割痕。长5.22厘米、宽4.58厘米、孔径2.35厘米、厚0.35厘米（图一〇）。

Cb型1件。内孔较小，璧体扁平、宽大。标本M72：8，完整。黄白色蛇纹石，含深绿色杂质，器表有红褐色沁斑，不透明，土状光泽。器表一面附着有红色矿物，局部产生胶结，这种红色矿物应该是人为有意识洒在墓内人骨上的。器物形制规整，近椭圆形，璧体扁平宽大而轻薄，中部稍厚，外边缘渐薄，横截面近锥形。内孔为圆形，双面对钻，孔壁中部形成一道凸棱。长7.18厘米、宽5.28厘米、孔径1.58厘米、厚0~0.34厘米（图一一）。

D型双联璧，共4件。整体扁平，中部有两个内孔，似双璧相连。标本M23：1，完整。绿色透闪石，上部有三道白色自然纹理，质地细腻均匀，半透明至不透明，油脂光泽。璧体扁平轻薄，边缘渐薄如刃，横截面近梭形。平面近亚腰葫芦形，上璧小，呈三角形；下璧大，呈圆角长方形。中部两侧边缘内凹，呈束腰状。双璧中部各对钻一孔，内孔近圆形，孔壁打磨光滑，呈圆弧状微凸。顶部呈尖圆弧状，与上璧相连处两侧边缘稍内凹，中间对钻一小孔。底部近扁椭圆形，与下璧相连处两侧边缘内凹，底边缘上刻出三道浅凹槽。长8.21厘米、最宽3.08厘米、上孔径1.2~1.5厘米、下孔径1.5~1.7厘米、厚0.28厘米（图一二）。标本M23：2，白色蛇纹石，有黑色沁斑，质地较差，器表次生变化严重，不透明，呈土状光泽。器物稍残，复原后形制规整，呈"8"字形，形似一大一小两个圆璧相连。璧体扁平轻薄，中部稍厚，边缘薄如刃，横截面近梭形。在两璧中部各对钻一孔，内孔近圆形，孔壁打磨光滑，呈圆弧状微凸。长7.47厘米、宽2.3~3.53厘米、孔径一1.15厘米、孔径二1.21厘米、厚0.39厘米（图一三）。标本M62：1，完整。白色蛇纹石，有黑褐色沁斑，不透明，土状光泽。器物形制规整，外缘近圆角长方形，体扁平轻薄，中部稍厚，外边缘渐薄如刃，一侧面较平整，一侧面略呈弧形。两端中部各有一个不规则内孔，孔壁打磨不规整。长8.96厘米、宽5.37厘米、孔径一1.61~1.67厘米、孔径二1.36~1.39厘米、厚0~0.35厘米（图一四）。

E型三联璧，1件（M39：3）。完整。白色透闪石，含少量黑色点状杂质，局部有黄色沁斑，质地细腻均匀，半透明，油脂光泽。形制规整，整体平面近椭圆形，每两璧相连处两侧边缘内凹，呈束腰状，形似三璧相连。整体扁平轻薄，边缘渐薄似刃，横截面近梭形。三联璧有三个近圆形的内孔，大小不一，孔壁打磨不规整。长8.96厘米、最宽4.22厘米、孔径1.3~1.5厘米、厚0.35厘米（图一五）。

F型异形璧，1件（M39：1）。完整。透闪石，部分为灰白色，部分为褐色，质地细腻均匀，半透明，油脂光泽。形制规整，平面近圆形，璧体扁平轻薄，体中部稍厚，边缘渐薄似刃，横截面近梭形。内孔近椭圆形，双面对钻，孔壁打磨不规整。在璧体外缘上凸出三个月牙形耳饰，三耳饰形制相似，大小不一。外径4.3厘米、孔径2厘米、三耳长2厘米、1.7厘米、1.1厘米、厚0.28厘米（图一六）。

二、材质

26件玉璧中，透闪石10件、蛇纹石15件，大理岩1件（表一），蛇纹石璧占出土玉璧总数的58%。

表一　半拉山墓地玉璧材质统计表

序号	编号	类型	质地
1	M11：2	Aa型	蛇纹石
2	M19：1	Aa型	蛇纹石
3	M21：1	Aa型	蛇纹石
4	M29：10	Aa型	蛇纹石
5	M45：2	Aa型	透闪石
6	M29：2	Ab型	蛇纹石
7	M45：4	Ab型	大理岩
8	M49：1	Ab型	蛇纹石
9	T0406③A：4	Ab型	蛇纹石
10	M12：3	Ba型	蛇纹石
11	T0406③A：3	Ba型	透闪石
12	M36：1	Bb型	透闪石
13	M70：2	Bb型	透闪石
14	M71：2	Bb型	透闪石
15	M72：5	Bb型	蛇纹石
16	M35：1	Ca型	蛇纹石
17	M72：4	Ca型	透闪石
18	M72：8	Cb型	蛇纹石
19	M23：1	D型	透闪石
20	M23：2	D型	蛇纹石
21	T0605②：8	D型	蛇纹石
22	M62：1	D型	蛇纹石

续　表

序号	编号	类型	质地
23	M39：3	E型	透闪石
24	M39：1	F型	透闪石
25	M8：3	无法分型	蛇纹石
26	T0505①：1	无法分型	透闪石

9件A型圆形玉璧中，8件为蛇纹石，1件为大理岩，除了形制为常见的圆形璧之外，另一个共同特点是均为白色。其中大理岩制成的玉璧M45：4表面次生变化并不严重，而蛇纹石制成的玉璧普遍发生了严重次生变化，但埋藏之前其玉料原本的颜色尚不能确定，或许为数较少的保存完好的蛇纹石玉器可以作为参考，如M35：1。

6件B型玉璧中，5件为透闪石，仅M72：5为蛇纹石，这类圆角方形玉璧不是半拉山墓地最为常见的玉璧器形。牛河梁遗址出土有一定数量圆角方形玉璧，哈民忙哈遗址则更为常见。其中玉璧M36：1属于西辽河流域较少见的透明白色透闪石，这类材质更常见于贝加尔湖，在牛河梁遗址也能见到少数这种玉料制成的玉器。

3件C型玉璧中，1件为蛇纹石，2件为透闪石。M72：8表面的白色属于常见次生变化效果，而M35：1却几乎没有产生次生变化。

4件D型双联璧，M23：1为透闪石，其余为蛇纹石。M23：1在以往出土过的双联璧器形中较为罕见，尤其是玉璧底部打磨出几道凹槽的做法比较独特。“8”字形的双联璧M23：2与安徽凌家滩出土的透闪石双联璧87M15：107-2[①]以及邹县野店出土的M22：4[②]形制相近。圆角长方形的双联璧M62：1与大汶口出土的M47：11[③]接近。

三联璧出土较少，半拉山墓地的E型三联璧M39：3为透闪石，而山东平阴周河遗址M4：17[④]、阜新胡头沟M3-4：1[⑤]及黑龙江亚布力YB采：12[⑥]等三联玉璧可能都是由透闪石制成。这几件三联璧在形制上稍有差异，主要体现在联璧之间腰部的处理上，M39：3打磨得更为圆滑，其余三者很大程度上保留了腰部开槽的棱角。F型异形璧M39：1为透闪石，这种形制的玉璧在东北地区比较少见，与有着统一旋转方向的玉牙璧不同，但与山东平阴周河遗址出土的玉牙璧M4：21[⑦]形制接近。从玉料的颜色和透明度来看，M39：3和M39：1似乎不是用西辽河流域常见玉料制成。

① 安徽省文物考古研究所：《凌家滩——田野报告之一》，北京：文物出版社，2003年，第145页。

② 山东省博物馆等：《邹县野店》，北京：文物出版社，1985年。

③ 山东省文物管理处等：《大汶口——新石器时代墓葬发掘报告》，北京：文物出版社，1974年。

④ 平阴周河遗址考古队：《山东平阴周河遗址大汶口墓葬的发掘》，《考古》2014年第3期。

⑤ 方殿春、刘葆华：《辽宁阜新县胡头沟红山文化玉器墓的发现》，《文物》1984年第6期。

⑥ 黑龙江省文物考古研究所：《黑龙江尚志县亚布力新石器时代遗址清理简报》，《北方文物》1988年第4期。

⑦ 平阴周河遗址考古队：《山东平阴周河遗址大汶口墓葬的发掘》，《考古》2014年第3期。

三、制作工艺

半拉山墓地出土玉璧的制作工艺大致包括开片、打磨、制作内孔和悬挂用的小孔等。

（一）开片

从兴隆洼文化到红山文化，新石器时代西辽河流域的玉器开片技术存在砂绳切割和锯片切割两种。砂绳切割技术常见于圆筒状玉器的取芯或弧面玉器的开片，如大型斜口筒形器、玉臂钏等，或者是玉鸮、勾云形器、玉扣、玉珠等小型玉器的开料，而砂绳开料之前需在合适部位钻孔以便穿绳。后一类玉器表面常常残留明显的钻孔留下的螺旋槽痕，这类开料技术最早从巴林右旗那日斯台红山文化玉器上被识别，因此被邓聪命名为“那日斯台技术”①。

半拉山墓地出土玉璧多数打磨精细，少见开片留下的切割痕迹，尤其未见丝毫砂绳切割痕迹，结合玉璧的规整程度判断，半拉山玉璧在开片时是以锯片切割为主。开片使用的工具应该是由硬度比较高的石质材料制成。从这一点看，与牛河梁、哈民忙哈②等红山文化遗址出土玉璧相同。但是，大汶口文化玉璧以及凌家滩、薛家岗、良渚等长江流域新石器时期遗址出土玉璧，则常见砂绳切割开片技术。

（二）打磨

打磨贯穿玉器制作的全部环节，玉工在开片、制作内孔或对悬挂用的小孔进行扩孔等各个工序中，都会根据需要选择大小、形状不同的砺石进行打磨修整。半拉山墓地玉器秉承了红山文化玉器一贯的风格，对打磨工艺要求极高。

观察半拉山墓地出土的玉璧毛坯，玉工在开片之前就会对玉料进行一定程度的打磨修整，尽可能使其外形接近玉璧的外缘形状。比如，毛坯M20：15（图一七）和M30：3（图一八）经过打磨之后，其外形很接近圆角方形玉璧的外缘，当然玉工也可能在开片后将其修整至圆形或者椭圆形等其他形状。

半拉山玉璧表面打磨得极为干净，少见开料痕迹，多数玉璧的外缘和内孔边缘都会进行两面修整，使其薄如工具刃部。推测玉工使用粒度较大的砺石打磨修整外形之后，再使用粒度较小的砺石进行更为精细的打磨抛光。

① 辽宁省文物考古研究所：《牛河梁红山文化遗址发掘报告（1983—2003）》，北京：文物出版社，2012年。

② 内蒙古文物考古研究所等：《哈民玉器研究》，北京：中华书局，2018年。

（三）钻孔

半拉山墓地玉璧的钻孔工艺相对比较复杂。观察不同形制的玉璧，内孔的制作上至少使用了两类完全不同技术体系的钻孔方式。

内孔为规整圆形的玉璧，应该使用的是具有轴承的旋转装置，在玉器表面施工的钻具为管状工具。A型和C型玉璧多属于此类，B型玉璧上也较为常见，如T0406③A：3、M70：2，双联璧M23：2等。异形璧M39：1内孔大部分为规整圆形，应该也使用了这类管钻技术，小部分不规整处可能是打磨扩孔造成。

内孔不规整的玉璧可能使用了另一种钻孔技术，即先实心钻，再对孔内缘加以研磨以扩大内孔，此类技术呈哈民玉器最为主要的钻孔技术，应该源自吉林、黑龙江至贝加尔湖周围玉文化[①]。半拉山墓地出土的B型玉器如M12：3、M36：1、双联璧M23：1、三联璧M39：3使用了这种明显不属于西辽河流域技术传统的钻孔方式。

此外，玉璧上常见的用来悬挂的小孔，应该是以实心钻制成，之后根据佩戴方式再进一步做二次加工，这在其他红山文化玉璧上也极为常见。

（四）圆孔玉璧的制作

内孔呈规整圆形的璧、环和镯之类玉器，在加工过程中往往密切相关，玉工可能会根据玉料的大小、形状，有计划地、批量生产此类玉器。半拉山墓地除了出土璧、环和镯等圆形玉器外，还有一些制作圆形内孔玉器的毛坯以及管钻后留下的玉芯，如毛坯M20：15、M30：3为透闪石，玉芯M20：16（图一九）为蛇纹石。根据这些处于不同加工工序的材料，我们可以大致复原此类圆孔玉璧的制作过程。

毛坯M30：3属于制作玉璧的早期毛坯，四侧面先以锯片切割技术对向切割，再以敲打的方式去除多余材料，之后略经打磨。毛坯M20：15正处于钻孔和开片的加工过程中。这块毛坯在外形修整之后，先以带有轴承的旋转装置管钻至玉料内部一定深度，然后以锯片沿着毛坯周围不断改变方向进行切割，之后轻轻敲击被切割的部分使其脱落。从毛坯切割面上留下的切割痕看，开片时至少在六个方向上进行过锯片切割。根据毛坯上玉芯高度和半拉山玉璧厚度判断，切下来的部分至少可以制成两件圆孔玉璧。从毛坯M20：15中间的玉芯以及玉芯M20：16表面切割痕观察，玉芯部分的切割也属于锯片切割技术。玉芯侧面横截面呈梯形，推测管钻工具属于耗损较快的材质，或许是使用竹管之类管状工具添加解玉砂进行施工。

① 内蒙古文物考古研究所等：《哈民玉器研究》，北京：中华书局，2018年。

四、小结

通过对半拉山墓地出土的26件玉璧进行材质、制作工艺的全面考察，我们对其有了初步认识。

出土数量最多的圆形玉璧中未见透闪石，圆角方形玉璧则以透闪石为主。其中，少数玉璧的透闪石原料并非西辽河流域新石器时代玉器的常见玉料，如圆角方形玉璧M36：1、三联璧M39：3、异形璧M39：1等。

除玉璧外，据统计半拉山墓地出土的环、镯类器物总共98件，其中以蛇纹石制成的近八成。蛇纹石为半拉山墓地出土玉器的主要材质，并且多用来生产璧、环和镯。

考察半拉山墓地出土玉璧的工艺，主要以锯片切割技术开片，打磨过程中存在粗磨、细磨等分级打磨技术，悬挂小孔属于红山文化玉器常见的实心钻和打磨扩孔技术，内孔制作上不仅存在西辽河流域传统的具有轴承装置的管钻技术，也包括源自贝加尔—吉黑系的哈民式钻孔技术。

通过对毛坯、玉芯的观察，我们推测半拉山墓地出土的圆孔玉璧和环、镯等其他圆形玉器可能是半拉山先民自己制作的。他们制作技术娴熟，而且采用了批量生产的方式，因此，此类玉器在半拉山墓地出土玉器中数量上占明显优势。同时，此类玉器多为蛇纹石，很可能原料产地也并不远。

接近贝加尔—吉黑系技术的玉璧，玉料和制作工艺等情况比较复杂。如圆角方形玉璧M36：1从材质到工艺似乎都与贝加尔—吉黑系玉璧极为相近；同样具有贝加尔—吉黑系技术风格的玉璧M12：3，其玉料却与后者完全不同；经过改制的圆角方形璧T0406③A：3，玉料和内孔管钻工艺都符合西辽河流域传统。因此，这类特殊玉璧究竟是外来玉料在当地制作的，还是说部分器物本就来自外面，还需对比其他地区的材料，进一步深入考察。

附记：在对半拉山墓地出土玉璧的考察和研究中，邓聪给予了很多建议和指导，谨致谢忱！

图一　Aa型玉璧 M19：1

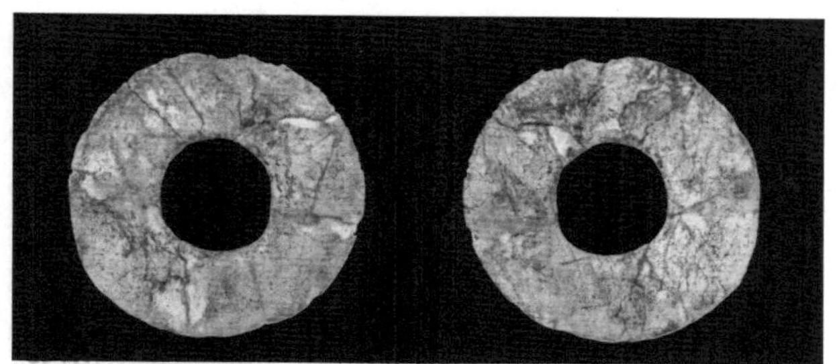

图二 Aa型玉璧 M21：1

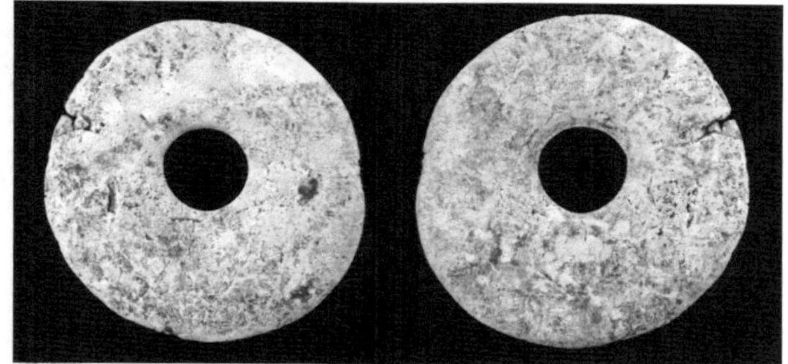

图三 Ab型玉璧 M29：2

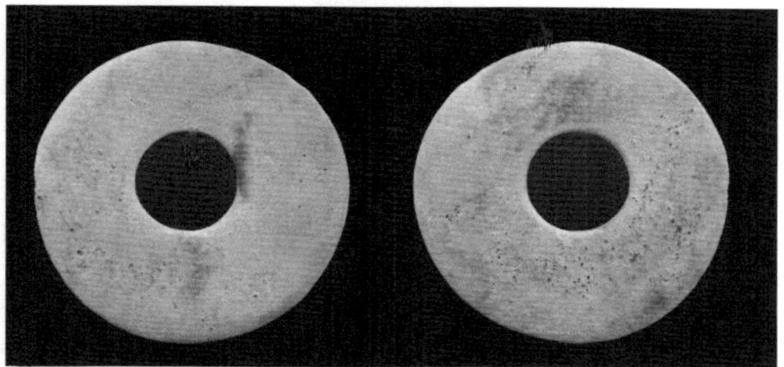

图四 Ab型玉璧 M45：4

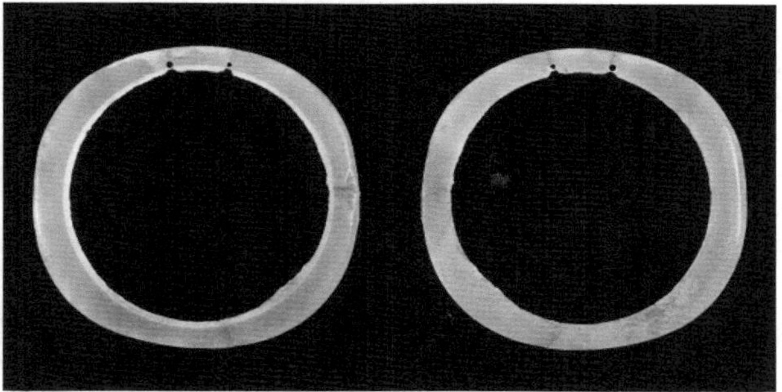

图五 Ba型玉璧 T0406③A：3

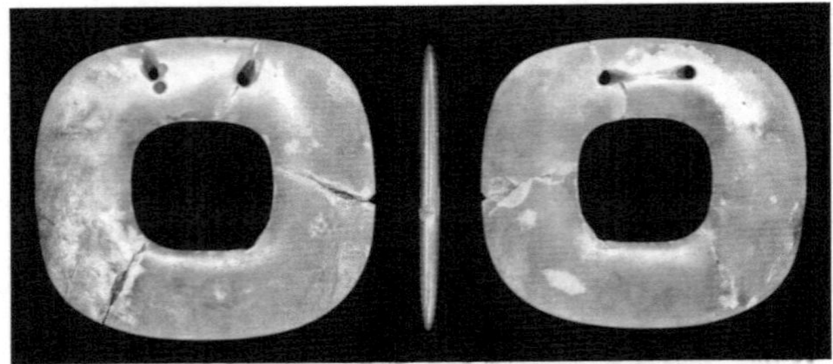

图六　Ba型玉璧 M12：3

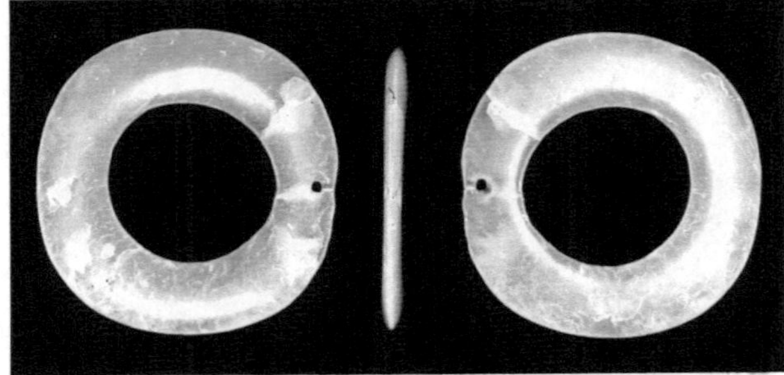

图七　Bb型玉璧 M36：1

图八　Bb型玉璧 M70：2

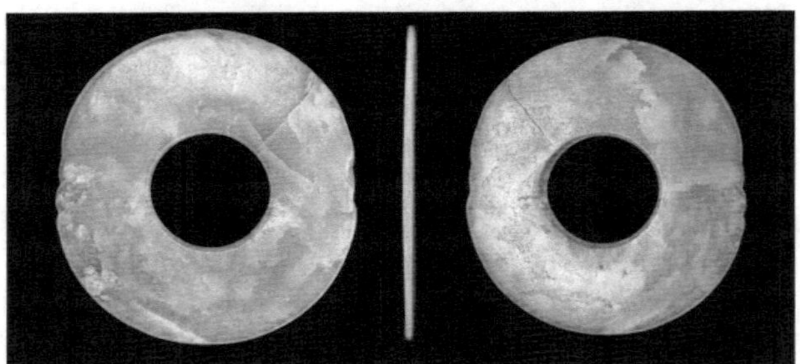

图九　Ca型玉璧 M35：1

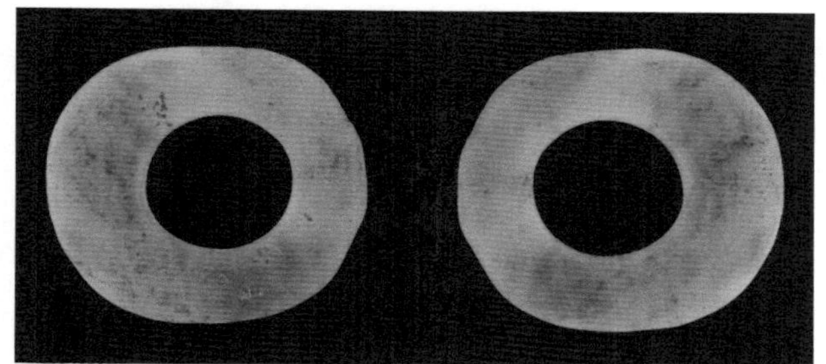

图一〇 Ca型玉璧 M72：4

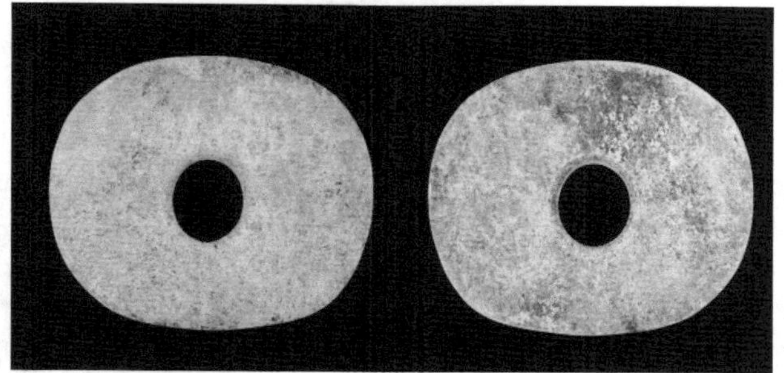

图一一 Cb型玉璧 M72：8

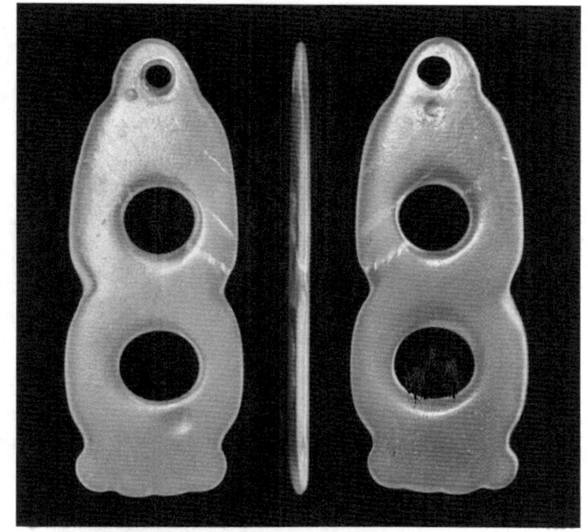

图一二 D型玉璧 M23：1

图一三　D型玉璧 M23：2

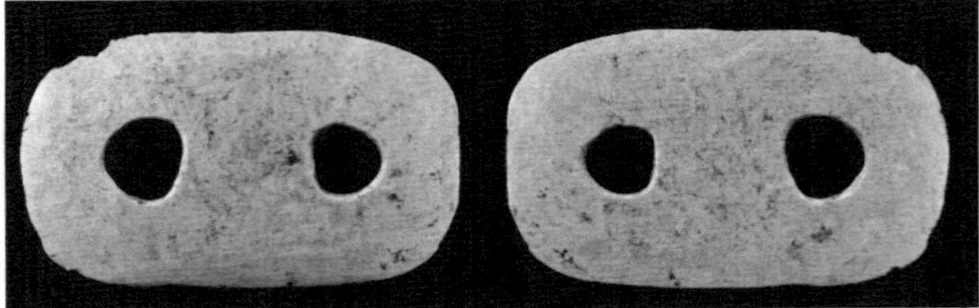

图一四　D型玉璧 M62：1

图一五　E形璧 M39：3

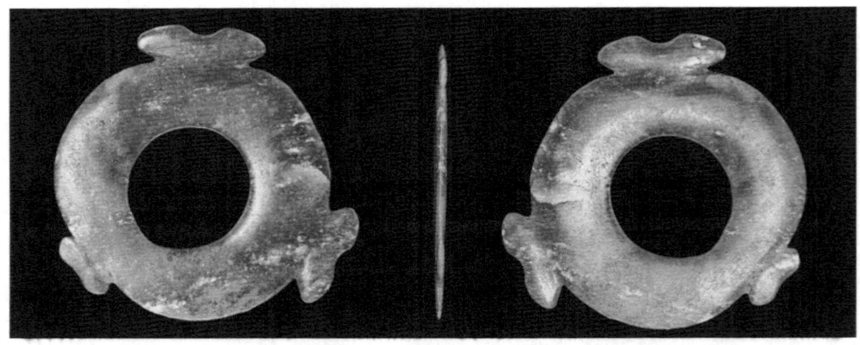

图一六　F型璧 39：1

图一七　毛坯料 M20：15

图一八　毛坯料 M30：3

图一九　玉芯 M20：16

（原载《文物》2020年第3期，略有改动）

北魏平城明堂遗址研究

王银田

大同北魏平城明堂遗址位于城南近郊，1995年5月发现，同年6月至9月对西侧夯土台基进行了发掘，1996年对南侧夯土台基进行了部分发掘，目前尚未完工。郦道元《水经注》对北魏平城有较为详细的记述，多年来平城范围虽曾发现不少遗物，然而文献与地面遗迹一直难以对应，致使平城研究难有突破。明堂遗址的发现使这一工作柳暗花明，它成为《水经注》所记诸多平城建筑中第一个，也是唯一的一个坐标点，因此，它的发现，对北魏平城的研究，以及整个中世纪中国都城的研究，都是十分重要的。

一、明堂、辟雍、灵台的关系及遗址的定名

《水经注·㶟水》记载：平城“明堂上圆下方，四周十二户九室，而不为重隅也。……加灵台于其上，下则引水为辟雍。水侧结石为塘，事准古制”①。目前钻探及发掘结果证实，在直径达294米的环形水沟内侧共有五座夯土台基建筑，其中心建筑的夯土台基规模最大，达42米见方，四周临水处，东、西、南、北分别发现四座凸字形夯土台基。显然，此中心建筑为明堂所在，那么其上层应该是灵台了，周围的环形水沟就是辟雍。灵台本是古代观测天象之所，其名始见于周。《诗经·大雅·灵台》：“经始灵台，经之营之”。②据《三辅黄图·台榭》引郭延生《述征记》曰“长安宫南有灵台”。③已经发掘的汉魏洛阳城灵台，位于汉魏洛阳城南郊明堂之西④。灵台与明堂本是功用完全不同的两种建筑，且各代多不建于一处，北魏平城明堂与灵台建在一起的作法，极可能是独有的。当然，古人也有将明堂与灵台混为一谈的说法，《诗经·大雅·灵台》孔颖达疏引卢植《礼记注》说：“明堂即太庙也；天子太庙上可以望气，故谓之灵台；中可以叙昭穆，故谓

① 郦道元著，杨守敬、熊会贞疏：《水经注疏》卷13《㶟水》，南京：江苏古籍出版社，1989年，第1150—1151页。

② 郑玄注：《毛诗正义》卷16，上海：上海古籍出版社，1990年，第578页。

③ 陈直：《三辅黄图校证》卷5《台榭》，西安：陕西人民出版社，1980年，第106页。

④ 中国社会科学院考古研究所洛阳工作队：《汉魏洛阳城南郊的灵台遗址》，《考古》1978年第1期。

之太庙；圆之以水似璧，故谓之辟雍；古法皆同一处，近世殊异分为三耳。”[①]这种说法今天看来是缺乏依据的。魏孝文帝将明堂与灵台建在一起，除受古人的影响以外，更多的应该是出于节约开支的考虑。太和以来，虽然北魏王朝的经济有所发展，然而连年与萧齐和柔然的战争，使军备开支大大增加。太和三年（479）柔然的十万骑兵一度曾打到塞上，就在孝文帝刚刚下诏建明堂五个月后，柔然就曾“犯塞”，其间南、北两边境战争都时有发生。太和以来土木工程的建设，又是整个北魏王朝工程量最大，项目最集中也是耗资最巨的。一方面是都城的建设，如太和殿、安昌殿、永乐游观殿、坤德六合殿、乾象六合殿、皇信堂、圆丘、朱明门、思贤门等都是在这一时期建成的。另一方面就是方山永固陵整个陵园区的建设，此工程始于太和三年（479），直至太和十五年（491）建万年堂后工程方才结束。整个陵区包括永固陵、万年堂、永固石室、思远佛寺、鉴玄殿、御路等。其永固陵即文明太后冯氏之墓，现存封土东西长124米，南北长117米，高达22.87米[②]。陵园位于方山顶上，交通不便，施工难度可想而知。山下建有灵泉宫与灵泉池，这是一处规模巨大的皇家行宫。另外还有云冈石窟的建设，其工程量及所耗资金远远大于以上两项。云冈石窟现存洞窟53个，其中大型洞窟共17座，除昙曜五窟（16—20窟）开凿于和平六年（465）以前，14、15窟开凿于迁洛以后，其余10座大型洞窟均开凿于献文与孝文时期（其中第三窟虽然有初唐雕像，但洞窟应该是这一时期开凿的），而献文在位不足六年，这些洞窟大多数是孝文帝居平城期间开凿的。以上诸因素，使政府耗去大量人力、物力和财力，加之连年旱灾又影响了政府的财政收入，因此，将灵台建于明堂，以便节省诸多开支。当然，把灵台建于明堂之上，建筑“上圆下方”效法天圆地方之说，也形象地反映了孝文帝天人合一，皇权神授的思想。

辟雍一般释为周王朝所设的太学，文献对其型制多有记载。汉班固《白虎通·辟雍》：“辟者，璧也。象璧圆，以法天也。雍者，雍之以水，象教化流行也。”[③]《大戴礼记·明堂》：“明堂者……外水曰辟雍。”[④]“《礼记·盛德篇》云：‘明堂者，明诸侯尊卑也，外水曰辟雍。’《明堂阴阳录》曰：‘明堂之制，周圜行水，左旋以象天，内有太室以象紫宫。’”[⑤]汉代以前的礼制建筑制度，到汉武帝时已模糊不清了，“上（汉武帝）欲治明堂奉高旁，未晓其制度。济南人公玉带上黄帝时明堂图。明堂图中有一殿，四面无壁，以茅盖，通水，圜宫垣为复道”，[⑥]此明堂图亦有辟雍。从大量文献看，辟雍并没有其他建筑形制，也无独特的功能，只是一条环形水道而已，即使是公玉带奉上的“黄帝时明堂图”，

① 郑玄注：《毛诗正义》卷16，上海：上海古籍出版社，1990年，第578页。

② 大同市博物馆：《大同方山北魏永固陵》，《文物》1978年第7期。

③ 陈立撰，吴泽虞点校：《白虎通疏证》，北京：中华书局，1994年，第259页。

④ 王聘珍：《大戴礼记解诂》卷8，北京：中华书局，1983年，第149—150页。

⑤ 《隋书》卷49《牛弘传》，北京：中华书局，1973年，第1304页。

⑥ 《史记》卷12《孝武本纪》，北京：中华书局，1959年，第480页。

也是“中有一殿，四面无壁，以茅盖，通水，圜宫垣为复道”，辟雍常常是明堂建筑中的一部分附属性建筑，一种象征性建筑。就是一圈水道。正由于此，古今都有人认为辟雍只不过是明堂的另一名称而已。[①]汉代大儒蔡邕在《明堂论》中说“故言明堂，事之大，义之深也。取其宗祀之貌，则曰清庙；取其正室之貌，则曰太庙；取其尊崇，则曰太室；取其乡明，则曰明堂；取其四门之学，则曰太学；取其四面之周水圆如璧，则曰辟雍，异名而同事，其实一也。”[②]但汉代以后不乏独立的辟雍建筑，如汉魏洛阳城辟雍，建于清乾隆四十九年（1784）的北京国子监辟雍（现首都图书馆院内）[③]，正是由于对文献的不同理解形成的。由此看来，北魏平城的这座礼制性建筑，其名称应称之为明堂。

考《魏书》《水经注》《隋书》《资治通鉴》等史籍，古人对平城的这一建筑群也多只称明堂。罕见有明堂、辟雍并提的。如《魏书·高祖纪》：太和十五年（491）四月“经始明堂，改营太庙。……冬十月……明堂、太庙成”。[④]《魏书·礼志》记载，同年十月，太尉丕奏曰：“窃闻太庙已就，明堂功毕，然享祀之礼，不可久旷。”[⑤]《魏书·尉元传》：太和十六年（492）“养三老五更于明堂，国老庶老于阶下。高祖再拜三老，亲袒割牲，执爵而馈；于五更行肃拜之礼，赐国老、庶老衣服有差”。[⑥]《魏书·李冲传》：“冲机敏有巧思，北京明堂、圆丘、太庙，及洛都初基，安处郊兆，新起堂寝，皆资于冲。”[⑦]道光十年（1830）《大同县志·都会》称“州有魏故明堂遗迹”[⑧]。

二、关于太和十年的诏书

明堂工程动工于太和十五年（491）夏四月，成于同年十月，历时半年告竣。《魏书·高祖纪》则有太和十年（486）“九月辛卯，诏起明堂、辟雍”[⑨]的记载，之所以下诏五年后才动工，可能一则是前述影响孝文帝时中央财政的诸多因素，此时方山永固陵刚刚建成，但整个陵区的工程尚未结束，万年堂则是太和十五年才建成的；云冈石窟工程则正值高峰期。以上两项工程不但其规模宏大，而且在当时也远比明堂工程重要，这些因素自然都会影响到明堂建设的进度。二则作为一项重要的礼制建筑，当然需要精心规划与设计，这包括明堂本身的设计与周围整个景区的勘察与规划。三则是备料，尤其是水道两侧打制

① 王世仁：《汉长安城南郊礼制建筑（大土门村遗址）原状的推测》，《考古》1963年第9期。

② 严可均校辑：《全后汉文》卷80，北京：中华书局，1958年，第799页。

③ 王秋方：《〈孔庙、国子监全图〉考》，《中国历史博物馆馆刊》1999年第1期。

④ 《魏书》卷7下《高祖纪》，北京：中华书局，1974年，第168页。

⑤ 《魏书》卷108之三《礼志四之三》，北京：中华书局，1974年，第2789页。

⑥ 《魏书》卷50《尉元传》，北京：中华书局，1974年，第1114页。

⑦ 《魏书》卷53《李孝伯传》，北京：中华书局，1974年，第1187页。

⑧ （清）黎中辅撰，许殿玺点校，大同市地方志办公室整理：《大同县志》卷7《都会》，太原：山西人民出版社，1992年，第137页。

⑨ 《魏书》卷7下《高祖纪》，北京：中华书局，1974年，第161页。

十分规整的石条，用量是相当可观的。仅此一项，笔者初步估算，其石方量当在三千立方米以上。其开采、加工、运输都颇费时日。何况平城地势高寒，冬季又无法采石。四则是明堂在动工前其附近有大量其他工程要做，如太和十二年（488）孝文帝“观筑圆丘于南郊”[①]，《水经注》记载，平城南郊明堂附近“河干两湄，太和十年，累石结岸。夹塘之上，杂树交荫。郭南结两石桥，横水为梁”。[②]依《魏书·李冲传》记载，明堂与圆丘的设计者为李冲一人，看来平城郭南的建筑是由李冲统一规划、设计，分别先后施工建设的，明堂工程是在这些外围工程完成后才动土兴建的。

三、石料的来源

《水经注·㶟水》记载，明堂“下则引水为辟雍，水侧结石为塘”[③]与发掘所见一致。就目前发掘所见及钻探推测，在外围直径294米的水道两侧，从底部直至地面，原来是砌有两道完整的内外石堤的，迁洛之后遭到不同程度的破坏。在整个水道底部铺有一层碎石片，另外，临水的四座夯土台基底部外围也多砌有大石块，以上石料全部是呈灰黄色的中砂岩和细砂岩，与云冈石窟山岩石质相同。云冈石窟开凿于侏罗纪长石石英砂岩层中，依岩石学分类，砂岩按其粒度不同可分为砾岩、粗砂岩、中砂岩、细砂岩、粉砂岩和泥岩六种，云冈石窟多中砂岩与细砂岩，少量粗砂岩及粉砂岩，明堂遗址所见的石料全部为中砂岩和细砂岩。1995年夏，在笔者负责的该遗址首次正式发掘中，在西侧夯土台基西边沿下端，叠压于夯土层底层的一排基石中，我们发现了一块长65厘米、宽35厘米、厚17厘米的石料，其一侧边沿呈内凹的弧形，与1993年云冈石窟三窟前室地面发掘所见到的取石方法如出一辙。三窟是云冈诸大型洞窟中唯一未完工的洞窟，其洞窟内部空间之大在云冈石窟中位居第一，开窟于迁洛前。1993年我们在该窟进行发掘时发现，洞窟在自上而下开掘窟内岩层时，有计划地将岩石取成圆形、方形等不同形状的料石，以便加工成石磨盘，方石等以作它用，成为开窟过程中的副产品。因此，我们有理由认为明堂所用史料主要来自于当时正在开凿的云冈石窟。

云冈石窟北魏时称武周山石窟寺，其时距国都平城四十余里。因武周川水（现称十里河）水量充沛，当时陆路就在河北岸的石窟前，傍山临水而行，并不方便。推测明堂所用大量石料，应该是在春、夏、秋三季石窟施工期间开采下来，冬季待武周川水冰冻后由河道中运送的。据《魏书·太祖纪》载，天兴二年（399）“凿渠引武川水注之苑中，疏为三沟，分流宫城内外”，[④]将武周川水与如浑西水接通。冬季由结冰的河面运输，可从云冈石

① 《魏书》卷7下《高祖纪》，北京：中华书局，1974年，第164页。

② 郦道元著，杨守敬、熊会贞疏：《水经注疏》卷13《㶟水》，南京：江苏古籍出版社，1989年，第1150页。

③ 郦道元著，杨守敬、熊会贞疏：《水经注疏》卷13《㶟水》，南京：江苏古籍出版社，1989年，第1151页。

④ 《魏书》卷2《太祖纪》，北京：中华书局，1974年，第35页。

窟直接运抵明堂附近，十分便利。

这些石料也可能就出自三窟，若此，则为第三窟开凿的确切年代提供了佐证，这不失为云冈三窟研究的重要线索，应该引起石窟研究者的注意。

四、辟雍的水源问题

环形水道内引水，是为辟雍的主要特征，历代文献屡有提及，前文已有所引，兹不赘叙。汉长安明堂遗址的发掘已经得到证实，其环形水道北“与一条宽21米，深3.8米的由西向东的河渠相通，圜水沟的流水出入于该河渠”①。平城明堂的环形水道内也确曾蓄水，这从水道内沉积的淤泥层中已得到证实。1995年10月，在整个遗址面貌已全部清楚之后，我们对遗址北端，特别是环形水道外侧进行了普探，探孔呈东西或南北直线分布。已经钻探过的地方没有发现引水河渠的遗迹。这一区域当时已是楼房林立，或无法钻探，或地层已经扰动，此问题只能留待今后的进一步工作。依《水经注》记载，明堂位于如浑西水之西，按今天大同城及外围的地貌来看，其北部、西部为山区，东、南为平原，整个市区及近郊的地形是西北高，东南低，这种大的地貌特征，古代与现代似乎不会有太大的区别，明堂遗址所处的地形也不例外。那么，如浑西水的走向则应该是在明堂北，呈西北—东南走向，朝明堂的东南流去，这与《水经注》所描绘的整个北魏平城的布局也是吻合的。如此看来，环形水道的水源来自如浑西水当无异议，引水处也只能在明堂东西中轴线以北。由于地形的原因，平城明堂的辟雍与汉长安明堂的辟雍不同，平城的辟雍应该在地势较低处设一出水口，否则只能是一潭死水。已探明的水道最低处在东南角，假如辟雍设有出水口的话，应该就位于此处，但这里恰好是一煤场，目前仍无法钻探。

五、中心建筑

位于遗址中心部位的建筑遗迹，是一处东西、南北各42米的方形夯土台基，夯土厚2米左右，规模远远大于四周的四座凸字形夯土台。我们在发掘过程中，见到一位88岁的老人李万祥，他从小在大同南关居住。据他说，1937年日本侵略军在此修建飞机场时将此土堆推平，此前土堆高出地面两丈多，顶上建有“蚜蚄庙”②，周围有大量碎瓦，可见当初建筑的高大。《水经注·㶟水》记载，明堂“上圆下方，四周十二户九室，而不为重隅也。室外柱内，绮井之下，施机轮，饰缥碧，仰象天状，画北道之宿焉，盖天也。每月随斗所

① 唐金裕：《西安西郊汉代建筑遗址发掘报告》，《考古学报》1959年第2期。

② 蚜蚄，指一种庄稼害虫，头红色，无翅。张富祥译注：《梦溪笔谈》卷24《杂志一》记载：“元丰中，庆州界生子方虫（蚜蚄）。”（北京：中华书局，2009年，第272页）

建之辰，转应天道，此之异古也”[①]，则以上文字所记即是此中心建筑，文中对中心建筑的型制所言极略，仅知上圆下方，四周十二户九室，不为重隅。所幸郦氏《水经注》在叙述位于如浑东水之东的大道坛庙时较为详细。它对我们了解中心建筑或许会有所帮助：“始光二年（425），少室道士寇谦之所议建也。兼诸岳庙碑，亦多所署立。其庙阶三成，四周栏槛，上阶之上，以木为员基，令互相枝梧，以板砌其上，栏陛承阿。上员制如明堂，而专室四户”。[②]依《隋书·宇文恺传》记载，“其室皆用墼累”[③]，明堂建筑是用土坯砌成的。灵台建于明堂之上，以观天象，灵台之下，在“室外柱内，绮井之下”设有大型天象演示仪器——浑象，随着季节与时辰的变化而转动。这里还装饰着蓝色天幕，画有北天极的星宿，俨然一座中世纪先进的天文馆。

清道光十年（1830）《大同县志》“明堂”条下记：“唐开元二十一年（733），云州置魏孝文帝祠堂，有司以时享祭。州有魏故明堂遗址，即于其上立庙”。这里所说的魏孝文帝祠堂，列于“明堂”条目之下，则可能就建于明堂遗址附近。后一句“州有魏故明堂遗址”，接续前句“唐开元二十一年”，[④]显然也是指唐代，但其上所立之庙已无从稽考。李万祥老人所说的“蚜蚄庙”可能是一清代庙宇。此处已在明堂遗址发现前几年盖起了一栋楼房，遗址已遭严重破坏，但经仔细钻探，夯土台的边沿都已找到。

六、与已发现的另三处明堂遗址的比较

到目前为止，已发现并发掘的明堂遗址共四处，除北魏平城明堂遗址以外，其余三处分别是汉长安明堂[⑤]，汉魏洛阳城明堂[⑥]和唐东都洛阳明堂[⑦]。汉魏洛阳城明堂、辟雍、灵台都建于光武帝建武中元元年（56），位于东汉洛阳城南不足一公里处，为三组各自独立的建筑，与平城明堂明显不同。辟雍平面呈方形，四面筑围墙，四面门外有水沟。明堂平面亦呈方形，中间有一直径为62米的圆形台基，为中心建筑所在。显然，东汉初建明堂、辟雍时，光武帝采用了明堂与辟雍是两个不同建筑的观点，而分别施工的。这里的明堂与辟雍，除了辟雍外围的水沟以外，二者并无大的区别。据文献记载，东汉洛阳明堂是参照长安明堂修建的。《水经注·谷水》则记载东汉洛阳明堂“上圆下方，九室，重隅，十二

① 郦道元著，杨守敬、熊会贞疏：《水经注疏》卷13《㶟水》，南京：江苏古籍出版社，1989年，第1150—1151页。

② 郦道元著，杨守敬、熊会贞疏：《水经注疏》卷13《㶟水》，南京：江苏古籍出版社，1989年，第1148页。

③ 《隋书》卷68《宇文恺传》，北京：中华书局，1973年，第1593页。

④ （清）黎中辅撰，许殿玺点校，大同市地方志办公室整理：《大同县志》卷7《都会》，太原：山西人民出版社，1992年，第137页。

⑤ 参见唐金裕：《西安西郊汉代建筑遗址发掘报告》，《考古学报》1959年第2期。

⑥ 参见《中国大百科全书》编辑委员会编著：《中国大百科全书·考古学》，北京：中国大百科全书出版社，1986年。

⑦ 参见中国社会科学院考古研究所洛阳唐城队：《唐东都武则天明堂遗址发掘简报》，《考古》1988年第3期。

堂……引水于其下为辟雍也。”[①]似乎并不存在独立的辟雍，而与汉长安明堂一样，看来文献记载是错误的，不过由此也可看出郦道元对“辟雍”一词的理解。由于发掘报告尚未发表，我们尚无法进行更为深入的探讨。东汉建造的洛阳灵台[②]高大而坚固，历经汉魏晋三朝，延续达二百五十年，是我国目前唯一经正式发掘的古代天文台。它独立一处，但又紧邻明堂，明堂与灵台的关系似乎紧密相连。

唐东都洛阳城明堂，建于宫城之内的中轴线上。初为隋之乾阳殿，焚毁后依旧址造乾元殿，武后于垂拱四年（688）又毁，在此造明堂。“凡高二百九十四尺，东西南北各三百尺。有三层：下层象四时，各随方色；中层法十二辰，圆盖，盖上盘九龙捧之；上层法二十四气，亦圆盖。亭中有巨木十围，上下通贯……刻木为瓦，夹纻漆之。明堂之下施铁渠，以为辟雍之象。号万象神宫。”[③]该明堂与《礼记》明堂建于都城之南的规矩明显不同，而且辟雍也非环形水道，代之以“铁渠”。此“铁渠”虽没有在发掘中发现，但推测可能是一种比环形水道更为简单的象征性的设施。唐武氏明堂从位置到建筑形制，已与古礼相去甚远。

汉长安明堂遗址，位于汉长安故城南约1公里余，外围是一环形水沟，直径349—368米，水沟内宽92厘米，两壁皆砖砌。内有方形围墙，每边长235米，辟四门。四角建曲尺形配房，中心建筑位于一圆形夯土台基之上。纵观这几处明堂遗址，平城明堂与汉长安明堂基本相似，是按《礼记》的制度规划、建设的，较为传统。《礼记正义》孔颖达疏曰：明堂“在国之阳”[④]，《太平御览》引《礼记外传》曰“明堂……在国南十里之内，七里之外”[⑤]，平城明堂的位置是严格按照传统作法选址的。其中心建筑“上圆下方，十二户九室”，也十分符合传统礼制的规范，即郦道元《水经注》所说“事准古制”。因为平城明堂的中心建筑已难以发掘，所以无法进行更确切的对比。平城明堂的围墙设在辟雍外侧，《隋书·宇文恺传》载：“后魏于北台城南造圆墙，在璧水外，门在水内迴立，不与墙相连”。[⑥]按“圆墙”的说法，围墙是循着辟雍的走势而建的，平面亦呈圆形，类似现存北京天坛的围墙，但其遗迹目前尚未找到。辟雍露天无盖，四门设在临水的渠边，从而使整个建筑群的布局更为疏朗、优美。汉长安明堂的辟雍则不同，不仅水道很窄，而且在东、西、南、北四边与一长方形水道相通，水道上还盖有石板，因此辟雍内又另设一道围墙。平城明堂的环形水道构造简洁，只有一环形沟，宽达8—23米。较窄的部位，是因为四周的四座凸字形夯土台突出于水道中，占据了部分水道所致，而且水道是露天的。平城的南

① 郦道元著，杨守敬、熊会贞疏：《水经注疏》卷16《穀水》，南京：江苏古籍出版社，1989年，第1425页。

② 中国社会科学院考古研究所洛阳工作队：《汉魏洛阳城南郊的灵台遗址》，《考古》1978年第1期。

③ 《旧唐书》卷22《礼仪二》，北京：中华书局，2000年，第582页。

④ 郑玄注，孔颖达等正义：《礼记正义》卷31《明堂位》，上海：上海古籍出版社，1990年，第573页。

⑤ 《太平御览》卷533《明堂》，北京：中华书局，1960年，第2419页。

⑥ 《隋书》卷68《宇文恺传》，北京：中华书局，1973年，第1593页。

郊，有高耸的永宁寺七级浮图，又有宏伟的圆丘，明堂东为籍田与药圃。这里“弱柳荫街，丝杨被浦。……长塘曲池，所在布濩”[①]，小桥、流水、农田，辟雍像一枚晶莹的玉环，镶嵌在绿树丛中。幽美的景致中，明堂更显得神秘。

七、明堂建设所揭示的其他信息

明堂建成于北魏太和十五年（491）十月，仅仅一年零十个月之后，孝文帝就陈兵百万南伐萧齐[②]，实际上已迈出了都城南迁的步伐。从此后孝文帝的一系列举动判断，由平城出发时他已打定了迁都的主意，只不过没有宣布，不便于在平城宣布，南伐不过是一种计谋而已。然而，以明堂这样耗资巨大的土木工程的建设来看，说明至迟在太和十五年时，孝文帝还并不想迁都，这一年，他不仅建了明堂，又在方山冯太后永固陵北端不远处为自己建了寿陵万年堂。早在平城建都初期，太史令王亮、苏坦就曾于神瑞二年（415）因缺粮问题而向明元帝拓跋嗣提出南迁都城的问题，事实上迁都问题此后一直困扰着北魏历代帝王。自孝文上任以来，柔然经太武帝的重创之后，势力已渐渐恢复，太和三年（479），“柔然十余万骑寇魏，至塞上而还”[③]。太和九年（485）“残暴好杀”的豆仑即位，号伏古敦可汗，魏与柔然的关系更趋紧张。太和十六年（492）八月“魏以怀朔镇将阳平王颐、镇北大将军陆叡皆为都督，督十二将，步骑十万，分为三道以击柔然……军过大碛，大破柔然而还”[④]。这一战役的胜利，使孝文帝最终下定了南迁的决心。“白日光天无不曜，江左一隅独未照”[⑤]，孝文帝怀着对中原汉文化的无限崇敬和一统华夏的雄心壮志，终于跨过了黄河，进入了中原腹地。

明堂建设所揭示的另一信息，就是让我们直观地看到了孝文帝对汉文化的高度认同。明堂作为都城重要的礼制建筑，历代都备受重视。汉代以来，从地望、建筑形制、建筑规模等诸方面都已形成了一套严格的制度，在都城的建设中具有十分重要的意义，并成为都城制度中的重要一环，同时，也成为中国古代文化的核心——礼制文化的重要内容。明堂的修建，反映了孝文帝对汉文化在深层次上的认同，也反映了这支来自北方草原的游牧民族，在建都平城近百年，经过与汉民族文化的不断交流中，自身文化所达到的新的高度。由此去看待孝文帝不久之后的迁都洛阳，也就是顺理成章的了。

（原载《中国史研究》2000年第1期）

① 郦道元著，杨守敬、熊会贞疏：《水经注疏》卷13《㶟水》，南京：江苏古籍出版社，1989年，第1145—1146页。

② 《魏书》卷7下《高祖纪》，北京：中华书局，1974年，第168页。

③ 《资治通鉴》卷135《齐纪一》，北京：中华书局，2007年，第1631页。

④ 《资治通鉴》卷137《齐纪三》，北京：中华书局，2007年，第1665页。

⑤ 《魏书》卷56《郑羲传》，北京：中华书局，1974年，第1240页。

从圈层结构理论看历代政治实体的性质

郭声波

一、历史政治地理圈层结构理论的基本点

19世纪中叶以来，边疆民族地区史地研究渐成显学，特别是20世纪30年代，史学界将中国传统的沿革地理研究发展成历史地理学，试图用近代地理学思想研究包括政治地理在内的人文地理现象，经过几十年艰苦奋斗，取得一系列超越前人的卓越成果，以谭其骧主编的《中国历史地图集》和周振鹤主编的《中国行政区划通史》为代表，集中体现了目前历史地理学界的主流观点，然而对于边疆民族地区政治地理的地图显示和文字表述，仍然存在一些模糊、空白乃至可商榷之处。

比如在中国，历代中原王朝的国家边缘地带，总是环居着少数民族，他们大多从事畜牧、狩猎等非固定生产生活方式，故而它们的居住区往往是游移不定或比较模糊的，甚至就连他们自己也说不清楚。虽然他们在实际上或名义上隶属于某个国家政权，符合现代国际法或国际准则中的领属原则，但要在地图上准确地标绘他们的居住、活动边界，却是十分困难的。这还不算，更要紧的是，这些少数民族与中原王朝国家政权之间的关系，在某些地域范围、某些时间段内，还可能因为历史记载的缺乏或政治的、军事的原因而发生变化。因而笔者以为，探究这些变化的性质，以及国家边缘地带少数民族实际居住活动的地域范围，就成为目前我国历史政治地理研究亟待开展的重要课题之一。特别是在我国陆海疆风云倏起的国际形势下，如何更好地为“一带一路”倡议厘清中国与周边国家的历史政治地理关系，尤为迫切。

在中国历史上，除郡、州、府、县等政区外，还出现过刺史部、道、转运使路、布政司、行台、行省、军、监、头下州军、军城（镇）、侨州郡县、宣慰使府、都元帅府、万（千、百）户府、属国都尉、獠郡、羁縻府州（卫所）、宫帐（斡鲁朵）、土司、诸侯、世侯、汗国、王国、法王、藩属国、方国、方镇、藩镇、藩部、部落、部落联盟，以及军政合一区、农政合一区、矿政合一区、政教合一区等政治实体或区域，名目繁多，它们究竟是何种性质，不管是论述历史政治地理，还是编绘历史地图，都是必需要解决的问题。而

就目前所见，历史政治地理著作及历史地图对此还存在许多盲点，或者采取回避态度，这样就很难深入开展历史政治地理研究，对观察和处理国内外一些政治问题（如与周边国家边界历史遗留问题、国内政区勘界问题、行政区划改革问题、民族区域自治制度的完善问题等）就很难提供更有利的决策依据。

因此笔者曾在《中国历史政区的圈层结构问题》一文中提出，在多民族国家的中心区，可分为直辖区、普通区两个类型的基本圈层，我们可以统视之为直接行政区；边缘区可分为自治区、统领区两个类型的基本圈层，我们可以统视之为间接行政区。在中国，通常也可细分为直辖都畿区、普通经制区、羁縻自治区、藩属统领区等子圈层，它们与《禹贡》反映的理想化的分封制和贡赋关系的五服圈层大体上是可以对应的，这反映中国历代统治者对政区的划分，从夏商周国家形成以来，即存在自觉或不自觉的圈层思想，圈层结构可从中国古代的五服制中寻找渊源①。这便是笔者所要表达的历史政治地理圈层结构理论的基本点。周振鹤《中国行政区划通史·总论》对中国历史上的地方行政圈层结构有一段十分精辟的评价：

> 一般人都推崇九州制的高明，而以五服制为虚妄，甚而认为五服制是《禹贡》的赘疣。其实《禹贡》将两种不同的政治地理思维放在同一著作中，正表明作者的高明，因为在统一的中央集权制国家出现以后，两种政治地理格局都在不同的情势下出现。九州制是后世的统治者在加强中央集权与最大限度地发挥政府职能方面的思想资源，而方方正正的圈层格局虽然没有出现，简化了的圈层却一直体现在中国历史上的边疆区与内地的关系上。从秦汉时期的边郡与内郡到唐代的边州到内地诸州，都基本上是这个模式。……我们既然称五服制为圈层式结构，也不妨称九州制为分块式结构。秦汉以降，这两种结构一直是政治地理格局的两种基本形态，以迄于近现代。

这就为我们指明，政区地理的圈层结构贯穿古今。

现在学界对于各类直接行政区的研究，已经汗牛充栋，但对于间接政区的研究似乎还不充分，而间接行政区又恰恰是政区圈层的重要构成，对于间接政区的研究，还有广阔的空间。

二、间接行政区在中国的理论与实践

笔者在《中国历史政区的圈层结构问题》一文中将间接行政区定义为“广义的自治区”，即内部事务实行不同程度的自治，国家政令通常不越过这类行政区的政府或长官（首长）直接下达到基层，长官或首长实际上是中央政府委托管辖这类政区的全权代理人，

① 郭声波：《中国历史政区的圈层结构问题》，《江汉论坛》2014年第1期；中国人民大学《复印报刊资料·地理》2014年第3期、《新华文摘》2014年第9期全文转载。

所以形成“间接”行政。长官或首长的产生主要是自行推举或世袭，报经中央政府有关部门批准即可。前面所举属国、獠郡、羁縻府州（卫所）、宫帐（斡鲁朵）、土司、诸侯、世侯、汗国、王国、藩属国、方国等，都属于“广义的自治区”，国外有些殖民地总督也可由中央委派，相应的行政机构主要由该长官或首长组建，直接对其负责，其产生机制的差异，并不影响其自治性质。

自治区（包括藩属国）是中央承认的政区或政权控制区域，不包括未经中央承认的地方割据势力自主形成的自治区域，如割据一方的方镇（藩镇）、地方势力形成的临时占领区等。自治区可有高度自治（有国家机构，但国防与外交往往受宗主国控制）、中度自治（无国家机构，享有较多自治权）、低度自治（无国家机构，享有较少自治权）等层级。

所谓“自治”，简单讲就是自己管理自己的意思。自治区不仅存在于当代社会主义国家，近现代资本主义国家也有它的自治区，比如有些自治城市、土著人保留地等。同样、封建制国家和奴隶制国家也可以有它们的自治区，古今通理。在中国古代，如上所述，就有很多类型的自治区。都可以把它们看成是受中央全权委托或部分委托，进行不同程度自我管理的地方行政单位。当然，这些自治区的自治程度经常会有变化。如楚、汉之际分封的诸侯王国，都继承战国传统拥有自己的军队，自署官员，自治程度很高，而景帝平定七国之乱以后，夺兵削地，委派官员，大大降低了诸侯王国的自治程度，但他们仍有封地，为实土诸侯。西晋八王之乱以后，诸侯分封尽管存而未废，但多盛行食封制，不再分与实土。因此总体而言，说实土诸侯王国是间接行政区或自治区并无不妥。

其实“间接行政”的观点早已有之。范文澜早在几十年前即十分中肯地指出：“《小雅·北山篇》说：‘溥天之下，莫非王土；率土之滨，莫非王臣。’这些话的内容就是天子有权直接或间接向庶民取得贡赋。”[①]与笔者将王畿划为直接统治区，将诸侯封地划为间接统治区的观点基本一致。

近年王健更明确指出：“诸侯国应包括在广义的政治疆域之内。这种天子的间接统治，诸侯的直接统治，构成了广义疆域新的‘虚’与‘实’的关系”[②]。他把诸侯封地看成是周天子的间接统治区。

苗威更有一段非常精到的论述：

> 中国的郡县制有一个产生和发展的过程，在郡县制产生之前，中国在很长一个历史时期内所实行的是分封制。通过古文献记载可以清楚地得知，远在传说时代，古代帝王就采取了分封制以治理国家。当然，在夏代之前，所谓的“国家”只不过是部落联盟的形式，这种部落联盟是由原始社会向阶级社会转化的过程中，在“行政组织”上的一种过渡形式。所谓“分封制”，即由中国古代帝王实行统治，以“封邦建国”

① 范文澜：《中国通史》第一册，北京：人民出版社，1978年，第27页。

② 王健：《西周政治地理结构研究》，郑州：中州古籍出版社，2004年，第73页。

> 的方式来划分区域、分封诸侯、组织社会的一种政治制度，亦即帝王对国家进行管理的一种行政区划的划分制度。……实际上，在远古时代，中国帝王对天下的管辖有三种不同的方式：其一，对王畿地区实行直接管辖；其二，对诸侯国实行间接管辖；其三，对诸侯国之外更为遥远的民族，实行羁縻式的管理。①

这里明确指出“分封制”亦即帝王对国家进行管理的一种行政区划的划分制度，一语中的，与笔者的观点不谋而合，但也有不同之处，即笔者认为“间接管理”与“羁縻式的管理”其实是一回事，都属于“间接行政”范围。

综上，间接行政区尽管有多种形式，多种名称，但其实质都是“可以当作行政区”或“可以视作行政区”的政治实体，仍是国家疆域的组成部分。将“可以当作行政区”或“可以视作行政区”的政治实体定义为“间接行政区”，只不过是捅破一层窗户纸而已。窗户洞开，豁然开朗，不仅诸侯国的地位不再尴尬，而且藩属国、羁縻府州、土司、殖民地、租界等政治实体混沌不清的性质也一并有了归属。

不过，笔者也主张采取保守一点的作法，即不把藩属国作为间接行政区（尽管在广义上也可算作间接行政区），而是单列为“统领区”，以对应《禹贡》五服制中的荒服。“统领”，可以理解为“统而不治”的领属区，相比“统治区”而言，可能要更准确一些。

根据上述论证，可以将中国历代地方政治实体与五服圈层的关系列表反映如下：

表1　中国历代地方行政与统领区划的圈层结构

朝代	直接行政区		间接行政区			统领区
	中央直辖区	国家经制区	低度自治区	中度自治区	高度自治区	藩属国
春秋前后服制	甸（畿）		侯	绥	要	荒
	邦畿	甸	侯、男、采	卫	要（宾）、夷	镇（蛮）、藩
夏	王畿		同姓、异姓诸侯国		异族诸侯国	方国
商	王畿		同姓、异姓诸侯国		异族诸侯国	方国
周	王畿		同姓、异姓诸侯国		异族诸侯国	方国
战国	王畿	郡县	同姓、异姓诸侯国			
秦	内史	郡县				
西汉	司隶	郡县	道、诸侯、诸王国		异族诸王国	藩属国
新		郡县	诸侯国	诸王国		
东汉	司隶	州郡县	诸侯王国	属国		藩属国
三国		州郡县	诸侯王国			
西晋		州郡县	诸侯王国	诸王国		

① 苗威：《乐浪研究》，北京：高等教育出版社，2016年，第211—212页。

续　表

朝代	直接行政区		间接行政区			统领区
东晋		州郡县				
南北朝		州郡县、军镇	獠郡、左郡			
隋		州县				
唐	畿	方镇府州县	羁縻府州	羁縻府州	羁縻府兼属国	藩属国
五代		方镇府州县	羁縻州	羁縻州		
北宋辽	宫帐	路府州军县	头下州	羁縻州	部族	藩属国
南宋金		路府州军县	猛安、谋克	羁縻州	部族	藩属国
蒙元	宫帐、腹里	省路府州县	土司	千户、土司	汗国	藩属国
明	直隶	省府州县实土卫所	土司	羁縻都司卫所、土司	部族	藩属国
清	直隶	省府州县将军区	土司	土司	藩部	藩属国
民国	直辖市	省市县	土司	土司	藩部、租界	

由是可知，中国古代的自治制度大体可分为以下几类：一类是建立了国家政权的从属于某一宗主国的高度自治的地方政治实体，如诸侯国、羁縻属国、藩属国等；一类是拥有一定自治权的地方行政区，如汉代的道，属国都尉，六朝的獠郡、左郡，唐宋的羁縻府州，辽的头下州军，元明清的土司等；一类是未设政权或行政机构的民族地方，如唐宋的羁縻部落，辽金元的部族等。上述三类分别相应于今日的自治国家、自治政区、自治部落三种地方自治形式。它们与中央政府的关系，虽然较为复杂，变动较大，名目繁多，但将其按自治类型和自治程度来加以总结，便不难理顺。

三、多轨行政是多民族国家的不二选择

如果一个国家境域过小，民族单一，那么产生政区圈层的可能性亦不大，因此可以说，具备一定的境域，以及多民族国家这两个要素，是圈层结构产生的必要条件。

在中国，诸侯分封制从夏朝建立国家就开始了。其实它应该是从原始父系氏族部落的分化及部落联盟的产生演变而来。同姓部落的分化就是后世同姓诸侯的雏形，联姻部落的加盟就是后世异姓诸侯的雏形，异族部落的加盟就是后世异族诸侯的雏形，因此原始社会的部落联盟一旦形成国家，那么诸侯制的出现就是顺理成章、水到渠成的事情，有其必然性。这也就决定了中国早期国家的地方行政制度必然要以诸侯分封制为主，这时，国王直辖部落领地就成为王畿，国王对王畿以外的统治，当然就只有依靠诸侯了，没有别的选择。对这些分封（与其说是分封，不如说是沿袭）诸侯国的管理，只能是间接行政或间接统治，它们对国王来说，除了象征性的朝贡以外，只有在祭祀和军事时，才有参加的义

务，即所谓“国之大事，在祀与戎”。

不过笔者在《中国历史政区的圈层结构问题》一文认为，五服制是以地方五千里为基础设计的，反映的应是春秋以前人们认识的地理空间范围。六服（实际是七服）制是以地方七千里为基础设计的，反映的应是战国时代人们认识的地理空间范围。九服制反映的应是汉景帝时代人们认识的地理空间范围（九服应是汉人所加），已超出了先秦“九州”范围。可见空间上的圈层其实也不是凭空想象，而是基于当时人们的地理认识范围和民族分布的空间圈层特点而产生的。

中国自古以来就是一个幅员广阔的多民族国家，历代中央政府对管辖范围内的少数民族（在辽、金、元、清，则是指留在发祥地的本民族），基本上都实行了间接统治，用现代术语讲就是“民族自治”，或“统而治之”。《春秋左传》定公四年所谓“启以夏政，疆以戎索”，反映古人已经意识到对待少数民族应该“因故俗治”，采取不同于华夏族的统治方式。众所周知，“华夷有别”的思想，是贯穿于整个中国历史发展过程的。

李大龙提出中国自秦汉之后呈现“夏”“夷”二元结构，“藩卫郡县区域（也是皇帝直接统治区域）安全由之也成了为政者要考虑的问题，以将边疆族群经营为中原藩屏为主要目的的藩属体制的出现即是顺应了这一要求”[①]，虽然也有“直接统治区”和“边疆藩屏区”这两个基本圈层的划分，但与笔者提出的“因故俗治”而形成边缘圈层的政治动因有所不同，不过也不矛盾，甚至还可说有相辅相成的关系，因为边疆藩屏区一般由边疆族群为主体，而经营这样的族群一般也是“因故俗治”。

也有个别的王朝尝试过实行简单圈层的地方行政制度，比如秦、隋两朝，只有中心区圈层，但他们的国祚却是最短促的。看起来他们的灭亡似乎都是因为本部地区的农民起义，与圈层结构无关。但是我们不要忘了，陈胜、吴广不正是代表着苦难的戍边士卒发难的吗？王薄等人不正是高唱着“无向辽东浪死歌”而揭竿起义的吗？如果秦始皇对待百越、匈奴，隋炀帝对待吐谷浑、高丽、林邑能够采取羁縻政策，不诉诸武力，而与民休息，他们会有这样的结果吗？

纵观中国历史上各个朝代的地方行政制度，除国祚短促的秦、隋两朝是比较单一的圈层结构外[②]，基本上都存在经制（或曰本部，即国家直接统治区）与自治（或曰藩部，即国家间接统治区）两种不同的统治方式——双轨制。从政区形式来看，经制区大体有省（布政使司）、路、府、州、郡、县等名目，自治区大体有藩属国、地方（方国）、诸侯、土司、羁縻府州、属国都尉、部落等名目，这样细分，圈层更多，成为多轨制。之所以划分

① 李大龙：《从“天下”到“中国”：多民族国家疆域理论解构》，北京：人民出版社，2015年，第208页。

② 陈力《试论秦国之“属邦”与“臣邦”》（《民族研究》1997年第4期）认为，云梦秦简中出现了三个与边疆族群有密切关系的组织，“臣邦大约是降服于秦的少数民族之国，外臣邦是秦的附庸国，属邦很可能是对包括臣邦、外臣邦等臣属国的统称”。但他承认，属邦制大约建立于秦惠王时代，“在秦国对东方战争还未了结的情况下，设置属邦，分开内属与外附进行统治是一种良策”，至于始皇统一全国、推行郡县后是否继续行用，未加说明。

为经制区和自治区，是顺应中国作为以汉族与主体，以少数民族为组成部分的需要，是适应多民族国家国情的必然选择，是中国历代统治者经历了几千年的政治实践总结出的宝贵经验。顺之则昌，逆之则亡。秦、隋之所以国祚短促，重要原因之一就是没有顺应这种需要。

历来研究羁縻府州、土司、藩部者虽然不乏其数，但基本上都未提升到中国古代民族区域自治制度的高度来认识[①]。中华人民共和国成立以来建立的民族区域自治制度，虽然有苏联模式的影响，但也可看成是中国历史上民族区域自治制度在现代的延续与革新，是马列主义民族理论与中国历史实践相结合的产物，是中国对世界民族政治制度的贡献。

中国历史上，除了汉族建立的中央王朝外，也有少数民族建立的中原王朝，如北魏、辽、金、蒙元、清等，他们一度统治过汉族。尽管北魏有“变夷为夏”（鲜卑汉化）之举，但蒙元的“四等人”划分却将汉族打入下层，彻底颠覆了“贵中华，贱夷狄”的传统观念，“继蒙古人之后，建立清王朝的满洲人对传统‘夷夏观’的冲击则表现得更为激烈”[②]，雍正帝曾反驳“华夏正统论”说：“舜为东夷之人，文王为西夷之人，（其入主中原）曾何损于圣德乎？”[③]出于统治需要，一方面坚持“满洲正统论”，一方面又试图弥合族群差异，进行“臣民”“国民”塑造。因此，这样的国家所划分的中心区与边缘区的政治地理格局，显然难以简单地用“夏”“夷”二元结构来表述。不过它们都是多民族国家，其政治地理格局如果用圈层结构理论来表述，就要恰当得多。前面所列历代中原王朝政治地理的圈层结构已经包括这些少数民族建立的国家在内，兹不赘述。

另外一些未曾入主中原又未臣服中原（包括或臣或叛）的边疆少数民族政权，只要境内存在其他民族，其统治方式也是分为若干圈层的。这里借用李大龙例举的作为西汉王朝敌国的匈奴单于庭内部构造来对比显示一下[④]：

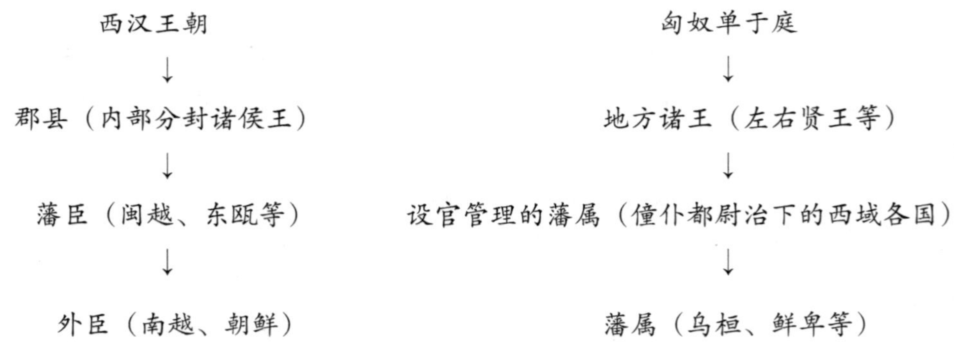

显而易见，匈奴统治下的西域各国，就属于匈奴国家疆域之内的边缘圈层。此外，吐

① 仅谭其骧在《唐代羁縻州述论》（《长水集续编》，北京：人民出版社，1994年）中提到：“在这个时期，漠南突厥诸府州应可视为在云中、单于都护府监领下的民族自治区。”

② 李大龙：《从“天下”到“中国”：多民族国家疆域理论解构》，第328页。

③ 《清实录·世宗实录》卷86“雍正七年九月癸未”条，北京：中华书局，1986年。

④ 李大龙：《从“天下”到“中国”：多民族国家疆域理论解构》，第226页。

蕃（本部置茹，缘边置节度）、南诏（由内而外分置睑、节度、都督）、大理（由内而外分置赕、府、郡、道）、西夏（由内而外分置府州、监军司）等中原王朝的敌国，也无一例外地遵从了这一政治地理划分原则。

关于藩属国政权内的圈层结构，李大龙也有举例[①]，这里不妨再借用一下：

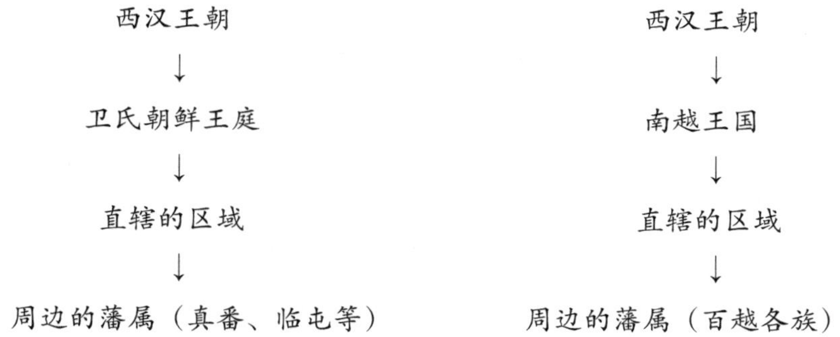

笔者曾与指导的博士生撰文研讨过宋元时期藩属安南国与其边疆地区藩属国的关系，认为："对于中国，越（安）南自认为是小国，谨修藩邦之礼，积极维护中国与之的'宗藩关系'；对于当时的占城、真腊等周边国家，越（安）南又自认为是大国，努力构建以自己为中心的'亚宗藩关系'。"[②]安南建立的亚宗藩关系，大抵就相当于卫氏朝鲜、南越王国与周边藩属的关系。

由于中心区和边缘区在任何国家都存在，因此，即使是非方非圆的狭长形状国土的国家，历史上如金朝，现代如越南，并不影响在政治结构上将其政区划分为若干圈层。况且在地理上，金朝的中心区虽数度移动，其边缘区一直在东北，越南历史上的中心区（红河三角洲）和边缘区（周边及南方）同样也是客观存在的，在宏观上它们都存在地理上的圈层。

越南的国土，是与圆形或方形国土格格不入的典型例子，笔者的一个研究越南历史地理的团队中的韩周敬博士在我指导下应用圈层结构理论进行阮朝政治地理研究，在这方面颇有心得体会[③]，这里不妨援引多说几句：

越南自公元10世纪至19世纪末，一直是中国的藩属国，从中国的政治地理圈层来看，当属最外层。而越南国内，也存在自身的圈层结构。根据《大越史记全书》的记载，后黎朝顺天元年（1428），黎利设东、西、南、北和海西共五道，五道之内又各辖数量不等的府县。这五道的设置，以升龙为中心，以道里远近为标准。其后的洪德二十一年（1490），

---

① 李大龙：《从"天下"到"中国"：多民族国家疆域理论解构》，第227页。

② 王继东、郭声波：《李陈朝时期越南与周边国家的"亚宗藩关系"》，《东南亚研究》2007年第4期。同样的观点亦见于戴可来《略论古代中国和越南之间的宗藩关系》（《中国边疆史地研究》2004年第2期）。

③ 韩周敬：《如何区分古代疆域的中心区和边缘区？》，《互联网文档资源（http://www.360doc.co）》2016-12-916:30:02；韩周敬：《晚期占婆政治地理探析——以顺城镇(1692-1832)为中心》，《历史地理》第三十四辑，上海人民出版社，2017年。

黎圣宗定全国版图为十三处，京师四周为山南（Xứ Nam）、山西（Xứ Tây）、京北（Xứ Bắc）和海阳（Xứ Đông）四处，此四处为内层，其余诸处为外层，亦呈圈层状分布。莫朝建立之后，将政区通名由“承宣”改为“路”，其政区结构则未甚变易。

现存的阮廌《舆地志》一书，将当时的后黎朝分为两大圈层，内圈为“中都”，外圈为“藩”，与上述黎利的五道名目不同，书中的“藩”名为东藩、西藩、南藩、北藩[①]。“藩”并非指藩属国，也不是正式的政区名目，而是阮廌对地方十三镇这种中央经制区的统称。中都“四方辐辏，居国之中”，四藩十三镇之地则呈圈状包其四周，是以中都为中心、向四方发散开去的同心圆构造。而在四藩十三镇内部，阮廌又进行了细化，将每藩属镇分为二到五个细小圈层，如东藩只包含首镇海阳和次镇安邦，而南藩则有山南、清化、乂安、顺化、南界五镇，很明显，这种圈内细划也是以道里远近为标准的。如果说在《舆地志》产生之前，越南的政治地理思维还未得到明白晓示、“日用而不知”的话，那么此书的产生，无异于给后来者提供了参考范本。其后之广南国、郑主政权、西山国、阮朝都自觉的运用其中所体现的政治地理思维，来进行政区的布局和更动。

阮朝在明命十三年（1832）以前，政区即以都城顺化为中心点，围绕顺化设置了直隶四营作为直辖区，以道里为依据向外推展，陆续设置了近畿八镇以及北城、嘉定城诸镇，这些镇构成了经制区。在经制区的地理包围之中，还设有羁縻区，如占婆顺城镇。顺城镇，虽然在地理上处于经制区的包围中，它距离都城的距离比嘉定等经制区还要近，地理圈层被打破，但阮朝对它的经略方式决定了它是一个羁縻区，在政治圈层结构上仍处于最外边缘。明命十三年政区改革之后，撤镇改省，但政区的圈层制式并未改变，仍是以顺化为中心，以“广南、广义为南直，广治、广平为北直，平定至平顺为左畿，河静至清葩为右畿，边和至河仙为南圻，宁平至谅山为北圻”[②]，构成了清晰的结构圈层。

进而纵观世界各国疆域与政区演变历史，也都是可以应用政治地理圈层结构理论来考察的，尽管各圈层中的政区名称和表现方式可以千差万别，与中国不同。各国疆域、政区固然有其复杂性，近世西方的殖民帝国如葡、西、英、法等国，海外省、海外殖民地这类自治区、统领区遍布全球，领土形状呈星散形，且变化无常，肯定不能用简单的圆圈状或多边形来表现，但政治结构上的圈层（即中央直辖地、本土普通政区、自治区、海外领地等）也一直是很明显的，圈层结构理论同样可用于研究它们的政治地理，这个理论并不是以中国为中心量身定制的。当然，圈层结构理论如果要用于世界历史政治地理研究，还有颇多有待完善之处，这正是我们今后要努力的方向。

［原载《云南大学学报》（社会科学版）2018年第2期，《新华文摘》2018年第11期全文转载，略有改动］

---

① 〔越〕阮廌：《阮抑斋集》卷5，越南共和国特别文化衙，1961年影印本。

② 〔越〕阮朝国史馆：《大南实录正编·第二纪》卷127，日本庆应义塾大学，1935年影印本。

城市生态学视角下西安排水系统近代转型

——以民国西安下水道为中心

郭世强

从广义的城市生态学角度来言，城市是一个融人、景、物于一体，生产和生活相辅相成的新陈代谢体，是在原有自然生态系统基础上，增加了社会和经济两个子系统构成的复合生态系统[①]。因此，对城市生态系统的研究要以自然生态系统为基础，同时要综合考虑具有生物和社会双重属性人的因素。下水道作为近现代城市排水系统的主体，是城市生态系统中重要一环。于城市自然生态系统而言，下水道作为雨水、污水等流通管道，关乎道路等基础设施养护及城市水文景观；于城市人文生态系统而言，下水道在公共卫生及市民生活等方面发挥的作用，直接影响着市民生活的质量。从平面上看，下水道构成了城市排水的地下空间骨架；若从纵切面观察，市民居所、商铺厂家、路面路基、土地生物等各种自然和人文环境因子，通过人对水的排泄这一行为，在此空间中产生交集，呈现出独特的生态关系。因此，下水道作为公共排水空间，是城市公共空间在地下的延伸，具有自然和人文双重生态空间意义。

西安作为曾经的"十三朝古都"和当代"丝绸之路经济带"的新起点与桥头堡，其"都城时代"与"后都城时代"城市发展演变过程一直是学术界关注的重点。作为一个典型的内陆城市，民国时期城市的建设对西安城市近代化转型的推动已逐渐为学界所认识[②]，然而，当前学界对于这一时期西安下水道的研究主要集中在自然生态系统的构建上，即下水道的建设过程[③]，其在人文生态空间上的意义，却没有得到学界的充分肯定。事实上，民国西安的下水道排水系统，既是作为城市生态环境的侵入者，取代了原有城市排水系统，同时又构成了城市生态空间的一部分，迫使人们不断调整自己的观念和行为，以适应新式排水系统所构建的生态环境。本文通过对民国西安下水道排水系统的分析，力图展现在西安近现代排水系统的出现与发展过程中，与下水道排水系统相关的人文生态环境的变

① 赵运林、邹冬生编著：《城市生态学》，北京：科学出版社，2005年，第2页。

② 如吴宏岐：《西安历史地理研究》，西安：西安地图出版社，2006年，第348—479页；任云英：《近代西安城市空间结构演变研究》（1840—1949）》，陕西师范大学博士学位论文，2005年10月，第199—262页；阎希娟：《民国西安城市地理初步研究》，陕西师范大学博士学位论文，2002年4月。

③ 如吴宏岐：《西安历史地理研究》，第449—451页；史红帅：《民国西安城市水利建设及其规划》，《长安大学学报》（社会科学版）2012年第3期；郭世强：《1934—1941年西安城区道路工程建设的初步研究》，《中国历史地理论丛》2013年第3辑。

化，以及在这种变化中所表现的近代西安城市的转型，进而实现探讨西安下水道排水系统与城市社会生态之间关系的目的。

一、新型排水设施——下水道的引入

民国前期的西安排水设施，尚未从封建时代蜕变出来。作为一座内陆城市，当时西安的排水生态形式以池坑、洼地为特色，数量众多的公私涝池遍布市内。无论是自然降水，还是居民生活废水，都经过各类池、坑的收集下渗，实现排水的目的。因此，在一定程度上西安池坑体系可视为放大了的城市渗井群①。

然而，这些数量众多的池坑、洼地所构成的排水系统与现代意义上的下水道排水生态系统有质的差异。一方面西安城区池坑、洼地依地形各处高低不一自然而成；另一方面长期以来的城市建设，需要大量用土垒砌或压制土坯，出于基建等人为因素而形成的城区坑洼地数量众多，且多在居民区边缘、城区偏僻地带②。更为重要的是，这些平时干涸无水，在雨涝时才发挥积蓄排泄雨水功能的坑洼地，只是封建小生产经济条件下城市缓解雨涝问题的特殊产物。至于更多的市民家庭，大都于庭院中设置渗井用以排泄污水③。因此，民国前期西安城区的排水设施并未形成有机联系的排水系统，各类公私排水池坑、洼地与市民日常生活关系不大，不具备近现代城市排水系统的性质和功能。

1934年8月，为统筹办理陪都西京的市政建设，西京筹备委员会、陕西省政府、全国经济委员会西北办事处三家单位合组成立了西京市政建设委员会（以下简称西建会）④，近代西安大规模市政建设自此开始。“市政之建设以整理道路为起端，道路之保养则以下水道最居首要”⑤，基于此种认识，西建会的工程师和管理者们带着他们掌握的城市建设的经验、技术及理念，以西安城区水准测量为开始，逐渐建立起近代西安城市排水系统生态环境的物质层面。作为城市道路养护的基础性工程，一个配备有出水口、下水道管道、大小窨井及井盖、过街横沟的近代化城市排水系统逐渐取代了池坑、洼地，出现在西安市民的生活中。

西建会成立后至1949年西安解放前夕城区下水道的修筑情况，在西安市档案馆所藏民国档案中有着详细的记载。根据笔者从《西安市政府秘书处档案》（全宗号01-1）、《西安市政府建设科档案》（全宗号01-11）、《西京市政建设委员会档案》（全宗号03）、《西京市

① 史红帅：《明清时期西安城市地理研究》，北京：中国社会科学出版社，2008年，第149页。

② 史红帅：《明清时期西安城市地理研究》，第148页。

③ 刘祝君：《本市沟渠工程概况》，《西安市工月刊》1936年第5期。

④ 《邵力子、刘景山、张继为合组西京市政建设委员会呈中央政治会议文》，西安市档案局、西安市档案馆编：《筹建西京陪都档案史料选辑》，西安：西北大学出版社，1994年，第47—48页。

⑤ 《水准测量之经过情形》（1935年6月26日），西安市档案馆：《西京市政建设委员会工程处档案》，档号：04-296，第36页。

政建设委员会工程处档案》（全宗号04）、《西安市政工程处档案》（全宗号05）等卷宗中所搜集到的有关民国西安下水道建设的150余卷档案的分析，这一时期西安下水道的建设可分为三个阶段：1935年的筹备，完成了城区水准地势的测绘、规划设计下水道方案等；1936—1937年上半年的兴建，基本建设起民国西安下水道排水干沟体系；抗战爆发后至1949年解放前夕的养护，包括对下水道淤塞的疏浚、塌陷的修复、大小窨井盖的增补改换等。

总体而言，1936—1937年上半年西建会对西安城区下水道排水系统的建设，构成了民国西安下水道物质环境的主体，而抗战爆发后至西安解放前夕，城区下水道虽有小规模的增筑，但其主要工作还是对已有下水道物质环境的养护。在1936年，西建会建成各口径下水道66条约27公里①，1937年上半年完成莲寿坊、夏家什字等12条下水道6791米②。抗战爆发后，囿于经济困难和日军空袭对于市政建设的影响，西安下水道建设举步维艰，自抗战开始至1946年西安下水道新筑里程仅约6公里③。虽然在抗战结束之后，1945年9月时任西安市长陆翰芹在市临时参议会上提出重新建设西安市下水道工程的提案④，然而内战爆发后，作为胡宗南重点进攻延安革命根据地大本营的西安，随着国民党陕北战局的溃败，其下水道重建计划也就流于空谈，成绩寥寥。因此，经过1936—1937年上半年西建会对西安下水道排水系统的大规模兴建，加之抗战期间的历次增筑，1946年前后西安建成了一个拥有尚德路、南四府街、玉祥门、北门四大排水口，涵盖全市约100条道路，设有455个大窨井及1163个小窨井，全长约39公里的新式下水道排水系统⑤，如图1所示。

① 《西京市政建设委员会下水道工务所二十五年度水沟工作报告表》，西安市档案馆：《西京市政建设委员会工程处档案》，档号：04-295，第202—203页。

② 《水沟工程报告及用款支付说明》（1937年11月4日），西安市档案馆：《西京市政建设委员会工程处档案》，档号：04-299，第104—105页。

③ 《本市下水道系统表暨工作报表》（1947年3月17日），西安市档案馆：《西安市政府建设科档案》，档号：01-11-342-4，第30—35页。

④ 《重新建设西安市下水道工程》（1945年9月12日），西安市档案馆：《西安市政府秘书处档案》，档号：01-1-130，第9—10页。

⑤ 《本市下水道系统表暨工作报表》（1947年3月17日），西安市档案馆：《西安市政府建设科档案》，档号：01-11-342-4，第30—35页。

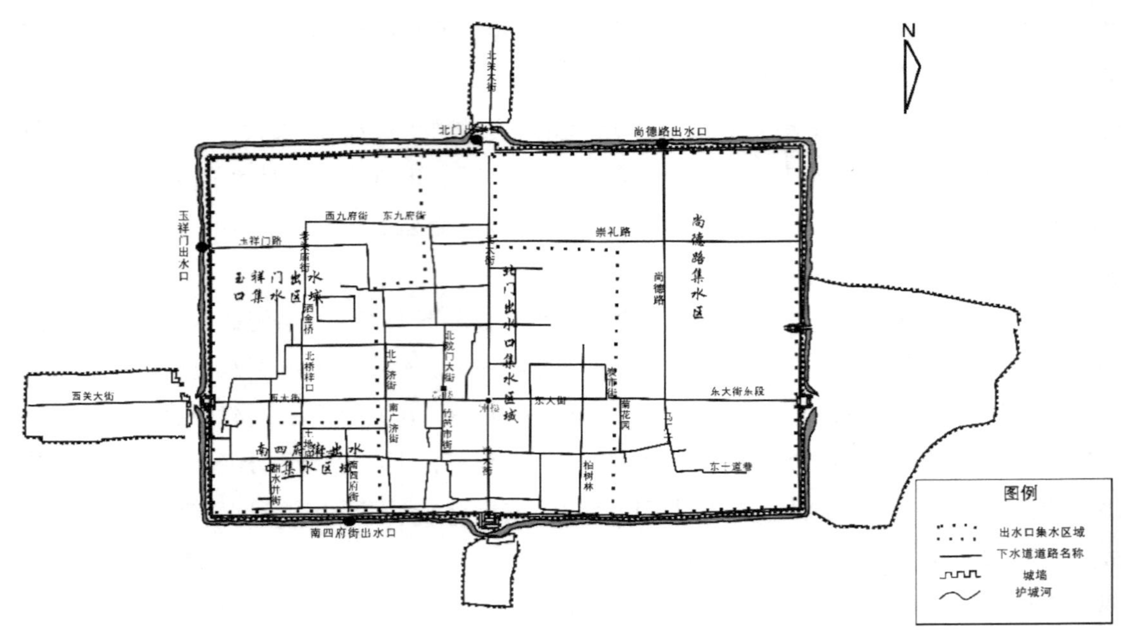

图1　民国西安下水道排水系统示意图

说明：根据1933年西安城区地图改绘，史念海主编：《西安历史地图集》，西安：西安地图出版社，1996年，第134—137页。资料来源《本市下水道系统表暨工作报表》（1947年3月17日），西安市档案馆：《西安市政府建设科档案》，档号：01-11-342-4，第30—35页。

西安新型排水设施——下水道的出现，与陪都西京城市建设的新发展密切相关。自1934年至1940年底，西建会完成了约长42公里、面积约33万平方米碎石马路路面①，提高了西安城市路面的硬化率，但同时也增加了地表径流，加剧了城市的内涝②。而随着城市社会经济的发展，各类涝池、坑洼地对城市肌理平整性的损害，阻碍了城市的开发③；城市人口的增加以及市民社会公德意识的欠缺，随意向涝池、坑洼地倾倒垃圾与便溺，使得传统排水设施已然成为藏污纳垢、滋生病菌之地，严重影响市容和公共卫生④。故而对于各类公私涝池，西建会决定“于蓄水问题无碍时，即行用车运土填补”⑤，仅在城市边缘地区及郊区留有部分公私涝池以便建筑临时水沟，作为泄水的救急之用⑥。因此，伴随着城市发展而来的城市路面硬化及传统排水设施对城市开发的阻碍，才是导致整个城市排水

① 郭世强：《1934—1941年西安城区道路工程建设的初步研究》，《中国历史地理论丛》2013年第3辑。

② 严济宽：《西安地方印象记》，《浙江青年》1934年第2期。

③ 《函达限期查明新市区二三等公地内深坑涝池决议案》（1935年6月29日），西安市档案馆：《西京市政建设委员会档案》，档号：03-312，第4页。

④ 《函请省会警察局饬属调查西安全城涝池由》（1937年10月22日），西安市档案馆：《西京市政建设委员会档案》，档号：03-401，第33页。

⑤ 《函达勘查本市涝池决议案》（1935年6月4日），西安市档案馆：《西京市政建设委员会档案》，档号：03-312，第8页。

⑥ 《函达利用私人涝池建筑临时水沟工费额度决议案》（1935年8月16日），西安市档案馆：《西京市政建设委员会档案》，档号：03-312，第2页。

系统生态环境发生重大转型的直接原因。

总的来说，伴随着西安城区下水道的建成使用，以池坑、洼地为代表的传统排水设施在城市生态空间中发生了巨大的变化。在此情况下，一种新型城市排水的生态环境产生了，由此开始改变了西安旧有排水的社会生态状况，导致了与此相关的城市人文生态环境层面中新的城市行为的出现。

二、新型城市排水系统管理制度的建立

随着近代城市生态环境中的物质层面的建立，体制层面如何与之相配套的问题也就产生了，即该如何维护与管理西建会所筑西安城区新型下水道排水系统。实际上，自下水道修建伊始，西建会就围绕下水道的修建与维护制定了一系列相关的制度措施。

首先，建立下水道修建的职能部门，制定城区下水道工程的施工规程。传统时代，城市设施建设基本上采用大工程由官府组织兴建，小工程则由地方官吏或绅士捐资兴办[①]，而民国西安下水道的修建工程则按照资本主义方式运作，承包制成为修筑下水道的主要组织方式。为适应新式下水道工程建设的需要，西建会于1935年初成立专门从事城市水准地势测量的测量队，以求为科学规划与修建下水道工程提供准确的依据[②]。在城市水准测量完竣后，1935年10月，西建会成立了以刘祝君为主任工程司的下水道工务所，专职负责全市下水道的计划与兴修事宜[③]。为保证下水道工程质量，西建会下水道工务所制定了关于承包商工程施工的说明书，对各处下水道施工中的工程进行程序、土工挖掘的方法及深度、工料的选择、管道的安装、砖工的拘缝、完工后路面的平整等问题进行了详细的规定[④]。同时，对承包商承建的下水道设置保固期，保固期内如果包商所承修的下水道出现坍塌及其他损坏情况，一概由承包商承担修复费用[⑤]。因此，作为西安城区下水道工程事务城市人文生态环境层面的主管机构，西建会下水道工务所因之而生，其所制定的下水道修建计划、工程施工及养护规程，又进一步推动了下水道物质层面的发展。

其次，为保证下水道正常使用，市政当局成立相关职能部门，专司下水道养护工作。1935—1949年这十数年间，虽然西安市政机构几经变迁，但专职负责城区下水道养护任务

① 陈琍：《上海城市生态的近代转型——以晚清上海道路为中心》，《中国历史地理论丛》2007年第3辑。

② 《本市水准测量平板测绘之进行及经过》（1935年6月26日），西安市档案馆：《西京市政建设委员会工程处档案》，档号：04-296，第42—44页。

③ 《呈报成立下水道工务所已于本月二十日开始办公请备查由》（1935年10月29日），西安市档案馆：《西京市政建设委员会档案》，档号：03-315，第135页。

④ 《西京市政建设委员会下水道工务所下水道工程施工说明书》（1937年8月），西安市档案馆：《西京市政建设委员会档案》，档号：03-315，第3—8页。

⑤ 《西安市政工程处修筑郭签士巷阴沟工程说明书》（1935年10月16日），西安市档案馆：《西京市政建设委员会档案》，档号：03-288，第10页。

的职能部门一直存在，即1935年10月—1939年2月之西建会下水道工务所、1939年2月—1941年底之西京市政建设委员会工程处沟工队、1942年1月—1944年9月西安市政处工务局、1944年9月—1949年5月之西安市政府建设科工程队[①]等。其养护工作的内容大体有疏浚淤塞、修复坍塌、加修窨井井盖等。一般而言，下水道的疏浚淤塞是各时期养护部门的主要工作，市内各处下水道一旦产生淤塞问题，在收到请求疏浚的呈文之后，即派工前往。如1946年2月15日西安市政府收到陕西省会警察局电请疏浚南院门及大保吉巷等处淤塞下水道的呈文，2月19日即交由建设科工程队前往上述地点施工，并于3月5日完成相应的疏浚工作[②]，其疏浚淤塞工作大体如此开展。至于下水道坍塌的修复工作，则视工程量及花费的大小而决定，工程量大及在预算范围之内者则招商修复，工程量小或超出预算过巨者则自行招工修复[③]。窨井井盖的维护也是下水道养护部门的一项重要工作，一般而言西安城区下水道窨井各质地井盖的制造工作交由承包商完成，下水道养护部门负责井盖的安装及保护工作。

再次，制定管理章程，实现下水道管理的制度化转变。在对下水道的养护过程中，西安市政管理部门经历了由行政命令到行政法规的转变。下水道建成后，淤塞是影响下水道功能发挥的主要因素，而下水道的淤塞又和各沿街商户任意倾倒秽水及垃圾不无影响。因此，1935年8月西安市政工程处、陕西省会公安局联合颁发布告，严禁不法商户向下水道内倾倒秽水、垃圾，一经岗警发现或被告发，即行扭局严惩[④]。此后西建会又多次函请陕西省会警察局令饬所属各分局，严禁马路两旁商铺及住户将家内及门前人行道上泥土扫向街中，避免阻塞下水道[⑤]。这些行政命令在一定程度上有利于减缓下水道的淤塞，但它们只是关于某一具体问题的规定，且缺乏具体的奖惩和权责划分，并不能从根本上实现对下水道的养护。因此，经过十余年下水道养护的实践，1947年3月间，西安市政府拟定了下水道养护暂行办法呈奉陕西省政府核定，并于同年12月在西安市参议会上通过了修正后的《西安市下水道养护办法》，正式施行。作为西安下水道养护的正式行政法规，该办法共计有十五条内容，包含养护单位及个人权责的划分与奖惩、养护的内容及时间、各种禁止事项、下水道损毁及井盖遗失的惩罚、罚金的分配与使用等[⑥]。《西安市下水道养护办法》的

① 1939年2月，西建会合组省建设厅直属的西安市政工程处成立西京市政建设委员会工程处；1942年1月，西建会奉令裁撤，西安市政处成立；1944年9月，西安市政处改组成立西安市政府。

② 《建设科工程队签呈》（1946年3月6日），西安市档案馆：《西安市政府建设科档案》，档号：01-11-164，第29—30页。

③ 《本府施政报告》（1945年8月1日），西安市档案馆：《西安市政府秘书处档案》，档号：01-1-87，第12页。

④ 《禁止向阴沟内倾倒秽水垃圾布告》（1935年8月28日），西安市档案馆：《西安市政工程处档案》，档号：05-233，第228页。

⑤ 《陕西省会警察局函复西建会关于严禁马路两旁商户将泥土扫向街中文书》（1938年5月16日），西安市档案馆：《西京市政建设委员会档案》，档号：03-110，第326页。

⑥ 《西安市下水道养护办法》（1947年12月25日），西安市档案馆：《西安市政府建设科档案》，档号：01-11-431-2，第277—278页。

通过实施，变行政命令为行政法规，突出权责划分与奖惩、明确养护内容及办法，具有极强的操作性，是下水道管理上的一大进步。

总之，随着下水道这一城市生态环境中物质实体的修建，人文层面的制度建设也应运而生。可以说新型下水道排水系统的产生，催生了近代化的市政管理机构及管理制度，而近代化的市政管理体制也进一步推动了城市的近代转型。因此，新的城市生态环境的建立过程，必然是物质环境与人文环境协同推进的结果。

三、下水道与新型城市排水行为的形成

下水道作为近代化物质文明的产物，自在西安修筑伊始，便很大程度上改变了城市的公共生态空间：市民及城市排水的物质环境发生了很大的变化，下水道管理制度带来了新的规范和准则。这些迫使着西安居民的排水习惯及观念做出转变，以适应全新的城市生态环境。

下水道修筑之前，囿于民国前期西安落后的社会经济状况，普通市民生活与商铺用水较少，其于庭院中所设置渗井基本能够满足排水需要，一般商铺用水较多也可将废水排入城内各公私涝池。随着下水道在西安的修筑以及传统坑池、洼地的大量填平，一般市民往往为私利而忘公义，将生活污水甚至垃圾便溺通过窨井倒入下水道中[①]。这往往会产生两个问题：一是污水冲刷，窨井盖四周石子松动，从而导致井盖外露受损；二是垃圾便溺等阻塞下水道水流的正常流通，并危害公共卫生。如前文所述，对于此类市民私自向下水道排泄污水秽物的行为，下水道养护管理部门是明令禁止的，然而由于人力有限，根本无法杜绝市民此类行为。

既然不能杜绝市民私自排泄污水秽物的行为，与其任由私自排泄损害下水道，倒不如制定相关管理办法，将市民接通下水道排泄污水纳入市政管理的范畴内。到1940年前后，普通商民接通下水道已经成为普遍现象，为了防止过量的排水损害下水道管道，西京市政建设委员会工程处先后制定了《本市阴沟受益费收纳办法》及《市民接用阴沟取缔办法》等，通过向接通下水道的商民收纳一定的使用费以限制接用下水道商民的数量，并严格规范商民用于接通公共下水道之管道的规格及施工流程[②]。西建会工程处所制定的这两部规范市民接用下水道的管理办法，其核心内容在于严禁民间私自向下水道排泄，并规定只可向下水道排泄洗涤用水及雨水。这在一定程度上满足了普通市民对于使用下水道排水功能的诉求，同时又对排泄物加以具体限制，有利于下水道的养护工作。可以说以西建会工程

① 《关于洒金桥一带水沟情形的具报文书》（1940年2月5日），西安市档案馆：《西京市政建设委员会工程处档案》，档号：04-31，第24—25页。

② 《本市阴沟受益费收纳办法》（1939年11月25日）、《本市接用阴沟取缔办法》（1940年1月4日），西安市档案馆：《西京市政建设委员会工程处档案》，档号：04-381，第3—4、8—9页。

处为代表的下水道管理部门的这一举措，使普通市民和下水道养护在一定程度上实现了双赢，同时也使得新型城市排水行为得以形成。

新型城市排水行为的形成，对于西安城市而言即是以下水道为主体的直通城壕的开放式排水系统，取代了明清以来以城内池坑下渗为主的封闭系统[①]；对于普通市民而言则是接通公共下水道排水，取代了传统家庭渗井的下渗。也就是说传统城市排水行为是城市内部的自然下渗，新型城市排水行为则是近代物质文明主导下的疏导外流，对于西安这一单体城市而言，两者是截然不同的城市水文环境。在市民新型排水行为的形成过程中，需水量大的澡堂、洗衣局、饭馆、旅馆、戏院等商户成了先导，它们率先向西建会工程处提出书面申请，在西建会工程处实地查勘符合接通下水道要求后，便自备工料修筑完工，一俟西建会工程处验收通过，即行使用[②]。

民国后期随着西安城市社会经济的发展，下水道在城市排水中的作用越来越为普通市民所知晓。对于一般市民而言，他们已经从最初下水道排水系统的被动接受者与利益无关者，转变为城市下水道建设的吁请人和主动建设者。如1945年8月间，崇信路及尚俭路两路市民公推代表向西安市政府呈请修筑下水道，在多次呈请无果的情况下，愿意自备工料和发动居民自行修筑下水道，只求政府派人前去督导即可[③]。面对日渐增多的市民自备工料修筑下水道的请求，西安市政府于1946年4月间制定《西安市民请求修筑道路及下水道暂行办法》，就市民请求自筑下水道的流程、规格、工料、建设、监工及验收等事宜予以具体规定[④]。

总的来说，民国西安下水道排水系统建成使用的过程，也是新型城市排水行为逐渐形成的过程。在这一新型城市生态环境的建构过程中，普通市民不甘游离于新式排水系统之外。因此，市民利用下水道的新型排水行为也经历了由非法到合法，由被动接受到主动参与的转变。而西安市政管理当局对于市民排水行为的态度的转变，也通过行政法规予以确认和规范，进一步实现了城市生态环境人文层面的近代转型。

四、余论

从上面的论述来看，随着下水道排水系统的建设与发展，近代西安市民的城市文明行为、规则意识、市民意识都在逐步形成。作为城市生态系统的两个方面，物质层面的下水

① 史红帅：《明清时期西安城市地理研究》，第152页。

② 关于商户接通公共下水道的档案资料具体见于西安市档案馆藏《西京市政建设委员会工程处档案》，档号：04-375、04-377、04-378、04-379、04-380、04-381、04-486等卷记载。

③ 《西安市政府送警察局训令》（1945年8月20日），西安市档案馆：《西安市政府建设科档案》，档号：01-11-81，第27页。

④ 《西安市民请求修筑道路及下水道暂行办法》（1946年4月18日），西安市档案馆：《西安市政府建设科档案》，档号：01-11-142，第31—32页。

道建设与人文层面的制度建设相辅相成，共同促进了以下水道为主体的西安城市排水系统的近代转型。然而在这一过程中，部分人群法制意识淡薄、谋私利而忘公义，也严重制约了下水道排水系统的发展。

窨井盖作为衔接地上与地下水流通的枢纽，在整个下水道排水系统中起着至关重要的作用。井盖丢失，“不惟易塞淤泥，对于夜间行人最易发生危险，而与市容观瞻亦属不雅”[①]。民国西安下水道排水管道建成之初，市内各大小窨井盖，均装置铁盖，同时系以铁链，然而“西安事变”爆发后，西安市内秩序一时失常，“贼人乘机偷窃，转售牟利”，大窨井盖因为太重不易销赃，因而小窨井盖成为丢失的重灾区，数月间竟至300余个。被窃井盖皆被贼人利用重物击碎，以废铁价格贱卖，而其所获收益却远低于造价[②]。为了解决日益严重的井盖被盗问题，西建会一方面对各街原有及增补井盖系以铁链并加锁，同时制定治标与治本两项办法，即：治标办法为函请省会警察局通饬各分局岗警，严加防范；其治本办法为禁止本市各翻砂铁铺收买此项铁盖，使窃贼无处销赃[③]。这些严打举措虽然收到了一定的成效，“除较为偏僻巷道，仍略有被盗情事外，较前进步甚多”[④]，但一俟市政及警政当局监管有所松动，偷盗窨井盖的现象便又死灰复燃了。

抗战爆发后，虽然西安市政当局一再严查窨井盖被窃，然而偷盗现象却屡禁不止。1940年底，西安市内各街大小窨井铁盖遗失甚巨，而当局此时已经无力继续添置窨井铁盖了，为节省费用，只得由包商义新诚木作铺承做窨井大木盖50个、小木盖580个，以补全各遗失窨井铁盖[⑤]。以木盖代替铁盖，这是西安下水道排水系统发展的退步，却也是当局内外交困下的无奈之举。然而木盖毕竟是权宜之计，用不多久不是被水浸泡腐朽，便是为行车所压坏，难以持久。抗战结束后，西安市政府为补全各缺失窨井井盖，同时为避免铁盖被盗，决定添置钢筋水泥大窨井盖100块，坩土烧小窨井盖1200块[⑥]。其中钢筋水泥大井盖系由市政府自行制作，坩土小井盖交由铜川炉山陶瓷工厂烧制[⑦]。钢筋水泥与坩土窨井盖的装置不得不说是民国西安市政府在推进以下水道为代表的城市近代化转型而做出的

① 《下水道工务所关于井盖遗失的报告》(1936年9月26日)，西安市档案馆：《西安市政工程处档案》，档号：05-599，第4页。

② 《西建会送陕西省会警察局公函》(1937年6月11日)，西安市档案馆：《西京市政建设委员会档案》，档号：03-314，第8—9页。

③ 《西建会送省会警察局防止本市窨井盖被窃办法公函》(1937年5月8日)，西安市档案馆：《西京市政建设委员会档案》，档号：03-314，第84页。

④ 《下水道工务所送陕西省会警察局函文》(1937年5月6日)，西安市档案馆：《西京市政建设委员会档案》，档号：03-314，第103—104页。

⑤ 《西建会工程处呈订做窨井木盖文书》(1940年11月26日)，西安市档案馆：《西京市政建设委员会档案》，档号：03-642，第7页。

⑥ 《西安市政府招商制作大小窨井盖通告》(1947年2月26日)，西安市档案馆：《西安市政府建设科档案》，档号：01-11-339，第67页。

⑦ 《铜川炉山陶瓷工厂呈文》(1947年6月11日)，西安市档案馆：《西安市政府建设科档案》，档号：01-11-339，第151页。

艰辛努力。

因此，从一定意义上来说，实现城市的近代转型，不单单是物质层面的建设，更重要的是人文层面尤其是普通民众思想的近代转型。在对以下水道为中心排水系统建设的城市人文生态考察中，我们可以发现，社会生态环境伴随着下水道排水系统的发展，发生了巨大的变化。近代西安市民的文明习惯、公共意识和规则意识在不同人群中不同程度地形成着，以适应新的物质环境。这种近代市民习惯和意识的形成，既是客观物质世界强行改造的结果，也是政府法令制度的规范与驱使。当然政府法令制度执行力的强弱直接影响着市民近代思想意识与行为习惯的转型，毕竟人性弱点下的普通市民对于私利的谋取远大于对于公义的维护。

总之，以下水道排水系统近代转型为代表的西安城市生态转型，体现了社会生态环境的影响力。这种影响力不仅来自政府的规划设计、新生事物的出现与发展，更是来自于市民行为与思想在同市政管理机关利益博弈中而产生的变化与适应，同时也是城市近代转型的真实写照。

（原载《中国历史地理论丛》2016年第4辑，略有改动）

从神庙到会馆：清代商帮祭祀场所的演变
——基于福州南台的考察

黄忠鑫

一、问题的提出

关于传统商人群体的组织形态，我们往往想到的是“商帮”和“会馆”。童书业在《中国手工业商业发展史》一书中就指出：“行帮和会馆、公所实是一事的两面：行帮是组织，而会馆、公所主要是机构；行帮的组织设立会馆、公所的机构，来处理事务。”[①]而对于“龙游商帮”概念是否合理的质疑，包伟民、傅俊也认为，“商帮”成立的一个显著标志就是建立商业会馆，否则只是有“商”无“帮”。[②]

然而，“商帮”和“会馆”的出现并不是同步的。“商帮”实际形成于明代中期的成化、弘治年间。[③]这是基于商帮诞生地经商风习的形成，社会上的了解熟悉程度，商人在各地的活跃程度，商人组织或公益性事业的形成等因素，综合考量后得出的判断。就名称而言，明代及此前文献所载的商人群体往往称作“纲”。清代前期福建盐运业分地区承运，方才出现“商帮”的名称。有关行业和地域“帮”的说法，至迟出现在乾隆年间已经较为普遍。[④]至于“会馆”，现有最早的史料记载是明初永乐年间北京的芜湖、浮梁、广东等会馆，主要服务于同乡的科举试子和京官团体。明代中叶不断涌现的官僚会馆中开始出现了商人捐资建设的记录，体现了商人对于政治的依附。而最早的商业会馆出现于万历时期的苏州。究其原因，“与其说是商人对官僚设置会馆的一种模仿，不如说是商人们势力强大之后对官僚会馆、试子会馆对商人‘不许留宿’禁令的一种示威，一种抗争，同时也在谋求一种承认”。[⑤]据此，商人成帮的情况出现在15、16世纪之间，而商业会馆在16世纪中叶以后才产生，两者相差近百年。那么，商帮和会馆就很难说是一体两面的现象了。抑或可以认为至迟在明代后期商帮和会馆的结合才流行开来。由此可以进一步追问的是，既然

① 童书业：《中国手工业商业发展史》，北京：中华书局，2005年，第266页。

② 包伟民、傅俊：《从“龙游商帮”概念的演进谈学术失范现象》，《福建论坛》2004年第3期。

③ 范金民：《明代地域商帮的兴起》，《中国经济史研究》2006年第3期。

④ 范金民：《商帮探源述流》，《浙江学刊》2006年第2期。

⑤ 王日根：《中国会馆史》，上海：东方出版中心，2007年，第39—40、55—58页。

会馆不是商帮成立的必要条件，当某一地域或行业的商人群体初具规模时，他们在经营地的聚集场所又是哪里？

一方面，在会馆史的研究中，已揭示了商人参与官僚会馆捐资建设的信息，或表明官僚会馆一度接纳了同乡商人的寄居。另一方面，神灵祭祀是会馆的重要功能之一，在尚未建立会馆前，商人群体的祭祀场所又是哪儿？有论者提出，行业神庙宇与工商行业的关系尤为密切，往往是行会公所所在地。如北京的哪吒庙就是绦行公所。[①]而涵盖某一地域的会馆也与神庙有着千丝万缕的联系。许多山西会馆本身就是在神灵庙殿基础上发展起来的。至少在建立之初，"祀神祇"是会馆得以建立的号召，至于最主要的社会功能，"笃乡谊""联嘉会"也是围绕着"祀神祇"这一大主题展开的。[②]这些研究提示我们，行业性和地域性的民间信仰庙宇，都是会馆公所成立的依托。还有学者认为，这属于阶段性的差别，会馆的前期功能集中于联络乡情和互助，后期则主要是规范和协调同业关系。[③]有帮必有神会，表现在空间上是会馆与神庙在功能上有所重合。[④]不可忽视的另外一种情况是，尽管庙宇中的工商业气息浓厚，却始终没有转变为会馆。北京东岳庙内就建立了诸多行业神殿宇。但现有研究表明，这类庙宇的街区性特点十分明显，颇为类似今天的所谓社区文化中心或社区公园，与行业会馆有一定的区别。[⑤]

尽管如此，关于商帮形成初期的祭祀场所、商业会馆与民间信仰庙宇关系的专门研究仍然缺少，一些问题有待明晰。第一，某些地域性神灵的庙宇其实就是会馆，如天后宫通常视同为福建会馆，关帝庙往往等同于山西或山陕会馆。山西客商建立的关帝庙本身就意味着会馆的创立，此后的扩容更名并不能充分证明庙宇向会馆转变的过程。到底有哪些庙宇能够转变为商业会馆？其实并没有足够的例证。第二，对于不同阶段的差别和延续注意不够。商帮形成初期的活动场所与商业会馆的异同点究竟在哪里？由此可以从历时性的过程中重新认识会馆性质。本文即从这些问题入手，以福州城外街区、闽江流域最重要的商业区域——南台为例，试图进行解答。

二、依托五帝庙的工商业群体组织

会馆和庙宇都能够以神灵祭祀产生商人群体的凝聚力，使得馆庙有时难以明确区分。清代福州南台就有不少工商业组织是依托于民间信仰的庙宇。1989年，根据老一辈工商业

① 陈学霖：《北京外城哪吒庙探溯——兼述清代京师绦带行源流》，《明初的人物、史事与传说》，北京：北京大学出版社，2010年，第312页。

② 刘婷玉：《明清山西会馆祀神的社会功能》，《寻根》2007年第6期。

③ 张忠民：《清代上海会馆公所及其在地方事务中的作用》，《史林》1999年第2期；方志远：《明清湘鄂赣地区的人口流动与城乡商品经济》，北京：人民出版社，2001年，第565页。

④ 陈亚平：《清代商人组织的概念分析——以18—19世纪重庆为例》，《清史研究》2009年第1期。

⑤ 赵世瑜：《远亲不如近邻：从祭祀中心看城市中的行业与街区》，《东岳论丛》2005年第3期。

者口述和旧商会档案等资料整理的《福州工商史料（会史专辑）》，就记录了部分相关信息，现归纳如下表。

表1　部分福州南台行业群体依托的庙宇

行业	藤器	木箱			粮食加工	渔业		屠宰	印刷	建筑、纸伞
庙宇	苍洲庵	苍洲庵	复初庵	独山	万寿祖庙	明真庵	尚书庙	复初庵	邹奶庙	鲁贤祠

这些庙宇主要承载了行业帮会的“庆赞”活动。南禅山的鲁贤祠（鲁班庙）就作为建筑业和纸伞业的行业神庙宇。而成立于清末的印刷业公会，并没有固定会址，“于每年五、六月间举行‘庆赞’一次，地点在盐仓前邹奶庙，并聘请京班‘祥升’、‘大吉’等假三山会馆演戏，由于印刷业资方多属地方豪绅，如遇晚上演戏时间延长，可以通知管理城门人员‘留城’（即延长关闭城门时间）。”[①]该行业群体便是游离于庙宇和会馆之间。[②]位于洋中一真庵巷的三山会馆实际上属于江浙绸布业公帮，民国时期作为绸布业公会办公场所。[③]除了表内的行业，还有造船、制革、纸业、百货、颜料、生漆、海产、京果、羊肉、理发等行业也有定期“庆赞”的记录，虽然没有列出具体活动场所，但可以想见，这些行业都有依托的庙宇空间。

值得注意的是，表中的庙宇大多数是五帝、尚书公等与瘟疫相关的祭祀场所，以庵、涧、殿等为名。藤器业，原来都聚集在城内的下殿举行“庆赞”。[④]光绪二十年（1894）张贴戏榜时，城、台二帮因为排列前后次序发生矛盾，次年开始便分开进行。台帮转入南台苍洲庵，并定名“合和堂”，“推同业中年龄最长者二人为正、副行长，轮值福首，按各商号每次收购藤料金额抽取百分之一为‘香金’，充作‘合和堂’经费，并组织会友百寿捐，购仓山塔亭街店屋一间作为百寿捐基金。”始终以公帮名义进行活动，无组织公会。[⑤]木箱业在清末分为直路、横路和后浦里三帮，于九十月间分别举行“庆赞”，“以联络感情并商议帮务”。直路帮在苍州庵、横路帮在独山、后浦里帮在复初庵。后统一为“久远轩”箱帮，统一行动。1940年前后不再举行“庆赞”，但对于行业共同供奉的“独山三太子”神诞仍于每年三四月间举行并借此商谈帮务。[⑥]这里所谓的“独山”，就是洋中亭的独山祖

① 福州市工商业联合会编：《福州工商史料（会史专辑）》，内部出版，1989年，第83页。另外，这一情形也符合日本学者田仲一成的论断。他认为商业会馆与市场重视神诞祭祀，而农村社庙更注重春分、秋分等季节祭祀。参见氏著《清代会馆戏剧考——其组织·功能·变迁》，《文化艺术研究》2012年第3期。

② 这里的“邹奶庙”，应祭祀邹夫人，又名灵应庙。明人王应山《闽都记》卷10《郡城西南隅（侯官县）》就记录了福州城内的灵应庙，“有数巨石，作庙其中，禖祀邹氏夫人。”（福州市地方志编纂委员会整理点校本，福州：海风出版社，2001年，第71页）

③ 《1946年5月福州市警察局小桥分局双杭所辖内会馆公业调查表》，福州市档案馆藏，档号：901-12-124。

④ “下殿”在福州城西南角的乌山一带。清道光朝以前建，相对于天皇岭上的瘟神庙“上殿”而俗称为“下殿”，内祀五帝，也冒称“武圣庙”。见林家溱：《福州坊巷志》卷3“下殿”条，福州：福建美术出版社，2013年，第125—126页。

⑤ 福州市工商业联合会编：《福州工商史料（会史专辑）》，第93页。

⑥ 福州市工商业联合会编：《福州工商史料（会史专辑）》，第94—95页。

殿，也属于五帝庙范畴。粮食加工业原称为米商公帮，城帮（琼水米商公帮）在水部三官堂，台帮（联兴堂）在坞尾街万寿祖庙。[①]万寿祖庙即万寿尚书庙东侧的万寿庵。屠宰业“每年各在四月、六月两次召集本地区同业集会，结采燃灯，演戏宴饮，称为‘庆赞’，藉以联络同业间感情并交流业务情况。”城内集中在北涧、西涧、芝涧、玉山涧、乡约所、蛤埕庵，南台海防前集中于复初庵。[②]团拜祭祀形式的离合，往往是行业统一与分裂的表现，尤其表现为会城与南台行业市场独立与整合的摆动。

不仅如此，还有若干庵庙因为商帮聚集活动而转变为会馆。

据光绪十一年（1885）《建新港庵竹商会馆》碑文称：“吾福省新港庵竹商会馆，旧奉列圣，历有年所，将见宫殿颓烟，楼台偃草，诸商友不忍听其终废，捐资修建，庙貌重新，虬龙翻桷，牡蛎堆墙，皓壁皓曜以月照，丹柱歙艳而电熌，规矱犹仍，际此金碧联辉，神昭乙照，馨香永存，时献赓歌。”[③]原为当地民众供奉五帝的新港庵已经长期荒废。但由于竹商聚集其间，并在光绪十一年至二十一年间共捐出12828730文将庙宇修葺一新，由此转变为竹商会馆，成为竹业商人聚会、议事的场所。

同为祭祀五帝的复初庵，不仅是表1中的木箱业、屠宰业的“庆赞”场所，更是木业公帮成立初期的主要聚集地。民国初年，“公帮名目改称为福州杉行，呈请官厅立案，是本会已成一机关也”，民间性质的行帮向近代行会转变。不过，“会所仍假于本帮会馆，立于庙内，规模殊显狭小”，遂于1921年在庵旁集资购置房屋，独立成为行会场所。[④]这一信息明确告诉我们，木业公帮已经将复初庵视为本帮会馆。

以上两例都表明福州竹木商人的早期聚集地都是依附于五帝庙宇之内，并都作为会馆。近代以后，才随着行会改组开始独立设立公所。追溯福州五帝信仰的产生，与徽州木业商人在闽江流域的活动有关。此后逐渐演变为福州民间最为重要的民间信仰，产生了诸多的传说故事。五帝庙数量颇多，有“九庵十一涧”“十三庵廿一涧”之类的说法。[⑤]依托五帝庙的行业中，大部分也属于木业、竹业、藤器等，保持了竹木行业与五帝崇拜的原始联系。同时，五帝信仰在福州地方社会有着深厚的民众基础，而粮食加工、屠宰等与民生最为紧密，依靠五帝庙进行集会活动，可以进一步加强与普罗大众的联系。

三、依托尚书庙的渔业帮会

因为好色喜财等原因，官府多次将五帝崇拜作为“淫祀”而进行禁止。但民间社会仍

① 福州市工商业联合会编：《福州工商史料（会史专辑）》，第127—128页。

② 福州市工商业联合会编：《福州工商史料（会史专辑）》，第164页。

③ 光绪十一年（1885）《建新港庵竹商会馆》碑，现存福州台江区新港街道新港庵内。

④ 民国十年（1921）“福州杉行建立会所”碑（碑名笔者自拟），现存于福州台江区复池路复初庵旁。

⑤ 王振忠：《近600年来自然灾害与福州社会》，福州：福建人民出版社，1996年，第145—148页。

然通过多种方式将其保存下来。[①]相较之下，南宋名臣陈文龙、水部尚书是“正祀”的代表，得到了官府的支持，成为流行于闽江下游地区水上世界的主要民间信仰之一，[②]在福州有五座较大的庙宇。五帝和水部尚书有着相似的因素。如五帝的官衙也有癀部、疾部、瘟部、疫部、疠部尚书，都有放船出海的仪式等，迎尚书公“实际上只是五帝驱瘟放洋的一种翻版”[③]。正因为有相似性，渔业行帮的“庆赞”地点兼有五帝庙（桥南明真庵，称为“整心轩”）和尚书庙（桥北尚书庙，名为“协心堂”）。

这里所谓的桥北尚书庙就是福州地区规模最为宏大的万寿尚书庙。原址位于南台中亭街东侧的坞尾街，面临闽江北港（台江）。目前，该庙现存碑刻仍有十余通，能够大体反映清代万寿尚书庙的演变状况。据乾隆四十七年（1782）杨廷桦的重修碑记所载，万寿尚书庙始建于明初。之后，庙宇沿革的追溯跳跃到了清前期，据说在里人的主持募资下，于康熙三十年（1691）和乾隆十三年（1748）分别进行了两次重修。碑文对明代发展轨迹的模糊记录，似乎暗示了该庙在当时的规模和影响力都较为有限。乾隆二十九年（1764），“抚宪定公题请祀典春秋，给祭银六两。”万寿尚书庙开始正式得到地方官府的支持。此后，官员参与捐资建设的记录渐渐增多。嘉庆年间，尚书庙进入了建设高潮，短短二十五年间，就有四次重修或扩建，“增置道头店屋”，庙宇的日常运作与商业活动日益紧密。

万寿尚书庙毗邻的中亭街是闽江流域最大的渔市。“鱼虾趁潮入市，城内外之以鱼货为业者，必黎明互市于此”[④]。道光时举人王廷俊对于渔市的兴盛场景有细致描写：“潮船到后正斜阳，压担横山赶市忙。一带中亭街闹甚，钱分铜铁价低昂”。[⑤]中亭街的渔市吸引了大批渔业人群。在众多捐输题名中，我们可以发现不少渔业人群的信息。据乾隆四十七年的捐输题名碑记载，“本铺钓商共番一百七十五元”。“铺”与“境”“社”“保”等同属于福州南台划分街区的微观地理单元。“本铺”指尚书庙所在的街区。根据松浦章的研究，钓船在清代民国时期一直被视为运输船和渔船，主要航行区域在福州、温州、上海沿海地域以及长江流域等。[⑥]可见，“钓商”“钓船户”实际上就是亦渔亦商的人群。[⑦]

① 〔美〕宋怡明：《帝制中国晚期的标准化和正确行动之说辞——从华琛理论看福州地区的仪式与崇拜》，刘永华主编：《中国社会文化史读本》，北京：北京大学出版社，2011年。

② 黄向春：《地方社会中族群话语与仪式传统——以闽江下游地区的“水部尚书”信仰为中心的分析》，《历史人类学学刊》第3卷第1期，2005年；王元林：《国家正祀与地方民间信仰互动研究——宋以后海洋神灵的地域分布与社会空间》，北京：中国社会科学出版社，2016年，第320页。

③ 王振忠：《近600年来自然灾害与福州社会》，第180页。

④ 光绪《闽县乡土志·地形略·南台区》，《中国方志丛书》华南地方第226号，台北：成文出版社，1974年，第505页。

⑤ 林家钟编：《明清福州竹枝词》，福州市鼓楼区地方志编委会内部出版，1995年，第58页。

⑥ 〔日〕松浦章：《清代沿海钓船的航运活动》，上海中国航海博物馆编：《国家航海》第13辑，上海：上海古籍出版社，2015年，第67—76页。

⑦ 福州渔船业于1948年才成立同业公会，会员包括了来自于福州琅岐、长乐梅花、连江琯头等地的渔民和渔商。（参见福州市工商业联合会编：《福州工商史料（会史专辑）》，第150页）说明该行业一直具有亦渔亦商的色彩，且地域来源与乾隆、嘉庆时期碑刻所载信息大体一致。

不过，既然称为“本铺”，说明还有“外铺”或者其他地区的渔业群体。“本铺钓商”出现的同一碑上就有“嘉登里公帮外商”的记录。“嘉登里”沿袭了宋代乡里旧称，主要包括了闽江口的琅岐、川石、壶江诸岛，属闽县管辖。“嘉登里四面环海，故人多业渔，钓船为最多，出产亦以水物为多”[①]，钓船户的数量可观。由此可以推测，题名碑中的“本铺”正是为了与外港渔帮区分开来的表述方式。不仅如此，水部门外有河道与闽江相通，被称为新港，是沟通会城与南台的重要水路。据《闽县乡土志》载，“路通桥下鱼菜船森列，由台江入新港上泊，有牙行聚此贸易”，[②]也是一处颇具规模的渔市。路通桥边现存有一通道光己丑年（九年，1829年）的题名碑，上有琅岐澳江孝连、长邑梅花澳王梓香等人参与修建桥梁的记录，[③]同样说明了闽江口渔民、渔商在福州市场的活跃。

存放于尚书庙的一通乾隆四十四年（1779）题为“奉宪令严禁”之碑刻中也涉及渔民群体。根据碑文记录，江元达等十一个钓船户从浙江渔场归来后，“由闽输税，年完课饷”，而且“商贾经营，采捕穷苦，过舡输课，唯钓船税务甚多”。但是“受尽胥役地棍作吵索羹。又遭马快流丐、盗匪案贼，勒索花红。蜂拥船中索羹，便依则无法，忤利受害，横志强取，近此夺来。另有一班查街巡役，扶同有示，百般欺凌，吞针哑献，稍缺一二，度致挟嫌，祚指盗诬”。这类事件从乾隆元年（1736）开始，已经三次由官府出示禁令，仍屡禁不绝。在钓船户的持续呼吁下，官府继续禁止勒索行为，允许渔户将勒索者“扭解赴府，另凭严究”，并要求当地澳保配合执行。这些信息能够进一步表明该庙是渔民群体汇集之地。他们将这一重要碑刻存放于尚书庙，从而使其演变为彰显本行业利益的场所。

由于福建渔民多赴浙江从事渔业生产活动，因此浙东沿海常能寻觅到福州钓船户的踪迹。象山县石浦延昌天后宫就是嘉庆年间由福州人黄其鸣等捐建，[④]故而又名三山会馆（福州别名三山）。馆内现存一通嘉庆二十五年（1820）浙江海防分府的“勒石永禁”碑，记录了闽县举人陈敬丹关于福州船只遭到牙行、书役、保甲等勒索情形。“武弁衙胥视商渔为利薮，毋论置造买顶换照及挂验出入，多方需索，留难阻滞”。[⑤]万寿尚书庙和象山天后宫两通时间相差三十余年，但内容近似碑刻，说明牙人、胥吏勒索是渔户遭遇的共同问题，皆显示出福州籍渔民船户保护自身利益的需求。象山的天后宫已经演化为渔民会馆，而万寿尚书庙也具有渔民聚集的特征，但仍是福州南台商埠的一处公共空间，并没有被某一群体所垄断。

① 光绪《闽县乡土志·地形略·嘉屿区》，第557页。

② 光绪《闽县乡土志·地形略·南台区》，第510页。

③ 《（道光九年）路通古迹》碑，现存福州台江区新港街道路通桥头。

④ 象山县海洋与渔业局渔业志编纂办公室：《象山县渔业志》第15编《渔文化》，北京：方志出版社，2008年，第543页。

⑤ 《福建省例·船政例·（乾隆三十七年，1772年）严禁勒索船只验烙给照陋规》，《台湾文献丛刊》第199种，台北：台湾银行经济研究室，1964年，第614页。

四、天后宫：作为商业会馆的成立

至迟在嘉庆九年（1804），万寿尚书庙碑刻中已经出现了后殿演变为天后宫的记录，形成了同为海洋神灵的水部尚书和妈祖共居一庙的景象。天后妈祖作为全国性的“正祀”，进一步扩大了尚书庙的影响，使之不再局限于渔业群体。在庙宇历次修建、捐赠的碑刻题名中，留下了许多经商群体的信息，如南郡会馆、西路纸箔商、霞浦福鼎宁德福安麦商、晋江铺商、泉郡糖商、桐山烟药商、山东公帮、诏安公帮、长邑河下公帮等地域商帮、会馆，还有青果帮、铁钉行公帮、铁条公帮、烟筒行公帮、橹店公帮、香药商等行业性的群体和帮会。而琉球贡船直库、琉球大船直库水手、桐山帮船户、厦港船户、泉郡石浦乌艚公帮、宁波乌艚帮等水手、船户也有不少。

这些形形色色的行帮组织，代表着工商业群体组织的不同发展程度。南郡会馆于康熙年间即已建立，是闽南商人的议事场所，[①]可以视为传统商帮发展完善的形态。而诸多工商业群体自称为“帮”或“公帮”，未必建有会馆。关于“公帮”，清末尤溪县禁革当地纸行公帮的告示中称：“林长成等纸行，并非领帖之户，尽人可开，私立公帮，已干例禁。观其所定帮规者，如纸客别卖，不准帮内私抬价值，违者重罚，如有私买，将纸充公，其店闭歇等语，是疸禁锢槽户，压制别行，即律所谓‘把持行市专取其利者’也”。[②]虽然尤溪县属于闽江上游的延平府，但由于“公帮”名目在整个闽江流域乃至更大范围内存在，可以将其作为重要线索辅助解读。从告示可知，“公帮”是联合某一行业或地域的民间组织。公帮还制定有相应的规条，进行内部管理和对外竞争。

“帮”或者“公帮”是会馆建立的基础。以经营中琉贸易的商人为例，嘉庆二十三年（1818）尚书庙修建碑记载有“球帮”字样，“天上圣母”碑则有“琼水会馆”。琼水会馆建于道光三年（1823），[③]可以确定“天上圣母”碑的时代是道光朝以后。而从“帮”到“会馆”，是工商业群体组织性进一步提升的标志。在这一过程中，商帮参与的民间信仰发生了微妙的变异。乾隆、嘉庆年间，无论是琉球使节、水手还是球商都积极参与尚书庙的建设，似乎表明他们对于尚书公的笃信。但到了道光年间，球商独立设置会馆，却以天后宫为名，在现存碑刻中未发现他们将尚书公纳入会馆祭祀。

浙江木商实际上包括了木业交易的商人和从事木材贩运的船帮。他们已经在乾隆中叶

① 《1946年5月福州市警察局小桥分局双杭所辖内会馆公业调查表》，福州市档案馆藏，档号：901-12-124。

② 民国《尤溪县志》卷8《杂识·（光绪二十二年）苏元樫禁革公帮告示》，《中国方志丛书》华南地方第230号，台北：成文出版社，1975年，第1081—1082页。

③ 傅衣凌：《福州琉球通商史迹调查记》，《傅衣凌治史五十年文编》，北京：中华书局，2008年，第236页。

分别建立有安澜会馆和浙船会馆。[①]同治九年（1870）浙江镇海人周巨涟的《重刊圣迹图志序》称，“吾浙僻处海陬，航海为业者多，故咸知敬信天后，所在立庙以祀。今闽中南台天安山之麓有安澜会馆，番船浦有浙船会馆，俗所称上、下北馆者是然。既有庙以妥后之灵，尤当有书以志后之事。”[②]可知两处会馆内均奉祀妈祖。在万寿尚书庙天后宫碑刻题名中也有两浙木商的相关信息：“天上圣母”碑有“两浙木商”以及“宁波老帮”“宁波新帮”。嘉庆九年天后宫碑记上有“闽侯宁波公帮”、嘉庆十三年题名碑有“宁波乌艚帮”。尽管该商帮已设立了会馆，仍以“帮”的名义捐输。特别注意的是，在尚书庙捐输题名中并没有发现该帮商人的题名。可见，有的商帮实际只参与后殿天后宫的捐输。

无独有偶。福州南台的竹林尚书庙于光绪甲午年（1894）重修。据现存的石柱标识，是由“古邑米商公建”[③]，即来自古田县的米商共同捐资建设。福州古田会馆直至1914年才联合红粬帮、茶帮、焯帮等行帮完全建成。早期的建设阶段中，米商同样发挥了重要作用，于1898年牵头购买土地。会馆碑记称，“凡所擘画，初尚限于米商一部”。[④]古田会馆与竹林尚书庙的地址邻近，均位于帮洲、三保一带，表明这一区域是古田商人尤其是米商的活跃地带。直至民国十四年（1925）三月，福建财政厅还在竹林尚书庙竖立了一通禁示碑，内容是：“撤销秫米牙勒石示文。闽产秫米，有关民食。前办官牙，业准裁撤。特再勒禁，永不设立”。可见，竹林尚书庙一直与米业商人保持密切的关系。古田米商在福州的早期活动，应以竹林尚书庙为重要场所。他们积极斥资建设，将该尚书庙作为准会馆。而联络同乡各业商人的古田会馆，祭祀对象依然是天后，会馆大门上书为“天后宫”。馆内的石楹联还显示，观音、曹娥等民间诸神也在祭祀之列，却丝毫未见米商崇奉的尚书公。

崇奉妈祖，将会馆命名为“天后宫”的现象，在福州南台比比皆是。尤其是福建本省商人会馆，如莆田的兴安会馆、闽东的寿宁会馆、宁德会馆等，均悬有“天后宫”之石额，与遍布各地的福建会馆名为“天后宫”的情况完全一致。外省客商中，最为显著的就是浙江木商，也十分笃敬天后。有如此之多的商业会馆崇祀天后，与本地居民的天后宫混为一起，以至于晚清来福州的传教士认为南台“妈祖庙很多”。[⑤]换言之，除了部分外省会

① 黄忠鑫：《清代两浙木商与福州木材市场秩序——基于浙船会馆碑刻的考察》，《福建师范大学学报》（哲学社会科学版）2015年第1期。

② 《天后圣母圣迹图志》，1870年安澜会馆刻本，浙江省图书馆藏，索书号：G000681。

③ 竹林尚书庙已易地重建，原址位于现江滨西大道跨越白马河口的桥基之下，尚存石柱两个。

④ 黄忠鑫：《清末民初福州的古田商帮——以福州古田会馆碑刻为中心的考察》，《中国经济史研究》2012年第1期。

⑤ 〔美〕卢公明著：《中国人的社会生活：一个美国传教士的晚清福州见闻录》，陈泽平译，福州：福建人民出版社，2009年，第140页。

馆崇祀本省神灵，[①]以及少数福建籍商人以会馆主祭五帝等之外，南台的商业会馆均以天后妈祖作为供奉对象。

形成鲜明对比的是木业中的浙江商帮与福建商帮，分别以天后和五帝作为祭祀对象。浙商资本雄厚，而且有官方支持的背景。闽浙总督孙尔准兼署闽海关印务时，曾大力推动浙商赴闽贩运木材。[②]因此，两浙木商具有一定的官商色彩，不可能参与五帝“淫祠”的祭祀活动，甚至不顾同为海神、但地域色彩浓重的水部尚书，专门供奉具有普世意义的天后。与浙江木商集中于闽江南岸的仓前山，专注沿海运输不同，福建木业商人则汇聚在闽江北岸的帮洲、义洲一带，更多地与闽江上游、支流联通的山区进行联系，放排至南台再进行转运。因此，集中于此的福建木商具备了显著的内陆特征，更容易与地方社会的神灵融合。

古田商帮的例子更能说明福建内陆商帮不断发展壮大的历程，以及在这一过程中祭祀神灵的变化。古田商帮原多为米业商人，而粮食贩运主要服务于福州城市的日常消费，属于闽江流域内的小范围贸易。因此，他们早期在南台参与的神灵祭祀，主要是福州本地民众崇奉的水部尚书。此后，以国内和海外贸易为主导的茶商、红粬商的加入和共同合作，才使得同乡会馆得以顺利建成。会馆的祭祀对象，选择以具有共同认同感、商业色彩更为显著的天后，显然是合适的。球商的琼水会馆也是如此。尽管琉球册封使节、水手、商人等都崇奉水部尚书和妈祖，但作为商业会馆，祭祀天后更是成为惯例。清代妈祖已经演变为“全国海商之神”，即便是莆田故里的商人，也是随着商业网络的扩展，兴建新庙表达新的认同。[③]

会馆建成之后，祭祀功能被长期摆在十分显著的地位，甚至盖过了议事、投宿和储货等商业功能。建宁县商帮在福州南台建有绥安会馆天后宫。“光绪三年丁丑（1877），邵武纸帮傅济川、曾玉轩等以该邑纸、木、茶、笋等帮运货至省及天津等处，历滩浮海，感戴神灵，思所以报答，而无善地以建祠宇，因公捐银三千元入绥安，每岁另择日期祭祀献酎，明附入也”，并在会馆规条中明确规定：“会馆系敬神之所，旧章凡有同乡客商到省，

① 南台的外省会馆主要是广东、江西和浙江三省商人所建。江西、广东会馆的祭祀情况不详。但城内官商合建的两广会馆同时祭祀洪圣（南海神）、文昌、武帝和天后等神灵。其中，天后的祭文中专门提及保佑“坐贾行商”的内容。（参见《两广会馆纪略》卷上《进火祭文》，王日根等编：《中国会馆志资料集成》第1辑第7册，厦门：厦门大学出版社，第63、71页）这说明不同势力合建的会馆，其祭祀也需要显示公平。天后是作为商人代表神灵被列入会馆的，文昌和武帝更多代表的是文武官员，而洪圣是岭南地方神。似乎可以想见，南台广东会馆中天后应是主要祭祀神灵。

② 郑一谋：《孙尔准与“安澜会馆”》，福州晚报社编：《凤鸣三山》第2辑，内部出版，1990年，第195—196页；传成：《关于〈孙尔准与“安澜会馆”〉》，福州晚报社编：《凤鸣三山》第5辑，内部出版，1997年，第238—239页。

③ 李伯重：《“乡土之神”、“公务之神”与“海商之神”——简论妈祖形象的演变》，《中国社会经济史研究》1997年第2期。

不得任意寓处并寄储货物，以昭肃静。”①该会馆订立了不准寄宿和储放货物的规定，而这些禁止的内容恰恰却被很多会馆史学者认为是商业会馆的基本功能。可见，会馆是特定商帮在群体和资本规模达到一定程度的情况下，独立建设的祭祀场所，与公共庙宇区分开来。

五、结论

本文的分析表明，清代福州南台存在三类与工商业相关的庙宇。服务于城市消费的工商业群体通常选择五帝等地方性民间信仰庙宇，作为“庆赞”场所。这些神庙往往是不被正统所认可的“淫祠”，却拥有深厚的民众基础。还有一些庙宇具有共同空间的特性，尤以水部尚书庙为代表。尚书庙具有“正祀”的身份，又带有浓厚的“淫祀”仪式色彩。万寿尚书庙、竹林尚书庙分别作为渔业、米业的祭祀议事场所。除此之外，参与其中的工商业群体类型多样，组织名称复杂，由此表现出来的特征与北京东岳庙颇为相似，亦可视为各色工商业者的公共空间。作为特定地域与行业的商人会馆，也具有十分显著的祭祀功能，是商帮的专属庙宇。这类“正式”会馆中的商业群体往往具有明显对外贸易色彩，因而几乎都以天后宫为名，但内部的祭祀神祇并不单一。由此可见，工商业群体的组成与发展是复杂的，而不同类型和层次的庙宇信息，能够为我们了解这类群体的实际状态和演变情况提供重要线索。

因为庙宇与会馆存在层次差别，又有密切关联，所以我们不能仅从商业经济的维度来评判会馆的性质，更不能由此忽视某些神庙所具备的会馆特性。在会馆尚未建立以前，不少庙宇就是客商、行帮等活动、组织的“商业基地”，具有过渡性。民间信仰与商人群体、神庙与会馆存在着难分难解的关系。神庙祭祀对于工商业者的浸染影响，可能是会馆具有祭祀功能的渊源之一。这一演变过程为以往会馆史、商业史的研究所忽视。近代商会、同业公会建立之后，传统会馆与神庙以神灵祭祀为文化情感纽带，凝聚同业、同乡，表述自身利益的功能也没有完全消退。

（原载《宗教学研究》2019年第1期）

① 民国《建宁县志》卷6《祀典·天后宫》，《中国方志丛书》华南地方第104号，台北：成文出版社，1967年，第69页。

近代西文文献所记“浩官炮台”位置新考*

吴宏岐　　阮　宏

所谓“浩官炮台”，即近代西文文献中所记载的“Howqua's Folly Fort”（一般简称为“Howqua's Folly”或“Howqua's Fort”，在有些地图中则标注为“Howqua Fort”），是鸦片战争前后广州城东南珠江沿岸的一座重要炮台。《中国丛报》在1836年曾刊载文章专门介绍了这座炮台，并不时交互使用了“Howqua's Folly”“Howqua's Fort”这两个词汇①。在第一次鸦片战争期间，英军曾经攻占过“浩官炮台”，但在诸多反映第二次鸦片战争的西文史料文献中，却对这个炮台只字未提，可见这座炮台在第二次鸦片战争前就已被废弃。由于“浩官炮台”在中文史料中不见其名，只在部分近代西文文献中有所记述，故而一直未能引起国内同行学者的充分关注，甚至新近出版的专门研究清代民国广州城防、江防与海防炮台的研究专著对此炮台也无一语论及②。以往虽然有个别研究者对近代西文文献中提到的“浩官炮台”有所留意，但对于其具体位置的判定却存在一些分歧意见，可大致归纳为定功炮台说、赤岗塔附近说和永靖炮台说等三种说法。这些说法与实际情况均有所出入。

一、定功炮台说与赤岗塔附近说商榷

定功炮台说为著名翻译学家寿纪瑜与历史学家齐思和所首创。他们在1957年合作翻译英人宾汉所著《英军在华作战记》一书时，就将原书中提到的“Howqua's Folly”对译为定功台（即定功炮台）③。此种译法对学术界产生了较大影响，如牟安世《鸦片战争》一书中即称“从一八四一年二月二十三日（道光二十一年二月三日）英国侵略者重新挑起战争开始，虎门炮台、乌涌炮台在二十六日、二十七日相继失守，到三月三日（二月十一日）

* 本文系国家社科冷门绝学研究专项学术团队项目“明清广东海防地理史料的整理与研究”（项目批准号：20VJXT004）的阶段性研究成果。

① Elijah Coleman Bridgman，*Chinese Repository*，Vol.5，August.1836，p.168.

② 黄利平：《清代民国广州城防、江防与海防炮台研究》，广州：广东人民出版社，2016年。

③ 宾汉著：《英军在华作战记》，寿纪瑜、齐思和译，中国史学会主编：《鸦片战争》，上海：上海人民出版社，1957年，第5册，第159、189页。

攻占定功台，兵临广州城下，为时不过七八天"[①]。另外，新近还有人撰文论证说"定功炮台是鸦片战争前珠江两岸所建的系列炮台之一"，"就在猎德和二沙尾（二沙岛）的对岸，猎德、二沙尾中流砥柱与定功三个炮台可对狭窄航道中的敌船形成有利的夹攻之势"，并依据一幅大约拍摄于1869年前后的旧照片进一步判定"正对赤岗塔的江岸偏左（东）一点的地方有个短浅河涌的涌口，涌口左边的江岸就是定功炮台的位置，也是现今广州塔的位置（现在的江岸已经外移）"[②]。

其实，从目前学者的考证统计成果来看，在清光绪以前广州府所属的番禺县及南海县境，并无定功台（定功炮台）之名[③]。据张之洞在光绪十五年（1889）所撰《广东海图说》一书记载："中流沙炮台曰中流砥柱，在珠江北支江心，岸上两台，北曰绥远，南曰定功。凡三所，计三座，光绪六年从旧台改建，置洋炮一尊，余俱旧炮。"[④]另据同治《番禺县志》记载，中流砥柱炮台南面有东靖炮台，"在内河赤岗水口，安炮三十三位"[⑤]，当时赤岗水口附近并无其他炮台。由此可知，定功台（定功炮台）当是在光绪六年（1880）由东靖炮台改建而来。至于东靖炮台，有史料明确说是"于道光二十二年正月工竣"[⑥]，可见是第一次鸦片战争结束后新修建的炮台，与"浩官炮台"并无继承关系。定功台（定功炮台）的具体位置，在广东陆军测量局1920年6月编制的《广州市图》（图1）中有清晰标绘[⑦]，大致可以确定是在今赤岗塔以北、海心沙以南的珠江南岸的广州塔一带。但是定功台（定功炮台）在光绪六年（1880）才有其名，即使其前身东靖炮台也是在道光二十二年（1842）正月才新建的，所以如将1841年3月英军进攻目标"浩官炮台"（Howqua's Folly或Howqua's Fort）对译为定功台（定功炮台），甚至进一步推定其具体位置是在今广州塔附近，显然是不对的。

---

① 牟安世：《鸦片战争》，上海：上海人民出版社，1982年，第219页。

② 邓辉彝：《广州塔，鸦片战争定功炮台的所在地》，《羊城晚报》2012年6月6日，第B05版。

③ 广东海防史编委会编：《广东海防史》，广州：中山大学出版社，2010年，第299—305页；黄利平：《清代民国广州城防、江防与海防炮台研究》，第274页。

④ 张之洞：《广东海图说》，《中国海疆史志集成·海疆史志》，北京：全国图书馆文献缩微复制中心，2005年，第24册，第158页。

⑤ 李福泰修，史澄、何若瑶纂：同治《番禺县志》卷14《建置略一》，广州：岭南美术出版社，2007年，第150页。

⑥ 顾炳章：《外海内河诸炮台图说》，王洁玉编：《道光间广东防务未刊文牍六种》（下），北京：全国图书馆古籍文献缩微复制中心，1994年，第816页。

⑦ 中国第一历史档案馆、广州市档案局（馆）、广州市越秀区人民政府编著：《广州历史地图精粹》，北京：中国大百科全书出版社，2003年，第96页。

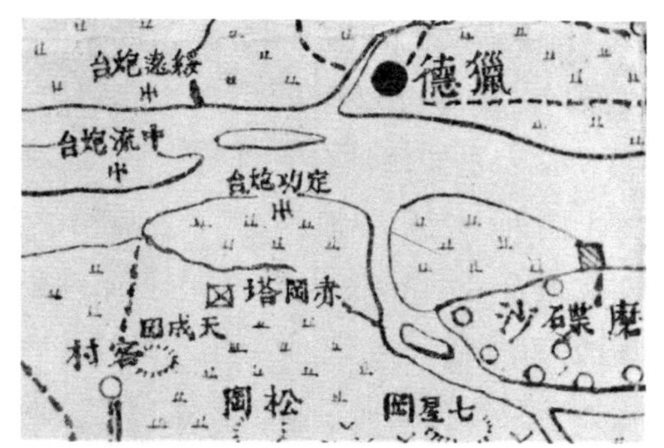

图1　广东陆军测量局1920年6月编制的《广州市图》中的定功炮台

（资料来源：中国第一历史档案馆、广州市档案局（馆）、广州市越秀区人民政府编著：《广州历史地图精粹》，北京：中国大百科全书出版社，2003年，第96页。）

至于赤岗塔附近说，则是英国学者孔佩特新近提出的说法。孔氏在其《广州十三行：中国外销画中的外商（1700—1900）》一书中曾论述过“浩官炮台”名称和位置问题：“珠江一带其他炮台的名字有时也会带上‘愚蠢’。赤岗塔附近有一座长方形炮台称为‘浩官炮台’（Howqua's Folly Fort，图10.19、图7.1），据称此炮台由十三行的商人浩官出资建造。下游一英里处为纪念死去的律劳卑勋爵而命名的炮台名字中也带着‘愚蠢’”[①]。其中提到的“图10.19”，孔氏特别加了这样的说明：“中国画家《浩官炮台》，约1820年，作于厄特曼纸上的水彩上有‘1816’字样的水印，$14^{3/4} \times 19^{3/4}$英寸（约37.5×50.2厘米），图片：马丁·格里高里画廊”[②]；“图7.1”即绘制于1841年5月26日的《标有英国军舰的广州河流平面图》，孔氏注明“出自伯纳德编：《“涅墨西斯号”航程和历史记事》，1844年”[③]。孔氏依据画作史料和地图史料推断“浩官炮台”的大致位置，其研究思路有可取之处，但所据史料略显单一，尤其是对地图上的相关地名之间的关系未作细致分析，所得结论自然不够精确。

二、永靖炮台说商榷

永靖炮台说为章文钦在1986年所提出。章先生曾据《中国丛报》第10卷第3期第5篇的相关报道摘译为《战争的进展；虎门之役；虎门及珠江沿岸各炮台被摧毁；双方同意停战和重开贸易》一文，译文中有1841年3月3日义律在黄埔所发的一篇通告，其中提到“昨天上午，一个伪装的炮台（位于黄埔岛东北角）向皇家船‘硫磺’号和一支水艇队开炮，后来被艇上勇敢的水兵占领了。这个先遣队（名单另附）停泊在浩官炮台附近，该炮

① 孔佩特著：《广州十三行：中国外销画中的外商（1700—1900）》，于毅颖译，北京：商务印书馆，2014年，第265页。

② 孔佩特著：《广州十三行：中国外销画中的外商（1700—1900）》，第264页。

③ 孔佩特著：《广州十三行：中国外销画中的外商（1700—1900）》，第160—161页。

台亦已被英国所占领”。对于其中涉及的“浩官炮台”，章先生注释称：“即永靖炮台”[①]。此说实际上与相关的历史文献记载也有较大的出入。

永靖炮台，简称永靖台，又名永清堡炮台、红炮台[②]。据清人顾炳章记载：“永靖台，土名洲头嘴”，“北与省城太平门外十三行隔海斜对”[③]。英国学者孔佩特也明确提到：“十三行对面的河南岛上有一座红炮台（Red Fort）”[④]。可见永靖炮台（红炮台）当位于今海珠区洲头咀公园一带。另据清人记载，道光二十一年二月二十六日，英人“大兵船数只与水师营对炮，小兵船与三板数十只，冒险而进，于是水师营、西宁、永靖、海珠各炮台尽皆失守”。[⑤]宾汉在《英军在华作战记》中也明确记载，英军于1841年3月3日轻松地攻取了“敌人已在夜间放弃了”的“浩官炮台”（Howqua's Folly）[⑥]，又于当月18日“急速连续攻下沙面炮台，以及海珠炮台和东炮台，和红炮台，把中国海军兵器库和广州城置于舰队的大炮之下”[⑦]。英军攻取“浩官炮台”（Howqua's Folly）的时间与攻取永靖炮台（红炮台）的时间前后相差约半个月，显示这两座炮台确实不在一地，所以“浩官炮台”“即永靖炮台”的说法也是难以成立的。

三、“浩官炮台”具体位置的重新考证

“浩官炮台”一名主要出现于近代西文文献之中，则对于其具体位置的考证自然必须从对相关西文文献的梳理开始。

《中国丛报》1836年8月的相关报道中曾对“浩官炮台”的位置特点有较为详细的介绍：“从虎门到黄埔这段水道没有防御工事，不过，在一个十字江口处，把河流分成两条水道的岛屿上却有两座炮台，下边一座近黄埔，另一座在广州以南两英里。两座炮台都是建立在平坦的湿地上，其中一座叫作‘浩官炮台’，是建于亚尔塞斯特访问黄埔之后，在上边的另一座则肇基于六个月前，现在还未完成。”[⑧]《鸦片战争史料选译》一书所收录的《中国人的军事技术和实力；军队的实况；炮台和武器；广州河上炮台的记述；中国的陆海军；作战方式；攻防武器等等》一文曾翻译了这段文字并在“另一座在广州以南两英里”句下作注说“即永靖炮台，化费大而设计荒唐”，在“在上边的另一座”句下注释说

① 裨治文著：《战争的进展；虎门之役；虎门及珠江沿岸各炮台被摧毁；双方同意停战和重开贸易》，章文钦译，广东省文史研究馆编：《鸦片战争与林则徐史料选译》，广州：广东人民出版社，1986年，第234页。

② 黄佛颐：《广州城坊志》卷6《河南》，广州：广东人民出版社，1994年，第714页。

③ 顾炳章：《外海内河诸炮台图说》，第847页。

④ 孔佩特著：《广州十三行：中国外销画中的外商（1700—1900）》，第131页。

⑤ 不著撰人：《英夷入粤纪略传钞本》，中国史学会主编：《鸦片战争》，上海：神州国光社，1954年，第3册，第5页。

⑥ 宾汉著：《英军在华作战记》，第189页。按：“浩官炮台”（Howqua's Folly），原误译为“定功台”。

⑦ 宾汉著：《英军在华作战记》，第200页。

⑧ Elijah Coleman Bridgman，*Chinese Repository*，Vol.5，August.1836，p.168.

"即大王滘炮台，或叫车歪炮台"[①]。其中后一个注释明显有问题，因为从原文语义来看，所谓"在上边的另一座"是相对"其中一座叫作'浩官炮台'"而言的，正是本段文字前面曾提到的"另一座在广州以南两英里"的那个炮台，即永靖炮台，1836年8月间尚在建设中，与嘉庆二十二年（1817）就已建成的大王滘炮台（即大黄滘龟岗炮台）无涉；而文中一开始就提到的"下边一座近黄埔"的炮台，正是后面所说的"浩官炮台"。

"浩官炮台"的位置与黄埔（即位于琶洲岛东端的黄埔村及黄埔旧港）较近，也有其他西文文献可以证明。在第一次鸦片战争期间，英军为了侵犯广东省城广州，曾对珠江沿岸诸多炮台的地理位置与防御设施情况进行过重点调查，其中就了解到"在黄埔的宝塔以上三英里，沙船江（Junk River）的南岸有浩官炮台（Howqua's Folly），是一座方形的建筑，架着三十门大炮。这里江宽约八百码，再向上一千七百码，江流被一个长、低、长度略微超过一英里的岛屿分成两支。岛的东端有一座有三十六门大炮的炮台，中国人以故律劳卑的名字来称它。"[②]这里所谓的"黄埔的宝塔"，显然说的是位于珠江南岸、今琶洲岛（旧称黄埔岛）新港东路的琶洲塔，"长、低、长度略微超过一英里的岛屿"指的是今二沙岛。"浩官炮台"在琶洲塔以西三英里（按一英里为1609.344米计，约4828米），在二沙岛以东一千七百码（按一码为0.9144米计，约1555米），而赤岗塔则在二沙岛东南侧的珠江南岸，则显然"浩官炮台"的位置应当在赤岗塔东面的今琶洲岛（旧称黄埔岛）的西端。

值得注意的，美国传教士卫三畏于1848年出版的《中国商务指南》一书中也数次提到了这个炮台："有一个炮台，被称作浩官炮台（Howqua's Folly）或大沙头炮台（Taishatow pautoy），过去位于黄埔岛的西端，不过现在已经移到了对面的珠江北岸的猎德（Leeptuk）。律劳卑炮台（Napier's Fort），亦作新沙尾炮台（Sun Shame pautoy），与浩官炮台相对，位于Powder岛或大沙头（Taishatow）的东端。"[③]另据英国人赖特记述："英舰'硫磺号'奉命行动，但黄埔岛西北尽头的'浩官炮台'及其正对面的律劳卑炮台所进行的抵抗很微弱。"[④]这两条史料所记"浩官炮台"的位置大致相同。

卫三畏和赖特的说法，也可从西人所绘反映第一次鸦片战争形势的有关地图中得出进一步的印证。在1844年英国人伯纳德《"涅墨西斯号"航程和历史纪事》一书附录的绘制于1841年5月26日、全称名为《*Part of the Canton River Shewing the Position of H.M Ships, Comprising the advanced Squadron*》（《标有英军先头部队舰船位置的广州河流图》）的地图

---

① 裨治文著：《中国人的军事技术和实力；军队的实况；炮台和武器；广州河上炮台的记述；中国的陆海军；作战方式；攻防武器等等》，广东省文史研究馆译：《鸦片战争史料选译》，北京：中华书局，1983年，第69页。

② Elliot Bingham, *Narrative of the Expedition to China, from the Commencement of the War to the Present Period*, Vol.2, London: Henry Colburn, Publisher, 1843, p.8. 另参见宾汉著：《英军在华作战记》，第159页。

③ Samuel Wells Williams, *A Chinese Commercial Guide Consisting of a Collection of Details*, Canton: Printed In the Office of Chinese Repository, 1848, pp.69-70.

④ 托马斯·阿罗姆绘，赖特著：《晚清河山》，秦传安译，北京：中央编译出版社，2016年，第88页。

上（图2）[①]，黄埔岛（即琶洲岛）的西端，清楚地标注有“Howqua Fort”字样，正是“浩官炮台”（Howqua's Fort）的略写。图中的“Howqua Fort”与东面的“Pagoda”（当即琶洲塔）、“Whampoa”（黄埔）同处于一个岛上，与西面的“Pagoda”（当即赤岗塔）之间则隔着一条Fidler's Reach（弗里德水道，即今黄埔涌），再西则与“Fort Napier”（“律劳卑炮台”的异写）隔着宽阔的珠江对望。近代以来，珠江水道及其汊流黄埔涌的泥沙淤积日益严重，在广东陆军测量局1920年6月编制的《广州市图》（图1）上，当时琶洲岛西端磨碟沙的西北方向就已形成大片新淤积的土地。考虑到成陆问题，近代西文文献所记载的“浩官炮台”的旧址，大致可以确定在今琶洲岛西端磨碟沙公园以东的台地一带。

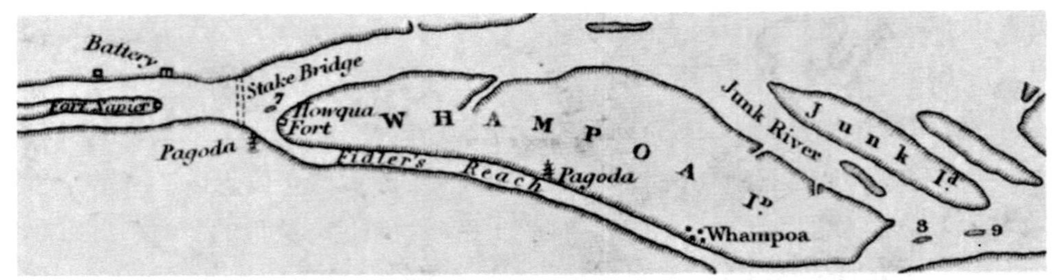

图2　《*Part of the Canton River Shewing the Position of H.M Ships*，*Comprising the advanced Squadron*》
（《标有英军先头部队舰船位置的广州河流图》）（局部）

（资料来源：W.D.Bernard，*Narrative of the Voyages and Services of the Nemesis*，*from 1840 to 1843*，Vol.1，London：Henry Colburn，Publisher，1844，End of the Vol.）

四、“浩官炮台”的中文名称与建置年代问题

“浩官炮台”的具体位置考证清楚以后，便可以结合相关中文史料，进一步探究这座炮台的中文名称与建置年代。

据《广东海防汇览》一书记载：“猎德炮台，嘉庆二十二年建，属广州协左营西关汛。距本协二十五里，至新塘营沙河汛六里，下至赤河汛十里。外委一员，兵三十名。”原注引《司案略》：“嘉庆二十二年，总督蒋攸铦奏：番禺县猎德地方为各夷赴省往来总路，应请于此处设立炮台，为中权扼要。奏明于商捐预备炮台工料项内，动给兴建。”同书又载：“大黄滘龟岗炮台，嘉庆二十二年建，营制同。距本营一百二十七里，上至深井尾汛四里，下至顺德协右营三山汛八里，兵三十名，深井尾汛千总兼防。”原注：“嘉庆二十二年，总督阮元、巡抚陈若霖奏略：内港大黄滘地方有大河一道，南通香山，东南通黄埔、虎门，为商船之所必经。若由大黄滘直抵省城，即可不由东南之猎德，是仅建猎德炮台，不足以严两路门户。臣阮元亲自相度，大黄滘有小石山，土名龟岗，四面皆水，堪以添建炮

① W.D.Bernard，*Narrative of the Voyages and Services of the Nemesis*，*from 1840 to 1843*，Vol.1，London：Henry Colburn，Publisher，1844，End of the Vol.

台。”[①]据此可知，嘉庆二十二年（1817）为了加强省城广州的江防，先后在珠江北路的猎德地方和珠江南路的大黄滘地方建设了猎德炮台和大黄滘龟岗炮台，其中猎德炮台是“奏明于商捐预备炮台工料项内，动给兴建”。关于“浩官炮台”的修建年代和得名缘由，英国学者孔佩特提到“人们还记得1816年在英国军舰‘阿尔赛斯特号’途经珠江时炮轰虎门要塞后建起的浩官炮台，在1832年仅仅一条船的海盗就占领了这座炮台”[②]，所说“浩官炮台”建造时间与经费来源情况，与《广东海防汇览》记载猎德炮台的相关情况大致相合。

另据《广东海防汇览》一书记载：“中流沙炮台，道光十六年建。”原注：“道光十五年二月二十九日，总督卢坤会奏言：广东省城水路东通外洋，向在省城东首设立炮台，为防盗御夷之备。惟东炮台逼近省城，其距省二十里之猎德炮台，又因河面淤沙，不甚得势……查得省城之东十五里，有中流沙地方，系外海入省必由河道，河心涨有沙涂，正当水路之冲……应于此处向东建设炮台，派拨兵弁，安设炮位。”[③]由此可见，在嘉庆二十二年（1817）至道光十六年（1836）间，省城内河东路只先后新建了猎德炮台、中流沙炮台这两座炮台。而根据《中国丛报》《英军在华作战记》等西文文献记载，“浩官炮台”和“律劳卑炮台”正是鸦片战争期间英军在省城内河东路重点进攻的两座炮台。很显然，卫三畏《中国商务指南》一书中所说位于黄埔岛的西端的“浩官炮台”（Howqua's Folly）及与此炮台相对、位于大沙头的东端“律劳卑炮台（Napier's Fort）”或新沙尾炮台（Sun Shame pautoy），正分别是《广东海防汇览》所记嘉庆二十二年（1817）所建的猎德炮台和道光十六年（1836）所建的中流沙炮台。换句话来说，《中国商务指南》的相关记载提供了“浩官炮台”的具体位置，而《广东海防汇览》的相关记载却提示这座炮台的修建时间是在嘉庆二十二年（1817），其正式的中文名称则是猎德炮台。

嘉庆二十二年（1817）在省城内河东路所建的新炮台并不在猎德村所在的珠江北岸，而是在珠江南岸的黄埔岛（即琶洲岛）的西端，但却采用了猎德炮台这个名称，可能是因为当时所谓的“猎德地方”作为一个区域地名，其范围是跨有珠江南北两岸的，并不以珠江北岸的猎德村一带为限，故而修建于猎德村对岸的炮台也得以用猎德炮台来命名。这一推断，也可从同一年在省城内河南路修建的大黄滘龟岗炮台的命名情况得到佐证。作为小聚落名称的大黄滘（又作大王滘或大王滘）位于今广州城南、珠江南水道西侧的东塱一带[④]，但当时作为区域地名的“大黄滘地方”则不仅包括江中小岛龟岗，还包括今珠江南水道东侧的南石头一带，甚至于数十年后，在绘制于同治六年（1867）以前的《广东水师

① 卢坤、邓廷桢：《广东海防汇览》卷32《方略二十一·炮台二》，石家庄：河北人民出版社，2009年，第826页。

② 孔佩特著：《广州十三行：中国外销画中的外商（1700—1900）》，第265页。

③ 卢坤、邓廷桢：《广东海防汇览》卷32《方略二十一·炮台二》，第827页。

④ 吴宏岐：《明清珠江三角洲城镇发展与生态环境演变互动研究》，武汉：长江出版社，2014年，第36—37页。

营官兵驻防图》上，南石头一带新建的炮台也被标注为“大王滘东台”[①]。

至于《中国商务指南》中又说“浩官炮台”的中文名称是“大沙头炮台（Taishatow pautoy）”，目前尚未找到可以佐证的中文史料。此书尚提及与“浩官炮台”隔江相对的律劳卑炮台（Napier's Fort）或新沙尾炮台（Sun Shame pautoy）也位于“大沙头的东端”。两座炮台都涉及大沙头这个地名，让人颇感费解。其实，在鸦片战争前后，由于泥沙淤积日益严重，新沙洲不断生长，珠江水域沙洲地带出现异地同名与一地多名现象相当普遍。道光十八年（1838）成书的《广东海防汇览》中所说的“中流沙”，在别的史料中即被称为“二沙尾”：“广东省河广阔，惟东路十里之猎得[德]、二沙尾，西南十五里之大黄滘河面稍狭，可扼守。”[②]在1860年绘制的《*Sketch Map of the Chu Kiang, or Pearl River*》图（《珠江流域地图》）上[③]，今二沙岛的位置标注为“大沙头”，可知《中国商务指南》中所说律劳卑炮台（Napier's Fort）或新沙尾炮台（Sun Shame pautoy）所在的“大沙头”，正是以前被称为“中流沙”或“二沙尾”、今称为“二沙岛”的江心沙洲。也就是说，中流沙、二沙尾、新沙尾和大沙头都曾是今二沙岛的旧名。以此推之，极有可能在“浩官炮台”（即猎德炮台）修建之初，黄埔岛（琶洲岛）西端沿岸因积沙较多，也曾有大沙头这样的名称，所以“浩官炮台”（即猎德炮台）还有“大沙头炮台”这个土名。而在第一次鸦片战争以后，黄埔岛（琶洲岛）西端沿岸的沙洲已有磨碟沙这个地名，大沙头这个地名遂西移到中流沙（二沙尾），从而导致卫三畏在1848年编辑出版《中国商务指南》时出现了略显混乱的记述。

值得注意的是，如前所述，卫三畏在《中国商务指南》中还提到“浩官炮台”“现在已经移到了对面的珠江北岸的猎德（Leeptuk）”。这提示嘉庆二十二年（1817）修建于黄埔岛（琶洲岛）西端的“浩官炮台”（猎德炮台）最晚在1848年就已被废弃。据《中国丛报》1842年2月的报告：“最近有五座新的炮台已竣工，其中有四座处于广州城与‘浩官炮台’之间的地方，另外的一座则位于澳门航道上。”[④]另据《外海内河诸炮台图说》记载，道光二十二年（1842）正月在省城内河东路确实新修了四座炮台，其中“查东安台，土名猎德，番禺县属。坐北向南，与东靖炮台隔海对峙”，“台内安炮三十五位”，“该台系饬发正项改筑，于道光二十二年正月工竣”；“查东靖炮台，土名赤岗，番禺县鹿步司属。坐南向北，与东安炮台隔海对峙”，“台内安配炮位三十二位”，“系饬发正项建筑，于道光二十二年正月工竣”；“查东固台，土名姚家围，番禺县鹿步司属。坐北向南，东至东安炮台四里”，“台内配炮三十一位”，“该炮台系饬发正项建筑，于道光二十二年正月工竣”；“查中

① 中国第一历史档案馆、广州市档案局（馆）、广州市越秀区人民政府编著：《广州历史地图精粹》，北京：中国大百科全书出版社，2003年，第45—46页。

② 佚名：《夷艘入寇记》，中国史学会主编：《鸦片战争》，上海：上海人民出版社，1957年，第6册，第115页。

③ Tomas March Brown，*Sketch Map of the Chu-Kiang，or pearl River*，London：Vincent Brook Day&Son，Lith.C.1860.

④ Elijah Coleman Bridgman，*Chinese Repository*，Vol.11，Canton：Printed for the Proprietors，January. 1842. p.64.

流砥柱台，土名二沙尾，番禺县鹿步司属。建在海中，坐西向东，东至东靖炮台四里，西至东安炮台十二里，北与东固台隔海斜峙”，“四面安配炮位二十七位”，“该炮台发正项改筑，于道光二十二年正月工竣”[①]。在这四座炮台中，东靖炮台（土名赤岗炮台）、东固台（土名姚家围炮台）均是“发正项建筑”，显然是新建筑之炮台；东安炮台（土名猎德炮台）、中流砥柱台（土名二沙尾炮台）均是“发正项改筑”，则是在旧炮台故址基础上改建的。其中，中流砥柱台当是在道光十六年（1836）所建的中流沙炮台（律劳卑炮台，Napier's Fort）”旧址改建，至于东安炮台（土名猎德炮台），则可能是在1840前后所建的一个临时性土炮台的旧址改建。在1840年前后，清军为了防御英军进犯省城，在“浩官炮台”（猎德炮台）和中流沙炮台（律劳卑炮台，Napier's Fort）一带还布设了用于阻拦英军舰船的木排和协防的临时性土炮台。有史料记载说，1841年3月1日，“原建在上述炮台附近的跨江木排被拆除开，船只通过了”[②]，英军才开始进攻炮台。绘制于1841年5月26日的地图《*Part of the Canton River, Shewing the Position of H.M Ships Comprising the advanced Squadron*》（《标有由英国军舰组成的先头部队位置的广州河流平面图》），正是反映第一次鸦片战争情况的历史地图（图2)，图中“Howqua Fort”（“浩官炮台”）西北面珠江水道中，绘有清军在江中布设的木排并标注“Stake Bridge”；此图还在“Howqua Fort”（“浩官炮台”）更偏西北的方向、“Fort Napier”（“律劳卑炮台”）正北方向的珠江北岸，绘有两个方形符号并在旁边标注有“Battery”（排炮），显示的正是清军仓促修建的一组临时性土炮台。比对方位可知，这一组临时性炮台中偏东的一座，位置临近猎德村，应当就是第一次鸦片战争刚刚告一段落后清军改建东安台（土名猎德炮台）的基础。在省城内河东路新修的四座炮台中，东安台（土名猎德炮台）安炮35位，数量最多（东靖炮台、东固台和中流砥柱台分别是33位、31位和27位），应当是移用了“浩官炮台”（猎德炮台）的火炮，所以卫三畏在《中国商务指南》才会出现“浩官炮台”“现在已经移到了对面的珠江北岸的猎德（Leeptuk）”这个说法。不过，尽管《中国商务指南》出版于1848年，我们却不能简单地把“浩官炮台”废弃的时间推定在这一年。顾炳章所辑《外海内河诸炮台图说》备载道光二十七年（1847）以前广州地区修建的江防与海防炮台，并没有提及位于黄埔岛（琶洲岛）西端的“浩官炮台”（猎德炮台），可以推定这个炮台在道光二十二年（1842）正月改建省城内河东路的东安台（土名猎德炮台）之时，就被彻底废弃了。

嘉庆二十二年（1817）修建于的黄埔岛（琶洲岛）西端的“浩官炮台”（猎德炮台），本来被赋予防御省河东路的重任，但在1841年3月3日抵抗英军进犯广州的实战中，并未发挥任何的作用，并且在道光二十二年（1842）正月就被彻底废弃，前后只存在了约25年的时间。推究其原因，虽然与中英军队军事实力的悬殊有关，但炮台选址不当应是最主要

① 顾炳章：《外海内河诸炮台图说》，王洁玉编：《道光间广东防务未刊文牍六种》（下），第813—822页。

② 裨治文著：《战争的进展；虎门之役；虎门及珠江沿岸各炮台被摧毁；双方同意停战和重开贸易》，章文钦译，广东省文史研究馆编：《鸦片战争与林则徐史料选译》，第234页。

的因素。《中国丛报》1836年8月的相关报道就曾客观地分析说："这座被称为'浩官炮台'(Howqua's fort or folly)的军事设施，安置在这样一个位置，简直是等同虚设，因为如果敌舰从它两侧的角隅发动进攻的话，就会轻松攻占而自己不受损伤。即使敌人乘小船偷袭到它面前，它的大炮架得离水面那么高，发出的炮弹也不能给敌人造成任何伤害。"[①]1841年3月3日的实战情况也确实说明了这一点，当时驻守此炮台的清军连夜"放弃了他们的防御工事"，退守到附近一座大庙中，并且"已经开始用一个架着五门大炮的新野战工事来保护这座庙"[②]。清军弃守"浩官炮台"而在其附近依托一座大庙另行抵抗的原因，可能正与这座炮台因选址不当而无法正常发挥防御作用有关。大概正是考虑到"浩官炮台"(猎德炮台)在选址上存在严重弊端，难以有效发挥防御作用，清军在第一次鸦片战争甫一结束，便彻底废弃了这座炮台，并且以二沙岛为省河东路江防中心、珠江南北两岸为其两翼，通过新建与改建的方式，重新构建了由东安台、东靖炮台、东固台和中流砥柱台这四座炮台所组成的、可以起到相互协防作用的省河东路江防体系。

（原载《中国历史地理论丛》2021年第1辑，文章注释略有改动）

① Elijah Coleman Bridgman, *Chinese Repository*, Vol.5, August.1836, p.168.

② 宾汉著：《英军在华作战记》，第189页。

“穆护”与《穆护歌》考辨

张小贵

一、导言

“穆护”一名，最令人瞩目者，乃见于史籍有关唐武宗灭佛的记载，如《唐会要》卷四七《毁佛寺制》有曰：

> 其天下所拆寺四千六百余所，还俗僧尼二十六万余人，收充两税户。拆招提兰若四万余所，隶僧尼属主客，显明外国之教。勒大秦穆护祆三千余人还俗，不杂中华之风。[①]

法国汉学家沙畹（Éd. Chavannes）19世纪末发表的《景教与喀喇和林遗址碑铭》一文，率先将汉文所记的“穆护”法译为mage；[②]其后，沙畹、伯希和（P. Pelliot）进一步指出“穆护”一词乃音译自新波斯语muγ、moγ。[③]美国汉学家罗佛（B.Laufer）则认为“穆护”是由中古波斯文（即帕拉维语Pahlavi）magu演变而来。[④]在肯定“穆护”源自伊朗语的基础

① ［宋］王溥：《唐会要》卷四七，北京：中华书局，1955年，第841页。另，［宋］宋敏求编《唐大诏令集》卷一一三《拆寺制》（北京：中华书局，2008年，第591页）、李德裕《会昌一品集》卷二十（［唐］李德裕撰《李卫公会昌一品集》，丛书集成初编据畿辅丛书本排印，1856—1859，中华书局，1985年）、《新唐书》卷五十二《食货志》（北京：中华书局，1975年，第1361页）、《资治通鉴》卷二四八（北京：中华书局，1956年，第8015—8016页）均有记载，惟文字略有出入。

② Éd. Chavannes, “Le Nestorianisme et L'inscription de Kara-Balgassoun,” *Journal Asiatique*, neuvieme serie Tome IX, 1897, p.61 n.3.

③ Éd. Chavannes et P. Pelliot, “Traité manichéen retrouvé en Chine, traduit et annoté,” *Journal Asiatique*, janv.--févr. 1913, p.170；中译本见伯希和、沙畹撰，冯承钧译：《摩尼教流行中国考》，收入《西域南海史地考证译丛八编》，北京：商务印书馆，1962年，第46页。

④ B.Laufer, *Sino-Iranica*, *Chinese Contributions to the History of Civilization in Ancient Iran*, Chicago, 1919, p. 531；中译本见〔美〕劳费尔著，林筠因译：《中国伊朗编》，北京：商务印书馆，1964年1月第1版，2001年3月北京第2次印刷，第361页。

上，日本史学家石田幹之助[①]、神田喜一郎[②]、桑原骘藏[③]等均指出，汉文献所见的“穆护”“牧护”都是Mogu（Magi）的音译，盖指祆教僧侣。这一定性也广为中外学界所接受。如英国汉学家穆尔（A. C. Moule）1930年出版《一五五〇年前的中国基督教史》一书，便称上引“穆护祆”为“琐罗亚斯德教徒（Zoroastrians）”。[④]英国教会史家福斯特（J. Foster）1939年出版《唐代教会》一书，将“大秦穆护祆”译为“Ta Ch’in in（Syrian）（and）Muh-hu-fo（Zoroastrian）（monks）”，即将“穆护祆”界定为火祆教僧侣。[⑤]以上诸家所论，主要认定“穆护”一词的伊朗语源，释其义谓琐罗亚斯德教祭司，而对该词渊源流变则殆无专门讨论。

不过，就“穆护”之宗教属性，也有持不同意见者。日本学者佐伯好郎1916年出版英文版《中国景教碑》，据《古文渊鉴正集》将《毁佛寺制》中的“大秦穆护祆”写成“大秦穆护祓”，并英译为“Nestorians and Mohammedans”，也就是将“穆护祆”释为回教徒。[⑥]然而到了1934年，佐伯氏便修正了自己的观点，在其出版的《支那基督教研究》一书中将“穆护祆”解释为“祆教，即波斯拜火教的僧侣”。[⑦]愚公谷《贾耽与摩尼教》一文有云：“颜鲁公（真卿）与康国人颇有往还，且以穆护之名字其男，康国人多奉摩尼教。”[⑧]显然认为穆护与摩尼教有关。而向达先生在《唐代长安与西域文明》中直谓“穆护”为摩尼教中僧职之名。[⑨]不过，岑仲勉先生已指出二者皆为“误混祆教于摩尼”。[⑩]龚天民先生1960年出版《唐代基督教之研究》，把“穆护”界定为回教，而“祆”则仍认定为祆教：

> 845年，会昌五年时，武宗开始废佛政策，景教亦大受打击，僧侣被迫还俗，教势一蹶不振。据《唐会要》卷四十九所记，当时天下所拆寺院四千六百余所，僧尼还

① 石田幹之助：《支那に於けるザラトゥーシトラ教に就いて》，《史学杂志》第三十四编第四号，1927年，第317—318页；《神田學士の「祆教雜考」を讀みて》，原刊《史学杂志》第三十九编第六号，1928年，第563、569页；经修订作《祆教叢考——神田學士の「祆教雜考」を读みて》，《东亚文化史丛考》，东京：东洋文库，1973年3月25日发行，1978年8月15日再版，第235—237页。

② 神田喜一郎：《祆教杂考》，《史学杂志》第三十九编第四号，1928年，第381—394页；1929年10月补订，收入其著《東洋學說林》，东京：弘文堂刊，1948年12月，此据《神田喜一郎全集》（1），京都：株式会社同朋舍，1986年，第81页。

③ 桑原鷺藏：《祆教に關する一史料》，原刊《史学杂志》第三十九编第七号，1928年，收入《桑原鷺藏全集》（1），岩波书店，1968年，第419页。

④ A. C. Moule，*Christians in China before the Year 1550*，London，1930，p.70. 参见郝镇华中译本：《一五五〇年前的中国基督教史》，北京：中华书局，1984年，第76页。

⑤ John Foster，*The Church of the T'ang Dynasty*，London，1939，p.125.

⑥ P. Y. Saeki，*The Nestorian Monument in China*，London，First Published 1916，Reprinted 1928，pp.88-89.

⑦ 佐伯好郎：《支那基督教の研究》I，东京：春秋社，1934年，第168页。

⑧ 愚公谷：《贾耽与摩尼教》，《禹贡》半月刊二卷四期，第9页。

⑨ 向达：《唐代长安与西域文明》，原刊《燕京学报》专号之二，1933年10月；此据其著《唐代长安与西域文明》，北京：生活·读书·新知三联书店，1957年，第15页。

⑩ 岑仲勉：《隋唐史》上册，北京：中华书局，1982年，第319页注2。

俗二十六万五千余人。外国教大秦穆护祆还俗者二千余人云（“穆护”乃回教，祆系祆教）。[①]

1992年，羽离子先生发表论文《唐代穆护及其首次遭逢灭教》，称：

从客观上推论，“穆护”之教应是伊斯兰教，也只可能是指伊斯兰教，并且也唯有将它推断为伊斯兰教才可能与社会历史背景相符合。[②]

尽管羽离子先生言之凿凿，不过将“穆护”界定为回教徒，显然并不符合唐代中外交通史及外来宗教传播史的事实，对此林悟殊先生曾发表《唐季“大秦穆护祆”考》，对汉文所记的大秦穆护祆史事进行考辨，认为其中不包括回教僧侣，并提出穆护应是来自波斯正统的琐罗亚斯德教僧侣，与中亚祆教有所区别的假设。[③]

综上所论，有关“穆护”宗教属性的判定，剩义无多。不过有关穆护的身份与职业，各家所述多语焉不详，甚至不乏歧义之处。以笔者所见，国人明确点示“穆护”何所指者乃冯承钧先生，其在1936年印行的《景教碑考》一书，对“穆护”一词解释道：

按穆护即古波斯语megush之对音，即希腊文之magos，拉丁文之magus，英文之magian，法文之mage是已。在祆教经典Avesta之中，则名为athravans。此言火师，要皆祆教之教师也。《西溪丛语》卷上谓“贞观五年（631）有传法穆护何禄将祆教诣阙闻奏，敕令长安崇化坊立祆寺，号大秦寺，又名波斯寺。”虽混大秦波斯为一，然祆教穆护，意自明也。[④]

这里，冯文明确将“穆护”比定为《阿维斯陀经》中的athravans。唐史专家岑仲勉教授，也认为“穆护”指的是火祆教教士，火教经将其写作aϑravana。[⑤]不过，迄今未见学界于此有回应者。是故，本文拟据古波斯文献的记载，对穆护的身份及职业，及其源流进行考辨，并对汉文献所记《穆护歌》与穆护的关系进行辨析，庶几有助于进一步揭开“穆护”之面纱。不妥之处，仰祈方家指正。

二、异域文献所见“穆护”之身份与职业

就迄今的研究看，“穆护”之语源可追溯到琐罗亚斯德教圣典《阿维斯陀经》（Avesta）的记载，该经《耶斯那》（Yasna）五十三章第七节记录道：

---

① 龚天民：《唐代基督教之研究》，香港：香港基督教辅侨出版社，1960年，第10页。

② 羽离子：《唐代穆护及其首次遭逢灭教》，刊《海交史研究》1992年第1期，第38页。

③ 林悟殊：《唐季“大秦穆护祆”考》上，《文史》第48辑，1999年7月，第39—46页；下，第49辑，1999年12月，第101—112页。经修订收入其著《中古三夷教辨证》，北京：中华书局，2005年，第284—315页。

④ 冯承钧：《景教碑考》，上海：商务印书馆，1936年，第73页。

⑤ 岑仲勉：《隋唐史》上册，第319页。

倘汝等奋力于传播正教，
自会得到正教之报偿，
谎言也将从此消除。
若汝等放弃奉献，灾难必将降临。[①]

《耶斯那》第五十三章，即《阿维斯陀经》中最古老的部分五篇《伽萨》圣诗之一Vahishtōishti Gāthā。据学者的研究，《伽萨》系该教教主查拉图斯特拉亲自创作的作品，从其语言学风格及所记内容来看，至少在公元前一千年之前。[②]就其中所出现的magəm一词，本文苟以第二人称复数译之。至于其具体身份，西方学者各有解读。著名的古伊朗语言学家贝利爵士（H. W. Bailey，1899–1996）曾认为其是magəuš的变体，意为属于magus（祭司阶层）。[③]法国伊朗学家盖朗（J. Kellens）则认为magəm是maga的单数宾格，意为善行、恩德。[④]不过，从语境看，此处的记载表明，magəm应为琐罗亚斯德教成员，是该教教主查拉图斯特拉的随从；然文献并未显明其是否为祭司。阿维斯陀经中唯一提及的祭司称谓有两个，一是《伽萨》诗篇《耶斯那》第三十三章第六节（Yaθāišiθā Hāiti）的记录，祭司称为zaotā，意为"献祭祭司"；[⑤]另一个是āθravan，意为"侍火祭司"。[⑥]这一称谓多见于新阿维斯陀经的记载，如《诸神颂》第十九部Zamyād Yašt第八章五十三节记载。[⑦]新阿维斯陀语文献关于magu的记录同样隐晦不清。如Yasna65.7记录haši.tbiše…moγu.tbiše…varezānō.tbiše，其中moγu.tbiše，意思不是"向Magus致敬"，而是"向部落的成员致敬"，[⑧]并无暗示magus的身份。据古伊朗语言学家的研究，新阿维斯陀语比古阿维斯陀语晚两到三百年，相当于阿契美尼时期的古波斯文碑铭时间或略早。[⑨]也就是说，在公元前8世纪至公元前6世纪的文献资料中，有关magu的含义仍属模糊不清。

倒是公元前5世纪古希腊作家希罗多德《历史》，于magu的记述始较为详细和具体。该书记伊朗高原西北部的米底（Media）由六个部落组成，即Bousai、Parētakēnoi、Strou-

① H. Humbach, *The Gāthās of Zarathushtra, and the Other Old Avestan Texts*, Part I, *Introduction-Text and Translation*, Heidelberg, Carl Winter Universitätsverlag, 1991, p.194.

② Jean Kellens, *Essays on Zarathustra and Zoroastrianism*, transl. and ed. by Prods Oktor Skjærvø, Mazda Publishers, Inc., 2000, pp.39-47.

③ H. W. Bailey, "A Range of Iranica," in Mary Boyce and Ilya Gershevitch eds., *W. B. Henning Memorial Volume*, Lund Humphries, 1970, p.34.

④ Jean Kellens, Eric Pirart, *Les Textes Vieil-Avestiques*, Vol. II: *Répertoires grammaticaux et lexique*, Wiesbaden, Dr. Ludwig Reichert Verlag, 1990, p.278.

⑤ H. Humbach, *The Gāthās of Zarathushtra*, Part I, p.137.

⑥ Mary Boyce, *A History of Zoroastrianism*, Vol. I, Leiden, E. J. Brill, 1975, p.6.

⑦ Almut Hintze, *Der Zamyād-Yašt*, Wiesbaden, Dr. Ludwig Reichert Verlag, 1994, pp.272-273.

⑧ E. Benveniste, *Les mages dans l'Ancien Iran*, Publications de la Société des Études Iraniennes 15, Paris, 1938.

⑨ Jean Kellens, *Essays on Zarathustra and Zoroastrianism*, pp.35-39.

chates、Arizantoi、Boudioi与Magoi。其中，Magoi专为其他部族提供祭司。[①]Magoi即为古波斯语"magus"的古希腊语形式。这段记载至少披露了两层意思：一，穆护为米底的一个部落；二，其职业为祭司。著名的阿契美尼朝国王大流士的《贝希斯吞纪功碑》，其中的巴比伦文本曾记录当时的大祭司Gaumāta即为"米底人"（ma-da），[②]似有助于说明穆护源于米底这一观点。

依希罗多德所述，Magoi负责主持古波斯人的祭祀活动：

> 波斯人用以下方式向上揭诸神奉献牺牲：奉献牺牲时，他们不设祭坛，不点火，不灌奠，不吹笛，不用花彩，不供麦饼。奉献牺牲的人把其牲口牵到一洁净场所，在是处呼叫他意欲奉献的神名。通常该人之头巾要戴一个桃金娘的花环。奉献牺牲的人不得独为自己祈福，尚要为国王，为全体波斯人祷告，由是他即为全体波斯人之一分子。随后他即把牺牲切成碎块煮熟，挑选最新鲜柔软的草地，尤以车轴草为佳，把熟肉全置其上面。这一切办妥后，便由一Magoi前来诵唱赞诗。据波斯人说，该赞诗是详述诸神之由来。除非有一个Magoi在场，否则任何奉献牺牲的行为均不合法。片刻后，奉献者即可把牺牲的肉带走，自行处理。[③]

除了献祭牺牲需要Magoi参与外，Magoi也有野葬的习俗：

> 据说波斯人的尸体惟经狗或禽类撕裂后始可埋葬。Magoi有此俗毋庸置疑，缘彼等于此乃公开不讳。[④]

据学者们的研究，曝尸是东伊朗和中亚地区的典型风俗，但西伊朗并无此习。[⑤]经改革的琐罗亚斯德教也有此风。上揭Magoi的做法，倒是合乎琐罗亚斯德教之清规。有关规定均见于阿维斯陀经《辟邪经》及后来的帕拉维文文献。希罗多德所描写的Magoi即穆护，遂被认为是琐罗亚斯德教祭司。[⑥]

不过，上引《历史》的记载易使人产生如下的理解：一是，这些穆护本身就是琐罗亚斯德教徒，因为他们遵循典型的琐罗亚斯德教习俗；一是，这些习俗原为穆护的传统习俗，随着穆护们改信琐罗亚斯德教，这些习俗也就融入琐罗亚斯德教了。比如在阿维斯陀经中，《辟邪经》被认为是很晚近的，与阿契美尼时期同时或稍晚，其所描述的天葬等并

① Herodotus, *The Histories*, transl. by Aubrey de Sélincourt, revised, with an introduction and notes by A. R. Burn, Penguin Books, Bungay, Suffolk, Great Britain, 1954, 1972, p.83. 另参阅王以铸译：《希罗多德历史》上册，北京：商务印书馆，1997年，第53页。

② E. N. von Voigtlander, *The Bisutun Inscription of Darius the Great. Babylonian Version* (CII 1.2.1), London, 1978, line 15 on p.14.

③ Herodotus, *The Histories*, p.96. 参阅王以铸译：《希罗多德历史》，第68—69页。

④ Herodotus, *The Histories*, p.99. 参阅王以铸译：《希罗多德历史》，第72页。

⑤ Mary Boyce, *A History of Zoroastrianism*, Vol. I, pp.113-114.

⑥ M. Molé, *Culte, Mythe et Cosmologie dans l'Iran Ancien*, Paris, Presses Universitaires de France, 1963, p.77.

非是早期正统的琐罗亚斯德教习俗。因此，关于穆护身份的考察自始就众说纷纭。例如穆尔顿（Moulton）将穆护看作是下层的土著居民，威登格林（Widengren）将其看作是米底的狂热者，[①]而格斯威奇（Gershevitch）则将穆护看作普通的祭司职业者，他们并不关心玄奥的神学理论，而只在乎尽可能多地主持仪式，以获得利益。[②]也有一种观点认为希罗多德所描述的穆护根本不是祭司，而只是阿契美尼波斯时期的巫师。[③]不过这一观点无法涵盖穆护所从事职业的内涵。据古希腊、古波斯和阿拉美的文献来看，穆护并不仅仅从事宗教仪式领域的职业，他们同时也兼任宫廷官员、国王顾问、解梦人、预言家等；[④]而且他们对琐罗亚斯德教神学理论的发展也卓有贡献。[⑤]由此看来，冯承钧先生将穆护仅仅视作athravan，有欠全面。

以上的记载可以看出，“穆护”确与琐罗亚斯德教有关，早期应起源于西部伊朗的米底地区，主要从事与宗教仪式有关的职业。当然，其也参与社会各个领域的活动。一般认为，当琐罗亚斯德教逐渐在伊朗高原和阿契美尼宫廷扎根后，穆护阶层才逐渐接受阿胡拉·马兹达及该教其他诸神。到公元前4世纪，柏拉图直接称呼琐罗亚斯德为“the Magus”。而穆护成为琐罗亚斯德教专职祭司，则与该教有关仪轨条规及传播密切相关。[⑥]

到了萨珊波斯时期，琐罗亚斯德教教阶制度日趋完善。穆护也就成为祭司阶层的泛称，但并不指代更具体的职务。据中古波斯文文献，琐罗亚斯德教祭司分为两个不同系列。其一为“管理”祭司。其身兼公共职位，在公众生活中占有重要地位，“根据他们的建议与决定来安排公共事务，尤其值得注意的是，他们负责主导法律事务，仔细观察什么该做，作出定夺。除非由Magian决定，波斯人中没有什么是合法公平的。”指的就是这类祭司。在萨珊王朝时期，这类管理祭司亦分等级，包括最高等级的总祭司（Mōbedān Mōbed），大祭司（Grand Mōbed）[⑦]、Mōγ Handarzbed、Rad（这些祭司等级较高，其功能所知甚少）；Mōbed，是为省或城镇的祭司首领；dādwarān，即不同等级的法官[⑧]。在琐罗亚斯德教传统中，该等高级祭司，除Grand Mōbed外，在帕拉维文文献中屡见提及。如9世

① A. de Jong, *Traditions of the Magi*, Leiden·New York·Köln, Brill, 1997, p.389.

② Gershevitch, “Zoroaster's Own Contribution,” p.25.

③ Bickerman & Tadmor, “Darius I, Pseudo-Smerdis, and the Magi,” pp.251-261.

④ A. de Jong, *Traditions of the Magi*, pp.390-391.

⑤ A. de Jong, “The Contribution of the Magi,” Vesta Sarkhosh Curtis & Sarah Stewart eds., *Birth of the Persian Empire*, Vol. I, London·NewYork, I.B.Tauris, 2010, pp.85-99.

⑥ J. K. Choksy, *Purity and Pullution in Zoroastrianism, Triumph over Evil*, Austin, University of Texas Press, 1989, pp.7-8.

⑦ Ph. Gignoux, “Titres et fonctions religieuses sasanides d'après les sources syriaques hagiographiques,” *Acta Antiqua Academiae Scientiarum Hungarcae*, 28, 1983, pp.191-203.

⑧ M. Macuch, *Das sasanidische Rechtsbuch, Mātakdān ī Hazār Dātistān* (Teil II), (Abhandlungen für die Kunde des Morgenlandes XLV, 1), Wiesbaden, 1981, p.14. Ph. Gignoux, “Éléments de prosopographie de quelques Mōbads sasanides,” *Journal Asiatique*, 1982, p.261.

纪的大祭司扎德斯帕拉姆（Zādspram）记载道："每个村庄委任一位值得信赖的证人，每个地区有一位懂得法律的法官，每个省有专职教律的Mōbed，每个地区有一位纯洁的Rad；然后设立Mōγ（an）Handarzbed和一位Mōbedān Mōbed主管他们。"①

第二系列的祭司，甚少参与公共事务管理，其间包括大部分经师（学者型祭司）和祭司教师，他们研究和教授《阿维斯陀经》及其注释所包含的宗教与学术传统；此外，还有那些负责仪式事务的祭司。这一系列祭司，如未加专门区分，则统称mōγ（该词也常指称低层的管理祭司）。据法国著名的古波斯碑铭学家吉钮（Ph. Gignoux）的研究，头衔为mōγmard的级别稍高，专指负责最高级别圣火Ātеš Bahrām的祭司②。3世纪萨珊国王沙普尔一世（Šābuhr I）统治时的大祭司卡德尔（Kirdēr），其名衔是hērbed，这一名词来自阿维斯陀语aēϑrapaiti-，意为"祭司教师"。③帕拉维文的hērbed则出现在帕拉维文经典《宗教事迹》（Dēnkard）的诸多章节中，尤其是转述《阿维斯陀经》者，这些内容可能是直接译自《阿维斯陀经》。④如《宗教事迹》第六章记载道，两个hērbed彼此对诵《阿维斯陀经》及注释；他们道德高尚，但生活清贫，平常从事耕田、采集火木等，盖与教理并无直接联系。⑤由此看来，这些贫穷祭司的品格与Mōbedān Mōbed世俗权威的形象适成鲜明对比。⑥9世纪的阿拉伯史料，则将hērbed描述为仪式祭司。⑦

由以上论述可知，迄至萨珊波斯时期，"穆护"并非专指某一类的祭司，而是所有祭司阶层的泛称。同时，在古波斯政教合一的社会历史环境下，其也兼事司法、行政管理等其他职能。由此可见，仅就汉文史籍所记载的"穆护"，我们无从判断其具体身份，中文称之为"穆护"，可能仅限于对其祭司身份的认识而已，至于是何等级的祭司，其具体职责为何，则不得而知了。

据《周书·异域传下》记载："（波斯国）大官有摸胡坛，掌国内狱讼"，"其刑法：重罪悬诸竿上，射而杀之；次则系狱，新王立乃释之；轻罪则劓、刖若髡，或翦半须，及系排于项上，以为耻辱；犯强盗者，禁之终身；奸贵人妻者，男子流，妇人割其耳鼻。"⑧

① B. T. Anklesaria, *Vichitakiha-i Zatsparam*, Bombay, 1964, pp.87–88.

② Ph. Gignoux, "Die religiöse Administration in sasanidischer Zeit: ein Ueberblick," *Kunst, Kultur und Geschichte der Achämenidenzeit und ihr Fortleben* (Archäologische Mitteilungen aus Iran, Ergänzungsband 10, ed. H. Koch and D. N. MacKenzie), Berlin, 1983, p.263.

③ Chr. Bartholomae, *Altiranisches Wörterbuch*, Strassburg, 1904, pp.20–21.

④ D. M. Madan, *The Complete Text of the Pahlavi Dinkard*, 2 vols., Bombay, 1911, 734.11ff., 752.11–2, 754.7.

⑤ S. Shaked, *The Wisdom of the Sasanian Sages*, (Dēnkard VI), Persian Heritage Series 34, Boulder, Colorado, 1979, nos. D2, D3, D5, pp.176–183.

⑥ G. Kreyenbroek, "The Zoroastrian Priesthood after the Fall of the Sasanian Empire," *Transitions in Iranian History*, 1987, p.153.

⑦ M.-L. Chaumont, "Recherches sur le clergé zoroastrien: Le hērbed," *Revue de l'Histoire des Religions* CLVIII, 1960, pp.163ff.

⑧ 《周书》卷五十《异域》下，北京：中华书局，1971年，第919—920页。

一般认为，摸胡坛，即mak-ku（mag-gu）-dan，为波斯司法部门的官吏。其中“摸胡”译自中古波斯语magu，而“坛”可与herbeδān（“法官”）和mobeδān（“波斯僧之首”）等的词尾堪同。而magu明显源于magu-pat一词，该词意为祭司长，为琐罗亚斯德教祭司首领。其中古伊朗语形式为：西北方言写作mōgpat，阿拉美语借词为mogpet；西南方言为mōvpat，阿拉美语借词亦为movpet，叙利亚语借词为mwpt'，mwhpt'，mwhbt'；新波斯语为mōbad。①《周书》撰修于初唐，其使用“摸胡坛”而非“穆护”来指称古波斯的magu，或许表明，其时中国人有关“穆护”的了解盖由中亚辗转而来，而非直接来自波斯本土。

三、入华穆护史事辨析

最早入华的穆护，现存汉籍所记明确可考者，当数来自中亚何国的何禄，事首见于北宋佛僧赞宁（919—1001）《大宋僧史略》卷下《大秦末尼》门：

> 火祆教法，本起大波斯国。号苏鲁支，有弟子名玄真，习师之法，居波斯国大总长，如火山，后行化于中国。贞观五年，有传法穆护何禄，将祆教诣阙闻奏。②

南宋姚宽（1105—1162）《西溪丛语》卷上亦提到何禄入华史事：

> 至唐贞观五年，有传法穆护何禄，将祆教诣阙闻奏，敕令长安崇化坊立祆寺……③

南宋咸淳七年（1271）刊行的释志磐《佛祖统纪》卷五十四亦载曰：

> 初波斯国有苏鲁支，行火祆教，弟子来化中国。唐正（贞之误，引者按）观五年，其徒穆护何禄诣阙进祆教，敕京师建大秦寺。④

遵“蕃人多以部落称姓，因以为氏”⑤的胡姓汉译通例，何禄应来自中亚昭武九姓的何国。⑥复据《隋书·西域传》的记载，何国附属于康国：“康国者……名为强国，而西域诸国多归之。米国、史国、曹国、何国、安国、小安国、那色波国、乌那曷国、穆国皆归附

---

① H. S. Nyberg，A Manual of Pahlavi，Part II，Otto Harrassowitz·Wiesbaden，1974，p.122.

② ［宋］赞宁：《大宋僧史略》，日本大正新修《大藏经》（54），No.2126，财团法人佛陀教育基金会出版部，1990年，第253页中。

③ ［宋］姚宽撰，孔凡礼点校：《西溪丛语》（《西溪丛语·家世旧闻》，唐宋史料笔记丛刊），北京：中华书局，1993年12月第1版，2006年9月北京第3次印刷，第42页。

④ ［南宋］志磐撰：《佛祖统纪》，苏渊雷、高振农选辑：《佛藏要辑选刊》（12），上海：上海古籍出版社，1994年，第346页。

⑤ 《旧唐书》卷一百四《哥舒翰传》，北京：中华书局，1975年，第3211页。

⑥ 如《祆教史》的作者即将何禄作为中亚何国入华的穆护来介绍，见龚方震、晏可佳：《祆教史》，上海：上海社会科学院出版社，1998年，第260页。

之。有胡律，置于祆祠，决罚则取而断之。”[①]“何国，都那密水南数里，旧是康居之地也。其王姓昭武，亦康国王之族类，字敦。都城方二里。胜兵千人。其王坐金羊座。东去曹国百五十里，西去小安国三百里，东去瓜州六千七百五十里。大业中，遣使贡方物。”[②]而依《通典·边防典》，何国“风俗与康国同”：

> 何国，隋时亦都那密水南数里，亦旧康居地也。其王姓昭武，亦康国之族类。国城楼北壁画华夏天子，西壁则画波斯、拂菻诸国王，东壁则画突厥、婆罗门诸国王。胜兵千人。其王坐金羊座。风俗与康国同。东去曹国百五十里，西去小安国三百里，东去瓜州六千七百五十里。大业中及大唐武德、贞观中，皆遣使来贡。[③]

其中何国“风俗与康国同”，乃《通典》特有史料。研究者认为“《通典》‘何国’条主要抄袭《隋书·西域传》，国城楼绘诸帝及‘风俗与康国同’为其增补者，所据疑为《西域图记》”。[④]

有关何国国城楼绘诸帝的情形，《新唐书·西域传》亦有记载：

> 何，或曰屈霜你迦，曰贵霜匿，即康居小王附墨城故地。城左有重楼，北绘中华古帝，东突厥、婆罗门，西波斯、拂菻等诸王，其君旦诣拜则退。贞观十五年，遣使者入朝。永徽时上言：“闻唐出师西讨，愿输粮于军。”俄以其地为贵霜州，授其君昭武婆达地刺史。遣使者钵底失入谢。[⑤]

屈霜你迦，乃梵语化词Kusânika、中古波斯语Kusânik、阿拉伯语Kusâniyya（库沙尼亚）之对音，位于今中亚撒马尔罕西北约75公里的库沙尼亚。马迦特认为，“何”乃阿拉伯语Qayy或Qayyi之音译，并举出穆斯林地理学家伊斯塔赫里记载，说贵霜匿为“粟特文化最高之城，粟特诸城之心脏”；伊本·豪加勒也说，Qayy或Qayyi为粟特一个区，乃“粟特之心脏”。[⑥]粟特地区本为波斯、印度、拜占庭、中国等几大文明交汇之处，处于粟特心脏的何国自更易受多种文化的影响。

何国与中国较早建立了联系。据《通典》卷一九三记载，何国“大业中及大唐武德、贞观中，皆遣使来贡。”[⑦]另据《册府元龟》卷九七〇记载，何国早在贞观元年（627）五月即遣使朝贡。[⑧]前引《新唐书》又记贞观十五年（641）何国遣使入朝；显庆三年（658）

① 《隋书》卷八十三《西域传》，北京：中华书局，1973年，第1848—1849页。

② 《隋书》卷八十三《西域传》，第1855页。

③ ［唐］杜佑撰，王文锦等点校：《通典》卷一九三《边防》九，北京：中华书局，1988年，第5257页。

④ 李锦绣、余太山：《〈通典〉西域文献要注》，上海：上海人民出版社，2009年，第175页。

⑤ 《新唐书》卷二百二十一下，第6247页。

⑥ 马迦特《古突厥碑铭年代考》，第60页。引自季羡林等《大唐西域记校注》，北京：中华书局，1985年，第92—93页。

⑦ ［唐］杜佑撰，王文锦等点校：《通典》卷一九三，第5257页。

⑧ 《册府元龟》卷九七〇，第二十册，台北：台湾中华书局，1996年，第11397页。

唐朝在何国设贵霜州，何国君昭武婆达地遣使者钵底失入谢。[①]何国于唐朝仰敬有加，其何禄于贞观五年入朝并介绍祆教当有其事。宋人所录或据佚失之唐代政书。而何禄身份为穆护，似可反证何国祆教流行的情况。有关何国风俗，除上引史料表明其与康国同外，《太平寰宇记》另又记道："若中国使至，散花迎之，王东面拜，又以麝香涂使人额，以此为重。"[②]而据《唐会要》卷一百"波斯国"条，波斯国"俗事天地水火诸神，西域诸胡事火祆者，皆诣波斯受法。其事神，以麝香和苏涂须点额，及于耳鼻，用以为敬"。[③]何国欢迎唐朝使者仪式与波斯敬奉火祆的仪式如出一辙。许序雅先生正是据此而推论何国也奉祆教。[④]

不过，何禄显然并非第一位入华的穆护，早在武德四年，也就是何禄入华前十年，长安即有建立祆祠的记录："布政坊西南隅胡祆祠，武德四年（621）立。"[⑤]依常理推测，这座祆祠中当有专职祭司负责主持仪式。又据学者研究，至迟在北朝之前，祆教已传入内地。入华的祆教徒中必不乏专事仪式的穆护，只缘该教不热衷于向外传教，祭祀仪式未必很公开，故这些专职祭司不易为外人所知。比如《魏书》卷十三《灵太后传》便透露其时后魏宫廷里面，可能有火祆教僧侣在活动：

> 太后自以行不修，惧宗室所嫌，于是内为朋党，防蔽耳目，肃宗所亲幸者，太后多以事害焉。有蜜多道人，能胡语，肃宗置于左右。太后虑其传致消息，三月三日于城南大巷中杀之。[⑥]

据国立澳洲大学柳存仁教授的考证：

> 蜜多非人名，蜜多者，盖谓奉蜜多（Mithra）之拜火教士。蜜多系波斯文之对音，其神本伊朗旧信仰中所有，其后在正统之拜火教中，亦复崇奉。[⑦]

Mithra乃琐罗亚斯德教的一个重要神名。[⑧]新阿维斯陀经《诸神颂》中，即有专颂该神篇

---

① 《新唐书》卷二百二十一下，第6247页。

② ［宋］乐史撰，王文楚等点校：《太平寰宇记》卷一八三《四夷十二·西戎四·何国》，北京：中华书局，2007年，第3496—3497页。

③ ［宋］王溥：《唐会要》卷一百，第2118页。类似记载亦见《旧唐书》卷一百九十八，第5311页；《新唐书》卷二百二十一下，第6258页。

④ 许序雅：《唐代丝绸之路与中亚历史地理研究》，西安：西北大学出版社，2000年，第120—123页；《〈新唐书·西域传〉所记中亚宗教状况考辨》，《世界宗教研究》2002年第4期，第126页。

⑤ ［唐］韦述：《两京新记》卷三，［宋］宋敏求《长安志》卷十。见〔日〕平冈武夫编：《唐代的长安和洛阳（资料）》，上海古籍出版社，1989年，第185、116页。［唐］韦述撰，辛德勇辑校：《两京新记辑校》，（《两京新记辑校·大业杂记辑校》，魏全瑞主编：《长安史迹丛刊》），西安：三秦出版社，2006年，第34页。

⑥ 《魏书》卷十三《皇后列传》第一，北京：中华书局，1974年，第339—340页。

⑦ Liu T'sun-yan，"Traces of Zoroastrian and Manichaean Activities in Pre-T'ang China，" in *Selected Papers from the Hall of Harmonious Winds*，Leiden，1976，p.13. 经修订作《"徐直事为"考——并论唐代以前摩尼、拜火教在中国之遗痕》，收入香港中国语文学会编：《王力先生纪念论文集·中文分册》，香港：三联书店香港分店，1987年，第94页。

⑧ Mary Boyce，"On Mithra's Part in Zoroastrianism，" *BSOAS*，Vol.32：I，1969，pp.10-34.

章。[1]因此，蜜多道人很可能就是活动于后魏宫廷之火祆教祭司。[2]

何禄乃来自中亚粟特何国的穆护，表明中亚祆教与波斯本土的承继关系。上文我们提及有关穆护的情况，均见于古波斯文献的记录，反映的是波斯本土的情况。而何禄来自粟特何国，表明在粟特本土亦有此类祭司存在。这一点也从粟特语文献中得到证实。1933年春，在泽拉夫善河上游、片治肯特以东的穆格山（Mugh）发现大量粟特语文书，其中有两个负责祆教事务的职官称谓，即mwγpt-和βγnpt。著名伊朗学家亨宁（W. B. Henning）教授在《粟特神祇考》一文中将前者释为“穆护长”（chief magus），将后者释为“祠主”（lord of the temple）。[3]姜伯勤先生指出这两个称呼分别相当于《通典》所记主事祆教的萨宝府视流内官“祆正”和视流外官“祆祝”。[4]不过值得注意的是，“祆正”与“祆祝”乃中原王朝专为管理西域侨民的宗教事务而设，而“穆护长”和“祠主”是波斯和粟特地区琐罗亚斯德教固有的教阶称谓，两者之差异或多于共性。

由以上论述可知，汉文献有关“穆护”的记载，反映的应是时人对中亚粟特地区祆教祭司的认识，倒未必是对波斯本土琐罗亚斯德教祭司阶层有多深的了解，这一点也正好印证了蔡鸿生先生关于“唐宋火祆教与其文化本原相比，或因‘辗转间接’而染上中亚色彩，已非波斯本土之正宗，而为昭武九姓之变种”的论断。[5]

四、穆护歌与穆护关系辨

就穆护在中古社会产生的影响，以往学界多引唐宋乐府《穆护歌》为例证，咸将《穆护歌》之穆护比定为祆教穆护，并进而认为《穆护歌》就是祆庙所用的赛神曲。然笔者考索文献，发现并无明确证据表明《穆护歌》与祆教有何直接联系。

唐崔令钦《教坊记》曲名表已列有《穆护子》。[6]宋代郭茂倩编《乐府诗集》卷八十《近代曲辞》二，有《穆护砂》，乃四句五言，引《历代歌辞》曰：“《穆护砂》曲，犯角。”其曲辞内容为“玉管朝朝弄，清歌日日新。折花当驿路，寄与陇头人”。[7]明代文学

① Ilya Gershevitch, *The Avestan Hymn to Mithra*, Cambridge University Press, 1959.

② 林悟殊：《波斯拜火教与古代中国》，台北：新文丰出版公司，1995年，第154页。

③ W. B. Henning, “A Sogdian God,” *BSOAS*, Vol. XXVIII: II, 1965, p.250.

④ 姜伯勤：《论高昌胡天与敦煌祆寺》，《世界宗教研究》1993年第1期，第4—5页；经修订作《高昌胡天祭祀与敦煌祆祀》，见其著《敦煌艺术宗教与礼乐文明》，北京：中国社会科学出版社，1996年，第483—484页；并见《高昌敦煌的萨宝制度与胡祆祠》，其著《敦煌吐鲁番文书与丝绸之路》，北京：文物出版社，1994年，第233—234页。另参其文《萨宝府制度源流论略》，刊饶宗颐主编《华学》第3辑，北京：紫禁城出版社，1998年，第296页。

⑤ 蔡鸿生：《〈波斯拜火教与古代中国〉序》，收入其著《学境》，香港：香港博士苑出版社，2001年，第154—155页。

⑥ ［唐］崔令钦撰，任半塘笺订：《教坊记笺订》，北京：中华书局，1962年，第134页。

⑦ ［宋］郭茂倩编：《乐府诗集》第四册，北京：中华书局，1998年重印，第1125页。

家胡震亨《唐音癸签》卷十三指出："《穆护子》即《穆护砂》也。"[①]任半塘《教坊记笺订》谓："（穆护子）乃五言四句声诗，应与《乐府诗集》所见之穆护砂同出于大曲穆护，'砂'原作'煞'，谓大曲之尾声也。北曲仙吕宫之《祆神急》与此曲应亦有关。穆护为唐时祆教僧侣之称。民间必已甚惯用，如颜真卿之子硕、小名穆护。"[②]有关《穆护歌》的源流，当代著名学者饶宗颐先生曾发表长文《穆护歌考》，并由此歌而推究祆教入华原委。其主要观点，仍是认为《穆护歌》之穆护乃祆教僧侣，此歌即为祆教赛神曲。[③]饶先生并非首位考察这一问题的学者，不过由于饶文所论宏富，其结论广为后来治祆教史者所征引。[④]窃以为，考察《穆护歌》之穆护何所指，关键不在于证明"穆护"是否为祆教僧侣，而在于其内容是否与祆教有关。而观诸家所论，惟以"穆护"即火祆教僧侣为当然前提，将《穆护歌》比定为祆教赛神曲。

有关《穆护歌》之来历，宋代学者多有论述。黄鲁直初谪黔州时曾记录道：

> 向尝问南方衲子云：牧护歌是何等语？皆不能说。后见刘梦得作夔州刺史时乐府，有牧护歌，似是赛神曲，亦不可解。及在黔中，闻赛神者夜歌，乃云："听说侬家牧护。"末云："奠酒烧钱归去。"虽长短不同，要皆自叙，致五七十语，乃知苏傒嘉州人，故作此歌，学巴人曲，犹石头学魏伯阳作参同契也。[⑤]

六年后，即建中靖国元年（1101），山谷遇赦东归时，对《牧护歌》有进一步的考察：

> 苏溪作此歌。余尝问深知教相俗讳，人皆莫能说牧护之义。余昔在巴、僰间六年，问诸道人，亦莫能说。他日船宿云安野次，会其人祭神罢而饮福坐，客更起舞而歌木瓠，其词有云：听说商人木瓠，四海五湖曾去。中有数十句，皆叙贾人之乐，末云：一言为报诸人，倒尽百瓶归去。继有数人起舞，皆陈述己事，而始末略同。问其所以为木瓠，盖刳曲木状如瓠，击之，以为歌舞之节云，乃悟"牧护"盖"木瓠"也。如石头和尚因魏伯阳《参同契》也，其体制便皆似之，编《传灯录》时，文士多窜翰墨于其间，故其不知者辄改定以就其所知耳，此最校书之病也。崇宁三年（1104）八月，宜州喧寂斋重书。[⑥]

山谷所提刘禹锡曾做《牧户歌》，今不传。不过其提到的苏溪和尚所作《牧护歌》则流传

① ［明］胡震亨：《唐音癸签》卷十三，故宫博物院编：《唐音统签》第14册，《故宫珍本丛刊》第608册，海口：海南出版社，2000年。

② ［唐］崔令钦撰，任半塘笺订：《教坊记笺订》，第134页。

③ 饶宗颐：《穆护歌考——兼论火祆教入华之早期史料及其对文学、音乐、绘画之影响》，此据《选堂集林·史林》中册，香港：香港中华书局，1982年，第472—509页。

④ 姜伯勤：《唐会昌毁祆后的祆祠与祆僧》，《华学》第七辑，广州：中山大学出版社，2004年，第219—222页。姚崇新：《中古艺术宗教与西域历史论稿》，北京：商务印书馆，2011年，第325—347页。

⑤ ［宋］黄庭坚：《豫章黄先生文集》卷二五，《四部丛刊》初编第992册，景嘉兴沈氏藏宋刊本。

⑥ ［宋］黄庭坚：《山谷别集》卷十，文渊阁四库全书本，第1113册，第629页。

至今，词云：

听说衲僧牧护，任运逍遥无住。一条百衲瓶盂，便是生涯调度。为求至理参寻，不惮寒暑辛苦。还曾四海周游，山水风云满肚。内除戒律精严，不学威仪行步。三乘笑我无能，我笑三乘谩做。智人权立阶梯，大道本无迷悟。达者不假修治，不在能言能语。披麻目视云霄，遮莫王侯不顾。道人本体如然，不是知佛去处。生也犹如着衫，死也还同脱袴。生也无喜无忧，八风岂能惊怖。外相犹似痴人，肚里非常峭措。活计虽无一钱，敢与君王斗富。愚人摆手憎嫌，智者点头相许。那知傀儡牵抽，歌舞尽由行主。一言为报诸人，打破画瓶归去。[①]

饶宗颐先生疑“苏阴”“苏溪”，为婆罗钵文（即中古波斯文，Pahlavi）“Sūrēn”的音译，故而苏阴其人可能出自萨珊波斯王朝袄教豪族Sūrēn部族，即与1955年西安出土的唐咸通十五年（874）汉婆合壁墓志中的苏谅氏同族。这一推断也得到学者的认同，“饶先生的推论很有见地，一方面对音上可以成立，且同一人名在汉文用字上的不统一正表明这一名字可能出自外来语的音译，而‘苏阴’、苏傒、‘苏溪’也显然不像佛教的法号；另一方面，苏阴熟谙穆护歌的情况正好与Sūrēn部族的袄教信仰背景相合。只不过可能因为苏阴家族入华既久，到黄庭坚时代，苏阴及其家族或已改信佛教，故而被称作‘苏阴和尚’。”[②]按，苏溪和尚，嗣灵默，世称五泄小师，在婺州。《五灯会元》卷四《五泄默禅师法嗣》有“婺州苏溪和尚”。“苏溪和尚，僧问：‘如何是定光佛？’师曰：‘鸭吞螺师。’曰：‘还许学人转身也无？’师曰：‘眼睛突出。’”[③]《五灯会元》卷三记载灵默禅师于唐元和十三年（818）三月二十三日圆寂。[④]则苏溪和尚牧护歌，当作于此后。由此可见，苏溪为佛教僧侣，其法系清晰，不容置疑。况且，考察其所作《牧护歌》内容，更与袄教无涉，而只是“演唱自己的修行和对佛道的体悟，这和黄庭坚所闻的依家牧护歌内容上虽然不同，但形式上是一致的。”[⑤]然而，或有学者称“从前引苏溪和尚牧护歌通篇内容来看，反映了原牧护僧人身着衲衣游方的情景，也反映了会昌毁灭后，袄教‘牧护’僧人仍身着衲衣游方的情景”，[⑥]似有点想当然。其实，苏溪和尚既然是一个地道的汉地和尚，所作《牧护歌》又纯属汉传佛教思想，即便其先祖来自异族，但汉化已历世代，就其名字而来溯其族源已无甚意义。诚如陈寅恪先生在考论白居易种族时所说：

鄙意白氏与西域之白或帛氏有关，自不俟言，但吾国中古之时，西域胡人来居中

① ［宋］道原：《景德传灯录》卷三十，永乐北藏本，第154册，北京：线装书局，2008年，第412页。

② 姚崇新：《中古艺术宗教与西域历史论稿》，第327页。

③ ［宋］普济著，苏渊雷点校：《五灯会元》上册，北京：中华书局，1984年10月第1版，2011年3月北京第11次印刷，第222页。

④ ［宋］普济著，苏渊雷点校：《五灯会元》上册，第148页。

⑤ 伍联群：《夔州“穆护歌”考辨》，《黄钟》（中国·武汉音乐学院学报）2010年第1期，第116页。

⑥ 姜伯勤：《唐会昌毁袄后的袄祠与袄僧》，《华学》第七辑，第219页。

土，其世代甚近者，殊有考论之价值。若世代甚远久，已同化至无何纤微迹象可寻者，则止就其仅余之标帜即胡姓一事，详悉考辨，恐未必有何发见，而依吾国中古史“种族之分，多系于其人所受之文化，而不在其所承之血统。”之事例言之，（见拙著《唐代政治史述论稿》及《隋唐制度渊源略论稿》）则此类问题亦可不辨。故谓元微之出于鲜卑，白乐天出于西域，固非妄说，却为赘论也。[①]

据《山谷别集》的记载，在巴蜀生活六年，黄鲁直对《牧护歌》有了更进一步的了解，比如他从乐器形制入手考证穆护歌之来历。这一点，南宋文人张邦基也有所注意，其所著《墨庄漫录》卷四就曾引录了《山谷别集》的记载：

苏阴和尚作《穆护歌》，又地理风水家亦有《穆护歌》，皆以六言为句而用侧韵。黄鲁直云：“黔南巴□僰间，赛神者皆歌《穆护》，其略云‘听唱商人穆护，四海五湖曾去’。因问穆护之名，父老云：‘盖木瓠耳。曲木状如瓠，击之以节歌耳。’”

予见淮泗村人多作炙手歌，以大长竹数尺，刳去中节，独留其底，筑地逢逢若鼓声。男女把臂成围，扑髀而歌，亦以竹筒筑地为节。

四方风俗不同，吴人多作山歌，声怨咽如悲，闻之使人酸辛。柳子厚云：“欸乃一声山水绿。”此又岭外之音，皆此类也。[②]

洪迈也支持穆护乃木瓠之变，氏著《容斋四笔》卷八记载：

郭茂倩编次《乐府诗》《穆护歌》一篇，引《历代歌辞》曰：“曲犯角。”其语曰：“玉管朝朝弄，清歌日日新。折花当驿路，寄与陇头人。”黄鲁直《题牧护歌后》云：“予尝问人此歌，皆莫能说牧护之义。昔在巴、僰间六年，问诸道人，亦莫能说。他日，船宿云安野次，会其人祭神罢而饮福，坐客更起舞而歌木瓠。其词有云：‘听说商人木瓠，四海五湖曾去。’中有数十句，皆叙贾人之乐，末云：‘一言为报诸人，倒尽百瓶归去。’继有数人起舞，皆陈述已事，而始末略同。问其所以为木瓠，盖刳曲木状如瓠，击之以为歌舞之节耳。乃悟‘穆护’盖‘木瓠’也。”据此说，则茂倩所序，为不知本原云。且四句律诗，如何便差排为犯角曲，殊无意义。[③]

洪迈引黄鲁直之说，以驳斥郭茂倩所序，实际是支持黄鲁直有关穆护的考证的。黄震也认

---

① 陈寅恪：《白乐天之先祖及后嗣》，载其著《元白诗笺证稿》，上海：上海古籍出版社，1978年3月新1版，1982年2月第2次印刷，第307—308页；北京：生活·读书·新知三联书店，2001年，第317页。有关陈先生“胡化”“汉化”说的学术意义，可参阅林悟殊《陈寅恪先生“胡化”、“汉化”说的启示》，《中山大学学报》（社会科学版），2000年第1期，第42—47页。

② ［宋］张邦基著，孔凡礼点校：《墨庄漫录》（《墨庄漫录·过庭录·可书》，唐宋史料笔记丛刊）卷四，北京：中华书局，2002年8月第1版，2004年9月第2次印刷，第116页。

③ ［宋］洪迈撰，孔凡礼点校：《容斋随笔》（唐宋史料笔记丛刊），下册，北京：中华书局，2005年，第722—723页。

为“牧护歌，巴峡祭神，刳曲木如瓠，击而歌舞。盖木瓠字误为牧护”，[①]认为“牧护歌是巴中赛神曲”。[②]由此可见。以穆护为“木瓠”二字之音变，似可聊备一说。[③]

上引黄、张、洪诸氏都记录了“听唱商人穆护（木瓠）”，表明此《穆护歌》或与估客有关。而观前引苏溪和尚所作，《穆护歌》似乎经常为其“四海周游”时所吟唱，这正与商人的活动类似。因此“商人穆护”表现的正是商人四处奔走的辛苦情形。如是之“商人穆护”，其调或曾受胡调影响，但词必为汉词无疑。是以唱者当为汉贾或华化胡贾。

黄山谷是北宋著名书家，其曾专门师法唐代大书法家颜真卿，其对颜氏生平当颇为熟悉。史载颜氏因与胡人交往，而为其子取名穆护，[④]黄山谷对此事当已熟知。若《穆护歌》果与祆教有关，山谷在考《穆护歌》来历时，谅不会不顾及与胡人之联系。又如张邦基，其于祆教颇为关注。《墨庄漫录》卷四记载：

> 东京城北有祆庙（呼烟切）。祆神本出西域，盖胡神也。与大秦穆护同入中国，俗以火神祠之。京师人畏其威灵，甚重之。其庙祝姓史，名世爽，自云家世为祝累代矣。藏先世补受之牒凡三：有曰怀恩者，其牒，唐咸通三年（862）宣武节度使令狐给，令狐者，丞相绹也；有曰温者，周显德三年（956）端明殿学士、权知开封府王所给，王乃朴也；有曰贵者，其牒亦周显德五年（958）枢密使、权知开封府王所给，亦朴也。自唐以来，祆神已祀于汴矣，而其祝乃能世继其职，踰二百年，斯亦异矣。
>
> 今池州郭西英济王祠，乃祀梁昭明太子也。其祝周氏，亦自唐开成年（836—840）掌祠事至今，其子孙今分为八家，悉为祝也。
>
> 噫，世禄之家，能箕裘其业，奕世而相继者，盖亦甚鲜，曾二祝之不若也。
>
> 镇江府朱方门之东城上，乃有祆神祠，不知何人立也。[⑤]

从此段史文，足见作者曾对祆教多所研究，个中蕴含唐宋祆祠庙祝华化的珍贵讯息。[⑥]张邦基于祆教如此关注有加，其亦未将穆护与《穆护歌》相联系。黄、张二氏在考《穆护歌》来历时，并未将其与祆教穆护联系起来，似可默证《穆护歌》与祆教本非一家。

另，北宋《崇文总目》五行类有《穆护词》一卷，乃李燕撰。[⑦]《宋史》艺文志五行

---

① ［宋］黄震：《黄氏日抄》卷五六，文渊阁四库全书本，第708册，第589页。

② ［宋］黄震：《黄氏日抄》，第585页。

③ 邓少琴教授曾认为“穆护”为巴族方言，见其著《巴蜀史迹探索》，成都：四川人民出版社，1983年，第38页。对此，胡昌健先生在一篇未刊文中已辩驳，可以参看，见其文《“穆护歌”考》（http：//hjj19560222.blog.163.com/blog/static/4344322320092289543070б/），惜所论过于简单。

④ ［宋］王谠撰，周勋初校证：《唐语林校证》卷六，下册，北京：中华书局，1987年，第524页。

⑤ ［宋］张邦基著，孔凡礼点校：《墨庄漫录》，第110—111页。

⑥ 张小贵：《唐宋祆祠庙祝的汉化——以史世爽家族为中心的考察》，《中山大学学报》（社会科学版）2005年第3期，第72—76页；收入其著《中古华化祆教考述》，北京：文物出版社，2010年，第39—58页。

⑦ ［宋］王尧臣等撰，［清］钱东垣等辑释：《崇文总目》，《宋元明清书目题跋丛刊》第一册，北京：中华书局，2006年，第145页。

类有李燕《穆护词》，自注一作《马融消息机口诀》。[①]同书李燕有《三命》一卷、《三命诗》一卷、《三命九中歌》一卷。[②]饶宗颐先生据此认为："其人盖术数家者流。由是观之，宋时之穆护词，亦多施于五行堪舆之歌诀。"[③]进一步表明《穆护歌》题材、内容广泛，未必与祆教有涉。

将《穆护歌》与祆教穆护联系起来，就目前所见文献记载来看，乃始于南宋姚宽《西溪丛语》的记录，姚氏引山谷《题牧护歌》而论之曰：

> 祆之教法盖远，而穆护所传，则自唐也。苏溪作歌之意，正谓旁门小道似是而非者，因以为戏，非效参同契之比。山谷盖未深考耳。且祆有祠庙，因作此歌以赛神，固未知刘作歌诗止效巴人之语，亦自知其源委也。[④]

姚氏所论也得到了后世学者的认同。明代方以智《通雅》卷二九谓："穆护煞，西曲也。乐府有穆护沙。(彰德之)木斛沙，即穆护沙。"其讨论《穆护歌》之原委，结论云："始或以赛火祆之神起名，后人教坊乐府，文人取其名作歌，野人歌以赛神，乐人奏以为水调。皆可乐曲，必煞煞讹为沙。"[⑤]其实，姚氏批评山谷对《穆护歌》"未深考"，而其自身则"求之过深，近乎穿凿"。姚宽今浙江绍兴人，生活在12世纪的南宋，未必曾目睹祆教徒的赛神活动，而前此之文献，如上所述，盖未提及《穆护歌》与祆教之联系。是以，姚宽把其作为祆庙"赛神曲"，未知何据。尽管穆护歌最初创制的时间已不可考，但其无疑流行于中晚唐时期。其曲名，甚或曲风初创时受到西来文化影响自极有可能；但如果说，该曲调就是祆教之赛神曲，则似不可信。考汉籍所载及的祆教宗教仪式活动。一种是以祠庙为中心，如陈垣先生所征引的《朝野佥载》卷三所记：

> 河南府立德坊及南市西坊皆有胡祆神庙。每岁商胡祈福，烹猪羊，琵琶鼓笛，酣歌醉舞。酹神之后，募一胡为祆主，看者施钱并与之。其祆主取一横刀，利同霜雪，吹毛不过，以刀刺腹，刀出于背，仍乱扰肠肚流血。食顷，喷水咒之，平复如故。此盖西域之幻法也。
>
> 凉州祆神祠，至祈祷日祆主以铁钉从额上钉之，直洞腋下，即出门，身轻若飞，须臾数百里。至西祆神前舞一曲即却，至旧祆所乃拔钉，无所损。卧十余日，平复如

① 《宋史》卷二百六，北京：中华书局，1977年，第5251页。

② 《宋史》卷二百六，第5250页。

③ 饶宗颐：《穆护歌考》，第475页。

④ ［宋］姚宽撰，孔凡礼点校：《西溪丛语》，第41、43页。

⑤ ［明］方以智：《通雅》卷二九，文渊阁四库全书本，第857册，第568页。

故。莫知其所以然也。[①]

就该等记载看，祆庙祭祀应是配有乐舞的。不过，这种惊险的表演，其所配合乐曲显然应是急旋律的，而从上揭“穆护歌”的汉文歌词那种抒情格调看，与急旋律的曲调显然不合拍。

见于汉文献的祆教另一种宗教仪式活动，即为“赛祆”。胡汉杂居的敦煌地区在归义军时期，祆神崇拜蔚然成风，赛祆成为当地一种民俗。[②]姜伯勤教授曾对“赛祆”下过一个定义：“赛祆是一种祭祀活动，有祈福、酒宴、歌舞、幻术、化装游行等盛大场面，是粟特商胡‘琵琶鼓笛、酣歌醉舞’的庙会式的娱乐活动。”[③]在这种活动中，即便有“穆护曲”，也不可能是惟一的曲调。何况，在这种热烈激情的场面，其“穆护曲”的调子，亦不一定能适合苏溪和尚等所用。

其实，无论是前引苏溪所作《穆护歌》，还是《乐府诗集》所收入的《穆护辞》，均属典型的汉文原创作品。如后者后两句即本于晋陆凯赠范晔诗“折花奉驿使，寄与陇头人。江南无所得，聊赠一枝春”[④]之前两句。只不过入乐后，将“折花奉驿使”改为了“折花当驿路”。这符合近代曲辞中小曲“选诗入乐”的创作方式，也有助于唐代诗歌艺术水平的锤炼与提高。[⑤]即便这些诗作咏唱的调子曾用于赛神活动，但汉地之采用其调，绝非因为信仰的原因，而不过是把其作为一种胡调引进而已。从宗教内涵上，两者盖已风马牛不相及。

同样的，从隋唐乐府诗歌创制的角度来看，《穆护歌》之牌名取自西域或胡人音乐，也是有可能的。隋唐之际，正是中原音乐与西域音乐大融合大发展的时期。据《通典》卷一百四十六记载：“《燕乐》，武德初，未暇改作，每燕享，因隋旧制，奏九部乐。至贞观十六年十一月，宴百寮，奏十部。先是，伐高昌，收其乐，付太常。至是增为十部伎。”[⑥]这十部伎中，真正属于中原传统音乐的仅有清商一部，具有国别特色的胡乐则占据了宫廷音乐的主导地位。一般认为，作为乐种概念的隋唐燕乐，主要是中原传统音乐与胡乐融合的结果。[⑦]沈括《梦溪笔谈》记载：“自唐天宝十三载，始诏法曲与胡部合奏，自此乐奏全

① ［唐］张鷟撰，赵守俨点校：《朝野佥载》（《隋唐嘉话·朝野佥载》，唐宋史料笔记丛刊），北京：中华书局，1979年10月第1版，1997年12月第2次印刷，第64—65页。敦煌文书S.367《沙州伊州地志残卷》（写于光启元年，885）有类似记载，见中国社会科学院历史研究所、中国敦煌吐鲁番学会敦煌古文献编辑委员会、英国国家图书馆、伦敦大学亚非学院编：《英藏敦煌文献》（1），成都：四川人民出版社，1990年，第158页；录文参考唐耕耦、陆宏基编：《敦煌社会经济文献真迹释录》（1），北京：书目文献出版社，1986年，第40—41页。

② 详参林悟殊：《波斯琐罗亚斯德教与中国古代的祆神崇拜》，刊余太山主编《欧亚学刊》第1辑，北京：中华书局，1999年，第207—227页；其著《中古三夷教辨证》，第316—345页。

③ 姜伯勤：《敦煌吐鲁番文书与丝绸之路》，第255—256页。

④ 《太平御览》卷四百九引《荆州记》，四部丛刊三编子部，一一册。

⑤ 袁绣柏、曾智安：《近代曲辞研究》，北京：北京大学出版社，2009年，第159—164页。

⑥ ［唐］杜佑撰，王文锦等点校：《通典》卷一百四十六《乐》六，第3720页。

⑦ 袁绣柏、曾智安：《近代曲辞研究》，第58页。

失古法，以先王之乐为雅乐，前世新声为清乐，合胡部者为宴乐。"①《唐会要》卷三十三"燕乐"条记载："武德初，未暇改作，每燕享，因隋旧制，奏九部乐：一燕乐、二清商、三西凉、四扶南、五高丽、六龟兹、七安国、八疏勒、九康国。"②《乐府诗集》将《穆护砂》作为"近代曲辞"收录，而《穆护子》则见收于前引《教坊记》。③彼等内容惟托兴寄情，与祆无涉。因此将《穆护歌》视为祆教赛神曲，既无确凿的事实为证，于古代诗歌创作之道亦难解。

五、结语

由以上论述可知，汉文献所记载的"穆护"，乃音译自古伊朗语文，其应是对波斯琐罗亚斯德教所有祭司阶层的泛称，而并非专指某一类的祭司。同时，在古波斯政教合一的社会历史环境下，其也兼事司法、行政管理等其他职能。仅就汉文史籍所记载的"穆护"，我们无从判断其具体身份，中文称之为"穆护"，可能仅限于对其祭司身份的认识而已，至于是何等级的祭司，其具体职责为何，则不得而知了。史文明确记载的首位入华穆护乃来自中亚粟特何国，因此汉文献有关"穆护"的记载，反映的应是时人对中亚粟特地区祆教祭司的认识，倒未必是对波斯本土琐罗亚斯德教祭司阶层有多深的了解。唐宋乐府辞中《穆护辞》或《穆护歌》，均属典型的汉文原创作品。即便这些诗作咏唱的调子曾用于赛神活动，但汉地之采用其调，绝非因为信仰的原因，而不过是把其作为一种胡调引进而已。从宗教内涵上，两者盖已风马牛不相及。

（原载《文史》2013年第2辑）

---

① ［宋］沈括：《梦溪笔谈》卷五，上海：上海书店出版社，2003年，第38页。

② ［宋］王溥：《唐会要》卷三十三，第609页。

③ ［明］高棅编选：《唐诗品汇》（卷四三，上海：上海古籍出版社，1988年7月第2版，第417页）将该辞属张祜；《全唐诗》因之（卷五一一，北京：中华书局，1960年，第5832—5833页）。对此，尹占华、袁绣柏与曾智安诸先生已经详辨，可以信从。尹占华校注：《张祜诗集校注〉，成都：巴蜀书社，2007年，第555页。袁绣柏、曾智安：《近代曲辞研究》，第210—212页。

公元7—15世纪“海上丝绸之路”的中东商旅

马建春

古代“海上丝绸之路”经济交流频繁，多边贸易活跃，沿线不同国家、地区的人们几乎都参与到这一商业活动中。但其中具有规模性，且在中西海上交通中产生重要影响的商旅群体有地处中东的波斯、大食、回回商人等。在公元7—15世纪“海上丝绸之路”贸易中，波斯、大食、回回商旅频繁往来东西，成为中国与南海、印度洋朝贡贸易中的主要参与者，构建了其时海上交通网络，促进了中国东南沿海诸港口的繁荣与市舶法则的颁行。系统梳理其活动轨迹，把握其于此中之作用，有助于对古代“海上丝绸之路”不同时期诸方参与者的认识，亦是考察中西海上交通史的重要线索。

一、中东商旅与海上交通网络的构建

汉代岭南或已通过越南中北部港口及徐闻、澉浦与东南亚、印度次大陆建立了海上联系。这时岭南与中东地区间以南海、印度为中转地的海上贸易航道已经开通。马来人此时在东南亚的航运中颇为活跃，他们的船舶向北驶达汉朝辖属诸港口，向西或已进至印度海岸。东晋以来，印度人已向东航行至中南半岛和广东沿海；其西向船舶则已达红海港口和东非海岸。这时他们控制着东西方航道，并发挥着重要作用。此前及同时，西方的埃及、希腊、罗马、波斯在地中海、红海及印度洋西岸水域已有规模性航海活动。

（一）唐代波斯湾至中国航路的贯通

波斯人于海上行商的历史悠久，萨珊王朝的商人是早期由波斯湾东航至南海海域的重要群体。约隋末唐初，萨珊王朝对印度洋贸易的重视，使得由波斯湾及红海诸港口出发的船舶，停泊之地延达南印度的泰帕洛班等港口。继而又随印度人于东南亚建立起商业据点，航程通达交趾与广州。至公元7世纪中期，地处欧洲与东方之间、幅员广阔的阿拉伯（大食）帝国建立，使得自红海、波斯湾直航唐朝的交通彻底贯通。大食人以其强大的实力替代罗马、印度商旅，与被征服的波斯人共同垄断、控制了东西方海上通道，贯通了自印度洋西岸至东方的航路，并一跃成为东西方海上贸易的主角。

阿拉伯地理学家伊本·胡尔达兹比赫（约825—912）所著《道里邦国志》，详细记载了自波斯湾的巴士拉航行到中国广州、扬州等地的航线、里程与时间。①与此相同，《新唐书·地理志》则载录了唐代地理学家贾耽“广州通海夷道”之路线、泊港及航行日程，亦即由广州往南海，经中南半岛至印度洋，到波斯湾的西向航路。②

（二）宋元印度洋海上交通的拓展与网络构建

两宋时期，大食及其附属国家的商旅基本控制了东西方海上贸易，并进一步拓展了海上交通路线。《宋史》言大食，“其国部属各异名，故有勿巡，有陁婆离，有俞卢和地，有麻啰跋等国，然皆冠以大食”③。赵汝适《诸蕃志》记述大食有属国二十四，分别为“麻罗抹、施曷、奴发、哑四包闲、啰施美、木俱兰、伽力吉、毗喏耶、伊禄（在今伊拉克境内）、白达（今伊拉克巴格达）、思莲、白莲、积吉、甘眉、蒲花罗、层拔、弼琶罗（今索马里柏培拉）、勿拔（今阿曼境内米尔巴特）、瓮篱（蛮）、记施（在今波斯湾东岸）、麻嘉（今沙特阿拉伯麦加城）、弼斯罗（今伊拉克巴士拉）、吉甆尼（在今阿富汗及旁遮普）、勿斯离（今埃及开罗地区），皆其属国也”④。宋代已延展出由大食属国层檀至广州的海上线路。层檀，即《诸蕃志》之“层拔”，“在胡茶辣国南海岛中，西接大山，其人民皆大食种落，遵大食教度……产象牙、生金、龙涎、黄檀香，每岁胡茶辣国及大食边海等处发船贩易，以白布、瓷器、赤铜、红吉贝为货”⑤。《宋史》以为其地“绝远”。《清波杂志·别志》云其“国城距海二千里，海道须便风百六十许日，昼夜行，经勿巡、古林、三佛齐国，乃至广州”⑥。学者多以为该国应在今东非海岸。其时宋船依其返航线路亦已远航抵红海及东非地区。

元代海上交通网络获得进一步拓展。之前唐宋王朝与印度洋贸易的中途节点多以马来半岛、苏门答腊、爪哇诸岛屿为中心。元时因大量中东商旅以色目人身份的参与，已延展至印度半岛南部的马八儿（在印度科罗曼德尔海岸）、俱蓝（今印度奎隆）、北溜（今马尔代夫马累）等地，且开通了由马八儿国、北溜经索科特拉岛到亚丁之新航线，印度洋东西海岸之海上捷径随之形成，乃使得中国船舶更多、更频繁地进入印度洋西岸诸港口，元代史籍中因此乃有了东、西洋之分。《大德南海志》更是以小东洋、大东洋、小西洋、大西洋细划了传统上的“南海诸国”或“海南诸国”。而这一认识上的提升多获益于中东船舶在南海、印度洋海域频繁航行的知识与经验。

---

① 〔阿拉伯〕伊本·胡尔达兹比赫著，宋岘译注，郅溥浩校订：《道里邦国志》，北京：中华书局，1991年，第64—72页。

② 《新唐书》卷四三下《地理志·七下》，北京：中华书局，2000年，第1153—1154页。

③ 《宋史》卷四九〇《大食国传》，北京：中华书局，1985年，第14121页。

④ ［宋］赵汝适：《诸蕃志》卷上《大食国》，北京：中华书局，1985年，第90页。

⑤ ［宋］赵汝适：《诸蕃志》卷上《层拔国》，北京：中华书局，1985年，第100页。

⑥ ［宋］周辉：《清波杂志·附别志》卷中，丛书集成本，北京：中华书局，1985年，第141页。

二、中东商旅与东南沿海港口的发展

南北朝时，前来中国的“南海诸国”船舶一般以东京湾（今称北部湾），即今越南河内附近地区作为停泊港口。自隋唐以来，入华海舶通常多在交州、广州一带靠岸，并渐至福州、泉州，或北上扬州的。这些来华海舶，频繁出入，推动了沿海港口的发展。

（一）中东商旅与早期东南诸港口的发展

隋唐时期，诸多来华海舶中，代表中东商船的“波斯舶”“西域舶”“南海舶”出入广州最多，频次也最高。唐人《唐国史补》云：“南海舶，外国船也，每岁至……广州。”[①]僧人慧超《往五天竺传》记载：“（波斯）常于西海泛舶入南海。向师子国取诸宝物，所以彼国云出宝物。亦向昆仑国取金。亦泛舶汉地，直至广州，取绫绢丝绵之类。”[②]《旧唐书》云李勉于大历四年（769）任广州刺史，之前“西域舶泛海至者，岁才四五。勉性廉洁，舶来都不检阅。故末年至者四十余”[③]。

唐代僧侣海外求法，不少人即乘波斯舶往返。《大唐西域求法高僧传》云，义净于咸亨三年（672）初秋，“忽遇龚州使君冯孝诠，随至广府，与波斯舶主期会南行”[④]。《贞元新订释教目录》称，金刚智约于开元五年（717）前后，从南印度出发，“到狮子国（锡兰）勃支利津口，逢波斯舶三十五只其国市珍宝。诸商主见和上同心陪从”[⑤]。天宝七载（748）冬，鉴真到广州时，也见到珠江中停泊的波斯、昆仑等海舶，多到不知其数。故元稹《和乐天送客游岭南二十韵》一诗自注道：“南方呼波斯为舶主。”[⑥]

显然，广州是中东船舶集中停泊的港口。文献云“南海有市舶之利，岁贡珠玑”，“南海以宝产畜天下”，“南海郡利兼水陆，瑰宝山积”，及“南海有蛮舶之利，珍货辐辏”[⑦]等语。说明其时广州是波斯、大食商旅进入中国的主要门户。《中国印度见闻录》记载，公元878年（唐乾符五年），黄巢起义军攻下广州，战乱中来自中东的回教徒、犹太人、基督教徒等死于非命者达十几万人。并曰：“广府（广州）尽管不是中国最大的城市，但我估计，纳入国库的钱每天可达五万第纳尔。”由于唐朝对留居广州的外国商人征收人头税，

① ［唐］李肇：《唐国史补》卷下《狮子国海舶》，上海：上海古籍出版社，1979年，第63页。

② ［唐］慧超著，张毅笺释：《往五天竺国传笺释》三一《波斯国》，北京：中华书局，2000年，第101页。

③ 《旧唐书》卷一三一《李勉传》，北京：中华书局，1997年，第3635—3636页。

④ ［唐］义净撰，王邦维校注：《大唐西域求法高僧传校注》卷下“义净自述”条，北京：中华书局，1988年，第152页。

⑤ 〔法〕费琅（Ferrand，G.）辑注，耿昇、穆根来译：《阿拉伯波斯突厥人东方文献辑注》（下）第2卷，《金刚智游记》北京：中华书局，1989年，第722页。

⑥ ［清］彭定求等编：《全唐诗》卷四〇七，元稹《和乐天送客游岭南二十韵》，上海：上海古籍出版社，1986年影印本。

⑦ 《旧唐书》卷一七七《卢钧传》，北京：中华书局，1975年，第4591页。

故可知寄居城中的海外各国商人总数有12万之多。同书又言广州“是阿拉伯商人荟萃的城市”[①]。

唐代的福州、泉州也是东来的中东海舶停留的重要港口。文献记载，唐时福州钟门海口常有外蕃船舶所至。《唐会要》曾载天祐元年（904）佛齐国使者蒲诃粟（大食商旅，以该国使者身份入贡）至福州事宜。[②]泉州自唐中期以来，海上交通获得迅速发展，中东船舶云集港口，出现了“云山百越路，市井十洲人”[③]的繁荣景象。

中唐时，大食人的船舶亦已直航到扬州。据伊本·胡尔达兹比赫《道里邦国志》载，中东船舶从广州经8日航程到达泉州，再自泉州行驶20日到扬州。[④]表明中唐以后东西海上交通东端，已延伸至扬州。其时曾有阿曼苏哈儿船舶驶来扬州，而《太平广记》多有扬州波斯胡店的记述。此外，《旧唐书·田神功传》载，上元元年（760），宋州刺史刘展叛乱，青齐节度使邓景山引平卢副大使田神功兵马征讨，田神功军至扬州，大肆劫掠百姓、商人财产，致使城中“商胡波斯被杀者数千人”[⑤]。

（二）中东商旅与宋元东南诸港口的繁荣

唐以后，广州、泉州成为与“南海诸国”贸易中的两大港口，前来两地入贡、互市的贡使、蕃商、舶主多数来自中东地区。宋人周去非《岭外代答》云：“大食者，诸国之总名也，有国千余，所知名者，特数国耳。”又云：“诸蕃国之富盛多宝货者，莫若大食国。”[⑥]宋时以大食属国来朝，且官方文献有载者，有层檀国、麻罗拔国、勿巡、俞卢和地、陁婆离等国，它们均以广州为入华口岸。《宋史》《宋会要辑稿》及宋人朱彧《萍州可谈》、岳珂《桯史》、方信孺《南海百咏》等著述均有广州多居留有大食蕃客的记述。

大食人蒲寿庚，其先居广州总诸蕃互市，至其父蒲开宗时，自广州迁往泉州。理宗淳祐年间（1241—1252），蒲寿庚因平海寇有功，得任“提举泉州舶司，擅蕃舶利者三十年”[⑦]。蒲寿庚家族及大食蕃客对泉州海外贸易产生了深远的影响。蒲本人“拥海舶甚多”，其家资产，“富甲泉广”。而周密《癸辛杂识》云：“泉南有巨贾，南蕃回回佛蓬者，蒲氏之婿也，其家富甚，凡发海舶八十艘。”[⑧]大量中东商旅进入广州、泉州，大大推动了

① 〔阿拉伯〕苏莱曼等述撰，穆根来、汶江、黄倬汉译：《中国印度见闻录》，北京：中华书局，1983年，第17、96、115页。

② 《唐会要》卷一〇〇，上海：上海古籍出版社，2006年，第1135页。

③ ［清］彭定求等编：《全唐诗》卷九九，张循之《送泉州李使君之任》。上海：上海古籍出版社，1986年影印本。

④ 〔阿拉伯〕伊本·胡尔达兹比赫著，宋岘译注，郅溥浩校订：《道里邦国志》，北京：中华书局，1991年，第72页。

⑤ 《旧唐书》卷一二四《田神功传》，北京：中华书局，1999年，第3532页。

⑥ ［宋］周去非：《岭外代答》卷三《大食诸国》《航海外夷》，北京：中华书局，1999年，第99、126页。

⑦ 《宋史》卷四七《瀛国公本纪》，北京：中华书局，1985年，第942页。。

⑧ ［宋］周密著，吴企明点校：《癸辛杂识》续集卷下《佛莲家赀》，北京：中华书局，1997年，第193页。

两地港口贸易的繁荣。南宋绍兴二十九年（1159），广州、泉州等地市舶司收入达到200万缗，[①]而该年朝廷财政总收入约4000万—4500万缗，约占其1/20。

元代汉文史籍中被称为“回回”的中东等地商人，成为这一时期东西海上贸易的重要推动者。元时泉州港以“梯航万国”，舶商云集，“民夷杂处”著称。中东商旅来此经商者“数以万计”。其时来华的伊本·白图泰即云泉州“是世界大港之一，甚至是最大的港口。我看到港内停有大艟克约百艘，小船多得无数……穆斯林单住一城”[②]。在言及广州时，伊本·白图泰曰：“此地出产瓷器，亦在刺桐制造。”“隋尼克兰（广州）是一大城市，街市美观，最大的街市是瓷器市，由此运往中国各地和印度、也门。”“城的一个地区是穆斯林居住区，内有清真大寺和道堂。”[③]这时东来的天主教士鄂多立克亦称广州，“有数量极其庞大的船舶，以致有人视为不足信。确实，整个意大利都没有这一个城的船只多”[④]。这里的“瓷器市”“庞大的船舶”，均应与回回商旅的瓷器贸易活动有关。作为元代重要的瓷器出口港，广州、泉州的外销地主要在印度洋西岸各国。近世以来，中东地区元代瓷品的大量发现，足以说明两地在元代瓷器外销中的重要地位。

三、中东商旅与中国古代市舶则法的颁行

自唐始，中国政府先后于沿海港口设立市舶使、市舶司，制定市舶条例与法则等，这些举措亦均与波斯、大食、回回商旅的贸易活动相关联。

（一）唐代市舶使的设立

唐代市舶使之设与市舶管理始起于广州。《新唐书·百官志》即云：“繇海路朝者，广州择首领一人，左右二人入朝。”[⑤]自唐代初，波斯海上商贾基本由广州登岸。而广州市舶使之设置，源于此时频繁而至的波斯蕃商。约在贞观年间，唐王朝又于中东商旅集中的福州、扬州二路设置市舶使。唐文献有“岭南、福建及扬州蕃客，宜委节度观察使常加存问，除舶脚收市进奉外，任其往来通流，自为交易，不得重加率税”[⑥]的记载。

（二）宋代市舶条例的颁行

北宋初始设市舶司于广州、明州（宁波）、杭州，后又增置泉州等市舶司。但在东南

① ［宋］李心传：《建炎以来朝野杂记》（上）甲集卷一五《市舶司本息》，北京：中华书局，2000年，第330页。

② 〔摩洛哥〕《伊本·白图泰游记》，马金鹏译，银川：宁夏人民出版社，1985年，第551页。

③ 〔摩洛哥〕《伊本·白图泰游记》，马金鹏译，银川：宁夏人民出版社，1985年，第552页。

④ 〔意大利〕《鄂多立克东游录》，何高济译，北京：中华书局，1981年，第64页。

⑤ 《新唐书》卷四八《百官志三》，北京：中华书局，2000年，第1257页。

⑥ ［清］董浩、阮元、徐松编纂：《全唐文》卷七五《文宗（七）·太和八年疾愈德音》，上海：上海古籍出版社，1990年影印本。

沿海诸市舶港口中，尤以广州、泉州为最重要，亦为朝廷所高度重视。元丰三年（1080），朝廷正式修订《广州市舶条》，并向全国推行。这是中国历史上第一部海外贸易管理条例，后成为宋代市舶贸易管理的制度范本。而其时进入广州的蕃商以大食人为主，《广州市舶条》即源于与之交易的条例，说明中东商旅对中国市舶贸易条例的颁行影响甚大。北宋郭祥正有《广州越王台呈蒋帅待制》诗，描述了广州城内大食蕃客贸易之情状。其中“屯门钲铙杂大鼓，舶船接尾天南回。斛量珠玑若市米，担束犀象如肩柴”[①]，即是其时广州市舶繁荣的真实写照。

（三）元代市舶法则的制订

元朝基本继承了宋代海外贸易政策，并较之有所发展。元代市舶司之设，前后共有7处，而从大德元年（1297）起，长期维持的仅有广州、泉州、庆元三处。南宋虽有抽分市舶则例，但尚未形成完整的市舶条法。至元三十年（1293），元朝正式制订市舶则法23条（见《元典章》卷二二《市舶则法二十三条》），延祐元年（1314），修订为22条（见《通制条格》卷一八《关市・市舶》）。这是古代外贸史上的重要文献，第一次详细规定了中外商舶海外贸易的法则，具有非常之意义。

元代市舶法则的制订以泉州市舶互市则例为据，其时泉州市舶基本控制在中东商旅之手。蒲寿庚、蒲师文父子因助元灭宋获以禄位，世掌泉州市舶，亦官亦商，基本操纵了当地的海外贸易。其后回回人沙不丁、乌马儿等先后执掌泉州市舶事务。他们对元代这一市舶法则的形成、制订，应有贡献。

四、结语

东航来华的波斯、大食、回回商旅，身处欧亚非三洲交汇地。特殊的地域环境，悠久的商业传统，使之在公元7—15世纪“海上丝绸之路”中扮演了重要角色。

首先，这一时期东西方海上贸易不断发展，交通网络逐步构建，中东商旅于此多有开拓之功，所起作用较大。其次，中东商旅与广州、福州、泉州、扬州等港口互市贸易的发展有着密切关联。正是其船舶的频繁往来，促进了这些港口的繁荣。第三，中东商旅是其时中国“南海”朝贡贸易的主要群体，他们对唐、宋、元政府海商管理办法，职官、机构设置及相关市舶条例和则法的制订产生了重要影响。

需要指出的是，古代中东地区海商、舶主的远航贸易活动，与其良好的船舶制造水平，先进的航海技术，以及丰富的航行经验相关联，这也是其于海上贸易中充满活力的保障。至16世纪初，随着新航路的开辟，葡萄牙人、荷兰人、西班牙人先后进入南海海域，

① ［宋］郭祥正撰，孔凡礼点校：《郭祥正集》卷八《广州越王台呈蒋帅待制》，合肥：黄山书社，1995年。

中国传统的朝贡贸易体制发生变化，中东商旅乃逐渐淡出传统的海上贸易，并最终退出印度洋、南海商业历史舞台。

（原载《中国史研究》2019年第1期）

大蒙古国"断案主"刑考辨

乔志勇

彭大雅《黑鞑事略》谓蒙古之法："其犯寇者杀之，没其妻、子、畜产以入受寇之家。或甲之奴盗乙之物，或盗乙之奴物，皆没甲与奴之妻、子、产畜，而杀其奴及甲。谓之断案主。"①彭大雅于南宋绍定六年（1233）作为邹伸之使团的书状官赴蒙古草原，次年春到达。《黑鞑事略》正文所记即彭氏在蒙古的见闻，今天我们也可以想象这一刑罚给彭大雅留下了极其深刻的印象。其实，这一刑罚在彭氏出使之前已经进入蒙古统治下的汉地，公元1223年成吉思汗下圣旨对冒充出家道士以逃避差发者处以"断案主"刑。②"断案主"的字面含义是断没，但具体断没到谁人之手，几种文献的记载本身就有分歧，不能一概而论。拙作旨在说明"断案主"刑的完整内涵，并从"断案主"刑的角度探讨大蒙古国对汉地统治的特点。

一、《黑鞑事略》与《吏学指南》中"断案主"的分歧

"断案主"意为断没，乌兰先生曾解释其字面含义，认为这是一个蒙汉杂糅的词语，③笔者对此并无异议。"断案主户"就是被断没的人户，这点亦为学者明确指出。④但"断案主户"是断没给谁的断案主户，即人户处以"断案主"刑后被谁占有？这一问题，文献所

① ［南宋］彭大雅著，［南宋］徐霆疏，王国维笺证：《黑鞑事略笺证》，《王国维遗书》本，上海：上海书店出版社，1983年影印本，第8册，第227页。

② ［元］李志常述，王国维注：《长春真人西游记注》附录，《王国维遗书》本，第8册，第588页。圣旨原文为"诈推出家，隐占差发底人每，告到官司治罪，断案主者"。

③ 刘晓《蒙元早期刑罚用语"按答奚"小考——兼论"断案主"与断没罪的关系》一文引用了乌兰对"断案主"字面含义的解释，认为："'断案主'很有可能由汉语'断'与蒙古语'案主'两部分构成。'断'顾名思义，为处断、判决之意。'案主'或系蒙古语anju音译。意为'罚金'、'罚物抵罪'。"（《中国社会科学院历史研究所学刊》第五集，北京：商务印书馆，2008年）。乌兰先生的解释未见成文，故从刘晓先生的论文中转引。需要补充的是，无论是《黑鞑事略》《吏学指南》，还是《通制条格》所载至元八年（1271）户口条画，其中"断案主""断案主户"所说的罚没主要是指罚没人口（当然也连带其财产）。不过，人口断没后沦为奴婢，奴婢也可以看作一种能以金钱衡量的"物"，故笔者所补充的与"断案主"的蒙古语解释并不矛盾。刘晓此文所要探讨的问题是"按答奚"的意思，讨论"断案主"是为了说明"断按答奚罪"（意为"治罪"）与"断案主"（意为"断没"）并非一事。

④ 刘晓：《蒙元早期刑罚用语"按答奚"小考——兼论"断案主"与断没罪的关系》。

载颇有分歧：《黑鞑事略》“没其妻、子、畜产以入受寇之家”说明所谓“断案主”是将罪犯家属赔给受害方为奴，而在大德五年（1301）成书的《吏学指南》中，作者徐元瑞所理解的“断案主”刑是官府籍没罪犯人户，使之成为官奴婢。《吏学指南》卷六《良贱孳产》：“官监户，谓前代以来配隶相生，或今朝配役，隶属诸司，州县无贯者，即今之断按主户是也。其断没者，良人曰监户，奴婢曰官户。”① “断按主”即“断案主”，“今之断按主户”说明此处作者以“今制”解释“旧制”。官户、监户均为金代的官奴婢，受官府机构役使，所以“州县无贯”，②官户、监户对作者来说是前代之制，“断按主户”则是作者的“本朝之制”。③因此“今之断按主户”亦属官奴婢无疑，可知徐元瑞所理解的“断按主”就是将罪犯人户没入官府，使之成为官奴婢。在成为官、私奴婢的问题上，《黑鞑事略》与《吏学指南》对“断案主”刑的理解正好相反，前者是赔给私人成为私奴婢，后者是没入官府成为官奴婢。

二、元代政府公文对“断案主”的理解

解决上述分歧，应当以政府公文的说明、解释为准，至元八年（1271）三月尚书省颁布户口条画，其中“断案主户”条云：

> 诸色人等，因为犯事，不问罪名轻重，一例将人口、财产断没，给与事主或所断官员分讫，中间亦有所犯情罪不及断没人口，今拟，在前已经钦奉圣旨并诸王令旨、忽都虎官人文字断过者别无定夺外，其余断事官、府州达鲁花赤官员擅自断讫之人，除犯重刑者另行定夺外，其余杂犯人等改正为良，收系当差。④

“诸色人等”之前，尚有“诸犯刑官员”的家属及其“户下人口”（依附人口）成为断案主户的内容，政府的处理意见是“并照已断发付合属收系”，谁是“合属”，并未说明。能够考察断案主户究竟归谁所有的关键在于“诸色人等”之人户成为断案主户者，“诸色人等”在这里就是官员以外的各种人。“给与事主或所断官员分讫”的“分讫”说明“断

① ［元］徐元瑞著，杨讷点校：《吏学指南》，杭州：浙江古籍出版社，1988年，第103页。

② 《金史》卷四六《食货志一·户口》：“凡没入官良人，隶宫籍监为监户，没入官奴婢，隶太府监为官户。”（北京：中华书局，1975年标点本，第1032页）《金史》这一记载表达的是，官户、监户的区别源于两者籍没入官之前的身份，官户籍没之前是私奴婢，籍没的过程只是其主人由私人变为官府，监户籍没之前则是良民。《吏学指南》该条“其断没者，良人曰监户，奴婢曰官户”说的也是两者籍没之前的身份差别。官户、监户的所属机构及具体职责有所不同，但两者的身份都是官奴婢。

③ 《吏学指南》全称《习吏幼学指南》，是为学习做吏的人撰写的“吏学”读物，但此书解释的制度并不限于作者本朝，其编撰方法是“摘当今吏用之字及古法之名”加以诠释。参见杨讷《点校前言》，《吏学指南》卷首，第1页。除了作者本朝通行的制度之外，前代的制度亦在此书的收罗范围之内，且有时并不明确说明其时代，如紧接“官监户”条，之后是“杂户”“部曲”“客女”诸条（［元］徐元瑞：《吏学指南》卷六《良贱孳产》，第103页），并未指出这些人口所处的时代，实际上这三者是中古时代贱民的不同种类，与作者所处的朝代相去甚远。

④ 方龄贵校注：《通制条格校注》卷二《户令·户例》，北京：中华书局，2001年，第22页。

案主”后的罪犯人户，亦即断案主户，必然成为私奴婢，不可能是官奴婢，要么是“事主”所有，要么是“所断官员”所有。“事主”容易理解，是犯罪行为的受害人，断案主户归“事主”所有是一种赔偿制度。“所断官员”则比较模糊，按照文言“所”字的用法，“官员”是“断”的宾语，但这里“官员”决非审判、断罪的对象，因为这里讲的是“官员”以外“诸色人等”被处“断案主”刑的情况，“断”这里指“断给”“断付”，即经审判、断案后给予，被给予者是官员，给予的“东西”是罪犯的家属、财产，因此“所断官员”字面上看就是得到罪犯家属、财产的官员。罪犯的家属、财产归“事主”所有，这是一种赔偿制度，但并非所有犯罪行为都有具体的受害人，比如某些针对国家政权的犯罪就没有通常意义上的“事主”，这种情况下就可能归“所断官员”所有，“所断官员”具体是什么官员？笔者认为所断官员其实就是负责判案的官员，他们将罪犯家属、财产断给自己，所以户口条画称为“所断官员”，这样判断的依据将在下文分析这一类型的“断案主”刑时予以说明。

户口条画的政策是被圣旨、令旨及忽都虎官人（失吉忽秃忽）定为断案主户者维持现状，确实因重罪而沦为断案主户者另行定夺，其余断案主户全部脱离原来的使长，成为一般良民。失吉忽秃忽是大蒙古国的大断事官（也可札鲁忽赤），即民政、司法方面的最高负责人，公元1234年蒙古灭金之后，他被任命为“中州断事官”，[①]开府燕京，管理汉地，当时汉人称这一断事官机构为燕京行尚书省，此后尽管失吉忽秃忽离职，但燕京行尚书省一直是汗廷大断事官在汉地的常设分支机构，直到忽必烈即位为止。条画中提到的“断事官”，是诸王位下的代表，受诸王派遣到燕京行尚书省，参与决策尚书省事。[②]汉地路、府、州、县普遍设立达鲁花赤在公元1236年。[③]除断事官、达鲁花赤之外，大汗、诸王亦可用圣旨、令旨的形式实行“断案主”刑，因此“断案主”刑进入汉地亦不以大断事官、断事官的派遣或达鲁花赤的普遍设置为时间上限。

所谓“断案主”是使罪犯人户成为事主或者判案官员的私奴婢。下面按“断给事主”和“断给判案官员”两类分别讨论户口条画颁布之前的“断案主”刑。

---

① 《元史》卷二《太宗纪》，北京：中华书局，1976年标点本，第34页。

② 关于大蒙古国时期的燕京行尚书省，参见陈得芝主编：《中国通史》第八卷《中古时代·元时期（上）》，上海：上海人民出版社，第384页，第912—915页。

③ 成吉思汗时期大蒙古国就在汉地设置达鲁花赤，如公元1215年蒙古占领金中都后，成吉思汗命札八儿火者为“黄河以北铁门以南天下都达鲁花赤”（《元史》卷一二〇《札八儿火者传》，第2961页），留守中都。窝阔台灭金之后，在汉地城邑普遍设立达鲁花赤。[元] 胡祗遹著，魏崇武、周思成点校《胡祗遹集》卷一五《大元故怀远大将军怀孟路达噜噶齐兼诸军鄂勒蒙古公神道碑》：“太宗皇帝继体守文，一新官制……郡县之守令，例以归义效顺者就为之，仍选蒙古人一员钤压其上，谓之达噜噶齐。”（长春：吉林文史出版社，2008年，第348页）“达噜噶齐”即“达鲁花赤”，前者为清人改译。[元] 姚燧《牧庵集》卷二四《谭公神道碑》：“太宗之八年丙申（1236），州县守令上皆置监，动惟国言。”（《四部丛刊》本）“监”即达鲁花赤，因其有监临地方守令之责，故简称“监”。关于大蒙古国时期的达鲁花赤建制，参见赵阮：《蒙元时期达鲁花赤制度研究》，博士学位论文，北京大学历史学系，2012年，第23—46页。

（一）罪犯家属断给“事主”的“断案主”刑

《黑鞑事略》中的“断案主”刑是彭氏在蒙古草原的见闻，“犯寇者”即强盗，其家属作为赔偿物断给受害方。不过，其中提到偷窃罪的情况是“甲之奴盗乙之物，或盗乙之奴物”，犯罪的主体是奴婢，奴婢偷盗，其主人也要连带判死刑，主人家属也要断没，作为赔偿物，这或许是一时的酷刑。但总的来说，用赔偿的方式处理强盗、杀人等罪行，这在北亚各民族曾广泛存在。[①]以人赔偿亦非蒙古所独有，《三朝北盟会编》记载女真兴起时的法制：“杀人剽劫者掊其脑而死之，其家人为奴婢，亲戚欲得者，以牛马财物赎之。”[②]当时的女真社会刚刚产生简单的国家机构，彭大雅所见的蒙古社会同样如此。以罪犯家属作为受害方的赔偿物，这一方面说明这个社会的阶级分化早已产生，[③]另一方面也反映了该社会的国家机器尚未发育成熟，因此普通百姓由于这种赔偿制度而沦为依附人口的现象并未受到国家机器的严格限制。

《黑鞑事略》所载“断案主”是彭大雅在蒙古草原上的见闻，在汉地实行的断给“事主”的“断案主”刑，与《黑鞑事略》所载“断案主”的类型相同。文献中恰有大蒙古国在汉地实行这种赔偿性质的“断案主”刑的事例，《元史》卷一二三《纯只海传》：

> 己亥（1239），同僚王荣潜畜异志，欲杀纯只海，伏甲絷之，断其两足跟，以帛缄纯只海口，置佛祠中。纯只海妻喜礼伯伦闻之，率其众攻荣家夺出之。纯只海裹疮从二子驰旁郡，请兵讨荣，杀之。朝廷遣使以荣妻孥赀产赐纯只海家。[④]

王荣叛乱发生在怀孟。纯只海是蒙古珊竹部人，事变发生时当为镇守怀孟的达鲁花赤，王荣则是原先金朝投降过来的将领，两人之间不仅是“同僚”，前者更负有监视后者之责，[⑤]因此王荣要起事则必须对纯只海下手。纯只海因王荣党羽的求情而免于一死，不过仍沦为残疾，他被王荣断“两足跟”，即挑断脚筋。王荣这么做的原因是怕纯只海骑马

---

① 参见岛田正郎：《北方ユーラシア法系の研究》，东京：创文社，1981年，第253—369页。

② ［南宋］徐梦莘：《三朝北盟会编》卷三《政宣上秩三》“重和二年正月十日丁巳金人李善庆等至京师”条，上海：上海古籍出版社，2008年影印本，第19页。

③ 关于大蒙古国成立前蒙古草原上的阶级分化，参见周良霄、顾菊英：《元代史》，上海：上海人民出版社，1993年，第75—85页。

④ 《元史》，第3030页。

⑤ 纯只海曾为成吉思汗的怯薛，癸巳（1233）年“充益都行省军民达鲁花赤”，丁酉（1237）年“迁京兆行省都达鲁花赤”，率兵赴任途中奉旨就地镇守怀孟，又暂“代察罕总军河南，寻复怀孟”（《元史》卷一二三《纯只海传》，第3030页）。王荣原为金朝的“怀州元帅”，辛巳（1221）年投降蒙古（《元史》卷一四七《史天倪传》，第3480页）。王荣降蒙后当继续统管怀孟当地的军民事务，而金亡后窝阔台令纯只海带兵镇守怀孟，当有强化地方控制的用意，纯只海当时在怀孟的职务应当是“监临”地方守令的达鲁花赤。

逃脱。[①]事变平定之后，朝廷将王荣妻孥、财产给予纯只海，这个过程纯只海神道碑用“畀”字，[②]《元史》本传用“赐”字，而当时的公文用“断”字，有“今将王荣男断与纯赤海”之语（完整引文见下，“纯赤海”即“纯只海”），用“断”更符合具体的历史场景。“断”即“裁断”“判决”，用“断”说明朝廷考虑到王荣的罪行，尤其是其挑断纯只海脚筋的行为，王荣妻孥断给纯只海就是对这一人身伤害的“强制赔偿”。王荣可以说是大蒙古国的“官员”，朝廷将王荣家属断给纯只海的“断案主”刑，其实就是户口条画“断案主户”条中处理“诸犯刑官员”的“断案主”刑，朝廷处理王荣妻孥的方式是以罪犯家属进行赔偿，其实质，和将犯罪百姓的家属断给“事主”的做法并无二致。王荣妻孥被断给纯只海之后，围绕着王荣儿子的原定婚约，发生了一段“插曲”，《通制条格》卷四《户令·嫁娶》载：

> 庚子（1240）年十二月十八日，怀州刘海奏：“王荣未反已前，定女师哥为妇，不曾娶过，王荣反背，今将王荣男断与纯赤海，合无成亲。”准奏：“反背的人孩儿，怎生将有功的人女孩儿与得？刘海你却不寻思，有功的儿嫁与那甚么？”[③]

“定女师哥为妇”，说明“师哥”是刘海的女儿，在王荣叛乱之前，她与王荣之子已有婚约，而尚未完婚。王荣叛乱被镇压后，原先的“未婚夫”如今已断给纯只海为奴，而师哥的父亲刘海却不敢擅自取消婚约，上奏“请示”窝阔台是不是仍要将女儿嫁给王荣之子，结果被窝阔台训斥一番。窝阔台认为，此时刘海若要履行原有婚约，将女儿嫁给王荣之子，那是非常荒谬的，应另找有功之人的儿子为夫。师哥的婚事最终当是按窝阔台的意思完成。据碑传资料记载，纯只海并未接受王荣的妻孥，仍将他们放为良民，[④]而据《通制条格》所载刘海上奏可知，纯只海并非一开始就不接受王荣的妻孥，而他放免王荣家人最早也应在刘海上奏以后。

（二）罪犯家属断给判案官员的“断案主”刑

上文指出，得到罪犯家属、财产的“所断官员”，其实就是判案官员，这样判断有史料依据，王恽《南鄘王氏家传》：

---

① ［元］刘敏中著，邓瑞全、谢辉点校《刘敏中集》卷六《敕赐益都行省达鲁花赤赠推忠宣力功臣金紫光禄大夫太尉上柱国温国公谥忠襄珊竹公神道碑铭》：“一日，执公，将寘于死。其党请于荣曰：‘公未尝毒吾人，愿勿杀。’荣言：‘是善驿骑，不杀，必遽闻。’复力请，荣乃闭公佛室中……”（长春：吉林文史出版社，2008年，第73页）从王荣所说可看出，挑断纯只海脚筋，就是怕他逃走报信。

② ［元］刘敏中著，邓瑞全、谢辉点校：《刘敏中集》卷六《敕赐益都行省达鲁花赤赠推忠宣力功臣金紫光禄大夫太尉上柱国温国公谥忠襄珊竹公神道碑铭》，第73页。

③ 方龄贵校注：《通制条格校注》，第165页。

④ ［元］刘敏中著，邓瑞全、谢辉点校：《刘敏中集》卷六《敕赐益都行省达鲁花赤赠推忠宣力功臣金紫光禄大夫太尉上柱国温国公谥忠襄珊竹公神道碑铭》，第73页；《元史》卷一二三《纯只海传》，第3030页。

乙未（1235）岁，北还淇上，寻朝廷命断事官耶律买奴公括诸道户口，柄用颛决，得人为急，用荐者，署行台从事。制以籍为定，互占它县以死论。有潞民马医常氏避役，匿河内王帅家，事露，公抵常以死，意在籍没州将，且用耸动邻道。先君辩之曰："常罪止于逋论，死则非制书本意。"公怒曰："脱有误，并汝坐之。"反复辩明，常竟获免。①

"北还淇上"者及"先君"为王天铎，汲县人，金末仕至户部主事，金亡后在断事官耶律买奴手下为"行台"（燕京行尚书省）从事。王天铎入仕新朝与"乙未括户"时"得人为急"的背景有关，此次"括户"由大断事官失吉忽秃忽总领，耶律买奴则是参与其事的重要成员，所以他有"柄用颛决"的权力，而引文所涉案件则更与"乙未括户"直接相关。"马医常氏"逃避差役，躲在"河内王帅"家，耶律买奴"抵常以死，意在籍没州将"，"州将"就是"王帅"，这里涉及连带责任的问题：因为括户是当时朝廷在汉地的头等大事，因此，常氏的罪名若定为"占籍他县"，则不仅常氏要判死刑，连包庇他的"王帅"也要被"籍没"。耶律买奴"意在籍没州将"，说明其最终目标是"王帅"而非常氏。汲县所属的卫辉一带古称"河内"，所以王天铎与"河内王帅"为同乡，王天铎对其顶头上司力辩常氏只是逋逃（而非占籍他县），其用意很可能在于力保同乡"王帅"。

问题在于"意在籍没州将"，人口、财产"籍没"之后归谁所有？这一问题有三个因素值得考虑：首先，"王帅"在文中又称"州将"，估计在金朝带过兵，而他在当地应是土豪，家里人口多，产业大。其次，耶律买奴"籍没州将"的"冲动"非常强，非要将马医常氏的"避役"当成占籍他县的重罪，目的就在于利用连带责任"籍没"这位包庇常氏的"王帅"。当自己的下属王天铎为常氏辩明时，他又逼迫王天铎答应以连坐担保，带有恐吓的意味。最后，户口条画"断案主户"条中被"断没"的罪犯家属、财产是归私人所有，而非"断没"给某个国家机构。只有到忽必烈即位后，才仿照过去中原王朝的制度，设立与人口籍没入官对应的国家机构（下文讨论《吏学指南》对断案主户的错误理解时，将会说明元朝官府籍没机构的设置）。综合这三点，可以判断耶律买奴的"意在籍没州将"，其实就是想把"王帅"的人口、财产籍没归己。而这里的"籍没"就是使用"断案主"刑，因此，可以判断，户口条画"断案主户"条中得到罪犯家属、财产的"所断官员"，就是负责判案的官员。户口条画中"不问罪名轻重""所犯情罪不及断没人口"及"擅自断讫"之语，说明断事官等滥用"断案主"刑的倾向非常严重。假如耶律买奴"意在籍没州将"的意图实现，那就是非常典型的户口条画所说滥用"断案主"刑的例子。滥用的原因，就在于断事官等判案官员能够自己占有罪犯的人口、财产。这种情况下犯人的罪行，应是不存在"事主"的犯罪类型。《南鄘王氏家传》中常氏的行为，不论算是逃避差役，还是占

①［元］王恽：《秋涧先生大全集》卷四九，《元人文集珍本丛刊》本，台北：新文丰出版公司，1985年影印本，第2册，第93页。

籍他县，都是针对国家政权而非具体个人的犯罪，“王帅”的包庇行为因此也是同种性质。

本文开头提及公元1223年成吉思汗圣旨，该圣旨与全真教领袖丘处机觐见成吉思汗有关。此前成吉思汗在西征途中，遣使召请丘处机，成吉思汗十七年（1222）四月丘处机在大雪山（阿富汗兴都库什山）觐见成吉思汗，次年三月请辞。辞别时，通事阿里鲜向成吉思汗说起“德兴府龙阳观中尝见官司催督差发”，成吉思汗因此下圣旨免去道士差发，派阿里鲜等护丘处机东还。①圣旨的原始文本亦当由丘处机一行带回汉地。圣旨内容主要是免去丘处机及其门人所在道观的差发，并声明对冒充道士以逃避差发者处以“断案主”刑。“差发”即蒙古征收的赋税，逃避差发并无具体的受害人，所以按照户口条画“断案主户”条的分类，成吉思汗圣旨中的这一“断案主”是罪犯家属、财产归“所断官员”的类型，而上文对耶律买奴“意在籍没州将”的分析已经证明，“断案主户”条中占有罪犯家属、财产的“所断官员”就是判案官员。因此，这一圣旨中的“断案主”，就是对冒充道士以逃避差发者，由负责判案的官员占有其家属、财产。公元1223年，蒙古在汉地与金朝处于战争状态，汉地被蒙古控制的部分，已有达鲁花赤的建制，②而大断事官、断事官要到灭金之后才派遣至汉地，则根据户口条画的提示，圣旨所说逃避差发的行为由达鲁花赤负责审判，相关罪犯的家属、财产则归这些达鲁花赤所有。

罪犯家属、财产归判案官员所有，这与大蒙古国时期俸禄制度的不存在或者极不成熟有很大的关系。成吉思汗时期的蒙古统治体制中还没有俸禄制度，蒙古的那颜官人向千户、百户百姓直接征收实物或劳役，这种征收的性质是那颜官人为黄金家族服务而得到的“莎余儿合勒”（恩赏），③同时那颜也靠掳掠活动及私属人口的献纳获得收益。④窝阔台即位之后，在蒙古对汉地的统治体制中发展出原始、简陋的俸禄制度，窝阔台汗二年（1230）设立十路课税所，其后曾有旨“令课税所官二员支粮”，而“余官不曾令支”，窝阔台汗五年（1233）圣旨规定：“其管民、管匠达鲁花赤，若有已身粮食者，放支；如无，每人日支米一升。”⑤颁布这一圣旨的背景是太原路达鲁花赤上奏“达鲁花赤并久住使客、诸投下人等”取用百姓的“酒肉米面”，⑥骚扰百姓，可知窝阔台时期在汉地出台的俸禄制度只为解决官员的粮食需求，避免他们骚扰百姓，实质近乎粮食配给，很难满足官员全家的开销。窝阔台在位期间，曾先后出使蒙古的南宋人彭大雅、徐霆都说起过蒙古官员索要

① ［元］李志常述，王国维注：《长春真人西游记注》，第556—557页。

② 参见赵阮：《蒙元时期达鲁花赤制度研究》，第23—34页。

③ 参见姚大力：《草原蒙古国的千户百户制度》，《蒙元制度与政治文化》，北京：北京大学出版社，2011年，第90页。

④ 参见沈仁国《元代的俸禄制度》，《元史及北方民族史研究集刊》1989—1990年第12、13期。

⑤ 《永乐大典》卷19146《二十二勘·站·站赤》，北京：中华书局，1986年影印本，第7192页。

⑥ 《永乐大典》卷19146《二十二勘·站·站赤》，第7192页。

"撒花"（礼物、贿赂）成风，[①]其中原因，除了官员个人的贪婪之外，俸禄制度的极不成熟也是非常重要的因素。

俸禄制度的不存在或者不成熟，这当然不是黄金家族希望自己的官员受穷，而是由蒙古社会及政权的发展程度所决定的。如果罪犯罪行严重到一定程度，而案件又不存在具体受害人需要赔偿的话，那么罪犯的家属、财产正好可以归某些官员所有，作为其收入。考虑到进行判案的是大断事官、断事官、府州达鲁花赤，以及"钦奉圣旨并诸王令旨"的使臣，而在蒙古支配汉地的体制中，大断事官、断事官、达鲁花赤作为黄金家族的代理人，负有控制原有地方势力的责任，其收入状况较之于地方军阀、守令等代表地方势力的官员，自然更能受到黄金家族的优先考虑，因此，大断事官、断事官、府州达鲁花赤使用"断案主"刑的话，罪犯家属、财产归这些人也是顺理成章的事。"钦奉圣旨并诸王令旨"的使臣，更是大汗、诸王的亲近之人，其断案后获得罪犯家属、财产，与上述大断事官等获得这些"收入"的道理相同。这些官员所得的人口、财产，在蒙古体制下的名分就是黄金家族给予他们的"莎余儿合勒"（恩赏），与黄金家族成员所得的"忽必"（分子）截然有别。

三、《吏学指南》对断案主户的错误理解与"断案主"刑的终结问题

徐元瑞将断案主户理解为官奴婢，与户口条画所说"事主或所断官员分讫"的私奴婢全然不同。至元八年户口条画具有户口法规汇编性质，颁布的目的是为解决户计纠纷提供权威依据，[②]徐元瑞对断案主户的定性与户口条画相悖，自然是错误的。徐氏的理解说明两个问题：一是到他著书的时代，作为私奴婢的"断案主户"已非常少见。二是此时元朝已经建立了一套罪犯人户籍没入官的制度，与金制类似，"断案主"字面上本来就有断没的含义，徐元瑞直接将"断案主"理解为籍没人户入官。《元史·百官志》记刑部的职责之一为负责"孥收产没之籍"，[③]刑部下设司籍所，"至元二十年（1283）改大都等路断没提领所为司籍所"[④]，大都等路断没提领所及后来刑部下的司籍所当是负责籍没人口的具体机构。徐元瑞理解的断案主户，与过去中原王朝统治下籍没入官的官奴婢无甚差别，而与户口条画中作为私奴婢的断案主户迥异，可知"断案主"作为一种蒙古特色的刑罚，到徐元瑞的时候在汉族人中间已经相当陌生，徐元瑞尽管听说过"断案主"这一蒙汉杂糅词

① 彭大雅云："其见物则欲，谓之撒花。"（《黑鞑事略笺证》，第227页）徐霆云："霆见鞑人只是撒花。"（《黑鞑事略笺证》，第222页）徐霆在端平元年（1234）年底亦作为使团随员出使蒙古，至窝阔台的斡儿朵，归来后编叙蒙古的风土习俗，后与彭大雅相遇，遂以彭氏所记为正文，徐氏所记为疏，合成《黑鞑事略》一书。

② 参见吴志坚：《元至元八年户口条画及释例》，《中国史研究》2007年第2期。

③ 《元史》卷八五《百官志一》，第2142页。

④ 《元史》卷八五《百官志一》，第2143页。

汇，但他却将断案主户与中原王朝传统的官府籍没人口等同。在《吏学指南》之后，其他文献中亦未见“断案主”“断案主户”等字眼。籍没入官的人口，史料中称为“官口”[①]、“官奴婢”[②]、“官婢”[③]，人口籍没入官是历来中原王朝旧有的制度，一般来说，对于与前代类似的元朝人口籍没入官制度，汉语文献的书写者没有必要去用“断案主”这样蒙汉杂糅的词汇来表示。《通制条格》记有官府手工业局院中的“甲局童男”，身份就是官奴婢，非常符合《吏学指南》“今之断按主户”的描述，《通制条格》该条标题称为“官户”，[④]而不用徐元瑞理解的“今制”去称“断案主户”，亦能说明徐元瑞对断案主户的理解并不准确。现存《通制条格》是官修法律文书汇编《大元通制》亡佚后的残存部分，《大元通制》的修撰始于延祐二年（1315），到至治三年（1323）修成、颁行。[⑤]

《吏学指南》对断案主户的错误理解说明，到大德五年（1301）此书成书的时候，“断案主”刑的使用已非常少见，以致这本“吏学”著作的相关解释也不得要领。“断案主”刑的终结问题需要考虑以下三个因素：第一，断事官机构燕京行尚书省的存在时间。户口条画提到了燕京行尚书省的大断事官失吉忽秃忽，他来汉地担任这一职务是在条画颁布的37年之前，他的离任也早在公元1241年，[⑥]条画中与之并提的“其余断事官”，即便不是失吉忽秃忽的同僚，也是之后燕京行尚书省的断事官，而燕京行尚书省在忽必烈即位后被撤销，因此条画所说使用“断案主”刑的情况很可能是忽必烈即位之前的现象。第二，忽必烈的“括户”、户口条画及蒙古在汉地统治风格的转变。忽必烈即位后，于至元七年（1270）五月，朝廷开始“括天下户”，[⑦]实际进行要到至元八年，[⑧]户口条画则是户口整顿的依据。“括户”总的目的在于强化政府对人口的直接控制，维护朝廷的利益。尽管此前窝阔台、蒙哥汗时期也在汉地进行过括户，但当时汉地只是大蒙古国控制的几块农耕、定

① 《元史》卷三三《文宗纪二》：“中书省臣言：‘近籍没钦察家，其子年十六，请令与其母同居；仍请继今臣僚有罪致籍没者，其妻有子，他人不得陈乞，亦不得没为官口’。”（第728页）

② ［元］姚燧《牧庵集》卷二三《真定新军万户张公神道碑》：“安抚高达以江陵降，制置朱禩孙不出。诏以世杰战而后降，非其始志，斩江陵市。禩孙死京师，犹没入妻子为官奴婢而籍其财。”

③ 《元史》卷一七三《崔彧传》：“运使张庸，尝献其妹于阿合马，有宠；阿合马既没，以官婢事桑哥，复有宠。”（第4044页）

④ 《通制条格》卷三《户令·良嫁官户》，方龄贵《校注》本，第152—153页。该条讲齐世荣的侄女粉梅父母双亡，“于张伯松家住坐”，张伯松接受“系官财钱柒拾伍两”后将粉梅“聘与甲局童男张得安为妻”，张得安死后齐世荣向官府请求出钞柒拾伍两将粉梅“收赎归宗”。情况由尚衣局反映到户部，再到达中书省，中书省在至元十二年（1275）三月处理此事，同意齐世荣所请。从甲局童男张得安娶妻需要官府出“系官财钱”来看，他是官府手工业局院尚衣局的依附人口，所以案情由尚衣局向上反映，且其身份是贱民，所以标题“良嫁官户”将其身份与“良”（良民）对立。不过此处标题中“官户”应当只是元人对被官府局院控制的贱民的俗称、泛称，不像金代官户那样是正式的制度名称。

⑤ 参见方龄贵：《〈通制条格〉新探》，《元史丛考》，北京：民族出版社，2004年，第121页。

⑥ 窝阔台汗十三年（1241）十月，“命牙老瓦赤主管汉民公事”（《元史》卷二《太宗纪》，第37页），这是以牙老瓦赤代替失吉忽秃忽为燕京行尚书省的大断事官，失吉忽秃忽当在是年离职。

⑦ 《元史》卷七《世祖纪四》，第129页。

⑧ 参见陈高华、史卫民：《中国经济通史·元代卷》，北京：经济日报出版社，第512—513页。

居民区域之一，大蒙古国本身的政治重心远在漠北的和林，而忽必烈的元朝则将统治重心移到汉地，前后对汉地的统治风格与重视程度不同。户口条画提到窝阔台时失吉忽秃忽来汉地后使用“断案主”刑；王恽《南鄘王氏家传》中断事官耶律买奴极力加重罪名，试图使用“断案主”刑，这与窝阔台“乙未括户”的背景有很大的关系；乙未括户之后一年，“有司欲印识人臂”，幸亏颇受蒙古上层重视的僧人海云印简向失吉忽秃忽力陈“人非马也……岂可同畜兽而印识哉”，“由是印臂之法遂止”；[①]蒙哥汗时，“断事官牙鲁瓦赤与不只儿等总天下财赋于燕，视事一日，杀二十八人”，“其一人盗马者，杖而释之矣，偶有献环刀者，遂追还所杖者，手试刀斩之”，[②]为试刀而斩人者当是不只儿，忽必烈为此还责备不只儿。这些事例尽管并非都与“断案主”刑有关，但足以说明当时受大汗委任而治理汉地的一二亲信大臣，其作风粗暴，滥用酷刑之事必不能免。户口条画所说的断案主户，就是过去蒙古在汉地的粗暴统治所造成的人身依附方面的“历史遗留问题”，户口条画“断案主户”条的意图就是解决这一“历史遗留问题”，即除去圣旨、令旨及失吉忽秃忽所定的断案主户之外，其余断案主户全部脱离原来的使长，成为一般良民。那么可以推断至迟在户口条画颁布之后，对于“断案主”刑造成的人身依附方面的“历史遗留问题”，朝廷自然不会让其轻易重演，那么至少在地方行政、司法的层面，“断案主”刑应当基本不再使用。第三，户口条画颁布之前元世祖就已完善俸禄制度这一因素，“断案主”刑中判案官员占有罪犯家属、财产的类型因此变得没有必要。根据这三点，可以判断户口条画颁布之后“断案主”刑在地方行政、司法上至少是极其罕见的，而“断案主”刑中判案官员占有罪犯家属的类型应当消失得更为彻底。

户口条画颁布之后，确有使用“断案主”刑的判罚，不过决非地方司法层面上的“案子”。《通制条格》卷二〇《赏令·获贼》：

> 皇庆元年（1312）十一月十三日，中书省奏：“前者沧州等处一起贼人，踏践田禾，射死田主许大上头，各处差人捕捉去呵，南抵黄河，回到山东，北至大宁，来往拒敌，杀伤射死官兵人等。如今已获贼内阿失歹儿、睹海、塔海三名，已招明白，五府官审录无冤，将这三个贼明正典刑支解，发付各处谕众。号令拏这贼每时分，射死了宽彻大王来，这阿失歹儿等贼人柒口家属，断付与宽彻大王为驱……”圣旨了也。钦此。[③]

① ［元］释念常：《佛祖历代通载》卷二一，《北京图书馆古籍珍本丛刊》本，北京：书目文献出版社，1998年影印本，第77册，第419页。

② 《元史》卷四《世祖纪一》，第58页。

③ 方龄贵校注：《通制条格校注》，第575—576页。

“宽彻大王”是元朝诸王，[①]沧州一带“贼人”阿失歹儿等很有可能是生活在汉地的蒙古军或探马赤军军户，[②]皇庆元年（1312）中书省上奏时宽彻大王已被这些“贼人”杀死，中书省要求“断付与宽彻大王为驱”就是将罪犯家属七人断给宽彻大王的继承人为奴，这为仁宗所许可。这种处理方式，与上述大蒙古国将王荣妻孥断给纯只海的做法类似，是以罪犯家属赔偿受害方，亦即断给“事主”的“断案主”刑。宽彻大王是黄金家族成员，因此对其凶手的“断案主”刑由中书省上奏，皇帝圣旨同意，这一“断案主”刑是“钦奉圣旨”去实行的。户口条画在下令恢复断案主户的良民身份时，排除掉“钦奉圣旨”实行“断案主”刑所产生的断案主户，这是制定条画的尚书省官对大汗、皇帝权力的尊重。笔者判断，户口条画颁布之后，地方行政、司法上的“断案主”刑应当基本停止使用，但皇帝的权力不受限制，随时可以使用。此外，元代杀人犯对被害人家属基本上是以支付“烧埋银”的形式赔偿，当付不起烧埋银时，元初一度行用以“女孩儿”代替烧埋银的做法，与以家属、财产赔偿“事主”的“断案主”刑存在某种联系，但仍有区别。[③]

四、结论

《史学指南》将“断案主户”等同于官奴婢的理解并不准确，《黑鞑事略》所记以罪犯家属、财产赔偿的“断案主”刑则接近事实，但“断案主”刑并不限于以罪犯家属、财产赔偿。借助至元八年户口条画，可以对大蒙古国在汉地所实行“断案主”刑的类型有相对完整的认识：一是将罪犯家属、财产断给受害方作为赔偿，二是大断事官等判案官员占有罪犯家属为奴，后者适用于没有具体受害人的犯罪，通常就是对国家政权的犯罪。至迟在至元八年户口条画颁布后，“断案主”刑至少在地方司法上基本消亡，反映了统治重心从漠北移到汉地之后，蒙古统治者在对汉地统治的风格上有了很大的转变。

本文在分析罪犯家属归判案官员所有的“断案主”刑时，认为这类“断案主”刑适用于某些不存在具体受害人（“事主”）的犯罪，通常就是针对国家政权的犯罪，比如逃避赋税。然而，有意思的是，像叛乱这样更为典型的针对国家政权而非某位官员私人的犯罪，蒙古政权也非常注重其具有具体受害人的一面。比如公元1239年王荣的叛乱，事后

① 宽彻事迹不详，方龄贵先生从《元史》中检出皇庆元年十一月“赐诸王宽彻、忽达迷失金百五十两，银一千五百两，钞三千锭，币帛有差”之事，认为“此诸王宽彻殆即宽彻大王”，当时“宽彻大王”已被射杀，对其赏赐是身后之典（方龄贵：《通制条格校注》，第577页）。

② “阿失歹儿”“睹海”及“塔海”三者名字不似汉人，且能拥有武器（弓箭），极善骑射，其与官军对抗时纵横距离很大，因此判断他们极有可能是蒙古军或探马赤军的军户。

③ 元代法律要求杀人犯赔偿烧埋银给受害人家属，世祖朝江西行省曾有无法支付烧埋银者赔偿“女孩儿”的案例，似与“断案主”刑中以人赔偿之制有相似之处，但前者赔偿“女孩儿”只是无法赔偿烧埋银时的替代选择，而且总的来说，即便是对赔不起烧埋银的杀人犯，元代法制的主流是令其家属“折庸”（以雇佣劳动折算价格）抵消债务，“折庸”抵消债务出于唐代以来中原王朝的法制传统。关于元代赔偿“女孩儿”及相关的折庸制度，参见乔志勇：《元代的以人偿债与折庸抵债：蒙古法与汉法的相互影响》，《新史学》第十一辑，郑州：大象出版社，2013年。

"首犯"王荣的妻孥断给在事件中沦为残疾的纯只海，作为王荣伤害纯只海所应付出的赔偿，仿佛这首先是一件人身伤害案件，其次才是一场叛乱。对王荣妻孥的这一处理方式，当然不是大汗窝阔台对汉地的叛乱不在意，而是说明当时在作为统治集团的黄金家族心目中，与具体官员个人相脱离的国家机构的观念还很弱，[①]尤其是蒙古派出的断事官、达鲁花赤等官员，他们仍与黄金家族处于强烈的私人性联系中，所以朝廷在处理叛乱者家属时，首先考虑到王荣对纯只海的人身伤害。在大蒙古国这样典型的家产制国家体制下，异姓官员具有黄金家族私人仆隶的色彩，[②]灭金之后，蒙古在汉地派出作为断事官机构的燕京行尚书省，普遍设立达鲁花赤，但从蒙古统治体制的顶端自上而下地看，其本质仍是以其私人仆隶作为代理人来管理汉地，汉地国家机构、职官体系的意义依附于这种私人仆隶性质。因此，我们也容易理解"断案主"刑的另一部分，即判案官员占有罪犯家属的类型，同样采用自上而下的视角，这些被占的人口是黄金家族给予这些官员的"莎余儿合勒"（恩赐）。

（原载《中国史研究》2016年第4期）

① 将蒙古对王荣妻孥的处理与唐代法律比较是非常有意思的，唐代规定："凡反逆相坐，没其家为官奴婢。"（[唐]李林甫等著，陈仲夫点校：《唐六典》卷六《刑部·都官郎中》，北京：中华书局，1992年，第193页）唐代法律非常明确"反逆"针对的是国家政权，而非具体某个官员个人，所以"反逆相坐"者的家人成为由国家机构直接占有的官奴婢。此外，正文所举沧州"贼人"对抗官军并射杀宽彻大王的事件中，"贼人"家属被断给宽彻大王的继承人，"贼人"行为的性质也是对抗国家，而"贼人"家属却作为杀害宽彻大王的赔偿物给予其继承人，这与大蒙古国对王荣妻孥的处理方式非常相似，不过背后的意义并不相同，因为宽彻大王及其继承人是黄金家族的成员，成吉思汗及其后继者建立的国家本身就被黄金家族视为私产，大蒙古国像其他游牧帝国一样，"将族产观念从私法领域带入了公法领域"（〔俄〕巴托尔德（W. Barthold）著，张锡彤、张广达译：《蒙古入侵时期的突厥斯坦》，上海：上海古籍出版社，2011年，第310页），而纯只海则是黄金家族以外的异姓官员。

② 张帆《论蒙元王朝的"家天下"政治特征》指出："大蒙古国政治领域中存在着明显的'主奴关系泛化'倾向，功臣贵族作为大汗的家臣，与主人之间存在着严格隶属关系和不可逾越的名分等差。"（《北大史学》第八辑，北京：北京大学出版社，2001年）

朝鲜半岛康安诸姓群体初探

刘永连

近些年来，东迁九姓胡研究呈现某些新的动向，一方面注重向纵深挖掘该群体发展演变的某些环节。由此关于其在中原地区的汉化问题，已有不少的学术成果问世。①而其突厥化问题亦被重提，并延展出"内亚化"等新概念。②另一方面以更广阔的视野探寻九姓胡遗迹，如俄罗斯学者对"黑貂之路"（从中亚北部横贯草原地带而至中国东北）九姓胡活动的研究。③这些探索不但可以启发我们不断拓展九姓胡研究的空间，而且有助于我们对九姓胡迁徙和演变形成更为完整和透彻的认识。在摸索朝鲜半岛古代文献的过程中，笔者发现在中世纪半岛社会曾存在一个极其近似的社会群体：其姓氏以安、康为主体，包括石、曹、史、毕、何、米等；其人物在9世纪以前尚属零星，10世纪较多出现，11世纪在高丽社会中凸显出来，13世纪开始发生明显变化，但至14世纪仍保有某些基本特征；其规模非常庞大，笔者以14世纪末为下限，搜得存有史迹者康姓106人，安姓102人，石姓21人，曹姓19人，史姓12人，毕姓3人，何姓1人，合计264人，如果加上间接提及、仅存

① 例如，陆庆夫《唐宋间敦煌粟特人之汉化》（《历史研究》1996年第5期，第25—34页）专就职业分布、婚姻关系、社会组织、宗教信仰等方面论述了敦煌粟特人的汉化问题；陈海涛《从葬俗的变化看唐代粟特人的汉化》（《文博》2001年第3期，第47—53页），陈海涛、刘惠琴《从通婚的变化看入唐粟特人的汉化》（《华夏考古》2003年第4期，第55—61页），刘惠琴、陈海涛《从家世渊源观念的变化看唐代入华粟特人的汉化》（《魏晋南北朝隋唐史资料》第20辑，2003年武汉大学中国三至九世纪研究所编印，第145—154页）等系列文章则从丧葬习俗、通婚对象、族源观念三个环节阐述了入唐粟特人汉化的历程。此外，刘惠琴、陈海涛《唐代入仕粟特人的汉化进程》[《烟台大学学报》(哲学社会科学版) 2005年第2期，第214—218页] 从任官类型、任职地域及其心态的变化探讨了这一群体汉化的层面；同作者《唐末五代沙陀集团中的粟特人及其汉化》[《烟台师范学院学报》(哲学社会科学版) 2001年第2期，第58—65页] 从其政权性质、统治思想、文化观念等侧面论及唐末五代统治集团中粟特人的汉化倾向。

② 关于漠北粟特人突厥化问题可参考〔日〕森部丰《唐末五代の代北におけるソダドド系突厥と沙陀》（《东洋史研究》第62卷，第4号，2004年，第60—93页）、彭建英《东突厥汗国属部的突厥化——以粟特人为中心的考察》（《历史研究》2011年第2期，第4—16页）等文；"内亚化"问题可参考钟焓《安禄山等杂胡的内亚化文化背景——兼论粟特人的"内亚化"问题》（《中国史研究》2005年第1期，第67—84页）。

③ 由俄罗斯学者提出的所谓"黑貂之路"受到中国大陆学者质疑，不过对该地区粟特人活动的探讨可资参考。相关资料主要有〔俄〕V·M.瓦西里耶夫《有关12世纪及13世纪初叶黑貂之路沿线中亚、滨海州地区人民通商活动的新资料》（《1991年度北方历史・文化交流事业研究：中期报告》，北海道开拓纪念馆1992年编印）、〔俄〕E·V.夏富库诺夫《东北亚民族历史上的粟特人与黑貂之路》（《东亚的古代文化》，大和书房，1998年夏，第96号，第139—148页）等文。

姓名和不能确定具体年代者，人物数量则更可观。①这让我们不得不思考如下问题：该群体与九姓胡究竟存在怎样的关系？有无可能展示九姓胡迁徙和演变的另外一种态势？笔者就此初作探讨，希望能够抛砖引玉，对相关研究有所裨益。

一、不属于朝鲜半岛土著、汉族及其他东方民族姓氏

笔者首先注意到姓氏起源问题。据已有研究，朝鲜半岛土著姓氏始见于三国时代，然而早期仅限于王室和贵族所能有。《新唐书·新罗传》亦云："新罗王姓金，贵人姓朴，民无氏有名。"②直至高丽文宗九年（1055）十月，"内史门下奏氏族不符者勿令赴举"③，并在全国颁行姓氏。学界以此作为朝鲜半岛土著百姓开始使用姓氏的标志。④而细查高句丽、百济和新罗贵族姓氏，据牟元珪考证，"高句丽除高氏外，仅有乙、礼、松、穆、于、周、马、孙、董、芮、渊、明临、古尔、再曾、乙支、似先等姓；百济除余或扶余外，仅有沙、燕、劦、解、真、国、木、苩八大姓和司马、祖尔、黑齿、木劦、沙咤等姓；新罗除朴、昔、金外，仅有李、崔、郑、孙、裴、薛和张、姚等姓"⑤。韩国学者李相斐列百济43姓，多出优、昆、惟、直、莫、豆、毗、义、殷、成、常、兴、阶、福、执、迟、屹、弓、新齐、史、段、怒唎、施德、季德、鹿、佐、王、弗、张、都等30姓。⑥其中穆姓直至王氏高丽时期未见人物、宗族史料，辨析无据；史姓为作者讹误所致，后有专论，因而康、安、曹、石、史、毕、何、米等姓均未出现。可见该群体并非朝鲜半岛土著民族，而属外来移民。

考其谱牒，则能证明这些姓氏与汉姓或东方其他族姓异源。如康姓，在汉族群体中主要出自姬姓，以西周康叔为始祖。此外宋代改自匡姓和女真汉化出来的两支时代过晚，影响甚微，可排除在外。朝鲜半岛"康之先始于信川"⑦。信川即高丽时期的信州，李氏朝

---

① 米姓人物虽未见于15世纪以前的史料，然《东国舆地胜览》初纂部分记有松林米氏、儒城米氏和方山米氏，主要分布在京畿道长湍都护府、忠清道公州镇、江原道杨口县（〔李朝〕卢思慎等编纂，李荇等增补《新增东国舆地胜览》，卷一二《长湍都护府》、卷一七《公州镇》、卷四七《杨口县》，（韩国）奎章阁藏嘉靖刊本，第208、283、848页）。该书初纂完成于李朝成宗时期（1470—1494），由此可证至迟15世纪有其群体存在。

② ［宋］欧阳修、宋祁纂：《新唐书》卷二二〇《新罗传》，北京：中华书局，1975年点校本，第6202页。

③ 〔李朝〕郑麟趾：《高丽史》卷七三《选举一》，济南：齐鲁书社，1997年影印明景泰二年朝鲜活字本，《四库全书存目丛书》第161册，第2—3页。

④ 参考牟元珪《韩国姓氏源流考》（复旦大学历史系编《切问集》，上海：复旦大学出版社，2005年，第838—841页）、〔韩〕李相斐《韩国人姓氏变迁考》（台湾联合报文化基金会国学文献馆编《第五届亚洲族谱学术研讨会会议记录》，1991年内部印刷，第309—317页）、金德泉《韩国人姓氏溯源》（《当代韩国》1995年第1期，第86—87页）等。

⑤ 牟元珪：《韩国姓氏源流考》，复旦大学历史系编《切问集》，第841页。

⑥ 参见〔韩〕李相斐：《韩国人姓氏变迁考》，台湾联合报文化基金会国学文献馆编《第五届亚洲族谱学术研讨会会议记录》，第317页。

⑦ 〔李朝〕姜栢年：《雪峰遗稿》卷二七《正宪大夫知中枢府事康公墓碣铭》，韩国民族文化推进会标点影印本，《韩国文集丛刊》第103册，第302页。

鲜时期改信川郡。按诸史籍谱牒，信川康氏确实来历较久，其他康氏多为其分支。信川康氏谱记述，其始祖为新罗圣骨将军虎景，虎景生阿干忠[①]；《高丽史》载，太祖后妃信州院夫人康氏乃信州人阿飡起珠之女。此外康姓人还有太祖时期密谋政变的康吉阿次[②]，忠烈王时期从征日本战死的高丽将领康师子[③]。从取名形式看，这一群体显然不是汉人。

曹姓，在中国域内来源有四：一出自嬴姓，二出自姬姓，皆属汉族古姓，历代名人甚多；三出自匈奴，为步落稽胡；四出自曹国，即九姓胡之一。考查朝鲜半岛曹姓，早期皆出昌宁。[④]昌宁曹氏据称起于新罗，并流行始祖曹继龙诞生传说："按曹氏谱曰，始祖母新罗翰林李光玉之女也，生有腹疾，长益痼。人言'昌宁火旺山有龙池，多灵异，盍祷诸！'乃斋沐，诣池畔。忽云雾昼晦，无何开霁。自是病已，仍有身，公乃生。梦一丈夫来告曰：'吾东海神龙之子，名玉玦，即儿父也。须善视之，大可公侯，小不失卿相，子孙万世。'光玉上其事，真平王（579—632年在位）召见之。状貌异常，胁下有文如'曹'，因赐之姓名。……东方曹姓，皆其裔也。"[⑤]这支曹姓与汉族曹姓名人毫无关涉，看来双方相隔甚远，难以附会；又以神话形式描述姓氏发源，更非汉族谱牒所应有。如此在半岛曹姓中九姓胡成分最重，因为即使部分出自稽胡，而该部本来就含有九姓胡成分，后来更融入九姓杂胡。

安姓，一出自安息，根在西亚；二出自安国，即九姓胡之一，二者皆属胡姓。半岛安氏虽在11世纪已多显贵，如安绍光，历任上将军、行营都兵马使、尚书右仆射等[⑥]；安稷崇，历任西北面兵马使、工部尚书、三司使等，"阶至朝议大夫，勋至太子太傅"[⑦]；安子恭，历任东北面兵马副使、西北面兵马使、知御史台事、兵部尚书[⑧]。但即使最早一支——绍光和稷崇所出洞州安氏，"其先太祖时功臣"[⑨]，显然只能上溯到高丽初期；最显赫的顺兴安氏则仅能上溯到13世纪，笔者分析，这是该族融入东方社会较迟，以致谱牒晚

① 参考〔李朝〕奇宇万：《松沙先生文集》卷二七《秉节校尉赠户曹参议康公墓碣铭并序》，韩国景仁出版社影印本，韩国文集编纂委员会《韩国历代文集丛书》第391册，第308页；〔李朝〕许传：《性斋先生文集续编》卷六《康孝子遗事》，韩国民族文化推进会标点影印本，《韩国文集丛刊》第309册，第566页；等。

② 参见《高丽史》卷八八《后妃传一》，第161册，第318页；卷一二七《桓宣吉传》，第162册，第289页。

③ 参见《高丽史》卷一〇四《金方庆传》，第161册，第598页。

④ 在目前所见包括3000册、约3500种文集在内的《韩国历代文集丛书》中，共收入曹姓文集49种，笔者翻检了17世纪以前的13种文集，所见作者及集中曹姓人物均出昌宁。

⑤〔李朝〕洪良浩：《耳溪集》卷二五《昌宁曹氏始祖墓坛碑并序》，《韩国历代文集丛书》第785册，第461—462页。同时参见〔李朝〕李昌建：《明美堂集》卷一六《昌宁县火旺山龙池曹氏灵迹碑铭》，《韩国历代文集丛书》第1514册，第302页等。

⑥ 参见《高丽史》卷四，显宗元年十月、八年七月条，第159册，第98、108页；卷九四《安绍光传》，第161册，第427页。

⑦［清］刘喜海编著：《海东金石苑》补遗卷二《安稷崇墓志铭》，北京：文物出版社，1982年影印嘉业堂刊本，第5册，第22页。

⑧ 参见《高丽史》卷一三，睿宗五年七月条、七年九月条、九年二月、十二月条，卷一四，睿宗十二年二月条，第159册，第275—276、279、283、285、295页。

⑨《海东金石苑》补遗卷二《安稷崇墓志铭》，第5册，第22页。

出的缘故。[①]那么，半岛安姓较难与较早融入东方社会的安息移民联系起来，而多可能出自后来的九姓胡。史料还显示，在朝鲜半岛安姓人数众多且分布广泛，而安息一系繁衍有限，即使有出自该系者也难否定大部属于粟特九姓胡之可能。

史姓，11世纪始见于外来移民，如高丽显宗九年（1018）来投的史夫、德宗元年（1032）来投的史通。[②]12世纪初出现显要人物，如史荣历任西京留守、摄工部尚书、三司使、西北面兵马使、吏部尚书等。[③]不过该姓谱牒始终稀见，显属未受谱牒文化影响的外迁异族。那么除了部分可能出自突厥阿史那氏外，其余只能是九姓胡人。有学者认为百济有土著史姓，然笔者发现其论证过程存在问题。首先引文脱、讹致误。史料出自《北史》百济传，原文为："魏延兴二年，其王余庆始遣其冠军将军驸马都尉弗斯侯、长史余礼、龙骧将军带方太守司马张茂等上表自通。"[④]其中三个人物作者引为"冠军将军驸马都尉弗斯侯与史余礼、龙骧将军带方太守司马张茂"，由此"长史余礼"误作"史余礼"。其次论据不足。在朝鲜三国时期即使出现史姓，也有可能是来自其他地区的九姓胡人。[⑤]

至于石、毕、何、米等姓，人物与谱牒俱迟。可见其在根源上皆与汉姓缺乏关联，与北朝时期的鲜卑同姓也太遥远，属于晚来九姓胡人的可能性最大。

二、尚保留九姓胡某些文化特征

既知朝鲜半岛康安诸姓很可能出自九姓胡，那么二者之间是否存在文化联系呢？粗考其文化特征，笔者发现以下几点与九姓胡尤为相似。

（一）诸姓聚居

这是九姓胡自东迁以来比较突出的居住特点之一，在朝鲜半岛康安诸姓中亦表现出来。

据《东国舆地胜览》记述，在庆尚道，庆州镇有本地安氏，移民有洞州康氏和仇史石氏、曹氏；东莱县有曹氏、安氏；安东大都护府有本府曹氏、丰山康氏；丰基郡有本郡安氏、石氏；灵山县有本县曹氏和桂城石氏；星州牧花园县有曹氏、石氏；居昌郡治东十五

① 参考〔韩〕金龙善编：《高丽墓志铭集成》二二九《安于器墓志铭》，成东印刷株式会社，1993年，第449页；《新增东国舆地胜览》卷二五《丰基郡》，第426—427页。

② 参见《高丽史》卷四，显宗九年五月条，卷五，德宗元年二月条，第159册，第108、127页。

③ 参见《高丽史》卷一三，睿宗五年十二月条，八年十二月条，九年三月、七月、十二月条，第159册，第277、281、284、285页。

④ ［唐］李延寿：《北史》卷九四《百济传》，北京：中华书局，1974年点校本，第3120页。

⑤ 参见〔韩〕李相斐：《韩国人姓氏变迁考》，台湾联合报文化基金会国学文献馆编《第五届亚洲族谱学术研讨会会议记录》，第309—317页。

里加祚县旧地有史氏、曹氏。[①]

在全罗道，锦山郡境内大谷所有石氏、安氏；灵光郡陆昌乡有曹、安二姓；珍原县长沙乡有史氏及河东安氏；康津县境内道康废县旧址有曹、安、康诸姓；海南县有玉泉安氏和沙罗曹氏；济州牧有本州安氏、石氏；南原都护府有安、曹诸姓；昌平县有安、曹诸姓；顺天都护府有康、石、曹氏。[②]

在忠清道，忠州府治有本贯石氏、康氏、安氏；槐山郡有本贯安氏、石氏和日本安氏[③]；延丰郡有长延石氏、安氏和长丰石氏、安氏等；堤川县有本县安氏、石氏；牙山县有本县康姓、安姓和开京康姓等，本地康氏、安氏聚居于县东二十里德泉乡。[④]

在平安、黄海二道，以康姓聚居为主，诸姓杂居不突出，但仍可例举。前者定州牧有本贯及龙岗、安山康氏和忠州石氏；龙川郡有忠州石氏、灵光康氏、水原安氏；慈山郡有光州康氏、长溪安氏；孟山县有登州和盐州康氏、龙城安氏。后者黄州牧有石氏、康氏；平山都护府有安氏、曹氏；瑞兴都护府有康氏、安氏；载宁郡康氏、安氏颇多；长连县有康氏、曹氏。[⑤]

此外在京畿道，通津县有本贯康氏和童城康氏、守安安氏；长湍都护府有临江史氏、松林米氏。在江原道，原州牧有本贯安氏、晋州康氏；春川都护府有堤川石氏、原州安氏；铁原都护府有本贯曹氏、安氏。在咸镜道，永兴大都护府治有石氏、安氏；安边都护府境内翼谷废县有安氏、康氏；德源都护府有本府康氏、安氏；富宁都护府有曹氏、康氏等。[⑥]

至于其同姓聚居的情况，则更为普遍。《东国舆地胜览》中将康安诸姓列入主要姓氏的地区多达12州牧、26府、27郡、70县，而能够在这些地区成为主要姓氏，说明该群体聚居规模和社会影响达到了相当的程度。

---

① 参见《新增东国舆地胜览》卷二一《庆州镇》，第346页；卷二三《东莱县》，第387页；卷二四《安东府》，第400页；卷二五《丰基郡》，第421页；卷二七《灵山县》，第464页；卷二八《星州镇》，第477页；卷三一《居昌县》，第534页。

② 参见《新增东国舆地胜览》卷三三《锦山郡》，第590页；卷五六《灵光郡》、《珍原县》，第633、641页；卷三七《康津县》、《海南县》，第654、658页；卷三八《济州镇》，第662页；卷三九《南原镇》、《昌平县》，第675、687页；卷四〇《顺天府》，第699页。

③ 目前国外有学者认为九姓胡亦有迁入日本者，故附于此以备后考。

④ 参见《新增东国舆地胜览》卷一四《忠州镇》、《槐山郡》、《延丰郡》、《堤川县》，第234、245、247、250页；卷二〇《牙山县》，第337页。

⑤ 参见《新增东国舆地胜览》卷五二《定州镇》，第951页；卷五三《龙川郡》，第970页；卷五四《慈山郡》，第992页；卷五五《孟山县》，第998页；卷四一《黄州镇》、《平山府》、《瑞兴府》，第719、724、729页；卷四二《载宁郡》、《长连县》，第740、753页。

⑥ 参见《新增东国舆地胜览》卷一〇《通津县》，第181页；卷一二《长湍县》，第208页；卷四六《原州镇》、《春川府》，第819、824页；卷四七《铁原府》，第844页；卷四八《永兴府》，第859页；卷四九《安边府》、《德源府》，第872、877页；卷五〇《富宁府》，第915页。

（二）同族共事

主要表现在两个方面：

（1）任官多在同地乃至同一机构，同地从军者尤其突出。如安轴墓志铭云："公讳轴，字当之，福州兴宁人。曾祖得财，祖希谞，俱为本郡户长；考硕，及第遂隐不仕，以故皆赠官。妣兴宁郡太夫人安氏，同郡人检校军器监成器之子。"[①]可见安轴父祖和外家同为兴宁郡吏。又，忠穆王继位之初，安震、安轴同为密直副使[②]；恭愍王十二年（1362）平定金镛之乱，都佥议安遇庆、前护军康福龙、大护军康永、护军曹金刚等同为上下级军职[③]。西京之地颇多诸姓活动，仁宗朝妙清等发动叛乱时，有司宰少卿安仲荣为其同党，御史安至宗被乱党扣押[④]，还有偏将安宝龟、兵马录事康羽等同在金富轼帐下参与平乱[⑤]；明宗朝赵位宠之乱中，乱党有西京贼首康畜、麟州土豪康夫等，参与平乱者则有岊岭兵马使康渐等[⑥]。这些将吏都能熟悉西京人事，应多为当地出身和供职。忠烈王时有蒙古哈丹部侵扰原州，"贼鼓噪而进，百计攻之，矢下如雨，城几陷。（元冲甲）与元仓判官曹慎出城与战。冲甲急驰上东峰，斩一级，贼稍乱。别将康伯松等三十余人助之，州吏元玄、傅行兰、元钟秀与国学生安守贞等百余人下西峰夹攻。慎援桴鼓之，矢贯右肱鼓音不衰。贼前锋稍北，后者惊扰，自相蹂躏。州兵合击，声震山岳，前后十战，大败之。"[⑦]在这场齐心协力，有序配合的防御战中，元仓判官曹慎、别将康伯松、国学生安守贞等应为同在原州从军者。

（2）同时领命或参与同一历史活动者比较常见。除前述参与和平定妙清、赵位宠之乱的诸姓军人等外，还有不少共同参与其他历史活动者。例如，高丽太祖时，讨伐百济队伍中有康英柔和康忠分别任左、右纲大将[⑧]；忠烈王时，从征日本的高丽军队以大将军安社任总管、将军安兴任把总，进至日境大明浦有郎将康彦、康师子一起战死[⑨]；忠肃王时，曹頔之乱中有乱党分子安谦、安吉，有护驾功臣化平院君石坚忠、密直副使康允忠、密直

---

① 《高丽墓志铭集成》二六四《安轴墓志铭》，第537页。

② 参见《高丽史》卷三七，忠惠王后五年六月条，第159册，第746页。

③ 参见《高丽史》卷四〇，恭愍王十二年闰三月条，第160册，第46页。

④ 参见《高丽史》卷一二七《妙清传》，第162册，第304—305页。

⑤ 参见《高丽史》卷九八《金富轼传》，第161册，第482、484、485页；卷一二七《妙清传》，第162册，第308页。

⑥ 参见《高丽史》卷一九，明宗五年九月条、七年十月条，第159册，第403、407页；卷一〇〇《赵位宠传》，第161册，第528页。

⑦ 《高丽史》卷一〇四《元冲甲传》，第161册，第608页。

⑧ 参见《高丽史》卷二，太祖十九年秋九月条，第159册，第63页。

⑨ 参见《高丽史》卷二九，忠烈王六年十一月条，第159册，第606页；卷一〇四《金方庆传》，第161册，第598页。

副使安千吉、参理安子由等[①]；恭愍王三年（1354）元朝南讨张士诚，奉命征发朝鲜军队者是原高丽知密直司事、后入元为崇文监少监的康舜龙，参与南征者则有康允忠、安祐等将领[②]；金镛之乱中，还有遇害者宦官安都赤、平乱者三司右使康得龙、受封赏者前宗簿副令康元辅等[③]。

（三）擅长通译

自中亚东迁以来，九姓胡长期往来于各族之间，在丝路沿线及其它广大地区充当译语者颇多。对该问题前人已有一定研究[④]，而笔者注意到译语在半岛诸姓中仍不失为重要职业。从业者中最为突出者是康允绍，以解蒙古语"累使于元"，积功至上将军，后与林衍把持朝政，入元又附洪茶丘谋国，王不能制，忠烈王九年（1282）以判三司事致仕。[⑤]又如，高宗四十五年（1257）蒙古兵入朝鲜半岛，高丽王廷"恐有不测之变，遣译语康禧赍酒果往慰"[⑥]；元宗时期（1260—1274年在位），散员译语人康俊才以能通蒙古语超擢五品。此外，不少奉命出使之人，特别是职衔较低者如户部郎中康福舆、别将康世、郎将康之邵和康渼、校尉康世等，北部边疆将领如静州别将康元佐等，应是高丽政府为了便宜从事而派出，自能通译、身兼两职的成分很大。

考查朝鲜半岛译语群体，多在史书中不显。一因政府纳入管理较晚。《高丽史》载："通文馆，忠烈王二年（1275）始置之，令禁内学官等参外年未四十者习汉语。时舌人多起微贱，传语之间多不以实，怀奸济私，参文学事金坵建议置之。后置司译院以掌译语。"[⑦]可见迟至高丽后期，朝鲜半岛才有译语管理机构。二因出身微贱而受歧视。前述康俊才就曾"以本系微贱，限在七品"[⑧]。即使显贵如康允绍，由于出身家奴，亦终未摆脱歧视。"忠烈王元年，拜军簿判书、鹰扬将军、上将军。时群臣以新官制改衔，唯允绍系贱，为监察司所论未改。允绍自出视事，复为监察司所劾免。"[⑨]在此情况下，译语群体难以留下应有的记录。

---

① 参见《高丽史》卷三六，忠惠王后三年六月条，第159册，第738页；卷一三一《曹頔传》，第162册，第369页。

② 参见《高丽史》卷三八，恭愍王三年二月、六月条，第160册，第11、12页。

③ 参见《高丽史》卷四〇，恭愍王十二年闰三月条，第160册，第46—47页。

④ 参考程越《粟特人在突厥与中原交往中的作用》[《新疆大学学报》（社会科学版）1994年第1期，第62—67页]、李方《唐西州的译语人》（《文物》1994年第2期，第45—51页）、陈海涛《初盛唐时期入华粟特人的入仕途径》（《文献》2001年第2期，第244—259页）、韩香《唐代长安译语人》（《史学月刊》2003年第1期，第28—31页）等文。

⑤ 参考《高丽史》卷一二三《康允绍传》（第162册，第206—207页）及卷二六至二九各卷相关资料。

⑥《高丽史》卷二四，高宗四十五年七月条，第159册，第502页。

⑦《高丽史》卷七六《百官一》，第161册，第88—89页。

⑧《高丽史》卷七五《选举三》，第161册，第53页。

⑨《高丽史》卷一二三《康允绍传》，第162册，第206页。

（四）极善斡旋

九姓胡俗重甘言利口，东迁后又与各民族广泛交往，因而养就很强的斡旋能力。这种性格特征在半岛诸姓中亦甚突出，主要表现在处理内外关系游刃有余。不少人出身虽贱，但藉此技颇得王廷认可，甚至委以重任。高丽之所以多用康安诸姓充使，除了用其通译之便外，亦借重其斡旋能力。大量史料证明，其实从西突厥到亚洲东部各国政权普遍认识到并利用了这一点。在东北亚各国交往中，无论高丽还是辽、金、元等，也都以委派康安诸姓出使为常。[①]在高丽王朝，诸姓中还有不少人成为幸臣。如毅宗时有史直哉，虽只是散员身份但能够随意出入宫廷，遭到御史台弹劾而国王特敕免罪。[②]忠烈至忠惠王时期，康姓有允绍、允忠兄弟及康庶、康赞、康吕等[③]；石姓有石胄与天卿、天补、天祺父子[④]；安姓有安钧[⑤]等，他们游走于丽、元朝廷，可以口宣王命，左右朝政，甚至离间国王父子乃至丽、元关系。

另外，康安诸姓中存在内部甚至同姓通婚的现象，如前述安轴父母皆为兴宁安氏，这显然属于九姓胡婚俗而非东方文化所允许。总之以上这些文化特征，可以使我们进一步相信朝鲜半岛康安诸姓群体与九姓胡之间存在着源流关系。

三、群体特征与中国北部的杂胡更为切近

朝鲜半岛康安诸姓又与原居中亚和初到中国境内的九姓胡明显不同，善于经商、信仰

① 例如，高丽文宗三十年（1075）十一月庚午，“辽遣崇禄卿石宗回来致大行皇后遗留衣服采段银器”（《高丽史》卷九，文宗三十年十一月条，第159册，第198页）；仁宗二十四年（1146）十月，金遣签书会宁府事曹究“来命王（指毅宗）起复”（《高丽史》卷一七，仁宗二十四年冬十月条，第159册，第361页）；神宗七年（1205）“六月乙亥，金遣……慰问使工部侍郎石懿、起复使吏部侍郎术甲晦等来”（《高丽史》卷二一，神宗七年六月条，第159册，第438页）。蒙元使用康安诸姓似更频繁，且注意拣选与高丽本有关系者，如世祖中统元年（1260）二月，派出身高丽的康和尚出任镇守朝鲜半岛的达鲁花赤（参见《高丽史》卷二五，元宗元年二月条，第159册，第510页）；三年九月，复遣康和尚入高丽索取鹞子及好铜等（参见《高丽史》卷二五，元宗三年九月条，第159册，第519页）；五年五月，又遣和尚等来传诏书（参见《高丽史》卷二五，元宗五年五月条，第159册，第525页）；至元七年（1270）二月，为高丽王请军马和通婚事再遣和尚来丽传诏（参见《高丽史》卷二六，元宗十一年二月条，第159册，第539页）；十一月，在高丽设置屯田经略司，以史枢等为凤州等处经略使（参见［明］宋濂：《元史》卷二〇八《高丽传》，北京：中华书局，1976年点校本，第4618页）；忠烈王四年秋七月，派怯薛旦（即怯薛歹，蒙古大汗或元帝侍卫官）安秃丘护送忠烈王回高丽（参见《高丽史》卷二八，忠烈王四年秋七月条，第159册，第586页）。

② 参见《高丽史》卷一七，毅宗元年十二月条，第159册，第362页。

③ 康允忠参见《高丽史》卷八九《德宁公主传》，第160册，第345页；卷一二四《康允忠传》，第162册，第225—227页；其余人参见《高丽史》卷三五，忠肃王后元年二月、五月条，卷三六，忠惠王后四年十一月条，第159册，第723、742页；卷三九，恭愍王六年八月条，第160册，第24页。

④ 参见《高丽史》卷三二，忠烈王二十九年七月、八月条、三十年四月、十月条，第159册，第664、667页；卷一〇六《洪子藩传》，第161册，第624页；卷一二五《石胄传》，第162册，第250—251页。

⑤ 参见《高丽史》卷三五，忠肃王八年春正月条，第159册，第710页。

祆教等特色已不突出，却有了某些新的特征。

（一）尚武好战风气浓厚

首先，从业多为军职，参与军事活动的非军职人员亦有不少。据笔者统计，居岛康姓100名男性中曾任军职者有55人，加上曾参与军事活动的非军职者6人[①]，计61人，比例高达61%；如果除去不能明确具体官职和活动的许珙党羽康轩、辛禑乳母张氏党羽康侑及始宁君康瑶、天水郡公康伯等4人，则可占到约64%。安姓曾任军职者49人，加上曾参与军事活动者6人[②]，计55人，在97名男性中约占57%；如果除去不能明确具体官职和活动的崔忠献党羽安永麟和势家子弟安纯、安允宜等3人，则可占到约59%。此外石姓曾任军职及参与军事活动者13人，在21名男性中约占60%；曹姓曾任军职及参与军事活动者10人，在19名男性中约占53%；史姓曾任军职者6人，在12名男性中占50%。此外毕姓3人中有2人，何姓1人均曾任军职。

其次，诸姓将吏勇猛善战。前述原州之战已能说明问题，不过类似情形尚有很多。例如，显宗六年（1014）辽军侵入高丽，在通州[③]防御战中太史丞康承颖等"引兵出契丹军后，击杀七百余级"[④]；文宗三十三年（1078）五月"戊辰，北蕃贼寇平虏关，队正康金从甫等潜伏草莽，伺贼至，射前锋二人，贼奔溃"[⑤]；在平定西京妙清之乱时，涟州小吏康安世"捕伪兵马副使李子奇、将军李英及卒六百余人"[⑥]；毅宗二十年（1165）十一月，"王命侍从将卒射，上将军康勇中的，赐罗一匹，绡三匹"[⑦]；神宗五年（1201）庆州孛佐

---

① 康戬，曾随父与契丹交战于木叶山下（参见［元］脱脱：《宋史》卷四八七《高丽传》，北京：中华书局，1977年点校本，第40册，第14041页）；康夫禄升，麟州人，明宗六年赵位宠据西京而叛，遂杀麟州防守将军蔡允和等以应其乱（参见《高丽史》卷一〇〇《赵位宠传》，第161册，第528页）；信原君康之衍，与崔濡、安福从等投附元廷，并诱领元军侵入高丽，后在败退中被高丽军队追杀（参见《高丽史》卷一三一《崔濡传》，第162册，第381页）；康允明，在忠烈王十二年二月乘民怨而暴动，攻杀宁越县令（参见《高丽史》卷三〇，忠烈王十二年三月条，第159册，第619页）；三司右使康得龙，曾参与平定金镛之乱（参见《高丽史》卷四〇，恭愍王十二年闰三月条，第160册，第46页）；宗簿副令康元甫，在平定金镛之乱后以收复京师之功受封二等功臣（参见《高丽史》卷四〇，恭愍王十二年闰三月条，第160册，第46页）。

② 司宰少卿安仲荣，联合妙清等据西京而叛（参见《高丽史》卷一二七《妙清传》，第162册，第304页）；内侍录事安甫麟，与上将军崔卓等谋诛权臣李资谦失败（参见《高丽史》卷九四《智蔡文传》，第161册，第418页）；国学生安守贞，曾参与原州之战（参见《高丽史》卷一〇四《元冲甲传》，第161册，第608页）；曹頔同党安谦、养子安吉，参与曹頔夜袭忠惠王宫的兵变（参见《高丽史》卷一三一《曹頔传》，第162册，第369页）；副正安天吉，奉命出使西北面觇视辽东局势（参见《高丽史》卷一三四《辛禑传》，第162册，第423页）。

③ 在义州南，宣川北。本安化镇，高丽初改通州，显宗二十一年改宣州防御使，李朝改宣川郡。（参考《高丽史》卷五八《地理志三》，第160册，第470页；《新增东国舆地胜览》五三《宣川郡》，第976页）

④ 《高丽史》卷四，显宗六年九月条，第159册，第105页。

⑤ 《高丽史》卷九，文宗三十三年五月条，第159册，第201页。

⑥ 《高丽史》卷一二七《妙清传》，第162册，第305页。

⑦ 《高丽史》卷一八，毅宗二十年十一月条，第159册，第385—386页。

叛乱，队正康淑清等深入敌穴，击杀贼首[①]。即便是十几岁的少年如康戬，在木叶山之战中“连中二矢，神色不变”[②]，亦属勇毅可嘉。高级将领可以康兆为典型。显宗元年（1010），辽国皇帝率40万大军亲征高丽，十一月渡鸭绿江围攻兴化镇，“兆引兵出通州城南，分军为三，隔水而阵：一营于州西据三水之会，兆居其中；一营于近州之山；一附城而营”；“兆以剑车排阵，契丹兵入则剑车合攻之，无不摧靡”。不过“契丹兵屡却，兆遂有轻敌之心，与人弹棋”。当辽军突破三水砦大营之时，兆竟不信，结果大意被俘。史家将其归结于穆宗显灵，上天惩罚，显然是无法理解该结局而归之于神秘力量。兆被俘后，“契丹主解兆缚，问曰：‘汝为我臣乎？’”[③]可见，其勇猛善战的作风得到了辽国皇帝的青睐。

再次，屡立战功、成为名将者甚多。据统计，在史料中可见战功记录者，康姓有太史丞康承颖、郎将康孝、左尹康闰奉、龟州郎将康邻、昌州别将康彦、平虏镇兵马录事康莹、平虏镇队正康金从甫、西京行营兵马录事康羽、涟州小吏康安世、摄大将军康纯义、队正康淑清、副万户康允哲、中郎将康社臣、郎将康彦、郎将康师子、原州别将康伯松、谷州别将康平起、前护军康福龙、大护军康永、宗簿副令康元甫、郎将康伯颜等；安姓有昌州兵马录事安先俊、内侍录事安甫麟、延州判官安之彦、将军安洪敏、分司御史安禧、水州副使安悦、国学生安守贞、合浦防御使安迪材、密直副使安千吉、参理安子由、倭贼防御使安遇庆、副正安天吉、公州御倭将领安德兴、安庆、判卫尉寺事安承庆等。不少人积累军功升为高级将领，如康姓除康兆外还有太祖时期征百济副将康瑄、左纲大将康英柔、右纲大将康忠，肃宗睿宗时期西北面兵马使康拯，毅宗明宗时期上将军康勇、康济文，忠烈王时期上将军康守衡、康允绍，副万户康允哲，上护军（同上将军——笔者注）康纯、康庶，忠宣、忠肃王时期升为上护军江界万户的康永、知密直司事康舜龙等；安姓有肃宗至睿宗时期西北面兵马使安稷崇、行营都兵马使安绍光、东北面及西北面兵马使安子恭，仁宗至神宗时期将军安允恭，高宗至元宗时期东北面都指挥使安戬、三别抄将军安洪敏、西京留守安悦、将军安琦、安世贞，忠烈王时期密直司使安珦、大将军安社、将军安兴、合浦及会源防护使安迪材，宣肃惠穆时期密直副使安于器、安牧父子和安千吉、知密直司事安震和安轴、上护军安士由，恭愍王时期大元帅安祐、东京道兵马使安克仁、密直提学安辅、密直副使安元崇、倭贼防御使安遇庆、全州道兵马使安楫、万户安邦彦，辛禑至恭让王时期密直副使安柱和安思祖、判卫尉寺事安宗俭等；史姓有睿宗朝西京留守史荣，高宗朝兵部尚书兼枢密院使史光补、将军史良柱、蔚陵岛安抚使史挺纯等；石姓有毅宗朝鹰扬大将军石受珉、检校大将军石信，明宗朝代知西北面兵马事石麟，恭愍王朝御倭将领石文成等；曹姓有毅宗朝同知枢密院事曹若晋、丽末杨广全罗庆尚西海交州都统使曹

① 参见《高丽史》卷一〇〇《丁彦真传》，第161册，第539页。

② 《宋史》卷四八七《高丽传》，第14045页。

③ 《高丽史》卷一二七《康兆传》，第162册，第293页。

敏修等。何兴休在文宗朝以武人守工部尚书，其武职当亦甚高。诸姓中安姓名将尤多，安绍光、安戬、安珦、安于器、安牧、安祐、安遇庆、安柱等影响重大，在《高丽史》中皆有专传。①

另外，在地方上表现出彪悍的民风。择例有三，一是西京赵位宠之乱中，“麟州人康夫禄升、郑臣等杀麟州防守将军蔡允和，王遣内祗侯崔存往谕之，未几又杀义州分道将军尹光辅、防御判官李彦升，以应位宠”②；二是忠烈王时忠清道宁越县因苛政激起民怨，“有民康允明乘众怨作乱，诈称新皇帝使者，招集无赖驿吏十余辈，乘传横行，杀（县令李）恂及县吏一人，又将杀（忠清道安集使李）英柱，英柱知而掩捕之”③；三是恭愍王时，济州岛牧胡石迭里等反抗官府侵渔百姓，“数杀国家所遣牧使、万户以叛”④。

（二）兼有中国北部胡俗色彩

在生产方式上，半岛康安诸姓有别于朝鲜民族的务农生活，多从事游牧业，聚居在半岛北部和济州岛者尤为突出。高丽史料常将北部诸姓与女真混为一谈，多记其献马之事。例如，高丽显宗十三年（1021）十二月“己未，东女真首领史彬来献马及弓矢”⑤；睿宗九年（1114）四月“丁巳，东女真古罗骨、史显等十二人来献马”⑥。东女真位于朝鲜半岛东北部，大致相当于咸镜道之地，又称东界，地理位置上与西女真相对，自然环境和社会生活、生产方式类似。献马则说明当地以游牧为业，能产好马。因此可以确定，生活在这一地区的诸姓群体与女真一样从事游牧业。济州岛游牧业发达，曾是高丽乃至元帝国极力控制的重要牧区。该地居民有安、石等姓，以石迭里为代表均为牧民。

在文化风俗上，半岛诸姓还有使用胡床等习俗。《高丽史》描述康兆兵变时提到一个细节：“兆至大初门，据胡床。崔沆出自省，兆起揖。”⑦看来在康兆的生活中，即使行军打仗也离不开胡床。胡床本流行于中亚地区和中国北部草原，在胡人众多的东北地区亦属常见。《高丽史》又载，哈丹之子老的抄掠平壤。在大同江边高丽军队未阵而溃，郎将李

① 以上将领资料主要出自《高丽史》。此外康允哲出《新增东国舆地胜览》卷五五《理山县·名宦》，第1006页；安稷崇出《海东金石苑》补遗卷二《安稷崇墓志铭》，第5册，第22页；石受珉、石信出《高丽墓志铭集成》九三《石受珉墓志铭》，第180页。诸姓重要人物如康之康瑄、康兆、康允忠，安之安珦、安戬、安祐，及石麟、曹敏修、史光补等，亦多见于《三国史记》《高丽史节要》《朝鲜史略》等其他史籍，《新增东国舆地胜览》《高丽墓志铭集成》等方志碑铭，以及大量朝鲜半岛文集杂著乃至《辽史》等中国史料。

② 《高丽史》卷一〇〇《赵位宠传》，第161册，第528—529页。

③ 《高丽史》卷一二三《李英柱传》，第162册，第215页。

④ 《高丽史》卷四一，恭愍王十六年二月条，第160册，第65页。五七《地理志二》、卷一一三《崔莹传》记载略同。

⑤ 《高丽史》卷四，显宗十三年十二月条，第159册，第116页。

⑥ 《高丽史》卷一三，睿宗九年四月条，第159册，第284页。

⑦ 《高丽史》卷一二七《康兆传》，第162册，第291页。

茂等数十人不及登舟，逃上独山。“胡将轻之，下马据胡床，分其众环山而登”[①]，结果被李茂射中咽喉，应弦而倒。康安诸姓在东迁朝鲜半岛后不改此习，让人想到高丽后期从武将到文臣，从宫廷到民间亦皆流行胡床，其中不免有其影响。[②]再者，包括中国北部在内的北亚民族流行“感光诞子”的神话，有学者认为安禄山出生故事即属此范畴。[③]而那么昌宁曹氏始祖诞生神话描述了“忽云雾昼晦，无何开霁”等相似情形，是否也属这种文化的遗留或影响呢？

（三）族属认同发生转化

考查朝鲜半岛康安诸姓的民族归属，笔者至今尚未见到直接说明性的文字叙述，倒是有史料反映出他们对高丽民族的认同感却已明确。再举康兆为例，面对辽国皇帝诱降，兆“对曰：‘我是高丽人，何更为汝臣？’再问，对如初。又剐而问，对亦如初。问铉云（李铉云，抗击辽军时被显宗任命为康兆副将——笔者注），对曰：‘两眼已瞻新日月，一心何忆旧山川！’兆怒，蹴铉云曰：‘汝是高丽人，何有此言？’契丹遂诛兆”[④]。看来这一移民群体对自己族属的认同已经发生了明显的转化。

上述现象令人颇生疑惑，难道朝鲜半岛康安诸姓与九姓胡并无必然关系？不过考索九姓胡文化内涵及其发展轨迹，笔者认为以前流行的认识方法存在问题，即把衡量一个民族的标准简单化了。如在生产方式上，尽管九姓胡大体以商业为特色，但是康国发达的游牧业和各国繁荣的绿洲农业不容忽视，那些东迁到突厥、回鹘等草原民族地区的九姓胡转化为游牧生产的事实也已被学界认识和肯定。[⑤]再如宗教信仰，尽管祆教是其重要特色，但是九姓胡早在其先民月氏人时期就开始信仰佛教，并于西汉末期将其传入中国；东迁九姓胡群体中活动在长安、洛阳地区者有景教徒，草原地区者有摩尼教徒，敦煌地区者佛教特

① 《高丽史》卷一〇四《罗裕传》，第161册，第607页。

② 关于胡床问题，据考起源于埃及，经两河流域东渐，东汉末传入中原（暨志远《胡床杂考》，《考古与文物》2004年第4期，第75—83页）。就在东亚传播情况而言，中国北部草原地带不容忽视，因为分析当时民族交往态势及“胡”的概念，“汉灵帝好胡服、胡帐、胡坐”不能排除北方的影响。故胡床即便是西来之物，在东方亦可能先成北蕃之俗，然后向南蔓延。九姓胡从东北再迁之际，将此俗携入朝鲜半岛。

③ 参考钟焓：《安禄山等杂胡的内亚化文化背景——兼论粟特人的“内亚化”问题》，第67—84页。

④ 《高丽史》卷一二七《康兆传》，第162册，第291页。

⑤ 早在20世纪50年代，加拿大学者蒲立本（Pulleyblank）就明确指出，漠北地区的粟特人在突厥等民族影响下转化为游牧生活，并形成独立的部落。可参考Edwin. G. Pulleyblank，A Sogdian Colony in Inner Mongolia ，T'oung Pao，1952，V. 41，P317-356。近些年中国和日本学界则对漠北粟特人及分离出来的安史集团、六胡州等进一步研究，比较深入细致地阐述了这一转化历程。可参考荣新江《安禄山的种族与宗教信仰》（荣新江：《中古中国与外来文明》，北京：生活·读书·新知三联书店，2001年，第222—237页）、森部丰《唐前半期河北地域における非汉族の分布と安史军渊源の一形态》（《唐代史研究》第5辑，2002年，第22—45页）、陈海涛《唐代粟特人聚落六胡州的性质及始末》［《内蒙古社会科学（汉文版）》2002年第5期，第40—44页］、彭建英《东突厥汗国属部的突厥化——以粟特人为中心的考察》（第4—16页）等文。

色鲜明，而汉化后的粟特人则与汉人信仰并无二致。[①]毫无疑问，从商和信袄绝对无法涵盖九姓胡整个民族及所有移民，我们若以此作为认定所有九姓胡的标准势必造成失误和疏漏。特别在九姓胡东迁较为久远和漫长的时空里，其群体文化已经发生了巨大变化，这些即使原有的文化特色也会丧失。学界关于杂胡的研究可以证明，上述情况并非朝鲜半岛康安诸姓所独有，自唐以降活动在中国北部的九姓杂胡就明显具有该类特征。

所谓杂胡，又称杂种胡或突厥杂种胡，唐代史料多有记述。学界一般判定为九姓胡群体，某些学者进而认定为东迁后受到突厥乃至从南西伯利亚到东北亚诸多游牧民族之影响而形成复杂文化面貌的九姓胡群体。基于这种经历，该部分九姓胡产生“内亚化”现象：改变了其商业民族的本色，转而从事游牧生产；同时沾染游牧民族习俗，形成尚武好战之风，文化特征上带有北蕃色彩；在民族观念上，对昭武九姓认同趋淡，往往因其所处民族群体环境而有不同的族属观念。这种转化应自九姓胡深入草原地带开始，到五代时期亦即10世纪尚有余波。[②]在汉文史料中，六胡州和营州地区的九姓杂胡都充分体现了这一转化进程，而营州杂胡在文化关系上与朝鲜半岛康安诸姓尤其切近。

营州是学界所关注九姓胡移民最为偏东的一个地区。该地扼中原入东北之咽喉，向西则连接草原商路，地理位置非常重要。“营州西北百里曰松陉岭，其西奚，其东契丹”[③]，曾设有羁縻府州契丹州十七、府一，奚州九、府一；东北是众多的靺鞨部落，曾设有靺鞨羁縻州三、府三；西面广大草原及其南缘自幽州以西是突厥人地界，营州城南五柳戍还曾侨置突厥顺、瑞等州。九姓杂胡以营州治所柳城为中心，处于这些游牧民族包围之中，长期的接触融合使之“内亚化”程度颇深：尚武好战风气趋浓，普遍自幼惯于骑射，在军事斗争中表现出强健的战斗力；北蕃胡俗色彩亦重，如安禄山先母后父，史思明以幼子为尊；落籍柳城者如史思明、康阿义屈达干等，已表露将自己排除在九姓胡之外的倾向。[④]

① 有关粟特人景教信仰参考葛承雍《唐代长安一个粟特家庭的景教信仰》（《历史研究》2001年第3期，第181—186页）、罗炤《再谈洛阳唐代景教经幢的几个问题》（《世界宗教研究》2007年第4期，第96—105页）等文，摩尼教信仰参考周耀明《从信仰摩尼教看漠北回纥与粟特人的关系》（《西北民族研究》2002年第4期，第15—22页）、张美华《漠北回鹘摩尼教信仰》（《中央民族大学学报》（哲学社会科学版）2002年第5期，第53—57页）等文，敦煌吐鲁番及内地粟特人佛教信仰参考郑炳林《唐五代敦煌的粟特人与佛教》（《敦煌研究》1997年第2期，第151—166页）、王睿《“阿揽”与“浮口知”：吐鲁番粟特胡名中的佛教因子》（《历史研究》2011年第3期，第78—92页）、程越《从石刻史料看入华粟特人的汉化》（《史学月刊》1994年第1期，第22—27页）等文。

② 参考钟焓《安禄山等杂胡的内亚化文化背景——兼论粟特人的“内亚化”问题》（第67—84页）及荣新江《安禄山的种族与宗教信仰》（荣新江：《中古中国与外来文明》，北京：生活·读书·新知三联书店，2001年，第222—237页）、邵明杰《论入华粟特人流向的完整线索及最终归宿——基于粟特人“回鹘化”所作的考察》（《青海民族学院学报》（社会科学版）2010年第1期，第116—124页）、王义康《六胡州的变迁与六州胡的种族》（《中国历史地理论丛》1998年第4辑，第149—157页）、陈海涛《唐代粟特人聚落六胡州的性质及始末》[《内蒙古社会科学》（汉文版）2002第5期，第40—44页] 等文。

③ 《新唐书》卷四三下《地理志七下》，第1146页。

④ 钟焓认为，史思明临死痛骂贼胡，康阿义屈达干自称塞北贵胄，都是族属认同发生转化的表现。（参考钟焓：《安禄山等杂胡的内亚化文化背景——兼论粟特人的“内亚化”问题》，第67—84页）

探查营州杂胡的发展进程，最迟4世纪上半叶应已有了聚落，这与石赵政权的兴衰有关。[①]至唐初，“营州人石世则执总管晋文衍，举州叛，奉靺鞨突地稽为主”[②]。可见7世纪初他们在该地占据了举足轻重的地位。不过，其更大发展应在7世纪下半叶至8世纪上半叶。一方面由于7世纪中叶中亚诸国遭受大食势力冲击，迫使大量九姓胡人向东逃亡，有的甚至逃到遥远的日本[③]，流入营州者肯定更多。另一方面为对付崛起的契丹势力，武则天和唐玄宗都曾大规模征发六胡州和河东道的精锐胡兵迁居该地；同时以安禄山为代表，后突厥汗国内部的九姓胡当有不少流入。由此，使得九姓胡势力在此膨胀起来。荣新江指出，正是这一时期九姓胡已在柳城聚落基础上发展为庞大的幽州军事集团，成为安禄山、史思明发动叛乱的支柱。[④]安史乱后，九姓胡势力在其旧将卵翼下继续发展，因为8至9世纪河北藩镇形成了胡气极重的文化局面，而背景就是东北一隅聚集了大量的九姓胡人。[⑤]据考古发掘可知，在以营州即今辽宁朝阳为中心的辽西地区出土了大量具有粟特文化色彩的文物，包括胡人陶俑、狮子雕刻和西域玻璃器、金银器等，无疑多是这些九姓胡人的文化遗迹。[⑥]其西邻和西南包括河北北部和内蒙古东部乃至山西北部亦多此类遗迹，可以佐证九姓胡群体曾经分布之广和势力之大。[⑦]

与此比对，朝鲜半岛康安诸姓于10世纪较多出现，11世纪势力凸显，发展环节与营州杂胡相承，群体特征惊人相似，应该是继承了营州杂胡的文化特征，并因时空延伸而在文化演变上走出更远。其从军尚武等特色与营州杂胡毫无二致；所携带北蕃习俗如游牧生产、惯用胡床、感光诞子神话观念等尚有保留；而在族属认同上，很可能因其更加漫长的

① 参考王小甫：《“黑貂之路”质疑——古代东北亚与世界文化联系之我见》，《历史研究》2001年第3期，第81—91页。

② ［宋］司马光：《资治通鉴》卷一八九，武德四年六月条，北京：中华书局，1956年，第5920页。

③ 有学者指出，“据不久以前在日本发现的中世纪资料表明，远在渤海国建立之前，即公元654年、657年、659年、660年及676年，曾有几批拜火教的信徒由托哈里斯坦（托哈里斯坦系古地名，指当今乌兹别克斯坦和塔吉克斯坦境内的阿姆河流域——译注）逃入日本。这些拜火教的信徒不愿意信奉侵入伊朗和中亚的阿拉伯占领者强制人们信奉的伊斯兰教”（〔俄〕Э·В·沙弗库诺夫著，杨振福译《索格狄亚那人的貂皮之路》，《北方文物》2003年第1期，第110页）。

④ 参考荣新江：《安禄山的种族与宗教信仰》，收录于同作者《中古中国与外来文明》，北京：生活·读书·新知三联书店，2001年，第222—237页。

⑤ 参考陈寅恪：《唐代政治史述论稿》，上海：上海古籍出版社，1997年，第25—47页；荣新江：《安史之乱后粟特人的动向》，《暨南史学》第2辑，广州：暨南大学出版社，2003年，第102—123页。

⑥ 参考辽宁省朝阳地区博物馆《辽宁朝阳姑营子辽耿氏墓发掘报告》（《考古学辑刊（4）》，北京：文物出版社，1983年，第75—85页）、安家瑶《中国的早期玻璃器皿》（《考古学报》1984年第4期，第413—458页）、辽宁省文物考古研究所《辽宁朝阳市黄河路唐墓的清理》（《考古》2001年第8期，第59—73页）、金殿士《辽宁朝阳西大营子唐墓》（《文物》1959年第5期，第62—64页）等文。

⑦ 参考张庆捷《4—6世纪的北中国与欧亚大陆》（北京：科学出版社，2006年）、付宁《史前至12世纪中国北方地区的东西文化交流——以考古发现为主进行的探讨》（内蒙古大学博士学位论文，2007年）及张季《河北封氏墓群调查记》（《考古通讯》1957年第3期，第28—45页）、张松柏《敖汉旗李家营子金银器与唐代营州西域移民》（《北方文物》1993年第1期，第74—78页）、康顺硕《中国境内出土发现的拜占庭金币综述》（《中国钱币》2001年第4期，第3—9页）、张文静《赤峰市敖汉旗辽墓壁画研究》（中央民族大学硕士学位论文，2011年）等文。

迁徙时空而对自身族源已经缺乏认识，原来族属观念荡然无存，或是出于争取尽快融入当地社会的意图，他们有意回避出身胡人的字眼。此外加上朝鲜半岛姓氏和墓志文化发展较晚等因素，以至于在相关史料中难见其出自九姓胡的直接叙述，应该是可以理解的。①如果这种文化继承关系能够成立，那么朝鲜半岛康安诸姓可否视为九姓胡继续东迁的结果呢？

四、主要来自中国东北地区特别是营州一带

现有史料证明：在营州地区与朝鲜半岛之间，确实存在九姓杂胡迁徙流动的迹象。

目前，已有学者观察到营州杂胡向渤海国移民的史迹。作为必争要地，7世纪末营州聚集了突厥、契丹、奚、靺鞨及汉人势力。万岁通天元年（696），契丹酋长李尽忠、孙万荣杀掉都督赵文翽叛据营州。迫于其威胁，粟末靺鞨首领舍利乞乞仲象、乞四比羽等率部东走，退保长白山地区。基于长期追随该部的原因，九姓胡部众就裹挟在东迁队伍中。②这一点亦可由相关文献和考古遗迹充分证明。据日本史料可知，渤海安姓有安宝贵、安欢喜等，史姓有史都蒙、史道仙等。其中安宝贵于渤海文王大兴二十二年（759）随高南申东聘日本，被天皇赐封为从五位下；史都蒙于大兴三十九年（776）作为大使出访日本，随员中还有大录事史道仙等；安欢喜于渤海大彝震咸和十一年（841）时随贺延福出使日本。③就考古资料看，渤海国境内出土了不少中亚原产或仿其风格的器物，如上京龙泉府（治所在今黑龙江省宁安县）出土的盛舍利子玻璃瓶、东京龙原府（治所在今吉林省珲春市）出土的银盘（发现于今俄罗斯滨海边疆区哈桑一带）、安边府（今俄罗斯滨海边疆区阿尔瑟尼耶夫市一带）出土的安国银币仿制品等。④有学者指出，8—10世纪九姓胡至少在

---

① 安史之乱后，中原地区的九姓胡为免遭受排斥，就曾在出身问题上普遍回避胡人字眼，而用改变姓氏、郡望等手段尽量汉化（参考荣新江：《安史之乱后粟特人的动向》，《暨南史学》第2辑，广州：暨南大学出版社，2003年，第102—123页）。另一方面，粟特人在文明程度较低的游牧社会族属认同脆弱易变，而在文明程度较高的汉文化社会则主动攀附，认同稳固，对其原有族源则有意掩饰（参考彭建英：《东突厥汗国属部的突厥化——以粟特人为中心的考察》，第4—16页）。由此而论，入居朝鲜半岛的九姓胡改用半岛新的落籍地望，坚称是高丽人，亦在情理之中。

② 参考张碧波：《渤海国与中亚粟特文明考述》，《黑龙江民族丛刊》2006年第5期，第70—76页。

③ 参见〔日〕藤原继绳编撰：《续日本纪》卷二二，淳仁天皇天平宝字四年（760）春正月己巳条，卷三四，光仁天皇宝龟七年（776）十二月乙巳、八年春正月癸酉、二月壬寅、四月庚寅至五月癸酉等条；〔日〕佚名编撰：《日本纪略》前篇十二，宝龟八年二月壬寅等条；〔日〕藤原基经编撰：《文德天皇实录》卷一文德天皇嘉祥三年（850）五月壬午条；〔日〕藤原良彦编撰：《续日本后纪》卷一〇仁明天皇承和九年（842）夏四月己巳条。以上史料收录于（民国）金毓黻编著：《渤海国志长编》卷一〇《诸臣列传》，辽阳金石千华山馆丛刊本，第401、406、407、408、429页；孙玉良编著：《渤海资料全编》第二编《日本古籍中的渤海史料》，长春：吉林文史出版社，1992年，第254、263—266、312页。

④ 参考宁安县文物管理所：《黑龙江宁安县出土的舍利函》，孙进己主编：《中国考古集成·两晋至隋唐（三）》，北京：北京出版社，1997年，第662—666页；〔俄〕E·V.夏富库诺夫《东北亚民族历史上的粟特人与黑貂之路》，《东亚的古代文化》，东京：大和书房，1998年夏，第96号，第139、148页。

今俄罗斯滨海边疆区的阿努钦斯克等地区据有不少移居点，甚至还在松花江下游建立五国城与北方各族进行贸易。[①]可见，在渤海国九姓胡仍是一支活跃的力量。

九姓胡从营州向渤海国移民并非出于偶然。一方面二者之间交通路线早就形成。典籍文献和考古资料皆可表明，在高句丽时期陆上丝绸之路已经从辽河以西向东延伸到国内城即今吉林集安一带；至渤海国时期，则已形成营州道、朝贡道、契丹道等至少三条由渤海通向内地和草原的交通路线。[②]另一方面辽河以东也早有九姓胡活动。在不少高句丽文化遗址中，发现了如护法狮子等动物雕刻，吹胡角、打腰鼓及受胡腾舞影响改进舞步动作的双人舞等乐舞形式，陶俑、壁画等各种形式的胡人形象等。其中尤其突出者，在集安长川一号墓（学者界定于5世纪至6世纪中叶之间）的前室北壁壁画里，绘有偌大一个九姓胡群体，包括男女老幼，有礼拜七宝树者，有娱乐游戏者，有接待往来宾客者，有服侍贵族起居者，姿势情态上则有坐地者、奔跑者、惊愕者、顾盼者等，皆高鼻深目，男多髭须，部分尚剪发胡服，部分则是土著打扮，可见不少九姓胡人已经成为辽东居民。[③]

值得注意的是，学界至今尚未了解10至11世纪上半叶九姓胡因渤海国破而流入朝鲜半岛的史情。[④]10世纪20年代契丹再兴，耶律阿保机"颇有窥中国之志，患女真、渤海等在其后，欲击渤海"[⑤]。遂自天赞三年（924）起大举东进，至天显元年（926）灭其国，以长子突欲镇守该地。此后渤海旧部叛附不常但难以复国，因而多有流散。《高丽史》显示，自925年起渤海国人成批南下，至982年辽主直接控制该地区，至少13批渤海人流入高丽。其中较大的几批是：925年渤海将军申德所带五百部众；926年左首卫小将冒豆干等所带一千民户；929年渤海人洪见等以船20艘所载人物；934年世子大光显所率数万之众；938年渤海人朴升所带三千余户。在未作细节描述的979年，"是岁渤海人数万来投"[⑥]。1029年，大祚荣七代孙大延琳据故渤海东京之地建兴辽国，联合女真与契丹相攻战。次年国亡，五月"乙丑，契丹水军指挥使虎骑尉大道、李卿等六人来投，自是契丹渤海人来附甚众"[⑦]。由此，渤海遗民再掀南迁热潮。其后约20年内，投奔高丽者近30批。在这些移民群体中，很可能有不少九姓胡人。特别是追随大氏数百年的九姓胡上层，极可能裹挟在

① 参考〔俄〕Э·В·沙弗库诺夫著，杨振福译：《索格狄亚那人的貂皮之路》，《北方文物》2003年第1期，第109—112页。

② 参考孙泓《丝绸之路向东延伸的新资料——从东北地区出土的考古资料看西域文化的传播》（《丝绸之路与文明的对话》，乌鲁木齐：新疆人民出版社，2007年，第315—357页）、王小甫《"黑貂之路"质疑——古代东北亚与世界文化联系之我见》（第81—91页）等文。

③ 参考孙泓：《从东北亚地区发现的壁画等考古资料看古代西域文化的传播》，《东北史地》2009年第1期，第68—71页。

④ 关于渤海遗民流入高丽问题有武玉环《王氏高丽时期的渤海移民》（《吉林大学社会科学学报》2007年第3期，第55—60页）专文论及，不过武文视角是渤海移民与王氏高丽的政治关系，而未注意到渤海移民中的九姓胡人。

⑤ ［宋］欧阳修：《新五代史》卷七三《四夷附录第一》，北京：中华书局，1974年点校本，第889页。

⑥ 《高丽史》卷二，景宗四年六月条，第159册，第75页。

⑦ 《高丽史》卷五，显宗二十一年五月条，第159册，第123页。

大光显所率数万人中。有些移民群体就由九姓胡人所率领，如高丽德宗元年（1032）二月“戊申，渤海史通等十七人来投”[①]，有学者还把在此前后投奔高丽者如显宗七年（1016）曹恩等、九年史夫等、十年曹兀等也归入渤海遗民。[②]由此，可印证九姓胡从渤海国流入朝鲜半岛这一环节。

九姓胡从渤海国向朝鲜半岛的流动亦有其条件和基础。《新唐书》记述了渤海通南方数条道路：“龙原东南濒海，日本道也；南海，新罗道也；鸭绿，朝贡道也；长岭，营州道也。”[③]亦即从东南部龙原府，越日本海可通日本群岛；向南遵陆路直行，左经南海府可入新罗，是渤海、新罗两国之间交通要道；右过鸭绿府可至卢龙节度使辖区，是渤海朝贡常走的路线；向西南经长岭府而行，则可通向营州。其中，除新罗道为渤海通朝鲜半岛主要途径外，日本道、朝贡道亦因地近之便可以联系新罗。这些道路其实早就形成，而新罗与渤海之间的交通建设及毛皮贸易尤至发达。[④]据已有研究，“在新罗国与渤海国之间的通衢大道上有35个驿站，而这一切是需要双方有贸易和积极的外交接触作为前提”[⑤]。

不过，九姓胡经渤海国向高丽的迁徙，可揭示10至11世纪康安诸姓在朝鲜半岛兴起的历史背景，然难解释此前该群体在该地已有存在和兴起后规模庞大的原因所在。笔者发现，还有一种情况不容忽视，即九姓胡在长时期内直接穿越辽东向朝鲜半岛陆续迁徙，特别是九姓胡势力在营州已经膨胀的基础上，自8世纪直至12世纪数百年间持续而强劲的流动。

史料表明九姓胡向朝鲜半岛早有迁徙。前已述及九姓胡最迟4世纪上半叶在营州地区形成聚落，5至6世纪在辽河以东地区有了较大移民群体。如据《魏书》记载，4世纪至5世纪初有辽东胡人安同，官至北魏征东大将军，学界认为属九姓胡，则可见九姓胡在辽东早已有一定势力。[⑥]再查学界对朝鲜安岳三号墓研究可知，墓主冬寿即前燕辽东大将慕容仁部下佟寿，公元336年因内争失败而避往朝鲜半岛，357年客死该地，可见辽东地区早在4世纪上半叶就与朝鲜半岛相通[⑦]；在其墓葬里，多处出现九姓胡形象及其文化成分，而后

① 《高丽史》卷五，德宗元年二月条，第159册，第127页。

② 梁玉多：《渤海移民的流向——以未迁到辽内地和辽东的渤海遗民为中心的考察》，《学习与探索》2010年第2期，第233—236页。

③ 《新唐书》卷二一九《北狄·渤海传》，第6182页。

④ 参考〔韩〕韩圭哲《渤海国的外交关系》（首尔：新书苑，1994年）、〔朝〕朴时亨《渤海国史》（平壤：金日成综合大学，1995年）等。

⑤ 〔俄〕A·A.基姆撰，杨振福译：《韩国学者论新罗与渤海两国之间的关系》，《北方文物》2007年第4期，第109页。

⑥ 安同其人在《魏书》卷三五有传。张庆捷认为安同虽自叙出自安息王族，但是实际应是九姓胡人冒称而已（参考张庆捷：《北朝入华外商及其贸易活动》，《4—6世纪的北中国与欧亚大陆》，北京：科学出版社，2006年，第12—36页）。

⑦ 参考〔朝〕金瑢俊撰，雪华译《关于安岳三号壁画坟的墓主及其年代》（《美术研究》1958年第4期，第82—95页）、洪晴玉《关于冬寿墓的发现和研究》（《考古》1959年第1期，第27—35页）、孙进己《公元3—7世纪集安和平壤地区壁画墓的族属和分期》（《北方文物》2004年第2期，第34—41页）等文。

室东壁乐舞图尤其醒目：一人起舞，三人奏乐，其中舞者“鼻子很明显又高又长……裤管上的直线与他的头饰表明他身着的是胡装”①，由此推想冬寿身边已有一些胡人，那么4世纪应有九姓胡踏上朝鲜半岛了。

5—7世纪，应有九姓胡陆续流入朝鲜半岛，表现在朝鲜半岛所出土西域器物逐渐丰富和西域文化成分日益显见。就出土器物而言，玻璃器中罗马式、萨珊式、伊斯兰式等不同风格陆续出现，但“从制作工艺以及器型来看，此类玻璃器均是来自中亚地区”②。其中罗马风格的玻璃器，韩国庆州瑞凤冢出土的玻璃碗与河北景县封魔奴墓出土者最为一致，玻璃杯则与辽宁朝阳北票墓出土者较为相似，传播路线非常明晰③；同样“萨珊风格的环纹玻璃器，在中国北部境内流传的线路呈现由西向东的趋势，与粟特人的活动踪迹是一致的”④，6世纪起流行于中国，7世纪传播到朝鲜和日本。金银器包括罗马式、萨珊式和粟特式，以粟特式器物最多，中亚色彩浓厚，至隋唐即6世纪以后流行中国并传播到朝鲜半岛，其中亦当不少由九姓胡携带而至。表现胡人形象者开始出现陶俑、雕刻等实物，如韩国庆州隍城洞出土的7世纪的男子像等，均与中国东北出土的胡人像非常相似。⑤就文化成分而言，壁画中九姓胡形象陆续出现，如在朝鲜大安市发现的5世纪初德兴里墓中就有参与掌力赛等活动的胡人。同时九姓胡文化从乐器到乐舞以及百戏等艺术形式更多渗入半岛社会。三国时期高句丽、百济和新罗都引进了西域乐器，如竖箜篌、琵琶、筚篥、腰鼓、五弦等；高句丽后期双人舞受到胡腾舞的影响，柘枝舞在半岛演化成连花台舞。⑥不过，这些材料尚难反映九姓胡群体向朝鲜半岛能成规模的流入和存在。

8—9世纪是一个关键时期，九姓胡从营州向朝鲜半岛的流动当始强劲。究其原因，主要是如前所述九姓胡因亡国而大规模地向东逃亡和营州杂胡势力急剧膨胀起来，料想九姓胡流入朝鲜半岛者会比逃到较远而且隔海的日本者更多；同时辽西地区与朝鲜半岛之间的交通也发展起来，形成一条比经由渤海国更为便捷的交通路线：自营州出发，向东经辽东城即今辽阳，转而东南过鸭绿江下游，可直达安东都护府治所平壤城。据《新唐书》对其走向、里程的记述来看，该通道已颇成熟。⑦这为九姓胡穿越辽东移居半岛提供了更好条

① 〔韩〕李惠求撰，宫宏宇译：《朝鲜安岳三号坟壁画中的奏乐图（下）》引《安岳三号坟发掘报告》，《黄钟》2005年第1期，第140页。

② 孙泓：《从考古资料看西域文化在新罗的传播》，《朝鲜·韩国历史研究》第10辑，第70页。

③ 参考孙泓《从考古资料看西域文化在新罗的传播》（第65—78页）及王义康《正仓院西方风格玻璃器研究》（《中国历史文物》2007年第6期，第17页）等文。

④ 王义康：《正仓院西方风格玻璃器研究》，第18页。

⑤ 参考孙泓：《从考古资料看西域文化在新罗的传播》，第65—78页。

⑥ 参考孙泓：《5—14世纪西域音乐舞蹈在朝鲜半岛的传播和影响》，《朝鲜·韩国历史研究》第11辑，第30—44页。

⑦ 参见《新唐书》卷四三下《地理志七下》，第1146—1147页。近年，有学者“亦将朝阳、辽阳等地点划为中原丝绸之路东向延伸的经行地点”（孙泓：《横贯东西、连接欧亚的草原商路——以4—15世纪为中心》，《“草原丝绸之路”学术研讨会论文集》，兰州：甘肃人民出版社，2010年，第85页）。

件。求证于考古资料，突出的变化就是许多西方新器物和装饰纹样在7世纪末8世纪初大量充斥中国，进而涌入朝鲜半岛。例如，在金银器中种类最为丰富的粟特式器物就主要集中在这一时期。有学者指出，它与大食东侵导致九姓胡大规模向东逃亡“关系最为直接”。[①]更为重要的是，最能体现九姓胡群体存在的胡人陶俑、雕刻等，半岛所出土也以这一时期为主，故而有学者据此肯定“新罗时期已经有西域人来到朝鲜半岛”[②]。对照半岛史料，康安诸姓在10世纪上半叶即罗末丽初开始出现不少上层人物，且不乏与王族的通婚[③]；甚至在高丽前期操纵了国王废立和对辽关系[④]；前述半岛康、曹等姓将谱系上溯到新罗时期，料其移民历史必非短暂。以此理论，他们肯定经历了一个在朝鲜半岛大量移民和势力壮大的过程。

10—12世纪即辽丽并立时期，大量典籍和考古文献证明九姓胡以较大规模从辽统治区向朝鲜半岛持续流动。从史籍看，该时期两国战和不定，辽国民众不断流入高丽。据不完全统计，自10世纪20年代至12世纪20年代200年间，这类移民至少有70余批。根据族属，他们多都被分别记述，如是渤海遗民，则称“渤海某某”；奚人部众，则称“奚（儿）某某”；契丹中的汉人，则称“汉（儿）某某”；契丹本部及其他附属种族，则直称“契丹某某”。即使同时流入，一般也不混称，例如高丽睿宗十一年（1116）十二月，“是月契丹三十三人、汉五十二人、奚一百五十五人、熟女真十五人、渤海四十四人来”[⑤]；十二年春正月“壬辰，渤海五十二人、奚八十九人、汉六人、契丹十八人、熟女真八人自辽来投”[⑥]。其中九姓胡与汉人亦被区别开来，同姓汉人会被冠以“汉”或“汉儿”。如文宗四年（1050）冬十一月闰月“辛未，契丹汉儿曹一来投”[⑦]。由此，以下几条所记述则明显为九姓胡人：

> 高丽显宗七年（1016）二月“甲辰，契丹曹恩、高忽等六人来投”[⑧]。
>
> 显宗九年（1018）“五月乙丑，契丹史夫来投。”[⑨]

---

① 参考王义康：《正仓院西方风格玻璃器研究》，第20页。

② 孙泓：《从考古资料看西域文化在新罗的传播》，第76页。

③ 新罗末期，金弓裔有夫人康氏，“以王多行非法，正色谏之”，结果在贞明元年（915）遭到残害（《三国史记》卷五〇《弓裔传》，第555页）；朝臣有知基州诸军事康瑄，曾以王建副将经略罗州（参见《高丽史》卷一，后梁乾化四年条，第159册，第48页；《海东金石苑》卷三《高丽国弥知山菩提寺教谥大镜大师玄机之塔碑铭并序》，第2册，第19页）。高丽初期，还有由广评郎中升为内奉监的开国功臣康允珩（参见《高丽史》卷一，太祖元年六月条，第159册，第50页）、笃信佛教的大匡康公某（参见《韩国金石文》第一五二《开丰五龙寺法镜大师普照慧光塔碑》，亚细亚文化社，1984年，第333页）等。

④ 前述武臣康兆，曾弑穆宗而立显宗，促使辽丽关系破裂，并率军对抗辽帝的讨伐。

⑤ 《高丽史》卷一四，睿宗十一年十二月条，第159册，第294页。

⑥ 《高丽史》卷一四，睿宗十二年春正月条，第159册，第294—295页。

⑦ 《高丽史》卷七，文宗四年闰十一月条，第159册，第159页。

⑧ 《高丽史》卷四，显宗七年二月条，第159册，第106页。

⑨ 《高丽史》卷四，显宗九年五月条，第159册，第108页。

高丽文宗九年（1055）秋七月庚申，“契丹康庆遵等十五人来投。”[①]

从考古资料看，中国北部和东北部大量辽墓出土了丰富多彩的西域文物，表明与西域极其密切的交往和仍有不少九姓胡的存在。同时这些地区和朝鲜半岛所出土的玻璃瓶及狮子雕刻、珠宝饰件等均以这一时期为主，并且风格一致。[②]例如，作为伊斯兰风格主要器型的玻璃瓶，韩国庆州晃南洞98号墓出土者与内蒙古敖汉旗李家营子和辽宁朝阳北塔出土者都很相似[③]。

另据《东国舆地胜览》载，15世纪以前康安诸姓主要分布在朝鲜半岛两大区域：一是包括黄海道和平安道在内的西北部地区，二是包括全罗道和庆尚道在内的南部地区。这与九姓胡流入半岛的渠道和态势是相对应的。西北部众多的诸姓群体当是渤海亡国之初九姓胡避乱南下和长时期内营州杂胡直接穿越辽东向东蔓延的结果。史料显示，高丽王朝对渤海国崩溃之初投奔来的九姓胡应是顺势安排在北部边疆或其附近地区。[④]而自营州直接迁来的九姓胡人亦当就近定居在半岛西北。康安诸姓在平安、黄海两道的分布以西部明显比东部密集为特点，尤其集中在自义州经定州、安州、甑山等至平壤、开京的交通路线附近，恰能说明这种迁徙态势。该部分移民康、安二姓成分尤重，以行伍从军者为主要成分，显然与安禄山赖以发动叛乱的军事集团有着内在联系。料想安史乱平之后，当有其余部不甘承受惩罚和归附朝廷，向东逃窜而入朝鲜半岛。[⑤]半岛南部的诸姓分布则与渤海和辽国九姓胡后期流散的踪迹密切相关。据《高丽史》可知，可能是由于半岛北部聚集了过多的九姓胡人而影响到国家安全，或者有意避免引起辽国警觉而影响两国关系，11世纪上半叶高丽王朝将包括渤海旧部在内自中国东北而来的流民主要安置在南方地区。[⑥]如显宗二十一年（1030）十月，“是月契丹奚哥、渤海民五百余人来投，处之江南州郡”[⑦]；二十二年冬十月“丁丑，契丹王守南等十九人来投，处之南地”[⑧]；德宗二年（1033）三月辛未，“契丹奚家古要等十一人来投，处之江南”[⑨]；同年十二月“癸丑，渤海奇叱火等十一

① 《高丽史》卷七，文宗九年秋七月条，第159册，第157页。

② 参考付宁《史前至12世纪中国北方地区的东西文化交流——以考古发现为主进行的探讨》（内蒙古大学博士学位论文，2007年）、黄雪寅《散落在内蒙古草原上的古玻璃器》（《内蒙古文物》2005年第1期，第50—53页）、孙泓《横贯东西、连接欧亚的草原商路——以4—15世纪为中心》（《“草原丝绸之路”学术研讨会论文集》，第79—88页）等文。

③ 参考孙泓《从考古资料看西域文化在新罗的传播》（第65—78页）及王义康《正仓院西方风格玻璃器研究》（第16、17页）等文。

④ 武玉环《高丽时期的渤海移民》提及979年高丽将数万渤海流民安置在白州一带，可以作此佐证。

⑤ 无独有偶，有学者推证渤海国曾与安史乱军建立起友好关系，并在安史之乱被平后成了许多叛乱分子可靠的藏身之处（参考〔俄〕Э·В·沙弗库诺夫著，杨振福译：《索格狄亚那人的貂皮之路》，《北方文物》2003年第1期，第109—112页）。可见安史余部东窜之事确有可能。

⑥ 武文亦注意到这一现象，分析原因则认为是高丽王朝出于戒备心理和利用渤海移民开发南部的意图。

⑦ 《高丽史》卷五，显宗二十一年十月条，第159册，第125页。

⑧ 《高丽史》卷五，显宗二十二年十月条，第159册，第126页。

⑨ 《高丽史》卷五，德宗二年三月条，第159册，第129页。

人来投，处之南地”[①]。成宗时（981—997）分境内为十道，“一曰关内，二曰中原，三曰河南，四曰江南，五曰岭南，六曰岭东，七曰山南，八曰海阳，九曰朔方，十曰浿西”[②]。这里江南或即江南道，或指锦江以南地区。而“南地”亦明指半岛南部。后来全罗、庆尚二道安、曹、石、康等姓众多，应当与此有关。

当然，九姓胡向朝鲜半岛迁徙也不排除其他情形。一是另由海路进入。如新罗王讫解尼师今“三十六年（345）春正月，拜康世为伊伐飡”[③]；新罗文武王（661—681在位）微服出访武珍州（在今韩国光州一带），“州吏安吉见是异人，邀致其家，尽情供亿”[④]，结果得其厚报。若这二位也是九姓胡，或属此类情况。韩国庆州所出土早期磨饰纹玻璃碗明显以海路传入为主，想必亦与此有关。[⑤]二是迁入时间更晚。忠州石氏谱牒云，“石氏本唐人，宋绍兴间有讳邻，自广陵始浮海而东，高丽明宗朝以军功官至上将军，封芮城君。芮即忠州古号也，因以为贯”[⑥]；会宁康氏史料云，该支“本（中国）通州人”，移居湖北荆州，以行伍“世事明天子”，有康世爵者从父远徙辽东，参与杨镐等讨伐后金之役，父死军没而亡奔朝鲜。[⑦]可见石、康这些支系是南宋和明末才迁入朝鲜半岛的。

但无论如何，九姓胡再迁朝鲜半岛确为史实，他们不但遗留了大量实物，而且给半岛文化造成深远影响。除前述艺术考古资料外，典籍中也有不少记载。如高丽仪卫有着浓郁的安国文化特色，在国王法驾卫仗、燃灯卫仗、奉迎卫仗等仪仗队中都使用安国伎四十人[⑧]；生活用具中仿西域形制而自产的胡瓶，到高丽后期多作为方物进贡元廷[⑨]；一直到李氏朝鲜时期，朝鲜半岛各地仍流行安石榴习俗[⑩]。同时必须强调的是，九姓胡从中国东北迁徙的史迹最显，当为主流，而朝鲜半岛康安诸姓群体的形成和发展与此脉络相承，实属必然。

---

① 《高丽史》卷五，德宗二年十二月条，第159册，第130页。

② 《高丽史》卷五六《地理一》，第160册，第408页。

③ 〔高丽〕金富轼纂，孙文范校勘：《三国史记》卷二《新罗本纪第二》，长春：吉林文史出版社，2003年，第32页。

④ 〔高丽〕一然著，孙文范校勘：《三国遗事》卷二《文武王金法敏传》，长春：吉林文史出版社，2003年，第67页。

⑤ 参考王义康：《正仓院西方风格玻璃器研究》，第13—26页。

⑥ 〔李朝〕许愈：《后山集》卷一六《兵马使石公墓碣铭并序》，《韩国历代文集丛书》第920册，第400—401页。

⑦ 参见〔李朝〕佚名：《文献考略》卷一九，李朝显祖十八年（1794）写本，第37页；〔李朝〕佚名：《海东外史》卷二，奎章阁藏本，第6页；〔李朝〕成海应：《研经斋全集》卷四〇《康世爵避兵记》，《韩国文集丛刊》第278册，第521页。

⑧ 参见《高丽史》卷七二《舆服一》，第160册，第726—734页。

⑨ 如忠烈王在位期间，二十年（1294）四月甲午，“（元）皇太子即皇帝位，是为成宗。王与公主献……半镂银尊、胡瓶各一事”；二十二年十一月甲申，“王与公主谒帝，献方物：……银胡瓶、银大尊各一事；半镂银胡瓶二事”。（《高丽史》卷三一，第159册，第638、644页）可见胡瓶成为高丽重要物产。

⑩ 〔李朝〕洪锡谟：《东国岁时记》（不分卷），台北：文化书局，1971年，第12页。

结 论

以上论述揭示了朝鲜半岛康安诸姓与九姓胡之间存在的内在联系，特别是与营州杂胡之间的迁徙和发展关系。笔者认为，朝鲜半岛康安诸姓尽管成分复杂，但从姓氏起源和文化特征看，其主体部分应由中国境内的九姓胡再迁而来。尤其值得我们关注的是，朝鲜半岛康安诸姓早期与中国北部已被游牧化的九姓胡群体特色一致，兴衰相承，而营州九姓胡再迁史迹明显，二者之间的关系可谓客观有据。由此而论，九姓胡的活动能力超出了人们所想，其东迁洪流并未终止在广阔的中国境内，而滚滚涌入欧亚大陆的偏东一隅——朝鲜半岛。

作为初探，笔者仅能勾勒九姓胡东迁朝鲜半岛及其群体存在的大致轮廓，还有很多问题尚待解决。一方面，厘定朝鲜半岛九姓胡群体还需要更多研究。由于包括赐姓、冒姓等改姓现象在内的不稳定因素，康安诸姓群体中难免会掺杂非九姓胡的姓贯和家族成分，而九姓胡也并非康安诸姓所能完全括定。如要进一步研究九姓胡群体，务必针对不同姓贯和家族的发生、发展的具体历史过程、文化特征等进行分析。另一方面，在判定九姓胡群体之外还有许多问题值得探讨。深入考查朝鲜半岛康安诸姓，该群体自兴起直至14世纪非常活跃。他们不但是维护高丽北部边疆的重要力量，而且成为武人政治的一大支柱，少数人物甚至可以废立国王，控御政局；他们又曾是高丽与辽、金、元及日本等交往的最佳媒介，以译语、使节、幸臣乃至兼具两国身份斡旋于其间，有力影响着高丽对外关系乃至东北亚局势；他们还把中亚至北亚的经济和文化元素带进半岛社会，可以使我们在剖析东夷和汉文化元素的同时，进一步感触到其深层更为丰富的多元化要素。至于该群体的发展演变和本土化问题，多次迁徙导致其在踏上朝鲜半岛之初就已与其他地区的九姓胡群体有所不同，而此后数百年继续迁徙、职业转变、文化同化以及在朝鲜民族中的作用和地位等更是显得复杂而有特色。总之，朝鲜半岛九姓胡研究可以拓展的空间及其价值非常可观，或将构成研究东迁九姓胡问题上一个引人注目的新领域。

（原载《文史》2013年第2辑）

中国白铜技术发明演变为“德国银”专利的历史考证

黄　超　　梅　卓

引言

中国科技馆馆长、科技史专家王渝生教授曾认为，西方从14世纪欧洲文艺复兴、宗教改革以后，特别是16世纪科学革命引起工业革命之后，社会在近代科学的指引下，沿着资本主义生产方式飞速发展。此时的中国却还未从农业时代转向工业时代，其科学技术也随之开始落伍。换言之，中国近代科技的落伍与作为激励机制的专利制度的缺失有着密切关系，而西方社会科技大发展也在很大程度上得益于其专利制度的建立。[①]

15世纪中期，威尼斯共和国颁布了世界上第一部专利法，其内容简单且带有浓厚的封建特权色彩，但这是现代专利制度之始祖。而学术界公认真正具有现代化特点的专利法，则是英国于16世纪20年代颁布的《垄断法》，被称为“现代专利法之始”[②]。在这段时期，地理大发现以及航海时代的到来，不仅使得西方世界能够通过海上交通的方式与东方直接联系，更深远地影响了资本主义的发展和近代科学技术的进步。这些新的变化同样改变了对技术认知的模式，技术在以产品的形式被转移的同时，越来越被视为追逐商业利益的有力工具，因此，以之为目的的技术被主动获取，开始成为技术转移的主要方式。

与此同时，近代西方资本主义一方面垂涎中国的疆土与物产，另一方面在中国全面开展科学考察活动，逐渐从沿海向内地深入考察中国古代的技术发明，为其国内的相关产业提供一手资料，进而便于相关产品的仿制、改进和商业化生产。随着西方专利制度的迅速发展，便有商人借机利用中国的技术发明进行专利注册，堂而皇之地冠以发明者之名，然后又将仿制品返销中国，导致相关产业在中国市场逐渐瓦解和消失。

然而，对于西方近代专利使用中国技术的例子，少有直接而又充分的证据证明之。本文是这方面较为深入的研究，通过结合相关专利文本、史料及科学实验依据等多方面论据，证实中国一项原创技术发明在19世纪初已被西方专利制度吸收。这项原创技术发明就

① 王渝生：《学者访谈：从科技文明史看中国专利制度30年》，《中国知识产权报》2011年第9期。

② 胡佐超：《专利基础知识》，北京：知识产权出版社，2004年，第13页。

是近年来被著名科技史专家华觉明教授称为“中国古代的四十项重要发明”之一的中国白铜[①]。

一、中国白铜与欧洲“德国银”专利

中国白铜是世界上最早出现并得到广泛应用的含镍合金，常称之为镍白铜，也是中国古代科技史上一项重要的独创技术发明。它一般指含镍且色泽银白的铜合金，中国古代镍质白铜有两种，分别是铜镍二元合金和铜镍锌三元合金，后者就是著名的“云南白铜”或“云白铜”。据中国古代文献《华阳国志》记载，中国至迟可追溯到东晋时期已发明镍白铜；明清时期镍白铜得到大规模生产，成为当时应用最为广泛的金属材料之一；16世纪开始传入欧洲，随即被各国视为珍品，竞相仿制，从而推动了铜镍合金在欧洲的应用，对镍金属工业在欧洲的兴起产生了重大影响。

有关中国白铜历史的研究，始于20世纪20年代前后，美国著名学者劳费尔（Berthold Laufer）就已论及中国白铜的相关内容，至今已近百年矣；随后不断有国内外学者关注中国白铜历史的研究，包括博宁（Alfred Bonnin）、王琎、张资珙、张子高、李约瑟（Joseph Needham）、吉尔摩（Brian Gilmour）、梅建军、李晓岑、基思·平（Keith Pinn）等多学科背景的研究者，并提出了很多重要的学术课题，如中国白铜起源和产地、白铜西传欧洲、白铜冶炼工艺以及“大夏白铜币华源论”，等等。中国是白铜的发祥地，产地主要集中在云南与四川，其为中国的原创发明已是不争的事实。对于欧洲仿制中国白铜产品的出现，却长期没有新的研究进展，普遍认为中国白铜与“德国银”的关系密切，但又没有直接证据证明之。

事实上，从19世纪20年代起，“德国银”开始在欧洲作为一种重要的金属合金材料，并投入大量生产，用于社会的各个方面，其名含有“德国”两字，故与德国有莫大关系，较为重要的生产者主要有三位，分别是德国的盖特纳（Ernst August Geitner）、亨宁格（Gebrueder Henniger）以及奥地利的格斯多夫（Johann Rudolf von Gersdorff），常常在各种文献中出现，而他们所生产的合金产品名称则分别是“Argentan”“Neusilber”与“Packfong”，这三个名称后世常常统一冠以“德国银”[②]为之译名。这三位生产者均生活在德语区，彼此间存在商业竞争，其中，率先获取“德国银”合法发明权的人是奥地利的格斯多夫，他最早对一种合金产品进行了专利注册。笔者有幸在奥地利考察中国白铜的西传历史过程

① 华觉明：《中国古代究竟有哪几项大发明?》，《自然科学史研究》2013年第4期。

② 注：“德国银”实际上并不是银，而是一种铜镍合金，外观似银，故需区别于德国之银、德国的银等表述，经笔者考证，“德国银”的产品名有近百种，尤以此三种品名出现较早，而一直流行于德语区国家。

中，获取到了格斯多夫1824年7月22日用德语撰写和注册的专利文件①，这是一份能证明“德国银”是中国白铜仿制品的文字线索，也是一份西方近代专利使用中国技术的文本证据。该专利文件主要由两部分内容组成，都是技术发明方面的内容。第一部分内容是关于废弃钴矿料中镍的还原方法；第二部分内容是关于一种合金的制作方法。显然，第二部分中的合金制作方法，就是运用化学配比的方法制作而成的一种合金，其实际所得产物与中国白铜相似，且是铜镍锌三元合金。而具体的制作方法又有两种：第一种是通过3~5份的黄铜中加入1份的镍制成合金；第二种是通过金属铜、锌与镍直接合成。其中，镍在第一种制作方法中所得合金中的质量百分比大约是16%~25%。

英国剑桥大学李约瑟研究所所长梅建军教授曾指出：“中国古代镍白铜是由青矿和黄矿搭配炼成的；青矿为镍铁矿，黄矿为铜矿，冶炼过程分四步进行，经反复多次煅烧和冶炼，工序甚为繁复”；并认为：“著名的‘云南白铜’实际上是在四川会理炼出的铜镍二元合金，配以铜、锌及黄铜而熔炼出的铜镍锌三元合金”②。从所生成的产物来看，古代中国白铜特别是云南白铜与格斯多夫专利文件制作的合金成分是相似的，虽然所使用的熔炼和配比方法不同，但是所要达到的目的是一致的，都是为了生产出铜镍锌三元合金。

二、科学考证与实验分析

根据奥地利格拉茨市（Graz）档案馆的档案记载，格斯多夫在1820年左右偶然在拍卖会上获得一个中国生产的茶叶盒，盒上的银色金属配饰吸引了他的注意，经过检测分析后，得知是以铜镍锌为主的三元合金，便开始产生仿制的念头③。此想法得以实现的重要转折点在于1821年他被政府任命去改进奥地利一个蓝色染料厂的生产流程。在工作中，他发现废弃的材料中含有丰富的镍，因而想到可以借助这些废弃品中的镍进行镍合金的生产，但是首要任务就是要将其中的镍提取出来。经过几年的独立研究，大约在1824~1825年，他已经能够将染料工厂废弃物中的镍还原，并总结出了一套有效的方法，还在奥地利建立起了第一座镍矿料处理工厂，目的也主要是希望通过生产镍金属来满足大批量生产镍质白铜的需求④，在此期间便申请了前面所提到的专利。据1842年莱特纳（Leithner）记载，格斯多夫在奥地利塔洛夫（Thalhof）的一处工厂，15年内生产出了100吨镍，并制造

① Johann Rudolf Ritter von Gersdorff：Darstellung des Nickelmetalles：Austria，Nr.2425. 1824-7-22. 注：该档案文件现藏于维也纳技术大学档案馆，档案编号为Privilegiensammlung Nr. 2425。

② 梅建军、柯俊：《中国古代镍白铜冶炼技术的研究》，《自然科学史研究》1989年第1期。

③ Landesarchiv Baden-Württemberg，Abt. Staatsarchiv Ludwigsburg，E 21 Bü 14.

④ Hans-Henning Walter：Ernst August Geitner，1783-1852：Chemiker，Metallurge，Erfinder und Unternehmer：Tagung vom 12. bis 14. Juni 2008 in der Saigerhütte Olbernhau-Grünthal bei Freiberg in Sachsen，Freiberg (Sachsen)：Drei Birken，2008，pp. 190-205.

出了约560吨的金属合金产品。[①]

除此以外，虽然格斯多夫申请专利之时还没有提到该专利所生产金属的名称，但是两年以后的1826年，格斯多夫在《物理与化学期刊》中发表了一篇关于“Packfong”的科学论文，进一步详细介绍了这种金属的制作过程和各金属的混合比例，以及各种成分配比所适用的器物范围[②]。事实上，“Packfong”一词最早是出自1776年瑞典矿物学家恩吉斯特朗对中国白铜的分析论文。[③]博宁在其著作《白铅与白铜》中认为“Packfong”一词是恩吉斯特朗对于“Paktong”一词的错引，该词正是粤语中“白铜”的音译词，从那以后，该词在欧洲国家一直持续而被广泛使用。[④]由此可见，格斯多夫的研究也参考过前人的研究成果，否则，不会将此错误拼写带入其论文和之后的产品当中。英国学者基思·平在《白铜：中国合金在欧洲（1680~1820）》书中提到一个“德国银”盐瓶底座（图1），其底部有“Packfong”的铭文（图2）。笔者在德国民间也征集到一只勺子（图3），其背面也有铭文为“Packfong”（图4）的字样。

图1　“Packfong”盐瓶

图2　“Packfong”盐瓶的铭文

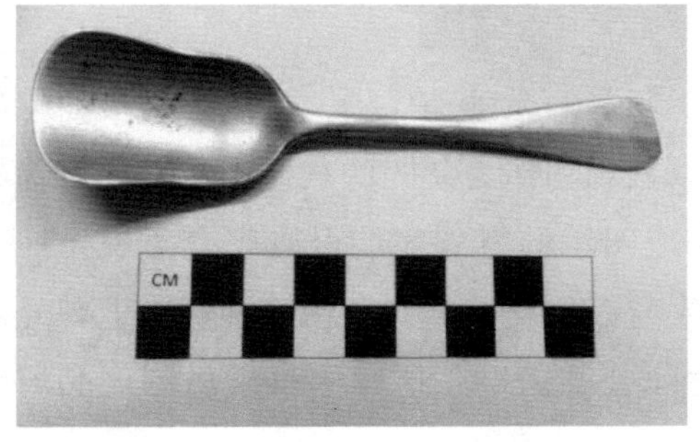

图3　“Packfong”勺

图4　“Packfong”勺的铭文

① Franz Freiherr von Leithner: Fabriksmessige Erzeugung des Nickelmetalles, Wien: Inneroesterreichisches Industrie-und Gewerbeblatt, 1842, pp. 94-95.

② Johann Rudolf Ritter von Gersdorff: Ueber das Packfong. Annalen der Physik und Chemie, 1826(84), pp. 103-106.

③ Gustaf von Engestroem: Pak-fong, en Chinesisk huit Metall, Kungliga Svenska Akademiens Handlingar För År 1776. Stockholm: Tyckt hos Johan Georg Lange, 1776(37), pp. 35-38.

④ Alfred Bonnin: Tutenag & Paktong, with Notes on Other Alloys in Domestic Use during the Eighteenth Century, Oxford: Oxford Press, 1924, pp. 72-76.

笔者还对现存具有“Packfong”铭文的样品的金属合金成分进行了比较和分析，其中，样品科学分析数据见表1。

表1 “Packfong”样品的主要元素化学成分质量百分比[①]

样品编号	器物名称	化学成分（wt%）		
		Cu	Ni	Zn
PINN-91	盐瓶	60.4	15.7	20.2
TUB-1403	勺	63.9	8.2	27.7

从这表1中这组“Packfong”样本的实验数据来看，均属于云南白铜各成分比的标准范围内，即：铜（Cu）占40%~65%、镍（Ni）占5%~20%、锌（Zn）占20%~50%[②]。因此，这些器物可能都是直接效仿中国白铜配比制作而成的产品。其中，盐瓶的镍含量更符合和接近格斯多夫在专利文件所提到的镍含量比例范围。

三、讨论

毋庸置疑，中国历史上有过许多辉煌的发明创造，曾经影响中国乃至世界。然而许多发明都没有专利。每当提到中国四大发明的影响，更多地是对西方世界的影响，而不是对中国的影响[③]。显然，中国白铜这项中国冶金史上的伟大发明创造的境遇与诸多重要发明一样，不能得到有利发展。运用传统工艺技术生产的中国白铜逐渐退出了舞台，取而代之的是冠以欧洲专利头衔的“德国银”。笔者已对清末民国时期铜镍合金的生产情况进行了研究，发现当时中国已经逐渐摒弃传统技术进行白铜生产，取而代之的是使用西方的技术进行大规模生产[④]。

中国近代没有建立专利制度，从而缺乏对发明创造的激励和保护，也缺乏对产业化的自觉实施。又由于中国古代技术最突出的特征是以人和物作为共同的载体，这种人与物的合一使得技术的传播需要通过工匠以口头、文字或图示的方式才能得以完全实现。换言之，古代技术的完整传递在多数情况下不能脱离人与人的交流，这致使许多历史上曾经光辉灿烂的技术文明逐渐不为世人所知，反倒是类似“德国银”这样的科学仿制产品流传至今。

相比之下，欧洲国家为了其自身产业发展需要，很早就开始借助于中国的传统手工业

① 注：样品PINN-91为基思·平著作中所给出的检测结果；样品TUB-1413是笔者在柏林工业大学Zelmi实验室分析检测所得结果。

② Duncan R. Hook and David R.M. Gaimster （eds.）：Trade and Discovery： The Scientific Study of Artifacts from Post-Medieval Europe and Beyond. London： British Museum. 1995，p. 259.

③ 胡佐超、戴吾三：《影响世界的发明专利》，北京：清华大学出版社，2010年，第3页。

④ 黄超：《清末民国时期的中国镍白铜述略》，《兰台世界》2014年第1期。

和商业往来，获取到当地的新材料或新产品，并通过当时专利制度的合法途径将其为己所用。在商业目的驱使之下，这些新材料或新产品所蕴含的技术信息受到了格外关注，在近代科学理论与试验方法的发展模式下，使得这些实物所承载的技术信息可以被更大程度地提取和重现。由此，人在以往人与物紧密结合的古代技术中的作用开始逐渐淡化，在不依靠工匠口头或文字的指导之下，技术已能够发生较为完整地传递。又正是在这样的背景之下，中国白铜作为冶炼与加工技术的载体，其所包含的大量技术信息得以在西方被提取、利用和重现，一旦衍生出相关的技术发明和产品后，便及时进行专利注册，一方面生产者及发明者让自身所谓的研究得到法律的有效保护，同时，也为了避免在一定时期内有同类产品出现在商品市场中，达到短期内使产品得到专利制度保护的目的。

四、结论

中国白铜这项中国传统技术发明作为冶炼与加工技术的载体，包含着的技术信息在西方工业化背景下被提取、重现和利用，衍生出相关的技术研究和诸如“德国银”这样的仿制品，最终都成为西方工厂的产品。奥地利的格斯多夫最早将这项技术发明进行专利注册，通过对其专利文件内容和相关文献资料、实验分析的研究，应该能够肯定他正是在西方专利制度保护下使用中国技术并进行工业化生产产品的其中一位商人。

正是由于西方很早建立了专利制度，从而使得像格斯多夫这样的商人获得了巨大商业利益，并最终体现在西方工业技术的进步和发展中。而中国由于各种因素导致知识产权制度、专利制度的缺位，进而使当时的高精尖技术没有得到保护，甚至逐渐走向衰亡，在西方知识产权制度的潮流下，中国的独创发明被他人所利用，成为西方资本家营利的工具。

事实上，中国现今依然还有许多类似中国白铜这样的传统工艺技术发明被长期忽略，甚至由于缺乏技术改进而无法进行批量化生产，随着时间的流逝和现代化建设的逐日推进，这些技术也可能被人们所遗忘。虽然有少部分的传统工艺品已经得到关注，或进行了商品注册，或被进行了专利注册，或认定为物质文化遗产，但是对于中国这样具有悠久历史的古代科技大国而言，这些传统工艺品也仅仅是古代技术发明中很少的一部分，还有很多需要有识之士对其进行技术改进和申请专利保护，只有这样传统工艺才能得以延续和发展。以史为鉴，期望类似中国白铜这样的重要技术发明不再为他国所用，同时，让人们加强知识产权保护意识，保护自己民族的发明创造。

（原载《知识产权》2015年第3期，略有改动）

道光九年（1829）前后的行商制度危机及其调整

张　坤

在行商制度的长期发展过程中，曾数次遭遇危机。这种危机主要体现在行商倒闭数量多、欠外债数量大以及涉及外债行商多。在历史上，行商制度至少出现过3次严重危机：第一次在乾隆四十四年（1779），当时的8家行商全部欠英商债款，有5家最终倒闭；第二次在嘉庆十四年（1809）至嘉庆二十年，先有3行倒闭，其余11家行商中，有7家也欠外商的债；第三次在道光初年，波及5家行商，即道光三年丽泉行潘长耀、六年西成行黎光远、七年同泰行麦觐廷、八年福隆行关成发、九年东生行刘承霨，均先后破产。[①]

行商破产与商欠（“夷欠”）有密切关系，当然也有外商欠行商债务导致行商破产的情形，如丽泉行潘长耀因赊卖货物给美国商人，最终蒙受损失，[②]但这种情况所占比例较小。商欠产生有两个重要前提：一是行商代外商销货，由于货物滞销亏本，又不得不按原估价缴纳关税等原因累积大量欠款；二是行商向外商借贷融资，西方多余资本乐于以此生财。此外，政府和官员的盘剥勒索无疑助长了商欠程度。

清政府数次下令规范行商代外商销货以及向外商借贷的内容，而商欠也引发新行商承充制度的调整。道光九年前后的行商制度调整有其独特性：首先，当时的行商制度危机乃波及外商在华商业最为严重的一次，来自外商集体的压力增加了广东政府此次制度调整的力度和决心；其次，相应的调整涉及商欠问题、新行商承充制度以及规礼等口岸费用，并一直沿用至鸦片战争前，某种程度上延缓了行商制度的崩溃。鉴于该问题并未引起学界关注，[③]故撰此文，以期抛砖引玉。

---

① 林延清：《试论清中期的“夷欠”问题》，《近代史研究》1985年第1期。李鸿宾奏折称丽泉行于道光四年倒闭（参见蒋廷黼编《筹办夷务始末补遗（道光朝）》，北京：北京大学出版社，1988年，第638—640页），马士（H. B. Morse）书中载潘长耀于1823年陷入困境，并于是年8月5日去世。参见〔美〕马士著，中国海关史研究中心组译，区宗华译，林树惠校：《东印度公司对华贸易编年史（1635—1834）》第4卷，广州：中山大学出版社，1991年，第76页。

② 〔美〕小弗雷德里克·D. 格兰特著，周湘译：《丽泉行的败落———诉讼对19世纪外贸的危害》，《史林》2004年第4期。

③ 目前，学界对十三行的研究多从行名、行商个案、行商经营状况、行商与中外文化交流等商业史和社会史角度展开，较少从制度史方面进行考察。作为该领域的奠基之作，梁嘉彬《广东十三行考》（广州：广东人民出版社，1999年）虽探讨了十三行制度的由来、公行的设立和商总的出现，却未关注道光九年的行商制度调整。

一、道光九年行商的破产状况

道光初年，行商数量一路下滑，剩下的7行也仅有4家具备偿付能力。这里不涉及稍早破产的3家行商，仅就对行商制度调整有直接影响的福隆行和东生行的破产情况予以梳理。

（一）福隆行

福隆行（Folung）先后由2位行商承办，即最早由邓兆祥经营，之后则为关祥及其子关成发。史载："嘉庆十五年间，有福隆行洋商邓兆祥亏饷潜逃……其行业查有职员关祥向在该行司事，其子关成发亦随父帮办有年，经洋商黎颜裕结保接办福隆行务"。[①]陈国栋认为，邓兆祥和关祥于嘉庆七年合伙开办福隆行。之前，关祥在行外商陈安官名号下经营茶叶，通常被称为"九官"。[②]关祥很早即参与对外贸易，东印度公司也记载了与其在嘉庆九年的贸易，行号为Manhop，史学界习惯将之译为"人和行"。[③]此后，人和行一直与英国东印度公司有业务关系。嘉庆十五年，关祥父子承接福隆行务。直至道光八年，马士《东印度公司对华贸易编年史（1635—1834）》中才首次出现人和官———福隆行相对应的记载。[④]至于当年外商状告其欠款时，也将Manhop和Folung等同而论。[⑤]关于邓兆祥，英国东印度公司档案没有与之贸易的记录，惟有涉及人和官债务时提到他，称其为Inqua，散商有时将其音译为Heenqua。下列描述可确定其身份："他是老人和官之前的行商，逃跑了，猜想涉及一笔很大的款项，经皇帝授权在政府公报上报道，该报传达至道台一级的官员。"[⑥]1810年，"人和由于其合伙人英官（Inqua）逃匿而陷于窘境。人和与英公司的账目已结清，但英官曾和西班牙公司订有送交大量生丝的合约，他无法履行。人和企图拒绝负责英官的债务，但剌佛劝告他这是一种错误办法，于是他承受了这一负债。"[⑦]

道光八年，关成发陷入债务困境。从道光七年底至八年四月，英国散商麦格尼亚克行

① 故宫博物院文献馆编：《文献丛编》第9辑，第1页。转引自梁嘉彬《广东十三行考》，第312页。

② 陈国栋：《清代前期的粤海关与十三行》，广州：广东人民出版社，2014年，第263页。

③ 马士：《东印度公司对华贸易编年史（1635—1834）》（中译本）第2卷，第712页。

④ 马士：《东印度公司对华贸易编年史（1635—1834）》（中译本）第4卷，第178页。

⑤ 梁嘉彬认为人和商名为福隆，福隆行本邓兆祥与关成发合办，但并未解释为何关成发又接办（参见梁嘉彬：《广东十三行考》，第314—315页）。章文钦认为邓兆祥是第一位人和官，关成发是第二位人和官（参见马士：《东印度公司对华贸易编年史（1635—1834）》（中译本）第4卷，第132页）。根据对英国东印度公司档案的系统研究，陈国栋认为福隆行是邓兆祥和关祥合办，后来为关祥父子经营，Manhop是关祥的名号，外商也用来称呼其子关成发，也用来称谓店名（参见陈国栋：《清代前期的粤海关与十三行》，第262页）。这种解释应该是准确的。因此，后期福隆即人和，人和即福隆，二者等同而论，且在关成发名下。

⑥ *The Canton Register*, August 23 , 1828, Vol. 1 , No. 33.

⑦ 马士：《东印度公司对华贸易编年史（1635—1834）》（中译本）第3卷，第131—132页。

(Magniac & Co.）连续4次向两广总督李鸿宾控告关成发和联合经营该笔生意的铺户怡隆号（Elung's House）王世宽（Wongseikoon）“诈骗或偷窃了1820包的棉花，价值59823元，恳请使其赔还”，指责总督推诿，不肯为他们伸张正义，“允许人和行和怡隆行不受惩罚地逃跑，谁还会再相信官商?”“递禀人已经历了五六个行商的倒闭，但从未听说其中的一位不诚信……而现在，被告不受惩罚，反被保护”。李鸿宾对第四份禀帖大为光火，认为麦格尼亚克行选错交易人，自食其果，“不断递交状纸，说福隆行秘密运走了他们的棉花，却不能提供足够的证据。”但也申明要按法律处置人和行等涉案人员，同时严厉警告：“若敢再次骄纵，喋喋饶舌抱怨，将下令将其逮捕，严厉惩罚，同时写信令其国王严惩，以制止此蓄意野蛮之举。”据外商报纸载，截至1828年6月7日，怡隆号铺商已被追回监禁。①

导致麦格尼亚克行控诉关成发“诈骗或偷窃”的原因是，关成发的中国债主在棉花货款尚未付给外商的情况下偷运棉花抵债。英国东印度公司原本打算收回被关成发的中国债主私自运走的3万包棉花以挽救人和行，最终没有成功。人和行欠外商债务达190万元以上，于1828年5月10日宣布破产。②据道光九年十月初三日李鸿宾奏，关成发“共欠饷银三十四万三百一十一两零，又陆续积欠英吉利等国各商夷人货价银一百零九万九千三百二十一元零……”③按当时银元和纹银兑换比率换算，这两组数字应是一致的。

按照惯例，清政府安排行商以公所基金分期8年偿还债务，在英国散商的抗议下，缩短为7年。英商只得接受这样的安排，但颇有微词，他们在报纸上公开表示，“考虑到政府给外国商人提供保护的性质，所有商品按照规定都要与公行交易，为得到这种保护，我们认为债款应严格由中国人一体承担，立即从政府的财库流出来，不管将来对本国商人如何安排。”使用公所基金还款“只不过是从外国人自己身上征税而已，经过暂时的损失后，最终是一笔收益。”④英商认为，人和行破产的原因是承接了大量外商货物，过重的债款使其牵涉到一大笔政府税款的拖欠。⑤

1829年2月2日，公行赔偿了人和行债款的第一期，占债务总额的1/6。⑥1830年8月，关成发被发配充军伊犁，死于中途。与其同行的另一名破产行商西成行商黎光远（Pak-qua)，虽在途中被骗走所有钱财，但最终安全到达伊犁。受广东道御史郑（Ching）的影响，黎光远在当地成为一座寺院的住持。⑦

① To His Excellency the Governor General of Kwongtung and Kwangsei Province , A Respectful Petition ; Le , Vice President of the Military Board , Governor of Canton, A Public Reply to the Indian Barbarian Merchants Magniac and Jardine , *The Canton Register*, June 7, 1828, Vol. 1 , No. 23.

② 马士:《东印度公司对华贸易编年史(1635—1834)》(中译本)第4卷，第184页。

③ 转引自梁嘉彬《广东十三行考》，第315页。

④ *The Canton Register*, August 16 , 1828, Vol. 1 , No. 33.

⑤ *The Canton Register*, May 17 , 1828, Vol. 1 , No. 20.

⑥ *The Canton Register*, February 19 , 1829, Vol. 2 , No. 4.

⑦ Transported Bankrupt Merchants , *The Canton Register*, August 2 , 1830, Vol. 3 , No. 15.

（二）东生行

首位章官是刘德章。梁嘉彬将章官行的最早记录确定在1811年，[①]但仔细翻阅东印度公司资料可知，章官行第一次参与东印度公司的贸易是在1794年。由于所代购的茶叶价格较高引起公司不满，章官一边设法补救，一边恳请公司将一小份贸易份额分给他，公司给了模棱两可的答复，[②]但其和公司的贸易持续了下来。章官行可能于1793年承充行商，因为公司记录该年有3位行商“委员会所知甚少或完全不知，所以拒绝接受他们当保商，但声明准备和他们做现款交易”。[③]嘉庆五年（1800），章官将英国皇家船“天佑号”的受伤者克赖顿带入商馆照顾，为此承担了“巨大危险和责任”。公司认为其一定“花了一笔相当的款项，以免死者的家人向政府申冤和控诉”。[④]1807年，章官行上升为第三位的行商，参与和公司的贸易。1810年，作为一名老资格行商，章官当值理事。[⑤]是年，由于在清理谦官债务中不利于公司，章官遭到公司惩罚。当时公司选择亚成（Ashing）为谦官债务赔偿的收款人，但随后亚成和谦官即被监禁和审讯。根据谦官隐晦的线索，剌佛认为章官就是幕后唆使人。公司决定将章官的茶叶和毛织品份额减为1/20，此后公司生意在行商中的分配即不再公开，而是秘密决定。尽管后来分配给章官的份额并没有减少得那么厉害，但刘德章则负气拒绝了他所有的份额。[⑥]

此后，章官经营的东生行经常和英公司有贸易往来。1825年，刘德章去世，东生行业务稳固，由其儿子们继续经营。[⑦]然而，这种稳固只是表象，绰号“老虎”的章官一经去世，行号倒闭的兆头就已经显现，章官的儿子们开始纷纷抢夺家产。1826年，次子（即第二位章官刘承霨）宣称打算退出行号，并于2月正式办妥，且通知英公司主席，其本人也将于一个月内离开广州。[⑧]刘承霨退休之时，“将他行号的一股售给英官（Inqua），[⑨]并组成一家新行（包括他的儿子和英官），宣称财产值30万两。一年以后，英官发觉财产估值过高，而他已经从积累的债务中得回一笔利益，获准解除合伙责任，但继续担任司事。该行陷入困境。”[⑩]

① 《广东十三行考》，第301页。

② 马士：《东印度公司对华贸易编年史（1635—1834）》（中译本）第2卷，第574页。

③ 马士：《东印度公司对华贸易编年史（1635—1834）》（中译本）第2卷，第514页。

④ 马士：《东印度公司对华贸易编年史（1635—1834）》（中译本）第2卷，第734—735页。

⑤ 马士：《东印度公司对华贸易编年史（1635—1834）》（中译本）第3卷，第132页。

⑥ 马士：《东印度公司对华贸易编年史（1635—1834）》（中译本）第3卷，第143—147、155页。

⑦ 马士：《东印度公司对华贸易编年史（1635—1834）》（中译本）第4卷，第114页。

⑧ 马士：《东印度公司对华贸易编年史（1635—1834）》（中译本）第4卷，第160页。按：译者将原文elder son翻译成“长子”是错误的，应是“较大的儿子”。实际上，刘承霨是章官的第二子。参见From a Correspondent，*The Canton Register*，October 1，1831，Vol. 4，No. 19。

⑨ 此处的Inqua（英官）与上文提及关成发的合伙人同名，笔者认为应不是同一人。待考。

⑩ 马士：《东印度公司对华贸易编年史（1635—1834）》（中译本）第4卷，第214页。

陷入困境的东生行首先通过房屋和仓库地契的抵押以及向外商借款的办法，清理国内茶商的债务。剩下的债务中，包括政府关税2.4万两，但最主要的债务是从尼德兰公司（The Netherlands Co.）购入大批羽纱，以及从另外一家西班牙商行购入大批宽幅绒。这两家商行认为只有“请求该行从前的行东章官的长子（笔者按：应为次子，即刘承霨）”帮忙，才能偿还其货款。这两家商行请求英公司大班介入，以要求刘承霨返回广州。英公司有感于广州贸易前景可危，也急于改善。大班米利特最初介入此事，向广东政府申请上述要求。随后，公司委员会又收到44名孟买帕西商人于1829年5月15日签署的一份备忘录，请求特选委员会致函中国当局，增加行商数目，并准许与行外商人贸易。[①]由此可见，东生行欠款并非源自英公司，而公司为了改善岌岌可危的在华贸易却积极介入，并承担了全体外商首领的角色，要求刘承霨必须回来偿还债务。

1830年2月20日，刘承霨返回。但此时外商和广东当局的交涉已经结束，因此刘承霨并没有带来任何资金。鉴于东生行的债务状况，英公司并未给其分配贸易配额，这间接导致海关监督增加了对其他资历尚浅行商的勒索。[②]是年夏天，坊间一度谣传刘承霨承诺赔偿其弟兄们的税项，并正在安排偿还欧洲人指控的早期债务，打算独自主持行务。[③]然而，刘承霨最终还是从此事脱身。东生行的司事是刘承霨的七弟，外商称之为“Mr.Dundas”，刘承霨则被指责侵吞公款，谓之“Lord Melville”。精明的兄长们纷纷携资离开，而老七由于母亲是广州人，又是庶出，故无路可逃。当该行陷入困境时，老七独自承受来自各方的压力，被称为第三位章官。1831年9月15日，老七在南海县寓所上吊而死，公司于9月28日得到消息。传闻南海县令威胁老七“若不拿出3000两银子（另有2000两的说法），就要将其拘捕”。由于担心更多的需索、难以应对的困境以及发配伊犁的前景，老七绝望了。老七过世之后，其妻状告南海县令；而行商为其结局甚感悲哀，筹3000元周济其家人。相比之下，刘承霨有大量钱财，在南海县令的需索下过了一段奢侈日子后，被允许离开广州，并最终回到老家，背弃了其债权人，留下倒霉的弟弟承担全部重责。对其不断的申诉，两广总督假装听不见。英人慨叹，“在这种状况下，外国商业又有何保障而言呢?”[④]

二、调整行商制度之交涉

在东生行陷入困境时，英国东印度公司采取了一种示威办法——令商船“延不进口”，以使广东政府为关税而产生焦虑，趁机提出增加行商数目等要求。这个决定从1829年7月

① 马士：《东印度公司对华贸易编年史（1635—1834）》（中译本）第4卷，第215页。

② 马士：《东印度公司对华贸易编年史（1635—1834）》（中译本）第4卷，第232—233页。

③ *The Canton Register*, June 15, 1830, Vol. 3, No. 12.

④ Suicide, *The Canton Register*, September 15, 1831, Vol. 4, No. 18；马士：《东印度公司对华贸易编年史（1635—1834）》（中译本）第4卷，第271页；From a Correspondent, *The Canton Register*, October 1, 1831, Vol. 4, No. 19.

底做出，直到次年2月才结束。交涉期间，海关监督延隆去世。1829年8月8日至12月17日，李鸿宾兼任海关监督，几乎负责了和外商的全部交涉。12月18日，新任海关监督中祥到任。英公司方面，部楼顿为委员会主任，但其始终处于被孤立的地位，其余3位成员都是激进派，双方的争执一直持续到最后。①

（一）“延不进口”期间交涉概况

面对英国东印度公司商船“延不进口”，李鸿宾认为英商一贯“桀骜”“迭次滋事”，于是一面下令将“潜携银两回籍”的刘承霨“解粤以凭讯追查”，②一面答复公司提出的改革行商制度的要求。

根据李鸿宾的奏折，当时湾泊不肯进口的英船有22艘，除1艘因桅杆折断驶入黄埔修整，“余俱在澳门外洋湾泊，延不进口”。③这种抗议活动给广东政府带来一定程度的压力，虽然李鸿宾在给朝廷的奏折中说英商每年数十万两的货税在天朝看来“无关毫末”，且鸦片走私致使内地白银外流，天朝“得者少而失者多”，④但他对此并不敢怠慢。

双方交涉的第一阶段，从1829年9月1日公司委员会送给李鸿宾第一件禀帖起，至11月16日止，双方共往来函件5次之多，交涉内容不断扩充。从最初要求挽救即将倒闭的东生行、增加行商数量，又增加了减少规礼、准许与行外商人交易的要求；后来还补充了清算新老行商债务、不要保商、自由租住商铺等内容。从最初2条扩展到8条，显示了在华外商反对广州体制不断高涨的声势。李鸿宾最初的推诿态度也鼓励了外商社团，“他说，有些提议值得周详考虑”，于是陆续有“广州的英国散商、帕西商人、尼德兰领事以及西班牙商馆主任”递交同样内容的禀帖声援英公司。但这时，“总督以一种严厉的语气答复，显然，他不明白为什么他们干预他与英公司之间的私人争执”。⑤

从1829年11月17日至次年2月2日，英商内部逐渐产生争执，保守派开始占上风，交涉进入第二阶段。根据英方记载，这一阶段英商再次递禀，并准备了给皇帝的禀函，都被李鸿宾和新任粤海关监督中祥驳斥和退回，他们的“语气是温和而令人信服的”，于是委员会在其1830年1月25日的复信中降低要求，“多就已经允准的方面论述”“唯一希望是及早宣布批准和加多新的行商，以及规定的口岸税大为降低”。此后，李鸿宾在1830年2月2

① 详见拙作《“夷情”的误读——道光九年英船“延不进口”案评述》，《苏州大学学报》（哲学社会科学版）2010年第1期。

② 故宫博物院编：《清代外交史料·道光朝三》，《两广总督李鸿宾等密奏英船干请未遂延不进口并属严防各缘由》，北京：故宫博物院文献馆，民国二十一年（1932）刊本，第15—16页。

③ 故宫博物院编：《清代外交史料·道光朝三》，《两广总督李鸿宾等密奏英船干请未遂延不进口并属严防各缘由》，第15—16页。

④ 故宫博物院编：《清代外交史料·道光朝三》，《两广总督李鸿宾等密奏英船私带鸦片入口偷买官银出洋请禁其贸易片》，第16—17页。

⑤ 马士：《东印度公司对华贸易编年史（1635—1834）》（中译本）第4卷，第221页。

日答复了这两点，“已用各种办法去另派新行商；已经派了一个，他有理由希望可以再得到七个或八个；……对于进口规费问题……已提请皇上圣鉴”。委员会大致接受了这一答复，于是开始催令船只进口开展贸易。[①]

（二）英商提出的改善贸易要求

公司委员会在提出8条要求时，还直接指出行商制度破败的根源：“富有而受尊敬的人不愿成为官商有两个原因：一是他们处在海关监督及其下属和仆人重压之下，被任意需索，人性不堪承受，富人曾说宁为一条狗，不愿当行商。二是人一旦成为行商就终生成为囚徒，不能以安于财富或年老体弱等原因退休。一些公行商人宣布他们宁愿放弃八成财富换取退休，只享用其他二成。当一名行商花费重金买得退休，他又得立刻重返本行，即使他不欠任何人的钱。因此没有人能被引诱当行商。”“政府必须给商人充分的保障，可以退休，不被海关监督及其下属侮辱和需索，不需要交任何费用就可以承充行商和外国人贸易。”[②]所有这些问题被李鸿宾归纳为11条，并依次进行答复（参见表1）。

表1　道光九年英商交涉问题及答复

英商涉及的问题和要求	李鸿宾的答复
1. 关于行商不许退休。	前任总督百龄(Pak)提出，准许行商退休则无法偿还债务及上交税款。将来行商数量增多且精明能干，可提出退休申请。
2. 关于行商被海关监督及其下属侮辱、需索。	本总督兼任海关监督期间，将免除所有规费，不许下属索取一文钱，将来海关监督也将如此。
3. 要求不允许章官行破产。	已向安徽省抚院发出公文令刘承霨回粤。
4. 要求新行商不再还破产行商的债务。	谕旨允许新行商只要一二现任行商担保即可。此后若有倒闭，只有担保行才负责赔偿。外商不许借债给行商。
5. 要求清算行商债务，免除对他人债务的赔偿责任。	行商必须赔完全部债务，此后若有新债，行商与外商须每年底呈报，否则不得追索。
6. 关于目前债务清还后，新行商不必缴纳行用。	还款要几年时间，新行商加入也要赔款。不能在指定的年限赔完，对外商更加不利。当按照旧例。
7. 要求进口税当日交清，以五日为限。	由于外国货价格的不稳和熔铸纯银的耽搁，五日太仓促，可以安排从货物查验到交税共20天时间。
8. 外商可自由租用货栈、自己交税。	这与既定章程不符，又恐被不法之人所累，行商难以纠察，不可行。
9. 要求不要保商和买办等。	不便于商业管理，不允。
10. 要求免除外船进港费用和规礼等，其余的收费应该按船的大小来收。	此乃雍正年间形成的定例，难以更改，但可奏报皇帝略为减少。
11. 管理费由船长交给官员。	不可，仍由行商代收。

资料来源：*The Canton Register*，December 22，1829，Vol. 2，No. 24；马士：《东印度公司对华贸易编年史（1635—1834）》（中译本）第4卷，第220—223页。

① 马士：《东印度公司对华贸易编年史（1635—1834）》（中译本）第4卷，第231—232页。

② *The Canton Register*，December 22，1829，No. 24，Vol. 2.

其中，有6项内容是表示李鸿宾答应或有所让步的方面：行商退休问题将来有可能得到改善；目前免除新行商入行规费，将来也会免除；已下令章官的次子返回广州；增加行商数量，只需一两个行商担保；清理商欠，但不免除行商相互连带责任；答应上奏皇帝减少进口规银等。对于当时的中外关系格局而言，这足以暂时平息外商对行商制度的担忧，使得贸易维持下去。

三、道光九年对行商制度的调整状况

（一）新行商承充制度的调整状况

新行商入行的担保经历了两种形式的循环更替。最初入行是由一二行担保，这种情况持续到嘉庆十八年。当年，为清理福隆行邓兆祥商欠案，粤海关监督德庆提出，“向来开设洋行，仅凭一二商保，即准充商，并不专案报部，本非慎重之道。遇有一商亏饷，每致贻累通行。……只因向无总商办理，未能画一”，建议设立总商，“嗣后如遇选新商，责令通关总散各商公同慎选殷实公正之人，联名保结，专案咨部备查”，[①]以求确保行商能够担当其职责。这是第一轮的调整。第二轮调整又回归到新行商入行由一二行担保的老规矩上，原因是由于行商数量不足，即道光九年所面临的状况。此后，又有第三轮调整。道光十七年，邓廷桢等奏请回归新行商承充时“总散各商联名保结”的办法，[②]以使行商增加连带责任，杜绝走私。

这里主要论及第二轮调整。道光九年，在英船“延不进口”事件前夕及东生行面临破产之际，行商数量降为7名，有偿付能力的仅有4位。在此危机之时，海关监督延隆奏请改变新行商承充制度以增加行商数量，认为总散各商联名保结导致新行商承充困难，“是以十余年来，止有闭歇之行，并无一行添设”，今后应“仍照旧例，一二商取保著充”，可先由“臣查访得实，准其暂行试办一二年，果其贸易公平，夷商信服，交纳税饷不致亏短”，即可承充。[③]根据该命令，外商听说海关监督希望将行商数量在7人基础上，再增加3人。[④]

总散各商联保制度某种程度上有助于行商同业权益的维护。1828年，巨富盐商李六爷（Le Lok-yay）的弟弟李九爷（Le Kow-yay）想要成立一行专办美国贸易，拟借其兄和行外铺商的资金，以应付新行所需缴付的规费及预付款。“海关监督从筹办一个新行中，可以征收巨额规费，故支持这一计划”，但由于行外铺商没有经营外贸的资格，行商拒绝接受

① ［清］梁廷枏总纂，袁钟仁校注：《粤海关志》卷5，广州：广东人民出版社，2002年，第498—499页。

② 梁廷枏：《粤海关志》卷5，第499—500页。

③ 梁廷枏：《粤海关志》卷5，第499—500页。

④ Hong Merchant，*The Canton Register*，July 16，1829，Vol. 2，No. 14.

这样一个同行，“海关监督面对种种困难，撤销了他的赞助”。[①]因此延隆奏请恢复新行商承充“一二商取保著充”的旧例，也有私心在里面。

“延不进口”事件前夕，延隆声明将新行商所交规费从7万两降到1万两，且李鸿宾已提前承诺要取消全体旧行商联保新行商的规定，而旧行商也急于有新同事来分担责任，但仍无人提名。[②]为了得到新行商，延隆曾逼迫数名富人充当行商。其中，黄和龄（Hwang-Ho-Ling）的遭遇特别典型。黄是一名地主出身的富人，并无经商经验，延隆手下负责财务的官员为逼迫其承充行商，最终使用了酷刑。据说为了免除承充行商，黄还特别向延隆行贿，但仍不得脱。直至延隆去世后，其寡母才得以向两广总督李鸿宾递交诉状，声称儿子若不被释放，将到北京向皇帝诉冤。李鸿宾读后大为光火，立即将该官员解职，释放黄和龄。[③]显而易见，这时期的行商不是一个令商人们趋之若鹜的肥差。

虽然入行的门槛降低了，新行商的加入仍然数量极少，拖了一年多才陆续增加了2个新行，分别是同顺行吴健彰（Samqua）和福顺行（Fuk-tsune）王大同（Wong Ta Tong）。[④]当然，也有试办后迟迟不肯具结承充者，如道光九年后，“新充之仁和行商潘文海，试办已历七年，屡催未据出结咨部。又，孚泰行商易元昌、东昌行商罗福泰暨新充尚未列册达部之安昌行商容有光，试办或届二年，或逾一年不等。”[⑤]以至于新任两广总督邓廷桢要限期一月令其承充，否则即以除名。

在这种情况下，有无可能出现贿赂总督承充行商的事？《清史稿》记载：“广东通商久，号为利薮。自嘉庆以来，英吉利国势日强，渐跋扈。故事，十三行洋商有缺，十二家联保承充，亏帑则摊偿。英领事颠地知洋行获利厚，欲以洋厮容阿华充商，诸商不允，乃贿鸿宾得之。颠地曰：‘吾以为总督若何严重，讵消数万金便营私耶！’于是始轻中国官吏。容阿华寻以淫侈耗赀逃，勿获，官帑无著，不能责诸商代偿，乃以抽分法为弥补，众商藉以渔利，夷情不服，日益多事。”[⑥]

这段文字所涉及内容矛盾丛生。首先，其背景只能是李鸿宾担任总督的前几年，即道光六至八年，因为之后新行商承充不再需要全体行商结保。颠地兄弟二人在东印度公司垄断的缝隙从事散商业务，其既非英领事，又实力弱小。[⑦]其次，颠地要亲自出钱为一名商馆买办承充行商，此乃天方夜谭，和行商历史相悖。另据上文“李九爷”事，海关监督不能在“诸商不允”的情况下支持新行商加入，李鸿宾参与此类事务成功的可能性不大。再

① 马士：《东印度公司对华贸易编年史（1635—1834）》（中译本）第4卷，第179—180页。

② 马士：《东印度公司对华贸易编年史（1635—1834）》（中译本）第4卷，第216页。

③ *The Canton Register*，September 2，1829，Vol. 2，No. 16；*The Canton Register*，December 12，1829，Vol. 2，No. 23.

④ 梁嘉彬：《广东十三行考》，第359页。

⑤ 梁廷枏：《粤海关志》卷5，第500—501页。

⑥ ［清］赵尔巽等：《清史稿》第38册《列传153·李鸿宾传》，北京：中华书局，1977年，第11450页。

⑦ 兄长托马斯·颠地，挂名撒丁领事；弟弟兰斯洛特·颠地（即后来林则徐禁烟通缉的鸦片商人），挂名撒丁领事秘书。

次，“不能责诸商代偿，乃以抽分法为弥补，众商藉以渔利”前后矛盾，不知所云。行商债务连带赔偿既以行用，即文中所谓抽分法，却又视为两类。既然众商被迫赔偿，又所渔何利？最后，容阿华事若果真存在，定然值得大书特书，却于正规史料中踪影绝无。[①]事实上，道光九年之前很长一段时间没有新行商加入，“是以十余年来，止有闭歇之行，并无一行添设”。[②]故，《清史稿》中这段文字为不实之载。

另一个显著问题是，海关监督对行商的需索并未改变。就在李鸿宾承诺不向新行商索要一文钱之后，为了中祥孙子帽子上一颗昂贵的珍珠，行商每人捐献2000两。而中祥即将到来的生日据说要行商捐献1万两白银。这与李鸿宾签署的邀请商人参与公行的承诺很不一致。[③]李鸿宾本人也未完全兑现他的承诺，每家新行号最终付出的花费达42 024元，包括给海关监督2万元，给书记、幕僚、轿夫、守卫、下属等几千元，给总督和副总督、幕僚、巡役等，还有1000元给南海县及其下属。[④]

（二）港口规费的降低情况

规礼自雍正四年（1726）改为归公，至乾隆二十四年后逐渐形成了一个固定数字：1950两，折算纹银1813.5两。其中包括放关纹银480.42两，粮道放关纹银116.424两，入口礼纹银1013.364两，余204.292两交通事支各项零用。[⑤]根据外商要求，李鸿宾向道光帝上奏减少规礼数额，将其中的入口规银1125.96两“九折扣算”后减去两成，出口规银500余两和放关银130两则照旧。[⑥]这次调整使得英公司船规银减为1718.502两，实际交1719两。[⑦]在具体操作中，有许多实际调整状况，也有数字及办理的差异。总的来说，外商的集体意见得到了某种程度的重视。按照粤海关的计算，以往全部外船进港费合计1125.960两，9折为1013.364两。在此基础上，三等船一律打8折，为810.691两。法国船同样办理，单鹰国和双鹰国船要多收100两，苏喇（Soola）船要少收100两。[⑧]

此外，买办聘金减少了，船只进口后的各种费用也得到降低。根据公司记载，53人以

---

① 与李鸿宾相关的史实考证详见拙作《受贿与缉私：道光六至十二年两广总督李鸿宾史事考》，《暨南学报》（哲学社会科学版）2007年第1期。

② 梁廷枏：《粤海关志》卷5，第499页。

③ *The Canton Register*，December 22，1829，Vol. 2，No. 24.

④ Charles Gutzlaff，*China Opened：Or A Dispaly of the Topography，History，Customs，Manners，Arts，Manufactures，Commerce，Literature，Religion，Jurisprudence，Etc. of The Chinese Empire*，Vol. 2，London：Smith，Elder and Co. 65，Cornhill，1838，p. 80.

⑤ 许地山辑：《达衷集》，香港：龙门书店，1969年，第174页。

⑥ 梁廷枏：《粤海关志》卷8，第169页。

⑦ 马士：《东印度公司对华贸易编年史（1635—1834）》（中译本）第4卷，第244、395—400页。

⑧ 按照当时英国人的了解，单鹰国是普鲁士和奥地利，双鹰国不知具体所指（参见*The Canton Register*，August 2，1830，Vol. 3，No. 15）。袁钟仁认为，单鹰国是普鲁士（一说为丹麦），双鹰国即奥地利（一说为意大利）。其第二种说法采自《海国图志》卷79注（参见梁廷枏《粤海关志》卷25，第490页）。本文认为袁先生的看法取自二手资料，并不正确。

下公司船买办聘金原为848元，现为496元。港脚船买办费则从672元下降到392元，[①]另有一种说法为391元。[②]公司船，以往每艘大船费为1165元，船队每年费用2352元；现在每艘大船703元，船队费用602元；20只大船的费用从25652元降至14662元，预计每年节省11000元。港脚船，不分船只大小，每船总共缴纳白银810.691两。

各种年费减少了1/3，有些甚至全部取消，如黄埔海关每年11天的戏剧赞助费1100元。保留了新来广州“乘务长”交的2.5元规费。取消了抛锚交的20元、过秤交的20元，以及每年8元的香火钱。小船的收费从847元降到496元。减轻几位官员的负担为每三月轮值，原收40元提供床、家具等，现在减少到20元，并由所有黄埔外船均摊。外国小船被雇用运货每船征收4.5元的费用。[③]

（三）为杜绝商欠确保关税而采取的措施

早在乾隆二十四年，为杜绝商欠，两广总督李侍尧《防范外夷五事》即规定行商不许向外商借贷，“有违禁借贷勾结者，照交结外国借贷诓骗财物问拟。所借之银，查追入官”。[④]但该规定执行不力，至乾隆四十五年，由于颜时英、张天球商欠案，重申行商不得向外商借贷，行商代洋人销售货物，“令各行商公同照时定价销售”，[⑤]同时开始增收“行用”，用以支付倒闭行商的欠款，这改变了行用的性质。[⑥]乾隆四十九年，办理蔡昭复商欠案时再次规定，行商代洋人销售货物，“必须公平定价，并令中商立保，将来可以清偿，始准存留。仍立定限，务将本利按年全还，不得以于限外稍有拖欠。如逾限不清……令出保各商先为填还”。但这种调整似乎并未完全奏效，由借贷和售货产生的商欠问题不断延续下去。至乾隆六十年，石中和商欠案使得清政府将每年清理商欠的数目定在十余万两，不得过于此数，如有拖欠过多，随时勒令清还，即自今岁为始，通饬各洋商一体遵照办理。”[⑦]

由于商欠屡禁不止，李鸿宾于道光十一年提出，凡有商欠，若行商和外商不每年上报粤海关，官府则不负责追查，“惟行商与夷商交易，有无拖欠尾项，向于夷商出口时虚报了事……应请嗣后除商民借贷夷商银两串引勾结者，仍照例究治外，其行商与夷商交易，每年买卖事毕，令夷商将行商有无尾欠，报明粤海关存案。各行商亦将有无尾欠，据实具结，报明粤海关查考。如有行商亏本歇业，拖欠夷商银两，查明曾经具报者，照例分赔；未经报明者，即不赔缴，控告亦不审理。”将每年尾欠银两赔偿日期限定为3个月，“若逾

① 马士：《东印度公司对华贸易编年史（1635—1834）》（中译本）第4卷，第245页。
② 据说新规则下比预计的多19元，即征收410元。
③ *The Canton Register*，August 2，1830，Vol. 3，No. 15.
④ 梁廷枏：《粤海关志》卷28，第546页。
⑤ 梁廷枏：《粤海关志》卷5，第492页。
⑥ 林延清：《试论清中期的“夷欠”问题》，《近代史研究》1985年第1期。
⑦ 梁廷枏：《粤海关志》卷5，第494、495页。

期不偿，许该夷商追控……其当时不控，过后始行控追者，不为审理。”[①]

商欠导致奏课无法按期完成，故治理商欠的最终目的是确保奏课。通常情况下，“粤海关税饷于一年关期届满，六个月内奏报起解。”[②]但拖欠时常发生，这与商欠密不可分。嘉庆十一年，户部奏言：“如有逾期不解者，即将管关之将军、巡抚、监督参办”。[③]李鸿宾解决税饷拖欠的办法是提前“奏报、起解”时间和责令保商、通事监管外商等。他认为，由于进口税占粤海关洋税的十分之六七，且行商借此机会挪用新税填补旧欠的现象较为普遍，这是形成“夷欠”问题的根源，故而整顿的重点是进口税。李鸿宾改变惯例，奏请采取措施3个月内完清关税，责令保商、通事各守其责，并严格规定，“以货换货，不许借给行商银两，行商照例交易，毋许多欠夷商货价。凡有一船回帆，即将一船进口饷银完清，方准请牌出口”，[④]以确保关税及早运送北京。

结　语

道光初年，行商制度再一次进入全面危机之中。从福隆行和东生行的破产状况可知这种危机如何深刻影响了在华外商的经营前景，所谓商欠、行商破产、行商数量减少不再仅仅是影响国家关税的局部问题，更升级到外商对行商制度合理性的质疑。道光九年及稍后的制度调整并未走出原本行商垄断和担保对外贸易的窠臼，但其对外商权益给予了一定关照，最终仍是围绕确保关税而对商欠的处理作出进一步规定。此次调整虽然保守，却在某种程度上延缓了行商制度的崩溃。直到鸦片战争前，除了新行商承充制度再次回调外，其他调整一直延续下来，其重要性不容忽视。

（原载《中国经济史研究》2016年第5期）

① 梁廷枏：《粤海关志》卷29，第562页。

② 梁廷枏：《粤海关志》卷15，第308页。

③ 梁廷枏：《粤海关志》卷15，第318页。

④ 蒋廷黼编：《筹办夷务始末补遗（道光朝）》，第638—640页。

20世纪20—30年代英国的西沙立场及对中法日关系的考量*

郭　渊

20世纪20—30年代初，中国西沙权益因日本人掠夺资源以及法国的觊觎而遭到破坏。英国担心日、法在西沙的存在会危害其航海和东南亚殖民利益，为此其外交部及驻外机构、海军部不断交换信息和看法，对它们保持戒心，这在一定意义上反映出英国与他国之间在海上利益拓展和保全之间的矛盾和斗争。30年代后期，欧亚局势巨变，英国在远东的海上力量减弱，这使得它在应对日、法争夺西沙之事上持消极立场。此时期在西沙问题上，中法交涉、日法争夺等矛盾交织在一起，对以后南海局势影响深远，英国作为“旁观者”，留下了丰富资料，颇能揭示各国之间错综复杂的关系。尤其对于西沙归属问题，英国早期从历史和国际条约角度肯定了中国的西沙主权，后期尽管对归属问题采取“不介入”立场，但并未因反对日本占领西沙而支持法国的诉求。同时，中国政局的混乱以及海疆意识薄弱，在一定程度上限制了英国对中国西沙维权行为的支持，使它掌握的某些有利于中国的证据未发挥作用。近些年学界多从中国维权、中法交涉等角度阐述问题，少有阐述此时期英国西沙立场的演变以及对中法日关系的考量，①本文基于英国外交部档案并结合中法文献探讨上述问题。

* 本文是国家社科基金“维护国家海洋权益”专项“法英日南海档案的整理、编译与研究（1898—1945）”（批准文号：17VHQ005）的阶段性成果。

① 近些年来有学者从宏观视角剖析英国与南海诸岛的关系，涉及20世纪20—30年代西沙局势，但篇幅较短。Ulises Grandaos，“As China Meets the Southern Sea Frontier Ocean Identity in the Making 1902-1937”，*Pacific Affairs*，vol.78，no.3，2005;刘玉山：《论英国政府的南海政策（1920—1975）——以英国“外交部档案”为中心”》，《浙江师范大学学报》（社会科学版）2019年第5期等。同时，国内学者还探讨法国西沙政策的演变过程以及中法交涉，但对英国因素剖析的不多。如任雯婧：《20世纪初法国西沙群岛政策的演变——基于法国外交部20世纪30年代西沙群岛档案的考察》，《海南大学学报》（人文社会科学版）2018年第6期；王胜：《法国统治印度支那时期的西沙与南沙群岛政策》，《海南大学学报》（人文社会科学版）2015年第2期；郭渊：《20世纪10—20年代法国对西沙群岛的认知及政策，《暨南学报》（哲学社会科学版）2017年第7期等。学者们还探讨了20世纪英法之间围绕南沙南威岛、安波沙洲之间的矛盾与纠葛，但是基本上未涉及双方在西沙问题上的矛盾，如陈鸿瑜：《英国对于南沙群岛之主张及其影响（1930—1951）》，《“国史馆”馆刊》2016年第48期;Geoffery.C.Cunn，“Anglo-French Rivalry over the Spratlys(1930-1937)：An Aspect of World Historical Incorporation”，R.D.Hill(ed.)，*Fishing in Troubled Waters：Proceedings of an Academic Conference on Territorial Claims is the South China Sea*，Norman G.Owen and E.V.Robeas，The University of Hong Kong，1991.

一、英国对日本的防范与支持中国的西沙主权

第一次世界大战结束后，英国在东亚利益受到美、日发展的冲击，其传统优势地位面临挑战。然而凭借此前雄厚的政治、经济基础，20世纪10—20年代英国在东亚利益依然十分庞大，在对日美关系处理上奉行截然不同的政策，即防范日本与联合美国，而加强香港和新加坡的基地建设成为英国维护其利益的重要一环。在此背景下，英国对连接香港和新加坡的南海航线颇为关注，它担心如果某一海上强国控制西沙群岛，那就会直接威胁该航线进而威胁殖民地利益的安全。1922年，英国驻中国舰队总司令（Commander-in-Chief）就此问题向英驻华公使贝尔比·艾斯敦（Beilby Alston）指出："西沙群岛并不是一个很好的停泊之地，但是它们能为小型船只提供某种庇护，而它们横跨新加坡至香港贸易路线的地理位置，证明将其用作潜艇或突袭队的基地是合理的。"[①]该观点为英国外交部、海军部所接受，并成为此后一段时间它们分析西沙局势的基本出发点。

此时，日本不断向周边扩张，南海诸岛是其发展方向之一，并呈现出政府和商界人士相互结合的场景，而对经济利益的诉求主导了日本的立场选择。西沙及附近海域蕴藏着丰富的磷矿、渔业资源，为海南渔民的传统渔场，然而自20世纪10年代末起平田末治等人以台湾为基地，交相探险西沙和南沙群岛，进而盗采资源。[②]在得知西沙归属于中国后，平田等人停止盗采行为，后在日本外务省及台湾总督府的暗中支持下，假借中国商人之手承办岛务继续盗采资源。英国对此颇为警惕，1920年香港海陆军联合情报局（Joint Naval and Military Intelligence Bureau）奉命调查日本人在琼州海峡和香港之间的中国沿海为寻找舰队基地所进行的勘查活动，在"日本在华南活动"（1922年6月）的报告中，情报局详细列举日本人在东沙、西沙及广东近海的资源勘测和开采活动，并不无担心地指出："日本兼并处于香港和新加坡航线上这组群岛（西沙）是不可取的。它会在商业的幌子下，将其影响力扩展至南方。"[③]实际上早在1921年10月14日，英国"帝国防务委员会"常设防御小组委员会举行的第10次会议接受外交部的建议，"即日本不应在台湾以南建海军基地，因为这将威胁到（新加坡）与香港的交通，并使其更接近我们在远东最先进的海军

① "Doc.229，Sir B. Alston to the Maquess Curzon of Kedleston，Peking"，August 7，1922，Kenneth Bourne and D. Cameron Watt，*British Documents on Foreign Affairs：reports and papers from the Foreign Office confidential print（BDFA）*，P. Ⅱ，Series E Asia，Vol 27，China，March 1922-May 1923，University Publications of America，1994，p.238.

② 1917年、1918年，平田末治几次探险西沙。参见：JACAR（アジア歴史資料センター）、Ref.B04011138400、《「パラセル」群島燐礦関係一件 分割1（1-7-5-11）》，外务省外交史料馆藏。1918年5—9月，桥本圭三郎、神山闰次探险西沙群岛，1918年10月、1919年5月分别向日本外务省、农商省提出开采申请，并称西沙群岛"无所属"，"恳求将其纳入我帝国新版图"。参见：JACAR（アジア歴史資料センター），Ref.B02031158100、《各国領土発見及帰属関係雑件／南支那海諸礁島帰属関係》第一卷（A-4-1-0-2-1-001），外务省外交史料馆藏。

③ "Doc.242，Inclosure in Doc.240，Japanese Activities in South China，Naval Intelligence Officer's Reports"，June 1922，*BDFA*，P.Ⅱ，Series E Asia，vol 27，China，March 1922-May 1923，p.249.

基地。”①

为排斥他国占据西沙，英国试图通过外交、海关等途径达到目的，最初是敦促中国采取某种措施巩固西沙地位。1920年2月，英国驻华公使向北京政府海军总长萨镇冰提到日本占领西沙的传闻，建议中方应对群岛行使主权。中国海军部曾计划派遣一艘炮艇到西沙巡弋，但终未成行。②因日本人在岛人数日增，1922年7月，在驻华公使馆代办馆务罗伯特·亨利·克莱佛（Robert Henry Clive）支持下，海关总税务司法兰西斯·亚瑟·安格联（Francis Arthur Aglen）决定该年秋季派巡逻艇“并征”号（Ping Ching）勘查西沙，并有意让日本人知晓此事。③十年之后，英国外交部回顾此事时说，其目的是“彰显中国主权”。④然而上述计划终因英方顾虑卷入该事而未能成行。日本对英方的举动有所觉察，故向英驻东京大使馆暗示法国可能对西沙感兴趣，缘于该群岛临近印度支那。与此同时，日本驻香港副领事欲就西沙之事，向英国香港舰队参谋部作书面声明，即日本对西沙别无企图，后来该副领事并未遵守这一承诺。⑤英国还曾考虑向法国通报日本在西沙的活动情况，后来作罢。

此时法国对西沙的觊觎之念潜滋暗长。自19世纪末至20世纪20年代，法国及殖民机构对西沙的立场发展有三个节点：19世纪末印度支那总督觊觎西沙，提议在群岛建灯塔，但因法国外交部和海军部的反对而作罢；⑥1909年中国政府派舰调查西沙引起法国及殖民机构对西沙归属的讨论，最终有条件承认中国西沙主权的意见占了上风；1920年，日本一家航运公司致信法属印度支那海军指挥官询问“西沙群岛是否为法国所有”，并得到否定回答。该信在一定程度上反映了当时西沙归属与法、日无关的客观事实，却引起法国某报刊（《新欧洲》）的激烈指责，认为西沙群岛关系到法属印度支那东向的地缘安全，法国及殖民机构应该加以占领。⑦此事引起法国外交部及驻外机构、海军部、殖民部和印度支

① “Doc.234，Admiralty to Foreign Office，Admiralty”，September 15，1922，*BDFA*，P.Ⅱ，Series E Asia，vol 27，China，March 1922-May 1923，University Publications of America，1994，p.241.

② “F2971/2669/10，Foreign Office to Lord Tyrrell，Paris”，June 10，1931，FO 371/15509，China：ownership of the Paracel Islands，1931，*Foreign Office Files for China(FOFC)*，1930-1937，National Archives of the United Kingdom (NAUK).

③ “Doc.223，Sir B.Alston to the Earl of Balfour”，July 31，1922，*BDFA*，P.Ⅱ，Series E Asia，vol 27，China，March 1922-May 1923，p.232.

④ “F2669/2669/10，Minute，French Proposal to Occupy Paracel Islands”，May 8，1931，FO 371/15509，China：ownership of the Paracel Islands，1931，*FOFC*，1930-1937，NAUK.

⑤ “No.186，Minute Sheet，Paracel Islands，Question of China re-affirming her sovereignty over it”，May 29，1931，FO 676/98，Files of the Peking Legation：Paracel Islands (Folder 1)，1931，*FOFC*，1930-1937，NAUK.

⑥ 法国外交部主要从战略、经济上几无收益角度反对此事，海军部同意前者意见，并提出建造灯塔所费不赀，而且获益者可能是英国船只。耿昇译：《法国外交部档案选译》，《中国边疆史地研究报告》1991年第3—4期。

⑦ “Note du gouvernement général de l'Indochine. Direction des Affaires politique et indigènes”，mai 6，1921，*Ministère des Affaires Etrangerès*，*Archives Diplomatiques*，*Asie-Oceanie-Chine*，1918-1929，vol.312，Paris，France.

那总督对是否占领西沙的讨论，最终因时机未成熟而作罢。[①]然而印度支那总督府在此次讨论中开始搜集西沙与安南关系的历史资料，奠定了以后与中国交涉的“历史依据”基础。此时法国主要局限于内部讨论，似乎并未引起英、日等国的关注。

英法之间虽在海南岛问题上有芥蒂，[②]但与英日关系相比则占次要位置。在20世纪10年代，英日同盟的关系在美国、自治领不断施加压力下越来越难以维系，相互之间的隔阂和猜疑日渐加重，终于在1921年的华盛顿会议上被埋葬，变成了不甚可靠的《四国条约》，然而日本并未挑战英国在东亚的利益存在，两国尚未反目成仇。英国虽然警惕进而排斥日本在中国南部的存在，但是两国在南海地区尚未形成利益上的纠葛和矛盾，还不至于拉拢法国共同对抗日本，故没有必要向法国透露它所掌握的日本在西沙活动的情报，以避免法国对南海局势出现误判。如果考虑到前述双方在海南岛问题的芥蒂，英国的担心并不多余。

英国在防范日本占据西沙群岛时，亦担心孙中山和南方政府为获取日本支持而“出卖”西沙群岛及中国南部近海地区。1922年8月7日，英驻华公使艾斯敦致函外交大臣乔治·纳撒尼尔·寇松（George Nathaniel Curzon），报告孙中山与“日华林矿工业公司”代表签订的密约情况，并说该公司“向南方政府提供武器，以换取某些特许经营权，例如海南和包括西沙群岛在内的广东所有岛屿的开发权”。[③]这个文件由香港海陆军联合情报局秘书处传递给英驻广州总领事杰弥逊（James William Jamieson），并由后者与英国驻中国舰队总司令商量后呈报给艾斯敦的。由此可见英国对中国近海局势的关注，然而该传闻后来证明不实。尽管如此，英国政府还是“以忧虑的目光看待日本企图在中国沿海地区，或在任何离岸岛屿，特别是那些在香港南部某处获得一个立足点”，为此要求海军部和外交部关注远东地区的外交政策和海军战略之间存在的密切关系。[④]深谙海权威慑作用的英国清楚地知道，如果日本及其他列强在中国南部近海获得“立足点”，将对其航线以及殖民地利益形成威胁，故反对之。然而英国主要关注西沙对于南海航线的作用，并未强调群岛的战略价值，而法国恰恰关注的是后者。

在20世纪20—30年代初，英国外交部及驻外机构、海军部在讨论西沙问题时，承认西沙归属于中国，认为1922年华盛顿会议签订的《九国公约》对维护中国领土归属颇为重

① 关于法国及殖民机构的详细讨论，参见任雯婧的《20世纪初法国西沙群岛政策的演变——基于法国外交部20世纪30年代西沙群岛档案的考察》，《海南大学学报》（人文社会科学版）2018年第6期；王静：《中法对西沙群岛的认知及政策的比较研究（1889—1909）》，《历史教学问题》2017年第5期。

② 19世纪末法国谋求海南岛，以扩大印度支那的战略纵深地，后因受到英国的反对没有得逞。肖玮：《甲午战后海南岛未沦为法国租借地背后的英法博弈》，《海南师范大学学报》（社会科学版）2017年第2期。

③ “Doc.229，F 2916/110/10，Sir B. Alston to the Maquess Curzon of Kedleston，Peking”，August 7，1922，*BDFA*，P.Ⅱ，Series E Asia，vol 27，China，March 1922–May 1923，p.238.

④ “Doc.234，F 2979/1292/23，Admiralty to Foreign Office，Admiralty”，September 15，1922，*BDFA*，P.Ⅱ，Series E Asia，vol 27，China，March 1922–May 1923，p.241.

要，各方应尊重并维护中国领土现状。1922年10月，英国外交部致信海军部，指出《九国公约》可以作为维护西沙现状的国际法保障，而采取割让、让渡或租赁群岛的任何步骤，可视为对该公约规定的违反，“因为除了中国，似乎没有其他国家声称西沙群岛主权，1909年6月6日中国在琛航岛升起了国旗，可以认为，这些岛屿在华盛顿会议召开的时候是中国领土，因此属于《九国公约》和中国作出的上述承诺范围之内。”[①]海军部同意外交部的意见，认为中国西沙宣示主权的行为具有国际法效力。《九国公约》第一条明确规定缔约各国协定“尊重中国之主权与独立，及领土与行政之完整”[②]。尽管这一原则内容空泛，且各国均有不同理解和打算，但尊重中国国家主权和领土完整毕竟是该公约的原则之一。英国强调的正是这一点，其目的是防止他国觊觎群岛，以及中国的让渡或租赁，但从客观角度上说，这是有利于中方维护西沙主权的。

《九国公约》是列强维护东亚和太平洋地区秩序的依据之一，英国作为该公约的制定者和维护者，试图利用该公约以维持该地区的力量平衡。正是在此背景下，英国在讨论西沙问题时反复强调该公约的重要性。直至法国挑起西沙争议，英国仍认为法国及其殖民机构在20多年的时间里（1909—1931）对中国宣示和维护西沙主权未提出任何反对意见，而这对于“声称”拥有该群岛主权的另一方是不可想象的。[③]然而“九一八事变”之后，东亚势力平衡被日本所打破，英、美等国无意按照华盛顿会议及《九国公约》来保护弱国的权益和领土，它们对日本侵略中国东北的暴举尚且无能为力，更何况与其利害关系不大的西沙问题，此后英国更多是从地缘政治角度分析问题，认为“这可能是法国对这些岛屿感兴趣的根本动机”[④]，而不再强调《九国公约》的作用了。然而中国外交部、海军部在西沙主权论证中，似乎并未认识到利用《九国公约》对维护领土权益的作用，以致于在批驳法方照会中并未提及该公约。

在20世纪30年代之前，尽管英、法、日对西沙地缘作用的考量不同，但是对中国主权基本上是承认的。自20世纪20年代起日本就承认西沙归属于中国，这一立场始终未曾改变，并以此反驳20世纪30年代后期法国侵占西沙的行为。法国及殖民机构虽然内部有占领西沙的声音，但在相当长的时间里承认中国主权是主导性意见。英国从维护自身利益出发，反对他国染指西沙，肯定西沙归属于中国。然而考察此时英国应对西沙问题的方

① “中国作出的上述承诺”是指1921年11月25日在华盛顿第六次全体会议上，中国政府代表所作的庄严声明：“中国一方准备达成谅解，不让渡、不租借领土或沿海地区的任何部分给任何列强”。参见鲍明钤：《鲍明钤文集》，北京：中国法制出版社，2011年，第709页。英国外交部档案对此记载不全。“F2669/2669/10，Minute，French Proposal to Occupy Paracel Islands”，May 8，1931，FO 371/15509，China：ownership of the Paracel Islands，1931，*FOFC*，1930-1937，NAUK.

② 张建华主编：《世界现代史资料汇编》（上辑），北京：北京师范大学出版社，2009年，第40页。

③ “F4669/2669/10，From Admiralty”，August 25，1931，FO 371/15509，China：Ownership of the Paracel Islands，1931，*FOFC*，1930-1937，NAUK.

④ “F7011/5619/10，The Paracel Islands”，September 26，1932，FO 676/85，Files of the Peking Legation：Sovereignty of China over Paracel Islands，1931，*FOFC*，1930-1937，NAUK.

式，可以看到它并未从维护地区秩序正义的立场，向国际社会公诸西沙归属于中国的历史事实，并公开表明自己的态度。可以说，英国对华盛顿会议之后所形成的东亚平衡秩序的维持缺乏必要的手段，它虽然预见到某些列强破坏地区秩序可能带来的后果，但又瞻前顾后，不愿采取预先防范行动（外交对话、帮助中国），又不愿使用必要的军事手段来维护其所宣称的道义原则，结果只能坐视南海秩序不久陷于动荡状态。

二、英国对中法西沙争执的关注及其立场

自20世纪20年代末，国际局势开始进入动荡期，英国的经济、政治和军事呈现衰退景象，只得着力维持欧洲局势，逐步减小对远东地区的力量投入。英国历史学家保罗·肯尼迪（Paul Kennedy）指出："华盛顿会议和20世纪20年代的经济原因完全消除了英国在远东地区的力量。正如我们所看到的，新加坡基地建设不得不再次中断；即使该港可以使用，也没有任何战列舰能够据守。"①这种窘境决定英国无力左右南海局势，它对西沙发生之事显得不那么热心了，但外交部及驻外机构、海军部等部门围绕西沙问题的资料搜集、讨论，使人能荡开迷雾，还原当时西沙某些真实的历史场景。

恰在此时影响南海局势的力量却潜滋暗长，法国及殖民机构见日本人从西沙群岛撤出（1928年）、中国政府陷于内忧外患而无暇经略南海之际，伺机采取行动，于是在1929年底至1930年初加快编造西沙属于安南的所谓"历史依据"步伐。而1930年1月广东省政府开发西沙的正常举措②，却直接促使法属印度支那总督皮埃尔·巴斯基埃（Pierre Pasquier）提出所谓的西沙"主权"问题。3月14日，他致电殖民部说，法国政府从未正式承认中国对群岛的主权，我们不能对中国地方政府开发西沙的活动无动于衷。③他的观点并未立即获得法国政府的支持，然而不久之后法国政界的某些重要人物以及报刊从战略上占领西沙群岛的声音，在一定程度上促使法国政府立场的转变，即由原来的沉默和观望，改变为与中国交涉并择机占领。④英国驻河内总领事弗雷德里克·格罗夫纳·戈顿（Frederick Grosvenor Gorton）立即将法国这一动向报告给外交部。⑤此后一段时间英国关注西沙局势就集中到了法国及中法关系上了，并侧重用地缘政治观点剖析问题。

① 保罗·肯尼迪著，沈志雄译：《英国海上主导权的兴衰》，北京：人民出版社，2014年，第304页。

② 自1910年代起，广东地方政府批商承办西沙岛务已多次，1930年1月14日广东省政府第五届委员会第46次会议议决将西沙资源的开采权收归政府，这属于正常经营岛务之事，并无特别之处。《严究承采西沙群岛鸟粪撞骗案》，《农业周报》1931年第64—65期，第453—454页。

③ "Télégramme du 14 mars 1930"，*Ministère des Affaires Étrangères*，*Archives Diplomatiques*，*Series E*，*Asie-Oceanie - Chine*，1930-1940，vol.743，Paris，France.

④ 谭玉华：《二战前法国南中国海政策的演变》，《东南亚研究》2012年第5期，第62页。

⑤ "F2731/2669/10，From Consul General Gorton（Saigon），Ownership of the Paracel Islands"，April 13，1931，FO 371/15509，China：Ownership of the Paracel Islands，1931，*FOFC*，1930-1937，NAUK.

法国及殖民机构的动向，引起英国外交部、海军部对西沙局势的讨论，它们初期对西沙局势的立场与20世纪20年代基本一致，即为维护香港至新加坡航线安全反对法国占领西沙。1931年5月8日，海军部在给外交部的一份备忘录中分析法国举动的因由："法国政府准备改变它们的政策，决定立即占领西沙群岛，以保证它们在中国海的海上联系安全。这组群岛将会形成一个潜在的海军锚地，它在战争之际对我们的舰队可能很有用处。海军部非常不愿意看到该群岛落入法国人手中。"①为阻止法国的占领行为，英国海军部认为中国尽快彰显在西沙的存在（建灯塔）是解决问题的有效途径，该部担心，如果中国行动迟缓，那么法国会获得占领机会。外交部基本上同意海军部的意见，认为还需要等待法国官方的正式说法，并责成驻法大使威廉·乔治·泰瑞尔（William George Tyrrell）了解法方情况。7月初，泰瑞尔拜访法国外交部长阿里斯蒂德·白里安（Aristide Briand），表达英国对西沙问题的关切。白里安非常圆滑地表示，他的法律顾问已"审查"西沙所有权问题相当长时间了，如果得出安南帝国早在19世纪就有效地控制了群岛的结论，那么法国将向中国提出交涉。如果双方有争议，法国就会提出国际仲裁的建议。他还保证说，不会出现法国兼并这些岛屿的问题，法国充分意识到《九国公约》第一条对中国领土的规定。

在给外交部的报告中，泰瑞尔对法方所说的历史上安南"拥有"西沙之论提出质疑，这是因为法越在知晓1909年中国西沙主权宣示的情况下却未提出抗议；他还暗示，法方更看重西沙对印度支那的地缘作用，"这些岛屿可能有朝一日被中国或他国，用作水上飞机或潜艇基地。"②在接到泰瑞尔的报告后，外交部对西沙事态的发展颇为乐观，在备忘录中写到："我们确信中国的主张是正确的，法国的态度不必引起我们的担心。中国不可能放弃这些岛屿，我们不反对将此事诉诸于国际仲裁。"③英国外交部及驻外机构、海军部对西沙问题的最初反应，是延续以前的立场，即支持中国西沙主权，反对法方单方面改变西沙格局的做法。这一地缘政治思维与20世纪20年代反对日本人在西沙的存在如出一辙，但并未提出应变之策。

法国向中国挑起西沙争执后（1931年12月），为了解争执的因由，英国驻法大使馆于是1932年8月初就此询问法国外交部。法方除继续坚持前说之外，又称因中国地方当局允许商人开采西沙鸟粪，故向中国公使馆提交照会。④这就将争议的责任推给中方。驻法大使馆在给英国外交部的电报中告知法方的说法，未作任何评述，但似乎对该部认知西沙问

① "F2669/2669/10，F.O.Minute"，FO 371/15509，China：Ownership of the Paracel Islands，1931，*FOFC*，1930-1937，NAUK.

② "F3869/2669/10，From British Embassy，Lord Tyrrell，Paris"，July 8，1931，FO 371/15509，China：Ownership of the Paracel Islands，1931，*FOFC*，1930-1937，NAUK.

③ "F3869/2669/10，Minutes，Reported French intention to occupy the Paracel Islands"，July13，1931，FO 371/15509，China：Ownership of the Paracel Islands，1931，*FOFC*，1930-1937，NAUK.

④ "F6071/5619/10，British Rambassy Paris"，August 8，1932，FO 676/85，Files of the Peking Legation：Sovereignty of China over Paracel Islands，1932，*FOFC*，1930-1937，NAUK.

题产生了一定影响，1933年该部在《中国年度报告》（1932）中写到："在这一年早些时候，当广东省当局呼吁商人开发群岛的磷矿资源时，争论不休的西沙群岛主权问题再次被提起。"[①]英国外交部在未调查中方的情况下就持此说法，显然有失公允，但并不等于支持法国的立场。在1932年8月一份备忘录中，英国外交部针对法方宣称的西沙群岛必在安南管辖之下的武断说法提出质疑："法国政府失言于诉诸'国际法'。"[②]这是因为法方曾向英国说过，如果中法对西沙归属有争议，法国将诉诸于国际仲裁；在另一份备忘录中它再次强调："中国国旗于1909年就在某岛屿上升起来了，法国人并没有提出反对意见。"[③]海军部亦坚持认为："除了中国之外，无论是法国还是其他国家，都不应该对这些岛屿提出主权要求。"[④]上述内容依然是英国对西沙归属的立场，但没有20世纪20年代对日本人那样的警惕及讨论得热烈。

英国与法国外交接触的目的，并不是斡旋中法西沙争执，而是对地区秩序"稳定"的关注。法国自然明了其意图，所以一面声称安南拥有群岛的所谓"历史依据"，一面又说尊重《九国公约》对中国领土主权的规定，企图以此堵住英国人质疑之口。法方虽有上述说法，但是英国外交部判断前者将基于地缘政治的诉求谋占西沙群岛，"它的目的是获得对印度支那一个有用的海防前哨"。[⑤]英国海军部则根据如下判断，对中国应对西沙局势持悲观态度：（1）中国的动荡可能"会分散中国对相对次要问题的注意力，如西沙所有权问题"；（2）中国"南方政权"为换取法国的支持，可能不挑战法国的兼并行为。为此它建议外交部与法国政府公开讨论问题，以避免被动地接受西沙既成事实。[⑥]它低估了中国政府捍卫领土主权的决心，但认为中国时局动荡诱发他国觊觎之心却是事实。英国外交部基于对西沙争议持"不介入"立场，并未接受海军部的建议。

与英国的立场相反，法国在编造"历史依据"过程中，在某种程度上并不回避英国，甚而向其询问西沙文献资料。1930年8月，法属印度支那总督巴斯基埃在编制"历史依据"

---

① "China Annual Report，1932，（6）France，" FO 371/17125，annual report for China，1933，*FOFC*，1930-1937，NAUK.该报告记载的时间有误，如前所述，广东省政府于1930年1月招商承办，法国于1931年12月向中国驻法公使馆提出外交照会，驻法公使馆根据外交部指示于1932年9月29日提出反驳照会。《中国驻法使馆为抗议法国阴谋侵略我西沙群岛事致法国外交部节略》，中国第二历史档案馆编：《中华民国史档案资料汇编》（第五辑第一编 外交二），南京：江苏古籍出版社，1994年，第1301页。

② "F6958/5619/10，Minutes，French claim to sovereignty of Paracel islands，From Mr.Ingram（Peking）"，August 5，1932，FO 371/16235，Paracel Islands，1932，*FOFC*，1930-1937，NAUK.

③ "F6071/5619/10，Minutes，Paracel Islands：French Claim to sovereignty"，August 10，1932，FO 371/16235，Paracel Islands，1932，*FOFC*，1930-1937，NAUK.

④ "M.02124/32，Admiralty"，September 26，1932，FO 676/120，Files of the Peking Legation：Paracel Islands (Folder 2)，1932，*FOFC*，1930-1937，NAUK.

⑤ "F6071/5619/10，Paracel Islands：French Claim to sovereignty，Lord Tyrrell"，August 8，1932，FO 371/16235，Paracel Islands，1932，*FOFC*，1930-1937，NAUK.

⑥ "M.2416/31，the Secretary of the Admiralty"，June1，1931，FO 371/15509，China：Ownership of the Paracel Islands，1931，*FOFC*，1930-1937，NAUK.

时，认为1898年英国沉船“贝洛纳”号（Bellona）和“哈内吉·马鲁”号（Huneji-Maru）在西沙遭到中国渔民的抢劫，驻华英国公使向两广总督抗议，后者答称西沙非中国领土等语，这可以作为中国否认西沙主权的“证据”。①因未掌握确凿的沉船资料，于是巴斯基埃致函法驻华公使转请法驻广州领事艾那（M.L.Eynard）咨询英国同行查找相关档案文献。1930年11月，艾那回复说该领事馆所存放的档案文献之中未有关于此事的记载。②法国的资料调查就这样结束了，当时英方似乎并未在意此事。尽管未查到确凿资料支持其说，但是法属殖民者却抓住沉船之事不放，并以之作为否认中国西沙主权的主要“证据”之一。

对于沉船之事，英国的所为及立场值得研究，此内容长期为学界所忽视。中法西沙争执公开化之后，因涉及英国因素，促使英国外交部自1933年起就开始查找相关档案文献，以撇清英国与此事关系。直至1937年5月24日，英驻华大使馆才致函外交部远东司，讲述查找沉船档案文献的经过并评述此事。该信函副本发致英驻日大使馆，以及驻南京、广州领事馆，随函还附有驻华公使馆书记官寇克斯（A.T.Cox）提供的档案资料，由此可见该事之重要。据其查找到的档案记载，西沙沉船“贝洛纳”号③曾投保于英国人保险公司，隶属于德国汉堡轮船公司。1894年9月，该船遭遇台风在西沙北礁（North Reef）失事，英国保险公司派两艘船前往出事地点救援，但因遭遇到恶劣天气只得返回香港，沉船无人看守，货物遂被中国渔民“拿走”。该事发生后，时任琼海关关长、德国人史纳机（J. F. Schoenicke）呈文两广总督，称保险公司提交“联合请愿书”，希望获得中国政府的“经济补偿”。两广总督将该事以公文急报方式送至英驻广州代理领事法磊斯（Everard Duncan Home Fraser），为中国渔民的行为进行辩解：“广阔的海洋不属于任何人的管辖范围，因为没有船只监控它，‘贝洛纳’号船上的货物，在海上属于无主的残骸，任何人都可以收集它。”与此同时，总理衙门根据两广总督的呈文，致函署理驻华公使艾伦赛（Bax-Ironside），提出中方对此事不予负责的处理意见：“然而在面积广大的海域，可以说没有专门的海岸警卫队负责，地方当局又如何保护数百海里的每一个地方呢？”④艾伦赛同意中方处理意见，拒绝支持保险公司的赔偿要求，并指出：“即使承认保护在离海岸这么远的地方

① 1930年巴斯基埃编制的“历史依据”还涉及“Huneji-Maru”号沉船、驻华英国公使，在1931年法国外交部向中国公使馆照会时，分别变成“Unoji Maru”号、英国驻海口领事。这两艘沉船分别属于德国、日本。“Correspondance du Gouverneur général de l'Indochine à Monsieur le Ministre des Colonies”，mars 20，1930，*Ministère des Affaires Étrangères, Archives Diplomatiques*，*Series E*，*Asie-Oceanie-Chine*，1930-1940，vol.743，Paris，France.

② 《法国驻广州领事艾那（M.L.Eynard）致河内印度支那总督，广州，1930年11月18日》，《法国有关西沙群岛的部分档案（译文）》，广东省中山图书馆藏。

③ 英国档案文献并未提及法国所说的另一艘沉船“哈内吉·马鲁”号。1929年法国人拉皮克（P.A.Lapicque）所写的《关于西沙群岛》说1895年德国汽船“贝洛纳”号（Bellona）和1896年日本轮船“梦图丸”号（Imazi Maru）在西沙触礁沉没。“M.02124/32，Admiralty，”December 16，1932，FO 676/85，Files of the Peking Legation：Sovereignty of China over Paracel Islands，1932，*FOFC*，1930-1937，NAUK.

④ “No.547（2/111/1937），Paracel Islands，British Embassy，Peking，Archivist，A.T.Cox”，May13，1937，FO 676/337，Files of the Nanking Embassy：Paracel Islands，French claim to，1937，*FOFC*，1930-1937，NAUK.

失事的船只是中国当局的责任，但是我不明白他们怎么能成功地完成一项保险公司未能履行的任务。”[①]实际上，艾伦赛在作出上述决定之前，就接到保险公司的来信请求，后者担心中国政府拒绝任何索赔要求，这主要是因为保险公司没有采取足够的措施来保护投保的船只。按照当时“海上难船残物”的规定，遇难船只的责任应由保险公司来承担，中方的做法未有不妥之处。

根据国际法的旗船国管辖原则，此事与英、德有关联，然而它们并未对中国西沙主权提出质疑，尤其是当时英方还同意清政府对此事的处理意见。然而30多年之后，法国作为旁观者，在未掌握确凿资料的情况下何得妄断此事？1937年5月24日，英驻华大使馆在研究沉船档案文献后给远东司的信中说：“我们现在查找到1899年公使馆和总理衙门的往来信件，但是找不到中国政府对西沙群岛管辖权的任何免责声明。”[②]书记官寇克斯在为该信所写的附件中亦说：“仔细查阅北京档案，没有发现中国政府放弃西沙主权的任何迹象。”[③]上述内容，颇能还原沉船事件发生后相关方的基本立场，可见法国及印度支那总督所述沉船之事的本质和目的是政治性质的——为了“证实”已确定的立场，而非历史性质的——不是为了寻求真实的历史场景。然而英国在已明沉船事件真相的情况下，并未在国际社会上发声，更未将所掌握的资料公布于世，致使该事被尘埋下来。从表面上看，这似乎是它对西沙问题采取的“中立”立场所致，实则是其推卸国际责任的一种表现。而国民政府对于法国照会中所述沉船之论的反驳，因未有相关文献作为佐证，使其说主要限于事理上的推论和说明，欠有说服力。[④]

20世纪30年代初，中法西沙争议有几次照会交锋，法方并无历史和法理“依据”的优势，反而在中方的批驳下一时哑口无言，然而中国未能利用这种优势转化为在西沙的战略存在。法国却利用中国时局动荡，不断派舰船非法进入西沙。1934年4月，英国外交部在一份备忘录中分析西沙局势时指出，法国注意到这些岛屿对法属印度支那的战略价值，对此观察已久并想得到它们。该备忘录对中国的应对深感忧虑，“中国对法国的动向未有特别警觉，甚至最近的政治中心——广州依然如此，虽然它们自然也关注该地区的形势，但

① “F 980/980/10，French claim to sovereignty of Paracel Islands”，July 27，1937，FO 371/21000，China：missions in China; shipping; Paracel Islands; insurance in Manchukuo，1937，*FOFC*，1930-1937，NAUK.

② “No.547(2/111/1937)，British Embassy Chancery，Peking，to Foreign Office，the Far Eastern Department”，May 24，1937，FO 676/337，Files of the Nanking Embassy：Paracel Islands，French claim to，1937，*FOFC*，1930-1937，NAUK.

③ “No.547(2/111/1937)，Paracel Islands，British Embassy，Peking，Archivist，A.T.Cox”，May 13，1937，FO 676/337，Files of the Nanking Embassy：Paracel Islands，French claim to，1937，*FOFC*，1930-1937，NAUK.

④ 1937年4月，国民政府外交部指示驻法大使馆驳斥法方沉船之说，指出查此事本无案可稽，即使有之，亦属于清代地方官吏不负责任所为，于群岛主权问题并不发生影响。《驳斥法国占有西沙群岛》（民国二十六年四月），陈鸿瑜、俞宽锡主编：《“外交部”南海诸岛档案汇编》（上册），“外交部研究设计委员会”1995年5月印刷，第358页。

目的是获取磷矿资源。"[①]实际上，当时国民政府外交部担心，如果在西沙问题上采取强硬措施，可能会影响中法关系的发展，因此在处理西沙问题上不敢采取强硬态度。这种战略上的优柔寡断很容易滑向战略短视。与处理西沙问题相类似，国民政府在1933年应对"南海九小岛事件"时，虽已意识到南沙战略上的重要性，但未能采取有效措施应对南海局势的恶化，加强两群岛的战略部署。英驻河内总领事将法国对西沙的地缘政治诉求，与其占领九小岛的行为进行类比，认为其占领的动机源于地缘政治目的，"在这方面，回顾1930年法国吞并西贡正东的南威岛，以及1933年另一组位于印度支那和婆罗洲之间的群岛是很有意思的。"[②]英国海军部对法国西沙举动的地缘政治目的也提出了类似的战略分析。英国站在旁观者立场上，对中法的西沙动向的分析有一定道理，尤其是看到法国赤裸裸的地缘目的。

法国在采取占领西沙、南沙行动之前，均以所谓的"科学考察"为由进入两群岛，以探听虚实，待确认未有阻力后，就以所谓"历史依据"或"无主岛"（南威岛等）为借口予以占领，它实则是垂涎于两群岛的地缘战略位置，20世纪30年代初其侧重点是西沙群岛，一个最明显的事实是1933年法占南沙遭到中国、日本的反对后，知难而退，在相当长时间里未敢进入南沙，反而加大与中国争夺西沙的力度。[③]同时，随着空权理论的发展，西沙此时又被赋予新的战略涵义，"作为一个空军基地，它将掌控安南海岸临近土伦地区以及东京湾。"[④]或许正是基于这种战略判断，从20世纪30年代中期后法国对英国在西沙海域的活动持警惕态度。1936年10月29日，法驻英大使以"传言"英、中在西沙建立军事基地为由，向英国外交部提出"法国对西沙群岛感兴趣，缘于它距离法属印度支那海岸很近"，意在提醒对方注意法国的诉求。[⑤]英国外交部很快进行了调查，英国空军部说对此一无所知，英国航空公司（Imperial Airways）亦表示"对西沙群岛并不感兴趣"。[⑥]英国外交部将调查结果告知法方，否认了对英国的指责。

如果说在这件事上法国反对英国在西沙的存在表现得还不那么露骨，而后者似乎并未在意（似乎将此事作谣言处理），那么随后发生之事表明法国排斥英国就相当明显了。

---

① "F2040/2040/10, Minute, Paracel Islands, Foreign Office", April 9, 1934, FO 371/18145, Paracel Islands, 1934, *FOFC*, 1930-1937, NAUK.

② "Saigon printed letter despatch unnumbered of November 3, 1936 to his Majesty's Ambassador at Peking", November 3, 1936, FO 676/85, Files of the Peking Legation: Sovereignty of China over Paracel Islands, 1936, *FOFC*, 1930-1937, NAUK.

③ 郭渊：《南海九小岛事件及中法日之间的交涉》，《世界历史》2015年第3期，第95页。

④ "F7494/6636/10, From British Consul-General, Saigon", November 3, 1936, FO 371/20278, Proposal of Far East Pact between China, Britain and others, 1936, *FOFC*, 1930-1937, NAUK.

⑤ "F6636/6636/10, Paracel Islands", October 29, 1936, FO 371/20278, Proposal of Far East Pact between China, Britain and others, 1936, *FOFC*, 1930-1937, NAUK.

⑥ "F6636/6636/10, C.W.Orde to H.Knatchbull-Hugessen, Peking (Draft)", November 12, 1936, FO 371/20278, Proposal of Far East Pact between China, Britain and others, 1936, *FOFC*, 1930-1937, NAUK.

1936年12月23日，法驻英大使给英国外交部的一份备忘录中指出，英国海道测量船“先驱”号（Herald）于1935年11月25—27日进行的西沙水文测量，事前并未通知法国或印度支那当局。该备忘录列出法属殖民地——安南拥有西沙的所谓“历史依据”作为提出上述要求的理由，强调英国对此应当尊重。这在两国交往的历史上还是第一次。自近代以来，英国舰船经常对南海进行水文勘测，出版各种航海地图、志书或指南，并未遭到他国反对。对于法国提出的质疑，英国外交部在给海军部的信中指出，此次测量没有什么不寻常之处，说这是蓄意引起误解是不合理的，外交部打算“不理睬法国的通知，不给任何答复”。[①]海军部在回信中同意外交部的看法，并认为对于法国的主张应采取最有效的方式进行抵制。这实际上是建议外交部采取某种行动，以展示对法国主张的抗议。同时，海军部对于外交部采取置之不理的做法表示担心，指出如果“完全无视法国的照会，可能被解释为默认法国对这些岛屿的主权”。[②]法国在争执西沙之时，并没有真正意义的主权声称，对于如何解决该争执，它曾向英国表示将通过国际法解决问题，音犹在耳，法国却向英国提出上述要求，这自然为后者所拒绝。当时的事态表明，面对法国不断增强在西沙的存在，英国如果不采取有针对性的实际行动，可能会给法国造成默认其行为的印象，因此海军部的上述担心不无道理。然而英国不愿卷入西沙争执，始终未表明立场，这又是对法国行为的一种妥协。这与当时日本持续扩张、英国将其视为东亚利益的主要威胁有直接关系，它企图联合法国共同遏制日本的势力发展，故在处理南海问题上采取低姿态。

三、日法争夺西沙及英国的“不介入”立场

20世纪30年代中期以后，日本在南海、东南亚地区活动频繁，不断增强在该地区的存在，英国并未对日本采取抵制措施，这与20世纪20年代反对日本在西沙的存在形成鲜明对比。该立场与英日关系处于调整阶段有直接关系。1934年，英国政府官员中财政大臣奥斯丁·张伯伦（Austen Chamberlain）与海军部首席长官博尔顿·埃雷斯·蒙塞尔（Sir Bolton Eyres Monsell）等人力主与日本修好，并一时在政府内部占了意见上风。与此同时，日本政府亦尝试调整与英关系，广田外相“秘密向英国方面提出建议，试图恢复华盛顿体系建立时被解体的英日同盟”，[③]因此可以说双方互有所求。此时英国海军虽然注意到日本海军在爪哇、婆罗洲、东沙和西沙群岛的活动，[④]然而因欲改善与日关系，故对日本的海

① “F8054/6636/10, Paracel islands, Foreign Office”, January 16, 1937, FO 676/337, Files of the Nanking Embassy: Paracel Islands, French claim to, 1937, *FOFC*, 1930-1937, NAUK.

② “M.01155/37, Paracel islands, Admiralty”, February17, 1937, FO 676/337, Files of the Nanking Embassy: Paracel Islands, French claim to, 1937, *FOFC*, 1930-1937, NAUK.

③ 大畑笃四郎著，李静阁等译：《简明日本外交史》，北京：世界知识出版社，2009年，第175页。

④ “M.01190/34, H.M.S.Adventure, at Singapore”, March 28, 1934, FO 371/18145, China: Paracel Islands, *FOFC*, 1930-1937, NAUK.

上活动并未深究，而是采取了听之任之的态度。

然而英日关系在1934年的缓和并没有持续多久，双方对国际局势的判断以及国内的政治斗争导致彼此矛盾不断加深，尤其是围绕签订“互不侵犯条约”的亲善及试探未果而使双方关系趋于恶化。同时，日军在中国华北、东南沿海的扩张和挑衅行为不断加剧，这使英国既存利益受到威胁，故对日转而采取了略显强硬的态度。在此背景下，英国海军参谋部情报司注意到海南岛、西沙对日本的地缘价值，以及日本企图将上述两地作为南进战略支点的图谋。1935年5月2日，该司致函外交部远东司，指出如果上述之地落入日本人之手，不仅英国南海航线将被控制，而且将形成香港被包围之势，其对外联系基本上被掐断，而这可能是日本的战略计划。[①]这份颇具前沿意识的情报，指出了日本的南下战略目的及其对英国的威胁，英国决定采取某些象征性行为，责成驻中国舰队司令派遣舰船巡弋南海，以彰显英方利益的存在。[②]

英国虽有上述军事行动，然而象征意义大于实际效果，难以对日本产生震慑作用。恰在此时，1936年初日本单方面宣布废除《华盛顿海军条约》和《伦敦海军裁军条约》，决心在海军方面同英、美展开竞争，这就打破了自华盛顿会议以来列强在东亚的势力均衡局面。此时英国意识到自身力量不足以应对欧洲和远东局势，为使其外交政策更符合现有的武装力量，英国政府不得不调整战略计划，首相内维尔·张伯伦（Neville Chamberlain）和军方都主张在欧洲局势日益严峻的形势下，避免在远东地区与日本发生冲突。[③]当时日本估计“英国方面的根本方针，是依靠日本的帮助，力图在中国保住英国的既得利益”。[④]在此背景下，日本海军增强了在南海地区的活动，并派军舰常驻西沙永兴岛、东岛，驻泊期间经常以火炮驱逐中国渔船，同时派出航道测量船不断调查南沙群岛潜在的军事价值，以作为侵占的前奏。英国对日本的侵略活动密切关注，1937年12月31日，英国海军情报署指示驻香港海军主力舰——添马舰（H.M.S.Tamar），调查日占中国近海岛屿及利用情况。1938年1月2日，添马舰长提供日占13个岛屿的名单，其中东沙岛被标注为“仅为气象之用”。[⑤]1月10日，英国外交部向海军部转达首相张伯伦的询问：“日本占领这些岛屿中的任

---

① “No.N.I.D.0223/35, Japanese designs in South China”, FO 371/19318, Japanese interests in South China; designs for Macau and Canton waterworks, 1935, *FOFC*, 1930-1937, NAUK.

② 1936年1月20日，英国战舰洛斯托夫特（Lowestoff）号访问海南诸地：1936年1月18日—1月20日，榆林港；1月20日—1月22日，亚龙湾；1月23日至1月27日，海口。“No.2302, Hainan Island, British Naval Commander-in-chief , China Station”, January 20, 1936, FO 371/20270, China: Japanese occupation of Hainan Island, 1936, *FOFC*, 1930-1937, NAUK.

③ 徐蓝、耿志：《英美军事战略同盟关系的形成与发展（1919—1945）》，北京：北京师范大学出版社，2019年，第71页。

④ 《日本外交年表及主要文书》下卷，东京，1976年，第334—335页。载齐世荣主编：《绥靖政策研究》，北京：首都师范大学出版社，1998年，第105页。

⑤ “F287/287/10, From Captain on the Staff, H.M.S.Tamar”, January 2, 1938, FO 371/22137, Chinese islands occupied by Japanese, Japanese penetration in North China, 1938, *FOFC*, 1938-1948, NAUK.

何一个或岛屿群，有何特殊的战略或政治目的、意义。”[①]这表明英国对日军在南下过程中，对南海诸岛的战略意图有所担心。不久之后，英国舰船开始勘查南沙群岛（除日法共占的太平岛、法占南威岛），以寻找适合于建立军事基地的岛屿，以增强其海峡殖民地的地缘战略延伸空间，后因法国的反对以及无合适岛屿等原因而作罢。

在日本咄咄逼人的进攻背景下，英国担心日占海南岛会威胁香港的安全，故欲联合法国对日本进行牵制。1937年9月中旬，日军集结于广州湾及海南岛附近海域，随即炮击海口，法、英驻日大使立刻造访日本外务次长堀内谦介（Horinouchi Kensuke），表达严重关切，[②]但未采取任何制裁措施。而越南保大政权担心日军下一个目标是西沙群岛，于是1938年3月30日将西沙群岛从南义省划入承天省的“管辖范围”。同时，在保大代表的“请愿”下，印度支那总督朱尔斯·布雷维尔（Jules Brevie）决定武力占领西沙。6月15日，即中日武汉会战打响仅3天，印度支那总督就签署法令，在西沙群岛建立一个行政机构。[③]经过一段时间准备后，法属殖民政府“民团总稽查”爱德蒙·格蕾森（Edmond Grethen）率领越南民兵占领西沙，在永兴岛留下25人，珊瑚岛留下20人。[④]

法方采取占领行动后，并未通知与之有主权争议的中国政府，而是首先对英国进行了情况通报，说明其占领的理由，以及它与日本之间的矛盾和争执，其目的是取得英国的理解和支持。1938年7月2日，法驻英大使馆参赞前往英国外交部说明此事，为取得英国的“理解”，他还拿出一封法国政府6月30日向其发出的法军西沙行动电报的副本。实际上法占西沙的行动，违反了它一贯承诺的中法双方寻求外交途径解决争议的承诺。英国并未对法占西沙提出反对意见，然而这并不等于承认群岛归属于法国，两者的性质截然不同。英国在与法外交接触以及英国内部在讨论问题过程中，承认西沙属于中国的立场明确。

首先，英国认为法国利用国际局势转变之际占领西沙。此时中日战争正在进行，中国倾耗国力抵抗，无暇顾及南海诸岛，且有求于法国，而日本亦不想与法关系搞僵，这就为法国占领西沙创造了机会。1938年7月8日，英国外交部在接到驻日大使罗伯特·克莱琪（Robert Craigie）关于法日为西沙之事进行外交接触的报告后，在备忘录中写到：“目前日本自然不想与法国发生摩擦，因为法国有漫长的印度支那边界，利用这一位置向中国提供了大量的援助。法国如果决定提出（西沙）声称，它找不到比现在更好的机会了。”[⑤]而中

① “F287/287/10，Foreign Office”，January 10，1938，FO 371/22137，Chinese islands occupied by Japanese，Japanese penetration in North China，1938，*FOFC*，1938-1948，NAUK.

② “F6653/224/10，Japanese designs on Hainan and Paracel Islands”，September 15，1937; September 18，1937，FO 371/20991，China：Japanese and British interest in Hainan Island，1937，*FOFC*，1930-1937，NAUK.

③ 戴可来、童力合编：《越南关于西、南沙群岛主权归属问题文件、资料汇编》，郑州：河南人民出版社，1991年，第65页。

④ 《密（据顺化民团队长报告西沙群岛情形 该氏原来我国服务）》（民国二十七年十一月十八日，越字第五八九〇号），驻河内总领事馆呈，《“外交部”南海诸岛档案汇编》（上册），第399页。

⑤ “F7296/287/10，Minutes，Japanese interest in French occupation of Paracel Islands”，July 8，1938，FO 371/22137，Chinese islands occupied by Japanese，Japanese penetration in North China，1938，*FOFC*，1938-1948，NAUK.

国情况正如英方所分析的那样，未能对法占西沙采取有效应对措施。国民政府在接到法占西沙的报告后，立即电令驻法大使查询真相，并向法方重申中国原有立场，但对方却诡称越南保安队占据了西沙群岛，“以阻日本窥伺而遥制日本侵占海南岛的动机，此举纯为保护越南安全及假道越南海岸线，与中法双方所持立场毫无影响，该岛主权根本问题仍待将来依照法律解决”。[①]中国囿于时势维艰，只得将该问题留待以后解决。

其次，在不涉及西沙主权前提下，英国支持法国反对日本的侵略行为。英国认为日本对西沙的占领，是法西斯主义的扩张行为，应加以制止和反对，后来日占南沙时，英、美亦出于此目的向日本提出抗议。应法方的请求，英国答应支持法国反对日本侵占西沙的行为，并表示将致电英驻日大使克莱琪在法国大使与日本交涉时提供帮助，但明确拒绝就法国的西沙主张发表意见。随后在给克莱琪的电报中，英国外交部指示：“请与你的法国同事保持密切联系，除承认法国主权之外，向他提供一切支持。”[②]然而，如果考察此时法日之间的妥协状态，以及英国对日奉行的绥靖政策，那么英国实际是无所作为。正如1938年7月15日英国外交部官员亨德森（J.T. Henderson）对此事评价说“也许没必要做任何事情，但我们可以等待”。[③]值得注意的是，英国并不认为法国能有效地占领西沙群岛，因为法国只派出了安装灯塔和台风警报站所需的人员和设备，以及一支安南警察分队以维持西沙秩序和防范海盗，它还小心翼翼地避免派出军舰远征此地。这种状况并不是一个主权国家所为，更何况还有中法西沙争议，以及日本的反对并不断派人员到岛，而法国颇为忌惮于日本人的态度。

最后，英国明确提出西沙争执问题应由中法直接协商或通过仲裁来解决。法驻英大使馆参赞向英国通报情况时，特意强调法国对于西沙是“以安南帝国的名义主张主权的”。此话有假借对抗日本，以试探英国对其占领西沙的行为是否承认之意。负责接待的英国外交部官员罗纳德（Ronald）对此态度明确，当场提醒法国参赞说：“这是一个在中法政府之间或直接协商，或通过仲裁解决之事。在当前的严峻形势下，我们尤其不愿意向中国政府施压，以迫使它在这一问题上让步。”[④]见英国立场如此，此后法国未再提及此事。罗纳德所说，在某种意义上是英方对中国在解决该争议中地位和作用的肯定。虽然英国的西沙立场与此前相比（20世纪20年代明确支持中国）是一种倒退，但英国在中法西沙争议过程中，严格恪守中立原则，持不介入立场。不仅如此，英国还明确反对第三方介入西沙争

① 《法方称越军占领西沙群岛在阻日侵占海南岛》（民国二十六年七月六日 第六七四号），巴黎顾大使致汉口外交部电，《“外交部”南海诸岛档案汇编》（上册），第386页。

② “F7160/285/10，Cypher telegram to Sir R.Craigie(Tokyo)，Foreign Office”，July 2，1938，FO 371/22137，Chinese islands occupied by Japanese. Japanese penetration in North China，1938，*FOFC*，1938-1948，NAUK.

③ “F7560/287/10，Proposed neutralisation of Hainan Island”，July 13，1938，FO 371/22137，Chinese islands occupied by Japanese，Japanese penetration in North China，1938，*FOFC*，1938-1948，NAUK.

④ “F7160/287/10，Paracel Island：French claim and Japanese designs”，July 2，1938，FO 371/22137，Chinese islands occupied by Japanese，Japanese penetration in North China，1938，*FOFC*，1938-1948，NAUK.

执，认为西沙群岛“只有两个声索者，法国和中国，在这两个国家问题解决之前，我们认为任何第三方的干预都是不正当的”。[①]尽管英国政府20世纪30年代末在东亚殖民利益保全上需要法国的合作，但在西沙归属问题上未偏向法国，这一点是值得肯定的。

这里有必要回顾日本对法占西沙的反应。1938年7月5日，日本外务省在接到法占西沙“通告”后公开指出：在中法就此争端未解决前，法国竟单方面宣布了对西沙实行完全占领，此通告应交由一直以来的谈判对手中国方面，而不应交由日本方面；在中日战争进行中，法国政府采取了单方面措施，将西沙归之于自己的主权之下，并错误地将信息通知日本方面，其真实意图让人费解。[②]《朝日新闻》《读卖新闻》《台湾日日新报》等报刊在鼓吹日本应占西沙之时，亦列出西沙归属于中国的历史事实。[③]尽管日本上述说法的目的是制造有利于己的国际舆论，并不是为中国西沙主权进行申辩，却真实地反映出法国侵占行为与外交手段之间的矛盾。日本的上述说法亦得到英国方面的证实。1938年7月14日，英驻日大使克莱琪致电外交部说，法国驻日大使给他看一份日本7月7日照会的副本，该照会声称法国最近的行动与1937年9月法国的“通告”条款相矛盾，法方辩解说1937年的法国“通告”仅表达某种信息，并不暗示法方对日本承担任何义务。[④]法方还解释说，目前采取占领措施的意图是确保国际航海的安全，发布的占领“通告”是预先防止在附近日本军舰指挥官对这些措施的误解。法国企图用利于国际航海的说词来掩盖占领的真实目的，并欲缓和与日关系。进入7月中旬之后，日本持续加强在西沙群岛的军事存在，法国在岛人员处境日益窘迫。

此时法国不希望与日本在西沙问题上交恶，因为它在欧洲承受的压力越来越大，对法属印度支那、南海问题的关注自然居于次要地位，故对日本进一步采取妥协立场。在此背景下，它希望英国支持它与日交涉，断然难有成效。1938年5月，法国外交部秘书长阿列克西·莱热（Alexis Leger）向驻法公使顾维钧说的一段话，将其心态表示得很明显：“法国实在害怕日本人找麻烦……法国在欧洲正面临着许多困难，因此不愿在远东惹事，免得使它的处境益加错综复杂。”[⑤]法国这种心态对英国也有表述。1938年7月12日，英国驻法大使罗纳德·休·

① 英国提出这一观点，主要是针对日本侵占西沙群岛的行为。“M.O1623/39，Military Branch，Admiralty”，March 27，1939，FO 371/23476，Japanese occupation of Hainan Island. Boxer Indemnity Fund- report of Universities China Committee，1939，*FOFC*，1938-1948，NAUK.

② JACAR（アジア歴史資料センター）、Ref.B022031160700、《各国領土発見及帰属関係雑件／南支那海諸礁島帰属関係》第三卷（B-A-4-1-007），外务省外交史料馆藏。

③ 日本报刊宣传此说的目的是日本从中国手中占领西沙，此行为与法国无关。JACAR（アジア歴史資料センター）、Ref.B022031160700、《各国領土発見及帰属関係雑件／南支那海諸礁島帰属関係》第三卷（B-A-4-1-007），外务省外交史料馆藏。

④ 该通告主要内容是在中法西沙问题得到解决之前，法国不会采取占领西沙的行动。“F7582/287/10，Japanese interest in French occupation of Paracel Island”，July 13，1938，FO 371/22137，Chinese islands occupied by Japanese，Japanese penetration in North China，1938，*FOFC*，1938-1948，NAUK.

⑤ 顾维钧著，中国社会科学院近代史研究所译：《顾维钧回忆录》（第3分册），北京：中华书局，1985年，第101页。

坎贝尔（Ronald Hugh Campbell）向法国外交部政治部主任勒内·马西格里（Rene Massigli）询问法日西沙争执情况，后者回答说："西沙氛围曾经一度有些紧张，然而现在已经令人满意地平静下来了。"[①]法国人的态度如此，那么英国人更不会在此问题上走得更远。1939年3月27日，英国海军部军事科杰瑞特（C.G.Jarrett）致电外交部远东司阿什利·克拉克（Ashley Clarke）说："我们似乎没有根据该指示（给驻日大使克莱琪的电报——笔者注）而提出抗议的任何记录，事实上克莱琪给人的印象是他认为没有必要这样做。"[②]

就在勒内·马西格里所说西沙"平静"之后的几个月，日本占领了西沙群岛。法国维希政权投降德国后，日军随即进入法属印度支那，英法关系在远东地区就戛然而止了。此后英国对中国的关注逐渐增多，并讨论战后中国在南海、东南亚地区秩序建设中的作用。1942年9月7日，英国作战部（War Office）在给外交部远东司的一封信中对战后中国与法属印度支那关系进行分析，指出："从民族防卫角度来说，法属印度支那的未来角色对中国特别重要……盟军的胜利将意味着台湾、海南岛和西沙群岛归还中国。"[③]英国在研究战后南海诸岛时，认为中国将接收日本侵占的东沙、西沙群岛，但未提及南沙群岛。这反映出英国对南沙群岛之中的南威岛和安波沙洲依然有某种"历史情节"，[④]这在旧金山和会条约的起草、20世纪50年代发生的"克洛马事件"都有所表现，它希望寻找机会将两岛屿置于英国控制之下，但因"历史依据"的薄弱，最终只得作罢。

四、结语

英国在远东力量的存在、政策的调整，受到波诡云谲的欧洲局势影响和制约。进入20世纪30年代后为了对抗德国法西斯主义势力的扩张，保全自身利益，英国不得不将力量集中于欧洲，在远东则对日本采取绥靖政策，甚至不惜牺牲中国的利益来换取与日本的短暂和平，在如此条件下英国不会为中国或法国从日本手中争取权利或利益，英国在西沙以及南沙问题上也就难有作为空间了。受绥靖政策的影响，英国对日本占领西沙的行为采取旁观态度，未制定切实的应对措施，即使在法国请求联合抵制日本的情况下，它亦采取消极态度（问题的另外一方面是法国亦对日本采取妥协立场）。值得注意的是，英国对西沙归

① "F7559/287/10, French occupation of Paracel Island", July 13, 1938, FO 371/22137, Chinese islands occupied by Japanese, Japanese penetration in North China, 1938, *FOFC*, 1938-1948, NAUK.

② "M.01623/39, From Mr.C.G.Jarrett(Admiralty)to Mr.Ashley Clarke", March 27, 1939, FO 371/23476, Japanese occupation of Hainan Island, 1939, *FOFC*, 1938-1948, NAUK.

③ "F6356/5087/10, From Major T. H. Winterborn(War Office) to Far Eastern Dept.", September7, 1942, FO 371/31715, Post-war settlement in the Far East, 1942, *FOFC*, 1938-1948, NAUK.

④ 1930年5月，英国以19世纪末几名英国人开采南威岛、安波沙洲鸟粪资源之事为所谓"依据"，主张拥有两岛屿，反对法国占领南威岛（1930年4月），法国以英国人的私人占有没有国际法效力进行反驳。陈鸿瑜：《英国对于南沙群岛之主张及其影响（1930—1951）》，《"国史馆"馆刊》2016年第48期，第97页。

属问题没有迁就法国的诉求，而是认为该问题应由有关当事方通过协商或国际仲裁解决。这一立场虽与此前相比是一种倒退，但在中国国危力弱之际还能持此说法，也是难能可贵的。回顾此时英国西沙立场的演变轨迹，能够从一侧面揭示出在东亚局势巨变前后它对西沙局势的判断及立场调整，利于还原西沙某些重要历史场景，有助于理清某些南海疆域的深层次问题。

第一，在此历史时期，英国是影响西沙局势的地缘政治次要力量，而法、日是塑造南海地缘形势发展的主导力量。日本前期侧重于西沙资源的掠夺（20世纪10—20年代），后期将法国视为主要竞争对手（20世纪30年代后期），直接驱赶法方占领西沙，其行为表现为赤裸裸的侵略主义特征。与之相比，法国在南海采取的行动表现为“理性”与行为的结合，即在精心编造所谓的历史和法理“依据”前提下实施侵占行为，其行为虽然在某一历史时段表现不甚剧烈（20世纪20年代末30年代初），但影响极为深远。法国占领西沙有防范日本的考虑，[①]并未将英国视为潜在的竞争对手，而且20世纪30年代还打算联合英国共同抵制日本的侵略。英国是南海局势变迁的被动接受者，是影响局势发展的地缘政治次要力量。此时南海局势在一定程度上反映出列强在东南亚、南海地区的力量格局和变动。就西沙局势来说，英国外交部及驻外机构、海军部对西沙资料搜集、局势的研判以及对某些问题的讨论，能从另一侧面看到局势演变的某些真实历史场景，揭示日、法地缘政治图谋及诉求，有助于分析南海错综复杂局势变化的内在动因——法国为地缘政治的谋夺、日本为经济掠夺和地缘政治谋求并重。同时，由于英国站在旁观者的立场上，颇能使它的某种看法具有一定的客观性，利于揭示事实真相。

第二，在英国的欧亚战略布局中，西沙群岛处于微不足道的地位，这种布局限制了英国对他国角力南海的战略预判及应对。对于西沙问题，此时期英国内阁未举行过专门会议进行研究，主要限于外交、海军等部门之间的讨论（通过电报、信函、通报等方式），并没有具体政策出台。与日、法相比，英国对群岛的地缘作用评估较低，未将其放在战略层面上考虑。1920年，英国海军部曾断言：“这些岛屿在战争之际，似乎不可能有太大价值。”[②]该部认为西沙绝大多数岛屿面积不大，人迹罕至，难以建成军舰停泊之地，故认为群岛的战略作用不大。20世纪30年代后，随着航空、航海技术手段的进步，远洋海岛的地缘作用日益凸显，然而英国海军部仍持有上述认知。这种观点亦反映在对南沙作用的评价上，直至20世纪70年代英国外交部远东司研究局依然认为，西沙和南沙群岛礁石纵横，

① 法国这种思想自20世纪20年代就开始出现，在30年代变得更加强烈，并成为采取占领行动的主要原因之一。《日威胁海南岛结果　传法占领我西沙群岛　飞机由群岛出发易达安南海岸　法人不能令其被另一强国所夺　德捷关系昨亦突告紧张》，《申报》（香港版）1938年7月5日。“Industrialist Claims Paracel Islands Belong to Japan，Hsisha Said Rich in Phosphate; French Embassy Spokesman Belittles Situation”，*The North-China Daily News*，1938-07-06，p.6.

② “F2669/2669/10，French Proposal to Occupy Paracel Islands”，May 8，1931，FO 371/15509，ownership of the Paracel Island，1931，*FOFC*，1930-1937，NAUK.

难以建成有用的军事基地。[①]值得注意的是，英国颇为重视南海航线，一度担心如果某一海上强国控制西沙，将威胁该航线及殖民利益安全，故20世纪20—30年代初将日、法作为防范对象。即便如此，英国对其所看重的南海航线，在30年代后期南海局势日益严重之际也未有军舰护航和巡弋之举，这在一定程度上反映出它的战略思维的局限性。事实上，西沙的地缘作用与南海航线的价值为一枚硬币的两面，是相互依存的。

第三，英国在应对西沙问题、处理各国关系过程中，并未将中国放到重要位置上，它始终没有站在国际道义的立场上公开维持南海秩序。在20世纪10—20年代西沙局势的演变时，英国主要担心日本人在西沙的存在，为避免惹火上身，它采取颇为委婉的方式提醒中国彰显主权，以排斥日本。当20世纪30年代初中法争执西沙时，英国虽然承认西沙归属于中国，还为探明法方意图进行外交接触，但并未与中国联系，当然更谈不上将掌握的情报或资料透露给中国了，这显示出英国对中国的不重视。甚至在20世纪30年代中期日本不断加大南进步伐，即将侵占海南岛、西沙群岛等地之际，中国广东地方政府请求英方给以外交和军事上的支援，它也以没有接到日军在上述地区行动报告为由予以拒绝。[②]这实际上是它不愿意承担国际责任的一种表现，亦是其战略短视所使然。问题的另外一方面是，由于中国政局混乱、国力衰弱，自然不为英国所看重；同时，因海疆意识薄弱，以及对国际法尤其对国际条约的理解和运用不足等原因，致使中国政府未能有效地利用英国方面的积极因素来维护南海权益。

总之，20世纪20年代，英国对日本人在中国南部的存在忧心忡忡，并将其作为防范的主要对象，但似乎未曾关注法国及其殖民机构对西沙的觊觎及内部的讨论。20世纪30年代，东北亚各国关系在日本不断加快侵略的步伐之下发生了改变，围绕西沙问题出现中法交涉、日法争夺，然而英国的战略关注点并不在此，因此对西沙事态采取旁观态度。尽管法英之间在西沙水文测量问题上有分歧，但并未酿成矛盾，为应对日本力量的扩张，法英要相互借力，断然不会为此伤了和气；中国也是英国要借助和团结的力量，但与法国相比明显居于次要位置，它大可不必为中国仗义执言而得罪法国。或许正是出于上述原因的考虑，英国在20世纪30年代对法国在西沙采取的行动采取了沉默态度，内部再未出现对西沙归属的讨论，这种立场也同样出现在九小岛事件上。尽管英国的举措有上述局限性，但值得肯定的是英国在相当长时间里承认中国对西沙主权，并承认海南渔民在南海诸岛的长期存在及所形成的历史性权利，而对日本、法国的主张或声称持质疑态度。

（原载《世界历史》2020年第4期）

① “FEC 040/1，Islands in the South China Sea”，January 16，1976，FCO 21/1506，Territorial disputes of China：airspace and islands in South China Sea，1976，*FOFC*，1967–1980，NAUK.

② “M.03280/35，Proceedings of His Majesty's Ships on the China Station”，September14，1935，FO371/19318，Japanese interests in South China; designs for Macau and Canton waterworks，1935，*FOFC*，1930–1937，NAUK.